林崇德文集

爱新觉罗启骧题签

林崇德文集

第四卷◎

教育与发展

北京师范大学出版集团
BEIJING NORMAL UNIVERSITY PUBLISHING GROUP
北京师范大学出版社

林崇德

1941 年 2 月生，浙江宁波象山人，北京师范大学资深教授。中国心理学会前理事长，在教育部等单位学术兼职 26 种，并在多所高校任兼职或客座教授。获省部级以上学术奖励 28 项，并先后获中青年有突出贡献专家（1994）、全国劳动模范（2000）、全国“十佳师德标兵”（2001）、全国优秀教师（2006）、全国优秀科技工作者（2012）、国家杰出科技人才（2014）、北京市人民教师（2017）和当代教育名家（2017）等荣誉称号。

总 序

1960年，我毕业于上海市上海中学，因为受上海市劳动模范、我的班主任孙钟道老师的影响，我也想当一名像孙老师那样的好老师，成为一名教育家。于是，我在填报高考志愿时，把23个志愿全部填成了师范院校，并以优异的成绩考入第一志愿北京师范大学，成为教育系首届心理专业的学生。我为什么要选学心理学？其实我当时对心理学一窍不通，只是朴素地想到，当老师必须从学生心灵入手。在我朦胧的认识中，心理学似乎就是一门研究心灵的学问。今天，“林崇德文集”（以下简称“文集”）就体现了“教育”和“心灵”这四个字。

1965年，是中国心理学从初步繁荣走向全面停顿的转折之年，也是我大学毕业之年。学习了5年的心理学已无用武之地，我被分配到北京从事基础教育，先后在2所基础薄弱校任教，一干就是13年。可能受当年的“志愿”影响，我对当中小学教师无怨无悔，全身心投入：当好班主任；教好课；做好校办厂厂长；主持好学校的教育教学工作。在这13年的基础教育工作中，我最大的感受是：教书育人是有规律的，其核心问题是如何架起师生之间的心灵桥梁。应该说，我这13年干得不错，“文化大革命”结束后的第二年，即1977年，在教育走上正轨的时刻，我被评为北京市朝阳区优秀教师。1978年，北京师范大学心理专业恢复招生，但心理学教师极端缺乏。母校想起了当年的“好学生”，要调我回母校重操旧业。为振兴中国心理科学，时代呼唤我归队，我只能含泪离开已让我深爱的基础教育界。在回母校时，我带回了5篇在中小学工作之余收集数据并撰写完成的研究报告，涉及聚焦先天与后天关系的心理发展规律的双生子智能与性格研究、儿童青少年数学能力发展及其思维结构的研究、品德不良中学生心理追踪研究等。经我恩师朱智贤教授(以下简称“朱老”)的推荐，我竟然成为1979年中国心理学会恢复活动后首次学术大会上的报告人之一，我报告的主题是智能发展及其结构问题。我对品德研究的论文则由中国心理学会秘书长、中国科学院心理研究所所长徐联仓先生向全国人大常委会彭真同志(后来任全国人大常委会委员长)推荐，彭真同志责成教育部等单位为我召开了一次研讨会，该文成了我的成名作。虽然这些作品在今天的“文集”中已显示不出水平，但毕竟是我对教育与心理学研究的开始。在这初入杏坛心灵的交响乐中，我深深地体会到三点：儿童青少年身心发展是有规律的，它是基础教育工作的出发点；中小学是一块心理学研究难得的实验宝地；儿童青少年心理发展将成为我终身研究的重点。

对一个高校教师来说，他的成长离不开师长的培养；而他自己能否培养出国家所需要的人才又是衡量其素质的根本标准。我的“文集”体现了上靠恩师、下靠学生的一种传承。我的心理学功底是北京师范大学心理专业的老师们给的。当年的北京师范大学心理专业名家多，按照专业课程的开设次序，彭飞、张厚粲、朱老和章志光等教授先后给我们上课，可以说我今天的讲课风格是他们讲课特点的综合体现。当然，对我系统培养、扶植的是我的恩师朱老。朱老是一位学术大师、是中国发展心理学的奠基者，他对我人品上的最大影响有两点：一是对国家的忠诚和对党的热爱；二是他的创新精神。如原杭州大学老校长陈立教授给朱老一封信中所言，“新中国成立后，心理学界能就一方面问题成一家之言者，实为少见。老兄苦心深思，用力之勤，卓有硕果，可谓独树一帜”。“文集”不仅反映了我对朱老事业的继承，也展现了我的具体研究。从思维认知到品德社会性，从非智力因素到心理健康，从教师心理到学生发展核心素养，等等，我的研究内容来自自己的课题，我主持过国家自然科学基金、国家社会科学基金、教育部和科技部等20多个大大小小的项目。谁来操作完成呢？是我的弟子们。在科研中，他们展示了品格、智慧和才干，使我萌生了培养出超越自己、值得自己崇拜的学生之信念。我的学生俞国良教授鼓励我创建一个学派，我说已经形成了。从朱老到我，从我到董奇教授，我们已经有了一个较庞大的团队，我们围绕着教育与心理发展的主题，做了许多颇有影响的心理学科建设工作，是否已成为与众不同的学派，我不想妄加评判。我的“文集”只不过是这个团队的一部分成果。

有人问我，“文集”有什么特点？我不想对它做过多的自我评价，只是想表达我在追求“六个坚持”。

一是坚持走心理学研究中国化的道路。心理学是科学，科学无国界。但心理学研究人的心理，人的心理往往又打着文化的烙印。中国人的心理既具有全人类性，又体现中华文化的特点。因此中国心理学必须立足中国、借鉴国外、挖掘历史、把握当代、面向未来，着力走心理学研究中国化的路子，在指导思想、学术体系、研究方法、话语体系等方面充分体现中国特色、中国风格和中国气派。这当然是我的理想，尽管现实离理想还有很大的距离，但我坚信，通过几代中国心理学家的不断努力，是能够实现这个目标的。而“文集”正体现了我在心理学研究中国化上的一些努力：努力研究中国的现实问题；努力借鉴国外理论方法的同时，积极地挖掘本土的智慧与方法论；努力建立我们自己的知识体系。我深深地体会到，越是民族的东西，越能在国际刊物上发表，即越能走向国际，实现国际化。

二是坚持科学的精神。什么叫科学？它是指运用范畴、定理、定律等思维形式反映现实世界各种现象的本质和规律的知识体系(《辞海》定义)。从我 1960 年考入北京师范大学学习心理科学那天算起，正好是一个甲子，我和心理学打了 60 年的交道，我热爱几乎用毕生来研究的心理学。我懂得在心理学研究中科学精神的重要性。而“文集”则体现了我在心理学研究中重视的几个原则：重视实事求是、注重客观标准、相信事实、强调实践，主张在中国实践中研究心理学；重视以定性分析和定量分析作为研究心理学的方法，不仅要运用心理统计学，还要涉及模糊数学和数理逻辑，这应该引起我们心理学界的注意，至少它是一个方向，因为心理现象具有模糊性，讲究范畴，惯用推理；重视国际化，强调开放体系，尽管我走的是心理学研究中国化的道路，但我从来不否认同国外交流，也从不承认终极真理；重视科学的自由探索，我们这代心理学学者，曾经历过对某种心理现象研究的禁区，我提倡中国心理学百家争鸣、百花齐放，有一定权威的心理学家更要谦虚谨慎，聆听各家的意见，切忌盛气凌人、以势压人、一人说了算。

三是坚持正确的指导思想。我出身贫寒，从高中到大学，都是靠人民助学金维持生活、完成学业的。我的座右铭是“忠诚于党的教育事业”。我的最大信仰是毛泽东同志指出的“领导我们事业的核心力量是中国共产党，指导我们思想的理论基础是马克思主义”。这应该是我们的根本意识形态，是核心价值观的精髓。因此，我把辩证唯物主义作为自己对心理学研究的指导思想。对这个观念，我是不会动摇的。而“文集”也体现了这种观点，尽管我做得还不够好。我赞同唯物辩证的心理发展观：和任何事物一样，心理处于发展变化之中；引起这种心理发展变化的有外因也有内因，外因必须通过内因而起作用；心理的发展变化，既有量变又有质变，量的积累是质的发展变化之基础。与此同时，我也赞同辩证唯物的心理反映论，即我协助恩师朱老提出的实践反映论，它强调实践反映人的认识，具有决定性、社会性、主体性、发展性、能动性和系统性等特点。

四是坚持系统的原则。受唯物辩证法的方法论以及现代系统论的影响，我比较喜欢整体性或系统性的原则或原理。事物是以系统形式存在的有机整体，是由要素以一定结构组成的，是具有不同于要素功能的系统，是由不同层次的等级组成的开放系统，它处于永不停息的自组织运动之中，有其产生、发展和消亡的过程。这个原则给我两点启发：人及其心理发展是一个系统或一个有机的整体；任何一项心理学具体研究都是一个整体或由各种环节构成的一个系统。这个原则促使我追求系统整合的心理学观。“文集”正体现了这个原则。系统观使我懂得教育与心理发展是一个系统工程，是一个多历程、多形态、多成效、多争议的自然和社会现象；系统观促进我构建了诸如思维结构、品德结构和学科能力结构等心理学知识体系；系统观成全我完成20多项重要的心理学和教育学的研究项目。

五是坚持理论联系实际。理论联系实际既是我们党和国家倡导的三大工作作风之一，又是科学技术和学术研究必须遵循的一种良好风范。在我从事的心理学与教育学界，理论联系实际不仅是朱老一贯的主张，也是国际心理学和教育学研究发展的一种新趋势。例如，“生态化运动”“教育行动研究”等，是发展心理学和教育心理学研究领域出现的一种强调在活生生的自然与社会的生态环境中，研究被试心理特点的普遍倾向。因此，坚持理论联系实际是我在研究中的一个重要原则，它使我懂得：没有心理学理论的指导，就不可能深入研究一系列相关的现实问题，即使研究了也水平有限；如果没有扎实的实践基础，研究了半天也是空泛无味，没有应用价值，也不可能有进一步的创新价值，更重要的是广大老师、百姓不买账，所以我在理论联系实际上不偷懒、不懈怠。而“文集”则体现出我在这方面的收获。如果说今天我在心理学界与教育界有一定的知名度和影响力，是因为我在大大小小的项目研究中坚持了理论联系实际的研究作风。我还要指出的是，我的不少课题成果汇聚到“文集”中，靠的是众弟子的力量、团队的力量、各相关课题组的力量！应该特别提到的是董奇和申继亮等教授的辛勤投入，没有他们，哪能有在全国26个省、自治区和直辖市坚持20多年(1978—2002年)的学习与发展、教育与发展的实验研究。从这些研究中获益的中小学教师超万人，学生超过30万。

六是坚持作品的独立性。“文集”由2本论文选和11本著作(合并为10卷)组成，构成12卷，除了学术论文和研究报告有合作的成果之外，其他著作都是“独作”，因为我不想收集合著、主编作品和译作。只有“独作”才能更好地代表我的观点。

“文集”终将出版，让我衷心地感谢最关心我的母校——北京师范大学，感谢我的好友、著名书法家启骧先生为“文集”题写书名，感谢协助我搞科研、出成果、辛苦付出的每一位团队成员和课题组成员，感谢北京师范大学出版社及相关的编辑们(我在各卷中将向具体人员致谢)！

著　者

2020年4月20日于北京师范大学

前言

2002年北京师范大学迎来了百年校庆。作为北师大的学子又是北师大的教师，我为母校百年大庆呈献上了《教育与发展》与《学习与发展》两本拙著，由北京师范大学出版社出版，以表达对母校感恩之情与真诚祝愿。与此同时，作为一个教育工作者，自然要谈点自己的教育观，认为教育就是发展，探讨如何通过教育促进受教育者的发展。

这次学校为我出版“林崇德文集”（简称为“文集”），《教育与发展》编入“文集”，既要保持这本著作的原汁原味，又得做许多修订的工作。主要的修订者是我的弟子辛自强教授。《教育与发展》原先有个副标题“创新人才的心理学整合研究”，可是这次同时入“文集”的有一卷《创造性心理学》，它较详细地展示了我以及自己团队对创造性心理学的研究成果。为了避免《创造性心理学》与《教育与发展》中相关内容的过多重复，我决定删除后者的副标题，删掉第九章“培养和造就高素质的创新人才”。然后，把第八章“智力培养的研究”重新修订为“从智力因素培养智力”和“从非智力因素培养智力”两章，以充分展示我们团队在教育与智力发展中的研究成果。这是一件艰巨的任务，自强花了半年多时间，帮助我调整结构，重新整理了新的第八章“从智力因素培养智力”，并撰写了第九章“从非智力因素培养智力”的内容，同时又为我修订了第十二章“心理健康是德性的一个重要因素”，为《教育与发展》的修订尽其全力。这中间刘国芳协助自强做了不少工作。除此之外，罗良帮助我修订了第七章智力发展的脑机制；林众帮助我修订了第五章教师应用现代化教育技术的能力；黄四林和朱皕帮助我修订了第三章研究方法；张叶和王泉泉帮助我修订了全书最后的参考文献。于此，一并表达衷心感激之情！

新版的《教育与发展》电子稿于2019年国庆前后发给北京师范大学出版社，担任本书责编的是“文集”的策划编辑关雪菁。雪菁是我弟子李晓东教授的学生，所以她对我抱着晚辈尊敬长辈的感情。负责清样校对的是罗良教授，谢谢雪菁，谢谢罗良，更要谢谢北京师范大学出版社！

著　者

2020年5月12日

第二版前言

《教育与发展》于2002年10月为向北京师范大学100周年献礼而由北京师范大学出版社出版。此书出版后，在社会上获得了一定的好评，也产生了一定的影响，书评不少，不仅获得了教育部第三届全国教育科学研究优秀成果一等奖，书中的有些观点还引起了社会的共鸣，例如，不少大学、中学和小学都赞同我所提出的学校精神。中央教科所所长也说："我们还应该提倡'教科所精神'。"

《教育与发展》出版十年来，至今未作修订，这次修订的目的有三：第一，是由于出版十年来，教育与发展相关研究的新资料很多，需要补充；第二，原书的副标题是"创新人才的心理学整合研究"，这一次我补充了自己所主持的教育部两个重大攻关项目的研究成果，一个项目是《创新人才与教育创新(2003—2007)》，另一个项目是《拔尖创新人才的成长规律与培养模式(2010—2014)》，我把这两个项目成果的有些要点补充到了这本书中；第三，是凝练了我自己的许多观点，尽管主要的观点保持不变，但是这些观点都做了一些精练和凝缩，包括原书副标题"创新人才的心理学整合研究"，尽管整本书有相当一部分是在谈创新人才的心理学研究，但不能囊括全部的成果，因此我在原副标题前加上两个字：兼述。我认为这样的修订更能够体现科学性。

我自己正在整理《林崇德文集(10～12卷)》，这个工作是从2011年开始的，现在几本书陆续在整理中，我想也该轮到《教育与发展》的整理了。于是，我利用将近一年时间修订了《教育与发展》。如无大的变动，希望五年后能够成为自己“文集”的一个组成部分。第二版的责任编辑是周雪梅，于此向雪梅并通过雪梅向北京师范大学出版社深致谢意。

著　者

2013 年 4 月 17 日于北京师范大学

第一版前言

书稿总算完成了，我感到一阵的轻松。

我是北京师范大学的学子，又是北京师范大学的教授，今年是母校 100 周年(1902—2002)的大庆，我想赶在 9 月 8 日庆典之前将此书脱稿，与另一本拙著——《学习与发展》的修订本一起，献给母校校庆，以表达一个学子对母校的一片深情。

我长期从事发展心理学与教育心理学的研究与教学工作。其中，教育如何促进受教育者——学生的发展，是我长期研究的一个课题，在“六五”“七五”“八五”“九五”四个五年规划中，我都主持了教育部或国家级教育科学重点研究项目，进行有关“教育(教学、学习)与发展”问题的研究，“十五”规划(2001—2005)期间我又获准主持国家级教育科学重点项目“教育与发展——创新人才的心理学整合研究”。这个课题要等三年后再结题，但为了母校的校庆，我提前赶出了这个课题的主件《教育与发展——创新人才的心理学整合研究》一书，既作为母校百年华诞的献礼，又作为自己“十五”研究课题的指南。

撰写《教育与发展》，我花了整整 10 年的时间，1992 年拙著《学习与发展》出版后，我就着手写作《教育与发展》书稿。几家出版社都向我约过稿，本书的第一章基本上是 1992 年至 1993 年写成的。但我为了使书稿的材料完整且突出研究性，最后以一部真正的“专著”问世，我把此书稿拖了 10 年，这是不断探索与不断积累的 10 年，直到这次母校校庆前夕才停笔。这本书稿所坚持的观点、所使用的实例和所引用的数据全部来自我自己的研究、我弟子的研究和我的课题组研究的成果(相当数量为“十五”期间的成果)，为的是突出自己对“教育与发展”理论与实践的思考；为的是提倡心理科学与教育科学的创新，企图为此做出一点原创性成果。这样做，丝毫不是“排斥”旁人的研究，而是要体现一位从事教育科学研究的年过花甲的心理学家的专著的特色，用一家言与百家言交流、沟通和探讨。

在成书的过程中，我的弟子们和课题组成员们为我提供了大量的原始材料，使我相当感激。特别是申继亮、俞国良、沃建中、蔡永红、方晓义、李虹、李庆安、张奇、衷克定、王雄、张文新、辛涛等为我送(寄)来117种论著，有的还是他们未曾发表的文稿。截至今年暑假，我已带出了41位博士，他们的博士论文中与我的书稿有相关之处的，我都引证于此，不再一一提及了。我们的博士后、博士生和硕士生尤其是吴安春、鲁志鲲、刘慧娟、王永丽、张璟、侯瑞鹤、王英春和周雪梅等为我的书稿做了很多工作，他们帮我寻找资料、打字校对，都付出了艰辛的劳动。所有的这一切，令我倍感师道之乐。此外，本书是由我的大学同学许金更编审并承担责任编辑的，她为此书所作的努力，体现出一位编辑为他人作嫁衣的高尚风格。谨此，我一并敬表谢意。

著　者

2002年8月18日于北京太月园

目录 | CONTENTS

第一篇　教育与发展篇

第二篇 教师与教育篇

第三篇 智育与发展篇

第四篇　德育与发展篇

第一篇

PART 1

教育与发展篇

教育的对象是人。人才的成长靠教育，培养和造就高素质创造性人才，主要依赖于教育。因此，教育的职能在于促进人类的发展和社会进步。自1978年以来，我们的教育科学的研究课题，就是探索学校教育，特别是基础教育与发展的关系及其机制，探索学生创新精神①培养的模式。

我们课题组通过对自然科学领域的34位科学家(主要是两院院士)和社会科学领域的36位社会科学家(主要是经济学、文学、艺术领域的学部委员和资深教授)的研究发现，科学创造人才的成长由自我探索期、集中训练期、才华展露与领域定向期、创造期以及创造后期五个阶段构成。在科学创造人才的成长过程中，有以下影响因素：导师或类似于导师的人的指引、交流与合作的氛围、父母积极鼓励、中小学以及大学教师的作用、多样化的经历、挑战性经历、青少年时期广泛的爱好、有利于个体主动性发展的成长环境以及有利于产生创造性观点的研究环境。这个研究结果启示我们，创造性人才的成长是分阶段的，因此创造性人才的培养和造就也是一个系统工程，应该根据创造性人才成长的规律，从早期教育开始，分阶段、分层次、循序渐进地进行。总之，创造性人才的基础是教育。

本篇我们通过文献研究和实验研究，对“教育”的概念以及“教育与发展”的观念和方法提出了自己的看法，这是全书的总论。这一篇分三章。第一章论述教育的含义、功能和目的。主要突出教育是为了促进个体和社会的发展。我们提出了培养“T”型人才——创新人才——是否可以作为我国21世纪教育事业发展的目标。第二章阐述了我们自己的“教育与发展”观的由来，即论述“教育与发展”理论的演变、理论基础和具体观点。第三章论述教育与发展的方法学和现代教育研究的一般方法，主要突出我们的实验研究和实践研究，并企图阐明，离开了科学实验，教育科学研究就会失去它的科学价值。

---

① 在本书中，我们把innovation(创新)和creativity(创造性或创造力)视为同义语。

第一章

永恒的教育

在人类滚滚不息的历史长河中，教育是一首永远谱写不完的诗篇。只要有人类,就会有教育；人类办教育，为的是促进自身更好地发展；教育赋予人类以智慧与美德，教育赋予社会进步的力量；教育是人类永恒的乐章。

第一节

教育的含义

概括地说，教育是一种传承文化、培养人才的社会活动，教育的目的在于促进人的发展和社会的发展。

在中国，“教育”一词最早见于《孟子·尽心上》，“得天下英才而教育之，三乐也”。按《说文解字》的解释：“教，上所施，下所效也”“育，养子使作善也”。在西方，“教育”(education)一词源于拉丁文educare，本义为养育、引出或发挥，指通过教育(教养)活动引导儿童，使其固有能力得到全面的发展。

今天，如何全面地揭示教育的含义，这是我们进行教育实验研究的前提。

一、教育是一个系统的概念

教育是一个系统工程，是一种多历程、多形态、多成效、多争议的社会现象。

“得天下英才而教育之”，要使受教育者“作善”、发展、变化，成为“英才”，这是一个长期的需要精雕细刻的过程，即按我们所强调的多历程，这就是“十年树木，百年树人”的道理。尤其是要建设创新型国家的今天，重视创新人才的培养是教育的一项重大的任务。所以教育是一个要顾及过去、计划现在、预见未来的周期性较长的历程，它不仅仅是一种技术，更是一种艺术。正因为如此，我们在教育实验中，强调重视改进教育艺术，提高教育质量，坚持长期感情投资，以获取各个方面的人才。

教育的多形态，取决于它是一个多角度、多侧面、多层次、多联系的结构。我们的教育观，是一种系统结构的教育观，下边我们将详细地对这一问题展开分析。

教育的成效是多种多样的，而不是单纯或单一的，同样，对教育水平高低和成效优劣做出的“教育质量”的评价，也是多样的。不同的教育质量观，会对教育工作及学生质量提出不同的看法。我们在教育实验中的质量观是要求“人人成才”，而不单纯地去追求“个个升学”。因此在实验中，我们既强调人人都有创造性，又重视学生的个别差异，提倡因材施教，鼓励“冒尖”，又允许“落后”，重在发展个性（personality，又译人格）。

教育从其产生起，就是一种多争议的社会现象，多人多义，众说纷纭。有些人从教育实质分析教育概念的内涵，有些人从教育范围分析教育概念的外延。因此，我们在教育实验中，将教育看成是一个复合的概念，或者是一个系统的概念。

（一）从教育要素分析

从教育的要素来看，“教育”包含教育者、受教育者和教育媒体三个概念。

教育者，或教师，即“上所施者”，以其自身的活动来引起、促进学生的身心发展，使其出现合乎教育目的的发展和变化。

受教育者，或学生，即“下所效者”，以其接受教育影响后、发生合乎目的的发展和变化，来体现教育过程的完成。

教育媒体，这里主要指为实现教育目的的教育内容、教育方法、教育技术、教育手段和教育组织形式等，它是置于教师和学生双边活动之间，使之交互作用的中介物。

在教改实验中，我们既重视教师的“教”，又重视学生的“学”。教育和教学是师生通过教育媒体交互作用的活动。

（二）从教育内容分析

从教育的内容来看，“教育”因社会条件和依据理论的差异而有各种不同的概念。

从现代社会要求来看，德育、智育、体育、美育、劳动教育、群体教育等教育内容都是不可缺少的。因此，“教育”应该包含多少种的“育”？可以有一个自由度，然而，其核心成分是德育、智育和体育，首要的是德育；至于具体提多少种教育内容，这不是教育的实质，关键的问题是要倡导学生全面发展，学有特色。

（三）从教育活动分析

从教育活动的范围来看，“教育”是有着极其广泛途径的概念。

教育活动分狭义的教育和广义的教育。前者主要是指学校教育或类似学校的办学机构的教育，又称正规教育；后者既指正规教育，又指非正规的教育，即指广泛接受的教育，包括学校教育、家庭教育和社会教育等。

教育中的诸育各有各的实施途径。以智育为例，就包含教学、学习、训练、辅导、参观、作业、考试、课程、教材和课外活动等。这些途径所反映的一系列的概念，都或多或少地与“教育”活动有关，也是教育概念的重要组成部分。

（四）从教育过程分析

从教育的过程来看，“教育”包含着诸多“发展”的概念。

教育过程是教育者有目的、有计划运用教育影响，促使受教育者身心向既定教育目标发展的过程。

教育过程是上述教育要素，即教育主体、客体、媒体三者转化的过程。在教改实验中，我们并不反对社会上提出的“教师为主导、学生为主体”的理念，然而对教学过程应坚持如下“双主体”的表达(见表1-1)：

表1-1　教育过程的“双主体”表达

教育过程	主　体	客　体	媒　体
教	教师	学生	知识(内容)
学	学生	知识(内容)	教师

教育过程是人社会化的过程，社会化是个体掌握和积极再现社会经验、社会联系和社会必需的品质、价值、信念以及社会所赞许的行为方式的过程，社会化过程的基础是接受教育。基础教育使个体完成儿童青少年期的社会化，而终身教育是个体，特别是成年人的继续社会化和再社会化的过程。

教育过程的这三种含义，是教育概念中不可分割的成分。

(五)从教育结构分析

从教育的结构来看，“教育”是由层次、类型、办学形式和管理体制等诸方面建构而成的，这就使教育形成了一个完整而系统的结构。

按教育层次构成来看，教育包括学前教育、初等教育、中等教育和高等教育等。

按教育类型构成来看，教育包括普通教育、专业教育和特殊教育等。

按办学形式构成来看，教育包括学校正规教育、业余教育、函(刊)授教育和广播电视教育、在线教育等。

按教育管理体制构成来看，教育包括公办教育、民办教育、私人办教育等。

此外，教育还有民族结构、社区或地区结构和专业设置结构，等等。

由于教育总体的各个部分是按一定的比例关系来建构的，所以“教育”的概念就有不同的复合形式。

(六)从教育制度分析

从教育的制度来看，“教育”的机构组织设置和管理权限总是有着一定的格局，这种格局又处于“教育”概念的外延之中。

任何一种教育制度都是在变化过程中形成的，都是随着所处社会的政治、经济、科学、文化和各种力量的变化，不断地在改进和革新之中。

从行政结构与管理权限的角度来说，教育制度可以分为中央集权与地方分权两种。从教育倾向与前景的角度来说，围绕着：①发展中国家“人才外流”；②“重理轻文”，脑体倒置，社会上“重实用，轻道德准则(行为规范)”；③重早期(学前)教育；④越来越了解传播工具(如电视、广播、互联网、手机等)对教育的作用和影响；⑤成人教育与终身教育五个方面出现各种机构与组织，并规定相应的权限。① 以上两个方面，都涉及教育概念的变化。

综上所述，只有从整体出发，对教育概念作系统的分析，才能进行教育的科学实验研究，才能进行教育改革。改变那些教育制度或革除陈旧的教育内容、方法，以便使教育适应社会发展和个体发展的需要，提高教育质量。我们自己在教育改革的实验中，坚持了理论联系实际，在实验中对照教育的概念，检查自己做了哪些工作，还有什么差距。因为教育改革按教育活动分类，无非是整体教育改革和部分的、单项的教育改革。这两种改革都是相对的，即使是整体教育改革，如果按照上述六个方面“教育”概念系统的分析，也还是有很大距离的。所以，我们把认识“教育”的概念系统，作为教育改革的教育科学研究的理论前提。

二、从不同角度来认识教育的本质

教育的本质是什么？作为一种社会活动的教育与其他社会活动有何根本的区别？这在教育界分歧很大，很难统一，我们也不去强求其统一。我们在自己的教育实验中，承认各种关于“教育本质”的观点都有其一定的合理性，并从以下三个方面去吸取各种教育思想的合理内容。

---

① 中美联合编审委员会：《简明不列颠百科全书》，354 页，北京，中国大百科全书出版社，1985(4)。

(一)按照定义方法来揭示教育的本质

古往今来，给我们留下了大量的教育定义，这是教育家们对教育本质的揭示。分析教育的定义，大致有着规范性、功能性、时代性和内涵性四种方式。①

1. 规范性

即“教育”一词含有浓厚的社会规范性，它追求正向价值的规范过程和效果。换句话说，教育活动是动态的、发展的，不好的要变好，好的要更好。教育的本质是为了获得良好的社会行为规范。例如，“修道之谓教”(《中庸》)“以善先人者谓之教”(《荀子·修身篇》)“教也者，长善而救其失者也”(《礼记·学记篇》)。又如，前边提到《说文解字》对“教育”作了全面的解释，“教，上所施，下所效也”“育，养子使作善也”，按后人注“育”字：“育，不从子而从倒子者，正谓不善者可使作善也”。道理一个样，由此可见我国自古以来界定教育的含义，不仅含有浓厚的规范性意义，而且就“教”与“育”比较起来，“教”是外显的行动，“育”是由外塑的措施到内动的接收，有着“内化”的成分，从这个意义上说，“育”比“教”更为重要。今天的教育往往重“教”不重“育”，如《学记》所感叹的：“今之教者，呻其占毕，多其讯，言及于数，进而不顾其安，使人不由其诚，教人不尽其才，其施之也悖，其求之也佛。夫然，故隐其学而疾其师，苦其难而不知其益也。虽终其业，其去之必速，教之不刑，其此之由乎!”可见，只重“教”而不重“育”，也会影响规范性。至于西方由“educare”到“education”的界定教育也重在养育、激发、发展等过程和功效，只不过是以具体行动过程来定义较抽象本质的或规范的内涵罢了。

2. 功能性

即强调“教育”的功能。例如，“教育即生长”②“教育系体智德等正向经验的发展”③“教育是经验的联结或改造”(E. L. Thorndike，1903)；“教育是文化陶冶，或文化传递和创造”④“教育是社会适应(或社会化)”⑤；“教育是知识技能的传授”“教

① 黄光雄主编：《教育概论》，77页，台北，台湾师范大学书苑有限公司，1990。
② [美]杜威：《经验与教育》，姜文闵译，北京，人民教育出版社，1991。
③ [美]杜威：《人的问题》，丘椿译，北京，文化教育出版社，1957。
④ [美]米德：《文化与承诺》，周晓虹译，石家庄，河北人民出版社，1987。
⑤ [美]布鲁纳：《教育过程》，上海师范大学外国教育研究室译，上海，上海人民出版社，1973。

育是自我实现”(A. H. Maslow, 1968)①, 等等。这些所谓生长、发展、联结、改造、陶冶、传递、创造、适应、传授和实现等行为过程或程序, 都是一些描述教育功能的口号或隐喻, 并以这些“外塑型”“内化型”或“外塑与内化统一型”等教育功能的模式作为教育的本质, 一句话, 教育即发展变化。

3. 时代性

教育的定义, 因时代及社会的变迁而发生的变化, 不仅反映了教育的社会属性, 而且也反映了不同时代人们对教育本质的认识。例如, 在20世纪50年代, 斯大林的《马克思主义与语言学问题》的发表, 引起苏联教育界对教育本质属性的讨论;《苏维埃教育学》杂志编辑部在总结中提出“教育是社会的上层建筑”。“文化大革命”时期的我国, 普遍地将教育定义为“阶级斗争的工具”, 或者将教育定义为“为生产斗争、阶级斗争和科学实验三大实践活动服务的综合性的社会实践活动”。1978年后, 随着我国工作重心的转移, 教育界又提出“教育是生产力, 教育具有劳动力再生产的职能”“教育具有上层建筑和经济基础双重属性”等定义。在西方, 很长时期以来教育是指正规的或狭义的教育, 即学校的教育, 其实质理解为“成熟一代引导不成熟一代(儿童)”。随着民主教育哲学的兴起, 教育定义中的自由、民主和平等因素加重, 个性(人格)及全民的终身教育(a life-long education for a whole person and for all people)日益受到西方世界重视, 教育也不限于学校教育, 广义的教育渠道往往是五花八门的。20世纪50年代后, 由于国力竞争的需要, 西方国家重视创造性的研究, 80年代“创造性教育”和“创造性学习”概念被正式提出, 体现了教育与创新人才成长的关系。

4. 内涵性

下定义往往突出内涵, 以此表达概念的实质。教育定义亦是揭示教育实质, 突出内涵。《中国大百科全书·教育》(1985)给教育下了如下定义:“教育是培养人的社会现象, 是传递生产经验和社会生活经验的必要手段”。② 作者对此作了分析,

---

① [美]马斯洛:《存在心理学探索》, 李文湉译, 昆明, 云南人民出版社, 1987。

② 《中国大百科全书》编辑委员会编:《中国大百科全书·教育》, 北京, 中国大百科全书出版社, 1985。

指出教育的实质是培养人的社会活动，它随着人类社会的产生而产生，随着人类社会的发展而发展。教育同社会发展有着本质的联系，并受教育对象身心发展规律的制约。它以越来越复杂的形式适应着社会发展的需要，为一定社会的政治和经济服务。现代生产和现代科学技术的发展，对教育提出了更高的要求，它的作用也日益受到世界各国的重视。我们基本上赞同这样从内涵层面下定义并对其作解释，我们认为，教育是一种以促进人的发展为目的，以传递知识、经验和文化为手段培养人的社会活动。我们这样分析，是企图从内涵层面来揭示教育的三个含义：教育是一种培养人的社会活动；教育者传递给受教育者的是知识、经验和文化，使受教育者对此加以接受、继承和发扬；教育的目的是为了促进人的发展，以此去推进社会的发展。

（二）按照教育的理论基础来揭示教育的本质

教育有着许多理论基础，首先是心理学基础，其次是哲学基础，还有社会学、经济学、人类学和伦理学的基础。这些理论基础必然阐述教育本质与经济、政治、文化、社会、伦理和心理的关系。从这些关系中，我们可以求得教育本质的线索。

1. 从教育与经济、政治的关系来看

一定的教育，必然要反映一定的经济和政治的要求，并反过来为其服务。经济是政治的基础，政治是经济的集中表现，经济对教育提出的要求，一般又是通过政治对教育的影响而集中地表现出来。从这个意义上来说，教育是一定的社会的意识形态，一定的教育要为一定的政治服务。所以有人将教育归于上层建筑，这是有一定道理的。

2. 从教育与文化的关系来看

教育既是文化的主要成分，又是文化传承的手段，人类文化的继承和弘扬主要是依赖教育，而教育的主要内容乃是人类文化创造的成果。实际上，“文化”与“文明”,有时是两个概念，前者更强调民族性，后者则强调全人类性；有时又可以看作同义语，这两个词有时可以互用，不必加以区别。教育活动正是要把人类所建树的一切文化成果，都用来培养合格的人才，为人类文明服务。

3. 从教育与社会的关系来看

教育既受社会物质生产与精神生产的制约，又推动着社会物质生产与精神生产的发展和完善。教育起源于劳动，人作为劳动力是社会生产力中最活跃的因素。教育随着生产的发展和社会的变革，也在变革着，变化着，在不同的社会历史阶段，由于生产力发展水平不同，生产关系和政治制度各异，教育也具有不同的性质和特点。教育对社会发展的作用，是通过培养人来实现的，特别是要通过学校教育，以便更好地把受教育者培养成为一定社会所需要的人。从这个意义上分析，教育是一种社会制度，学校是一种正式组织，班级是一种社会体系，教育的主要功能是社会化，教育是个体社会化的过程。

4. 从教育与伦理的关系来看

符合价值性是教育的首要标准，价值问题是善恶或好坏的问题。广义上说，一切真善美都是价值活动，教育正是价值传递与创造的活动。教育必须符合一切正向的价值活动。古今中外的教育家，历来都重视这种价值标准。杜威的教育哲学，首条就是“理想的人生和理想的社会”①，意指德育、伦理就是教育的价值标准。所以说，我们在自己的实验研究中，坚持一切价值中的核心价值是道德价值；任何价值活动，或教育价值的传承与创造，应该符合道德要求。教会做人是教育的首要任务，所以德育在教育中的位置是无可争议的。

5. 从教育与心理的关系来看

人是教育的对象。从这一教育本质出发，教育是培养人的活动。教育必须以教育对象为前提，掌握人的身心发展的规律，选择合理的教育内容、教育方法和教育技术手段。只有这样，教育才能促进人的发展，以实现教育的目的。我们二十多年的教育改革实验，是一场以自己的心理学理论为基础的中小学教育实验。我们把中小学生心理发展的基本规律看作是这个教育实验的出发点。在智育上，我们强调儿童青少年智能或认知发展规律，突出：①将学生思维品质的培养作为发展其智力与能力的突破口；②从非智力(即非认知)因素入手来发展其智力与能力；③把各学科

① 杜祖贻、刘述先主编：《哲学、文化与教育》，2 页，香港，香港中文大学出版社，1988。

的知识传授与学科能力结合起来，发展其智力与能力。在德育上，我们强调学生品格发展规律，突出：①重视学生品德系统的深层结构，抓好信念与理想的教育；②重视“春风化雨”与“感情投资”的“教化”(《礼记·经解》)，“润物细无声”地去做潜移默化的工作；③重视道德行为习惯的培养，将其视为学生品德的质变和德育的目的。我们认为，只有从学生身心发展规律出发，采用合理的教育影响，经过长期的培育，才能达到社会教育的目标。

(三)从教育的特性来揭示教育的本质

教育有许多属性、特性或特征，这些特性从不同的角度反映了教育的本质。对于教育特性的解释有很多，这里仅举主要的特性来加以阐述。

1. 教育的社会特性

教育是人类社会特有的现象，是培养人的社会活动，它的最显著特性是社会性。首先，不管是学校教育、家庭教育还是社会教育，都担负着运用语言和文字传递人类社会经验、知识和文化的社会职能。其次，教育反映着一定历史条件下的某种社会关系和生产关系，并受生产关系和生产力发展水平制约。再次，教育的观念、目的、内容、方法、制度的发展变化，主要取决于社会历史的发展变化。最后，教育的社会特性，应该是历史性、阶级阶层性和全人类性的统一。所谓教育的历史性，是指教育体现历史的特点和时代的特点；教育的阶级阶层性，是指在阶级或存在不同阶层的社会里，它反映着阶级阶层的要求并为之服务；同时教育包含着全人类共有的因素，在教育的发展中，存在着许多共同的不受经济、政治制约的、能够体现全人类教育的目标和要求、内容、方法和手段。这些共同特性一旦形成，往往成为若干时代、若干阶级阶层、若干民族的共同特点，并以不同制度和不同形式体现在每个国家、社会的教育上。

2. 教育的周期特性

教育的周期是较长的，这是因为：首先，教育是传递人类长期积累的、从事社会实践的历史经验的过程。其次，个体从儿童到成年，通过长期的教育和感化，才能成为社会有用的人才。再次，当前的教育是为社会发展及其需要所做的人才准备，教育超前规划、优先发展是人类自觉推动社会前进的一种标志，然而当前的教育投资不能立见成效，需要经过较长的人才培养周期，才能收到经济效益和社会效益。最后，教育要为未来社会和经济的发展培养人，根据未来社会对人的要求而办好教育，教育还要为受教育者一生幸福和发展奠定良好的基础。所以，教育具有周期长的特性。

3. 教育的形式特性

教育总是按照上述的教育“三要素”通过一定形式进行的。第一种是学校教育，它是教育者在固定的场所有目的、有计划、有组织地对受教育者实施影响的过程。第二种是信息媒介(如图书、报刊、广播、电影、电视、手机、网络等)对受教育者实施影响的过程。第三种是自然形态的教育，它是通过人与人之间的联系(如示范、模仿、交往、接触、传递信息和经验等)来实施影响的过程。家庭教育和社会(文化教育机构)教育也往往采用这种自然形态的形式。第四种是自我教育，它是受教育者通过自觉的、有目的的自我学习以达到发展自身身心的过程。由于教育形式的多样性，也促使教育内容、方法和技术手段表现出多样性。

4. 教育的生产特性

如前所述，教育对社会发展的作用，是通过培养人来实现的，这表现在：教育是劳动力再生产的重要手段，劳动力的质量是提高劳动生产率的重要基础，通过教育传播和继承科学技术，从而促进科学技术的发展，推动生产力的发展。因此，“教育是人类自身生产的再生产和重要组成部分。人类自身的生产是指个体人的形成，直至进入社会；人类自身的再生产是个体和人类社会的不断发展和完善”①。由此推动着人的自身和社会的不断发展和完善。

5. 教育发展的不平衡特性

教育是为了培养人，然而，教育又是人办的教育，教育发展的质量和特色又因人而异。换句话说，教育取决于不同经济、政治、民族、地区、时代的不同的人，取决于其办教育的目的、目标、条件和水平，所以存在着很大的不平衡性或差异，

① 桑新民：《当代教育哲学》，57页，昆明，云南人民出版社，1988。

因此，教育的发展又带民族性和地区性，带有不同的校风、学风、教风，带着不同的特色、风格、水平和质量。

三、教育发展的新特点

第二次世界大战以来，教育改革的浪潮一个高过一个。20 世纪 80 年代以后，教育的发展更为迅速。出现了不少新特点，突出地表现在两个方面，从这两个方面我们可以进一步来分析教育的含义。

（一）教育时空的扩展

这里的教育时间，主要指受教育者的年龄；教育空间，主要是指教育的场所。近 40 年来，教育的时间和空间在迅速地扩大着。

1. 时间

在个体受教育的年龄上，过去一般限于学龄期，主要是指中小学。中学毕业，上大学的还是少数。也就是说，最大到青年期，个体就完成了受教育的任务。

随着教育时间的扩展，向前推，早期教育发展很快，近年来一个值得注意的趋势就是学前教育，特别是幼儿园时期以前的教育，已经日益引起人们的注意，并为这种教育增添了设备。现在，大多数国家已经承认托儿所或婴儿学校是国家教育制度的一个基本组成部分，而且开始重视更早的教育——胎教，并在教育的措施、训练和科学研究上，做了大量的投入。向后推，除了发展大学的本科教育和研究生教育之外，继续教育也迅速地发展着。通过业余、脱产或半脱产的途径对成年人进行教育，是学校教育的继续、补充和延伸。这里出现了青年人教育、中年人教育、老年人乃至于终身教育。终身教育思潮是在第二次世界大战以后、科学技术迅猛发展的时代背景下产生的，现代科学技术的进步和发展使得生产技术、生产组织、劳动市场结构和劳动的性质以及社会生活发生了急剧的变化。这种变化往往加速了劳动的变换和职业的流动性，传统的学校已不能适应这种变化的需要。联合国教科文组织于 1972 年推出的《学会生存》一书，也是强调终身教育。终身教育倡导者认为，教育的概念要扩大，学校制度要改革，教育不仅要授予学生走向社会所需要的知识，而且要以终身教育思想为指导，发展学生继续学习的能力，以便将来走出校门以后能够不断地获取新的知识。同时，成年人也需要继续学习，才能适应现代社会的迅速变化。

2. 空间

教育的场所，主要是学校，随着教育空间的扩展，无围墙学校将兴盛，小学以上尤其如此。换句话说，突破学校的围墙，使学校教育、家庭教育和社会教育三位一体，在这里“社区教育”是集中的体现。所谓“社区教育”有两种含义：其一，在西方国家，旨在加强教育的服务职能，以教育过程推进社区发展，并将学校当作向社区所有年龄层开放的教育娱乐中心，成为义务教育与其他福利事业的结合体。教育活动跨出学校的范围，由社区人士共同参与管理，他们既可为学生，也可为教师，或两者兼任。教育内容关系到社区生活，为整个社区的利益服务。其二，在中国指城市教育管理体制改革的实践活动。20 世纪 80 年代后期，上海等地陆续建立了一种称为“社区教育委员会”的机构，由地区企业单位、行政机关和学校推选代表组成管理人员，开展“教育为社区服务、社会参与学校教育并为之提供办学条件”的活动。所有这些，都是教育的社会化和社会的教育化的统一及其表现。此外，随着新的传播工具的发展，使教育的空间和范围大大扩展。无线电收音机、电视机、幻灯投影机、录音机、电影、手机和互联网等都可发挥其传播知识和信息的巨大功能。现在更有许多国家使用电子计算机进行网络教学和远程教学工作。目前，各国都越来越重视新的传播工具对教育的作用和影响，聚焦信息技术、智能技术与教育教学的深度融合，深入推进教育思想、教学内容、教育教学模式与方法的深刻变革。

3. 对教育时空扩展的思考

(1) 我们在自己的实验研究中十分重视教育时空的扩展，我们把这个特点视为教育社会化和社会教育化，并在其中开展了一系列的研究。特别是在使用电子计算机教学以及支持创办“家长学校”，在改善育人环境，促进社会教育、家庭教育和学校教育三教一体化的过程中，做了许多工作。

(2)教育时空扩展的关键，是提高各类各级教育的质量，首先是学校教育的质量，当前学校教育质量，特别是高校，即大学本科与研究生教育的质量尤为重要，应该把提高高校教育质量提到战略的高度来认识和实践。同时，家庭教育和社会教育也有一个质量问题，我们承认，在学校教育、家庭教育和社会教育三位一体的过程中，占领导地位的是学校教育，然而，我们必须清醒地认识到，没有家庭教育和社会教育的质量，想提高学校教育的质量是有阻力的。但目前我国的家庭教育和社会教育的状况，是令人感到忧患重重的。最后，教育质量的提高，集中表现在学生的发展上。如果学生得不到发展，那么一切质量的问题都免谈。

(3)信息化、全球化使教育时空得到了空前扩展。以核心素养研究为例，为了提高组织成员国的国家竞争力以应对全球化经济发展的需要，促进个体为适应全球化社会而获得自身完满发展，经济合作与发展组织(OECD)在1997年启动了“素养的界定与遴选”(Definition and Selection of Competencies，DeSeCo)项目。在启动核心素养研究之后，OECD组织了12个国家(奥地利、德国、美国、法国等)开展核心素养相关研究，这一项目随即带动国际各国(日本、新加坡等)有关“核心素养”的研究热潮，推动了各个国家教育改革和测评的发展。

(二)向基础教育倾斜

基础教育是对国民实施基本的普通文化知识的教育，一般指中小学教育，现在有人也把幼儿园教育划入基础教育的范围。在国民教育中，中小学教育是教育的基础，其中，小学是基础的基础，中学是教育的关键。尽管大学教育或高等教育决定着一个国家的教育方向和科学技术的水平，甚至关系到国计民生的大事，然而，今天，提高基础教育的质量，仍是各国普遍关注的大事。

1. 各国领导人都开始重视基础教育

20世纪80年代以后，基础教育及其改革提上各国领导人的议事日程，特别是80年代中期以来，各主要发达国家都对基础教育抓得很紧，由国家领导人亲自主持。美国全国教育委员会于1983年4月发表了《国家处于危机之中》的调查报告，指出美国基础教育质量在下降，引起了全国极大震动，当年年底，里根政府召开了一次全国质量会议，与会者达两千多人，专门研究基础教育质量的问题。在1984年与1986年还公布了教育质量的调研报告。1988年布什上台，表示要当“教育总统”。他说：“当我展望未来时，我认为只有教育才是答案。”于是他非常重视基础教育。克林顿当了8年的美国总统，出台了基础教育的一系列措施，实施提高教育质量的改革。2000年12月美国国会通过布什政府提交的第一个教育法案，拨款增至265亿美元，以加强及改善美国的基础教育，诸如规范课程、强化考试、严格评价等，其中不少是学习中国基础教育的成功经验。日本，在1971年后，进入明治维新以来的第三次教育改革，1984年成立首相府的教育咨询机构——临时教育审议会，由中曾根首相直接抓。竹下登首相施政演说时提到“推进教育改革是必须全力以赴的国政”，而这里的教育改革，主要指基础教育的改革。80年代以来，法国的总统，英国的首相，以及俄罗斯、德国和澳大利亚等国家的领导人，也都重视基础教育的改革。近30年来，我国也十分重视基础教育工作，党中央国务院颁布了不少关于基础教育的文件和法规，对基础教育给予极大的关怀和支持。党和国家领导人都做出了重要的讲话，都强调了基础教育的“重中之重”的地位。1995年1月，全国政协围绕着“全社会都关心和支持基础教育”召开了常委会议，指出我国基础教育在教育事业中占有十分重要的地位，并再次声明，抓好基础教育是今后一个时期内发展我国教育事业的“重中之重”。2001年，国务院召开了首次全国基础教育工作会议，在会上，不仅提出了加强基础教育，大力推进素质教育和积极发展高中阶段的教育，而且对加大政府对教育的投入、巩固扩大农村地区“两基成果”、提高教师的素质、解决拖欠教师工资等许多问题提出了明确的解决办法。

2. 重视基础教育的原因

首先，从基础教育定位出发，基础教育是提高生产力的关键。任何一个国家，开发人力资源的根本出路在于教育。而绝大多数人所接受的教育只是基础教育，因此，基础教育水平的高低，决定着劳动力质量的高低，这是关系到劳动生产率能否提高的一个重要前提。所以，基础教育是提高我们民族创造力和竞争力的关键。其次,基础教育是发展高等教育的奠基工程。因为高等教育生源由基础教育来提供，没有坚实的基础，高等教育就没有可靠的根基。最后，基础教育关系到社会文明的程度。社会文明是由人来维持的，人的道德精神面貌、科学文化修养和身心素质，是社会文明的基本标志。而人的品德发展、智力发展、知识学习和身体发育，都有一个成熟期，这个成熟期正是接受基础教育的青少年期。青少年的素质水平，直接影响到社会文明程度。因此，基础教育的成败，是关系到未来社会的发展、国家的形象和国际地位提高的至关重要的问题。

3. 对向基础教育倾斜的思考

由于上述的原因，我们始终不渝地坚持在基础教育的实践中进行实验研究。我们坚信，未来的国力相争，更多的是依靠基础教育的水平和状况。所以，基础教育必须置于头等领先的地位。与此同时，我们课题组一直关心着中国的基础教育的发展，2002 年我们课题组的吴昌顺先生在全国政协大会上的发言，表达了一位基础教育界的有识之士的真知灼见①。

我们恳愿：全党来抓基础教育，全民来抓基础教育，全社会来抓基础教育。

对于中国的基础教育，究竟是沿着一种什么思路在走？是传承文化培养人才的思路，还是仅仅是急功近利只顾眼前的思路？对此我们在思考着下面八个问题。

(1)我国的基础教育有优势、有成绩。我们应该弘扬其优良传统，使其持续发展，发挥其在国民教育中的作用。

(2)加大对基础教育的资金投入，坚持均衡发展和公平发展，促使各地、各级、各类小学和中等学校能正常工作和顺利进行。

(3)保持中小学的教育体制、目标、课程的相对稳定性，教育决策的执行和改革以调查研究或相对成功的实验研究为基础。

(4)尽早分步实施包括高中的真正意义上的全额免费义务教育。

(5)提高中小学教师的社会地位与待遇，调动广大教师的积极性。没有教师的积极性，未来的基础教育就无发展可言。

(6)提高警惕，打击社会上危及中小学生发展的邪恶风气和势力，使德育工作有针对性和有效性。

---

① 吴昌顺：《基础教育的困惑与呼吁》，2002 年 3 月在全国政协大会上的发言。

(7)为儿童青少年营造良好的育人环境，为校园安全建设立法，以保障学生的全面健康发展。

(8)坚持基础教育要协调发展，提高教育教学质量。抓好课堂教学，在传授知识的同时，着重发展学生的智力与能力，特别要培养他们的思维品质，尤其是创造性的思维品质。特别要指出的是，基础教育阶段不宜简单提“拔尖创新人才”的概念和“英才教育”的概念，而应强调创新精神的培养。

第二节

教育的功能

教育的功能，又称教育的作用或教育职能。

教育具有独特的功能，这个独特的功能，主要是把人类的知识、经验和文化传授给新一代，促进其身心发展，使其成为适合社会需要的人，并以此推动社会的发展。然而，这个功能不是孤立的，而是与文化、经济、政治、社会和受教育者主体等诸方面密切相关的，所以，在讨论教育的功能时应该从文化、经济、政治、社会、个性(人格)五方面入手。

在探讨教育功能的时候，我们联想目前正在推行的素质教育。我们是赞同素质教育的。早在20世纪80年代就提出，我们的课题组应该努力为大面积地、一代一代地提高中华民族素质而竭尽微薄之力。迄今我们也做了一些工作。我们认为，所谓素质，就是质量，英文为quality，香港地区叫“质素”，中国传统语言称“素养”。邓小平同志早在1978年就曾指出：“培养人才有没有质量标准呢？有的。这就是毛泽东同志说的，应该使受教育者在德育、智育、体育几方面都得到发展，成为有社会主义觉悟的有文化的劳动者”①。小平同志的论述进一步明确了我国教育的培养

① 中华人民共和国教育部：《邓小平教育理论学习纲要》，42页，北京，北京师范大学出版社，1998。

目标,使党的教育目标更显得有连贯性。因此，近年来提高学生素质的教育，就是党的全面发展的教育目标。但是素质教育是一个十分复杂的问题，只有明确素质教育的内涵，才能在实施中采取正确的做法。对此，我们有三个体会：一是正确认识素质教育的实质，从而全面贯彻教育方针和教育目标，既保证全体学生全面发展，又尊重学生的人格，重视发展其个性特长；二是健康地引导教育界积极实施素质教育，按时代的要求深入进行教育改革，从而培养学生的创新精神和创造才能，以及独立获取知识并运用知识解决实际问题的能力；三是素质教育的目的在于提高教育质量和办学水平，从而提高适应于社会主义建设的各级各类人才的素质。为此，我们建议，从教育功能出发，全面而正确地认识素质教育。这是推行素质教育的基础。

一、教育的文化功能

当前任何一个国家的教育水平，首先都和两个数字相联系：一是适龄儿童青少年入学率有多高；二是文盲还有多少。可见，教育者要的是传播文化，促进社会的文明。文化是人类通过社会实践，协调人与自然的关系和人与人的关系，实现人的本质，满足人的需要而创造出来的生活方式、物质与精神成果。文化的特点之一是可习得性，它是经过教育而去传播和创造的。

(一)教育文化功能的表现

教育与文化是密不可分的。文化是教育的基础，教育则是文化的产物；文化由教育去传播，教育则构成文化的动因。正是这种动因，才引出教育功能的具体表现。

1. 教育可保证人类延续并促进人类的发展

文化是一种社会规范的体系，也是人类生活和生产经验累积的综合体。人类要延续发展，新生一代首先要学习前人经验，即学习生活的知识、生存的技能、生命的意义，以适应既有的生活条件和生产关系。教育正是适应人们在生产劳动过程中传递生产经验和社会生活经验的实际需要而产生的，它是传递社会生活经验，实现老一代与新一代接续的专门工具。通过这种工具，不仅把老一代所积累的生产经验传授给新生一代，而且把一定的社会生活方式、物质与精神成果传递给新生一代，使他们能更好地协调人与自然的关系和人与人的关系，以促进人类的发展。

2. 教育可传递、繁衍和创造文化遗产

教育固然要受文化发展的影响，来决定其自身的目的和内容，但是，教育对文化的传递、繁衍、选择、运用和创造，是深具影响的。由于教育的存在，使前人的物质文明和精神文明，能够一代又一代地传递下去。由于教育的作用，使我们对已有的文化，能去粗取精、去伪存真、去旧增新、发扬光大，为发展新的生产力服务。同时，由于教育的影响，使我们对前人累积的经验体系，能赋予加工改良，推陈出新，超越现状，表现出创造性。

3. 教育可调节文化适应性的强弱

文化适应指文化变通的一种形式。在一定社会里，从外部引进不同的制度和文化，同这种异文化的接触是整体的，又是持续的和直接的，并对那个社会的文化形态带来某些变化，这就叫文化适应。在不同社会文化的传播中，不适应或抵制现象是正常的。对文化适应的程度，取决于一定的占统治地位的价值导向，而对这种导向维护还是反对，这往往由教育所决定。各社会和各民族各自有其文化的重点，不论精神的或物质的，文化适应集中于人们日常最为关心的文化之中，由于教育的结果，可能抵制外来的所谓“异文化”的影响，也可能使异文化代替本文化，还可以使两种文化融合，形成新的统一的文化。

(二)根据文化功能对实施素质教育的思考

针对教育的文化功能，我们认为实施素质教育必须立足于以下两点。

第一，要以课堂教学为主渠道。课堂教学是学校的基本组织形式，学生在校时间的80%以上是在课堂中度过的，教师传播文化和文明，主要通过课堂教学的形式来实现。课堂教学又是贯彻党的教育方针和实现教育目标的基本途径，教师按照明确的教育方针和教育目标，在课堂里传授科学文化和技能技巧，使学生获得知识，形成技能，增强身心健康，提高思想道德水平。可以说，形成某种素质也是在课堂教学中完成的。因此，任何学校的教学都不能忽视这个主渠道，离开了课堂教学，就没有实质性的素质教育。为此，应加强课堂教学的研究，从素质教育的内涵来分析课堂教学的目标和体系；深入改革教学内容和方法，尤其要抓教材、课程设置、评价体系和考试等方面的改革。有教学必须有考试，考试是一种评价手段，但不是唯一的评价手段。因此，我们绝不能把分数和升学率作为衡量一个学校办得好坏的唯一标准。只有这样，才能逐步地从“应试教育”向素质教育转化，并真正地提高教学质量，减轻学生过重的负担，还学生以应有欢乐的童年期、少年期和青年期。我们领衔搞了 20 多年的教改实验，在一定意义上说，就是素质教育进课堂的一种实验。

第二，全面抓好各级学校的建设。重点学校，尤其是重点中学应该办好。首先，创办重点中学是世界文化事业中的共同趋势，在国际教育界，它不仅为智力与能力较好的学生发展服务，而且也是因材施教的体现。其次，目前我国的重点学校，特别是具有悠久历史的重点学校，在传播社会文化和文明建设中都有不可估量的影响，普遍有一定的传统和特色，这种传统和特色是难得、可贵的，它为我国办好普通学校提供了宝贵的经验。再次，重点学校的提高与普通学校的发展是密切联系的。重点学校的提高是一般学校发展的深化，它推动着普通学校的发展；而普通学校的提高又是重点学校发展的基础，普通学校教育质量的提高，它会向重点学校提出更高的要求，推动重点学校进一步发展。最后，重点学校在为社会培养人才方面，往往与追求社会高层次人才或一流人才的培养相联系。在办好重点学校的同时，更应关心其他各类学校的建设，特别要扶持基础较弱的学校。各类学校都在传递人类文化和社会文明，我们应该做到将培养高层次的人才和提高劳动者的素质的任务相统一，即使重点学校，也是在承担培养劳动者的任务，所以要关心各类学校的人才培养。学校教育，尤其是普通学校教育的重点绝不是英才教育，这样能考虑到个体发展目标，做好因材施教，更能做好群体目标的培养。因此，我们不能把分数和升学率作为衡量一个学校办得好坏的唯一标准的理由。在任何国家，在任何时代,学生往往与考试结下不解之缘，有学习就会有考试，但教育的成效不能单以分数为标准，而教育的现效又不等于教育的后效或结果，教育的终极结果所期待的是各类人才的辈出。因此，要全面抓好各类学校建设，做到“不求人人上大学，但求人人成人才”，这样才有利于教育的文化功能，乃至整个社会功能的发挥。

二、教育的经济功能

一定的教育是一定经济基础的反映，教育与经济有着密切的联系。

（一）教育经济功能的表现

在古代教育中，人们接受教育可以获得一技之长作为谋生的手段；在近现代社会中，教育除了传递传统知识、经验和文化外，也兼顾职业生产知识的传授，使教育为经济发展培养人才。尤其是今天，“教育在全世界的发展正倾向先于经济的发展，这在人类历史上大概还是第一次。”①教育的经济功能，具体地说，可以从四个方面来分析。

1. 教育可以提高劳动者的素质

任何社会生产都不可能没有劳动者——劳动力。劳动力又称劳动能力，它是生产的能动因素、主导因素。劳动力要在生产中发挥能动和主导作用，必须具备一定条件。例如，劳动者的年龄适合从事劳动，具备必要的生产资料供其使用，等等。这里，主要的条件是来自教育。尤其是当代，脑力劳动的作用日益重要，在整个社会劳动中所占的比重日益增大，特别是在科学技术和经济高度发达的国家中，劳动者的文化技术水平迅速提高，体力劳动与脑力劳动逐步趋于接近和融合，预示着社会生产力将有更大的发展。只有教育，才能迅速提高劳动者的文化技术水平，即提高他们的素质。

教育从哪些方面来提高劳动者的文化技术乃至整个素质呢？经济学家马克鲁普（F. Machlup，1970）认为②，在改造劳动力素质方面，教育确实扮演着很重要的角

① ［法］埃德加·富尔：《学会生存》，原上海师范大学外国教育研究室翻译，38 页，上海，上海译文出版社，1982。

② F. Machlup. Education and Economic Growth. Lmocoln：University of Webraska Press，1970.

色，因为教育可使劳动力发生下列的重要改变：①较好的工作习惯与纪律；②掌握卫生保健方法；③改进技术以便增进工作效率；④有良好的适应性和较快的应变能力；⑤增进职业流动的可能性。①

2. 教育可培养经济发展所需的人才

教育的重要功能之一是为社会经济结构服务，并为其培养所需的人才，这种人才的水平是随社会经济制度变革而发展的。在原始社会，通过教育把生产经验传授给下一代。奴隶社会的教育具有明显的阶级性，对劳动者来说，主要是通过家传形式或师徒制传授生产经验和一些粗浅的文化知识，它在统治阶级的影响下，主要为社会培养劳动力，以维系社会生产的延续和发展。封建社会的教育具有严格的等级性，而民间私人办学，不仅教会生产经验和文化知识，也传授自然科学知识和技术，当然，对多数人来说，教会生存的是学习生产经验。从工业革命到第一次世界大战期间，进入较典型的资本主义社会，教育主要为社会培养非技术工人、技术工人、商业及文书从业人员。近百年来，教育发展转向普遍重视技术职业教育，尤其是在今天，进入信息化社会、超工业或后工业社会，教育更是为现代化经济提供人才。

3. 教育可促进经济的发展

传统观念一直认为教育是一种“消费”，现代观念则认为是一种“投资”。现代经济学一个重要观点叫作智力投资的经济效果，讲的是人才培养过程中的劳动消耗与所得成果之间的比较，即教育的“投入”与“产出”之比。可见现代经济学十分重视教育能否促进经济发展的问题。

经济学家米勒(W. J. Miller)指出，教育具有四种生产能力，可促进经济的发展。即：①教育可发展一种有利于经济进步的环境；②教育可促进社会流动，增进社会公平的竞争；③教育可提高人民的识字率，改善传播、储蓄等习惯；④教育可培养技术力量，充分运用生产资源，发挥经济的效果。

《中国大百科全书·经济学》(1988)指出：教育投资经济效果的提高可以分为宏观的(全国范围内)、地区的(一定地区范围内)、微观的(一定具体的教育单位)三

① F. Machlup. Education and Economic Growth. Lmocoln: University of Webraska Press, 1970.

个层次。一般地说，教育的投资与经济的发展成正比。如前所述，日本的明治维新就是从教育做起的，使日本走上富国的道路。从明治维新到现在，日本一共开展了三次基础教育的改革。第一次是明治维新后不久的教育改革，使日本从一个落后的农业国变成强大的工业国。第二次教育改革发生在 1945 年。1945 年，日本是战败国，年人均收入只有 20 美元，到 1972 年已达 1 200 美元，增长了 60 倍。不少日本学者评论基础教育改革是“一本万利”的大事。从 1973 年至今掀起的是第三次教改高潮，目的是使教育适应于电子工业的发展。日本人口只有 1.2 亿，国土只相当于我国的四川省，国内资源少，缺乏发展的原料（如煤、铁矿、石油等），日本的国内生产总值排名世界第三，人均国内生产总值是我国的 4 倍多。其根本原因，就是其抓了科学技术与教育的现代化，重视教育的经济功能，关心人才的智力开发。又如，美国 20 世纪 60 年代以前就发现，资本对经济发展的贡献仅占 12.5%；而 87.5%则来自技术的改变（包括知识的改进、研究的发展、公共卫生的改良等），而技术的改变，主要来自教育的力量（Robert Solow，1970）。这就是美国提出“知识经济”的来源。今天，人们用知识经济来表示现时代或即将到来的时代经济的特征。也就是说，改变世界面貌和人类生活的重大高科技产业化将在未来 30 年全面实现，人类社会将逐步进入知识经济时代。所谓知识经济，意指建立在知识生产、分配和应用之上的新型经济。在知识经济形式中主要成分是知识，这又反映出教育在经济发展中的地位。

4. 教育可提高人民的生活水平

教育是为了“正德、利民、厚生”。也就是说，通过教育，端正人民的品德，教会人民有用的生产和生活技能，提高人民的生活水平。

近年来，在经济发达的国家里，经济学家除了重视国民经济发展中的“量”的增长之外，更重视国民生活上的“质”的改善（吴清基，1990）。人民生活水平的高低，拥有财富的多少，都是以国民经济发展为条件。人民生活高低主要表现在两个方面：①居民纯收入与消费及其构成；②居民生活服务条件，例如居住条件、生活消费范围等。人民生活水平高低，取决于国民收入，直接与国民经济发展水平有关。而国民经济发展又与教育功能有密切的联系。所以，教育的一个重要功能是提高人民生活水平。今天我国提出经济发展三步走策略，不论是奔小康还是赶上发达国家水平，都要将发展教育摆到头等战略的地位。

(二)根据经济功能对实施素质教育的思考

针对教育的经济功能，我们认为实施素质教育，必须坚持多级教育分流，即人才培养分流的观点。因为我国地域大，人口多，经济发展极不平衡，教育水平相差很大，所以在实施素质教育时，不能“一刀切”，应有多种模式。

1. 初中分流

《中华人民共和国义务教育法》规定，“国家实行九年制义务教育，省、自治区、直辖市根据本地区的经济、文化发展水平状况，确定推行义务教育的步骤”。因此，应该按照不同经济区域、学生学习状况和毕业生的去向，在保证抓好“九年义务教育”的前提下，实行分流。多数地区初中学生按教学大纲(课程标准)进行普通初中教育，少数经济条件差的地区，特别是农村，要求初中学生除了达到教学大纲最低标准之外，实行半工(农)半读和职业初中教育，着重掌握某些技术知识，使初中毕业生有一技之长，为发展当地经济服务。

2. 高中分流

有普通高中、职业高中、职业中专和技工学校，应该大力发展职业技术教育。如果有条件，在我国，高中阶段在校生应占同龄人数的50%；而各类职业技术学校在校学生数应占高中阶段在校生总数的50%。

3. 高三分流

普通高中，到高二结束时加以分流。愿意升学的按原计划授课，准备高考；不想升学的学生，按社会需要开办专业技术班，学习一技之长。因材施教，各得其所。这种分流观点，首先由我们实验点的北京市通州二中王润田校长提出来的，并率先进行实验。实践证明，这是一个行之有效的方法。

4. 高校分流

到高等教育阶段，既有普通的综合大学，又有职业的技术院校等。

总之，我国应根据不同地区的社会经济发展水平，根据社会职业分工对不同层次的劳动者的文化知识、技术水平的要求，实行出现时间有早有晚、次数有多有少的教育分流，以培养社会经济发展所需要的各级各类人才。我们认为这样做既有利于学生的分流，又能满足当前经济社会发展的多方面需要。

三、教育的政治功能

教育与政治的关系，从来是十分密切的。我国自古以来，都重视“政教合一”的思想，即强调治国必须先由教育做起，所谓“化民成俗，其必由学乎”，指的就是教育的政治功能。马克思主义教育学强调教育的“阶级斗争功能”，也是指教育的政治功能。

（一）教育政治功能的表现

教育政治功能集中表现在教育要为巩固一定社会的政治制度服务，成为国家政治生活的一种手段。因此，一个国家提出教育为本国的一定政治服务的口号、方针或策略，是科学的、客观的。至于教育的政治功能之具体表现，一般体现在下面五个方面。

1. 教育可传播政治意识形态

政治意识形态是一个国家按照一定的政治理论而确定的意识形态。所谓“政治理论”，它是对社会政治现象的理论思考与预见，是系统的政治观点、思想和学说。政治理论是历史的，一定时代的政治理论总是这一时期政治现象的反映，随着人们的政治活动方式的改变，政治理论的内容和形式也要发生变化，任何一个国家的政治，都是社会权力的分配和运用。为了巩固国家政权，就要重视教育，向人民传播政治意识形态，以培养共同的信仰、政治观念或民族意识。历史上不少国家的建国和复国，都是运用教育手段，以培养人民的信仰、民族意识和国魂为前提，进而达到建立政权和巩固政权的目的。例如，在我国教育史上，1949 年之前，尤其是从孔夫子到孙中山，主要弘扬的是儒家的政治思想，后期传播西方的民主政治观念；1949 年后主要推崇和宣传的是马克思主义、毛泽东思想。通过教育，以此作为我国人民的一种共同的理想和追求的目标。

2. 教育可培养各级各类政治领导人才

政治的核心问题是国家政权问题，即如何组织、如何管理国家的问题。尽管在不同历史时期，不同统治者对政治含义的理解有所区别，对国家政权的组织方式和管理方式也采取不同的原则和措施。但是治理国家需要各级各类政治领导人才，这些人才虽然需要政治实践的锻炼，可是他们离不开各级各类教育，特别是基础教育和专业训练。当然，对于领导人才的培养，各国有着不同的方式。在法国高等专门学校是培养政治领导人才的场所；而英国则以文法中学及私立中学作为基本教育实施的场所；在日本，东京帝国大学是培养领导人才的摇篮；美国则由一般学校来培养，名门出身的现象极少。我国的古代布衣卿相、科举取才是教育为政治服务的一种重要象征，1949 年后，领导人才既由一般学校里选拔，又由特殊进修的院校负责培养。

应该指出，教育不仅为一个国家的各级各类领导机构培养人才，而且也培养人民的参政议政的意识。为政在民，在民主政治的国家中，更需广大人民来参政议政，关心国家大事，以实现“国家兴亡，匹夫有责”的政治理想，各级各类的领导人才，也往往产生和成长于这种参政议政的过程中。

3. 教育可振兴国家和民族

教育是国家的立国之本，国家的兴亡通常与教育发展有密切的关系，历史上有过“教育救国”的故事，例如 1806 年第一次普法战争，普鲁士在失败中抓教育，终于在 1820 年第二次普法战争中打败了法国，普鲁士统帅摩奇（Motke）将此功归于学校的教师；这就是教育史上的“教育救国论”的来历。又如前所述，日本在第二次世界大战后是战败国，但是今天则是世界上较具经济实力的国家，这真正的原因在于经过高水平教育后国民的努力。1995 年 2 月，日本关西大地震，伤亡空前，但社会秩序居然井然得使人难以置信，这原因也是来自受过高水平教育的国民的素质。

我国于 1994 年 9 月 6 日颁发了“爱国主义教育实施纲要”的文件。爱国主义是中华民族的光荣传统，是推动我国社会前进的巨大力量，是全国各族人民共同的精神支柱，同时也是我们培养有理想、有道德、有文化、有纪律一代新人的基本要求。爱国主义来自教育。学校是对青少年儿童进行爱国主义教育的重要场所。因此有关文件指出，要把爱国主义教育贯穿到幼儿园直至大学的教学、育人的全过程中去，特别要发挥好课堂教学为主渠道的作用，由此可见，爱国主义靠教育，振兴中华靠教育。

4. 教育可增进国家的法制建设

文明的国家应该是法制的国家。所谓法制，一是泛指国家的法律和制度，二是特指依据民主原则建立法律和制度，并严格依照法律制度办事的一种方式。国家的法制建设要靠教育来实现。教育固然要培养法学的人才，但一个国家的法制建设更重要的是依靠法制教育，提高人民的法律意识。法制教育是传播法律的基本知识，培养法律意识和守法习惯的教育。它是政治教育的一个重要的组成部分。依靠教育，普及法律知识，这对于提高人民的法律意识、法律文化素质以及加强国家的法制建设，都有极大的作用。

5. 教育可增强国际友好关系

教育的政治功能，不仅表现在国内要为巩固一定社会政治经济制度服务，而且也表现在国际上要为增强国际关系，特别是为维护世界和平服务。所以我国的德育内容中就包含着国际主义的教育，培养受教育者具有国际主义思想、情感和行为。例如，培养他们尊重世界各国人民的主权，扩大和加强与各国人民之间的友好交往，反对战争、维护和平，等等。因为教育的功能在于培养人，美化人类的心灵，这里就包含着全人类之间的友好和平相处，达到道家提倡的“生而不有，为而不恃”的理想境地。难怪第七届世界天才儿童(青少年)与天才教育大会(1987)特别强调指出，天才教育的一个重要目的，在于使天才儿童青少年在制止核武器、反对核战争中显示出才能来。可见教育的力量可教化人心，揭示战争的危害以及如何避免战争、维护和平的道理。假如我们的教育能提高受教育者的国际主义思想、情感和行为，那么也有助于建立国际的友好关系。

(二)根据政治功能对实施素质教育的思考

针对教育的政治功能，我们认为实施素质教育，必须十分重视德育工作。在一定意义上说，德育是实施素质教育的灵魂。

从广义上说，德育是学校对学生(儿童与青少年)进行政治教育、思想教育、道德教育和心理健康教育等方面的总称。我们坚持这样的观点：德育为一切教育之本，是教育内容的生命所在，德育工作是整个教育工作的基础；也同意这样的观点："诸育只有以德育为首，才能应运而生，才会有价值。德是米粒中的胚芽，果核中的仁，也就是生机"(高震东，1994)，所以，德育工作是实现教育政治功能的根本途径。尽管我们不反对社会上的种种"爬坡论"，但我们应该承认和正视当今儿童青少年思想道德滑坡的事实，因此，不抓德育是不道德的。在教改实验中，我们提倡：当前的德育工作，一要强调科学性；二要强调针对性；三要突出实效性。所以，在目标上，如前所述，应该把重点放在培养信念和习惯上；在内容上，应该改革现行德育教材，教材内容要有可读性，要适合学生的年龄特征，且有针对性；在手段上，应该突出感情的投资，做到"动之以情"。此外，心理健康教育应看作是日常的一个重要组成部分。对此，我们将在本书中辟专章论述。

四、教育的社会功能

教育的目的之一在于培养人为社会的发展服务。教育的发展与社会的变化是相辅相成的。一方面，教育的发展要适应社会变化的需要；另一方面，教育发展本身，也会引起社会变化，因为社会的发展，离不开物质文明与精神文明，而两个文明建设必须由教育来传播。这就构成了社会与教育之间的关系。因此，教育的社会功能也就在其中表现出来了。

(一)教育社会功能的表现

教育的社会功能，一般从下面三个方面表现出来。

1. 教育可以促进社会的发展

教育是根据社会发展的需要培养人，即向新的一代进行教育，传递人类长期积累的生活经验、生产经验和科学技术。新的一代正是在教育的影响下，获得知识、经验和文化，增长体力、智力、能力，提高思想道德水平，以与社会发展的需要相适应，并成为社会建设和变革的积极因素。从根本上说，科技的发展、经济的振兴、社会物质文明与精神文明的建设，乃至整个社会的进步，都取决于劳动者素质的提高和大量合格人才的培养。因此，必须坚持把发展教育事业放在突出的战略位置，以此维护和推动社会的发展。

2. 教育可以帮助选择人才

社会进步的程度，与社会成员的教育程度有直接关系。因为教育促进人系统地掌握科学技术知识和相应的能力，使科学技术和经验由潜在的生产力，变为提供为社会服务的现实的生产力。当社会发展需要这些生产力的时候，就根据受教育的程度来选拔人才。因此，人们往往通过受教育实现社会地位的变迁，即社会流动。所谓社会流动，原是社会变迁的一部分，指在开放社会中，各阶层的社会成员之间，产生的一种相互流动的现象。由较低社会阶层向上流动到较高社会阶层者，称为“向上社会流动”；由较高社会阶层流动到较低社会阶层者，称为“向下社会流动”。由于教育的选拔功能，社会根据教育的程度来选拔人才，所以教育成为决定社会阶层及导致社会流动的一个重要因素。

3. 教育可以帮助个体社会化

教育对象是个体。教育的过程，也是受教育者个体社会化的过程。社会化是个体掌握和积极再现社会经验、社会联系和社会必需的品质、价值、信念以及社会所赞许的行为方式的过程。社会化的过程，正是在一定社会环境中，个体通过接受教育而在生理和心理两方面的发展，形成适应社会的人格并掌握社会认可的行为方式的过程。社会化过程包括学习、适应、交流，人类个体借以发展自己的社会属性、参与社会生活的一切过程。人类在社会化的过程中，学会基本技能，掌握社会规范，确立生活目标，形成社会职能，培养社会角色。如前所述，教育帮助受教育者的个体社会化使有些社会化过程在青少年阶段，即在接受基础教育阶段就可完成，这叫作青少年的社会化；有些社会化过程贯穿于个体的一生，这就是成年人的继续社会化和再社会化。虽然，个体社会化的过程，也要受到教育之外因素的影响，但教育是一种最好的个体社会化的工具，学校正是一个最佳的社会化单位。

(二)根据社会功能对实施素质教育的思考

针对教育的社会功能，我们认为实施素质教育中，必须提倡社会实践教育。

所谓实践教育，指利用社会实践活动有意识、有目的、有计划地对学生进行教育的教育方式。通过组织学生参加社会实践活动，教育者可以有意识、有目的、有计划地进行各种教育与训练，把教育要求转化为学生的行为，达到培养人、有益于人的身心发展的目的。

在社会实践教育中，首先要抓的是生产劳动教育，以增强学生的劳动观念，培养正确的劳动态度，养成良好的劳动习惯(劳动素养)，获得一定的生产劳动的基本知识和技能。当然这种知识和技能，不应当是单一的专业性东西，而是适应许多生产部门基础性知识、技术和能力，并将这种知识、技能与学生课堂所学的学科知识相结合。其次要抓社会锻炼，例如，组织学生参加军事训练、社会调查、社会公益活动和社会交往等，也在社会交往的实践中，引导学生间豁达相处，培养和谐融洽的人际关系，发扬敬业群育的精神。再次要抓校外教育机构，开展以普及科学知识、增强动手能力、培养良好品质、增进身体健康、发展艺术才能和其他爱好为主的教育。最后要强调艰苦奋斗的教育，艰苦奋斗是中华民族的光荣传统，是我们文化的精华。艰苦奋斗不仅有利于克服学生中的拜金主义和享乐主义，而且有着内在的迁移作用，即生活上的艰苦奋斗可以转化为学习和工作上的踏实勤奋。所有这些，其目的在于配合学校促进学生的全面发展，弥补学校教育和家庭教育的不足。

五、教育的个体发展功能

教育的对象是每一个个体的学生，因此，其任务之一就是要坚持不懈地在全体学生的发展上下功夫。

(一)教育个体发展功能的表现

教育对受教育者主体来讲，具体为发展个性(人格)的功能，使人的体力、智力与能力、性格都获得充分的发展。

1. 教育可增强人民的体质

体育是教育的重要组成部分。体育的意义在于促进学生身体的生长发育，增强学生的体质是学校体育的根本任务。同时，体育锻炼应是大脑皮质兴奋与抑制的活动过程，体育可以增强学生神经系统的发育。青少年儿童是生长发育的关键时期，体育使学生具有健壮的体魄、全面的体能、对自然环境的适应能力，以及掌握运动的基本知识技能，从而养成自觉锻炼身体的习惯。学生时期接受体育，将终身受益，因此，体育教育是增强人民体质的基础。

2. 教育可发展个体的智力与能力

智力与能力同属于个体的范畴，即它们都是成功地解决某种问题(或完成任务)所表现的良好适应性的个性心理特征，个体智力与能力的发展，固然有其遗传素质的因素，但主要还是来自后天环境的影响，特别是教育的主导作用。作为生物前提的遗传素质只是提供智力与能力发展的可能性，而环境和教育则把这种可能性变成智力与能力发展的现实性。环境和教育在智力与能力发生、发展上起决定作用。环境条件对人，尤其对学生的智力与能力发展中的决定作用，常常是通过教育来实现的，我们曾用十余年时间研究了教育与学生心理能力即智力与能力发展的关系，而且有专著出版①，这里不作赘述。

3. 教育可塑造人的性格

性格是一个人对待现实的稳定态度以及与之相适应的行为方式的独特结合。性格在人的个性中起核心作用。性格是人在生活实践中，在不同环境的相互作用中形成的，最初对性格形成起着重要作用的是家庭，这种作用主要是通过一个儿童在家庭所处的地位和家庭成员首先是父母对其影响和教育而实现的。接着是学校的作用,学校不仅对学生性格的形成和定型起着重大的影响，而且对改变他们已经形成但未定型的性格也起着至关重要的作用。个体性格一般在高中定型，这里能够看到学校教育的重要性。

---

① 林崇德:《学习与发展——中小学生的心理能力发展与培养》，北京，北京师范大学出版社，2002。

4. 教育可培养人的良好品德

与人的智力与能力发展条件一样，教育对学生的良好品德的发展也起着主导作用。这种主导作用主要体现在两个方面，一是教师对学生品德施行有目的、有计划、有系统的影响，良师才能带出品德高尚的学生；二是学校集体是教育主导作用的组织形式，这个集体以“从众”和“社会助长”的作用方式，使个体在认识或行为上由于集体的、舆论的压力，往往不由自主地同大多数人一致，使个人在众人面前从事某种活动而提高效率。我们曾花许多精力研究了教育与品德发展的关系，也有专著出版①，故这里也不再赘述。

(二) 根据个体发展功能对实施素质教育的思考

针对教育的个体发展功能，我们认为实施素质教育的重点应抓好两个方面。一是全面落实国家的教育方针，使素质教育面向全体，提高全体学生的全面素质；二是推行以创新精神为核心的素质教育。

第一，坚持“全面发展、学有特色”的观点。这已成为我们课题组的共识。正因为如此，北京市在 1993 年、1994 年、1995 年三年中评出的 15 所“学有特色”的中学，其中 4 所是我们的实验学校。全面发展既指人的身心的充分发展，又指人在德、智、体、美、劳、群诸方面的发展。为了促使人的全面发展，就要在德、智、体、美、劳、群各方面实施教育，这种教育的内容是统一的，并且是和谐的，这种教育的对象——个体的发展是全面的，并且也是和谐的。

全面发展是我们教育的目标，今天我们也应该由片面追求升学率转向全面发展的教育，以提高中华民族的素质。这个转向，要涉及学校教育、家庭教育和社会教育协调问题；要涉及教育思想、教育内容和教育方法更新问题；要涉及学制、课程和教学组织形式的改革问题，等等。总之，全面发展教育是一种教育观念更新的表现，它的结果在于造就全面发展的一代新人。然而，全面发展绝非把人培养成“多面手”，在人的思想品德发展中，“人无完人”；在智力能力发展中，也存

① 林崇德：《品德发展心理学》，上海，上海教育出版社，1989。

在着明显的个别差异。因此，在学生发展中，前边已提到我们的主张：既鼓励“冒尖”，又允许“落后”。当然，这“落后”并不等于教师不管，恰恰相反，我们十分重视对暂处后进的学生进行有的放矢的引导和帮助。在教育实验中，我们提倡从实际出发，因材施教，既允许个别尖子跳级，又防止个别生“滑坡”；既有针对性地从学生实际出发发展个人的特长，又力争不让实验班的任何学生留级。就这样来营造实验班学生主动的、生动活泼发展的氛围，使他们全面发展、学有特色、学有专长。

第二，培养和造就创造性人才。我们实施的素质教育，是一种以创新精神为核心的教育。这是来自知识经济发展的需要，时代要求把创新精神或创造性的培养作为素质教育的一个核心问题。实施科教兴国的一项重大措施，就是“应该培养和造就高素质的创造性人才”。培养和造就创造性人才，这是国际学术界与教育界关注的问题，而培养和造就创造性人才的关键在于教育。按现代的观念，人人都有创造性，所以在实施素质教育中，如果我们培养的小学生的创造性比别人多一点，到中学又多一点，进大学再多一点，说不定这多一点创造性的学生迈入青年期就是一些发明创造者。何况，在知识经济时代，即使不是发明创造家，在工作和劳动中，多一份创造性总比少一份创造性好。这就是今天在实施素质教育中的一个重大课题。创造性人才的培养和造就，要靠创造性教育。同时在实施素质教育中应该大力提倡创造性学习。早在 1985 年 3 月 30 日我们曾以《中国青年报》特约评论员的名义为大连铁道学院一名四年取得学士学位和硕士学位的学生写了一篇评论，其中有一段话：“学习有两种，一种是重复性学习，另一种是创造性学习。”“创造性学习就是不拘泥、不守旧、打破框框、敢于创新……创造性应被看作是学习中必不可少的一环。”发达国家的中小学提倡学生创造性学习，日本 20 世纪 80 年代初提出要重视创造性的研究，并把从小培养学生的创造性作为日本的教育国策而确定下来。我们应少搞一点题海战术、死记硬背，多搞一点创造性教育。应大力改革考试内容与方法,尤其是高考，这成了能否实施以创新精神为核心的素质教育的关键，考什么，出什么题，都要以突出创造性为前提。

第三节

教育的目标

所谓教育目标，主要是指通过教育活动达到其发展的方向、宗旨和指针。它一般包括三种含义：一是培养人的总目标，即教育目的；二是各级各类学校的教育目标；三是教育事业发展的目标。但为了突出自己的观点，我们不想对教育目标作深入的分析，而着重论述教育目的，对第三个含义我们也不想展开，而着重谈融东西方教育模式，培养“T”型人才(即创新人才)，作为我们对教育事业发展目标的一个倡导。

我国历来重视教育目标问题，“为天地立心，为生民立命，为往圣继绝学，为万世开太平”(宋代张载语)①，这是前人对教育目标的一种精辟论述，在今天也值得我们借鉴。

一、教育目的是培养人的总目标

教育是一种有目的的活动，这就是说，它是培养人的社会活动，通过培养人借以实现其政治、经济、文化、社会和个体发展的功能。

进行教育活动，需要一定的目的来作为导向。教育是一种有意义、有计划、有价值的规范的活动，应该确定教育预期的目的或理想，才能决定教育发展的方向，规定教育方针，指导整个教育活动的归结。

(一)教育目的的社会特征

教育目的是经由社会认定和赋予的，因此，它的突出特征是社会性，要因社会

① 张载：《张子全书》，《第14卷(近思路录拾遗)．四库全书》，313页，北京，商务印书馆，1983。

时空和社会要求的差异而制宜。

1. 教育目的的时代性

从社会时间来说，教育目的具有时代性，不同时代有着不同的教育目的。在中国，奴隶制社会的夏商周，教育目的是主张明人伦、严尊卑、定上下、服务于奴隶主的政治利益，使社会有“序”；封建社会初期的春秋战国时期，教育目的则偏重于士族阶级人才的培养，促进个人向上层社会流动，教育成为推进封建社会发展的工具；在漫长的封建社会，教育目的是通过科举取士的方式，借以培养忠顺君王的附庸；鸦片战争以后清末教育目的为“忠君、尊孔、尚公、尚武、尚实”，体现传统与现实革新的需要；孙中山领导的民主革命时期，公布教育宗旨为“注重道德教育，以实利教育、国民教育辅之，更以美感教育完成其道德”，此时的教育目的符合社会需求，旨在去除“自私、贫穷、衰弱”的社会弊病；中华人民共和国成立后，20世纪50年代的教育目的是培养有社会主义觉悟、有文化的劳动者，20世纪80年代则规定，国家培养青年、少年、儿童在品德、智力、体质等方面全面发展。那么，进入21世纪了，教育目的又该如何提呢？这就是引发我们思考下文提出的“T”型人才的缘起。

在西方，古希腊时代的教育目的，偏重于自由人的培养，促使国民获得德、智、体、美等方面的均衡发展；古罗马时代的教育目的，更着重在实用人才的培养，使一般国民都能言善辩、富有法律知识；中世纪欧洲的教育是为宗教服务的，其目的在于培养适应宗教统治需要的宗教人才；文艺复兴时代出现了许多不同的教育流派，这些流派的教育目的也各有差别。唯实主义者以追求实用知识、满足生活需要为教育目的；自然主义者主张一切以自然为至善，重视儿童本位的教育目的；生活预备说的教育目的在于提供完美的生活预备；国家主义教育目的则是造就效忠国家的国民。现当代的教育目的强调既培养高级管理人才和科学技术人才，又培养掌握劳动技能的生产工人。

2. 教育目的的环境性

从社会空间来说，教育目的具有环境性或地区性，不同的国家、不同的民族具有不同的教育目的。一个国家的教育事业的目标，既要作为每个地区教育目标的指针，又要先借鉴各地区教育目标；但每个地区，由于经济发展、风俗习惯、教育重点有其特殊性，在具体目标上，又允许其因地制宜。同样是西方的古希腊时代，雅典教育旨在培养自由人，即身心和谐发展的人，而斯巴达克的教育则是为了培养骁勇善战的人。二者都是同一时代，但由于环境的差异，教育目的就有区别。同样在欧洲中世纪，教会需求培养主教和僧侣，而封建领主则需求培养维护封建统治的骑士。同样在今天，我们国家和其他国家的教育目的也是具有本质不同的一面。尽管时代相同，但由于社会环境和社会制度的差异，教育目的就自然而然地有着其相区别的一面。

3. 教育目的的结构性

一个国家的教育事业的目的，体现着一定社会的要求，呈现为一种结构，并体现在教育事业发展中的具体因素上，其核心成分为“数量、质量、结构和体制”四种要素①：在数量目标上，须考虑教育基本储量，如识字率、入学率、普及率、毕业率等，它反映了教育事业发展规模与经济增长的相关性；在质量目标上，须注意国民素质的全面提高，它反映个体在结构目标上，须重视各级各类教育在层次、科类、形式、布局、投资、人才等方面的合理结构与组合，它反映社会经济结构变化的需求和教育自身发展的内部的协调性；在体制目标上，须强调中央与地方、学校与管理部门之间在管理、人事、经费、招生、分配等方面的调控与多元化，它反映了教育与经济社会发展需求的关系。

综上所述，由于社会的时空和社会要求的不同，教育目的也表现出其差异性，也就是说，教育目的的确立，要体现教育的工具性，它常常反映社会发展、国家建设和民族风俗的需求，这就形成了其社会性、时代性和地区性，并表现出明显的结构性。然而，教育毕竟在于培养人，也体现了一定的共性，形成社会不同时空教育目的的共同结构，也就是体现了教育目的的全人类性，使不同时代、不同国家、不同地区和不同民族在教育目的上可互相借鉴、互相补充和充实。

---

① 丁钢：《教育发展与社会需要互相契合的目标体系研究》，1~2页，载《教育研究信息》，1995。

(二)教育目的的社会本位论和个人本位论

在教育史上，对教育目的从来都有不同的见解。一般归为两个方面。

1. 社会本位论

强调教育的社会制约作用，主张从社会发展的需求来确定教育目的，这就是社会本位论。在西方，最早提出这种理论的是德国社会学家孔德(A. Comte，1798—1857)、德克海姆(E. Durkheim，1858—1917)和德国的纳罗布(P. Nalorp，1854—1924)等人。他们认为，个人的发展依赖于社会，受社会制约；教育目的在于使个人社会化，使个人适应社会生活，成为公民，为社会做贡献。在我国，这种观点由来已久。例如儒家的教育目的，就是从巩固封建社会制度的需要出发而确立“在明明德，在亲民，在止于至善”和“格物、致知、诚意、正心、修身、齐家、治国、平天下”(《大学》)；《学记》提出“欲化民成俗，其必由学”；朱熹把“五伦”(即“父子有亲、君臣有义、夫妇有别、长幼有序、朋友有信”)列为教育目的，这些都是强调教育的社会制约作用。

2. 个人本位论

个人本位论强调人的自我发展，认为应从儿童内在的自然潜力出发来考虑教育目的。这以法国哲学家卢梭(J. J. Rousseau，1712—1778)、瑞士教育家裴斯泰洛齐(J. H. Pestalozzi，1746—1827)和德国教育家福禄贝尔(F. W. A. Froebel. 1782—1852)为主要代表，他们主张对儿童教育必须遵循自然原则，顺应儿童的天性，其目的在于培养人，使人的各项能力都能得到自然的、进步的与均衡的发展。美国教育家杜威的“儿童中心论”也受这种观点的影响，杜威主张“教育即生长”的观点，提出教育本身除了促进儿童生长外，没有其他目的，所以称“教育无目的论”(non-purpose of education)。教育目的的确定要从个体发展出发的思想在我国古代教育家的论述中就有很多。例如，荀子(约公元前313—前238)从“性伪合”思想出发，认为人生而无贵贱、智愚与贫富之分，使人发生这种区别的唯一力量是教育，教育应从改变人性出发(《荀子·儒效》)；董仲舒(公元前179—前104)指出“今万民之性待外教然后能善，善当与教，不当与性”(《春秋繁露·深察名号》)；王充(公元27—约公元100)强调教育必须注重个体锻炼和“识渐”，必须经过“切磋琢磨”才能达到“尽材成德”的目的。应该承认，心理学家对教育目的的认识，往往偏于个人本位论。

除了上述两种观点，也有主张确定教育目的应兼顾社会需要和人的发展两个方面的观点。我们从心理学家的角度出发，也持这种“兼顾”观点。因为教育是社会的教育，教育的成败取决于社会及其发展水平，教育又对社会发展起反作用，这种反作用是通过培养人来实现的。所以，一方面，要从社会需要来认定教育目的，因为人之所以发展，因为他生活于社会之中，一切来自社会，教育过程就是把社会的价值观念强加于个人，把受教育者培养成为社会需要的一代新人的过程。另一方面，人有其自身身心发展的规律，例如先天与后天（即遗传、环境与教育）、外因与内因、质变与量变、年龄特征与个别差异等。所以教育又要考虑到这些规律，依此为出发点来确定其教育目的，因此，从社会发展和从个体发展出发，是确定教育目的的两个出发点或两个侧面，两者缺一不可。应该将教育目的的“社会本位论”与“个人本位论”统一起来，做全方位的、系统的考察。

（三）我们现时的教育目的

教育目的的实质，是要把受教育者培养成什么样的人。在讨论现时教育目的时，应该坚持受教育者全面发展的观点。

1. 正确理解全面发展的观点

“全面发展”是马克思、恩格斯从整个社会发展的角度提出来的。全面发展也有一个“与时俱进”的含义；其基础，是人才的社会基础，也就是说，全面发展要适应社会发展，全面发展与社会发展共进。

今天在讨论全面发展的教育目的时，我们应该坚持四个统一的原则：

一是教育目标与时代需要统一。全面发展要从社会发展和时代需要出发。这是人才发展的根本标准。

二是体脑身心的统一。全面发展的基本内容主要是体脑身心的和谐一致发展。即使这里的“心”也要强调智能因素与非智力因素（或人格因素）的统一发展，它的灵魂要体现以德为本。

三是一般要求和重点要求的统一。这重点要求所体现的是时代的特色。这个时代特色，反映在今天的全面发展的核心上，即创新精神与创造能力，离开了高素质创造性人才的培养，就谈不上全面发展的教育目的。

四是共性与个性的统一，即全面发展与学有特色的统一，或者说全面发展与个性发展相结合。这也就是我们课题研究的目标：全面发展、学有特色、发展个性、培育人才。

因此，21 世纪中国的教育目标就是要使“全民受教育水平有明显提高；城乡劳动者职前、职后教育有较大发展；各类专门人才的拥有量基本满足现代化建设的需要；形成中国特色的、面向 21 世纪的社会主义教育体系的基本框架。”(中共中央关于教育体制改革的决定，1985；中国教育改革的发展纲要，1993)

2. 教育方针是实现教育目的所规定的指南

教育方针是国家根据政治、经济的需求为实现教育目的所规定的教育工作的指南，是教育活动的总方向、教育政策的总概括。教育方针包括教育指导思想、教育目的的要点及其实现的基本途径。

尽管不同的时期、不同的阶段有着不同的教育方针，但教育方针都要包含三个意思：一是服务的宗旨，例如 1985 年我国的教育方针规定为“教育必须为社会主义建设服务，社会主义建设必须依靠教育”(中国教育改革的发展纲要，1993)；2002 年，党的十六大提出的新的教育方针强调教育为社会主义现代化建设服务，为人民服务，教育与生产劳动和社会实践相结合。二是培养人才的规格，还是 1985 年我国提出，新时代需要的人才应该是“有理想、有道德、有文化、有纪律”的“四有”人才；而党的十六大提出的是“社会主义的建设者和接班人”。这样的人才，具有热爱社会主义祖国和社会主义事业，具有为国家富强和人民富裕而艰苦奋斗的献身精神，具有实事求是、独立思考、不断追求新知、勇于创新的科学精神。三是实现教育目的基本途径，我国一般提倡德育、智育、体育、美育为主的诸方面全面发展。

二、各级各类学校的教育目标

教育目标，主要指各级各类学校的教育目标。从这个意义说，教育目标和培养人的教育目的是既有联系，又有区别的。这个区别主要表现在，前者具体，后者抽象，换句话说，教育目标是一种具体教育活动的指针，教育目的则是比较强调预期的价值或理想的规范；而教育预期的目的或理想，又要通过具体步骤或策略提出来，教育的具体步骤或策略，往往通过各级各类教育目标来体现。这就是教育目标与教育目的的联系和区别。

（一）制定教育目标的原则

我国各级各类学校的教育目标，是根据国家建设发展的需要，从教育目的出发，由国家教育领导部门来制定并颁布的。

制定教育目标的基础是社会制度、文化传统和受教育者心理发展的基本规律；其内容应包括道德、情感、态度、知识、技能和智能；其呈现方式应该根据各级各类学校所担负的任务和学生年级、年龄、文化知识水平提出循序渐进的培养需求；其过程应该包括学生、教师、家庭和社会等的共同参与；其结果必须具有可行性。

制定教育目标，一般要遵循下面的几条原则。

1. 发展原则

制定教育目标既要考虑到社会发展与国家建设的需要，又要考虑到受教育者的年级、年龄等身心发展的因素。

2. 三结合原则

制定教育目标，必须经过教育行政部门领导人、专家和各级各类学校教师等各级专业人士的共同努力。

3. 全面性原则

制定教育目标，要全面地顾及社会的需求和实际条件、学生智力的实际水平及其潜力、课程设置的可能性与现实性，等等。

4. 超前原则

制定教育目标，既要满足社会现时的需要，又要考虑到教育的发展和未来的可能性，既要满足学生当时的接受水平，又要考虑为他们未来发展提供必要的生活准备。

5. 均等原则

制定教育目标，要照顾到教育机会均等，让不同社会背景的受教育者，都能获得有利的学习与发展的机会。

6. 明了原则

制定教育目标要简明扼要，一目了然，便于实施，也便于评价和修正。

7. 区别性原则

制定教育目标，要考虑到各级各类学校的性质，也要考虑到不同的专业，还要因时因地制宜。

(二)教育目标的分类

教育目标的分类及其体系，是美国心理学家于 1948 年提出的，旨在把各门学科的教育目标按统一标准加以分类，使之规范化和系列化。教育目标的分类，有利于目标和评价的科学设计。

1. 国外的教育目标分类学

按照布卢姆(Benjamin S. Bloom，1984)的观点，教育目标可以从认知、情感和技能三个领域来分析。

(1)认知领域的教育目标分类

在《教育目标分类学：Ⅰ. 认知领域》中，布卢姆(1956)指出任何一种教育活动，都可从认知领域(cognitive domain)中进行分类，通常可以分为知识(knowledge)、理解(comprehension)、应用(application)、分析(analysis)、综合(synthesis)、评价(evaluation)六个领域。

这六个领域，除了知识，其余均属于智能的表现形式，并且从具体到抽象，逐步深入，有利于我们对受教育者因材施教。

(2)情感领域的教育目标分类

情感教育尽管重要，但指标不太好把握，所以从来是教育界争议的问题，克拉斯霍尔(D. R. Krathwohl，1964)在《教育目标分类学：Ⅱ. 情感领域》中提出了接受(receiving)、反应(responding)、价值观形成(valuing)、价值组织(organization)和价值体系品格化(characterization by a value or value complex)五个方面。

情感教育的实施，正是这五个方面从简单到复杂、从具体到抽象、从特殊到普遍的层层深入，解决爱好、态度、价值等“需要”问题，最后形成个人的品格和正确的人生观。

(3)技能领域的教育目标分类

动作技能教育是教育中不可缺少的一个环节，绥勒和哈罗(Sayler & A. J. Harrow，1972)在《教育分类学：Ⅲ. 技能领域》中提出了知觉(perception)、心向(set)、模仿(imitation)、机械化(mechanism)、复合反应(complex response)和创造(creation)六个方面。

技能教育的过程，基本上是从感知开始，有一定的方向，从简单动作到复杂动作，然后进入创造，按此目标也可进行因材施教。

以上教育分类，离不开心理活动的知、情、意三分法。以后，还有一些学者，如加涅(R. M. Gagne，1916-2002)依据学习结果的多样化将教育目标分为智力技能、认知策略、言语信息、运动技能和态度五类。

2. 从教育内容、过程和评价三方面来建构教育目标分类学

我们在自己的教育理论和教改实验中，提倡从教育内容、教育过程、教育评价三维出发，来建构教育目标分类学。

(1)教育内容

根据教育目的，从各类各级学校所担负的任务出发，规定具体的教育内容。这个内容，不仅指课程，也包含为实现全面发展而应该有的教育内容。

(2)教育过程

从各级各类学校教育对象的年龄、文化水平出发，运用教育媒体，引导受教育者身心向教育目标转化，这个过程的“转化”，既有布卢姆的认知、情感和技能三个领域的诸要素的发展，也有加涅规定的五类目标要素的获得。它体现了代表社会需要的教育需求与学生原有发展水平之间矛盾的解决。

(3)教育评价

从各级各类学校自身教育目标出发，各级各类学校对因教育实践活动而产生的

个体行为和个性变化进行一定的价值判断，它包括受教育者学业成绩和实际能力，包括其智力与非智力因素的发展水平，包括其德、智、体等诸方面全面发展的个性品质状态，等等。

(三)我国各级各类学校的教育目标

我国各级各类学校的教育目标，可以分为小学、中学、中专和职业高中、高等学校等各级各类目标。

1. 小学教育目标

按《全日制小学暂行工作条例》(草案)(1963，1978)的精神，小学的培养目标是：使学生具有爱祖国、爱人民、爱劳动、爱科学、爱护公共财物等品德，拥护社会主义、拥护共产党。在日常行为规范上做到按时上课、坚持锻炼、讲究卫生、生活俭朴、遵守纪律、尊敬师长、团结同学、关心集体、诚实勇敢。使学生具有初步的阅读、写作和计算能力，具有初步的自然常识和社会常识，培养良好的学习习惯。使学生的身心得到正常的发展，具有健康的体质，培养良好的生活习惯和劳动习惯。教育和思想品德教育是实现小学培养目标的基本途径。

2. 中学教育目标

按《全日制中学暂行工作条例》(草案)(1963，1978)的精神，中学的培养目标是：在德育方面是使学生具有爱国主义精神和国际主义精神，拥护共产党领导，拥护社会主义，愿意为社会主义事业服务，为人民服务。在日常行为规范上做到自尊自爱、注意仪表、真诚友爱、礼貌待人、遵守纪律、勤奋学习、勤劳俭朴、遵守公德、严于律己。要使学生在小学教育的基础上，进一步掌握语文、数学、外国语等课程的基础知识和基本技能，并具有一定的生产知识，身心得到健康的发展，有健康的体质、良好的生活习惯和劳动习惯。为了实现这个目标，规定了思想政治工作的要求和合理安排生产劳动，突出了教育为主的原则，规定了高初中都设置语文、数学、外语、政治、历史、地理、生物、物理、化学、体育、劳动等课程。初中还设置音乐、美术和生产知识等课程；高中则可根据师资和设备状况开设农业技术知识、制图、历史文选和逻辑等选修课程，以发展学生志趣，并与未来高校教学的需要接轨。

最近我们课题组对课程改革的设想是，把中小学课程分六类：语文、数学、外语、科学、社会、音体美，并在有关的实验区域，编出了相关的教材，以实现中小学的培养目标。

3. 中专和职业高中教育目标

职业高中和中等专业学校培养目标，在德育方面和健康方面基本上与中学类同，只是增加了职业道德的需求。

按照《全日制中等专业学校工作条例》(1979)的精神，中等专业学校的培养目标在智育方面的要求是：具有相当高中文化程度并在此基础上掌握本专业现代化生产所需要的基础理论、专业知识和实际技能，培养分析问题和解决问题的能力。职业高中的任务则是培养具有某种职业技能的应用人才，学生从入学起就有了明确的职业定向，毕业后从事所学的职业。

为了保证中等专业学校和职业高中这些目标的实现，目前普遍开设以下五类课程：政治课、普通文化课、技术基础课、专业(职业)课、实习课。

4. 高等教育培养目标

培养社会主义建设所需要的、德智体美全面发展的高等(高级)专门人才。所谓“专门”人才，是指其学习内容侧重于某一学科专业的范围，而不是指所培养的人才局限于某一具体的专门职业岗位。

高等教育的培养目标，由党和政府的有关教育文件规定，并集中反映在各专业的教学计划中。在不同的历史阶段，培养目标的具体需求不尽相同，对不同条件、专业和高等教育的研究生、本科生、专科生等不同层次的人才，培养目标的具体需求也不同。

三、培养“T”型人才，完善教育事业发展的目标

20世纪80年代以来，心理科学集中在人力资源，即人的体力、智力、能力、知识、技能以及积极性、主动性、创造性等问题的讨论上，对人类的知识结构则强

调广博与精深的区别。我国人才学研究者也重视按知识的结构来划分人才的类型，形象地用“—”表示知识的宽度，用“丨”表示知识的深度，首先提出了“T”型人才的概念。他们指出一个优秀人才，是指知识面广，且有一门精深专业知识的“T”型人才。从1985年至今，中文专著、辞典、百科全书及论文等共有352种涉及这个问题。在国外类似的概念有“两科博士”(doctor with double majors)“双料工程师”(engineer with doub-le majors)或“双料人才”(double degrees talent)等，这种人才越来越受到社会的关注。1995年在北京召开的“中国与亚太地区早期教育研讨会”和国际“苹果”计算机会议上，东西方的与会者曾谈到各自的教育模式。我们想赋予人才或人力资源以新意，即提出融东西方教育模式为一体而培养“T”型人才，并作为我国教育目标，特别是教育目的发展的基点。

在一定意义上说，我们抛开“国家”的政治意义，“地区”概念的扩大是国家，国家的扩大，似乎可以概括为东方和西方。亚洲东部诸国，如中国、日本、韩国、东南亚的一些国家，是比较典型的东方区域；西方主要是指欧美国家。融东西方教育模式所培养的“T”型人才。这是世界公民最优秀的素质表现，也是面向21世纪我国教育的根本目标。如果真的要培养“T”型人才，开发了这种人力资源，则将意味着在全世界掀起一场教育的变革。它既包括改革以往的教育观念，也包括改革旧的教育内容，又包括改革旧的教育方法和手段。

(一)东西方教育模式及人才的特点

图1-1就是经我们修订的“T”型人才模式，我们认为这是较典型的教育模式。

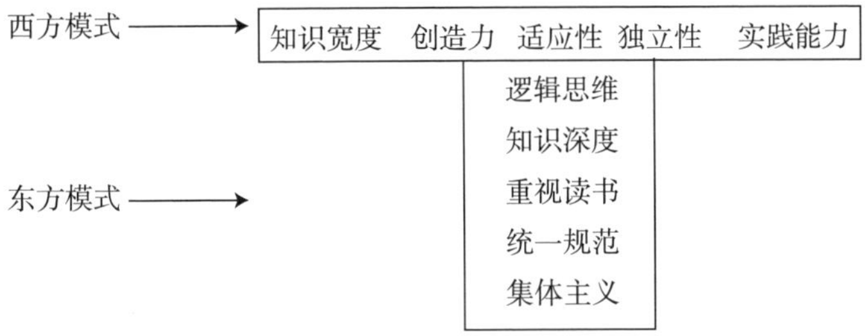

图1-1　“T”型人才模式

这里所谓“T”型人才，“横”代表西方的教育观念、教学方法、教学模式；“竖”代表东方的教育观念、教学方法、教学模式。

东西方教育模式及其所培养的人才各有什么特点呢？

1. 西方教育的模式

西方的教育，重视培养学生广阔的知识面、创造力、适应性、独立性和实践能力。这种教育模式突出地表现在以培养学生适应性为基础，训练动手(实践)能力为手段，增长创造能力为根本，发展个性为目的。西方教育十分关注学生的适应性或社会适应能力。适应是来源于生物学的一个名词，用来表示能增加有机体生存机会的那些身体上和行为上的改变。心理学上则用来表示对环境变化做出的反应。皮亚杰(J. Piaget，1896—1980)认为，智力的本质是一种适应。自 1948 年至 20 世纪 90 年代以来，以西方国家为首的世界卫生组织，多次地论证了“健康”的概念，每次都提到社会适应性是健康的重要指标之一。由此可见，适应是身心发展的基础，培养适应性则成为西方教育模式的重要内容。西方教育相当重视学生的实践活动，从中小学到研究生阶段，都有动手的课程。与西方中小学生家长接触过的人都有一个感触，每次去这样的家庭做客，家长总喜欢拿出孩子在学校里做的劳动作品，例如，小柜子、板凳、枕头、旅行袋等向客人展示。大学里的教授做学问的方式也很特别，他们除了自己的科研和教学工作以外，非常重视实践活动。在大学和科研部门的实验室里拥有相当数量的工程技术人员，因此，他们反对“纸上谈兵”，也带动学生的实践，引导他们解决实际问题。学生在动手或实践活动的过程中，不仅提高了实际能力，而且也增强了某种专业的兴趣。西方的教育还贯穿着一条创造力培养的线索。创造性教育，则是西方心理学界与教育界长期探索的问题。作为创造性教育的心理学基础的创造性研究，孕育于 19 世纪 60 年代初，起始于 20 世纪前 50 年，成熟于 50—70 年代之后，此间创造性的研究越来越受到西方各国心理学界与教育界的重视，研究方法也越来越多，创造性人才的培养也提到发达国家的教育议程上来。各级各类学校的创造力训练，既有训练程序，又有组织化因素，创造性教育就是在这种创造力训练的基础上发展起来的，各级各类学校的学生的创造力也从根本上获得了提高。西方教育的重要目标之一，是发展人的个性。个性(personality)，也可称人格，它指一个人的整个精神面貌。个性结构是多层次、多侧面的，由复杂的心理特征的独特结构构成的整体。这些层次有：完成某种活动的潜在可能性的特征，即能力；心理活动的定型特征，即气质；完成活动任务的态度和行为方面的特征，即性格；活动动力倾向方面的特征，如动机、兴趣、需要、理想、信念等。这些特征不是孤立的，是错综复杂、交互联系的，有机结合成一个整体，对人的行为进行调节和控制的。教育的目的就是充分运用宏观的社会关系，在群体中通过交往而形成微观的人际关系，促进受教育者的个性获得千姿百态的发展，成为一个个生动活泼的社会个体；调动个体积极性，即发挥每一个人的能动性为社会服务。

2. 东方教育的模式

东方的教育模式，则重视培养学生精深的知识、逻辑思维、理解能力、统一规范和集体主义精神。这种教育模式突出地表现在：以理解知识(即知识的深度)为基础，崇尚读书(理论)为手段，发展逻辑思维为根本，追求统一规范为目的。东方教育十分关注学生的知识，而且强调知识的深度和理解水平，所谓“知其然，知其所以然”，就是这种模式的倡导。在东方，不管哪个国家，各科考试主要是考知识，自古以来，基本如此。即使像中国选拔“仕”这样的科举考试，虽说考试的内容按考试科目的性质各有所侧重，但主要不是考管理能力，而是考知识。例如，元代规定以“四书”出题，以朱熹的《四书章句集注》为标准；明、清两代文科科举仅进士一科，经义考试承元制采用八股文体，并将这种程序和制度加以完备。直至今日考试，也表现出重知识轻能力的倾向。东方教育特别强调学生读书，因为“书中自有黄金屋，书中自有颜如玉”，所以“万般皆下品，唯有读书高”。尽管在我国古代课程中有“六艺”，即礼、乐、射、御、书、数，当代教育以《实践论》为指南，提倡“理论联系实际”，在日本，大正时期八大教育主张之一是“动的教育论”，当代教育也倡导重视实践，但这不是主流，主流却是以“书本为中心”。升学、招聘、提职考试的内容是书本知识。东方教育十分重视逻辑思维培养。因为人类的思维就是指逻辑思维，也叫理论思维。逻辑，主要是指思维的规律；思维的逻辑性，就是指思维过程中有一定形式、方式，是按一定规律进行的。逻辑思维的发展本身也有两个阶段，一个是初级阶段，可以叫作普通逻辑思维阶段；另一个是高级阶段，即辩证逻辑思维阶段。平时我们所提逻辑思维，往往是指抽象逻辑思维，其实，逻辑思维应该有三类：动作逻辑思维(操作思维)、形象逻辑思维(形象思维)和抽象逻辑思维(抽象思维)。东方教育重视受教育者思维的深刻性，即强调理性认识，强调学生“通过现象看本质”。也就是说，学生在感性材料的基础上，经过思维过程，去粗取精，去伪存真，由此及彼，由表及里，于是在头脑里就形成一个认识过程的突变，产生了概括，由于概括，他们抓住了事物的本质、事物的全体、事物的内在联系，认识了事物的规律性。因此，培养学生的逻辑思维，是东方教育的一个突出特点。东方教育还强调集体协作精神，讲究规范化，“没有规矩就难成方圆”，于是把追求统一规范作为教育的目标。由于追求统一规范，所以东方各国的教育都在提倡和强化某种“精神”，在教育内容上，往往强调某一种“准则”，例如，在中国人的德育准则上，从孔夫子到孙中山，一直推崇“忠”“孝”“仁”“义”；1949 年，在《中国人民政治协商会议共同纲领》中，曾把我国国民公德概括为“五爱”，新中国成立 70 多年以来，我国教育重视这“五爱”的公德标准；我国台湾地区创设了“五心”同心会，提倡把忠心呈给国家，把孝心献给父母，把信心留给自己，把热心传给社会，把爱心送给大家。总之，东方教育突出的是集体主义规范，强调的是教育对象有统一的要求、统一的目标、统一的格式。

3. 变差异性为相融性

当然，我们在阐述东西方教育模式的特点，主要是强调差异性，或主要的特征。但事实上，东西方的教育模式还有其一致性，也就是说，东西方教育模式是相通相融的，两者的互补性远大于冲突性。所以，我们上述的西方教育模式特点在东方教育中也部分存在；而东方教育模式的特点，同样也能在西方教育中看到。总之，长期以来，东西方教育相互吸收取长补短，共同发展着，这一特点，正是我们提出“融东西方教育模式，培养‘T’型人才”的基础。

(二)扬长避短、学贯中西

从整个大的地区分析，哪种教育模式好呢？我们看各有千秋。

1. 学贯中西的必要性

作为东方人，我不想去评论西方教育及其人才或人力资源的特点，只想谈点东方人的教育及其人才特点。由于东方人接受东方教育的模式，所以东方人的逻辑思维就比较强。东方地区，在教学上重视的是学生“知其然，知其所以然”，追求的是知识的深度和难度，所以教育教学扎扎实实，一丝不苟，于是在每年国际中学生奥林匹克竞赛中，数、理、化和计算机的受奖数以及总分成绩，往往是中国第一；在出国留学生中，擅长以逻辑思维为基础的计算机和数学的人也比较多。这反映了当前中国教育的模式特点及其结果。在中国由于我们的人才或人力资源有良好的知识面、逻辑思维强，加上有集体主义，所以，我们建设的发展速度就比西方快。

然而，我们东方人的诺贝尔奖获得者，远远不如西方人，在一定意义上也可以说具有创造性的人才不如西方。比起西方的教育模式，东方地区的人，中国地区的人，也要认识到我们的不足和弱点，主要表现在三个方面：一是在教育中过多地强调“听话”的理念，忽视了学生创造力的培养；二是在教学上过多地“满堂灌”的说教，忽视了学生主动适应的锻炼；三是在行为上过多地强调统一的规范，忽视了学生个体差异的存在。为此，我们要扬长避短，就必须融东西方教育模式为一体。

邓小平指出：“教育要面向现代化、面向世界、面向未来。”为了实现教育的“三个面向”，中国的教育应持什么样的观念，培养什么样的人才，提倡什么样的模式？我的体会是融东西方教育模式，培养“T”型人才。这里，有现代化的理念，有世界的精华，有未来人才的要求。我们正在推行素质教育，有哪些内容呢？一是以德为本，全面发展；二是面向全体，顾及每一个学生；三是强调学生的创新精神和创造能力，促进学生个性的健康发展，即承认个体差异，尊重教学中的主体性，发展学生的主动性；四是注重实践能力的培养；五是为学生终身发展奠定基础。从中我们可以看出，我们国家所推行的素质教育内容，已经体现了东西方教育模式的融合，培养的是新型人才。

2. 学贯中西的可能性

融东西方教育模式，培养“T”型人才的主张，在我国是有基础的。一百年前张之洞(1837—1909)的“中学为体，西学为用”应该算是上述主张的最早渊源。所谓

“西学”，是指17世纪后西方传入中国的文化。明朝天启三年(1626年)传教士艾儒略编写的欧西大学说授课程纲要名《西学凡》，最早使用“西学”一词。至近代，则是对西方国家的文化教育、科学技术知识的总称，包括西文、西政和西艺。西文指语言文字；西政包括学校、地理、度支、赋税、武备、律例、劝工、通商等制度；西艺则指算、绘、矿、医、声、光、化、电等科学知识。与“西学”相对，“中学”是中国传统学问的总称，主要内容是中国经史之学，也包括辞章、金石之学，核心是儒家伦理道德学说。“中学为体、西学为用”的实质是以中国的传统文化为基础，以西方的科学技术为手段，以巩固传统的政治文化地位为目的。这里，不仅要做到扬长避短，而且也要求我国的新教育培养“学贯中西”的人才。主张中西并重的中西学院(1881)一类院校，就是在这个背景下产生的；广泛创设各类(小中大)学校的倡导(郑观应，1892)也在这个时期提出。

我们姑且不去进行“体”“用”之争，有一点应该是可以达成共识的：东西方文明既是相融相同的，又有其独特性与差异性。内在的贯通性，决定了不能“各执一端”，而必须学贯中西；差异性标明一种文明存在的价值，它要求我们既要努力传承、改造自己本民族的文明，又要尊重、学习其他文明，因此同样需要学贯中西。今天，倡导“学贯中西”还有更大的现实意义。随着世界经济的一体化，我们既不能忽视国外科学技术的进步，也不能无视他国文化的价值，这都需要勇敢地“拿来”，需要吸收、批判和创新。这既是对一体化进程的适应，也是提高自身竞争能力的重要方式。对于个人而言，学贯中西也是提高自身素质的需要，是事业发展的基础。

于是，“学贯中西”就成为一百多年来，东西方教育模式结合及其培养出新型人才的一种重要的内容、重要的方向、重要的追求。王国维、蔡元培、胡适、钱锺书、詹天佑、钱学森、杨振宁……这些学术大师、科学泰斗，都是学贯中西的大家。他们或者出国留学西方，或者在国内研习西方的科学文化，最终成就了一批大师。但更可贵的一点是，他们在向西方学习的时候，不忘吸纳、批判和创新，不忘发展自己的文化，不忘为国尽力。这一点，是我们今天的学者，特别是那些出国留学者应该学习的。

(三)培养“T”型人才的关键在于教育改革

怎样做好东西方教育模式的融合，来培养“T”型人才呢？这里的关键在于教育改革，也就是说，以相通相融性为出发点，对教育思想、教育内容、教育方法实行改革。我们的教育理念及其在实验基地教改实验中的做法有三个方面。

1. 树立正确的人才观念

要培养“T”型人才，关键在于改革旧有的教育思想。什么是人才？传统的教育观念往往把人才等同于天才和全才，我们国家一般把那些“德才兼备”“又红又专”的人称为人才。融东西方教育模式的教育观念则强调人才的多样性、广泛性和层次性，认为凡是为社会做出贡献的人都应该算是人才，换句话说，除了那些“德才兼备”和“又红又专”的人是人才以外，那些在某一方面发挥了特长而与众不同的人也是人才。融东西方教育模式的理念还对学校如何培养未来人才的素质提出了新的要求，即：要重视培养学生的现代意识，如珍惜时间、讲求效益、遵守信誉、善于合作、勇于竞争等；要重视培养学生的创新精神和创造才能，以及独立获取知识并运用知识解决实际问题的能力；要尊重学生的人格，重视发展学生的个性特长。融东西方教育模式的人才观与我们实施的素质教育具有一致性，它要求我们的学校教育必须从以下两方面入手。一方面，教育要面向全体学生，从而提高适应于社会主义建设的各级各类人才的素质。另一方面，教育要使每个学生都在德、智、体等诸育得到全面发展。全面发展并不是平均发展，因此要发展个性，坚持因材施教。在人才发展中，我们的课题组如前面提到的，既鼓励“冒尖”，又允许暂时“落后”。我们有的实验学校还提出在某一科学习出色的学生，可以“免听、免修、免考”。对于学习暂时落后的学生，允许他们在不留级的情况下“降低起点”、跟班发展。我们的目的在于致力于探索面向21世纪的现代办学模式，勇于改革，奋力开拓，坚持实施全面素质的教育。

2. 改革教育内容

要培养“T”型人才，就得强调改革教育的内容，特别是课堂教学的内容，课堂教学是教学工作的主要形式。科学文化素质在学生的基本素质结构中居核心的地位，对他们的全面发展具有极其重要的作用，因此，改革教学内容，即狠抓教材建设、课程设置、评估体系和考试改革，必然提高到教学改革的最显著的位置上来，以此来全面提高教育质量，全面提高学生素质，也以此来检验是否有利于“T”型人才的培养。我们有的实验点，尤其是有些实验点的重点学校经过多年的艰苦探索，已初步形成了以必修课为主、选修课和活动课为辅的三种课程体系及其操作方法。实验点教师在现有教材的基础上纷纷编写补充教材、选修教材、活动课指导读物；不少学校实施多媒体教学或把计算机辅助教学作为切入点。所有这一切，都是为了加强基础，提高质量，培养能力，全面提高学生素质。为了融合东西方教育模式培养“T”型人才，就要呼吁教学评估体系的改革，因为评估是一种指挥棒。评估中，当然要把科学文化知识作为重要的内容，但是要充分重视全面提高学生素质、发展学生个性特长，即有同知识与智育对应的德、体、美、劳、群的评估体系，发展每一个学生的个性，并注意发掘各种各样的特长生。同时，还要培养学生新时代所需的关键能力。随着科技与经济的发展，社会对人才能力的需求也在发生变化，体力劳动和死记硬背的知识需求急剧下降，批判性思维、创造性思维、合作能力、交流能力、学习能力、信息处理能力等成为推动未来经济发展的关键因素，教育需要培养学生这些新时代需要的关键能力，才能有效培养创造性人才，推动经济的持续发展。

3. 改革教育方法

要培养“T”型人才，必须强调改进教育方法。教育要面向未来，未来的社会需要大量具有高度文化知识和全面素质的人才，这就要求我们的学校教育，既要为学生今后的发展打下坚实的知识基础，又要从小注意发现和培养学生的特殊才能和全面素质。传统的教育方法往往利用大量累赘的知识和“标准化”的练习迫使学生死记硬背，没有时间消化，没有时间思考，完全忽视了对学生的积极主动精神和创造精神的培养，忽视了对学生自学能力和特殊才能的培养。因此要改革教学方法。

最后，我们必须声明一点，东西方教育模式各有其特点，所以我们国家教育界在人才模式或人力资源开发中，十分注意相融性和互补性，吸收西方教育的长处，学贯中西，是为培养“T”型人才所作出的探索和努力。我能不能斗胆地提出，百余年来，东方教育一直注意在学习和吸收西方教育的长处，实行东方各国的教育改革；那么西方教育要不要学习和吸收东方教育的长处，实行西方的教育改革呢？我们想应该是的。为了世界公民的素质，培养“T”型人才，东西方教育应该互相取长补短，实行各自的教育改革。

这一章在讨论完教育的含义、功能和目的后，我来谈谈自己的看法。尽管教育的定义很多，我把它概括为：教育是一种以促进人的发展、社会的发展为目的，以传授知识、经验和文化为手段的培养人的社会活动。

教育的实质到底是什么？我是搞发展心理学的，从自己的专业出发，我认为教育就是发展。作为从事教育工作的教师，促进人发展了，推进社会发展了，搞的就是好教育、出色的教育、成功的教育，否则是没有搞好教育。

第二章

“教育与发展”的理论

教育促进人的发展，促进社会的发展。因此，教育与发展，即与人的发展，尤其是与受教育者的发展是一对辩证的统一体。

从古到今，教育工作者一直在从事培养人的工作，教育家也一直在探索教育与发展的机制。然而，对这个关系的实验研究，却是从心理学家投入教育教学实验开始的。

如果要论述“教育与发展”，则应该从发展谈起。在心理学里，所谓发展，有多种含义：一是泛指某种事物的增长、变化和进步；二是与生长为同义语；三是指成熟；四是较为严格地指一种持续的系列变化，尤其指有机体在整个生命期的持续变化。本书中的“发展”，是第四种含义的引申，主要是指人的发展，尤其是学生，即受教育者的发展。人的发展，有生理的，也有心理的。这里我们更多的是探讨心理的发展变化。随着教育的深入，学生的心理在持续系列地变化；这个变化不仅有量的变化，而且有质的变化，这就出现了发展参数(developmental index)的概念；这个变化有其教育的外部原因，而教育的外因如何通过学生的内在机制来起作用，这是我们要探索的一个重要问题。

思想界、学术界，特别是教育界与心理学界有关教育与发展的理论十分丰富，但分歧也很大。曾有学者说，东西方教育与发展观从来是对立的。西方的教育从柏拉图—亚里士多德直到今天，提倡的是“批判”；而东方，尤其是中国的教育从孔子直到今天，倡导的是“接受”。他们认为“有批判才能创造”“接受教育不利于创新”。这种观点是不正确的。任何“知识—创造”都是一个接受与批判的统一的过程。即使在西方教育界，也有“接受学习”和“发现(批判)学习”的争论，但谁也没有批评对方有没有阻碍创造或创新。何况，创造性心理学诞生于1896年，“创造性教育”是20世纪80年代后才提出的概念，因此，在我们阐述的“教育与发展”的理论时，没有讨论教育与创造性(或创新)的观点。本章选择一些有代表性的“教育与发展”思想，来做一个鸟瞰的分析。

第一节

继承中国传统的“教育与发展”思想

我国是文明古国，有5 000年灿烂的文化与教育的历史。尽管中国的科学心理学是由西方传入的，但在西方心理学传入中国之前，我国就有了心理学思想。我国古代的发展心理学和教育心理学的思想是丰富的，对于“教育与发展”的论述，可以溯源到2 500年前春秋时期的伟大思想家和教育家孔子(公元前551—前479)的著述。孔子的心理发展观及其教育思想，长期影响着中国思想家、教育家们对于教育与人类心理发展的看法，以及对“教育与发展”观的讨论和发展。

一、古老的教育与发展的前提

我国古代的教育与发展观有着一个思想前提，这就是对“先天与后天”的讨论。这个讨论，构成了教育与发展思想的基础。

关于先天与后天的关系，是各国心理学思想都要涉及的问题。我国古代的思想家和教育家们不仅涉及这些问题，而且相关论述也是最早的。

(一)孔子最早提出后天决定心理发展的思想

在我国，最早提出先天与后天关系问题的是孔子。孔子强调后天对心理发展的作用，他说：“性相近也，习相远也”(《论语·阳货》)。就是说，人的先天禀赋是差不多的，人的成就和习性不同，则是后天学习的结果。他对自己的学问也作了一个客观的分析，认为“我非生而知之者，好古敏以求之者也”(《论语·述而》)。这里，孔子重视的是后天教育和学习对心理发展的作用，体现出他的朴素唯物论的发展观，这是十分可贵的。

(二)墨子关于环境和教育在心理发展上起决定作用的思想

稍晚于孔子的古代思想家墨子(生卒年不详)在先天与后天的关系问题上，是一个彻底的唯物主义者。墨子，名翟，战国时鲁国(一说为宋国)人。他极为强调环境和教育在心理发展上的决定作用。他以染丝为例，来说明人的心理发展是在环境和教育的习染中形成的。当他看见染丝的时候，长叹一声说：“染于苍则苍，染于黄则黄，所入者变，其色亦变。……故染不可不慎也。非独染丝然也，国亦有染。……非独国有染也，士亦有染”(《墨子·所染》)。他认为，人的本性像没有颜色的丝一样，放在青色的染缸里，就变成青色；放在黄色的染缸里，就变成黄色。人的各种心理活动，不论是知识的获得还是道德的培养，都是环境和教育影响的结果，所以“染不可不慎”，即应当选择良好的环境和正确的教育。这一思想比西方学者洛克的“白板说”或“白纸说”要早一千多年。

(三)性善论和性恶论的争论及荀子的“性伪合”观

“性善论”是孟子(约公元前372—前289)提出来的。孟子名轲，战国时邹县(今山东邹城市)人。他认为人生有“不学而能”的“良能”和“不虑而知”的“良知”。他说：“人之所不学而能者，其良能也；所不虑而知者，其良知也”(《孟子·尽心上》)。按照他的思想，人生来就具有“恻隐之心”“羞恶之心”“辞让之心”和“是非之心”，这些他称为“四端”，即四种萌芽，发展起来就成为仁、义、礼、智四种道德(《孟子·公孙丑》)。可见，孟子的“性善论”，强调的是先天对心理发展的影响作用，于是构成了先验论的发展观。

与其相反的是荀子(约公元前313—前238)的“性恶论”。荀子名况，字卿，战国后期赵国人。他认为人性生来是恶的，人之所以能为善全靠后天的努力——人为。他说："人之性恶，其善者伪也"(《荀子·性恶论》)。荀子从孟子的性善论走到相反的极端，提出人性生而就有"好利""嫉恶""好声色"，这是没有道理的。然而，他并不强调这种"性恶"的先天禀赋，而是提倡性与伪结合的思想，即承认在"性恶"存在的前提下，靠"伪"，也就是取决于人出生后所遇到的各种因素和努力的作用，提出其对心理发展的不以人的意志为转移的影响，从而强调教育的意义。儿童在教育中和在学习中，才化性起伪，长大成才。这种"性伪合"的观点是一种正确的观点，是最早提出的心理发展中先天与后天统一的思想。

(四)韩愈的性与情的"三品"说

唐代中期的韩愈(768—824)，字退之，河南河阳(今河南孟州市)人。他批评了人性善和人性恶的观点，说其"举其中而遗其上下者也，得其一而失其二者也"(《韩昌黎集·原性》)。他提倡的是性与情的"三品"说。他说："性也者，与生俱生也"(《韩昌黎集·原性》)，就是说人性是天生的。但性分为"上、中、下"三品。上品者，"善焉而已矣"；中品者，"可导而上下也"；下品者，"恶焉而已矣"(《韩昌黎集·原性》)。仁、义、礼、智、信五常是本性所固有的，这都是天命所定的。韩愈认为在性之外还有情，情是"接物而生"的，它也分上、中、下三品，区别为喜、怒、哀、惧、爱、恶、欲七种。上品者，"动而处其中"；中品者，"有所甚，有所亡，然而求合其中者也"；下品者，"亡与甚，直情而行者也"(《韩昌黎集·原性》)。

韩愈的"性三品"和"情三品"是一一对应的。那么教育还起作用吗？他认为性是可移的。对上品者说，"就学而易明"；中品的人，"可导而上下"。教育对上、中两等人是可以发生作用的，但是下品者是天生"畏威而寡罪"的，只能用刑法制服，使其有所畏惧而少犯罪。

韩愈的性与情的三品说，更多强调的是先天因素，其本质上是属于唯心主义的。

(五)王廷相的先天与后天统一观

在中国古代的心理学思想中，比较明确而全面论述先天与后天关系的，是明代唯物主义哲学家王廷相。

王廷相(1474—1544)，字子衡，河南仪封人。他在先天与后天对心理发展的影响的关系中，自称是孔子的信徒。他说："吾从仲尼焉，性相近也，习相远也"(《慎言·问成性篇》)。他主张"凡人之性成于习"(《王氏家藏集》)。更重要的是，他具体地论述了儿童心理发展中先天与后天的关系。他说："人之性也，性禀不齐"(《慎言·问成性篇》)。"婴儿在胞中自能饮食，出胞时便能视听，此天性之知，神化之不容已者。自余因习而知，因悟而知，因过而知，因疑而知，皆人道之知也。父母兄弟之亲，亦积习捻熟然耳。……人也，非天也"(《雅述·上篇》)。

由此可见，王廷相并未否定人的遗传禀赋的差异；并不否定先天因素的作用，即"天性之知"的作用。但是他更重视在遗传素质基础上发展起来的，通过后天的"习""悟""过""疑"而决定的后知。这里，他不仅强调了环境的作用，人与人之间交往的作用，而且也强调了主体学习、活动的作用。尽管限于当时的科学水平，王廷相的思想仅仅属于思辨性质的，但是，他的思想的可贵之处，也正是在于其与现代科学儿童心理学观的一致性。

二、古老的教育与发展思想

我国有着悠久的教育史。历代教育家们，除确定各自的教育目的、原则、内容和方法之外，也重视教育与学生心理发展关系的研究，这也必然地要探讨教育如何推进学生的发展和学生发展有什么样的内在表现。

首先阐明关于教育与发展关系思想的也是孔子。孔子说："学而不思则罔，思而不学则殆"(《论语·学而》)。这里，孔子把学与思、教育与智力发展辩证地结合起来了。在他看来，通过教育，使学生学得一定的知识，只有在知识的基础上，通过思维，使学生将所获得的知识上升到理性，发展了智力，才能有所心得收获，否则必然是茫然若失；同样的，光思维不学习、不接受知识的话，解决问题就无基础，所以发展智力必须依靠教育，即以知识为前提。

在孔子思想的基础上，后来有许多教育家在教育与发展问题上提出自己的见解，归纳一下，大致有三个方面的内容。

(一)教育的作用在于促进学生的发展

我们以荀况和董仲舒的思想为例试加论述。

1. 荀子的观点

荀子特别重视教育的作用。他从“性伪合”思想出发，认为人生而无贵贱、智愚与贫富之分，使人发生这种区别的唯一力量是教育(《荀子·儒效》)。他提出，教育之所以能发挥这么巨大的作用，主要是靠主观的“积”和环境的“渐”。他说：

“积土成山，风雨兴焉。积水成渊，蛟龙生焉。积善成德而神明(睿智)自得，圣心备焉”(《荀子·劝学》)。

“蓬生麻中，不扶而直；白沙在涅，与之俱黑。兰槐之根是为芷，其渐(渍)之滫(溺)，君子不近，庶人不服。其质非不美也，所渐者然也。故君子居必择乡，游必就士，所以防邪僻而近中正也”(《荀子·劝学》)。

前一段说“积”，智与德是积累而成，圣人就是人之所积；后一段谈“渐”，指出了环境的重要性。在荀子看来，通过主观的“积”和环境的“渐”，就能够使人的本性发生根本的变化。也就是说，教育的作用，就在于改变人性。

2. 董仲舒的观点

董仲舒(公元前179—前104)，汉代广川(今河北景县)人，是西汉时期的思想家和教育家。

董仲舒提出了“性三品”的思想，把人性分为上、中、下三等。他认为性只是质材，它的本身还不能说就是善，必须“待教而为善”：

“性比于禾，善比于米，米出禾中而禾未可全为米也；善出性中，而性未可全为善也。……天生民性，有善质而未能善，于是为之立王以善之，此天意也。民受未能善之性于天，而退受成性之教于王，王承天意，以成民之性为任者也。……今万民之性待外教然后能善，善当与教，不当与性”(《春秋繁露·深察名号》)。

这段话的意思是，性仅仅为善提供以可能性，而教育将这种可能性变成现实性。这就精辟地阐明了教育与学生心理发展的关系。

（二）教育促进儿童（学生）心理从量变向质变转化

在我国古代的教育家和思想家中，有不少人是坚持辩证法的，正是这种朴素的辩证法，他们将学生的心理发展理解为量变到质变的过程。我们也举两个例子来加以论述。

1. 荀子的观点

荀子从教育作用出发，认为"习俗移志，安久移质"（《荀子・儒效》）"长迁而不反其初，则化矣"（《荀子・不苟》）。在这"安久移质"和"长迁不反"的思想中，包含着学生心理发展通过教育产生量变与质变的关系。也就是说，学生在教育的作用下，其心理经过长期的量变不再回复其本来面目，发生了质的飞跃。

荀子还说："学不可以已。青，取之于蓝，而青于蓝；冰，水为之，而寒于水"（《荀子・劝学》）"君子之学如蜕，幡然迁之"（《荀子・大略》）。这里，他所提到的青和蓝、冰和水的关系以及"学如蜕"的思想，都意味着教育能使学生的心理经过量的"积"的过程，发生质变。这种教育与发展的辩证观点，是值得我们继承和发扬的。

2. 王充的观点

王充（公元27—约公元97），字仲任，会稽上虞（今浙江绍兴）人，是东汉唯物主义哲学家和教育家。

王充强调教育和教学必须注重锻炼、教导和"识渐"，必须经过"切磋琢磨"才能达到"尽材成德"的目的。他是继荀子之后又一个强调心理发展量变质变的杰出学者。他曾说：

"人之性，善可变为恶，恶可变为善，犹此类也。蓬生麻间，不扶自直；白纱入缁，不染自黑。彼蓬之性不直，纱之质不黑，麻扶缁染，使之直黑。夫人之性，犹蓬纱也，在所渐染而善恶变矣"（《论衡・本性篇》）。

王充将人性比作蓬纱。由于"渐染"，即量的变化过程，才使蓬纱之质完全变黑。人性，"在所渐染"的量变，才能引起善恶的质变，王充强调了人性量变的意义，强调了人性的量变和质变的互动关系，体现了我国古代重要的儿童心理发展的思想。

（三）不失时机的及时教育

现代儿童心理学强调早期教育，强调按照儿童心理发展的关键期进行及时教育，强调根据儿童的原有心理水平而有针对性地不失时机地进行教育，这些观点在中国古代的儿童心理学思想中同样地有所反映。颜之推（531—约 597）就曾指出：“人生小幼，精神专利，长成以后，思虑散佚，固须早教，勿失机也。吾七岁时，诵《鲁灵光殿赋》，至于今日，十年一理，犹不遗忘。二十之外，所诵经书，一月废置，便至荒芜矣”（《勉学》）。维果茨基的“教育要走在发展的前头”，抓住关键期进行教育的观点，是多么相似。然而，他却比维果茨基的观点早提出 1 400 年。

上述的一些教育与发展观，体现了我国教育自古以来，目的在于促进学生的发展。这些观点，一直影响到我们今天的教育。值得我们验证、继承和发扬。

第二节

学习西方的“教育与发展”观

西方教育思想和心理学观点，从来就关注着教育与发展的问题。古代西方尤其是古希腊和古罗马，就有些思想家，提出他们的教育观、儿童观和发展观，这里包含着教育与发展的关系。但是明确地提出教育与发展观点却是在“文艺复兴”时期。

一、西方教育与发展观的雏形

从文艺复兴时期到近代，西方有一大批思想家和教育家，他们探讨了教育与发展的关系。代表人物有夸美纽斯、卢梭、裴斯泰洛齐、赫尔巴特等。

(一)夸美纽斯的教育与发展思想

从文艺复兴起，一些进步的思想家开始提出尊重儿童、发展儿童天性的口号。夸美纽斯(J. A. Comenius)就是一个代表人物。夸美纽斯(1592—1670)是17世纪捷克著名的爱国主义者、伟大的资产阶级民主教育家，被尊崇为教育史上的“哥白尼”。

首先，夸美纽斯从人的本性出发，把儿童从出生到成熟分为四个年龄时期，每个时期都是6年：幼年期——从出生到6岁；童年期——从6岁到12岁；少年期——从12岁到18岁；青年期——从18岁到24岁。

他以年龄特征作为这个分期的基础：①幼儿期的特征是迅速的身体成长和感觉器官的发展；②童年期的特征是记忆力和想象力连同它们的执行器官——语言和手的发展；③少年期的特征除了上述的品质以外是思维(理解和判断)的更高发展；④青少年期的特征是意志的发展和保持和谐的能力。①

其次，夸美纽斯为儿童编写了著名的读物《世界图解》。该书于1658年出版，这是作者根据他所提出的适应自然和直观教学原则写成的一部小学教科书。夸美纽斯的《世界图解》已是能根据儿童年龄特征、按教育要求给儿童讲述科学知识的开端。

最后，夸美纽斯提出了一系列符合并促进儿童心理发展的教育与教学原则。夸美纽斯反对不考虑儿童的接受能力的强制性教学，要求教学一定要适合儿童的特点，特别是为初学的儿童选择学习材料，一定要适当。他说：“学生不可受到不适于他们的年龄、理解力与现状的材料的过分压迫，否则他们便会在不实在的事情上面耗掉他们的时间”②。夸美纽斯在阐述按照班级实行教学的好处时，也是从儿童心理的角度，说明它对取得良好学习效果的积极意义的。所有这些，使教育与发展符合儿童心理的原有水平，有利于促进他们心理的发展。

---

①② [捷]夸美纽斯：《大教学论》，傅任敢译，163页，北京，人民教育出版社，1957。

(二)卢梭的教育与发展思想

卢梭(1712—1778)是18世纪法国杰出的启蒙思想家、哲学家和教育家。在哲学上，他承认感觉是认识的根源；但又认为对自然界来说，精神是其积极的本原，而物质是其消极的本原，并强调情感高于理智、信仰高于理性。人们在大自然中，凭借“内在之光”，即可发现自己有所谓天赋的道德观念，并觉察到自然神论者所谓的上帝存在。在社会观念方面，他认为在原始社会的“自然状态”下，人人都享受“自然的”自由和平等；私有制的产生是不平等的根源，但又主张保护小私有者。他强调人民有权推翻那种破坏“社会契约”、蹂躏“人权”、违反“自然”的专制政体，建立以“最聪明的少数人”(即资产阶级)为领导、充分体现“共同意志”的“理性王国”。在教育观点上，提出“自然教育理论”，主张顺应儿童的本性，让他们的身心自由发展。卢梭的主要著作有《论科学和艺术是否败坏或增进道德》(1749)、被恩格斯认为有辩证法思想的《论人类不平等的起源和基础》(1775)、《民约论》(1762)、小说《爱弥儿》(1762)和《新爱罗伊丝》(1761)、自传性的《忏悔录》(1778)等。

卢梭的教育与发展思想，集中地体现在他的教育哲理小说《爱弥儿》(或译《论教育》)①上。这是一部五卷本的长篇巨著，书的内容不仅阐述了他的教育观点，即追求个性解放的教育思想，而且也用他的社会政治思想，尖锐地批判了腐朽的封建教育。在书中，卢梭斥责天主教会和传教士是骗子，表示反对传统教义，而持有“自然神论”的观点，即认为上帝在创造世界之后，便任自然规律支配一切，不再干涉世事了。因此，《爱弥儿》出版后，尽管这种思想积极影响法国资产阶级革命，但也大大地触怒了教会和封建王朝，致使出现焚书缉人、被迫逃亡的局面。卢梭在国外隐居，直到晚年，才获准回到法国。

在《爱弥儿》中，卢梭通过他所虚构的儿童爱弥儿从出生到成人的教育过程，系统地阐明了他的教育理论与发展的思想。

按照卢梭的意见，对儿童的教育要“遵循自然的法则”。这就是说，在教育儿童的时候应该遵循他们的本性，考虑他们的年龄特征。卢梭否定先天观念和先天道

① [法]卢梭：《爱弥儿》，李平沤译，6页，北京，商务印书馆，1978。

德，认为人们生而所缺乏的，又是成年以后所需要的一切，都是教育的结果。这种教育的来源有三个方面，即自然、人、事物或外部环境。他说："我们的才能和器官的内在发展，是自然的教育；别人教我们如何利用这种发展，是人品教育；我们对影响我们的事物获得良好的经验，是事物的教育。"①他认为，只有在三种教育方向一致、统一行动时，才能有合理的教育。由于自然教育不能由我们来决定，所以应当使人为的教育符合于自然的教育，同时要利用事物的教育，因为这在相当的程度上是依赖于人的。因此，教育应当是自然的，应当是遵循自然的，也就是应当依照儿童自然发展的程序，培养儿童所固有的观察、思维和感受能力。他抨击当时的儿童教育违反儿童的天性，指出："……他们总是用成人的标准来看待儿童，而不去想想他在未成年之前是个什么样子。"因此，他反复强调："要按照你的学生的年龄去对待他。"②

遵循自然的法则，必然是自由的教育。因为卢梭宣称人的最重要的自然权利就是自由。根据这个原理，他反对压迫人的封建制度，反对实行呆读死记、严酷纪律、体罚和摧毁儿童个性的经院式学校。卢梭满怀深情地呼吁：要爱护儿童，珍视短暂的童年生活。要关心他们的游戏和自由活动，而不应强制他们像服苦役似地读书。卢梭重视教师的指导作用。但是他的指导作用有特殊的含义。他认为，教师要引导学生去解答各种问题，要在各种情况中指导儿童的兴趣，而且在指导的时候，使得儿童自己不觉得是被指导的。

在自然的法则的基础上，卢梭根据他对于儿童发展的自然进程的理解，将儿童的年龄特征分为四个阶段：第一阶段，从出生至 2 岁，这是身体发育较快的时期，主要的任务是保障他们的身体健康；第二阶段，从 2 岁至 12 岁，卢梭称为"理智睡眠"时期，这时儿童还不能思考，主要应该发展"外部感觉"，使儿童积蓄力量，以便在年龄较大时能够发挥出来；第三阶段，从 12 岁至 15 岁，这一时期应该广泛地发展智育，满足儿童在智力方面的要求；第四阶段，从 15 岁到成年，这是"激动和热情时期"，卢梭认为这时期主要应该实施道德教育。卢梭要求按照儿童特点进行

① ［法］卢梭：《爱弥儿》，李平沤译，7 页，北京，商务印书馆，1978。
② ［法］卢梭：《爱弥儿》，李平沤译，91~92 页，北京，商务印书馆，1978。

教育，无疑是正确的，但是他对儿童年龄阶段的划分和各阶段教育任务的确定，显然还缺乏一定的科学性。

(三)裴斯泰洛齐的教育与发展思想

裴斯泰洛齐(1746—1827)是瑞士教育家。他从人道主义出发，企图通过教育来改善农民生活。他曾在诺伊霍夫(Neuhof)、斯坦兹(Stanz)创办孤儿院，从事贫苦儿童的教育。后又在布格多夫(Burgdorf)、伊韦尔东(Yverdon)创办学院，进行简化教学实验，以体现他教育学体系的重心——关于要素教育的理论，依照这个理论，教育过程必须从一些最简单的因素开始，逐渐转到日益复杂的因素。裴斯泰洛齐的要素教育的理论包括体育、劳动教育、德育、美育和智育等方面。也就是说，他主张一面教儿童学习识字、计算，并进行道德教育和宗教教育，一面教儿童从事手工业和农业劳动。裴斯泰洛齐在教学理论方面的一个重大贡献，是他为初等学校建立了各种教学法。他认为形状、数目、语言是教学中的基本要素；并根据这一原理，改进了初等学校的语文、算术、测量等各科的教学方法。他的教育思想对近代初等教育的发展是有深刻的影响的，裴斯泰洛齐的主要著作有《林哈德和葛笃德》《葛笃德怎样教育她的子女》《母亲读物》和《数的直观教学》等。

裴斯泰洛齐的教育思想，要求以心理学、特别是儿童心理学作为教育的依据，他认为教育的目的在于促进人的天赋力量和能力全面而和谐的发展。从他关于这个教育目的的论述中，我们看到以下观点。

首先，裴斯泰洛齐非常重视教育和儿童发展的相互关系。他生动地比喻说，教育应当在巨大而坚固的岩石(本性)上建立自己的大厦(形成人)，它只有永远跟这岩石紧密地结合，不可动摇地屹立在它的上面，才能达到它的既定目的。

其次，裴斯泰洛齐从他的人的和谐发展的基本观念出发，把智育跟德育密切地联系起来，并且提出教育性的教学要求。按照这个要求，他认为教学就是要帮助学生通过感性经验去获得和积累一定的知识，同时借助于教学来发展学生的智力。但他更重视智力的发展，把发展思维能力放在首要的地位。他说："必须集中地提高智力，而不仅是泛泛地增加知识”①。这样广泛地提出教学过程中知识和智力两个方面的性质的问题，在裴斯泰洛齐的时代是历史上的一种进步。也是从这两者关系出发，他提出直观性原则，由易到难(从具体到抽象)原则以及循序渐进的原则。裴斯泰洛齐认为，这些原则的实施，要符合心理学的要求。他说：“智力和才能的发展，要有一个适合于人类本性的、心理学的、循序渐进的方法”②。这里他把循序渐进和适合人的本性、适合儿童的心理的方法和要求直接联系在一起了。

最后，裴斯泰洛齐着重研究了智力教育和教学的要素。什么是教学的要素呢?他认为：“任何物体的外部特性的总和包含着它的外形和数量，这是通过语言而达到自己的意识的”③。这就是说，数目、形状和语言是一切教学的最简单的要素和最基本的手段。在教学过程中，计算适合于数，测量(几何)适合于形，言语适合于词。可见，“要素的教学”首先归结为测量、计算和掌握语言的技能。根据这个理论，裴斯泰洛齐大大地改变了当时初等学校的教学内容。这种新的方法不仅丰富了儿童的知识，而且激发了儿童的思维能力。裴斯泰洛齐认为这一过程是符合儿童的心理特点的。然而，由于当时相当缺乏具有儿童心理特点的研究资料，因此，裴斯泰洛齐实际上推动了儿童心理学的研究。

(四)赫尔巴特的教育与发展思想

赫尔巴特(J. F. Herbart，1776—1841)是德国的哲学家、心理学家和教育家，他是18—19世纪“心理学化的教育”理论的一位重要的倡导者。

赫尔巴特最初在拉丁古典学校学习，以后升入耶拿大学。他的世界观是在德国哲学家和思想家康德的影响下形成的。大学毕业后，赫尔巴特做了一个瑞士贵族的儿童教师，他和他的学生有一段时间住在裴斯泰洛齐办的学校里。1802年，在格廷根大学获硕士学位，1805年任特邀教授。1808年在哥尼斯堡大学继承康德的教授职位，并主持一所教育学院。1833年回格廷根大学任哲学教授直至去世。赫尔巴特

---

① 转引自曹孚编：《外国教育史》，164~165页，北京，人民教育出版社，1979。

② 张焕庭主编：《西方资产阶级教育论著选》，195页，北京，人民教育出版社，1979。

③ 张焕庭主编：《西方资产阶级教育论著选》，182页，北京，人民教育出版社，1979。

在这两所大学里展开了广泛的教育活动。他讲授心理学和教育学，并领导训练师资的研究班。这个研究班还附设了一个实验学校，他本人也在里面教数学。赫尔巴特认为人类道德的基础是五种不变的观念：内在自由、完善、善意、法权和正义；观念是最根本的要素，人的一切心理过程——情绪、意志、思维、想象等都不过是观念的变形。他即以这种伦理学和心理学观点为基础建立了他的心理学化的教育学体系。赫尔巴特强调运用严格方法管理儿童，以建立秩序和纪律，认为这是实现教育过程的必要条件。他提出了“教学的教育性”的概念，把教学看作教育的主要手段，要求通过教学发展多方面的兴趣，灌输五种道德观念。他把兴趣理解为学生的理智的自动精神，认为教学的进行，必须使学生在遇到教师所传授的新教材的时候，能在心灵里唤起一系列已有的观念，并在此基础上引导他们去掌握新的观念。赫尔巴特的主要著作有《普通教育学》(1806)、《心理学教科书》(1816)、《关于心理学应用于教育学的几封信》(1831)、《教育学讲授纲要》(1835)等。

在心理学史上，赫尔巴特是最早宣称心理学是一门科学的学者。他主张心理学应该和哲学、生理学区别开，用特殊的方法研究自己特定的对象①。这里，值得一提的是赫尔巴特的心理学理论中“意识阈”和“统觉团”这两个概念。赫尔巴特认为意识和无意识是可以互相转化的，但“一个概念若要由一个完全被抑制的状态进入一个现实观念的状态，便须跨过一道界线，这道界线便为意识阈”②。就是说，在人的心灵中聚集着大量的观念，都要进入意识的领域，而能进入的是那些与意识领域中原有观念相接近的观念，没有受到原有观念强化的观念就被抑制下来，变得不可觉察而被挤出意识的阈限。显然，这意识阈并不是固定不变的。据赫尔巴特的观点，只是与意识中的观念有关的事物、资料或知识才容易进入意识，为意识所融化，这就产生了“统觉”的概念。赫尔巴特把人在原有观念、经验的基础上形成新观念的过程，称为统觉。统觉过程就是把一些分散的感觉刺激纳入意识，造成一个统一的整体。这个整体，赫尔巴特称之为“统觉团”。在教学过程中赫尔巴特赋予统觉团以重大的意义，并把注意、兴趣与统觉团紧密联系起来。我们认为，尽管赫尔巴

① 高觉敷主编：《西方近代心理学史》，71~73页，北京，人民教育出版社，1982。
② [美]F. G. 波林：《实验心理学史》，高觉敷译，288页，北京，商务印书馆，1981。

特的心理学思想属于唯心主义的范畴，但提出意识阈转化和统觉团的作用，不仅有辩证法的因素，而且在教育理论建设方面，特别是试图把教育学建立在心理学上的思想，是很可贵的。

赫尔巴特根据其关于心理活动的规律，将教学过程分为“明了”“联想”“系统”“方法”四个阶段。同这四个阶段相应的心理状态实际上是兴趣，亦即“注意”“期待”“探究”和“行动”。他把教学过程(程序)与掌握知识的环节、心理活动状态、兴趣阶段及教学方法等构成如下(见表2-1)的相互配合的关系。①

表2-1　赫尔巴特关于教学过程中的心理活动相互关系表

教学阶段	明了	联想	系统	方法
掌握知识环节	钻研		理解	
观念活动状态	静态	动态	静态	动态
兴趣阶段	注意	期待	探究	行动
教学方法	叙述	分析	综合	应用

赫尔巴特十分重视兴趣，认为教学应当以多方面的兴趣为基础。他将兴趣分为六种，并归为两大类：第一类是引向认识周围现实的兴趣。它包括：①经验的兴趣，回答这是什么的问题，并引起观察的愿望；②思辨的兴趣，回答为什么是这样的问题，并引起思考；③审美的兴趣，保证对各种现象进行艺术的评价。第二类是引向认识社会生活的兴趣。它包括：①同情的兴趣，表现在对家庭的成员和最亲近的熟人；②社会的兴趣，表现在对更广泛的一些人，表现在对社会、自己的民族和全人类；③宗教的兴趣，表现在与上帝的联系上。按赫尔巴特的观点，应当尽可能早地激发儿童的宗教兴趣，并且继续不断地加以发展，使他的心灵在晚年能平和而宁静地寄托在他的宗教里。赫尔巴特也重视兴趣的培养。他认为教育的最重要的任务之一，在于引起儿童多方面的兴趣。

总之，从上述的赫尔巴特的教育思想中可以看出，近代教育的发展，孕育着“教育与发展”观产生的必然性。

---

① 王天一等编著：《外国教育史(上册)》，325页，北京，北京师范大学出版社，1984。

二、杜威是西方“教育与发展”观的奠基人

杜威(J. Dewey, 1859—1952)是哲学家、心理学家和教育家，曾师承霍尔(G. S. Hall, 1844—1924)。他有实用主义哲学的背景，是美国机能主义心理学的创始人之一，又被认为是创立美国教育学的首要人物。

杜威1894年任芝加哥大学哲学、心理与教育系主任，同时开始创办实验学校。1896—1904年，他在4~13岁的儿童中实验自己的教育主张，即让这些学生在学校的学习生活中，养成合作的生活习惯与心理，学校采用活动课程和以活动为中心的教学方法。杜威的这个教育革新实验，后来成为美国现代“进步教育”的基石。他自己也声称，他与赫尔巴特的区别在于：赫氏属于传统教育；而从他自己开始，才是现代教育。也就是说，他提出“进步教育”的思想，用来取代“传统教育”，其主要内容是表现个体，培养个性，反对灌输；以自由活动反对外部纪律；倡导从做中学，反对从书中、向教师学习；主张教育与现实需要相适应，反对为遥远的未来做准备，等等。[①] 杜威的《民主主义与教育》一书，集中反映了他的教育思想。该书被西方教育家视为与柏拉图的《理想国》和卢梭的《爱弥儿》有同等地位的重要著作。

杜威的主要贡献之一，就是把心理学应用到教育和哲学方面，使三者结合在一起。他也是在心理学史上最早深入教育实践进行心理发展研究的心理学家。尽管他的实用主义观点有许多需要批评的地方，但他的教育、教学、学习与儿童(学生)心理发展的思想，正是他把心理学和教育学相结合的产物，且有一定的哲学观点。

(一)提出有“教育与发展”含义的教育目的，并投入实践与实验

我们之所以把杜威推为西方“教育与发展”观的奠基人，是由于杜威在西方最早提出有“教育与发展”含义的教育目的，并不断投入教育实践与教育实验。

1. 在教育实践中提出教育是个塑造人的过程

---

① [美]约翰·杜威：《我们怎样思维》，姜文闵译，7页，北京，人民教育出版社，1991。

杜威有一定的教育实践的基础。1879 年他从佛蒙特州立大学毕业后，曾任教于中学和乡村学校三年。1882 年进霍普金斯大学当心理学家霍尔的研究生，两年后获博士学位去密歇根大学教哲学。同时他从事了该校培训师资的工作，对教育的兴趣也更加浓厚了。之后，杜威把哲学、心理学和教育紧密地结合起来，确认教育是一种塑造人的理智与情感的过程，是与每个个体发生联系与关系的事情。随着杜威把这三门学科的密切结合，他于 1894 年任芝加哥大学哲学、心理与教育系主任，开始创办实验学校，以证实自己的观点。

2. 杜威的教育目的观

基于教育即生长、即生活、即经验不断改组的认识，杜威把自己的教育过程分为内外两种状态，并提出“教育过程之内”的教育目的和“教育过程之外”的教育目的。

教育过程之内的目的，是指由儿童(学生)的本能、冲动、兴趣所决定的具体教育过程的目的；由社会、政治需要所决定的教育目的是教育过程以外的目的。后来，杜威在《民主主义与教育》(1914)中指出：“教育本身并无目的。只有人，即家长和老师等才有目的”①。他提出的“良好的教育目的”应具备的特征：教育目的要根据受教育者的个人活动、需要和现有能力；教育目的必须同时也是组织活动教学的方法，能提出解放、组织学生能力所需要的环境；制定教育目的要避免制定一般的、终极的目的，而制定当前的和各种具体的目的，等等。1910 年杜威来中国讲学，又谈到其教育目的。他说：“教育目的是要养成配做社会的良好分子的公民”②。

从中我们看到，杜威在教育实践与实验的基础上提出了教育目的，这个目的核心是促进社会发展和个体(儿童)发展。这是西方的“教育与发展”观的最初模式。

(二)提出“教育即生长”的教育定义

如前所述，杜威的教育定义就是“教育即生长”“教育即生活”“教育即经验的继

① [美]约翰·杜威：《杜威教育论著选》，赵祥麟、王承绪编译，170 页，上海，华东师范大学出版社，1981。

② 《杜威五大讲演》(第 2 讲)，第 30 页。

续不断的改组”。这个定义来自他的心理学、社会学和哲学观点，表达其教育促进发展的理论。

1. 教育促进儿童本能的生长

杜威主张的心理学研究动作的机能，其表现为协调(coordination)，实际上这是一个生物适应活动。这里的机能、协调，是指有机体对环境的被动适应。这明显地表现出他接受了达尔文学说的影响。

在这个观点的基础上，杜威认为，儿童(学生)心理内容基本上就是以本能活动为核心的习惯、情绪、冲动、智慧等天生心理机能的不断发展、生长的过程。从这个角度说，教育就是促进本能的发展、生长的过程。他说：“教育不是把外面的东西强迫儿童或青年去吸收，而是需要使人类‘与生俱来’的能力得以生长”①。“教育即是生长，除它自身之外，并没有别的目的，我们如要度量学校教育的价值，要看它能否创造继续的生长欲望，能否供给方法，使这种欲望得以生长。”②

正是出于强调教育促进儿童本能生长的观点，杜威提出了“儿童中心主义”的教育原则，并成为其教育理论的核心。他大声疾呼：必须以儿童为教育的出发点，把儿童当作目的，而不是当作手段来看待，教育措施一定要围绕着儿童来实施。

杜威的儿童心理内容观及儿童中心主义的教育原则，对批判传统教育、提倡儿童在教育中的主体作用及促使儿童的个体自由发展，是有一定的积极意义的，这个教育中心转移问题的提出，在教育史上是一个进步。但是，杜威无视心理内容的社会性，片面强调生物化的本能、天性的生长，则是不科学的；片面地强调以儿童为“中心”“太阳”，教育要“围绕儿童转”等，势必会走向另一个极端，势必会失去教师的主导作用，势必会使教育成为儿童的尾巴，从而降低教育质量。

2. 教育促进学生心理的发展

杜威的儿童(学生)心理的发展观是：“生活即发展；发展、生长即是生活”③。他又说：“没有教育即不能生活。所以，我们可以说：‘教育即是生活’”④。

---

① [美]约翰·杜威：《明日之学校》，朱经农、潘梓年译，268页，北京，商务印书馆，1993。

② [美]约翰·杜威：《民本主义与教育》，邹恩润译，62页，北京，商务印书馆，1947。

③④ [美]约翰·杜威：《民本主义与教育》，邹恩润译，58页，北京，商务印书馆，1928。

当然，这里反映了杜威要求学校与社会生活相联系；要求学生参与生活实际，并把学生心理发展与参与生活实际相联系；要求教材知识与学生相联系，这是正确的。它在消除学校与社会生活的隔阂方面发挥了较好的作用，在唤起学生的学习兴趣和有利于学生对社会生活经验的适应上，比呆板枯燥的传统教育更有生气。但是，杜威将学生的实践、活动仅仅局限于生活，这未免太狭窄了。他过分夸大了学生的直接生活经验的意义，这样，教育的内容水平必然是低级的，导致削弱基础知识的质量，影响学生智力教育的标准。因而不利于其心理的发展。这个失败的教训，就被布鲁纳引以为鉴，使他提出富于时代精神的结构课程论的思想。

3. 教育的基本原则是“从做中学”

儿童(学生)如何获取知识呢？杜威把教育的本质理解为经验的改组或重新组织。在杜威看来，获取知识是主客体的交互作用，是知识(原有主体经验)和求知(获取新知识)不断组织更新的过程，是通过儿童(学生)亲身经历的一种活动。所以杜威提出了一条教育基本原则，即“从做中学”，并视为其教学理论的中心原则。

杜威把“从做中学”贯穿到教学领域的诸如教学过程、课程、教学方法和组织等各个领域。这里的关键是“怎样做?”杜威提出使学生“由做事而学习”①。

那么教师在这中间起什么作用呢？杜威反对传统教学中教师的专断式的主导作用。而是教学过程的“发起人”，课本变成“试验品”②，“教师与学生两方面会不觉得一方面是在那里教，一方面是在那里受教，那么所得的结果会好”③。就这样，杜威驳斥了传统教育的课堂讲授、书本知识和教师“三中心”，取而代之的是生物化、生活化的活动教学，儿童(学生)的亲身经验和学生的活动等新的“三中心”。

(三)出版《我们怎样思维》一书，提出了教学与智力发展的关系

《我们怎样思维》一书，1909年初版，1933年再版。杜威写此书的目的，是反对学校中存在课程繁多的弊病，找出某种稳定和集中的因素，即科学的思维态度和

① [美]约翰·杜威:《民本主义与教育》，邹恩润译，221~222页，北京，商务印书馆，1928。
② [美]约翰·杜威:《民本主义与教育》，邹恩润译，290页，北京，商务印书馆，1928。
③ [美]约翰·杜威:《明日之学校》，朱经农，潘梓年译，67页，北京，商务印书馆，1993。

思维习惯，并将其付诸教育实际。

在《我们怎样思维》一书中，杜威提出了“反省的思维分析”①。他认为思维或反省思维是一种观念，观念来自于事实。当一个含有困惑或疑难的情境产生时，置身于这一情境的人，可以采取几种不同的办法，便开始反省了。反省包含观察和暗示，事实与观察是反省中相关的不可缺的因素。接着，杜威提出思维的五个步骤，他又称之为“反省思维的五个形态”，即：①暗示，思维跃进了一种可能的解决；②感觉的(直接经验)困难或迷惑的理智化，成为一个待解决的问题，一个必须找到答案的疑问；③用一个又一个的暗示，作为领导观念或假设，以发起和引导观察和其他心智活动，搜集事实材料；④推演观念或假设的含义；⑤在外表的或想象的行动中检验假设。反省思维的五个形态存在于每个思维单位的两端，一端为“开始”，是一个迷惑、困难或纷乱的情境；另一端为“结束”，是一个澄清、统一和解决的情境。后来，他提出思维的五个步骤：①学生要有一个真实的经验情境——要有一个对活动本身感兴趣的连续的活动；②在这个情境内部产生一个真实的问题，作为思维的刺激物；③学生要占有知识资料，从事必要的观察，以对付这个问题；④学生必须一步一步地展开其所想出的解决问题的方法；⑤学生要有机会通过应用来检验其想法。② 这是一种“从做中学”的教学步骤，在“做”中思维，通过思维提出问题和解决问题，并在“做”中验证效果。思维是智力的核心，在一定意义上，杜威在西方首先探讨了教学与儿童(学生)智力发展的关系。

三、现代西方教育改革中的“教育与发展”观

继杜威之后，西方不仅在心理学界相当重视教育与发展的思想，在教育界也普遍重视这个问题，而且作为教育改革的重要内容。

---

① [美]约翰·杜威：《我们怎样思维》，姜文闵译，9页，北京，人民教育出版社，1991。
② [美]约翰·杜威：《我们怎样思维》，姜文闵译，198页，北京，人民教育出版社，1991。

（一）心理学界对教育与发展的深入探讨

1. 斯金纳的工作

斯金纳(B. F. Skinner，1904—1990)是美国新行为主义者，他的“环境决定论”在学生心理发展中就是“教育万能论”。他的工作，主要是企图通过行为来预示和控制人类的社会行为，儿童青少年行为的强化控制理论是其发展心理学与教育心理学的基本思想。他在心理发展的实际行为控制上，做了不少有价值的研究。现代认知心理学、20 世纪 70 年代兴起的环境心理学、日益流行的教学辅助机、临床收效较大的新行为疗法等，都受到了他强化控制理论和实验(实践)的影响。

2. 布鲁纳的工作

布鲁纳(J. S. Bruner，1915—2016)是美国当代认知心理学家，主要接受并发展皮亚杰(J. Piaget，1896—1980)的发生认识论的观点，在教育理论方面，属于“过程—结构”主义的教育哲学派别。布鲁纳从智力发展的角度比较科学而系统地划分心理发展的阶段，为教育实践提供了心理学依据，他所提倡的“发现学习”(又称发现法)，是主张由学生自己发现问题和解决问题的一种教学方法，以培养学生独立思考、发展探索性思维为目标，以基本材料为内容，使学生通过再发现的步骤来进行学习，这不仅为美国 20 世纪前半期推行现代教育理论、提高教育质量起到重要作用，而且为培养创造性人才也做出了应有贡献。

3. 布卢姆的工作

布卢姆(B. S. Bloom，1913—1999)是美国教育心理学家。由于他在教育上做出了贡献，所以曾任美国教育研究协会主席和国际教育成绩评价协会与国际课程协会执委。他从心理学的角度，提出了教育目标分类说，即按认知、情感、动作技能进行分类。他与合作者把认知目标分为认识、理解、应用、分析、综合、评价六个方面；情感目标分为接受、反应、形成价值观念、组织价值观念系统、价值体系个性化五个方面；把动作技能目标，分为身体的运动、协调细致的动作、非语言交流动作、言语行为四个方面。布卢姆认为这样使教育目标可观察、可测量、系统明了、科学性强。与此同时，他发展了掌握学习的有效教学策略，提出只要在向学生提供恰当材料和进行教学的同时，给予适度帮助和充分学习机会，90%学生能够完成学校的任务，达到既定目标。

4. 柯尔伯格的工作

柯尔伯格(L. Kohlberg，1929—1987)是美国道德心理学家，他对儿童青少年道德发展进行了近30年的研究。他设计了道德两难问题，并结合跨文化研究来探讨儿童青少年的道德发展，提出了道德发展模式理论。认为人的道德品质是发展的，道德成长表现为一定的发展顺序，道德成熟的标志是能进行正确的道德判断和形成正确的道德原则。儿童青少年道德发展具有一般性、顺序性的模式，包括三种水平六个阶段：前习俗水平(7岁以内)，包括服从与惩罚定向和朴素的利己主义定向两个阶段；习俗水平(7~12岁)，包括好孩子定向和法律与秩序定向两个阶段；后习俗水平(12~18岁)，包括社会契约与个人权利定向和普遍的道德原则定向两个阶段。柯尔伯格对道德发展研究的目的是帮助儿童青少年发展复杂的推理形式。后来教育界人士把这种理论运用于教育实践，并进行了干预(培养)的实验研究，证实其对德育工作具有指导意义。

(二)美国近50年教育改革中教育与发展的进展

20世纪50年代后的美国，由于国力竞争的需要，实施教育改革，80年代后美国又进行了一次教育改革。① 从教改的教育目标来看，进一步突出了人才的发展，并推进了社会的发展。

20世纪50年代教改的一项重要内容，是调整学校职能和培养目标，进行教学改革，提高各级学校的质量。高校把重点放在研究生的培养和重点科研课题的探索上。中等教育的目标，从杜威主张的适应生活转向培养未来科技人才。教育家本特(P. R. Bent)指出："学习各种学科的结构和钻研方法，是学生扩大知识范围所必需的。学者们使用的方法是中学可以传授的，它可以引导学生在将来的学习中发展成为学者。"②很显然，第二次世界大战后的美国，为了与苏联竞争，满足于科技革命

① 迟恩莲、曲恒昌：《中外教育改革的指导思想与对策》，第一、二、四章，北京，北京师范大学出版社，1996。

② 滕大春：《今日美国教育》，48页，北京，人民教育出版社，1980。

和经济发展的需要，实施基础教育改革的重点在于抛弃实用主义的教育实践，使中小学的教育为培养专家学者奠定基础。

如第一章所述，20 世纪 80 年代后，美国掀起进一步重视基础教育的高潮，时任总统里根亲自抓基础教育改革。1988 年年底乔治·布什上台，不仅宣布自己要当“教育总统”，而且确有实际行动。1991 年 4 月发布了《美国 2000 年教育纲要》，以此进一步推动教育改革。纲要要求提高教育质量，改变教育模式。这一纲要包括四个方面内容：为今天的学生创办更好、更负责任的学校；为明天的学生创办新一代的学校；把美国变为学生之国；把社区变为大课堂。其目的十分明确，对学生来说，是提高入学率，提高教育质量，掌握领先于世界各国的科学知识；对社会来说，使全社会关心教育，以保持美国在 21 世纪世界头号强国的地位。

因此，近 50 年美国两次教育改革都是为提高人才质量即人的发展服务，为社会政治经济文化的发展服务。

(三) 英国第二次世界大战后教育改革中教育与发展的做法

第二次世界大战以后的半个多世纪中，英国进行了三次教育改革，每次改革后都推动了教育的发展。

1. 从第二次世界大战结束到 20 世纪 60 年代的教育改革

第二次世界大战后，英国面临一个重建家园、重创辉煌的任务，为适应这个任务，国家实行教育改革。一个重要标志是英国议会通过教育大臣巴特勒(R. A. Butler)的《1944 年教育法》。按这个法案，英国加强教育管理，以培养更多的更高层次的技术人才。到 1959 年，英国教育科学大臣的咨询机构，发表了国会议员克劳瑟(J. G. Crowther)关于改革教育的报告，这是对《1944 年教育法》的补充和修订。该报告明确地提出了有关义务教育后青少年的技术教育问题，对中高级技术人才的成长具有一定意义。

2. 20 世纪 60—70 年代的教育改革

20 世纪 60 年代后，英国经济发展相当景气。于是高校扩大招生，中等学校开展综合化改革运动，使战后初期英国教育的文法中学、现代中学和技术中学的“三轨制”状况发生了根本的变化。此时，心理科学和社会科学的研究，都支持综合中学的做法，于是在英国的中等教育领域出现空前的平等，从而推动了中等教育的真正普及。这次教育改革的一个重要标志是促使人才在量和质上的提高。

3. 20 世纪 80 年代以来的教育改革

20 世纪 80 年代以来，经济发展与教育发展形成一种良性的因果关系，知识经济条件下的教育值得有识之士的反思。因为英国的教育，也受杜威教育思想的影响，尽管以“儿童为中心”使学生个性获得发展，但知识的系统性不强、教育质量不高也是一个事实。这必然引发新的教育改革。新条件下的教育改革，不仅涉及教育质量的问题，而且直接关系到经济发展的大事。于是英国政府于 1988 年 7 月 29 日颁布了《1988 年教育改革法》，它以基础教育教学与课程的改革为主题，包括全国统一课程计划和统一执行成绩评定制度，将办学经费的使用权和教师的管理权交给地方与学校。这是一个旨在提高教育质量和效益的全方位的教育改革措施。尽管这次教育改革存在着国家管理过多、地方权力过小，有点违背不加选择的采用市场竞争、优胜劣汰的原则，然而，它毕竟在全国统一了课程与考试要求，并在对传统教学观念作了肯定的基础上，有了进一步发展，改革过程始终讲究质量和效果，这对提高整个英国的教育质量，培养适合于知识经济时代的人才是有价值的。

(四)德国 20 世纪 60—70 年代教育改革中的教育与发展特点

德国是第二次世界大战的战败国，第二次世界大战后的德国分为东德和西德，直到 1990 年两国统一。因此，这里讲的 20 世纪 60—70 年代的教育改革，主要是指西德(德意志联邦共和国)的改革。

1. 教育改革的背景

具有影响的有三次德国教育改革：第一次是 1809 年前后教育家、政治家洪堡(F. K. W. Humboldt，1767—1835)的教育改革。他强调普及义务教育，坚持严格选拔教师，坚持大学“教学与科研相统一的办校方针，为社会培养了大批的人才”。第二次是 19 世纪末、20 世纪初的教育改革。1871 年经过普法战争，德国已统一为德意志帝国，一批教育家发展了本节开头提到的赫尔巴特的教育理念，继而引起由政府直接参与领导的改革，通过改革，实施真正的义务教育，设立新型的中学，加强师范教育，健全教育目标和课程设置，于是实现了教育的德意志化，增强了学生的日耳曼民族主义，为德国成为第二次世界大战前的强国做出了贡献。第三次才是20世纪60—70年代的教育改革。这时，德国刚刚度过困难期，经济从停滞和混乱开始复兴，这对教育提出了一系列的要求，要求通过教育改革，在思想上清理法西斯的影响；在队伍上整顿和提高教师的质量；在行政管理上，从分权到集中，走教育立法的道路；在质量上，要培养振兴德国、投入经济建设，成为国力竞争的优秀人才。这就是60—70年代教育改革的背景。

2. 20世纪60—70年代教育改革促进发展

20世纪60—70年代，德国的教育改革分为准备阶段(1964—1970)和实施阶段(1970—1976)。前期不仅做舆论准备，例如出版了《德国的教育灾难》一书，而且围绕60—70年代德国人口急剧增长对教育结构的变革和教育民主化等做了大量的工作，这为后期教育改革的具体实施打下基础。

1970年2月，德国教育审议会颁布了《教育结构计划》，1973年在此基础上又提出若干改革方案。自1970—1976年，从幼儿教育、小学、中等教育和高等教育实行了较全面的改革。这次改革虽然未达到预期的结果，但效果还是较明显的，一是实行教育民主化，达到教育机会均等；二是改革了教育结构，在坚持办好综合中学和高校的同时，始终重视职业教育，培养了大批实用性人才，使德国科技拥有雄厚的力量，这是令其他各国羡慕的事实；三是重视师范教育，重视抓教师队伍建设，其中很重要的措施是提高教师的地位和待遇，使德国的整体教育质量名列世界的前茅，以上的三点效果，也是德国在教育改革中表现出教育与发展的特点。

第三节

重视西方教育与发展观的进展

近 40 年，心理学对智力的研究取得了很大的进展，代表理论有：加德纳(H. Gardner)的“多元智力”观；斯腾伯格(R. J. Sternberg)的“成功智力”观；珀金斯(D. Perkins)的“真(True)智力”观；赛西(S. J. Ceci)的“智力的生物生态学模型”；高尔曼(D. Goleman)的“情绪智力”观五种。这五种智力理论，都有其实验研究的基础，同时，也有一定的发展性应用研究，尤其是前三种。加德纳和珀金斯两人的观点来源于其参与主持的哈佛大学的“零点项目”，这个项目是一种推进儿童青少年艺术发展的课题。斯腾伯格有一项很有名的应用研究，叫作“思维教学”实验。这些都体现了教育与发展的理论与实践，而且它们是智力领域的“教育与发展”研究的新进展，我们这里着重介绍加德纳与斯腾伯格的教育与发展的应用性研究。

一、多元智力教与学的策略

加德纳 30 多年来致力于智力的研究，提出多元智力观。20 多年来，人们在称赞多元智力理论的同时，还积极探索多元智力理论在教育实践领域的应用，并取得了进展。

(一)多元智力观

霍华德·加德纳(1943—)，分别于 1965 年和 1971 年在哈佛大学获得学士学位与博士学位，在攻读博士学位期间，一直投入于研究艺术能力的课题——“零点项目”。1971 年，他去波士顿大学工作，但一直没有与“零点项目”中断联系。1973 年他兼任哈佛大学“零点项目”的合作主任，1979 年他晋升为波士顿大学医学院的教授，1984 年又提为该校神经学的教授，由于兴趣在“零点项目”，1986 年他调回哈佛大学任教育教授(professor of education)，直接主持“零点项目”。

1983 年，霍华德·加德纳出版《智力的结构》(Frames of mind)，提出了多元智力(multiple intelligence)的概念。① 近 20 年，霍华德·加德纳一直探讨这个问题。1993 年他又出版了《多元智力的理论与实践》(Multiple intelligence：The Theory in Practice)，1999 年该书译为中文，名叫《多元智能》，在中国发行引起广大中国读者的重视。

霍华德·加德纳提出了一种多元智力理论。起初列出了七种智力成分。他认为，相对地说，这些智力彼此不同，并且，每个人都或多或少具有这七种智力。他承认，智力可能不止这七种，不过，他相信并支持关于七种智力的观点达 10 多年之久。

1. 语言智力

语言智力(linguistic intelligence)就是有效地运用语词的能力。其中，既包括口语能力很强的人，例如，政治家、演说家、说书人、节目主持人等，也包括书面语能力很强的人，例如，新闻记者、剧作家、诗人和编辑等。这种人具备语言智力，不但能够操纵某种语言的语音、语法和语义，而且也能够操纵该语言的语用规则。

2. 逻辑—数学智力

逻辑数学智力(logical mathematical intelligence)就是有效地运用数字(例如，数学家、统计学家、会计等)和合理地推理(例如，计算机编程人员、逻辑学家、科学家等人)。具有逻辑—数学智力，就是说这种人具有知觉到逻辑模式和逻辑关系的能力、知觉到声明和命题的能力、知觉到函数及其复杂过程的能力，以及相关的抽象能力。

3. 知人的智力

知人的智力(interpersonal intelligence)就是快速地领会并评价他人的心境、意图、动机和情感的能力。这种人具有知人的智力，对他人的面部表情、姿势和语气很敏感，能够察言观色(在此无贬义)，能够据此消除人们消极的情绪，能够激励人

---

① ［美］霍华德·加德纳：《多元智能》，沈致隆译，北京，新华出版社，1999。

们做出积极的行动。

4. 自知的智力

自知的智力(intrapersonal intelligence)，又译自控智力，是指了解自己从而做出适应性行动的能力。这种人具有自知的智力，能够诚实地、准确地、综合地刻画自己，既知道自己的长处，也知道自己的弱点；并能够了解自己的动机、欲望、心境；具有自律的倾向；具有健康的自尊。

5. 音乐智力

音乐智力(musical intelligence)就是音乐知觉(如音乐爱好者)、辨别和判断音乐(如音乐评论家)、转换音乐形式(例如作曲家)，以及音乐表达(如乐器演奏与表演)的能力。这种人具有音乐智力，对节奏、旋律等敏感。

6. 身体—运动智力

身体—运动智力(bodlily-kinesthetic intelligence)就是运用全身表达思想和感情的能力，其中包括运用手敏捷地创造或者转换事物的能力(例如，工匠、画家、机械师、雕塑家、外科医生等)。这种人具有身体运动智力，具有协调肌肉的技能，他们有平衡身体的技能，身体动作敏捷而优美，身体动作灵活并对触觉敏感。

7. 空间智力

空间智力(spatial intelligence)是指准确地知觉视觉空间世界的能力(例如，导游、猎手、侦察员等)。这种人具有空间智力，能够敏锐地知觉到颜色、线条、空间以及其间关系的能力。此外，也具有视觉化、形象地表征视觉的或者空间的观念、理解自己的空间位置的能力。

此外，还需指出的是，1998年，霍华德·加德纳又添加了一种智力，叫“自然主义者智力”(naturalistic intelligence)。这是一种能够对自然世界的事物进行理解、联系、分类和解释的能力。诸如农民、牧民、猎人、园丁、动物饲养者都表现出了已经开发的自然主义者智力。

(二)多元智力的教育观

霍华德·加德纳在《多元智能》一书中，用一半篇幅谈了“智力的培育”和“多元智力教育”。

1. 多元智力的培养

该书第五章写“未来的学校”。他在“美国基础教育向何处去”中，旗帜鲜明地反对“教育的统一观”。他主张创办“以个人为中心的学校”，因为人与人在智力方面有明显的差异，没有一个人能完全精通某一单独学科的知识，更不要说精通所有的知识、拥有所有的能力了。于是他提出创办以个人为中心的学校，每人从多元智能中发展某一方面的智力，并对学校的评估专家、学生课程代理人、学校社区代理人、理想的学校模式、理想的活动、深入社区的学习、自由探索、学生个人档案、把社区引入学校、实现以个人为中心教育的原则10个方面问题展开了详尽的分析。他深信能够办好以个人为中心的学校，他指出，只要在评估、课程、教师、社区参与四个方面下功夫，使四个因素综合为一体，创办未来学校是完全可以成功的。

从第六章到第九章，霍华德·加德纳分别论述了幼儿、小学生、初中生和高中生多元智力培养的措施。根据年龄特点，有的放矢地安排多元智力的培养方案，即幼儿早期推行“多彩光谱”项目模式；小学阶段推行“重点实验学校”项目模式；初中阶段推行“学校实用智能”项目模式；高中阶段的学科探索，以哈佛大学“零点项目”的智慧源泉为基础，扩大“艺术推进”的项目模式。

2. 多元智力的教育目的

霍华德·加德纳用全书的四分之一篇幅，即该书的第三部分着重分析其多元智力的教育目的。

霍华德·加德纳为什么要提出自己的教育目标？因为他认为，美国教育的一个重要弊病就是习惯于用传统的、不加思考的评估方法来考核学生的学习。于是他介绍了自己的评估哲学，即证实多元智力的存在，寻找人类的创造能力，展示情景化学习评估的优点，探索在个体大脑之外的能力与技巧，提出评估新方法的一般特征，并以此迈向评估社会。

霍华德·加德纳的教育目的观，其基础是投入教育改革，关注人类智力潜能的研究。在此基础上，他提出，教育的一个直接目的是真正理解并学以致用。如何实现这个目的呢？他列出四个学科内可能达到这个目的的目标①：

(1)学习物理的学生，应该能够解释日常生活中遇到的和在物理实验室中发生的各种物体的运动和现象。

(2)学习数学的学生，应该能够测量日常生活中有关数目的问题，做出合理的投资计划，搞清抵押贷款和保险的各项原则，能够填写他们的退税单。

(3)学习历史的学生，应该能够阅读日报和周刊，能引用相关的历史原则来解释当前发生的事件并能大致合理地预测未来可能发生的事件。

(4)学习文学和艺术的学生，应该至少能够创作简单的有关风格的作品，理解和欣赏自身文化和其他文化作品的内涵，将这些作品与自己的生活和关心的事物联系在一起，就像他们将个人的生活体验带到自己创作的或欣赏的作品中一样。

为了这个目标，加德纳提出了对课程、不同时期发展智力要求、教师和学生的教学实践等教育改革的具体措施。

(三)多元智力教与学的实验研究

中国轻工业出版社出版了一本名为《多元智能教与学的策略——发现每一个孩子的天赋》的译著②，详细介绍了多元智力教与学的实验研究。

本书的作者们及有关教师，都在按照霍华德·加德纳的多种智力在从小学到大学的各级学校里从事实验研究，并取得成功和突破。下面是我们抄录作者及其同事的一些研究结果，多少能够说明一些问题。

琳达·康贝宁(Linda Campbell)是一位公立学校的教师，她利用多年从事中小学教学的经验，为安提亚克大学(Antioch University)西雅图分校设计了一种新的师资培训模式。在这一渐进的培训计划中，一些希望成为中小学教师而进修的中年人，在他们所教的每一节课中学习应用多种智能理论。这些未来的教育工作者不仅学会了运用这多种智能进行课程设计，掌握了相应的评价策略，而且都学会了以计

① ［美］霍华德·加德纳：《多元智能》，沈致隆译，197~198页，北京，新华出版社，1999。

② ［美］L. Campbell，B. Campbell，D. Dickinson：《多元智能教与学的策略》，王成全译，北京，中国轻工业出版社，2001。

划为基础的跨学科课程发展模式，以及如何辨认所教学生具有的多样化智能。她强调:学生必须确认自己目前的智能专长和尚未开发的智能。为达到这一目标，学生们选修音乐或歌唱课程、研究当地的动植物、修改饮食和运动计划、开始每天写日记、自愿担任社区代理人、学外语、设计电脑程序或学习艺术课程。

迪·笛金森(Dee Dickinson)是语文学科的系主任，教过多年的英国文学概论。她曾试图创设一个丰富的情境，让学生理解各时期的文学。她创设了一个鼓励各种智能发展的学习环境。针对每个文学时期，科学系系主任应邀来讲解当时人们所认识的人体、物理环境和太阳系，以及科学研究的方法。数学系系主任则解说该时期的数学理论，同时给学生提出问题，并规定只能用当时所掌握的方法进行解答。这么多年过去了，现在，这些学生已长大成人，仍然能回忆起当年学习的情景，仍然充满激情。

布鲁斯·坎贝尔(Bruce Campbell)在他所教的小学三、四、五年级的混龄班级中，应用加德纳的理论已有六年的时间。这个教学模式包括七个学习中心，每一个中心专注于一种智能。上课的时间里，学生大约用三分之二的时间在各中心间轮流活动。加德纳理论在以布鲁斯的学生为研究对象的应用方面，所获得的成果不只是较高的测验成绩，同时也改善了学生生活的其他领域。

总之，加德纳的多元智力观提出了因材施教的教育目的，并进行有关的教与学的实验尝试，在促进不同学生掌握不同智力上取得了成效，尽管我们对霍华德·加德纳的多元智力观也有一定的看法，并在本书第七章提出了一些质疑，然而，多元智力毕竟反映了当代西方智力领域“教育与发展”的新进展。

二、成功智力的思维教学实验

斯腾伯格长期从事智力的研究，提出了成功智力(successful intelligence)的理论，让人认识到，人生的成功，主要不是靠智商(IQ)，而是取决于成功智力。

斯腾伯格不仅从事成功智力的理论研究，而且也进行应用实践的实验。他出版了《成功智力》[1]的理论著作(1996),同时也发表了《思维教学》[2]的应用著作(1996)。这两本书都有中文译本。说明斯腾伯格已把理论应用于教学实践,并阐述了教育与发展的道理。

(一)成功智力观

斯腾伯格(1949—)于1972年在耶鲁大学获得学士学位,于1975年在斯坦福大学获取博士学位,回耶鲁大学心理系工作。现在他不仅是耶鲁大学的著名教授,赢得许多奖项,发表论著600多种,而且有1 000万美金的研究经费。

1. 关于成功智力的概念

斯腾伯格(1998)认为,我们应当少关注一些传统的智力观念,尤其是智商的概念,而要多关注一些他所说的成功智力。他曾在《成功智力》一书的序里有趣地谈到:"我曾经历过一次彻头彻尾的失败。当我还是孩子时,我考砸了智商测验。在小学我就懂得了,如果我将来成功了,那也不是我的智商。……正是这些教训以及由此带来的疑问,我才得以最终走上探索智力的道路,并努力寻找到一种能真正预测今后成功的智力"[3]。所谓成功智力,就是为了完成个人的以及自己群体或者文化的目标,从而去适应环境、改变环境和选择环境的能力。如果一个人具有成功智力,那么,他就懂得什么时候该适应环境,什么时候可以改变环境,什么时候应当选择环境,能够在三者之间进行平衡。

具有成功智力的人能够认识到自己的优势和劣势,然后能够想方设法地利用自己的优势,同时,能够补偿自己的劣势或者不足。懂得如何充分发挥自己的优势、克服自己的劣势,这是人们之所以成功的原因之一。

2. 成功智力的成分及其任务

分析思维能力、创造思维能力和实践思维能力是对于成功智力极为重要的三种思维能力。

---

① [美]斯腾伯格:《成功智力》,吴国宏、钱文译,上海,华东师范大学出版社,1999。
② [美]R. J. Sternberg, L. Spear Swerling:《思维教学》,赵海燕译,北京,中国轻工业出版社,2001。
③ [美]斯腾伯格:《成功智力》,吴国宏、钱文译,序第4~5页,上海,华东师范大学出版社,1999。

(1)分析思维能力的任务是分析和评价人生中面临的各种选择，它包括对存在问题的识别、对问题性质的界定、问题解决策略的确定、对问题解决过程的监视。

(2)创造思维能力的任务在于，最先构思出解决问题的方案。富于创造力的人就是那些在思想世界中“低价买进而高价卖出”：他们乐于产生一些不大通行甚至遭到轻视的想法，“价格—收益比率(一种将公司股票的现行市场价格除以每年每股的收益得出的比率)低时买进股票”即是其中的一例；至少有一部分人经过说服而相信这种思想的价值，之后，当价格—收益比率高时卖出股票，这就意味着，他们又产生了另外一个不大通行的想法。研究表明，这些能力与传统的智商至少存在部分的不同。他们大致属于特定领域的能力，这就是说，在某个领域(如艺术)具有创造性未必就意味着另一个领域(如写作)也具有创造性。

(3)实践思维能力的任务在于，实施选择并使选择发生作用。如果将智力应用于真实世界的环境之中，那么，实践思维能力就开始发生作用了。沉默知识(tacit knowledge)的获得和运用是实践思维能力的一个重要内容。所谓沉默知识，就是人们如果想在特定的环境中获得成功就必须懂得，然而却没有接受过明确教授的知识，并且这种知识通常不用语言表述。研究表明，沉默知识是通过用心地运用经验而获得的，相对说来，属于特定的领域，沉默知识的掌控相对于传统的能力，它对工作能否成功的预测力不次于智商，有时，甚至优于智商。

3. 成功智力理论与教学实践

根据成功智力的理论，学生的多种能力在教育机构中没有得到充分的利用和发挥，因为教学一向重视分析(和记忆)能力，而忽视创造能力和实践能力。斯腾伯格等的一个实验就是为了说明这个观点。他们在美国各地选取了199名中学生。这些被试分为三种类型：第一种为在分析能力、创造能力和实践能力中，某一个方面能力很强；第二种为在三个方面能力都很强；第三种为在三个方面能力都不强。之后，将这些学生送到耶鲁大学学习大学水平的心理学课程，在教学处理中，要么重视记忆能力，要么重视分析能力，要么重视创造能力，或者重视实践能力。有些学生的教学处理与自身的长项匹配，而有些则不匹配。对所有的学生都从记忆能力成绩、分析能力成绩、创造能力成绩和实践能力成绩几个方面进行评价。

斯腾伯格等人发现，教学处理与自身能力相匹配的学生的成绩显著地优于不相匹配的学生的成绩。他们还发现，同时考虑分析能力、创造能力和实践能力三个因素时，能够改进对课程成绩的预测。

成功智力是斯腾伯格的重要智力观，但斯腾伯格的智力理论绝非成功智力一个观点，它有着相当丰富的内容，在本书第八章还要涉及，这里不再赘述。

(二)思维教学实验

斯腾伯格在为《思维教学》中文版所作的序中写道，那些思想是最好的，并能把这些思想切实有效地付诸实践。《思维教学》所强调的是创造性思维能力、分析思维能力以及实践思维能力。换句话说，思维教学实验就是把上述的成功智力所涉及的三种思维能力或三种思维模式在教学实践中加以培养。

1. 思维教学实验中有关思维能力的三个关键

第一个关键是对思维教学进行适当的指导和评估，可以用于任何课程。在思维导向的气氛下，学生不仅能更好地思维，也能更好地记住材料。通过思维去学习，学生会学会思维。

第二个关键是用三种思维模式练习、再练习。学生在三种思维模式中要同时学会主动地参与和被动地参与。

第三个也是最重要的关键，就是做一个角色楷模。教师先成为一个思维的典范。我们需要以某种方式行事，这样才会使学生记住我们自己是言行一致的。①

2. 思维教学的特点

(1)好的思维具有分析的、创造的和实用的三个方面。这些方面背后至少存在七种基本技巧：①问题的确定；②程序的选择；③信息的表征；④策略的形成；⑤资源的分配；⑥问题解决的监控；⑦问题解决的评价。

(2)用于课堂教学的三个策略是：①照本宣科策略；②以事实为基础的问答策略；③以思维为基础的问答策略(对话策略)。以思维为基础的对话最适合思维教

---

① [美]R. J. Sternberg L. Spear-Swerling：《思维教学》，赵海燕译，178、179~180页，北京，中国轻工业出版社，2001。

学,但把这三种途径结合起来，对儿童的学习与思维更为理想。

(3)在思维发展过程中，学习如何问问题和学习如何回答问题扮演着同样重要的角色。鼓励儿童重新诠释问题，并且评价成效。

(4)在教儿童发展分析性能力的过程中，你要让儿童比较、对比、分析、评价和解释。在帮助儿童发展创造性能力时，你要让儿童创造、发明、想象和设想。

(5)洞察性问题的解决在生活中尤为重要，洞察力包括三个独特的过程：①选择性编码；②选择性合并；③选择性比较。

(6)要想进行有效的思维教学，必须理解一些基本原则和潜在困难。

(7)思维高手经常因为情感和动机的阻碍，没有取得他们应该取得的成功。这些阻碍如缺乏对冲动的控制，缺乏坚持，不能把想法转化为行为等。①

3. 思维教学的结果

斯腾伯格在《思维教学》的原前言中指出：“教育的最重要目标就是引导学生的思维，这也是教育的最令人欢欣的目标。”《思维教学》全书为七个目标，每个目标的小结中都写了效果，集中一点是教会学生在教学与学习中学会思维。这就说明斯腾伯格在探索智力领域教学与发展问题上，也是近几年心理学界在这个问题上的一个进展。

第四节

领会苏联—俄国的教育与发展理论

直接提出“教学与发展”概念并可以引申为“教育与发展”的，是俄国的教育家与心理学家。所以其理论值得领会和学习。

① ［美］R. J. Sternberg L. Spear-Swerling：《思维教学》，赵海燕译，178~180页，北京，中国轻工业出版社，2001。

一、乌申斯基是教育与发展思想的奠基者

乌申斯基(К. Д. Ущинский，1824—1870)是俄国卓越的教育家，是19世纪60年代俄国资产阶级民主教育派的主要代表人物。他的名著《人是教育的对象》，不仅是一部教育论著，而且也是一部心理学的重要著作。①

(一)乌申斯基的心理学思想

乌申斯基认为，作为人本科学之一的心理学的对象包括三类现象：肉体有机体的过程、人和动物所共有的灵魂现象、人所特有的精神现象。

这里，乌申斯基所要研究的则是存在于一定条件下的具体的人的心理。他把人的心理—精神现象理解为处于生物发展最高阶段的、作为社会生物的人所特有的精神过程的统一。他把整个神经系统的中枢——人脑看作是心理过程的器官，这是正确的。

乌申斯基研究心理现象，着重点还在于为教育服务。乌申斯基是个教育家。他研究心理的目的在于更好地为教育服务。他多次要求教师，必须根据心理学、生理学和人体解剖学的科学原理组织教学。他认为教师工作的成功，有赖于其对儿童的意志、注意、记忆、思维等心理过程的正确了解及其在教学过程中的正确利用。可见，乌申斯基是十分重视心理学理论与教育实践相结合的。

(二)乌申斯基的教育与发展思想

心理发展的问题，在乌申斯基的心理学体系中占有显著的地位。

由于乌申斯基重视心理发展的问题，所以他对达尔文的理论给予很高的评价。达尔文的《物种起源》仅在乌申斯基的《人是教育的对象》前几年才出版，却引起乌申斯基的重视。乌申斯基认为，达尔文学说不仅“给自然科学以活力，并且使自然

---

① [俄]乌申斯基：《人是教育的对象》，张佩珍、郑文樾、张敏鳌译，北京，科学出版社，1959。

科学成为儿童和青年的最有吸引力的学科对象，而且包含着精湛的道德思想”。他还指出，“令人可惜的是，一些人的善良的无知，另一些人的狂热的呓语使达尔文的思想没有给教育领域带来它可能带来的全部的实际利益”①。

由此可见，一方面乌申斯基赞赏达尔文的学说，肯定了这种理论对儿童心理学产生的影响作用；另一方面乌申斯基又不满足于达尔文的心理发展的观点。乌申斯基企图从教育、教学的角度去论述心理发展的实质及其年龄特征，以便为教育工作提供心理科学的依据。这就是乌申斯基的教育与发展思想的基本特点。

1. 乌申斯基重视遗传、先天的东西和后天获得的东西的问题。什么是遗传、先天的东西呢？在谈到习惯的时候，他曾指出，遗传的并不是习惯本身，而是它的神经素质。他重视这种遗传、先天的东西在习惯形成中和性格形成中的重要作用。然而，乌申斯基更强调后天获得的重大意义。他指出，先天的东西对一个人的心理生活中的作用毕竟是有限的，对于人的性格来说，更重要的是需要生活条件。乌申斯基赋予生活条件和教育以巨大的意义，同时他又指出，教育能做许多许多的事情，但并不能做一切事情。人的天赋对于人的内部的东西的发展也具有相当大的作用。由此可见，在儿童心理的发展上，乌申斯基同时强调两个重要的因素，一个是人的天赋，另一个是人的生活条件。

2. 乌申斯基重视人们的活动在人的心理生活和心理发展中的作用。他指出，我们的心灵需要经常的活动，这里的活动，他不仅指的是日常活动、学习，而且也指劳动。乌申斯基十分重视劳动，并强调人的劳动活动在各种活动中占有特别显著的地位。他认为上述的各种活动，是人的兴趣的源泉、心灵的来源、智力的基础。这些观点，特别是强调活动理论，对于苏联儿童心理学，无疑是有积极影响的。

3. 乌申斯基把心理发展理解为心理活动的质的变化。他曾论述了机械记忆、理性记忆、精神记忆（或理智记忆）是体现记忆发展的三种不同质的水平。他还阐述了判断（思维）、想象和意志的发展特征及其在发展过程中发生质的变化的趋势，并指出通过教育、教学的培养途径。尽管乌申斯基对心理发展的“质”的变化问题论证得

① ［苏］斯米尔诺夫：《苏联心理科学的发展与现状》，史民德等译，129页，北京，人民教育出版社，1984。

并不详尽和具体，但是，他所提出的观点，对后来的苏联心理学反复探讨并积极研究的心理发展的质变问题，是有一定意义的。

4. 乌申斯基特别强调教育要考虑儿童心理的发展，要照顾儿童的年龄特征。他在《人是教育的对象》一书中多处指出，如果教育学要从各方面去教育人，那么，它首先必须从各方面了解人。他认为，从具体到抽象，从观念到思想的学习过程是十分自然的，而且是建立在十分明确的心理学规律之上的，因此，只有根本否认在教学中必须适应一般人的、特别是儿童的本性要求的人，才能否认它的必要性。

乌申斯基根据心理发展原理指出，教学要经过两个阶段：第一阶段，包括三个步骤：第一步，在教师的指导下儿童生动地知觉教材；第二步，在教师的指导下通过比较、对照等对教材形成初步概念；第三步，通过补充解释，标出主要东西等，使知识系统化。

第二个阶段，教师在学生参加下，对所讲过的教材进行概括以及巩固知识和养成熟练技巧的工作。

乌申斯基强调教学必须适应儿童的年龄特征的思想，并对教学原则和方法所作的论述，对于苏联儿童心理学的建设和密切联系教育实际起着重大作用。

二、维果茨基的科学教育与发展理论

维果茨基(Л. С. Выготский，1896—1934)是苏联建国初期的一位天才的心理学家，在他短暂的一生中对心理学进行了大量的科学研究，发表了186种200万字的心理学著作，其中诸如《高级心理机能的发展》《思维和言语》《心理学危机的历史内涵》等不少代表作在国际心理学界的影响颇深。因此，美国心理学家赞誉他是“心理学中的莫扎特”①。

维果茨基不仅和其学生列昂节夫(А. Н. Леонтъев，1903—1979)和鲁利亚(А. Р. Лурия，1902—1977)一起，创造了苏联心理学的“社会文化历史”学派，而且

① [美]S. 托尔明：《心理学中的莫扎特》，纽约时报，1978年9月。

是苏联心理学界公认的儿童心理学与教育心理学的开创者。

(一)从文化历史的发展观出发论证“发展”的实质

教育与发展中的“发展”实质是什么？维果茨基的出发点是其“社会文化历史”发展观。按这个观点，人的一切心理现象都是受社会文化历史所制约的。人没有离开社会影响的心理现象。他用这个观点解释了人类心理本质上与动物不同的那些高级心理机能。他指出，心理机能有两种，一种是靠生物进化结果的低级心理机能；另一种是由社会历史发展结果的高级心理机能。他对人的各种高级心理机能进行了研究，强调语言在人的高级心理机能发展中的作用。他认为，就人类工具而言，有物质生产的工具，有精神生产的工具，后者就是语言。由于人类有着精神生产的工具，所以就有了区别于动物的高级心理机能。维果茨基就是从其社会文化历史理论出发，对发展作了自己的解释。

维果茨基认为，就心理学家看来，发展是指心理的发展。所谓心理发展就是指：一个人的心理(从出生到成年)，是在环境与教育影响下，在低级的心理机能的基础上，逐渐向高级的心理机能转化的过程。①

心理机能由低级向高级发展的标志是什么？维果茨基归纳为四个方面。

1. 心理活动的随意机能。所谓随意机能，就是指心理活动是主动的、随意的(有意的)，是由主体按照预定的目的而自觉引起的。心理活动的随意性，有多种表现形式，它既表现在心理过程上，如在无意注意的基础上产生有意注意，在冲动性的行为的基础上产生预见性的意志等；它又表现在个性特点上，如自我意识能力的发展，根据社会的要求自觉地调节和控制自己的行为等。一个人心理活动的随意性越强，心理水平就越高。

2. 心理活动的抽象—概括机能，也就是各种机能由于思维(主要是指抽象逻辑思维)的参与而高级化。学生随着词、语言的发展，随着知识经验的增长，促使心理活动的概括性、间接性得到发展，最后形成最高级的意识系统。例如，在具体形

① ［苏］维果茨基：《维果茨基儿童心理与教育论著选》，龚浩然等译，29页，杭州，杭州大学出版社，1999。

象思维的基础上产生了概念思维；在再现想象的基础上产生了创造性想象；在低级情感的基础上产生了理智感、道德感等。

3. 各种心理机能之间的关系不断地变化、组合，形成间接的、以符号或词为中介的心理结构。例如，3 岁前儿童的意识系统中，以知觉、直观思维为中心；学龄前期儿童意识形成了一种新的系统，记忆处于这个系统的中心；学龄期各个心理机能间重新组合，发展为逻辑记忆和抽象思维为中心的新质的意识系统。一个人心理结构越复杂、越间接、越简缩，其心理水平则越高。

4. 心理活动的个性化。人的意识的发展不仅是个别机能由某一年龄向另一年龄过渡时期的增长和发展，而且主要是其个性的增长和发展，整个意识的增长与发展。个性的形成是高级的心理机能发展的重要标志，个性特点对个别机能发展具有重大的意义。

心理机能由低级向高级发展的原因是什么？维果茨基强调了三点：一是起源于社会文化—历史的发展，是受社会规律所制约的。二是从个性发展来看，儿童在与成人交往的过程中通过掌握高级的心理机能工具——语言、符号这一中介环节，使其在低级心理机能的基础上形成了各种新质的心理机能。三是高级的心理机能是不断内化的结果。

由此可见，维果茨基的心理发展观，是与他的文化—历史发展观密切联系在一起的。他强调，心理发展的高级机能是人类物质生产过程中发生的人与人之间的关系和社会文化—历史发展的产物；强调心理发展过程是一个质变的过程，并为这个变化过程确定了一系列的指标，这些都为苏联心理学与教育心理学的发展奠定了理论基础。

(二)提出教育与发展，特别是教学与智力发展关系的思想

维果茨基有着教育实践的基础，并十分热爱教育。1917 年他从两所大学(莫斯科大学法律系和沙尼亚夫斯基大学历史—语言系)毕业后，便回到了他长期居住过的白俄罗斯戈麦尔市，投入教育实践 7 年，兼任多所学校的教师，讲授文学、美学、逻辑和心理学等课程，并创办该市师范学校的心理实验室，研究学生的心理特

点。1924 年他去莫斯科心理研究所从事心理学研究后，研究领域是教育心理学与儿童青少年心理学。在维果茨基的著作中，“教育”与“教学”两个概念往往是不分的，但用得较多是“教学”一词，较少使用“教育”概念。

维果茨基的“教学”概念分广义的和狭义的两种。广义的教学是指人通过活动和交往掌握精神生产的手段，它带有自发的性质；而狭义的教学则是有目的、有计划地进行的最系统的交际形式，它“创造着”学生的发展。实际上就是我们第一章所提到的广义教育与狭义教育，但维果茨基的狭义教学主要是抓学校的教学。

他把教学按不同发展阶段分为三种类型：3 岁前儿童的教学为自发型的教学，儿童是按自身的大纲来学习的；学龄前期儿童的教学称为自发反应型，教学对儿童来说开始变为可能，但其要求必须属于儿童自己的需要才可以被接受；学龄期学生的教学则为反应型的教学，是一种按照社会的要求来进行的教学，以向教师学习为主要形式。

维果茨基分析批评了关于心理发展与教学关系问题的几种理论，例如，皮亚杰的“儿童的发展过程不依赖于教学过程”理论；詹姆斯（W. James，1842—1910）的“教学即发展”理论；考夫卡（K. Koffka，1886—1941）的二元论的发展观。他认为这些观点都没有正确估计教学在学生心理发展，特别是智力发展中的作用。他指出，由于人的心理是在掌握间接的社会文化经验中产生和发展起来的，因而在学生心理发展上，作为传递社会文化经验的教学就起着主导的作用①。这就是说，人类心理的发展不能在社会环境以外进行，同样，学生心理发展离开了教学也就无法实现。在社会和教学的制约下，人类或学生的心理活动，首先是属于外部的、人与人之间的活动，以后就内化为人类或学生自身的内部活动，并且随着外部和内部活动相互联系的发展，就形成了人所特有的高级心理机能。

在教育与发展的关系上，维果茨基提出了三个重要的问题：一个是“最近发展区”思想；一个是教学应当走在发展的前面；一个是关于学习的最佳期限问题。

维果茨基认为，至少要确定学生的两种发展水平。第一种是学生的现有发展水

① ［苏］维果茨基：《学龄期教学与智力发展的问题》，见《维果茨基教育论著选》，余震球选译，317～318 页，391 页，北京，人民教育出版社，1994。

平;第二种是在有指导的情况下借成人的帮助所达到的解决问题的水平，这两种水平的差异就是“最近发展区”。教学创造着最近发展区，儿童第一个发展水平与第二个发展水平之间的动力状态是由教学决定的①。

根据上述思想，维果茨基提出“教学应当走在发展的前面”。这是他对教学与发展关系问题的最主要的结论。也就是说，教学“可以定义为人为的发展”，教学决定着学生智力的发展，这种决定作用既表现在智力发展的内容、水平和智力活动的特点上，也表现在智力发展的速度上②。

怎样发挥教学的最大作用，维果茨基强调了“学习的最佳期限”。如果脱离了学习某一技能的最佳年龄，从发展的观点看来都是不利的，它会造成儿童智力发展的障碍。因此，开始某一种教学，必须以学生的成熟和发育为前提，但更重要的是教学必须首先建立在正在开始尚未形成的心理机能的基础上，走在心理机能形成的前面。对此，在他的著作中，分析了学龄前期的教学与发展和学龄期的教学与发展的问题，目的是让教育界重视学生学习的最佳期限。

(三)提出教学与发展的心理机制“内化”学说

维果茨基指出：“任何一种高级心理机能在儿童(学生)的发展中都是两次登台的,第一次是作为集体的活动、社会的活动，亦即作为心理间的机能而登台的，第二次才是作为个人活动、作为儿童的思维的内部方式、作为内部心理机能而登台的。”③

这“第一次登台”和“第二次登台”的过程，就是维果茨基对“内化”学说的形象的表达。在思维发生学的研究中，有些国际著名心理学家提出了外部动作“内化”为智力活动的理论。维果茨基是“内化”学说的最早提出人之一，并且有独到的见解。他指出，教学的最重要的特征便是教学创造着最近发展区这一事实，也就是教学激

① [苏]维果茨基：《维果茨基儿童心理与教育论著选》，龚浩然等译，315~317页，杭州，杭州大学出版社，1999。

② [苏]维果茨基：《维果茨基儿童心理与教育论著选》，龚浩然等译，317~318页，杭州，杭州大学出版社，1999。

③ [苏]维果茨基：《维果茨基儿童心理与教育论著选》，龚浩然等译，318~321页，杭州，杭州大学出版社，1999。

起与推动学生一系列内部的发展过程。从而使学生通过教学而掌握的全人类的经验内化为儿童自身的内部财富。维果茨基的内化学说的基础是他的“工具理论”。他认为，人类的精神生产工具或“心理工具”，如上所述，就是各种符号。运用符号就使心理活动得到根本改造，这种改造转化不仅在人类发展中，而且也在个体的发展中进行着。学生早年还不能使用语言这个工具来组织自己的心理活动，心理活动是“直接的和不随意的、低级的、自然的”。只有掌握语言这个工具，才能转化为“间接的和随意的、高级的、社会历史的”心理机能。新的高级的社会历史的心理活动形式，首先是作为外部形式的活动而形成的，以后才“内化”，转为内部活动，才能“默默地”“在头脑中进行”。就这样，维果茨基分析了其“内化”学说，分析了智力形成的过程。

内化靠什么？这是一般心理学家未能回答的问题，然而，维果茨基却指出，内化靠教学。他认为，教学，从表面看并不是发展本身；但是对儿童(学生)的正确组织的教学，引起了其智力发展，使前边所述的“两次登台”得以实现，即使一系列这样的发展过程得以产生和发展，如果离开教学是根本不会成为可能的。这样一来，教学仍是发展儿童(学生)的非自然的特点，即人的社会文化历史特点的过程中内在的或内化的必要且普遍的因素①。从中我们不仅看到维果茨基的内化学说，而且也可以看到一种关于教学与发展机制的理论雏形。

三、苏联教育与发展的代表性研究

苏联的教育与发展研究，既有理论，又有实验(实践)；既发生在德育领域，又出现在教学与发展的实验中；既有理论工作者的研究，又有教育实际工作者的研究。这里选三个代表人物：马卡连柯(A. C. Макаренко，1888—1939)、赞可夫(Л，В. Занков，1901—1977)和苏霍姆林斯基(В. А. Сухомдинский，1918—1970)，并简单地介绍一下他们的成果。

① ［苏］维果茨基：《维果茨基儿童心理与教育论著选》，龚浩然等译，318~321页，杭州，杭州大学出版社，1999。

(一)马卡连柯的“教育与发展”的教育活动

马卡连柯是苏联早期的教育活动家，他以工学团的出色工作成就成为富有创新精神的教育理论家。他的著作很多，《教育诗篇》《塔上旗》是工学团工作的理论总结，《论共产主义教育》《父母必读》《儿童教育讲座》《家庭教育问题讲演》都是教育理论联系实际的好作品。

1. 马卡连柯的教育活动

1920—1936年，整整16年，马卡连柯富有成效地从事对问题青少年的再教育。他分别用两个8年先后在高尔基工学团和捷尔任斯基公社两个教育机构担任领导工作。尽管办学时间(历史条件)不完全相同，但教育对象都是流浪儿和青少年违法者。在这16年的艰苦工作中，成绩卓著。两个机构先后收容的3 000多名流浪儿和违法青少年，他们中间的绝大多数都被教育成有用的“真正的新人”——“有文化的苏维埃工人”，并对苏联的革命和建设做出了一定的贡献，有不少成为先进、模范、英雄和科技专家。① 马卡连柯的教育活动，不仅挽救了众多的道德不良或违法犯罪的青少年，而且也揭示了有针对性和实效性的德育工作的许多规律。这是德育促进人发展的一种典范。

2. 马卡连柯的教育理论

马卡连柯所从事的是一种教育促进学生思想道德品质发展的活动，这里的教育措施是什么，又有哪些理论呢？马卡连柯采用的是集体教育、纪律教育、劳动教育，这既是其教育的措施，又有其理论观点。

(1)集体教育。马卡连柯强调的集体，包括集体的性质、集体的成员、集体的舆论、集体力量。马卡连柯认为全部教育过程，应该是在“通过集体”、“在集体中”和“为了集体”的原则下进行。他指出，所谓集体教育，乃至学校的全部教育，都是以学生集体特别是基层集体作为唯一的和主要对象。没有健全良好的学生集体

---

① [苏]安·谢·马卡连柯：《论共产主义教育》，刘长松，杨慕之译，56页，北京，人民教育出版社，1955。

特别是基层集体，统一的教育目的的实现，就成为一句空话。①

（2）纪律教育。在马卡连柯看来，纪律、纪律教育和集体、集体教育有着不可分割的密切联系和关系。集体的建立、巩固和发展，有赖于纪律的形成、加强和提高，纪律的形成和提高，又有助于集体的巩固和发展。②

马卡连柯提倡的是自觉纪律。它与要求上进、克服困难和积极斗争密切联系③，自觉纪律哪儿来呢？马卡连柯强调依靠教育，而这种教育，不仅有要求，更需要尊重。要求既是纪律教育的基础，又是纪律教育不可缺少的因素或方法。在合理要求的同时，马卡连柯强调奖惩的必要性。所以，他在纪律教育中有诱导（如赠物、奖励等）、督促（如暗示、微笑、说服等）、威胁（如交大会评论等）等措施。惩罚在其纪律中占有一定的地位，他一再表示，正确合理的教育不能不用惩罚（不容许进行体罚）。

（3）劳动教育。马卡连柯把劳动教育与集体教育、纪律教育联系在一起，并指出“只有把劳动作为总的体系的一部分时，劳动才可能成为教育的手段”。④

马卡连柯重视劳动教育，劳动教育的要领在哪儿？他的实践体会与理论是：一要把劳动与人的道德品质直接联系起来。他指出，任何教育机构和学校，不能只有劳动而无教育。所以他强调在劳动中有教育，把劳动与德育（思想教育、政治教育与道德教育）密切地结合起来。二要强调劳动成果。他指出：“不注意创造价值的劳动，不会成为教育的积极因素。因为劳动就是向生产学习，它应当由劳动所能创造的那种价值观念出发”。三要进行文化科学知识的学习，达到体力劳动和脑力劳动相结合，使工学团的学生成为“懂得生产、懂得生产组织，也懂得生产过程，具有中等教育水平的人”。⑤

---

① ［苏］安·谢·马卡连柯：《论共产主义教育》，刘长松、杨慕之译，121页，北京，人民教育出版社，1955。

② ［苏］安·谢·马卡连柯：《论共产主义教育》，刘长松、杨慕之译，219~373页，北京，人民教育出版社，1955。

③ ［苏］安·谢·马卡连柯：《论共产主义教育》，刘长松、杨慕之译，164页，北京，人民教育出版社，1955。

④ ［苏］安·谢·马卡连柯：《论共产主义教育》，刘长松、杨慕之译，236页，北京，人民教育出版社，1955。

⑤ ［苏］A. A. 斯米尔诺夫：《苏联心理科学的发展与现状》，史民德等译，北京，人民教育出版社，1984。

(二)赞可夫的“教学与发展”的实验教学

从20世纪50年代末起，直到目前，苏联心理学“教学与发展”的实验教学，又称“发展性教学”，目的是批判地重新审查那些许多传统的、在心理学中被牢固地确立的、特别是关于小学生思维活动的原理的基础上，改革小学的教学。① 安纳耶夫(Б. Г. Ананъев，1907—1972)是第一个开始这种实验教学的。他研究了小学生在阅读中教学与发展的关系。社会文化—历史发展学派的赞可夫几乎在同时，也从解决教学与发展的相互关系问题出发，开始了这种实验教学。接着，这个学派的另两位心理学家艾利康宁(Д. В. Злъконин，1904—1985)和达维多夫(В. В. Давыдов，1930—2000)也进行了较成功的实验教学。他们的一个共同出发点是维果茨基的理论，即教学不仅应该建立在已完成的发展区域的基础上，而且首先必须建立在还没有成熟的那些机能的基础上。教学恰恰应该把它们向前推进。

1. 赞可夫的实验教学的背景和概括

《苏联教育学》杂志在1956年到1958年组织了一次“儿童教育和发展相互关系”问题的专题讨论，参加这个讨论的有许多著名心理学家。在讨论中，强调了外界条件(环境和教育)不能机械地决定儿童心理的发展。外因必须通过内因起作用，这个内因就是儿童心理发展的内部矛盾、动力、源泉。这次讨论最后由赞可夫的“论教育和发展的问题”的文章作了总结。《苏联教育学》杂志编辑部指出：“为了有科学根据地解决这个问题，必须展开专门的研究……”②

赞可夫从1957年开始的“教学与发展”的实验研究，正是他自己提出的对“教育与发展”关系问题讨论后的继续研究，也是编辑部指出的为了有科学根据地解决这个问题而“展开专门的研究”。通过近20年的努力，赞可夫的“教学与发展”实验研究取得了圆满的成功。因此可以说，赞可夫对于“教育与发展”的关系问题，不论是在理论上还是在实践中，都做出了出色的贡献。

---

① ［苏］A. A. 斯米尔诺夫：《苏联心理科学的发展与现状》，史民德等译，317页，北京，人民教育出版社，1984。

② ［苏］科斯秋克等：《儿童教育和发展相互关系问题讨论集》，孙晔、周惠卿编，康琼等译，100页，北京，科学出版社，1959。

赞可夫于1952年创建了教学与发展问题实验室，并领导了这个实验室达25年。1957—1977年，赞可夫领导着这个实验室，进行了大规模的、长期的“教学与发展”的实验研究，提出了“小学教学新体系”。这个“新体系”是通过分阶段的实验逐步总结出来的。实验研究是从一个班开始的，逐步扩大到数个班，到371个班，最后到1 281个班，分布于俄罗斯共和国52个州和8个加盟共和国的一些地区，并编写了实验班用的各种教科书，将小学学制由4年改为3年。1965—1970年，实验班数逐渐减缩，1970年实验全部结束。在实验过程中和实验工作结束后，赞可夫进行了全面系统的理论总结，出版了许多论著。其中《教学与发展》是赞可夫实验研究的总结，不仅对有关实验的指导思想、方法、进程、教学原则和内容等作了详尽的介绍，而且在他的《论教育和发展的问题》(1958)的基础上，其理论又得到了全面的发展。

2. 赞可夫的实验教学的内容和评价

赞可夫的“教学与发展”教学实验(或称发展性教学)是一项坚持在教育实践中对学生心理发展问题的深入探讨。他研究的出发点是对传统教学理论的批判，因为传统教学的重点，只是放在如何使学生掌握现成的知识及概念上，而不重视他们智力的发展。针对传统教学中存在的实际问题，他开始了教学实验的研究。他的实验研究是紧紧围绕着学生心理发展的问题而展开的。他把教学的安排比作“因”，而把学生心理的发展视作“果”，探讨这“教学与发展”的“因果关系”。赞可夫是按照三条线索来研究学生的心理、智力发展的，这就是：观察能力、思维能力和实际操作能力。他强调在各科教学中要始终注意发展学生的逻辑思维，培养学生思维的灵活性和创造性。赞可夫的教学实验的主要思想是，以最好的教学效果来达到学生最理想的发展水平。体现这一思想并指导各科教学工作的是五条“教学论原则”，即高难度、高速度、重理性、理解学习过程和对于差等生要下功夫。伴随着这五条原则的是一系列的具体措施。

在赞可夫的实验体系的教学论原则下，起决定作用的是以高难度进行教学的原则。“以高难度进行教学的原则的特征，并不在于提高某种抽象的‘平均难度标准’，而是首先在于展开学生的精神力量，使这种力量有活动余地，并给以引导”。① 高难度原则的理论根据，是维果茨基的“最近发展区”的思想。因此，“高难度”的原则的本意，主要是在于引起学生的思考，促进学生的特殊心理活动过程，难度是有限的，而不是无限的。其目的是要把教学建立在“最近发展区”的基础上，以挖掘学生发展的最大潜力。

在实现高难度原则的过程中，必须要依存于高速度原则。高速度原则的提出，主要是针对过去教学中“多次、单调的复习旧课，把教学进度不合理地拖得很慢”，因为“这样就妨碍了以高难度进行教学”②。从这个角度上说，高速度原则对于高难度原则来说是一种辅助的职能。它要求根本改变旧的复习方法，用心理学的记忆方法达到更高的巩固程度，它使教学内容的难度、范围和速度要与学生“最近发展区”的实际可能相适应。但是，以高速度原则进行教学的目的，在于使学生更好地去揭示所学的各方面知识，加深知识之间的内在联系，深入理解知识，形成一定的体系，从而发展儿童的智力。

重理性原则，又称“理论知识的主导作用”原则，其含义是，通过使学生理解学习过程的原理，重视理论知识的主导作用，更深刻地掌握知识。在赞可夫看来，理论知识有不同的含义，不同年级的学生，都要掌握理论知识。

理解学习过程原则，就是强调学生要理解学习的过程。赞可夫指出，所要掌握的知识之间是怎样联系的，掌握正字法或计算操作有哪些不同的方面，错误的产生及其防止的机制如何，这些和其他许多有关掌握知识和技巧过程的问题，都是学生在学习过程中要密切注意的对象。

在教学中应该重视学生心理发展的个别差异，这就是赞可夫提出的“对于差等生要下功夫”原则的理论基础。这条原则要求教师进行有目标和有系统的工作，使班上所有的学生(包括最差的学生)都得到一般发展。③赞可夫特别强调这条原则的重要性，“因为在小学的普遍实践中，对于最差的学生的真正的智力活动的可能性是最少的。……学业落后的学生，不是较少地，而显然是比其他学生更多地需要在

---

① [苏]Л. В. 赞可夫:《教学与发展》，杜殿坤等译，44 页，北京，文化教育出版社，1980。

②③ [苏]Л. В. 赞可夫:《教学与发展》，杜殿坤等译，46 页，北京，文化教育出版社，1980。

他们的发展上系统地下功夫”①。

以上五个教学原则是相互联系的。当然，这些联系不是千篇一律的，它们各在不同的方面起着作用，所起的作用和职能也有所不同。总之，赞可夫通过心理学实验，培养了一大批骨干教师，且将苏联的学制进行了改革。赞可夫在教育实践中进行的“教学与发展”实验研究之所以成功，与他所制定的五条教学论原则及其措施是分不开的。

赞可夫强调“教学与发展”的辩证关系，研究学生心理发展的特点时，充分考虑到教育与发展的关系，并进行了大规模的教学实验研究。这种从“动态”上来研究学生心理的发展，不论是科学理论还是科学方法，都是正确的。

（三）苏霍姆林斯基在教育实践中研究人的发展

苏霍姆林斯基是苏联教育实践家和教育理论家。他 17 岁投身于教育工作，后来上过大学、当过教师、参加过卫国战争。1947 年担任帕夫雷什村中学校长，进行卓有成效的教育实验，直至逝世。30 多年的教育实践，20 多年创办实验学校，创造性地开展教育工作，他先后具体而系统地对 3 700 名学生进行了追踪研究，不仅使其全体学生获得全面的发展，而且发表了大量的论著，其中包括 41 本著作，600 多篇教育论文，1 200 多篇童话、故事和短篇小说。他在教育实践中研究学生的发展，使他领导的帕夫雷什村中学成为国际闻名的优秀实验学校。

1. 苏霍姆林斯基的教育思想

苏霍姆林斯基的教育观，就是学生全面发展观。他对教育目的的认定，就是把学生培养成“全面和谐发展的人，社会进步的积极参与者”②。所谓全面和谐发展的人,意味着他有能力担当多方面的任务，他应该是社会物质生产和精神生活整个领域中的创造者、享用者、鉴赏者和保护者，是有文化修养和道德面貌的人，是积极参加社会活动的公民和具有道德基础的新家庭的建立者。很明显，苏霍姆林斯基的

① ［苏］Л. В. 赞可夫：《教学与发展》，杜殿坤等译，46 页，北京，文化教育出版社，1980。
② ［苏］苏霍姆林斯基：《帕夫雷什村中学》，赵玮等译，8 页，北京，教育科学出版社，1983。

教育目的，真正体现的是人的发展和社会的发展。

苏霍姆林斯基从其教育实践出发，提出全面发展的具体含义：

(1)德是核心成分。苏霍姆林斯基指出："和谐全面发展的核心是高尚的道德。集体中的生活、劳动、学习和人际相互关系——所有这一切，我们都竭力使它受到崇高道德理想的鼓舞"。① 于是他对德育的内容成分(尤其是信念)、年龄特征、途径和方法都作了实践与理论的探讨。

(2)智是重要环节。苏霍姆林斯基认为，就智育的本质与任务来说，它包括给学生以系统的科学知识、形成科学世界观、发展智力、形成智力的劳动技能和培养智力劳动的兴趣与要求。他指出："要毫无例外地使所有的学生都能热烈地爱科学、爱学习和爱学校，使书籍、科学、学校和智力财富成为学生的主要爱好和主要兴趣，使少年和青年把追求智力充实的、丰富而完美的精神生活当作自己最重要的理想，使每一个学生在从学校毕业的时候都能带走渴求知识的火花，并使它终生不熄地燃烧下去"。②

(3)把健康放在教育工作者工作的首位。苏霍姆林斯基认为："对健康的关注——这是教育工作者首要的工作。孩子们的精神生活、世界观、智力发展、知识的巩固和对自己力量的信心，都要看他们是否愉快、朝气蓬勃"。③ 于是他详尽地论述了健康教育和体育的内在联系及其方法要求。

(4)美是德、身、心的有力源泉。苏霍姆林斯基认为："美是道德纯洁、精神丰富和体魄健全的有力源泉"。④ 对此，他肯定美育在全面发展中的重要地位。

2. 苏霍姆林斯基的教学思想

苏霍姆林斯基不仅有着丰富的教学实践，而且总结出令人启发的教学理论。他的教学理论是一种"教学促发展"的思想。他不仅要求教学与教育高度的辩证统一，而且指出了教学的目的，即通过教学发展学生的智力、思维和内在的精神世界。所

---

① [苏]苏霍姆林斯基：《帕夫雷什村中学》，赵玮等译，9页，北京，教育科学出版社，1983。

② [苏]苏霍姆林斯基：《给教师的建议(上)》，杜殿坤等译，148页，北京，教育科学出版社，1980。

③ [苏]苏霍姆林斯基：《把整个心灵献给孩子》，唐其慈、毕淑之、赵玮译，126页，天津，天津人民出版社，1981。

④ [苏]苏霍姆林斯基：《帕夫雷什村中学》，赵玮等译，179页，北京，教育科学出版社，1983。

以他强调知识“既是目的，又是手段”，知识是形成和发展智力的中间环节，必要的识记和背诵知识应属脑力劳动的第二位。① 为此，他认为教学应循序渐进，以学生年龄特征为出发点，并论述了教学的任务、原则和方法。

第五节

坚持朱智贤的教育与发展学术思想

朱智贤(1908—1991)，中国现代心理学家和教育家。他对中国心理学的一个重要贡献，是提出人的发展，特别是儿童青少年发展中先天与后天的关系、内因与外因的关系、教育与发展的关系及年龄特征与个别特点的关系，这应该理解为他的教育与发展观。

1962 年，朱智贤的《儿童心理学》出版，这是我国第一部以辩证唯物主义观点为指导的儿童(包括从出生到青年成熟期)心理学教科书。在这部著作里，朱智贤明确地指出，儿童心理学的研究对象是心理发展的规律和儿童(包括青少年)各年龄阶段的心理特征两个方面。他阐述了儿童和青少年心理发展的基本规律，涉及先天与后天、内因与外因、教育与发展、年龄特征与个别差异四个根本问题。

尽管这四个儿童和青少年心理的发展理论是各国心理学家都在探索的问题，但是，像朱智贤这样做全面而系统的分析还是第一次。我们坚信朱智贤的这些基本理论是正确的。作为朱智贤教授的及门弟子，我们坚持他的心理发展思想，并作为我们“教育与发展”观的前提。所以在我们自己的许多著作中，都列专章论述了儿童与青少年心理发展的基本规律。

① [苏]苏霍姆林斯基：《给教师的建议(上)》，杜殿坤等译，148 页、39 页，北京，教育科学出版社，1980。

一、遗传、环境和教育在心理发展上的作用

人的心理发展是由先天遗传决定的，还是由后天环境、教育决定的，这在心理学界争论已久，在教育界与人们心目中也有不同的看法。一种是强调遗传的作用；另一种是强调环境和教育的机械决定作用，或把环境的作用绝对化，把教育看成“万能”。

20 世纪初，关于遗传和环境对心理的作用，曾引起国际心理学界展开了一场激烈的论战。由于这场论战在不分胜负的情况下不了了之，于是此后大部分心理学者就按这样的结论来解析心理发展的问题，即心理受遗传和环境“二因素”的作用，遗传限制心理发展的可能性，环境则在遗传所限制的范围内决定着心理可能发展的总和。这个平静状态大约保持了 25 年，然后这场争论又由于詹森(A. Jeusen)在 1969 年发表关于种族的智力差异观察，强调遗传决定而重新挑起，使已经保持了四分之一世纪休战状态的遗传—环境的争论，再一次成为发展心理学家考虑的主要课题。

在这个问题上，朱智贤强调“正确理解遗传、环境和教育在儿童心理发展上的作用”，并指出，遗传提供了心理发展的可能性，环境和教育则给予这种可能性以现实性。

(一)遗传是儿童和青少年心理发展的生物前提

朱智贤认为，遗传是一种生物现象，通过遗传，传递着祖先的许多生物特征。遗传的生物特征主要是指那些与生俱来的解剖生理特征而言，如机体的构造、形态、感官和神经系统的特征等。既不否认遗传的作用，也不夸大遗传的作用。也就是说，一方面，应当承认遗传是心理发展的生物前提、自然条件，没有这个条件是不行的；另一方面，也绝不夸大遗传这个条件。因为它只能提供儿童和青少年发展以自然前提和可能性，但绝不能预定或决定儿童心理的发展。

(二)环境和教育在儿童和青少年心理发展上的决定作用

儿童和青少年心理的发展是由他们所处的环境(包括生活条件)和所受的教育决定的，特别是由其所从事的活动和实践决定的。也就是说，物质和文化环境以及良好的教育是心理发展的决定因素。在儿童和青少年的环境中，最重要的是社会生产方式，即一定的社会生产力和生产关系。这对他们的心理发展起着决定性的作用。社会生活条件在儿童和青少年心理发展中的决定作用，常常是通过有目的有计划的教育来实现的。教育条件在儿童和青少年心理发展上起着主导作用。儿童和青少年知识的获得、智力的发展、道德品质的培养、理想的形成等，主要是由教育，特别是学校教育来决定的。然而，环境与教育是儿童青少年心理发展的决定条件，但是这并不意味着它可以机械地决定其心理的发展。

二、心理发展的动力

朱智贤强调，一方面，应当承认环境和教育对心理的决定作用，因为心理是脑对客观现实的反映，是由客观现实决定的。另一方面，也应当承认环境和教育只是儿童与青少年心理发展的外部原因(外因)，也即是外部矛盾。这个外因如果要对儿童与青少年心理发展起作用，就必须通过其内部原因(内因)，也即内部矛盾，才可以实现。离开了这个内因或内部矛盾，环境和教育这个外因或外部矛盾就无法起作用或不能很好地起作用。

什么是儿童和青少年心理发展的内因呢？朱智贤认为，在儿童和青少年主体和客观事物相互作用的过程中，也即在儿童和青少年不断积极活动的过程中，社会和教育向他们提出的要求所引起的新的需要和他们原有的心理水平之间的矛盾，是儿童和青少年心理发展的内因或内部矛盾。这个内因或内部矛盾也就是心理不断向前发展的动力。简言之，儿童和青少年在活动中产生的新需要和原有心理水平构成的矛盾，是他们心理发展的动力。

这里，可以看出朱智贤的重要观点：一是动力产生于活动、实践之中，统一于活动、实践之中，并实现于活动、实践之中；二是新的需要是这个矛盾的活跃的方面；三是新的需要能否获得满足，关键在于原有的心理水平。

(一)需要在人的心理活动中代表着新的一面，它是心理发展的动机系统

所谓需要，也是一种反映形式。任何需要都是在一定生活条件下，即在一定社会和教育的要求或自身的要求下产生的对于一定客观现实的反映。需要这种反映和一般反映共同之处，是能被人意识到的反映形态；和一般反映不同之处，在于需要是心理活动的动机系统，由它引起主体的行动。

如何理解需要的实质及其在心理发展上的作用呢？首先，需要的分类尽管复杂,但不外乎是两种：一是从需要产生上分类，可以分为个体的需要和社会的需要；二是从需要性质上分类，可以分为物质方面的需要和精神方面的需要。这两种分类是交错的。不管哪种分类方法，人的需要总是带有社会性的，同时又是带有主观能动性的。其次，需要可以表现为各种形态，动机、目的、兴趣、爱好、理想、信念、世界观等。在个性方面，这些形态就形成个体或个性意识倾向性。某种原始性需要的表现形式，可能是高级需要的表现形式的发展基础，但反过来，高级需要的表现形式往往抑制了低级的表现形式。可见，需要的主次关系是可以变化的。最后，需要在人的心理发展中，经常代表着新的一面，比较活跃的一面。客观事物总是在不断地变化，起着动机系统的作用。一种需要满足了，又会产生另一种需要，由此推动人的心理及行为的发展变化。

(二)原有心理水平，即原有的完整心理结构，是过去反映活动的结果

心理是大脑在实践(活动)中对客观现实的反映。通过反映，形成一定的心理水平。昨天还是客观的东西，通过主客体的矛盾，就可能被反映成为今天的主观的东西；同样，今天作为客观的东西，通过实践活动，也可能被反映成为明天的主观的东西。这种反映的结果，就逐步构成人的心理的完整结构。完整的心理结构是一个十分复杂的整体，代表着当时的心理发展水平。

人们平时说，教育工作必须要从学生的实际出发，就是要从上述的完整的心理结构出发，这样才能做到“有的放矢”“一把钥匙开一把锁”。原有心理水平，即原

有的完整心理结构是一个统一整体，它代表着人的心理活动中的旧的一面，比较稳定的一面。但是，不应该将原有心理水平看作是保守的。任何人原有的完整心理结构，都有它的积极的因素，同时也存在着不足或有待于发展的方面。

（三）新的需要和原有水平的对立统一，构成儿童和青少年心理发展的内部矛盾，形成其心理发展的动力

在儿童和青少年的实践活动中，产生了各种新的需要，必然与原有心理结构构成新的矛盾。双方互相依存，也互相转化。矛盾双方既是同一的，又是斗争的。其结果不外乎两种，一种是新需要在原有的心理水平的基础上发展；另一种是新需要被原有心理水平即完整结构所否定、所排斥，则仍使心理保持原有的水平。

总之，新的需要与原有心理水平所组成的矛盾是十分复杂的。在社会和教育的影响下，在儿童和青少年的活动中，他们所产生的新的需要同原有心理水平的斗争确实是普遍存在的。而正是这个矛盾的运动，才推动着儿童和青少年的心理不断变化、发展。因此，这个矛盾是儿童和青少年心理发展的动力。

三、教育和发展的辩证关系

儿童和青少年的心理发展，既不是由外因决定，也不是由内因决定，主要是由适合他们心理内因的那些教育条件来决定的。这就是儿童和青少年心理发展上，外因和内因的相互关系。

从提出教育措施，以激发儿童和青少年新的需要的产生，到他们的心理发展是怎样实现的呢？朱智贤以“量变”到“质变”的观点，来论述这个问题。

（一）知识的领会是教育和发展之间的中间环节

教育并不能立刻直接地引起儿童和青少年心理的发展，但是，它之所以能引起他们心理的发展，乃是以他们对知识的领会作为中间环节的。不管是儿童和青少年的智力发展，还是品德（道德品质）变化，都要以领会知识和掌握技能为基础。知识

是人类社会历史经验的总结，从心理学的角度来说，它以思想内容的形式为人所掌握;技能是指操作技术，它以行为方式的形式为人所掌握。

当然，经过教育和教学，学生对知识也不是立刻就能领会的。为什么呢？对于学生来说，从教育到领会是新质要素不断积累、旧质要素不断消亡的细微的量变和质变过程。从不知到知，从不能到能，要为原有心理水平所左右。对于教育条件来说，教育内容和方法的选择，都会产生不同的情况。总之，学生知识的领会、经验的丰富、技能的掌握、完成了教育到心理发展的中间环节，这是他们心理发展的量变过程。

(二)教育的着重点是促使心理的质的发展

量变过程的实现和学生知识的丰富，并不是教育的全部目的。知识的领会这个中间环节是学生心理发展中的“量变”，那么，学生道德习惯的稳固形成与能力、智力的发展则是他们心理发展的“质变”。无数“量变”促进质的飞跃。知识的无数次的领会和掌握才逐渐内化，促进品德和智力的发展。教育工作，就是要通过教育与教学这个量变过程来促进他们心理的质的发展。只有在不明显的细微的量变质变的基础上产生比较明显、比较稳定的新质变化的时候，才能说儿童青少年心理真正得到了发展。

四、心理发展的年龄特征与个别差异

儿童和青少年的心理发展，也跟一切事物的发展一样，是一个不断对立统一、量变质变的发展过程。在整个心理发展过程中，各个不同阶段将表现出相应的特殊矛盾和特殊质变。朱智贤把儿童、青少年心理各个阶段所表现出来的质的特征称之为他们心理发展的年龄特征。为了搞好教育，必须把心理发展的年龄特征视为重要的出发点。他同时指出，同龄的儿童和青少年虽具有这个共性，但在同一时期，他们每个人又有其自己的个性，这就是所谓的个别差异。

(一)心理发展的年龄特征

如何理解儿童、青少年的心理发展的年龄特征呢？首先，心理发展的年龄特征是指儿童和青少年心理的年龄阶段特征说的。在一定的社会和教育条件下，儿童从出生到成熟大约经历六个时期：乳儿期(0~1岁)、婴儿期(1~3岁)、幼儿期或学前期(3~6、7岁)、学龄初期或小学期(6、7~11、12岁)、少年期(11、12~14、15岁)、青年初期(14、15~17、18岁)。这些时期是互相连续，同时又是互相区别的。尽管在某一年龄阶段之末，也可能产生较多的下一阶段的年龄特征，但从总的发展过程来看，这些时期或阶段的次序及时距大体上是恒定的。

其次，心理发展的年龄特征，是指儿童和青少年心理在一定年龄阶段中的那些一般的(即非个别的或特殊的)、典型的(即有代表性的)、本质的实质的特征。

最后，年龄特征表现出稳定性与可变性的统一。一般来说，在一定社会和教育条件下，心理发展的年龄特征具有一定的稳定性或普遍性。如阶段的顺序，每一阶段的变化过程和速度，大体上都是稳定的、共同的；但另一方面，由于社会和教育集体在儿童和青少年身上起作用的情况不尽相同，因而在他们心理发展的过程中和速度上，彼此之间可以有一定的差距，这也就是所谓的可变性。心理发展的可变性表现在，不同的时代或社会生活条件下，儿童和青少年某些心理发展的程度和速度会产生一定的变化。在不同的社会生活条件下，儿童和青少年可能出现某些同样的年龄特征，但这些特征的具体内容却产生变化和差异。相同的社会生活条件下，由于每个儿童和青少年的心理发展原有水平或结构不同，存在着明显的个别差异，即个性特征。

(二)心理发展的年龄特征与个别差异的统一

儿童和青少年心理发展的年龄特征与个别差异是怎样产生的呢？朱智贤对生理基础、社会生活条件、儿童和青少年活动的发展与心理机能发展做了全面的分析，并指出，儿童和青少年心理发展的年龄特征的存在是必然的。同时年龄特征兼备稳定性与可变性，二者统一成一个整体，互相依赖、互相制约并互相渗透，这是儿童和青少年心理年龄特征规律的突出表现。学校教育和家庭教育都必须考虑心理发展的年龄特征，这是做好教育工作的一个出发点。教师和家长的任务在于从这个出发点去引导儿童和青少年的心理发展。同时，又要考虑到年龄特征的可变性，考虑到儿童和青少年之间的个别差异，对不同的儿童和青少年，要区别对待，注意因材施教。

我们在自己的教育与发展的研究中，认真坚持朱智贤教授的学术思想，并指出：

1. 教育加速或延缓人的心理发展的进程，合理良好的教育条件能够加速心理发展的进程。

2. 合理的教育措施能够适合心理发展的内因变化的条件，这些合理的教育措施，在儿童青少年原有心理水平或其结构上提出了新的要求，传授新知识，促进儿童青少年领会这些知识，就增加了心理发展的新因素，这些因素从“量”的积累，就必然发展到“质”的变化，逐渐形成能代表个体特点的个性心理特征。

3. 教育促进心理发展的量变与质变，我们用下面的模式来表示(见图2-1)：

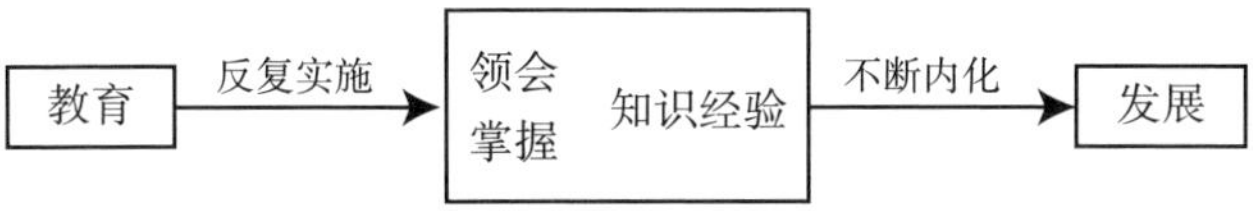

图2-1 教育促进心理发展模式图

4. 从教育到发展，是一个内化的过程，即是一种从客体到主体、从社会到个人、从群体到个体的内化过程，由于这种内化过程才变成某个个体的发展特征。为此，我们在研究中重视对这个内化机制的探索。

5. 从教育到发展还有生理或脑的机制的问题，本书中对学生智力的脑电图的研究就是一种尝试。

6. 发展必须有指标，这就是我们重视的发展参数(developmental index)。按国外心理学的研究，主要发展参数有时间、发展速度、顶点和发展阶段。我们所理解的心理发展参数有：①发展的时间；②发展的速度；③发展的稳定程度；④发展的协调性；⑤发展中的量变与质变(质变就是发展阶段)；⑥发展中的个体差异。

第三章

教育与发展的研究方法

教育与发展，既涉及心理科学的研究，又涉及教育科学的研究，它的研究方法就带有交叉性、综合性与兼顾性。

所有学科的研究方法是学科发展的关键。心理学的发展史，事实上是一个心理学方法的发展史；教育科学的发展，其关键也是方法。

任何方法，它总包含方法学(论)和具体的研究方法。兼顾心理科学与教育科学的研究特点，教育与发展的方法学或方法论，包含哲学的方法论、系统科学的方法论和具体科学的方法论。关于教育与发展的研究，具体学科方法论尽管复杂，但有一个问题是我们必须要论述的，这就是上一章谈到的心理发展参数，即衡量发展的指标。综上所述，我们把自己的教育与发展的研究方法论，突出三个方面，一是辩证唯物主义哲学观；二是系统科学观；三是教育观和以发展参数为指标的心理发展观。

教育与发展的具体研究方法，我们主要探索三个方面的内容：一是教育实验研究；二是教育行动研究；三是教育实践研究。我们在自己的方法学(论)的指导下，下面分三节来论述具体的研究方法。

第一节

教育实验研究

实验是一种有控制的观察，与自然的或偶然的观察不同，实验是实验者人为地使现象发生、对产生现象的情境或影响现象的条件加以操纵、变化与控制的观察。所谓教育实验研究，主要是指对教育现象有控制观察的研究。但由于教育现象的复杂性，很难像对自然界进行实验研究那样的控制，所以，教育实验研究控制的程度不如对自然界实验研究那么严格，可是，既然属于实验研究，它也讲究控制性，为的是科学性。

教育科学或心理科学的研究，尤其是实验研究，从行为科学角度看，主要有四个功能：一是描述，描述研究对象的特点和状况，这是研究最基本的目的；二是解释，解释研究对象的活动过程与特点的形成原因、发展变化以及相关关系；三是预测，根据研究建立的某一科学理论，通过一系列的逻辑推理，对研究对象以后的发展变化和特定情境中的反应做出推断的过程；四是控制，这是涉及发展的实验研究的最高目标，它是根据科学理论操纵研究对象的某一变量或创设一定的情境，使研究对象产生理论预期的改变或发展。这四项功能是层次递进的关系，前一项是后一项的基础。教育与发展的实验研究的四项功能，要从研究目的、研究原则、选择类型、变量控制和具体方法等方面表现出来。

一、课题的提出

有人说，科学研究是探索、获取新知识的活动，是获得新知识的认识过程。这当然是正确的，但从认识论上分析，还必须指出认识的主体是什么。科学研究认识的主体应当是人，科学研究是探索人类获取新知识的一种认识过程。

科学研究的过程具有探索性，也自然具有不确定性，探索可能成功，也可能失败。这里，有一个科学研究的战略和战术问题，即全局性和局部性问题。着眼全局问题的人，首先要研究战略问题，但也不能忽视战术问题；从事研究局部工作的人，研究战术很重要，但也应该研究和了解全局性的东西。

科学组织工作者和科学研究工作者的角度是不完全一样的。前者抓科学工作的方向、重点，科学研究力量的协调组织，科学发展规划及政策，等等，这当然不属于我们今天讨论的范围。后者的战略侧重点，主要在两个问题上，一是研究什么；二是怎样研究。

关于研究什么的问题，可以分为研究方向和研究课题两个方面。研究方向，即一个时期的工作方向，它规定我们一个时期内的研究领域和内容；研究课题，即规定具体题目和具体内容。对于研究什么的问题，也有一个长远和眼前、全局和局部的关系问题。为什么优秀科学工作者的研究一个接一个，而没有经验的人则接受一个任务才考虑一个题目，做完了这个题目就不知下一步做什么呢？除了科学工作者知识水平和学术造诣之外，有没有战略思想，是其中一个重要因素。因此，我们要注意科学研究发展趋势，要有开创性的战略眼光，要善于发现科学发展中新的生长点，看准有希望的方向抓住不放。

关于怎样研究的问题，主要是具体战术问题，是方法和措施的问题。

任何一种研究都是有目的的，科学研究的战略和战术思想正是体现了这种目的性，这个目的在战略和战术思想的支配下，集中地表现在研究课题或研究问题的提出上。讲究战略和战术，正是提出研究课题的根据。所以说，课题的提出，主要讲的是研究目的。

教育实验研究涉及的心理科学和教育科学的研究课题，来源很多，但总的说来，不外乎理论和实践两个方面。

(一)来自理论的选题

教育与发展的研究理论性很强，牵涉理论方面的问题也很多，诸如：教育与个体发展，特别是心理发展的实质是什么？机制是什么？教育促进发展的中介或手段又是什么？教师的素质如何鉴定？学生发展的指标有哪些？什么叫高素质的创造性人才？人才的智力因素与非智力因素的关系怎么样？等等，这些都有待探索和研究。作为教育实验研究的心理学工作者，我们在研究上述的课题时，主要按照下列方式来加以选定：

一是根据前人的或他人的研究选题。科学研究不能割断与前人研究的联系，那种“空中楼阁”式的研究，不易有大成就。所以在课题选择时，有必要参考前人的研究。参考方式主要有：①继承前人研究的成果，进行更深入的研究；②评论过去研究的优缺点，开辟研究的新园地。

二是根据前人的理论选题。主要有：①从某个一般原理归结到某一特殊问题的研究；②为证实前人的某一观点而从事的研究；③为反驳前人的某一观点而从事的研究。

以上两个选定课题的方式，是对过去的或他人的理论及其研究加以引申、验证或者提出异议。第二章中就有前人或他人的理论和研究选题。

三是根据自己的理论及过去的研究选题。这是为了更好地表达和证明自己已经提出的理论及观点的正确性。为了更好地发展以往的研究成果，我们课题组的研究，尽管有着前两个选题的方式，但主要还是按第三个选定课题的方式来选题。

上述三种来自理论方面的研究课题，在研究中，要有一定的理论作为指导和依据，这样就可保证自己的研究有明确的方向，并使研究结果达到一定的理论水平。

（二）来自实践领域的选题

教育与发展的研究，涉及的课题更多的来自实践，特别是教育实践，例如，如何揭示教育与心理发展的关系？教师师德、知识和能力如何提高？学生的德才如何培养？学校精神如何确定？等等。这些都是教育实践对心理发展相关学科提出的重要课题。实践需要是科研选题的一个主要源泉。但来自实践领域的课题选定后，仍须查阅文献，学习有关的理论，这是因为：一则可以避免与前人研究的完全重复；二则可以吸取别人的研究经验，以便更好地确定研究范围，设计研究方案；三则可以发现相关联的问题，以便研究时一并解决；四则还可以获得一些对比性资料，以助研究成果的解释。

目前，教育实践向心理发展及相关学科的研究提出了许多亟待解决的课题，在这些课题中，有四个方面更为重要。其一，开展教师素质的研究，探讨教师素质研究的原则、教师素质的内容、教师素质的提高途径与方法。因为教师素质是教育与发展的关键因素。其二，开展学生发展的研究。学生如何发展，成为“德才兼备”的人才应从何处入手。在研究中，我们看到，“德”的质变因素主要是信念和习惯，“才”的质变因素主要是智力的思维品质。思维又如何培养呢？这就是实践向我们提出的课题。以思维品质为例，人类思维的发生与发展，既有共性或一般性，又有个性或特殊性。作为思维的个性，即思维品质的研究，有利于因材施教，有利于智力的提高。思维品质的研究涉及智力差异的鉴别，涉及思维的培养途径，能使我们的研究向纵深发展。其三，开展教育与心理发展辩证关系的研究。如前所述，教育实践在学生心理发展上起主导作用，揭示这两者的关系，使心理学能够更好地理论联系实际，不仅探索了心理发展和培养的途径，而且促使心理学大众化。其四，开展学生全面发展的研究，探讨心理活动整体性的问题，揭示认知因素与非认知因素的辩证关系。教育实践中提出了一个十分重要的问题，一个学生学习成绩的好坏以及一个人成就的取得，思维或智力因素固然是十分重要的，但更重要的还是诸如兴趣、动机、意志、性格等人格因素或非智力的因素。探讨这个实践领域提出的问题，不仅有利于学生心理的发展，而且有利于塑造一个全面发展的新人。我们认为，教育实践提出的这四个课题的研究，是我国心理科学与教育科学带有方向性的重要研究内容。

二、研究的基本原则

教育实验研究的基本原则，是研究工作的指针。

辩证唯物主义和历史唯物主义是人类哲学思想和科学知识发展的最高成果。它为一切科学研究提供了正确的世界观和方法论。具体地说，它可以为科学研究提供思考的线索，提供总方向；它可以为建立科学理论提供准则；它可以为科学提供正确的哲学依据，抵制不正确的哲学的侵袭和干扰。我们研究教育与发展的课题，同样地也必须坚持以辩证唯物主义和历史唯物主义为指导。同时，由于各门科学研究的具体对象不同，因而每一门科学又各有它们自己的研究的基本原则。

教育与发展的研究，应遵循哪些基本原则呢？过去我们曾多次提到儿童青少年心理研究的六个基本原则。这就是：客观性原则；实践性原则；矛盾性原则；教育性原则；理论与实际相结合的原则；一般与个别相结合的原则。我们认为这六个原则都很重要，在我们对教育与发展课题的研究中，都应该得到贯彻。同时，由于我们着重研究“教育与发展”交叉性的课题，因而我们结合自己研究的特点，认为特别要考虑到这样一些原则，即：客观性和实践性原则；系统性原则；发展不平衡原则；理论联系实际原则以及教育性原则。

(一)客观性和实践性原则

这是研究“教育与发展”的出发点。

我们认为任何一个科学选题的研究，都需要采用严格客观的科学方法。客观性和实践性原则是科学研究的根本原则，也是我们教育实验研究的根本原则。

客观性和实践性原则要求我们在教育实验研究中坚持教育实践是检验我们教育理论的唯一标准；坚持实事求是的精神。实事求是是科学研究的灵魂。在各项研究中，坚持实事求是就是要求我们对每一个被试的行为表现和言语表现，对每一个数据事实和个案事实，都要作出老老实实的具体的分析。不管是学生的全面发展的特征，还是个性差异或者是群体差异，都要作出如实的分析，获得合理而实际的结论。夸大或缩小的分析，违反客观实际的做法，都是与客观性和实践性原则相违背的，都不是科学的态度，都不是求实的研究。

(二)整体性或系统性原则

整体观或系统观的基本要点是：事物是以系统形式存在的有机整体，是由要素以一定结构组成的，具有不同于诸要素功能的系统，是由不同层次的等级结构组成的开放系统，它处于永不停息的、自组织运动之中，有其产生、发展和消亡的过程。

从系统观或整体观来看，人及其发展是一个系统，一个有机的整体。以学生的智力或思维发展的研究为例，从研究的角度来分析，必须看到两层意思。其一是指学生思维本身是以系统形式存在的；其二是指学生思维同其他心理活动的各个方面是密不可分的，也是一个系统。因此，在对学生思维的研究中，我们一要从整体观点对思维整体的各方面进行系统的全面的研究；二要从整个心理活动的全貌去探讨他们思维发展的状况。因此，我们认为，在研究思维发展时，如果仅仅看到局部问题，如只是对思维形式——概念、判断、推理进行探讨，而看不到全局、整体，就会影响研究的效果。所以我们提倡，在研究思维发展时，应从各方面入手，系统全面地考察学生思维的发展状况和各种表现，探讨各方面表现的内在联系、一致性和差异性；注意研究思维中非认知因素的作用，及其同智力因素的相互关系；在设计实验时，如能从系统的观点制定题目，全面考虑，就能收到事半功倍的效果，提高研究的水平。

从系统观点来看，任何一项具体研究，都是一个整体，它是由深入实际、调查研究、收集资料、确定课题、制定研究方案、作出具体实验设计、实验施测、统计处理、讨论解释等环节构成的一个系统。任何一项研究结果都是该系统的综合效应，因此要科学地研究教育与发展，就必须按照系统、整体的观点，切实地掌握好每一具体研究过程中的每个环节。从整体性看，其中任何一个环节出现差错，都可能直接影响到结果的科学性和价值。例如，实际调查情况的客观性如何，收集的资料在质量、数量上的水平如何，都会影响到课题的确定和方法的选择，从而影响到研究结果的价值、科学性、新颖性。同样，有了丰富的第一手材料和各种有关信息以后，我们能否据此抓住问题的关键，提出一个有价值有前途的研究课题，而后能否采用适当的研究方法，进行正确的统计处理，并作出正确的解释，所有这些，都会影响整个研究的效果。

总之，遵循整体性或系统性原则，就有可能使我们从整个教育与发展的研究中，获得全面而可靠的科学结论。

（三）不平衡性原则

由于种种原因，学生之间存在着各种各样的差异。例如，在“六五”“七五”“八五”期间我们着重研究的中小学生以思维为核心的智力与能力，就表现出这种差异。于是，使教育因素与学生发展因素造成不平衡性。这种不平衡性，一是在不同的问题上表现出不同的智力与能力；二是在不同的活动中表现出不同的智力与能力水平。这种思维发展的不平衡性产生的原因有三：一是来自问题的情境，问题情境不同，问题的性质、数量、种类和难度就不一样，于是解决问题的水平也出现不平衡性；二是来自思维的主体，个性特点的差异，就会使问题情境及其解决水平带有不平衡性；三是来自活动的差异，这也是造成问题情境及其解决水平不平衡性的重要因素。

由于问题情境的不平衡性，使得主体有选择地考虑问题，他们的智力与能力表现出一种倾向性。对自己活动比较频繁的领域中遇到的问题，对于自己感兴趣的问题，对于环境和教育中提出的必须解决而无法回避的问题，他们考虑得多些；而对另一些问题则可能考虑得少些，甚至根本不去想它。学生智力与能力发展的不平衡性就成为学生个体发展的重要特征之一，因此在教育与发展研究中，从研究设计到具体方案的实施，都要考虑到这种不平衡性。否则，往往会影响研究的科学性。

如何在教育实验研究中考虑到不平衡性原则呢？

第一，针对不同的教育情境表现出不同的学生发展的事实，就要注意教育实验研究的设计所要考察的内容、知识范围、活动的代表性和全面性，并且要对研究结果作出实事求是的分析。

第二，针对不同的教育活动表现出不同学生的最佳发展水平的事实，就要注意，学生某一方面发展研究的设计必须明确考察其哪个方面，才能够真实反映出各年级或年龄阶段学生某一阶段发展的一般的、本质的、典型的特征。例如，在一些思维研究中，设计者不能用同样的问题、单一的评定标准，同时考察许多年龄组的被试，据此对各年龄儿童的思维特点进行比较。有人用“一斤铁重还是一斤棉花重”这样的问题来考学生，指标是“正确与错误”两种，结果，初中的被试的正确率反而比高中的被试高。这是因为初中被试从经验型逻辑思维出发，按日常生活经验获得

“一样重”的结论；而高中被试却作了理论思维的推导，可能得出“一斤棉花比一斤铁重”的结论。如果主试并不考虑到思维的最佳过程，不考虑高中被试思维过程的深刻性，只是从“对”“错”去加以比较，就肯定不能获得正确的结论。

由此可见，只有依据学生发展的不平衡性原则，才能使我们的教育与发展的研究设计更完善、更合理；才能使我们获得的结果更可靠、更富于代表性。

（四）理论联系实际原则

理论联系实际不仅仅是一种学术和科学研究的良好作风，也是国际心理学研究发展的一个新的趋势。例如，在西方心理学界，出现了一种叫作“生态学运动”（The ecological movement）。所谓心理学的生态学运动，就是指发展心理学和教育心理学研究领域出现的一种强调在活生生的自然与社会的生态环境中研究被试的心理特点的普遍倾向。

个体是在实际自然与社会生态环境中成长起来的，而不是在实验室中成长起来的，他们的心理发展不可避免地受到环境各种因素的影响，而这些因素又是相互作用、相互影响的，是一个完整的系统，学生的心理发展水平、特色和变化，都是该系统各因素相互作用的综合效益。因此，在教育与发展研究中，只有将学生放到现实的社会环境中加以考察，从他们和社会的相互作用中，从社会环境各因素的相互作用中，才能真正揭示他们心理变化的规律。对此，国际心理学界的研究者们已予以高度重视。他们普遍认为，只有走出实验室，到现实生活中去，在真实的社会环境、学校环境和家庭环境中研究学生心理发展与变化，才能保证心理学的研究结果有较高的生态学效度，即接近现实生活中学生的实际，有较高应用价值。例如，在西方，近年来关于动机的研究，有许多是在实际的教育情境中进行的。近20年来，俄罗斯心理学界正组织普通心理学、年龄（即发展）心理学、教育心理学等专家，用人际关系层次测定的观点，对个体获得系统的（个性的）特征的规律性、人格化过程的规律性，从理论和实验两方面进行深入的综合研究。在我国，许多有关儿童与青少年品德发展的研究，也体现了理论联系实际的原则，我们进行的儿童道德行为习惯发展与培养的实验研究就是其中的例子。

理论联系实际原则还有一种表现，这就是现有的教育理论应在教育实践中获得检验；而教育实践，必须有一定的教育理论做指导；教育实际工作者要学习教育理论，教育理论工作者要有实践，两者要密切结合。

(五)教育性原则

教育与发展的研究中教育性原则的执行，必须贯彻“在教育中发展，在发展中教育”的思想。

首先，教育研究的最终目的，是为了促进人的发展和社会的发展，因此，一切教育研究都要把有利于师生教育、有利于其发展的因素放在首位。任何研究，不能有一丝一毫损害师生身心健康、不利于教育或与教育相违背的言行、举止和手段。

同时，在教育研究中必须考虑到，教育与发展之间的关系是相当复杂的。我们曾对教育对心理发展的作用提出了三个观点：①教育是使心理发展的可能性变为现实性的必要条件。我们自己的研究表明：小学儿童思维品质发展的潜力是很大的，要是教育得法，这个潜力就能获得很大的发展；相反，如果不因势利导，这个潜力就发挥不出来。②教育可以加速或延缓心理发展的进程。例如，小学儿童思维发展的关键期，一般在四年级，教育得法可以提前到三年级，教育不得法能推迟到五年级。③教育使心理发展显示出特定的具体的形式和个别差异。例如，思维能力的差异，思维的内容所涉及的知识经验的差异，这都由教育这个特殊的条件所决定的。反回来，教育必须以心理发展作为前提，一定的心理发展水平，是教育工作的出发点。教育是在心理发展的基础上进行的。所以，处理好教育与发展的关系，是教育实验研究的重要原则。我们认为，单纯靠一些简单测定往往是难以置信的，必须从教育与发展的辩证关系，特别是通过教育在心理发展中的主导作用和决定性影响来研究心理发展，既分析心理发展的一般趋势，又分析心理发展的潜力和可能性，这样才能获得真正科学的结果。

三、教育实验研究类型的选择

在对“教育与发展”教育实验课题进行具体研究以前，常常由于研究的时间、被试、研究人员以及研究装备等条件的不同，而有不同的研究类型。选择研究类型，安排好研究中的一系列技术措施，这是进行研究工作时应当考虑的一个重要问题。

（一）纵向研究和横断研究

从研究时间的延续性来说，可以区分为纵向研究和横断研究。纵向研究就是在比较长的时间内，对被试（学生或教师）发展进行有系统的定期的研究，也叫作追踪研究。这种研究要求在所研究的发展时期内反复观察和测量同一组个体，因此它的优点是能系统地、详尽地了解其在某方面发展的连续过程和量变质变的规律。但纵向研究过去却用得不多，其原因有三：第一，样本的减少，随着研究时间的延续，被试可能因为各种原因而失掉；第二，反复测量，可能影响他们的发展，影响他们的情绪，从而影响到某些数据的确切性；第三，时间限制的普遍性，即长时期追踪，要经历时代、社会、环境的动荡而普遍地造成变量的增多。但近 40 年来，纵向研究受到心理学界和教育界的青睐，因为其科学性受到了重视。

横断研究就是在同一时间内对不同被试，例如对某一年龄（年级）或几个年龄（年级）被试的某方面发展水平进行测查并加以比较。这种方法的优点是能够在较短时间内找出同一年龄（年级）或不同年龄（年级）某方面发展的不同水平和特点，并从中分析出发展规律。但它毕竟时间短、不系统，比较粗糙，因而不能全面反映问题，或不能获得全面、本质的结论。

鉴于纵向与横断两种方法各有其优缺点，于是心理学界采用一种叫“聚合交叉研究”方法，即用比纵向研究时间相对少一些，对一些不同年级（年龄）被试加以追踪研究来克服纵向与横断两种方法的缺点。我们也灵活运用纵向和横断两种研究方法，使其互相配合，取长补短，并考虑多种变量，特别是教育因素的影响，这就是我们提出的“动态”研究方法。我们认为，靠静止的、一两次或几次的横断测查来进行诸如思维、品德等复杂心理现象的发展研究是不十分可信的。必须把横断研究和纵向研究结合起来，使整个研究处于“动态”之中，即考虑到上边提到的教育与发展的辩证关系，全面分析研究结果，这样，才能指导他们复杂心理现象发展的真正的实际，获得实事求是的可靠的数据。

(二)个案研究和成组研究

从被试的选取来说，可以对一个或少数几个被试进行个案研究；也可以把一组或许多被试当作一个组群进行研究。但在被试选择时，不管是个人个案的还是成组团体的，最要讲究的科学性要求为两条：一是代表性；二是同质性，这对于教育实验研究尤为重要。

个案研究的优点是便于对被试进行比较全面深入的考察，缺点是代表性比较小，因而在一定程度上影响科学性。成组研究因为取样较多，可以作统计处理，科学性比较强，但不便于作个别深入的研究。是采用个体的或少数的个案研究好，还是采用集体性的成组研究好，这在国际心理学界是有争论的。

我们认为，在教育与发展的研究中，被试的年龄越大，取样越要广一些，人数也应该多一点。相反地，被试的年龄越小，越需要用个案研究的方法。同时，对被试特别是学生发展的研究要考虑到这两种研究的结合。在社会性(或品德、性格)和智力(或能力、思维、认知)的研究中，我们特别提倡将两种方法有机的结合。既用个案法，作详细的追踪研究，又对带集体性的、成组的“个案”统一分析。我们把这种研究方法叫作集体性、系统性的个案分析法。在复杂的心理活动或个性研究中，这是一个好方法。在教育与发展研究中，也是有效的研究方法，这种方法的好处是：其一，集体性、系统性的个案分析是“仔细的”系统的个案分析和集体材料的结合，既有纵深研究，又有可靠的概括。其二，复杂的心理活动，不是一两个“刺激”就能引起一个“反应”。集体性、系统性的个案研究时间较长，工作较细，能反映出在教育条件下的品德或智力活动的变化过程，有较高的科学性。其三，集体性、系统性的个案分析法，采用的是心理学综合研究法，它综合地使用观察、调查、谈话、作品分析和教育性的自然实验，是一个比较全面且行之有效的方法。

(三)个人研究和集体研究

从研究人员来说，任何一个教育科学或心理科学的研究可以是个人独立进行研究，也可以是几个人或多数人协作进行研究。这两者各有优缺点。

我们认为，一个心理学工作者，他应该能独立设计搞研究。他的学术水平越高,通过个人的设想就能更好地对于某一问题进行创造性的探索。但是，个人的研究，他的取样代表性往往不够理想，在人数或是在地区上，有时有一定的局限性。

集体搞研究，特别是搞全国性学生发展的研究，例如，以中国科学院心理研究所为核心的认知发展研究协作组，以北京师范大学发展心理研究所牵头的青少年思维研究协作组等，都是全国性的协作，取样广、被试多、有代表性。但集体搞研究工作，不能统一深入，研究的统计数据结果也比较粗略。

因此，我们认为，个人研究和集体研究都应该进行。前者可以往纵深发展，后者能取得个体某一方面发展的一般性的特征。当然，集体协作研究也有一个加深和提高质量的问题，但长期追踪，深入某个教育与发展问题反复解剖、细致分析，并且运用现代化器材，往往不是靠一个庞大协作组能够解决的。

(四)常规研究和采用现代化手段的研究

教育实验研究可以采用一般研究技术，如观察、谈话、测验式实验、作业式实验等，我们在下面提到的皮亚杰的研究方法，就属于这一类。他依靠这些常规研究手段，取得了很大的成绩。

由于现代科学技术的发展，很多研究者在教师或者学生某个方面的研究中，就采用了现代化的技术装备，如录音、录像、云录播平台、电子计算机、平板电脑、现代化观察室、实验室等，这对于深入研究个体某方面的发展是有帮助的，特别是电子计算机系统和录像系统。计算机系统在心理学实验中，一是用操作实验，控制刺激，记录反应；二是用于建立数据系统，存储数据；三是用于对实验结果的数据进行分析和统计处理；录像系统主要用于对师生的活动、行为的观察、记录，以及事后的深入细致的分析。如果有条件，在教育与发展的研究中采用这些现代化的实验手段是必要的，它不仅使研究更细致、深入，缩短时间，提高实验的精确度和科学水平，提高工作效率，而且能使我们对某些本来难以研究或不可能研究的课题开展研究。对这些，我们是提倡采用的，而且在自己的研究中广泛使用。但我们也认为，过分强调这个条件，认为没有这些装备就不能取得研究的积极的成果，也是不正确的。

四、变量的控制

教育实验研究与其他教育研究方法相比，主要的特点就是能较好地控制变量。

在教育实验研究的设计中，对变量的控制问题，应该要有一个预计和设想。因为在进行教育与发展研究时必然会遇到许多变量。对于这些变量，有的是需要有意加以改变的，有的是应该详细加以观察、记录的，有的是必须尽量控制恒定的。这些变量，就是自变量、因变量及中间变量。

(一)自变量

自变量，也就是刺激变量。它是在实验研究中有意加以改变的事物，由于它的改变，导致了一系列的反应变化。

自变量分四类：①课题，在大多数实验研究中采用一个客观性的课题，这就是说必须呈现某种刺激，被试者必须对这些刺激作出回答。②环境条件，在保持课题相同时，变化了实验研究的情境、条件的任何特性，都可称为一个环境的自变量。③被试，在学生某方面发展的研究中，年龄(年级)就是被试变量，而且是主要的被试变量。此外，性别、民族、文化背景对被试的影响等，都是一些被试变量。④暂时的被试变量，如果不是按照被试者本来存在的特性行事，而是将某实验组内被试的特性加以人为的改变，即成为暂时的被试变量。此外，还有刺激的组合，也可以作为一组变量。

在各类自变量中，有的变量是量的变化，有的是质的不同。用量的变化作为自变量，在教育与发展研究中经常见到，例如，纸笔测验试题的数量、年龄等，都是能作量的分析的自变量。用质的变化作自变量，在教育与发展研究中也常常见到，例如，不同的教学方法，不同的设备、仪器、工具、条件等，对于学生发展有影响的“比较实验”。

在教育实验研究中，选择哪一类自变量，如何改变自变量，这直接体现着实验研究目的的确定和课题的选择。

(二)因变量

因变量，也就是反应变量，这是实验中拟测的指标。

作为反应变量的因变量，它往往是表现在客观的行为上且能测查得到的，它包括：反应时间(潜伏期)、反应速度、反应延缓期、反应量、反应准确性(率)、测验成绩、反应灵活程度及其他反应的复杂情况，等等。

因变量的测定是十分复杂的，在教育与发展的教育实验研究中，因变量测定的分类也不少，归纳一下有如下两种情况。

因变量可以通过一系列的测量而获得。例如，皮亚杰的临床法研究，是通过谈话、观察和物理实验等而获得结果。因变量也可以取自被试者作业的原始记分数值，能用某种形式转变或换算出来。例如，作品分析法中将被试作业、作品、作文等成绩作为学生发展的反应变量。

因变量可以用直接得到的反应测量来代表所有的定量水平，例如，智力测查的分数。因变量也可以从对反应测量作出某种分析、判断而获得，例如，在分类研究或理解研究中，定出若干个发展水平的等级，将测定的结果(反应变量)按指标经过分析、判断列入相应的等级中去。

(三)中间变量

除了上述两种主要变量之外，还有被试的态度、习惯、动机、对被试的诱因、被试的准备状态、目标定势，以及主试的倾向性、指示语、和实验研究无关的动作、表情、口气等，这些都足以影响实验研究的结果，所以应加以控制或密切注意。这些变量是比较难以控制的，但也应详细记录，以备处理结果时参考。控制中间变量的手段之一就是指示语，要使指示语服从于整个研究的目的要求。

以上三种变量间的关系是十分复杂的。有人从大量的实验研究中，根据自变量与因变量的几种可能性的相关，概括了各种变量的关系。这种自变量与因变量的关系，可以用图 3-1 的描述加以说明。

由图可见自变量与因变量的六种关系：A. 当自变量增加时，因变量直线增加；B. 行为反应不受自变量的影响；C. 当自变量增加时，因变量却直线减少；D、E、F都显示出非线性关系，D、E 和 A、C 相似，而 F 却是另一种情况，在一项实验研究中，只看低的和高的两种水平的自变量，假如因变量是相同的，那么可以断定自变量是无关的，这里必须要分析中间变量的作用。

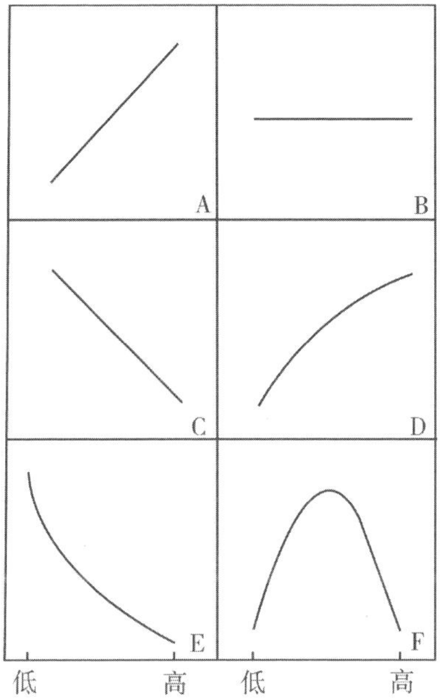

图 3-1　自变量与因变量的各种关系图

因此，在实验研究的设计中，要全面考虑各种变量的关系，也就是考虑如何有意改变自变量、如何观察和记录因变量、如何控制中间变量、如何使指导语更好地符合研究的目的要求。

五、教育实验的基本方法

心理科学与教育科学研究的方法很多，主要有观察法、谈话法、临床法、问卷法、心理测验和实验(实验室实验和自然实验)，我们分别作出介绍。

(一)观察法

观察是一种心理现象，它是指有目的、有意识且长期的一种知觉活动。在科学研究中，运用观察，可以获得要认识事物的事实材料，这样观察成为科学研究的一种方法。观察法(observational method)是指有目的、有计划地对某一事物进行全面、深入、细致的观察，从而揭示这种事物本质和规律的一种方法。

由于观察的目的不同，可以分为各种不同的观察法。

从观察时间上可以分为长期观察和定期观察。长期观察是在比较长的时期(一般可以长达几个星期、几个月或若干年)内继续进行的有系统的观察。很多心理学家对儿童心理发展所作的日记或传记的记录和分析，就属于这种观察法。前面提到的达尔文的《一个婴儿的传略》、普莱尔的《儿童心理》和陈鹤琴的《一个儿童发展的程序》等都属于这类观察研究的结果。定期观察是按一定时期进行的观察。例如，要研究学前儿童游戏活动的心理特点，可以每周观察一两小时，如此观察若干次，到一定时期，把记录的材料加以整理分析，至于如何“定期”，那要看具体的课题而作具体的安排。

从观察的内容上可以分为全面观察和重点观察。全面观察是观察被试在一定时期内全面的心理表现，全面观察由于涉及的项目比较多，因而观察的时间常常是比较长的。例如，学校教师为了给学生作出正确的人格鉴定而进行的全面而经常的观察，就属于这一类。重点的观察是有重点地观察被试在一定时期内某一活动(游戏、学习、劳动等)或某一活动中的某一环节或几个环节的心理表现。例如，观察不同年级学生上课时的特点、在集体活动中的心理特点。

作为教育实验的研究方法，观察以获得经验事实为目标，它具有如下的主要特点：

一是科学观察是一种有目的性的感知活动；

二是任何观察过程都包含主试和被试这两个统一而矛盾的方面；

三是观察离不开语言的作用；

四是在观察的过程中须利用观察仪器。

承认观察法重要的同时，必须指出观察法有其一定的局限性。从主试方面来看，不仅有上边提到过的生理局限(感官功能的局限)和知识经验或理论方面的局限,而且也有来自观察仪器认识功能的局限，因为教师与学生发展的大部分特点无法在观测仪器上显示出来。从被试方面来看，由于被试是人，人的主观能动性，必然会使外在的言行和内部心理活动存在着差距。而观察所获取的材料，往往是被试外在的言行，这势必产生不全面性。

观察法是一门专门的技术。一个完善的观察要求研究者必须注意到：明确目的，了解意义；情境自然，客观引进；善于记录，便于整理；正确理解，由表及里加以分析。

(二)谈话法

谈话法(interview method)又叫访谈法，它是通过谈话来了解被试心理发展的一种方法，因为言语是人的心理活动及其发展的重要的外部表现之一。谈话法在发展心理学中运用得比较普遍，皮亚杰的临床法，实际上也属于谈话法的范畴，是一种特殊的谈话法，即谈话加实验法。

谈话法的核心问题是主试同被试的交谈，从中收集资料、分析结果、得出结论。于是这种方法必然涉及以下几个方面的问题。①被试的选择，应根据研究的问题来进行。②谈话法是否成功，其关键是把握谈话的方向，使谈话自始至终都围绕调查的目的进行。③谈话法讲究谈话的艺术。因为谈话应当根据研究的目的来谈，谈话的内容必须是被试能够回答和乐于回答的问题，并能从中分析其心理活动，谈话者在谈话中还要机智，能够随时提出发现被试心理特点的问题；谈话结果也需要谈话者能够及时地记录和整理。④谈话法的直接器材是录音设备或录像设备。现代化的语言实验室，是通过对话来进行的，能对个别进行的“谈话法”加以扩充。

(三)临床法

在心理科学与教育科学的研究中，皮亚杰的临床法(clinical method)很有名，其实质是谈话加实验法，是自然主义的观察、测验和精神病学的临床法的合并运用。

不过皮亚杰对临床法也不断进行改进。最初只是单纯的口头交谈；随后是口头交谈为主，辅以摆弄或操作实物；最后修订了的临床法是以摆弄实物为主，辅以口头提问,把摆弄实物、谈话和直接观察结合起来。

临床法主要是研究思维发展的课题，其特点是：

1. 生动有趣的实验

所谓摆弄实物的物理小实验，实际上是一整套由浅入深、从易到难的具有实验设备的实验研究，例如，数目对应、液体守恒、容积守恒、三座山测验。看不见的磁力、辨别液体、颜色的组合和投影实验等。

2. 合理灵活的谈话

在皮亚杰的临床法中，谈话占着相当显著的地位。谈话中所获材料的丰富性和客观性，在很大程度上依赖于研究者的机智和谈话的技巧，皮亚杰在临床法中，运用了合理、灵活和恰当的谈话，被试也愿意积极的配合。因此这种临床法也是一种艺术，是一种提问的艺术。

3. 自然性质的观察

皮亚杰认为，要了解儿童的智力或思维机制，必须从结构整体的理论出发，从整体去研究儿童，像病理心理学研究精神病人一样，因此他特别强调实验的自然性质。他的临床法在一定意义上说，是一种自然主义的观察。

4. 新颖严密的分析工具

皮亚杰把数理逻辑引进心理学的研究工作中来，用数理逻辑作为分析儿童思维或智力水平的工具。这是皮亚杰研究方法的一个独特之处。

(四)问卷法

问卷法(questionnaire method)，在心理科学与教育科学的研究中是一个相当古老的研究方法。所谓问卷法，就是把所要研究的主题分为详细的纲目，拟成简明易答的问题，印刷成册，分寄给各地有关人员请求尽力据实答复，或与学校的考试、测验、竞赛结合起来，让学生尽力完成，然后根据收回的答案，经过统计处理或文字总结，以解决问题的一种方法。

问卷形式的分类比较复杂，一般可以分为两类，一是按问题分类，二是按问卷对象分类。

问卷形式分为开放式和封闭式两种。每一种都有多种具体的表现形式。开放式包括自由回答式和言语联想式。封闭式包括正误式、多种选择法、排列顺序法和评分法。

根据问卷对象分类，问卷可以分为个别问卷、团体问卷和邮寄问卷。

在教育与发展的研究中，问卷法占有一定的比重。但是在研究中，采用问卷法必须要谨慎，而且应该注意下述几方面的问题：①心理发展的问卷试题，量不宜过少，但必须紧紧围绕所研究的主题。②问卷的试题，内容要生动活泼，有情有趣，即使被试不愿意积极配合和认真回答，但因不明白研究者的意图，也无法猜测敷衍。③大面积的问卷必须在预试的基础上进行。④问卷的内容形式，应以封闭式为主、开放式为辅。

(五)心理测验

心理测验(psychological test)是对心理现象进行“权”和“度”的重要工具。它孕育于英国，起始于法国，兴盛于美国，扩展至全世界。

1. 心理测验的性质

心理测验是测量人的智力、能力倾向或人格特征个别差异的工具。它由能够引起并测量典型性行为的一些题目构成，这些题目是用以测量的准尺，叫作量表(scale)。心理测验测量的只是一个行为样组，依据这个行为样组来推论个体差异。它和一般的考试不同，它的每一道题目都要符合标准化的要求，具有一定的信度和效度，因此，它是比较客观的。

2. 心理测验的种类

心理测验是多种多样的，可以按不同的标准加以分类：

按测验功能分类，有能力测验、学绩测验、个性(人格)测验。

按测验方式分类，有个别测验和团体测验。

按测验材料分类，有文字测验、非文字测验。

按测验目的分类，有描述性测验、诊断性测验、预试性测验。

按测验的要求分类，有最高行为测验、典型行为测验。

按测验的应用分类，有教育测验、职业测验、临床测验。

按接受者的年龄特征分类，有婴幼儿测验、成人测验和老年测验。

3. 心理测验理论和应用的发展

心理测验理论的发展大致可以分为两个阶段，第一阶段是经典测验理论（Classical Test Theory，CTT）阶段（从19世纪末到20世纪50年代）；第二阶段为多种理论并存阶段（从20世纪50年代至今），在这一阶段里，除经典测验理论起作用外，还有项目反应理论（Item Response Theory，IRT）、潜在等级分析理论（Latent Class Analysis Theory）、概化理论（Generalizability Theory）等。在应用方面的进展表现在：心理测验在心理学理论研究方面的应用包括认知相关、认知成分和认知训练；在教学应用方面的进展包括对操作水平进行诊断、专门技能及其发展过程的测定、理解和改进学生的学习能力。

（六）实验室实验

所谓实验室实验（laboratory experiment），是指在特别创设的条件下进行的实验，有时要利用专门的仪器和设备。过去和现在，研究感觉、知觉、记忆和思维等心理过程发展特点所采用的方法常常是实验室实验。而且，在社会化发展的研究中，实验室实验方法也越来越受到研究者的欢迎。受欢迎的原因是与其特点有关的。

1. 实验室实验的主要特点

研究者采用实验室实验方法研究各种心理过程发展的特点及其各种心理现象，其主要原因就在于实验室实验能够精密地控制实验条件，使研究者获得所需要解决问题的答案。这是实验室实验的最大优点，也是它受到研究者青睐的原因。这个研究具体体现在以下一些特点上：随机取样和随机安排；对实验情境和实验条件进行严密控制；实验结果的量化，记录非常客观、准确；使用大量的实验仪器。

2. 教育实验的实验仪器

实验仪器的使用极大地帮助了教育实验的研究。特别是最近二三十年，随着心理学研究的深入，教育实验研究越来越多地借助于上面提到过的现代化的实验仪器和技术装备，这样，使得实验研究现代化，大大提高了教育实验研究的水平。现在的实验仪器有很多种，例如，思维类仪器有天平、概率研究仪和投影仪。记忆类仪器有速示仪，儿童情绪类仪器有视崖等，这些都是常规的研究器材，这些器材在实验室研究中也是相当重要的。但是，并不是只要采用现代化实验仪器就能有助于实验研究，这要视研究进行的实际情况而定。

(七)自然实验

所谓自然实验(natural experiment)，是指在被试日常生活活动(游戏、学习、劳动)的自然情况下，引起或改变影响他的某些条件来研究其心理特征的变化。许多研究，比如社会化发展的许多研究都只能在自然的情境中进行，而不是在特别创设的实验室中进行，否则就会使研究的问题失真。自然实验一经在心理科学与教育科学研究中应用，便受到了研究者的欢迎。特别是近些年来，心理学研究兴起的“生态学运动”趋势，更使自然实验受到研究者的重视。心理科学与教育科学研究中越来越多地采用自然实验法。之所以如此，当然与其自身的优点有密切的关系。

1. 自然实验的主要特点

自然实验兼备了观察和实验室实验的优点。它把实验研究和日常生活密切结合起来，能反映个体心理行为发展、变化的真实情况，能够从种类不同的被试样本中获得资料，从而获得更为广泛、可靠的结论，被试的选择、分配并非随机进行，往往以现成的班级、小组、群体或个体为研究对象，涉及的变量(包括自变量和因变量)比实验室更多。

2. 自然实验的种类

一般来讲，自然实验可以分为两种。一种为自然实验，一种为狭义的教育实验。

(1)自然实验

一般来说，自然实验从它基本组织形式来看，可以分为三种：即单组实验形式、等组实验形式和轮组实验形式。自然实验的这三种实验形式，各有优点和缺点，实际使用时可根据实验的不同要求进行选择。

(2)教育实验

教育实验(educational experiment)有广义和狭义之分，广义的教育实验研究是指我们上面所论述的教育领域的一切实验研究；狭义的教育实验是自然实验的一种特殊形式。这里说的主要是狭义的教育实验，它是把被试心理的研究与一定的教育和教学过程结合起来，从而研究被试在一定教育和教学过程的影响下，某些心理过程或个性品质形成和发展的规律。教育实验所采用的形式一般就是自然实验所采用的形式，这在我们教育与发展的课题研究中尤为重要。教育实验已成为国际心理科学与教育科学研究的一个新趋势，教育实验越来越受到人们的重视和欢迎。究其原因，主要是因为教育实验把心理研究和教育实践研究结合起来，使其研究结果可以直接为教育实践服务。

(3)生物学(或认知神经科学)研究

大脑是学习的生物基础，但教与学的神经基础是什么？哪种教学方法更有效？随着生物学(或神经科学)研究技术的快速发展，神经科学家、发展心理学家、教育家开始共同探索这些问题。近十几年来，研究者在《自然神经科学评论》(*Nature Reviews Neuroscience*)期刊上发表了多篇相关综述文章，显示出该领域的重要性和前沿性。例如，2006年，英国剑桥大学认知发展神经科学教授乌莎·戈斯瓦米(Usha Goswami)在该期刊上探讨了以脑科学为基础的学校学习，以及与阅读、数学、注意、情绪与社交有关的教育神经科学。此外，2014年，英国布里斯托大学脑科学与教育学教授保罗·霍华德-琼斯(Paul A. Howard-Jones)在该期刊上评述了教育中的神经迷思(neuromyths，即教育或其他领域对脑科学研究的误解)，以及如何进一步促进脑科学与教育学之间的交流。而教育的脑科学研究大致可分为两类，分别探讨脑结构与功能与教学的关系。首先，大脑结构的个体差异可能与受教育程度有关。例如，2016年，考克斯(Cox)等人采用核磁共振脑成像技术(magnetic resonance imaging，MRI)对六百多名73岁老年人的大脑结构进行了扫描，发现受教育年限与大脑皮层厚度有关，该研究发表在《神经学》(*Neurology*)期刊上。其次，在教与学过程中，师生大脑之间的活动可能与教学效果有关。例如，2018 年，北京师范大学卢春明课题组采用功能性近红外光谱成像(functional near-infrared spectroscopy，fNIRS)的多人同时脑成像技术，在较为真实的教学情境下，考察了老师与学生之间的大脑活动同步性在教学中的作用，研究发现：老师的脑活动与学生的脑活动的同步性越强，教学效果越好。该研究作为封面文章发表在《人类大脑成像》(*Human Brain Mapping*)期刊上。

第二节

教育行动研究

2001 年 5 月，北京师范大学发展心理研究所与美国杨伯翰大学(Brigham Young University)教育学院在北京师范大学为发展心理研究这个教育部人文社会科学重点研究基地举行一年一次的国际学术研讨会，主题为“教育行动研究”。会上，我作了一场题为“教师参加教科研是提高自身素质的重要途径”的学术报告。报告后，杨伯翰教育学院院长洛贝乐・帕特森(Lobert S. Patteson)教授对我说：“阁下讲的是真正的教育行动研究”。我认为，这只是对我的报告作一种鼓励吧！其实，我们从来没有说过自己在从事教育行动研究。

会后，有人问我：“什么叫教育行动研究?”

要回答这个问题，还得从我自己的研究工作谈起。40 多年来，我的课题组由小到大，现在拥有近万人的研究队伍，我们正是带着一支中小学教师在搞教科研。在一定意义上，我们的方法颇似“教育行动研究”，所以当时我按自己的体会提出：教育行动研究是教育工作者为了提高自身的教育理论素质，为提高教育质量所进行的一种反思的研究。

这里，我们想根据那次研讨会的内容，分几个方面来汇总对教育行动研究的看法,也是为“教育与发展”的研究，提供一种方法吧。

一、“教育行动研究”的简史

2001年5月的研讨会，我们把主题确定为“教育行动研究”，其实，国际上更多的是叫“行动研究”(action research)，很少用“教育行动研究”。“行动研究”，从起始到发展，大致经历了四个阶段，即：萌芽兴起→用于教育→再度兴旺→新的进展。

(一)起始于社会领域

在研讨会上，不少专家提到，“行动研究”并不是孕育和起始于教育界。其“专利权”在别的社会科学领域：一个是行政官员的社会学调查；另一个是社会心理学的研究。

1. 行政官员的调查

从1933年到1945年，美国联邦政府印第安人事务局的官员柯律尔(John Collier)为了解决民族的问题，组织了专家与事务局外的人士共同研究印第安人与非印第安人之间关系的课题。1945年他发表了题为“作为一种处理民族关系的印第安人行政管理”的研究报告。从中他不仅肯定了行政官员、专家和实践者之结合研究的重要性，而且也强调了研究的结果必须为实践者所应用，并得到他们经验的验证。这就是“行动研究”的雏形。这里我们要肯定其四点：一是研究出发点是针对某种社会情境；二是研究目的是要改善社会情境中行动的质量；三是研究人员是行政官员、专家和实践者；四是研究结果要有实践者验证(反思)。

2. 社会心理学的研究

勒温(Kurt Lewin，1890—1947)是德国心理学家，1933年移居美国。20世纪30年代创建团体动力学(group dynamics)，研究团体生活动力学说。尤其自1945年勒温在麻省理工学院创办团体动力研究中心以后，此学说无论在理论研究上还是在实验应用上都得到迅速的发展，推动了社会心理学、工业心理学、教育心理学、职业心理学和心理治疗等领域的研究。勒温的成就之一就是为团体动力学研究设计“行动研究”(1944)。在他建立并主持研究中心期间，他倡导把科学研究与实际工作者结合起来，去解决某一实际问题。他采用“制订计划—实地调查—贯彻执行—修订规划”的研究原则和操作模式，对社会风气的改革、领导的培养及因种族的、宗教的或其他社会隔阂所引起的诸如劳资争端、种族歧视、婚姻纠纷等紧张问题，都开展了广泛的社会心理学研究，并取得了明显改善的效果。在此基础上，勒温把行动研究的原则应用于心理学之外的许多领域，尤其是教育界，他和他的助手与教育工作者一起研究了学校课程改革的问题。这里，我们也要肯定四点：一是研究范围很广，不仅对某一社会情境开展了研究，而且明显地改善社会情境中的行动质量；二是研究人员为理论专家和实际工作者结合的队伍；三是提出了行动研究的概念和具体的操作模式；四是由勒温把行动研究的原则应用于诸多的领域，最早应用于教育界。

(二)在教育领域获得应用

20 世纪 50 年代，美国的基础教育十分的不景气。一批教育界，尤其是基础教育界和心理学界的有志之士纷纷站出来，投入到基础教育的改革之中去。美国的创造性研究和创造性教育，在 50 年代掀起了一个高潮。当然，1957 年苏联人造卫星上天，对美国是一个巨大的刺激，更加激发美国人改革基础教育，培养创造性人才。在一定意义上说，这些可以作为“行动研究”在教育领域运用的背景。

20 世纪 50 年代初，哥伦比亚大学教育学院院长考雷(S. M. Corry)正式把“行动研究”引进美国教育领域，并应用在课程、教学、管理等方面，解决了许多实际问题。1953 年他出版了《改进学校实践的行动研究》一书，在书中，他给教育领域的行动研究作了一番分析：“所有教育研究，只有由应用研究成果者来承担，才会使研究结果不致白费；同时，只有教师、学生、辅导人员、行政人员以及家长等支持者不断检讨学校措施，才能使学校适应生活。故上述人员必须以个别或集体形式采取积极态度，发挥创造性思维，提出合适措施，并勇敢地加以试验；且讲求研究方法，有系统地收集资料，以确定新措施的效果。这种方法便叫‘行动研究’”。[①] 这里我们看到三点：一是行动研究已经运用于教育领域，目的在于使学校更好地适应

① 戴长和等：《行动研究概述》，载《教育科学研究》，1995(1)。

现代生活的要求；二是研究者中教师或教育工作者已经成为一支主力队伍；三是讲求研究方法，这些方法的重点是系统搜集资料和证据，以改进学校各方面的工作。有人已把这时的行动研究叫作教育行动法（S. Kemmis & G. Dichiro，1988），并指出教育行动法经过10年的兴盛期，对那时美国的教师素质的提高、教育质量改进起一定的作用。与此同时出现了一批诸如贝恩（K. Benne）、塔巴（H. Taba）和沙姆斯基（A. Shumsky）等有代表性的研究者。

（三）从衰落走向再兴起

20世纪60年代，尽管还有一些教育行动研究工作在美国继续进行，但逐步走向衰落。

1. 衰落的原因

澳大利亚教育专家凯米斯有一段论述①：教育行动研究法衰落的原因可归之于研究与行动的日益分离，或用今天的说法是理论与实践的分离。20世纪50年代末60年代初，由于社会科学研究的学术人员享受公共的基金团体所提供的空前资助，他们开始以理论家、研究者的身份出现在自己的工作中，于是与实践工作者就区分开来。当时正在兴起一种表示研究与实践的关系模式，即以研究—发展—普及（Research-Development-Dissemination，RDD）为基础的、人造卫星后（Post-Sputnik）②课程发展潮流，这一潮流使研究与行动分离被视为正当合理的。于是多数教育家倾向于这种模式，出现的是理论家设计出的课程发展和评价工作等框架，由广大实际工作者去执行占了主流，使那些小规模的、局部的、自我反省的行动研究法从正统地位被转移了出去。

2. 重新兴起的原因

教育行动研究重新兴起在20世纪70年代，先是在英国，代表人物为英国教育协会主席埃利奥特（J. Elliott）；继而在澳大利亚，代表人物为斯基尔贝克（M. Skilbeck）和前边被提到的凯米斯；后又返回美国，逐渐重新兴起。其复兴的主

---

① ［美］S. 凯米斯：《行动研究法（上）》，张先怡译，载《教育科学研究》，1994（4）。

② Sputnik为苏联发射的人类第一颗人造卫星“伴侣号”。——编者注

要背景是RDD模式在教育领域的失败，具体的原因，凯米斯归结为七条①：

(1)教师队伍中出现大批要充当研究角色的要求；

(2)当时教育科学研究严重脱离实际，即与实际工作者关心的课题明显相脱节；

(3)有批教育专家重视实践，发表“实践的深思”等观点，激发人们对行动研究的兴趣；

(4)在教育研究与评价方面出现许多像民主评价、反应评价、个案研究、现场调查等新方法，与行动研究关系极为密切；

(5)专业责任心运动(accountability movement)激励了实际工作者为提高自我监控能力的素质要求而努力工作；

(6)20世纪70—80年代的教育，特别是基础教育发展的新要求有利于实际工作者与教育理论工作者的合作；

(7)对行动研究方法本身加强研究，尤其对遭人批评的自我反思有了新的认识。

(四)20世纪80年代后的新进展

20世纪80年代后的近20年，教育行动研究蓬勃地发展着，究其原因，除了上述行动研究在70年代后自身发展的七条原因之外，还有三条带有时代性的原因：

其一，如第一章所提到的，80年代以后，基础教育及其改革提到了各国领导人的议事日程上，特别是美国，针对80年代基础教育的“滑坡”现象，几任总统都重视基础教育质量的提高，采用一系列的措施，“2061”工程就是其中的一项。

其二，对教师的研究和教师队伍建设成为改善育人环境、推动教育改革和提高教学质量的关键。所以教师参加教科研，教师要加强元认知(meta-cognition)或监控能力的培养已提到教育改革的议事日程。

其三，心理学界出现了上一节提到的生态化运动(ecological movement)，强调真实的环境、真实的被试、研究真实的心理。于是，“冲破实验室的围墙”“加强自然(教育)实验”“用纵向研究取代横断研究”，等等，在发展心理学与教育心理学中成

① [美]S. 凯米斯：《行动研究法(上)》，张先怡译，载《教育科学研究》，1994(4)。

为主流。心理学界的生态化运动必然促进了教育行动研究的新进展。

行动研究不仅受到重视，而且名称本身也出现多样化，例如“行动研究法”（Action Research）、“合作研究法”（Cooperation Research）、“现场研究法”（One on the job Research）和“应用研究法”（Applied Research）等。从中可以看到当今教育行动研究在走向繁荣。

二、“教育行动研究”的特点

在2001年的研讨会上，与会者比较肯定《国际教育百科全书》里关于行动研究的定义：“行动研究，是指由社会情境（教育情境）的参与者，为提高对所从事的社会或教育实践的理性认识，为加深对实践活动及其依赖的背景的理解所进行的反思研究。”①

对此定义，与会者发表诸多的看法，我们归纳如下10种。

（1）教育行动研究是必须由教育工作者参与的研究，使研究角色和实际工作角色具有一致性；

（2）教育行动研究目的在于提高教育的质量或行动的质量，使研究者与研究结果具有统一性；

（3）教育行动研究是教育的实际工作者用种种的科学方法对其自身行为的研究；

（4）教育行动研究应强调理论联系实际，强调研究与行为的一致性；

（5）教育行动研究的研究对象主要是教育的实践问题；

（6）教育行动研究应坚持通俗化、应用化，但适当的渗透学术化；

（7）教育行动研究具有自然性、行动性和合作性；

（8）教育行动研究的成果尽管符合一定的教育规律，但它却缺乏普遍性；

（9）教育行动研究属于教育科学的研究，也要讲究科学性或创造性；

（10）教育行动研究要求实际工作者参与，更主要的是对自己所从事的教育工作

---

① Torsten Husen：The International Encyclopedia of Education. Vol. 1：53，Pergamon Press，1985.

进行反思。

从上面的诸多的看法中我们可以看出教育行动研究的特点。这里我们借助一下自己研究的成果：从 1978 年开始，我们深入中小学教育实践研究中小学智力与能力发展的问题。20 多年来，实验班由少到多，目前已在 26 个省市自治区设了 3 000 多个实验班。受益中小学生超过 30 万名，并提高了实验点万余名教师的素质。1987 年后，“中小学生智能发展与培养”的实验研究，先后被列为国家教委教育科学、国家级自然科学与社会科学基金的重点项目，一些分课题也被列入省市自治区一级的教育科学重点项目，课题组活动频繁，其中数百篇学术论文和研究报告已陆续发表，有些成果已转为音像资料正式出版或在中央电视台和地方电视台播放。我们进行教育实验研究，从开始到发展，并未想去和教育行动研究挂钩，但我们的研究过程，倒从一个侧面来论述以教育理论工作者和教育实际工作者相结合为主要特征的教育行动研究的特点。下面，我们从五个方面加以说明。

(一)教育行动研究的对象是各种各样的教育实践

任何一项研究都是从课题提出开始的，教育行动研究，作为一种研究，也有一个课题的问题。课题的提出，就是研究对象和研究目的的确定。当然，由于教育行动研究对象是各种各样的教育实践，因此，教育行动的课题主要也来自教育实践，适合于教育实践，有利于或服务于教育实践。

教育行动研究课题的选择原则，首先是价值性，也就是有没有实际的意义，能否解决教育实践中迫切要求解决的问题，以提高教育行动的质量。其次是可行性，即研究者与行动者都认为有可能作研究，也就是根据现有条件、经验、信息资料、时间、设备等肯定能够完成或研究的任务。再次是客观性，经得起实际工作者的推敲，在一定意义上说，实际工作者的判断就是选题的效度效标，只有准确、真实才能谈得上客观的原则。最后是创新性，研究者与实际工作者都认为课题要有新颖感、时代感和独特感。

在此基础上，教育行动研究的研究人员才进行课题选择，确定研究对象选题的步骤有：①调查社会需要，特别是教育实际的需要；②收集各种各样的信息情报，写出文献综述；③筛选研究对象，明确研究目标；④进行可行性的论证(反思)，从研究步骤、过程和预期结果中去形成研究方案。课题的选择过程，就是确定研究对象的过程。

(二)教育行动研究所坚持的原则是研究与行动的统一

所谓研究与行动的统一，就是坚持理论联系实际。具体表现如下。

1. 研究的队伍是教育理论工作者、实际工作者和教育行政领导的三结合队伍

当然，在研究的过程中，这种结合的队伍有三种形式，既可以由以教师为主来承担研究课题；也可以由学校或教育部门集体组织来承担课题；还可以由教育理论工作者来主持课题，组织有实际工作者参与的研究队伍。

2. 研究过程中，理论工作者要去实践，实际工作者要学习理论

整个研究是一个克服行动与研究、实践与理论脱节的过程。这一点与我们的研究很像，我们的教育实验进行了20余年，我们的研究队伍刚好与教育行动研究的特点一致：理论工作者了解教育实际，参与实验的实际工作者学习教育理论，有十余位校长和教师相当精通教育科学与心理科学的理论，他们不仅制定了科学性颇强的测试工具，而且有的论著超过百余万字。正因如此，我们才把“教育与行动研究”写进我们的书中，作为“教育与发展”研究的一种方法。

3. 坚持在教育实践中研究，保持“生态”特征

保持在自然生态或者社会生态条件下研究教育问题，这体现了行动研究是一种在实际情境中，在社会生活中或者在自然状态下进行研究的特征。这样的研究，不仅为理论工作者与实际工作者提供了一个结合点，而且也可共同地按照一定的理论去改善一个教育实际或情境的课题。

(三)教育行动研究要运用科学的研究方法

在研讨会上，中美两国专家列举了十余种教育行动研究的科学方法，例如传记(日记)法、问卷法、文献综述法、评价法、观察法、访谈法、回忆法、现场调查法、个案分析法等传统方法，还有照相、录音、录像、互联网、移动终端、AR等现

代化教育技术手段方法。

这些方法，突出以下几个特征。

1. 定量和定性研究，一般以定性研究为主

定量与定性研究，主要取决于研究指标。前者指量化判定，即直接通过统计能对研究结果给予相应的量化。例如，智力测验的智商、学校的考试成绩、心理学的研究数据，大多数采用这种研究。后者指不能直接量化而需通过其他途径实现等级评价，然后进行量化，确定某种性质、类型或水平。教育行动研究的对象是各种各样的教育实践，这种研究是很难直接量化的，所以一般以定性研究为主。也就是说，教育行动研究强调在自然情境下，由观察者参与体验，并最终获得和解释关于对象深度信息的研究方法。尽管这种定性研究带有评判者的主观性，但它实用性强，易和教育实际情境相吻合，因此必然受到重视。

2. 以干预研究为主

任何一种研究都要测定结果，而教育行动研究要反思教育质量提高的原因或相关的因素，所以就把这些因素单独作为研究的自变量，观察其相应的变化，例如，如果教师的教学态度、师生的关系、教学方法的更新能促进学生的发展，这三个因素就是学生发展的干预因素，这里的干预(intervention)，主要是指“帮助”或“培养”的意思。这样的干预研究，在教育行动研究中相当普遍。

3. 众多教育研究方法的运用，一般突出教育观察

观察是教育行动研究的第三个步骤，所以教育观察在教育行动研究中必然处于突出的地位。在教育行动研究中，研究者和实际工作者主要使用观察法，这种方法的具体要求，我们在教育实验研究中已经作了分析，不再赘述。

4. 一般情境解释和评价法，往往重视评价方法

在教育行动研究中，重视教育工作绩效评价，其评价方法也很多，例如，同事评议、师生评价、课程评价、发言评价、说明评价、民主评价、反应评价、能力评价、教改评价，等等。这样对各种教育活动、完成质量、工作成效、选拔人员、社会情境都可以作出有效的评估。

5. 团体研究与个案研究，经常采用个案研究

相对于团体研究，特别是团体测验，教育行动研究重视个别测试，尤其是使用个案法。个案法是对个体最直接、最简单的一种研究方法。它可以对一个人心理发展过程进行系统全面的研究，也可以对一个人某一侧面的变化作研究，或者对某几个人用一个侧面进行研究，如搜集一个人的背景材料、教育影响、作业成就和智力表现等有关现实和历史材料，通过综合分析，以探讨其心理活动或发展变化过程及其原因，或验证某一理论，找出其发展变化的规律。它是教育行动研究经常采用的一种方法。

6. 情境分析与元分析，一般重视元分析或反思分析

情境分析，这里主要指对研究结果的分析，而元分析或反思分析是对研究结果分析的再分析，目的是加强对问题的认识。科学研究的报告，有一个“研究结果”部分，需要作适当的说明分析，这是一种情境分析，同样又有一个“讨论”部分，需要对情境分析作再分析，并评价有关的文献（前人的、他人的研究成果），提出创新点，所有这些，属于元分析或反思分析。这对教育行动研究是十分重要的。

（四）教育行动研究注意对教育规律的揭示与理论创新

有人说教育行动研究主要是为了提高对所从事的社会或教育实践的理性认识，提高社会情境或教育质量，谈不上有理论的建构或创新的问题。实际上，任何一种研究，都是在揭示某种规律，都要建立某方面的科学理论，这本身是对有关学科的一种不同程度的创新。所谓科学理论，是指一种反映某种现象客观真理性的知识体系，它具有真理性、客观性、规律性和系统性。教育行动研究要通过对教育情境的解释，逐步地对教育情境的目标、结果和手段及其相互关系进行反思，这本身就是一种不断地揭示教育规律性的过程；是一种不断地经过教育实践检验教育领域的某些客观真理的过程；是一种不断地为教育实践和教育情境提出新问题、新内容、新方法的过程；是一种不断地用教育实践中产生的新观念来代替或更换旧理论的过程。这一过程不仅使教育理论走向全面化，而且也在不同程度地发展着教育规律，具有一定的创新意义。

(五)教育行动研究要求实际工作者在参与研究中积极反思

教育行动研究要求实际工作者在参与研究中反思是有背景的。一是教育行动研究的创始人勒温系德国格式塔心理学的成员，格式塔心理学的哲学背景之一是康德的哲学思想，十分重视对事物和研究活动的反思或反省；二是20世纪70年代教育行动研究在美国重新发展之日，正是美国心理学家弗拉维尔(J. Flavell)“元认知”(metacognition)的观点盛行之时。元认知即对认知的认知，是对自己认知活动的监控和反思。这就促进教育行动研究在方法学上要求参与行动研究的实际工作者多参与反思以便提高研究的质量。

我们想用一个中国的例子说明教育实际工作者参与教科研时运用反思的重要意义。上海市优秀教师论文集《教师的修养》里边有一篇袁瑢老师的文章“记录自己走过的每一步”。文章指出聪明的教师用写“教后感”的办法来为自己积累工作的财富。为此，我们曾想了一个类似于公式的表达：优秀教师=教育过程+反思。我们的意思是，教师的教育工作多一份反思与监控，就多一份提高，就与优秀教师更接近了一程。我们想用这个例子，来说明教育行动研究要求实际工作者参与行动反思的重要性。

三、教育行动研究的过程

凯米斯在总结“行动研究”创始人勒温的行动研究过程时，概括行动研究是一个螺旋式的循环，是由计划、行动、观察和反思四个部分构成的。

(一)计划

任何研究，总是以制订计划，即课题设计论证为发端。教育行动研究的计划必须从教育实践和教育情境出发，考虑下边的五个问题：

1. 作计划的前提

计划的前提是研究者与行动者心中有底。

如何做到心中有底或心中有数呢？主要做两件事：一是进行现场调查，掌握大量的事实。二是进行文献研究，即对要研究课题的国内外研究现状作出述评，明确选题的意义。同时在文献研究中看自己准备的课题有哪些问题已被研究，哪些尚未研究；别人研究中有哪些经验，又有什么教训。在此基础上经过思考，获得对课题的认识和理解，提出研究的重要的或主要的观点，这时才能作计划。

2. 确定研究目的

对问题有所认识后，根据研究的需要，确定研究目的，提出研究设想，特别要提出研究的创新点。

3. 考虑技术路线

作计划，核心问题是如何研究，所以要考虑技术路线或决策措施。技术路线考虑得是否周到，决定研究的质量和水平，所以要充分思考研究的条件、人员、知识(资料)、方法和途径。

4. 安排研究内容

内容有两个方面：一是总的内容或总体研究计划与构思；二是具体的内容，即按总计划采取的研究步骤，每一个行动步骤的研究方案，都要有计划。

5. 预期研究结果

对研究可能获取的结果作一些分析，这里包括预期的实际和可能升华的理论基础，也就是说，从计划中能够看出研究的应用价值、理论意义和创新程度。

(二)行动

研究计划实施之日，就是按照研究目的付诸行动之时。教育行动研究必须在自然状态或教育情境下进行操作行动。

1. 预备研究十分必要

教育行动研究，往往涉及研究对象的面很广，一下铺开研究，如果遇到一些困难，往往要“劳民伤财”，所以进行小规模的预备研究是非常必要的。

预备研究的一切行动要按正式研究来进行。这样不仅能够获取背景和行动本身的信息，而且更能了解实施“计划”的可能性程度。所以，预备研究是对课题设计论证的一个考验。

2. 按步骤行动

在预备研究的基础上，发现问题必须适当修订计划，如没有问题则严格按计划中的研究步骤，逐步开展有目的的研究行动。每一步骤结束，不仅要作分析总结，而且在可能条件下写出“阶段成果(报告)”。

3. 注意实际情况的变化

教育实践或教育情境可能在行动研究中发生变化，研究的结果也并非如预想中那么理想。这就必须要分析原因，是客观的还是偶然的；是对行动及背景认识不清还是研究中带有主观倾向；是研究对象出现问题还是中间变量的问题。重视实际情况的变化，以便及时分析，采取灵活的对策。

4. 发挥每位参与者的积极性

教育行动研究，有专业研究人员，更有教育实际工作者，在实施研究计划开展研究行动时，要进一步配合，时时商议，事事商量。尤其是专业研究人员，多听取实际工作者的建议，因为他们了解行动实际，在一定意义上他们就是对测定结果的“效标”。所以要尊重他们，发挥他们的积极性和能动性。

(三)观察

观察是指研究的参与者有计划、有目的、有意识地考察研究对象的变化。

1. 观察内容

观察内容有客观的因素，也有主观的因素。客观的因素是指研究对象或行动的背景、过程、结果、特点和反应变化。这些因素可能用定量表示，但如前所述更多的是用定性来表示。主观的因素是指研究计划在行动研究中的实效性，如果实效性不高，应作适当调整。

2. 控制与不能控制相结合

行动研究，属于一种研究，当然也强调控制各种因素，但教育行动研究是在生态或自然条件下进行，教育实践因素复杂，许多的因素既无法事先确定和预期，又难以作条件性控制。因此，教育行动研究，控制因素只是一个相对的概念。在尽量控制的条件下，观察只能多依靠技术手段了。

3. 观察手段

前边已经提到行动研究的科学方法，在观察中，为了获得系统、全面、客观的研究结果，就得在观察技术上下功夫。

埃利奥特曾分析过备忘录、日记、档案(文献)、照片记录、音像记录、观察、访谈、项目对照清单、单向玻璃观察、问卷、轶事分析、三角分析和个案分析 13 种与观察有关的技术，其他行动研究的倡导者也罗列 10~20 种不同的观察技术。我们则强调，在观察中应分析内部效度和外部效度，注意准实验的结果分析，改进观察手段(特别运用录像系统和电子计算机系统)，适当作因素分析。①

4. 认真做好观察记录

要善于记录跟观察目的有关的事实，以便事后进行整理、分析，并且提出进一步研究的意见。为了使研究材料便于整理，研究者除了观察被试一般言行之外，还必须分析其他一切有关材料，如日记、作文、绘画、各种作业、工艺制作等，便于分析出被观察者的特点。

(四)反思

反思在西方的哲学中通常指精神的自我活动与反省的方法。如前所述，教育行动研究是一个螺旋式的循环，所以反思是一个行动研究的结束，又是过渡到一个新的行动研究的开始，在一定意义上，它成为螺旋式循环的中间环节。

1. 整理结果

总结、整理分析观察记录，全面展示和描述研究结果，说明一个行动研究已见成效。

2. 评价判断

对教育行动研究的过程和结果作出评价、判断，解释研究结果的来由、因果联系、干预措施的有效性，提出教育改革的成绩、经验或教训，等等。有必要时，还可以请人做个鉴定。

① 林崇德:《学习与发展》，第 3 章，北京，北京师范大学出版社，2003。

3. 反馈调整

找出研究结果与预期目标的一致性和不一致性表现，为深入课题研究而调整研究计划或课题设计，规划下一步行动的构想和措施。

4. 写出报告

教育行动研究结束，展示成果以取得社会效益的最好方式是写出教育科学研究报告或论文，如教育观察报告、教育调查报告、教育经验总结报告、教育实验报告、教育行动理论研究等。这可以作为一个阶段成果，也可以作为终结性成果。

四、运用“教育行动研究”的几个注意点

在进行教育行动研究的过程中，应该注意如下四个方面。

(一)研究教育实践，并非都是教育行动研究

教育行动研究的对象，是各种教育实践；然而反回来，研究某一教育实践活动，并非都是教育行动研究。我们不要在外延上过宽地去理解教育行动研究。我们自己的教育与发展课题的研究，尽管在一定意义上与教育行动研究有一致性或类同性，但我们从未承认过自己是在进行教育行动研究。

研究教育各种实践，可以用教育行动研究法，也可以用教育实验研究法，还可以用下一节我们使用的教育现场研究法和教育工作经验总结法。教育行动研究，仅仅是研究教育实践中的一种方法。

教育行动研究与其他教育实践的研究方法尽管有区别，但又密切联系着。我们不能只肯定一种方法而否定另一种方法，因为任何一种方法都有其长处，又有其不足的地方。只有把多种研究教育实践的方法配合在一起，综合使用，才能更全面地获取研究的结果。

(二)强调教育行动研究的定性指标，绝不能把它看作是思辨方法

如上所述，教育行动研究在定量与定性的研究上，更侧重定性研究。然而，定

性研究，绝不是思辨方式，运用逻辑推导进行纯理论、纯概念的文字游戏，而是为特定情境中的教育系统、教育过程以及教育现象提供完整的和科学的描述方法。① 其特点是：第一，具有现场性，在自然情境下进行，并重视社会背景和作用过程；第二，被试样本选择的标准服从于研究的自然性；第三，采用上边提到的教育行动研究的具体方法对教育现象进行深入细致和长期的研究，并收集第一手的资料；第四，以归纳法为分析的主要方法，尤其对不能直接量化而又需要通过其他途径实现量化的资料，要作模糊等级评价等归纳处理，以提高假设与理论；第五，研究者或主试是研究结果的直接分析者和评价者，为了避免其主观性，可以通过一些诸如证伪法、防撒谎法等对研究结果进行检验。

在教育领域中，教育理论的发展、重要变量的定义、重要假设的建立、学校组织结构与管理以及一些新出现的现象是教育研究中使用定性方法的好的选题。② 正因为如此，必然要使用这种方法，并且把其作为撰写学术论文或研究报告的基础，因此，定性研究与思辨是两回事。

（三）教育行动研究的成果不一定带普遍性

我们曾在上边提到教育行动研究也要探索理论和追求创新。这是问题的一个方面，但另一方面，教育行动研究的成果往往带有非普遍性，即不一定有代表性。

作为一种直接指向具体情境中具体问题的研究方法，教育行动研究在特定情境中得出的研究结论一般只适用于该情境、该问题本身，普遍适用于各种情境的概括化知识的获得不是教育行动研究的目的所在。③ 所以，对教育行动研究的结果如何理解，如何推广，这在西方学者中是有争议的。有人坚持科学实验研究的可重复性和普遍性的标准；有人提出用“合适性”（Fitting-ness）、“可转换性”（Translatability）或“可比性”（Comparability）等概念来代替传统普遍性；也有人希望用概念科学的功用来解释这些意义。这就使问题更复杂了。

---

① 吴岩：《也谈教育研究中定量方法的局限性》，载《心理发展与教育》，1999(2)。

② 吴岩：《也谈教育研究中定量方法的局限性》，载《心理发展与教育》，1999(2)。

③ 洪明：《西方教育研究的方法论和转向》，载《国外社会科学》，1999(1)。

我们只希望一点，在推广教育行动研究的成果时应该更慎重一些。

(四)在教育行动研究的过程中，要重视其科学性

我们应该承认，教育行动研究对于解决一些教育、教学的实际问题，具有其他研究不可替代的特殊作用。然而，在教育行动研究的过程中，它的科学性也是使人担忧的。原因之一，是不能控制研究过程。当然这与研究队伍有关系，毕竟实际工作者或行动者多于理论工作者，而研究者很难控制研究过程的主动权，不能选择方便的地点与时间使教育情境发生，也很难在事前为准备的观察做好充分的准备；不能任意使教育情境在同样条件下重复发生，反复地进行观察，验证自己的观察结果，很难把有关条件叙述出来，使他人能照样重复，核对其结果；不能系统的变化条件，观察因这些条件的变化而引起教育情境的变化，很难推测条件的变化与教育情境的变化之间的因果关系。这样必然会影响客观性与科学性。

为了提高教育行动研究的客观性与科学性，适当地控制一些变量是必要的。与此同时，还要探索影响整个研究科学性的因素，例如，研究的对象或被试是否有代表性和同质性；研究的教育情境或教育实践是否有典型性和普遍性；研究的结果，除了反思之外，能否通过更多的验证手段；评价的手段能否作必要的标准化处理，尤其是要重视信度和效度的问题等。教育行动研究是科学研究或教育研究的一种重要手段，重视其科学性的问题，是这项研究方法的生命所在。

第三节

教育实践研究

我们在教育实践的研究中，经常采用教育现场研究，又称“教师角色干预法”，此外“教育工作经验总结法”也很重要。现介绍如下。

一、教师角色干预法

我们在《教育与发展》课题中，要经常研究提高教师某些素质的途径与方法。在研究中我们运用教师角色干预法(又称教育现场法)，也就是采用角色改变、摄像自我评价、现场指导三种方法探讨提高中小学教师的课堂教学能力以及对学生思维品质的影响。①

三种方法特点与操作模式如下。

(一)教师角色干预法概论

在第六章我们将论证自己提出的教师参加教科研的观点。教师参加教科研的必要性之一，是角色的变化，即从教书匠到教育专家，帮助教师这个角色变化要靠干预或培养研究。我们的做法有下面三个步骤。

1. 角色改变

(1)特点

角色改变类似于米德(Mead. M，1934)的角色扮演(Role-playing)，他认为儿童是通过角色扮演来实现与别人的比较和沟通的：首先是模仿别人，然后是在想象的互动中扮演参与者的角色，在角色扮演过程中，儿童开始根据概化的他人观点来调整自己的行为，体验自我的存在，角色扮演的形式及功能与想象、思维、语言的发展秩序相对应。社会的要求与社会的模式逐渐转变为个人的价值观，渗入自我概念之中，自我概念就在此过程中逐渐形成。在我们的研究中用的角色改变又有了新的特点，从内容上来看，是教师参与教学科学研究，其主要功能是把原来被动获取信息者转变为正确的客观反馈信息的主动寻找者，这样能使被试比较正确地概化他人的观点，从而及时地调整自己的行为。当然，角色改变还有其他的功能，诸如调动教师工作积极性等(林崇德，1987)。

---

① 沃建中、申继亮、林崇德：《提高教师课堂教学能力方法的实验研究》，340～344页，载《心理科学》，1996(6)。

(2)操作模式

实验组教师参加教科研活动，内容如下。

第一，专家讲座，分六讲：第一讲，第一线教师参与科研的目的、意义和中小学生思维发展的基本特点；第二讲，中小学生思维品质的培养；第三讲，经验介绍，请参加过“七五”课题的有经验的教师谈体会；第四讲，如何在教育实验中选择研究课题；第五讲，实验的基本方法；第六讲，基本统计。

第二，观摩课，分两次，分别在期中和期末结束的前一周，由实验教师承担。

第三，参加学生测验的数据处理。

第四，每一实验教师设计一个小实验，并进行实验，写出研究报告。

2. 摄像自我评价

(1)特点

摄像自我评价方法的主要功能是为被试者提供一面课堂行为的真实的“镜子”，使被试者通过观察自己的课堂行为来正确地估计自己，从我们的研究结果来看，被试看了自己的录像后，使能力自我概念发生了一定的变化，变化趋势是慢慢地接近于真实的能力自我(平均数变化值为：4.2→3.93→3.88→3.83→3.72)。从我们的访谈中还发现被试通过看自己的录像，对自己的许多不良语言习惯或多余动作等外显行为起到了较好的矫正作用。

(2)操作模式

对主试要求：①对所有被试在同一周内完成；②看录像时，在被试的要求下可反复三次；③主试不能提供任何暗示，处于中立态度，如果被试要试探，主试可回答“你自己想想”“你自己考虑”“下次再和你讨论”等；④看完后录像带收回，如果被试提出要求转录，主试可告诉他(她)，只能在实验完以后再转录；⑤对每组被试的次序安排采用 ABBA 法；⑥听课除主试外，其他人员一律不参与。(见图 3-2)

3. 现场指导

(1)特点

现场指导不同于教研指导，它是多种提高自我概念水平方法的综合运用。如认知行为疗法(cognitive behavioral therapy，D. Meichenbaum，1997)、自我领悟组法

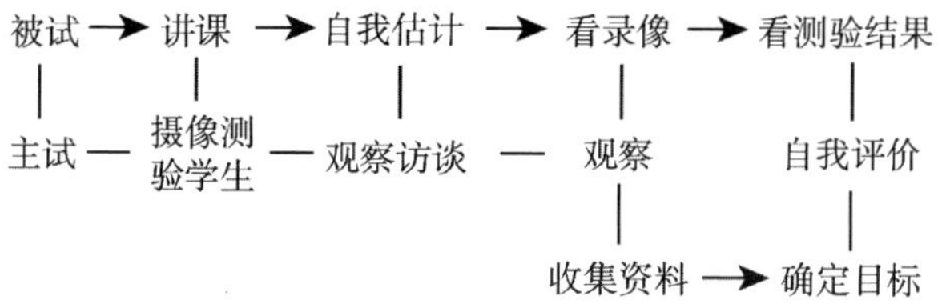

图 3-2　摄像自我评价操作模式图

(Self-awareness groups, Finando et al.，1977)。前者方法其特点是主试引导被试对自身行为进行合理分析、认识、评价，在此过程中对正确的认识评价给予正强化，对于错误的认识评价不反应，重新引导。后者方法其特点是强调在小组交往过程中，自己去意识、发现自己行为的合理性和不合理性。

而本研究使用的现场指导法是对以上两种方法进行改造，根据教师的特点，并在我们大量的观察、访谈的基础上形成的，其特点是：①强调主试和被试在平等、放松、自然的状态下进行交往；②强调被试自己去发现问题，主试仅起引导作用；③主试尽可能多地提供不同类型的课堂行为模式让被试比较；④帮助被试确定新的目标，并教给被试一定的教学策略；⑤注意激发被试的动机，引起兴趣，增加被试的自信心。由此可知，它不同于教研活动的教育评价，也不同于传统的认知行为疗法与自我领悟组法。从本研究的结果来看，三种方法的不同结合，效果不同，现场指导和自我评价方法的结合优于角色改变和自我评价方法的结合($T=2.566$，$p<0.01$)，三种方法的组合效果最好($T=11.05$，$p<0.005$)。

(2)操作模式

主试要求：①实验前必须做好一切准备工作；②不能随心所欲；③记录必须客观，一定要克服测验倾向；④对要用的具体方法要灵活运用；⑤指导过程必须录像；⑥判断必须正确，这主要依靠主试对学生思维品质的理解，对数学能力结构的理解；⑦主试指导完一个被试后，必须看自己的指导录像，及时总结，提高指导水平；⑧指导前必须接受训练，并做好预备实验；⑨指导实验场地必须安静，无任何干预；⑩指导中间允许休息 15~20 分钟；⑪用统一的指导语。(操作模式见图 3-3)

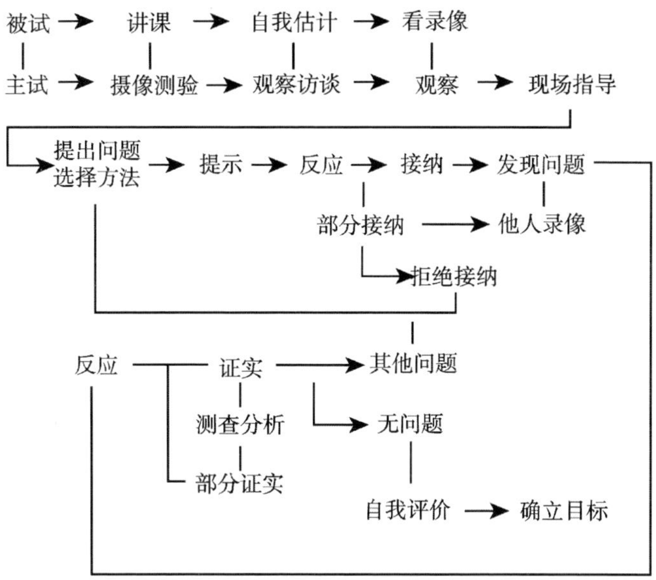

图 3-3 教师角色干预现场指导操作模式图

(二)教师角色干预法的效果

通过三种方法的干预，其中学数学教师课堂教学能力的变化列于表 3-1。

表 3-1 对中学数学教师课堂教学能力的实验干预效果分析表

测验 课堂教学能力		人数	前测		后测	
			平均数	标准差	平均数	标准差
认知能力	实验组	10	1. 138	0. 21	1. 509	0. 19
	控制组	8	1. 077	0. 22	1. 165	0. 21
操作能力	实验组	10	0. 517	0. 21	1. 133	0. 44
	控制组	8	0. 542	0. 39	0. 458	0. 58
监控能力	实验组	10	0. 433	0. 35	1. 033	0. 79
	控制组	8	0. 167	0. 31	0. 208	0. 47
总体	实验组	10	0. 696	0. 26	1. 225	0. 41
	控制组	8	0. 415	0. 31	0. 610	0. 42

表 3-1 结果表明：通过角色改变、摄像自我评价、现场指导的干预方法后，使

教师的课堂教学能力发生了一定的变化，实验组与控制组比较，经协方差分析，差异非常显著（$F=12.64$，$p<0.005$；协变量，$F=9.51$，$p<0.005$）。进一步分析表明，教师的认知结构，实验组教师从第一级水平过渡到第二级水平，与控制组比，经协方差分析，差异非常显著（$F=17.77$，$p<0.001$；协变量，$F=14.11$，$p<0.005$）。教师操作能力水平都较低，实验前只有0.5级水平，实验后，实验组仅达一级水平，但从发展变化的速度来看，还是比较快的，和控制组比，差异显著（$F=12.19$，$p<0.005$；协变量，$F=7.97$，$p<0.05$）。教师监控能力的水平也比较低，从前测看，两组都没有达到0.5级水平；从发展变化的速度来看，实验组教师变化较快，已达一级水平，和控制组比，差异显著（$F=6.98$，$p<0.05$；协变量，$F=3.16$，$p>0.05$）。以上结果说明，角色改变、摄像自我评价、现场指导的干预方法能较快地提高教师的课堂教学能力。但课堂教学能力的不同维度，其变化速度不同，其变化速度由快到慢依次为认知能力、操作能力、监控能力。

为了更进一步探讨角色改变、摄像自我评价、现场指导这三种干预方法的有效性，我们同时又测查了被试所在班学生思维品质的发展情况，结果见表3-2。

表3-2　中学生思维品质的均值与标准差

测验	人数	前测		后测	
		平均数	标准差	平均数	标准差
实验组	442	32.62	8.85	45.5	20.9
控制组	428	31.41	11.89	25.65	22.8

表3-2的结果表明，教师课堂教学能力发展的同时，促进了学生思维品质的发展,和控制组相比，经协方差分析，差异非常显著（$F=8.311$，$p<0.001$；协变量，$F=1.877$，$p>0.1$）。这说明角色改变、摄像自我评价、现场指导这三种干预方法不仅提高了教师课堂教学能力，而且促进了学生思维品质的发展，这从教学效果方面反映出这三种方法的有效性。在此基础上我们又使用类似方法对小学教师教学监控能力进行了研究，结果见表3-3。[①]

① 申继亮、辛涛:《关于教师教学监控能力的培养研究》，37～45页，载《北京师范大学学报(社会科学版)》，1996(1)。

表 3-3　前测、后测条件下，实验组教师与控制组教师教学监控能力的比较

测验		前测			后测		
		平均数	标准差	t 值	平均数	标准差	t 值
计划	实验组	3. 28	0. 35	0. 35	3. 81	0. 42	3. 10 **
	控制组	3. 34	0. 47		3. 30	0. 30	
组织	实验组	3. 49	0. 29	0. 88	4. 60	0. 34	6. 77 ***
	控制组	3. 62	0. 36		3. 63	0. 30	
呈现	实验组	3. 32	0. 44	0. 41	4. 37	0. 42	3. 28 **
	控制组	3. 26	0. 35		3. 00	0. 60	
沟通	实验组	3. 50	0. 37	0. 59	3. 59	0. 32	1. 36
	控制组	3. 40	0. 43		3. 42	0. 52	
敏感	实验组	3. 21	0. 35	0. 81	3. 35	0. 36	1. 38
	控制组	3. 36	0. 46		3. 32	0. 36	
反省	实验组	3. 22	0. 35	0. 52	4. 42	0. 44	6. 35 **
	控制组	3. 12	0. 53		3. 00	0. 58	
发展	实验组	3. 37	0. 25	2. 15 *	3. 26	0. 80	0. 70
	控制组	3. 03	0. 43		3. 04	0. 53	
总体	实验组	3. 34	0. 21	0. 43	3. 92	0. 31	3. 42 **
	控制组	3. 30	0. 22		3. 02	0. 84	

从表 3-3 的结果表明，在前测时，实验组教师和控制组教师在教学监控能力的各维度上基本不存在显著的差异；经过干预培养，后测时，实验组教师与控制组教师在教学监控能力上有了明显的差异（$t=3.42$，$p<0.01$），实验组教师在教学能力上明显地强于控制组教师。特别是在计划与准备性、课堂的组织性、教材呈现的水平与意识、对自己教学效果的反省性四个维度上，实验组教师均明显地高于控制组教师。这说明角色改变、教学反馈、现场指导方法能较快地提高小学教师的教学监控能力。

二、教育工作经验总结法

教育工作的经验，是科学教育的前奏。把成功的教育工作经验上升为教育理论，不仅是教育理论建设的需要，而且也是广大教师投入教科研的一种比较容易的方法。

教育工作总结法，最早是由韩进之、张奇两位教授提出的。① 在张奇来我们这里学习期间，我们一起讨论了这个问题。

(一)教育工作经验总结法的概念

教育工作经验总结法的全称应该是“先进教育工作经验的科学总结法”，它的含义是对教师(包括其他教育工作者)在教育实践工作中所积累的先进经验进行科学的总结性研究的方法。这里所说的先进教育工作经验是指符合一定的标准、在一定的条件下或在一定的范围内行之有效的具有研究价值和推广意义的教育实践工作经验。先进的教育实践工作经验一般应满足下列五项标准：①新颖性(或称独创性)，即是前所未有或别开生面的新的教育工作经验；②有效性，即是行之有效的教育工作经验；③可接受性，即可被广大教育工作者接受、效仿、运用并能收到实际效果的经验；④可发展性(又称为可推广性)，即这种经验有进一步总结、提高、理论升华和推广的价值；⑤现实性，即这种方法能够较好地解决教育实践工作中存在的现实问题。简言之，先进的教育工作经验就是教育实践工作者在亲身的教育工作中，通过分析和解决实际教育工作中所遇到的现实问题所独创的行之有效的、新的教育工作经验。所谓科学的总结性研究是指对教师提出的先进教育工作经验进行核实、评价、实验验证、分析和理论探讨，使之科学化、理论化、实践化，并进一步提高其有效性、针对性、规律性和实践性的研究过程。简言之，就是对先进教育工作经验进行科学研究的过程。

---

① 张奇、韩进之：《谈谈教育经验总结法》，载《教育研究》，1992(6)。

先进教育工作经验科学总结法与传统的教育经验总结法有明显的不同，主要有以下区别：①先进教育工作经验科学总结法将经验研究与科学实验研究有机地结合起来，克服了传统的教育经验总结法将经验研究与实验研究相分离的弊端。②先进教育工作经验科学总结法将先进经验上升到一般理论的高度，克服了传统的教育经验总结法将经验研究与理论研究相分离的不足。③先进教育工作经验科学总结法提高了先进教育工作经验的可靠性和有效性，使先进的教育工作经验推广应用的价值更高。

先进教育工作经验科学总结法实践意义在于，它调动了广大教育实践工作者和专业研究工作者从教育科学研究两个方面的积极性。以往广大教师的实际工作经验由于得不到及时的科学总结而遭到冷落，降低了他们从事教育工作实践问题研究的积极性。理论和实验研究工作者的研究由于脱离教育工作实际，而被束之高阁，得不到及时的应用，研究的积极性也不同程度地受到消极影响。采用先进教育工作经验科学总结法会增强双方的积极性，一方面，广大教师在实际工作中会积极的发现问题，积累经验，为理论工作者提供新的研究课题。另一方面，理论研究工作者也将积极地与广大教师取得联系，及时获得新的研究课题或新经验。因此，两支研究队伍会紧密结合，密切合作，教育工作中的实际问题会得到及时地解决，教育工作的理念也将不断得到升华，理论联系实际的研究成果将不断涌现。

(二)教育工作经验总结法的运用

过去，传统的教育工作经验总结没有明确的操作程序，成为无规可循、无章可守、无序可做的“没有方法”的方法。因此，我们对先进教育工作经验科学总结法的具体实施步骤和要求作出明确的阐述，供广大教师和理论工作者参考。

先进教育工作经验科学总结法的实际运用要分为三个阶段：第一阶段是教育工作经验的积累和提出，主要由教育实践工作者来完成；第二阶段是先进教育工作经验的科学总结研究，由理论研究工作者和教育实践工作者共同进行；第三阶段是理论化的先进教育工作经验的推广，由教育行政管理人员、理论研究工作者和教育实践工作者共同完成。

1. 先进教育工作经验的积累和提出

先进教育工作经验的积累和提出是广大教师或实践工作者应该长期坚持的一项重要的基础性工作。广大教师或实践工作者所积累和提出的教育工作实践经验越多、越详细、越可靠，研究的价值就越大。做好此项工作要把握好以下四个基本环节：

(1)明确经验的来源

我们所说的教育工作经验指的是来源于教育工作实际的直接经验，而不是间接经验。来源于教育工作实际的直接经验一般包括在实际工作中发现的新问题、新现象，解决新问题所采用的新方法、新举措等，例如，提高教学质量的新规划、新设计、新的教学模式、新方法、新内容、新策略和新手段等；转变学生思想观念的新方式、新策略、新手段和新途径等；教师在实际工作中的新体会、新理念、新设想和新建议等。教师在积累新经验时，一定要注意区分直接经验和间接经验，有关经验和无关经验。一般来说，直接经验可能会有新经验、新创意，有研究的新价值。间接经验一般是别人用过的旧经验，难有新的研究价值。当然，间接经验在运用过程中又有了新的改进、产生了新的观点后，也可以看作是新经验。有关经验与无关经验的主要区别在于，有关经验是与教育工作中需要解决的理论和实践问题相关的经验；而无关经验是与教育工作中需要解决的理论和实践问题无关的经验。在工作中，为了明确哪些经验与教育工作中的理论与实践问题有关，广大教师要不断学习新的教育理念，不断思考教育工作中出现的各种实际问题。最后，教师在工作中不仅要积累成功的经验，更要注意积累失败的经验，有时失败的经验比成功的经验更有研究价值。

(2)准确做好经验记录

对有价值的新经验，要准确地做好经验记录。经验的记录要严格遵循客观性原则，力求经验记录的真实、准确、详细，对经验所带来的实际效果不能随意夸大，对采用的方法也不要随意更改。一般来说，一项较好的经验记录应该包括以下几项主要内容：①问题或事件的具体记录，其中包括问题或事件发生的时间、地点、人员、环境，问题或事件发生、发展的具体经过及有关的原因和背景。②当事人对问题或事件的分析和判断，即教师对出现的问题或发生的事件所作出的思考、分析和判断，以及对解决问题方法或措施的思考等。③解决问题的方法，这是指当事人在解决问题时所采用的具体方法和步骤。其中包括工作方式、谈话内容、当时的态度等。④解决问题的实际效果，当事人对问题或事件进行了干预之后，要注意记录被教育者的各种有关的变化，其中包括他的态度、言行、学习效果等。有时被教育者的变化是延时的，这就要做长期的追踪观察和记录；有的被教育者的言行是隐蔽的，这就要做耐心仔细的观察。⑤对不可控因素的估计，有时被教育者的变化受多种因素的影响，其中有些影响是实质性的，有些影响是非实质性的。教师要通过观察、谈心及访谈等多种方式，了解被教育者变化的真正原因，作出真实的记录。

(3)做好经验的分类整理

教师的实际工作中遇到和解决的问题有许多，经验也是多种多样的，为使经验更具有研究价值，有必要对积累的经验作出分类和整理。经验的分类角度多种多样，一般要根据理论研究和实际工作的需要进行分类整理，使积累的经验系列有序，便于归纳和提出。

(4)先进工作经验的初步归纳与提出

当教师在某方面积累了一定数量的有价值的实际工作经验后，就可以将已有的经验写成文字材料，提供给理论研究工作者，或在适当的场合进行交流。在归纳整理时，要注意保持自己的原始经验，要保证经验的真实性和可靠性。经验材料一般以客观的介绍自己的经验为主，并可附加一些必要的解释和说明，但不要将自己的经验与自己的一些想法、观点混为一谈。要实事求是地介绍自己的经验，经验总结要内容集中，重点突出，有的放矢。切不可将教育工作经验写成一般的工作汇报或事迹材料。

2. 先进教育工作经验的科学总结研究

先进教育工作经验的科学总结研究阶段是对教育实践工作经验进行科学研究的过程。在这个阶段，理论和实验研究工作者要对教师提供的有研究价值的实际工作经验进行科学的筛选、验证、分析和概括，使之成为科学性较强的一般原理、原则或方法，并在更大的范围内进行推广。在这个阶段要做的工作分为以下三个基本环节：

(1)先进教育工作经验的筛选

广大教师提供的经验是大量的，多样的，但有些经验不一定是新经验，或不一定是有研究价值的先进经验。所以，在研究之前的首要工作就是对教育工作经验的筛选，要选择那些符合先进教育工作经验标准、有研究价值的经验作为进一步研究的对象。为使广大教师的宝贵经验得以提高和应用推广，教育科学研究部门或教育管理部门应该建立完善的筛选机构，负责对广大教师实际工作经验的收集和筛选。专业研究人员也应密切与广大教师的联系，注意收集、整理和筛选广大教师的先进教育工作经验。

(2)先进教育工作经验的核实与验证

先进教育工作经验的核实是根据经验所提供的方法和效果与实际情况进行对比，检查经验的方法和效果是否与实际相符。对先进教育工作经验的核实工作大致有三个方面的内容：①核实经验所提供的方法的具体内容和形式；②核实方法的实施过程；③核实方法的实际效果。核实的方法可以有多种形式，如访谈、问卷调查、观察、实验等。

先进教育工作经验的验证是对选出的经验进行科学实验的检验，就是用实验的方法或手段检查经验的真实性、有效性和可靠性，这项工作是十分必要的。因为，经验来自实际的自然环境中，经验所提供的方法在实施过程中缺乏对无关变量的控制，所以，经验所揭示的关系往往是众因一果的关系，经验所达到的效果往往是由多种原因所致。然而，究竟是哪一种原因起到了决定性的作用，经验本身无法确定，这就需要采用实验验证的方法，对经验进行验证和提纯，找到解决问题的关键因素，建立或明确原因与结果的关系。先进教育工作经验的验证一般有两种主要方式：一种是比较严格的实验室验证；另一种是自然实验的验证。对教育工作经验多采用自然实验的验证，必要时也可进行实验室验证。

(3)先进教育工作经验的概念化和理论化

经过核实和验证的教育工作经验与原始的经验有了根本的不同，它不再是原始的、粗糙的、模糊的一般经验性材料，而成为准确可靠的科学证据。某一问题或现象的事实或证据是理论和原则的基础，有了科学的证据，就可以经过理论加工，升华为一般的原理、原则或方法。先进教育工作经验的概念化和理论化过程是一项创造性的研究过程，一般应由有创造力的理论研究工作者来完成。在概念化和理论化的过程中，要根据科学证据提出相应的概念或学说等，使经验性的材料上升为科学化的理论。

3. 先进教育工作经验的普及与推广

科学研究的最终目的是用一般的科学原理去指导实践活动，同样，理论化的先进教育工作经验也必须回到教育实践中去。一方面用于指导教育实践活动；另一方面还要接受实践的检验，使其不断完善和提高。先进教育工作经验来自教育工作的实践，经过科学化的加工或处理上升为理论，又反过来应用和服务于教育工作实践，这就是教育工作经验科学总结法的全过程。所以，教育工作经验科学总结法的最后一个环节就是经验的推广和普及工作。教师和理论研究工作者要十分珍惜自己的研究成果，把先进的教育工作经验推广到实际工作中去。普及与推广的途径很多，可以通过各种信息传递媒介进行传播，也可通过书籍、教材以及各种会议进行传播。普及和推广工作也是一项十分严肃和艰巨的工作。工作中要对先进的教育工作经验进行认真的介绍，包括具体的方法、实施步骤、注意的问题和适用的范围和条件等，必要时还要配合实际的指导。因此，推广普及工作既需要耐心和恒心，又需要细心和热心。理论工作者要重视这项有意义的工作，教育行政管理部门要给予帮助和支持，广大教师也要积极地配合，使先进的教育工作经验在更大的范围内开花结果。

为了将上述论述简单明了地表达出来，我们制作了一个示意图，如图3-4所示。

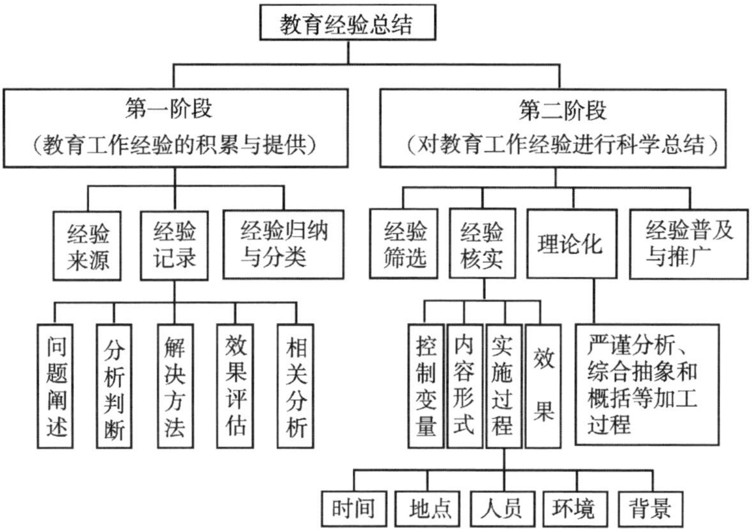

图 3-4　教育工作总结法示意图

第二篇

PART 2

教师与教育篇

教师，即教育者。

毛泽东同志曾经说过，在教育方针确定之后，教师就是教育的决定因素。这就是说，教师是教师体制能否建立，教育质量能否提高、教育目标能否实现的关键性因素。

我们听过一首又一首赞美教师的颂歌："春蚕赞""红烛颂""园丁之歌""咏人梯精神""启智求真曲""世纪的榜样""永远的诉说""终生的感激""洒下一片深情""传承文明的诗篇""生命因你而蓬勃"……在世界上，还有哪一个职业，有这么多的赞歌。作为教师，我们也在每时每刻接受赞美，接到鲜花。

我们是从事发展心理学研究工作的。20世纪80年代初，在研究学生心理发展的过程时看到，学生心理的发展，其关键在于教师的素质，于是我们在研究学生心理的同时，开始研究教师教育的问题，并率先提出了"教师参加教育科学研究是提高自身素质的重要途径"的观点。我的弟子申继亮、辛涛、俞国良、蔡永红、沃建中等先后投入教师素质的研究，并取得了突破性的进展，他们及其研究生有关教师素质的研究报告和学术论文已达30余篇，申继亮与辛涛的专著《教师素质论纲》已成为全国中小学教师继续教育的重点教材。1999年，我们作为特邀代表出席了"全国中小学教师继续教育工作会议"，提交的决策性论文《面向21世纪的教师素质构成及其培养途径》，受到了时任教育部长的表彰。在本篇中，我们将运用我们20多年来理论和实践实验的研究成果，来分析教师教育和"教师与发展"的实际。

这一篇共分三章，前两章讨论教师的素质，我们从教师的社会地位和作用出发，研究了教师素质的结构，着重论述教师的师德、知识和能力。后一章讨论教师素质的培训与提高的问题，着重论证我们的一个观点：教师参加教育科学研究，是提高自身素质的重要途径。

第四章

教师的素质（一）

是教师的职业，产生了教育的职能，形成了教育的功能，并在文化、经济、政治、社会和个体发展诸领域发挥了作用。从中我们可以毫不羞愧地接受一种荣誉：“教师，是人类灵魂的工程师。”

然而，教师如何完成自己的光荣使命呢？这里的关键在于自身素质的因素。因此，提高教师的素质，应该是发展教育事业的希望。

第一节

教师的地位和作用

教师是进行教育，实现教育功能、传承文化、启迪文明、培养人才的专业人员。其职业的效能就是在培养人才过程中的实际作用。作为教师，我们对自己的职业拥有价值感，即所谓的“教师自尊”。我们坚信自己所选择的职业的意义，从而热爱本职工作，肯定自己有能力去履行教师的职责，以达到教育的目标。然而，实现教师的这些作用，不完全靠自己的自信、自尊和努力，还取决于教师的地位。教师的社会地位决定着教师的威信，也是教师能否发挥作用的前提。

一、教师的地位

自20世纪60年代的新技术革命以来，“人力资本”与“物力资本”并驾齐驱。随着社会政治、经济、科学的发展，对教师的要求越来越高。全世界许多国家开始重新审视自己的教育政策和教师政策，将国民素质、人才培养问题放到首位，把提高教师地位和待遇作为推动教育发展的关键。

1966年，联合国教科文组织和国际劳工组织就已经在《关于教师地位的建议》中提出：应当把教师职业作为专门职业来看待。“鉴于教育事业发展中教师这种职业对人类和近代社会所做的重大贡献，因而，必须确保教师应有的地位”。这个地位即“社会按教师任务的重要性和对教师能力的评价而给予的社会地位或敬意，以及所给予的工作条件、报酬和其他物质利益”；“在影响教师地位的诸因素中，应该重视工资”。① 时隔30年，1996年联合国教科文组织在日内瓦召开的第45届国际教育大会通过了九项建议，其中第七项建议就是“专业化：作为一种改善教师地位和工作条件的策略”。②

1986年，我国改革大学职称实行条例的同时，在中小学设置了教师专业技术职务等级；1994年1月1日开始实施的《教育法》规定：“教师是履行教育教学职责的专业人员”，这在我国教育发展史上第一次从法律上确认了教师的专业地位；1995年，我国又建立了教师资格证书制度。这些举措，为提高教师专业化程度及其地位提供了条件。然而，我国长期以来受传统教育观念的影响，对教师工作的专业性认识不足。社会上不少人，包括教育系统内部的一些人也认为教师，特别是中小学教师所教的知识较浅，没有很高的学术性，更谈不上专业性，似乎谁都可以做中小学教师。再加上部分中小学教师教育教学专业素质确实有水平不高、教育教学方法不当甚至错误的现象，以致影响了教师的自身形象和社会地位。

教师的社会地位，一般是指教师职业在整个社会分工体系中所处的位置。该位

---

①② 赵中建主译：《全球教育发展的历史轨迹：国际教育大会60年建议书》，北京，教育科学出版社，1999。

置是由从业者在整个社会群体中所占有的经济资源、组织资源和文化资源所决定的。因此，一般用经济待遇、社会权益和职业声望作为衡量、确定在一定社会中某一职业社会地位的具体指标。我们将从这三方面来具体探讨现阶段我国教师的社会地位。

（一）经济待遇状况

经济待遇是指社会给予教师的工资报酬和物质利益水平，在确定教师工资报酬和物质利益水平高低的主要依据是教师职业的劳动性质。教师职业是一种专门职业，从事这种职业的劳动必须接受专门培养和训练，具有专门知识和技能。就业前，需要花费学习专业知识的时间和费用；就业期间，亦需要花费时间和费用接受在职培训，以调整、改善、充实、提高自己的专业知识和专业水平，适应职业本身不断提出的新要求。在世界各国，教师的经济待遇差异很大。下面主要论述我国教师的经济待遇状况。

1. 教师的工资待遇

作为从事复杂劳动的教师职业，其经济利益水平在我国当今社会发展中处于什么地位呢？从 1978 年至 1992 年全国各行业职工平均工资排位看，1978 年和 1979 年，教育行业工资水平处在全国十二个行业的倒数第二位。进入 20 世纪 80 年代，随着国家对教育地位的重视，教育行业工资水平有所提高，其工资相对水平在 1985 年达到最高位置——第五位。但进入 90 年代，教育行业工资相对水平又降到了倒数第三位。另外，教师工资外收入更低。为了改善教师的经济待遇，政府 1993 年在《教师法》中对教师待遇作了明确的规定。主要包括：教师的平均工资水平不低于或略高于国家公务员的平均工资水平，并逐步提高；中小学教师享受教龄津贴和其他津贴；对边远地区和少数民族地区工作的教师给予补贴；同公务员享受同等医疗待遇等。党中央、国务院十分重视教育事业，反复强调振兴教育事业，实施科教兴国战略。中共中央决定，自 1998 年起至 2002 年的五年中，提高中央一级财政支出中教育经费所占的比例，每年提高一个百分点。各省、自治区、直辖市人民政府也要根据本地实际，增加本级财政中教育经费的支出。随着科教兴国战略的实施，教育优先发展地位的确立，尊师重教社会风尚的形成和《教师法》的进一步贯彻落实，我国广大教师的待遇和地位开始有所提高。

1978年，我国中小学教师的人均年收入为559元，到2000年已增加到8 274元。高等院校教师的工资待遇同样得到较大幅度提高，2000年达到14 198元。近年来教师住房紧张的状况也明显改善，1998年全国城镇教职工平均居住面积为8.74平方米，2000年增加到10.81平方米，城镇教师家庭人均住房面积超过城镇居民平均水平。

目前，全国绝大部分省、自治区、直辖市正在实施教师公费医疗同当地公务员享受同等待遇。全国教育系统公费医疗改革逐步深入，教师看病难的问题得到进一步缓解。改革开放以来，国家始终把解决农村民办教师问题作为一件十分重要的大事来抓。2000年，180万民办教师经考核成为公办教师，长期困扰农村基础教育发展的民办、公办教师并存的状况基本结束。此外，国家还规定对农村年老病残教师实行离岗退养制度。

根据《教师法》的规定，近年来，全国绝大部分省、自治区、直辖市还提高了当地教师的退休金标准，规定教龄满30年(女教师满25年)的城乡及其以下教师退休金按原工资的100%发给。各级政府还坚持依法治教，保证财政性教育经费的投入，并通过深化体制改革，解决部分地区存在的拖欠教师工资问题。

2. 教师的待遇期望

据1999年9月北京商情咨询公司和北京工业大学经济管理学院进行的一项调查显示，高校教师的经济收入与他们的期望距离还不小。调查显示，30.9%教师有跳槽的打算或想法，尤其是青年教师，45岁以下的教师想跳槽的比例竟达41.4%。教师打算跳槽的原因，依次为发展机会、收入、住房和职称这四个主要方面，而45岁以下的教师跳槽时，第一位考虑的因素仍然是收入。由此可以看到，教师的经济收入是影响师资队伍建设的重要因素之一。

东北师范大学的一项调查问及："希望离开中小学教师岗位的原因是什么?"时，

45.2%的教师认为教师工作累，44.9%认为教师工资待遇低，9.9%的人认为这属于个人兴趣。显然，最后一项不是主要的原因。①

从区域比较看，表示愿意离开教师岗位的，东部地区占25.3%，中部地区占29.9%，西部地区占41.2%；从城市与县镇农村学校比较看，表示愿意离开教师岗位的，城市占25.2%，县镇学校占36.4%，农村学校占38.3%，这种区域间、城乡间的差别，主要是由教师的待遇水平决定的。

3. 教师的职业承诺

教师职业承诺是教师维持或从事现有职业的原因，教师的职业承诺一般包括规范承诺、感情承诺和继续承诺。规范承诺是指因为伦理道德规范影响而从事某一职业；情感承诺是指因为某一职业符合自己的职业理想、志趣、价值观而对职业的喜欢；继续承诺是指因为职业以外的利益或发展机会制约而导致的被动承诺。我们的研究生研究表明：我国中学教师的规范承诺较高，情感承诺次之，继续承诺最低。这表明，我国中学教师主要受伦理规范影响而从事教育职业，同时也表明，我国教师的物质待遇和社会地位与其他行业相比较还比较低，教师职业还没有达到吸引人的程度。② 我们的研究生对中小学教师职业压力来源和强度的调查研究中发现：目前我国中小学教师的职业压力主要来自五个方面，按报告次数依次是：升学考试压力、工作负担压力、角色职责压力、工作聘任压力和职业声望压力。70%的中小学教师认为自己面临着较大的职业压力，63.8%的教师报告职业压力给自己造成了较大的影响，表明教师是一个承受高压力的职业群体。③ 他们还对中小学教师职业压力与职业满意度、职业承诺的关系进行了调查研究发现：我国只有49%的中小学教师对自己的职业感到有点满意或非常满意；60%以上的教师有较重的职业疲惫感；1/3的教师表示若有职业选择的机会，再不愿选择教师职业。④ 说明过高的职业压力，跟不上相应的经济待遇，影响了教师的职业承诺。

---

① 申继亮、辛涛：《教师素质论纲》，北京，华艺出版社，1999。

② 罗润生：《中小学教师职业道德认知与职业承诺关系的研究》，北京师范大学硕士论文，2001。

③ 徐富明：《中小学教师的职业压力应对策略及其相关因素的研究》，北京师范大学硕士论文，2001。

④ 朱从书：《关于中小学教师职业压力及压力源研究》，北京师范大学硕士论文，2001。

4. 存在的问题

随着教师待遇和地位的提高，教师队伍中曾存在的中小学教师严重流失、师范生源不足等现象有了明显改观。教师职业在城市、乡镇越来越受到青睐，高中毕业生竞相报考师范院校，许多非师范院校包括综合性大学的毕业生也纷纷到中学求职。教师的待遇比以前有所提高，但同某些行业、职业相比，还是比较低的。我国是一个发展中的国家，提高教师经济待遇和地位仍是一个长期的艰巨的任务。尽管《教育法》《教师法》早已颁布，但教师工资得不到按时足额兑现的现象仍存在。例如，已给的工资缺项；固有的工资迟发；新涨的工资缓发；还有硬性借款、强行捐款等。国家的法律、政策在有的地区并没有得到不折不扣的贯彻和执行。如果拖欠教师工资的问题不能解决，不仅严重影响教师的工作积极性，而且在一定意义上也妨碍"科教兴国"战略的实施。

(二)教师的社会权益

社会权益有两个方面，一是个体在履行职责时所具有的社会权利；二是个体在社会中享有的合法利益。

1. 教师享有的合法权益

教师作为一种职业，其社会权益除了公民享有的一般权利外，就是他的职业本身所赋予他的权利——专业权利。专业权利是由教师专业活动的需要所决定的，一般表现为教育、教学与学术研究等职业方面的自由和自主权。教师还享有由职业本身所带来的合法利益，诸如获得相应的职称，享受工资报酬、福利待遇，使用有关的教育资源，自由发表科研成果，争取业务进修机会，参与学校管理，享受弹性工作制和寒暑假等。联合国教科文组织在《关于教师地位的建议》中，对教师职业上的自由和教师的权利也作了具体规定。1993 年 10 月 31 日，我国人大常委会通过的《中华人民共和国教师法》对教师的权利作了明确的规定，教师的社会权利得到法定的保障。

根据我国《教师法》第二章第七条规定，教师享有下列权利：

(1)进行教育教学活动，开展教育教学改革和实验；

(2)从事科学研究、学术交流，参加专业的学术团体，在学术活动中充分发表意见；

(3)指导学生的学习和发展，评定学生的品行和学业成绩；

(4)按时获取工资报酬，享受国家规定的福利待遇以及寒暑假期的带薪休假；

(5)对学校教育、教学、管理工作和教育行政部门的工作提出意见和建议，通过教职工代表大会或者其他形式，参与学校的民主管理；

(6)参加进修或者其他方式的培训。

2. 影响教师权利的因素

(1)传统文化因素。我国文化传统把单方面的服从作为人生的最高行为准则。社会所重视的只是教育的控制功能。长期以来，社会期待教师在处理师生关系时，把家庭中的父子关系作为参照框架(所谓“师徒如父子”)。要求教师对学生严加管束，而学生必须对教师绝对服从。

(2)传统教育观念。整个教育过程中，主要关心教师的教，忽视学生的学。这种传统的教育观念和师生关系模式对师生的影响是比较深的，同时也被社会上相当一部分人所认同，这成为教师权利的又一个外在来源。例如，有些学生家长为了使学生通过教育实现社会升迁的目的，把自己的权利转交于教师，从而强化了教师“管束”学生的意识。

(3)知识话语权。对于教师而言，制约其权利影响力大小的因素莫过于知识的多少了。而且二者是相辅相成的。没有权利便没有知识，没有知识也没有权利；权利控制了知识，知识也能给人以权利。

(4)教师的威信。威信是一种使学生感到尊严而信服的精神感召力量。教师的一切教育权利的行使和教学措施的采取均受教师威信的制约。有威信的教师受学生敬重和爱戴，学生乐于接受教育，对所教学科学习认真，言听计从，教育教学效果就提高得快。教师自身素质是形成教师威信的最根本的决定因素：如崇高的思想品德、良好的心理素质、合理的知识结构、高超的教育教学艺术。此外，社会和家长对教师的态度，教师的仪表、生活习惯、性格及教师给学生的第一印象，对教师威信的树立也有重要影响。

3. 教师权利行使中存在的问题

对于教师来讲，行使其权利的方式不外乎奖励和惩罚两种形式。积极的奖励方式包括认同、表扬和夸奖等，优秀教师采用的是以表扬、奖励为主的行使权利的方法。教师的表扬对学生的学习和身心发展具有积极的正强化作用，但在教育实践中，教师往往行使更多的是消极的权利方式。表扬、鼓励学生的时候较少，更惯用的手段是批评与惩罚。

尽管《教师法》有明确规定，理论界以及教育行政机关不鼓励乃至反对教师对学生实行惩罚。但由于教师有“进行教育教学活动”的权利，也就拥有了对学生的奖惩权利。因此，对学生的惩罚现象在教育实践中可以说极普遍地存在着。根据观察，教师以消极的方式行使其权利的概率比较高。小至语言节奏上的变化、表情上的示意，大至明确的批评、谩骂和体罚。他们较少考虑手段所可能造成的后果，也忽略了《教师法》等法律条款的规定，造成对学生的身心伤害。教师应该遵从《中华人民共和国未成年人保护法》规定：学校、幼儿园的教职员应当尊重未成年人的人格尊严，不得对未成年学生和儿童实施体罚、变相体罚或者其他侮辱人格尊严的行为。

（三）职业声望

职业声望是社会舆论对某一职业的意义、价值与声誉的综合评价。职业声望反映着一个社会对一定职业的评价的高低，进而决定着社会公众对这一职业持有肯定或否定、尊重或鄙视的态度。

1. 公众心目中的教师职业声望

当前教师的职业声望在社会各职业中排列位置如何呢？零点调查公司在访谈调查了北京、上海、广州、武汉等 11 个城市 4 575 名市民，曾于 1999 年“教师节”前夕公布的调查结果显示①：

---

① 《中小学教育还是辛苦》，载《广东教育》，1999(12)。

多数人认为教师地位得到提高。市民普遍认为中小学教师的社会作用非常重要，而且真的非常辛苦；有60%左右的市民乐意让自己的孩子将来选择中小学教师职业。有92%的人认为中小学教师地位在过去5年中有了不同程度的提高，但认为有很大提高的仅占51.8%，在情境测试中乐意让自己孩子将来做中小学教师的比例为58%。与其他高声望的职业相比，中小学教师更是一个被社会弱势群体看重的稳定型职业。

在教师中，大学教师职业声望是相当高的。在备选的18种职业中，大学教师排在第3位，居律师、科研人员、医生、工程师等各种专门职业之前；而中小学教师的职业声望尽管居中偏下，排在第12位，但仍高于歌舞演员、普通机关公务员及办公室职员等。这说明不同层次的教师其职业声望不同；同时也表明职业形象是影响职业声望的重要因素。因为在现实社会中机关公务员、演员的经济地位是较高的，但由于其职业形象不佳而影响到职业声望。

在不同年龄段的人对教师评价有明显的差异：55岁以上的人与其他年龄段相比，明显有更大比例的人认为教师是重要的、辛苦的、值得信任的；45~54岁的人认为教师有不负责任的现象；35~44岁的人更多地认为教师是认真的、善良的、积极向上的，这个年龄段的人家里的孩子一般在读小学，他们所作的评价说明他们对小学教师总体比较满意；25~34岁的人更多地认为教师是例行公事的且是年轻的；18~24岁的人与其他年龄段相比，更多地认为教师是不受重视的、平时想不到的、枯燥单调的、女性偏多的、友好的以及稳定的，其中的负面看法可能是造成很多学生不愿当教师的主要原因。从以上可以看到，虽然教师地位较前有不同程度的提高，但认为有很大提高的则刚过半数。

2000年，深圳百种职业声望排行榜声望最高的10种职业依次是：①科学家；②网络工程师；③大学教授；④软件开发人员；⑤建筑师；⑥飞行员；⑦中小学教师；⑧翻译；⑨大学一般教师；⑩律师。①

中小学教师的声望排名第7位，比1998年的第3位有所下降。大学普通教师的

① 《深圳职业声望排行出炉》，载《人民日报》，2000年4月23日。

职业声望2001年排名第9。大学普通教师指的是“讲师”“助教”等，他们的经济收入和学术地位都和大学里最高级的教师——教授有着较大差距。但被访者认为大学普通教师同样是一份比较好的工作，无论福利待遇、工作环境都令人羡慕。①

2. 影响教师职业声望的因素

影响教师职业声望的因素包括：社会变革、政府财政政策、学术标准与教师责任、媒体、公众态度、课程、资金筹集、劳动力市场与职业教育、新技术发展、教学环境、工资、师资供求等。

必须指出，学校是社会的一部分，当今社会变革导致的家庭破裂、青少年问题、吸毒、失业、不平等和暴力等问题也反映到学校里来。学校和教师面临着比以往更加激烈和迅速的变革。社会往往将片面追求升学率等问题导致的学生学业、就业问题，品德不良、违法犯罪等责任归于教师和学校身上，对教师的专业评价不信任。教育界的功利主义现象，以致教师产生了职业倦怠；社会媒体对教师形象的消极报道，很容易造成社会公众对教师地位的不良看法。

我们必须充分认识到，教师的地位不可避免地与学校教育的地位、作用和质量联系在一起。各种媒体应多报道教师的积极形象。必须承认教师职业是同医生、建筑师一样的专业，这是提高教师地位的关键因素。教师的就业不应仅置于市场的支配之下，因为职业前途缺乏保障也难以吸引新教师。各级政府必须为学生提供高质量的教育，为教师提供专业发展的机会，通过实行教师“资格证书”、支持新教师的“上岗培训”、长期雇用以确保教师的职业稳定性，帮助教师提高专业化水平，鼓励教师参与教育科学研究、改革和评价。

二、教师的作用

教师的作用，又叫教师的职能。它是指教师职业的功用与效能。教师的作用，主要表现在传承文明、教书育人和促进社会进步三个方面。

---

① http//www. netbig. com. 2001年。

（一）传承文明，使之延续与发展

如前所述，文明和文化是同义语。传承人类科学文化知识，就是传承文明，并使之延续与发展。教师职业的价值，正是把人类所建树的一切文化成果，都用来培养合格的人才，特别是高素质、创造性的人才，为延引人类文明服务。

1. 传承和创造文化

教育是传承文化、弘扬文化、创造文化的事业。教育可以保证人类的延续并促进人类的发展。教师是选择与创造文化的主体，是教育文化选择与传承创造文化功能的承担者。教育所选择的文化最终要通过教师传递给年青一代。社会的价值观念、道德品质、智能结构、审美情趣、生活方式和行为习惯等，通过教师的传递，对年青一代产生直接而深刻的影响，实现老一代与新一代的接续。由于教师的传承，使我们对已有的文化能去粗取精，去伪存真，继承创新并发扬光大。只有当教师认真领会和掌握所选择的文化，并在上述各方面同所选择的文化一致时，才能使之得到顺利传递。从某种意义上来说，对教师的选择亦即对文化的选择。任何国家对教师的思想品德、智能结构、业务能力和水平等方面的选择都有严格的标准和要求。这些标准和要求就是特定社会和时代文化的期待和要求。因此，要调动教师自我修养的提高以及主动参与文化选择的积极性，鼓励他们积极参与教育、教学的改革。文化的生命在于它不断地创新，只有时时更新的文化才能源远流长，历久常新。

2. 开发人力资源

人是社会文明的主体，所以，传承文明与开发人力资源保持一致性。人类教育形式是伴随着生产力的发展及人类知识获取方式的变化而逐渐变化的，大致可分为三个阶段：知识型、智能型、创新型。知识型从诞生之日一直持续到 20 世纪 40 年代（在中国则持续到 70 年代），其特征是把传授知识作为唯一和至高的目的。虽然知识型教育为人类文明进化做出了不可低估的贡献，但它那种以单纯地强调知识为价值取向的原始性和局限性，必然导致重复训练、死记硬背的教育方式，无法培养出适应当今时代发展的新人。智能型教育是自20世纪50年代以来，伴随着所谓“知识爆炸”时期的到来而逐渐兴起的，教育的重心由知识的传授为主转移到以开发智力、培养能力为主，告别了知识累积式的消极被动的教育形态。教育发展到了21世纪，人类进入了飞速发展的时代，再也无法从容应对未来之冲击，许许多多的人越来越感到无法适应新事物、新变化。因此，人类不但要与过去的时代告别，而且要从消极适应者变为独立自主的文化创造者，教育的创新型时代已经到来。教师在现代社会承担充分开发人力资源，生产人的劳动能力，提高劳动者素质，使潜在的生产力转为直接的生产力，为社会培养各种创新人才的重任。只有这样，才能使文明获得传承，人类不断创新与持续发展。

（二）教书育人，促进人才茁壮成长

教师的主要职能体现在教育、教学过程中的地位与作用，这是一个毫无争议的事实。教师专业的特长，就是教书育人，促进人才的茁壮成长。

1. 向学生传授知识技能

教师在教育过程中，更多地承担着组织教学的任务，向学生传授知识技能。

在某种意义上，教学过程显然也是教师引导学生向未知领域“探索”的过程。但是，这个“探索”过程，一般的只是表现为学生在教师的启发引导下，通过思考去掌握现成的规律性知识的过程。通常它并不要求师生去开辟人类知识的新领域，去发现新真理，而只是一个人才加工的过程。

这种加工过程，就是明确目的、激发动机、感知材料、理解知识、记忆保持、迁移运用、获得经验、评估反馈的过程。就其主要方面来说，是知识的传授和掌握的过程，而学生技能技巧的形成，也是以这种一定的知识为前提的，它们实际上是应用教学内容去解决问题的一种能力，是知识应用于实际的一种本领。技能是对知识的初步运用，而技巧则是技能的熟练化，这种技能技巧形成后，又有助于学生进一步巩固知识。

为此，我们从“双主体”思想出发，强调学生在掌握知识技能中的主人公地位，

学生是学习的主人，教师的作用是使学生变成爱学(激发动机)者、会学(学会学习)者和活学(创造性地学习)者。

此外，在网络时代，教师的社会地位、作用、身份等诸多方面都发生了全新变化，教师在网络社会中即将由知识学习指导者、文化知识传授者、课程教材执行者逐渐转变为未来生活设计者、知识体系建构者、教学教育研究者。教师要对学生进行未来教育，了解未来社会；要根据对未来时代发展前景的预测，使学生不仅拥有科学地预见未来，适应未来的知识技能，而且更要注重激发学生的学习热情与兴趣，调动其积极性，去大胆地构想未来；教师要不断自我完善与发展，拓展自己的能力。

2. 注重学生的个性发展

按照我们所理解的教育目标和倡导“T”型人才的培养要求，教师一个重要的功效是在教育过程中发展学生的个性。

首先，是在气质的基础上，发展学生的智力与能力，健全学生的性格。一句话，在注重学生的个性心理特征发展中发挥自己的作用。因为气质更多地与先天的因素相联系，而智能与性格主要决定于后天教育与培养。

其次，是培养学生的个性意识倾向性，也就是说，教师的作用之一，就在于启迪学生的理想，激发学生的动机，发展学生的兴趣，培养学生良好的价值观、人生观和世界观。

最后，我们并不反对学生的集体性或共性，但教育更要促进学生个性的发展。正因为如此，如前所述，我们课题组的“全面发展打基础，学有特色是目标”的主张，以及“鼓励冒尖，允许(在不留级的基础上)落后”的措施，都是为了突出教师发展学生个性的作用。

3. 培养学生良好的思想道德

不论是什么样的时代，还是什么样的国家，不管是大学生、中小学生，还是幼儿园的孩子，都要把培养受教育者的思想道德的任务，即德育作为教育的首要任务。教师的功效就是要培养学生良好的思想道德品质。

具体地说来，应在三方面发挥作用：一是抓好学生思想道德品质的深层结构，特别是培养理想信念等意识倾向性的因素。二是全面提高知、情、意、行的思想道德品质的心理特征，特别是要抓好“养成教育”，培养学生各种良好的思想道德习惯。三是重视思想道德品质的组织形式——定向、操作、反馈等要素，特别是反馈。要引导学生自我反馈和自我教育，要积极地评价学生的思想道德行为，以表扬为主、批评为辅，奖励为主、惩罚为辅；要引导学生在动机驱使下制订行为计划，设想行为结果；这里的关键是教师要动之以情，做好“感情的投资”。

这里必须指出，我们一贯重视教学过程应具有教育性，不仅在教学中传授任何知识体系都要以一定的方法论为基础，而且要重视教学本身渗透着思想、政治、道德、法律等内容，促使学生思想品德不断升华。

4. 成为学生心理健康的维护者

我们之所以强调教师要做学生心理健康的维护者，是因为心理健康教育是教育本身应有的内涵之一，是人们新的健康观的需要，是目前越来越突出的心理健康问题的要求。

教育目标就是要培养全面发展的人，而人的发展包括身体的、生理的发展和心理的发展。一个全面发展的人，应该身、心两方面都得到健康的、充分的发展，因此，教育要促进学生身心的发展，就离不开心理健康教育。在培养全面发展的人才时，我们所倡导的是全面提高学生的思想道德、文化科学、劳动技能和身体心理素质，促进学生全面健康地发展。而在学生整个素质中，心理素质本身占有重要的地位，心理素质的好坏也影响着其他素质的发展和提高。良好的心理素质是优良的思想道德发展的基础，是有效学习文化科学知识和进行智力开发的前提，是增进学生掌握劳动技能的保证，是促进学生身体健康的必备条件。因此，提高素质的教育应包括提高学生心理素质的心理健康教育。由此可见，心理健康教育是教育应有的内涵之一，教师作为教育活动的组织者和实施者，就必须肩负起学生心理健康教育的重任，这就要求教师发挥学生心理健康教育维护者的效能，以利于学生身心健康地成长。

(三)弘扬科学精神，促进社会进步

教师是知识分子，在“尊重知识、尊重人才”的时代，教师不仅在“传承文化，培养人才”方面为社会服务，而且也在弘扬科学精神，发挥知识分子的作用方面，为促进社会进步而发生效能。

1. 教师是科学技术发展的排头兵

任何一个国家，科学技术的发展，除了教师所培养的学生之外，还有多半的成果是教师，而且主要是大学教师在起作用。在我国的科学技术的发展中，大学教师获自然科学、科学进步和产技发明三项奖项的超过半数。为了加快国民经济发展，必须推动科技的创新，特别是要推进高新技术产业的发展。大学教师正是主动适应经济发展的需要，走产学研结合的路子，他们不仅不断地把科技研究的成果向现实生产力转化，而且成为全国各地高新技术产业发展的一支骨干力量。中学教师中，也有相当一批是当地科技发展的生力军，包括中专校、职业校的教师在内。他们成为当地工农业发展中一支不可缺少的力量，他们不仅在培养技术人才中发挥了作用，而且也直接参与当地的工农业技术革新，直接传播科技知识，推动当地的经济发展。

2. 教师是社会文明进步的推动者

教师在整个社会文明进步中做着三件重要的工作：

(1)揭示社会，研究社会科学，为社会发展提供科学依据。

人文社会科学的研究，主要的力量之一是大学教师，尤其是教育部建立了百所人文社会科学重点研究基地后，这方面更为突出。

研究人文社会科学，不完全是大学教师，中小学教师也在参与。在中小学建设中，越来越多的学校在提倡“科研兴校”，说明教师都在参与以教育科学为核心的社会科学研究。

(2)参政议政，参与行政部门的决策。

在世界各国的议员中，都有优秀或杰出教师的代表。在中国的大中小学的教师中，有许多社会名流人士，他们有的是各级人民代表大会的代表，有的是各级政协

的委员，有的是各级政府的参事，他们参政议政，参与行政部门的决策，为推进社会的文明、进步、发展积极地做贡献。

(3) 宣传国家大事和道德法规，促进社会进步发展。

广大人民教师，经常通过各种渠道或媒体，向人民群众，尤其是包括家长在内的当地人民群众宣传国家方针、政策，国内外时事，道德、法规的知识和思想，维护社会的公正、民主、稳定和可持续发展。

三、教师的地位和作用取决于教师的素质

教师的地位和作用，在很大程度上取决于教师的素质，这就是我们研究教师素质的出发点。

(一) 对教师素质的理论思考

什么是教师素质？这是当前教育界亟待澄清的一个概念。教师素质观直接影响着师资培训体制改革的方向。我们认为，在目前情况下，仅凭思辨研究还不足以给教师素质下一个全面而科学的定义，必须经过一段时间的实证研究，从不同侧面深入地了解教师教育教学工作的真实含义，了解教师工作的独特性，从而为全面而正确地理解教师素质的含义提供必要的实证材料。

1. 要切实体现教师这一职业的规律性，反映出教师的独特的本质

如前所述，我们强调教师职业的特殊性在于教书育人，由此而构成其专业内涵。在国际学术界，自 20 世纪 90 年代以来，在论述这个问题的时候，一方面，强调教育教学工作是一种专门职业，教师是履行教育教学工作的专业人员，并且需要长期培训，有特定行为规则和高度的自主性；另一方面，它是指增进教师专业化，提高教师职业素养的过程。可见，国外和我国一样，一是重视教师职业，确定它是以特殊角色、特殊事件、特殊关注等为特征的；二是重视教师专业发展，确认发展过程是由于教师的需要驱动系统尤其是职业理想的作用，由教师知识、技能的积

累、能力的提高、态度的转变、情意的健全而逐渐形成的。所有这一切，都说明教师的职业是一种特殊的职业，我们由此而去探索教师的素质。

2. 对于教师素质的理解，要有深刻的理论背景，不能由研究者凭空设计

由于理论背景的不同，所确定的教师素质成分也不一样。我们的理论基础主要是心理学，并认为心理学是教育科学研究的基础。

3. 教学活动是教师工作的中心任务

在谈论素质教育含义或实质时，我们一贯强调：以创新精神为核心，以德育为灵魂，以课堂教学为主渠道，全面贯彻国家的教育方针。因此，教师素质的含义必须着眼于教学活动本身。

4. 反对那种元素堆砌的教师素质观

应将教师素质看成一个系统的结构，其内容包括着复杂的过程，图 4-1 是我们建构的教师素质结构模型示意图，可视为一种系统：

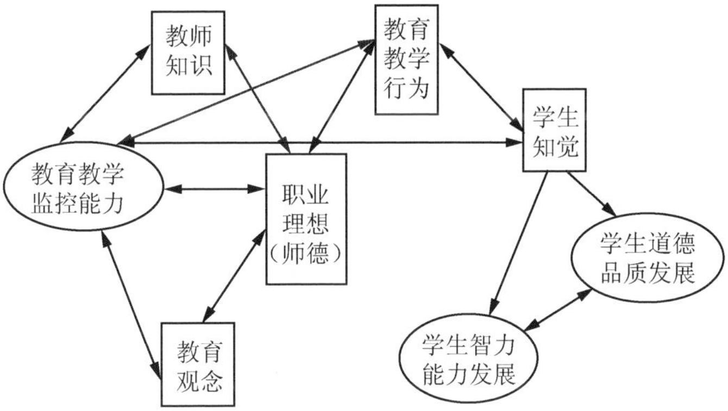

图 4-1　教师素质与学生发展关系模式图

5. 教师素质是结构与过程的统一，发展性、动态性是其精髓

正因如此，我们重视教师专业发展的研究，更重视对教师素质的培训与提高。

6. 教师素质的含义应能为教育实践和教师培训工作提供理论指导，具有可操作性

因此，诸如身体素质、仪表仪容的规定等难以操作的或很难做到的，我们就暂

不探讨。

(二)教师素质的定义

根据上面六条的理论思考，根据我们近年来的理论研究和实验研究的结果，我们把教师素质理解为：教师素质是指教师在教育教学活动中表现出来的、决定其教育教学效果、对学生身心发展有直接而显著影响的思想和心理品质的总和。

(三)我们对教师素质的研究

我们对教师素质的研究，主要围绕五个内容或三个方面。

1. 五个内容

如图 4-1 教师素质结构模型图所示：

(1)教师的职业理想是其献身于教育工作的根本动力；

(2)教师的知识是其从事教育工作的前提条件；

(3)教师的教育观念或信念是其从事教育工作的背景；

(4)教师的自我监控能力是其从事教育活动的核心要素；

(5)教师的教学行为是其素质的外化形式。

2. 三个方面

为了论述方便，我们把上述五个内容概括为三个方面：教师的师德、知识和能力。下面两节内容我们就是按照这三个方面展开的。

第二节

师德与师魂

师德，即教师的职业道德和职业理想。

师德是我们教师职、权、利三方面的集中体现。从职、权、利三个要素来看，职，意味着我们承担着一定的社会责任，即全心全意地为学生服务；权，我们使用、操作、管理和支配新的一代的积极性，决定着他们的素质高低；利，教育这种职业劳动，为社会培养文化、经济、政治所需要的人才。教师的利益是与社会整体、国家利益以及服务对象——学生的利益三者紧密地联系在一起的，能否培养出国家的优秀人才，这是衡量师德的重要标准。所以忠诚于教育事业是我们教师的职、权、利三者的集中体现。

我们曾主编了一部《师德通览》①，该书较为全面详细地收集了古今中外有关师德的论述，在此就不再一一赘述。对这些论述进行分析和总结，可以给师德下这样一个定义：师德是指教师在从事教育活动中所形成的比较稳定的道德观念、情感体验和行为规范的总和。它是调节教师自己身与心、教师与学生、教师与教师群体以及与社会之间相互关系的道德准则和人格力量，是一定社会、一定时代或一定阶级(阶层)对教师职业道德行为的基本要求和概括。

尽管古今中外的教育家都重视师德的建设，很多理论阐述了教师的师德在教育过程中的重要作用。然而，现实与理论界对师德的重视并不相符。我国如此，国外也是这样，诚如克鲁克翰克(D. Cruickshank)等人指出的那样："我们目前赞美的是其学生能够通过标准化测试的老师；20世纪90年代赞美的是能够让学生取得更好成绩的老师；而20世纪80年代认为好老师是能够按照玛德琳·亨特(Madeline Hunter)有关成功教育观点去做的教师。"②很显然，国内外在实际评价好老师的标准中也很少考虑教师的师德。

师德应由哪些因素构成？目前我们的教师如何去认识师德？师德形成的影响因素是什么？这是我们课题组颇感兴趣的题目。

一、对师德构成因素的理论研究

对于师德的构成，并无统一的说法。我们对师德的认识来自三个方面：一是文

① 林崇德：《师德通览》，济南，山东教育出版社，2000。

② D. Cruickshank, D. L. Haefele, "Good Teachers, plural", *Educational Leadership*, 2000, 5: 58.

献研究，概括古今中外教育家的理论观点；二是对自己广大实验点教师进行问卷调查和访谈研究，汇总课题组的主要倾向与看法；三是按照自己的道德观念和师德行为，分析和提炼上述的研究结果。最后确定为四个方面(16 个字)：敬业爱岗、热爱学生、严谨治学、为人师表。每个方面又包含了若干具体的成分。

(一)敬业爱岗

我们特别欣赏六个字：忠诚教育事业。围绕着这种事业的教师职业道德，突出四个特点，即敬业意识、乐业意识、职业规范意识、勤业意识。师德的实质就是教育事业的“业”字；师德体现的就是对教育事业及其社会地位的认同、情感和行动。这就是师德第一个表现：“敬业。”

敬业爱岗有着十分丰富的内涵和外延，在研究中我们看到其表现有四点。

1. 热爱教育事业，热爱本职岗位

任何一个职业都有一个敬业爱岗的职业道德，然而，教育是一个特殊的职业，它确实有令人羡慕的一面(见第一节中对其作用与地位的论述)，还有问题的一面，致使相当多的教师深感困扰。据我们调查，基础教育界的教师面临着如下的问题：

(1)周期性长。教育对象——学生的成长、成才、成就，需要一个较长的周期，影响教师的成就感。

(2)工作量大。一位教师既要担任班主任，又要教 10~20 节课是十分经常的事情,这是多么忙、多么累！要下多大的功夫！中学教师面对升学的指标，压力有多大，焦虑有多高!

(3)工作辛苦。社会发展与教育改革对教师提出了越来越高的要求，而学生的现状又显得越来越难教，如果坚持“一切为了学生”中的“一切”的正确理念，则往往要磨破嘴皮，跑断腿，汗水加泪水。

(4)工时过长。教师每天超负荷工作，经常是“两眼一睁，忙到熄灯，躺在被窝里还要想学生”。

(5)不断生气。没有一个教师没有生过学生气的，因为教育对象是发展中的未来公民。

(6)涉及面广。学生的成长，不光是学校的因素，还有家庭和社会。“5(在校日)+2(休息日)=0，或是负数”是常事，教师往往要做家长与社会的工作，并与其发生矛盾。

(7)观念多变。都说要改革旧的教育观念，多数教师还是希望自己形成正确的教育观念，但社会上教育指示措施变化多端。一时一变，一事一变，一人一变，教师往往难以适应。

(8)批评太多。教师的主流是好的，但目前一些媒体对教师中的问题指责太多，有的不属于教师个人行为的教育模式，却受到太重的挞伐。

(9)进修紧张。教师教学教育，要常教常新，加上教育管理制度对教师的要求过高，检查过多，因此更新知识、进修提高、终身学习是十分紧张的。

(10)拖欠工资。我们实验点有相当一批教师不能按时拿到工资，有的甚至一年才发放两次(春节和教师节)，许多教师已将奖金视为“高不可攀”的事情了。

这是造成教师流失现象的原因，也是滋长新的“家有三斗粮，不当孩子王”观念的根子。然而，我们绝大多数的教师都热爱教育事业、热爱学校工作，坚守在自己的三尺讲台旁，这就是师德。正是来自这种师德，中国的1 600万教师才承担起并胜任2.7亿学生的教育任务。

2. 献身于教育工作的职业理想

教师的职业理想是其献身于教育工作的根本动力。动机因素是一切行为的发动性因素，这对教师的教育教学工作来说也不例外。教师要干好教育工作，他首先要有强烈而持久的教育动机，有很高的工作积极性。很难设想一个对教育工作毫无兴趣的人，一个见到学生就心烦的人，会努力完成好教育教学工作。目前我国的教育面临的最严重的问题之一，就是相当一部分教师的工作积极性不高，从某种意义上说，这个问题对我国的教育事业构成了最大的威胁。增强教师的事业心，强化教师队伍的职业责任感，提高他们的工作积极性，成为当前教育改革的一个重要课题。我们将这种事业心、责任感和积极性称为教师的职业理想，这也就是我们平时所说的师德，即教师的职业道德。

3. 教书育人、培养人才

教书育人是指教师在传授文化科学知识的同时，培养学生良好的思想道德，也就是说，教师通过教书，培养德、智、体全面发展的人才。教书育人，是我国优良的教育传统，唐代的韩愈在其《师说》中强调的“师者，传道、授业、解惑也”，意指教书与育人的统一。当好教师，固然要教好书，但更应该把育人，即教学生做人放在首位，这是师德的一项重要任务，因为要育人，教师首先要学做经师，争当人师。

4. 奉献精神

献身于教育工作的职业理想，必然促使教师自身拥有高尚的道德品质、渊博的专业知识、高超的教学艺术、良好的师生关系，所有这一切，就会集中地表现在做贡献的工作态度和工作作风上来，呈现出一种敬业奉献的精神。

(二)热爱学生

教师对学生的爱，是师德的又一个表现：“师爱”。师爱是师德的核心，我们称其为“师魂”。一位教师写道①：

真情兮，煦煦春风胜母爱；

师魂兮，浩荡日月齐放彩。

1. 师爱就是师魂

在一定程度上，热爱学生就是热爱教育事业。热爱学生并不是一件容易的事，让学生体会到教师的爱更困难。某直辖市教委在教师中随机抽取100名教师，问：“您热爱学生吗?”90%以上的被试回答“是”；在向这100名教师所教的学生进行调查：“你体会到老师对你的爱了吗?”回答“体会到”的仅占10%。这里，90%与10%之间存在多么大的反差。由于师生之间没有血缘关系，彼此之间要建立深厚的情感连接，这是一件很费心思的事，要达到这一点，教师是要下一番功夫的。然而，热爱学生是每一个教师的天职。在我主编的百余万字的《师德通览》里，其中有一部分

① 范淑娟：《心与心的交流：寄语关心青少年的朋友》，157~158页，北京，航空工业出版社，1997。

是近百位“名师论师德”，他们中有80%以上的文章中把师德和热爱学生放在一块，可见热爱学生就是热爱教育事业，它是师德的核心成分。

我国台湾教育家高震东先生在其著作的扉页上写道：“爱自己的孩子是人，爱别人的孩子是神。”我们在为其著作所作的序中认为，疼爱自己的孩子是本能，而热爱别人的孩子则是神圣。因为，不论是人类还是动物，都疼爱自己的孩子，母鸡为护小鸡而奋起，狗为护幼崽而狂吠，这些都是一种本能的反应。父爱和母爱虽然比动物对幼仔之爱要丰富和广阔得多，但就其本质来看，也是建立在血缘关系上的本能性的行为。然而对学生之师爱却出自教师的职责，这种爱在性质上是一种只讲付出不计回报的、无私的、广泛的且没有血缘关系的爱；在原则上是一种严慈相济的爱；这种爱是神圣的爱，是一种促使学生成才的真情。这种爱是教师教育学生的感情基础，学生一旦体会到这种感情，就会“亲其师”，从而“信其道”，也正是在这个感情投入与回报过程中，教育实现了其根本的功能。因此，师爱就是师魂。

我曾经将自己的16名学生送出国深造，有15位已经按时回国，国家教育委员会有关职能部门的负责人询问：“为什么‘回收率’这么高？”我的学生们回答：“我们是冲着自己的老师回来的！”我却说：“人心换人心，八两换半斤，我只不过是做了一点‘感情投资’罢了。”这个感情投资就是爱，是大学教授对学生的师爱。这就是《中国教育报》(1994年8月29日)的《他像一块磁铁》和《北京日报》(2002年4月9日)的《师爱牵游子》两文的来源。是的，我把自己的整个身心都扑在培养学生的工作上了，可以说，我投入在学生身上的精力胜过投入在自己孩子身上的精力。我和所有的优秀教师一样，同感没有爱就没有教育；失去了对学生的爱，教师也就失去了人生的乐趣。教师的爱是一种强大的力量，它不仅能提高眼前的教育质量，也会促进学生的成人和成才，即会影响到学生的身心的发展、人格(个性)的形成、职业的选择、人生道路的转变，甚至会影响其毕生。因此，教师应该把整个心灵献给学生并坚持一视同仁，将神圣的师爱均匀地撒向每一个学生，以感染他们、改变他们、教育他们、造就他们。

综上所述，我们至少看到师爱的四点表现：①热爱学生、关心学生；②与众不同的师爱性质；③一视同仁地对待学生；④感情投入与感情回报。

2. 成功的期望

一位优秀的教师肯定认为：“我一定能教好学生”“我的学生一定会进步、会成才。”这种期望就是教师的教育观念，也就是教师的信念。教师的教育期望或信念是其从事教育工作的心理背景。很少有人怀疑下述观点，即：教师的期望影响他们的知觉、判断，而这些又影响他们的课堂行为，或者说，理解教师的观念结构对改进职业准备和教师实践来说是非常有必要的。我们的研究证明，教师的教育期望对他们的教育态度和教育行为有显著的影响，很明显，如果一个教师认为：“一个班级的学生中总是有好有坏，教师不可能把每一个学生都教成好学生。”那他就很可能慢慢地放弃对班上学习不好的学生的教育。这种教师的教育期望，就是教师的教育效能感。它从另一个侧面表现出师爱来。

(1)教育效能感

20世纪70年代以来，研究者越来越关注于教师如何看待自己的教育教学效果，以及这种看法与学生学业成绩之间的关系等问题。已有的研究表明，教师对自己影响学生学习行为和学习成绩的能力的主观判断与他们的教学效果之间密切相关。人们把教师对自己影响学生学习行为和学习成绩的能力的这种主观判断或期望定义为教师的教育效能感。这里有一个典型的例子就是著名的“皮格马利翁效应”。皮格马利翁是古希腊神话中的塞浦路斯国王，他在雕刻一座少女像时竟钟情于这位少女，后来他的痴情感动神灵，这尊雕像变成真人，与他结为伴侣。心理学家罗森塔尔(Rosenthal)曾做过这样一个实验：对小学各年级的儿童进行“预测未来发展的测验”，然后向教师提供信息，说：“这些儿童有发展的可能性。”实际上这些孩子完全是随机抽取的，8个月后，这些孩子的智力得到了明显的提高。实验表明，教师的期望对学生的行为显然发生了影响。于是，人们就称此现象为皮格马利翁效应。大量的研究表明，教师是根据学生的性别、身体特征、社会经济地位、兄弟姊妹状况等各种因素形成对某个学生的期望的，这种期望形成后又通过各种方式，如分组、强化、提问等，影响被期望的学生，使学生形成自己的期望，最后又表现在学生的行动之中，反过来影响教师的期望。由此可见，教育的成效取决于教育观念或信念，来自其自我效能感。所谓自我效能感就是个人对自己在特定情景中是否有能力完成某种行为的主观判断与期望。这种期望不仅是教师自身工作的动力，而且也是学生发展的重要因素。一位优秀教师必须具备这种期望，才能成为师爱的一个组成因素。

(2)教育效能感的结构

我们深入地探讨了教师教育效能感的构成，研究表明，教师的教育效能感包括两个方面，即一般教育效能感和个人教育效能感。所谓个人教育效能感是指教师对自己是否有能力完成教学教育任务、教好学生的信念，例如“我一定能教好学生”，这显然是教师的个人教育信念，尽管那种“没有教不好的学生”的观点尚不全面，因为学生成长除了教师的工作之外，还有许多客观的因素，但这句话也反映了一些教师的教育信念。一般教育效能感反映了教师对教与学的关系、对教育在学生发展中的作用等问题的一般看法和判断。那种“我的学生一定会进步、会成才”的观念就是一般教育效能感的典型例子。我们课题组里提出的“不求人人上大学，只求人人成才”正是一般教育效能感。因为“人人上大学”在现阶段是绝对不可能的，可“人人成才”是可以实现的。教师的一般教育效能感正是实现“人人成才”的重要基础。

我们研究表明，教育效能感的结构有一种发展趋势：教师的一般教育效能感随着其教龄的增长而呈下降趋势；而个人教育效能感则随着教师教龄的增长表现出上升趋势；在其教育效能感的总体水平上，虽然也表现出随教龄增长的上升趋势，但这种变化很小，不存在统计学上的显著性(见表4-1)。

表4-1 不同教龄组教师教育效能感各方面得分的平均值

教龄	0	1~5	6~15	16~25	26~30
一般教育效能感	4.27	3.98	3.97	3.81	4.04
个人教育效能感	4.37	4.58	4.85	4.90	4.82
总体教育效能感	4.29	4.28	4.41	4.36	4.43

(3)期望的作用

成功的期望，即教育效能感不仅是教师的一种信念，而且是教师的师爱表现。只有对学生满怀信心，学生才能接受这种影响，也会充满信心地学习和向上。这说明教师按自己对学生的认识而产生教育效能感，会对学生采取不同的对待方式，而这些不同的方式和学生期望相互作用着，良好的期望必然会产生良好的预期效果。

然而，在我们教师队伍中也确实存在缺乏教育效能感的现象，既不相信自己能够教好学生，更不相信学生全体都能发展，那种对学生武断定论："我把你一碗清水看到底……你好不了啦"的判断，当然是与教育效能感相违背的。至少忘了教育家陶行知的名言："你的教鞭下有瓦特，你的冷眼里有牛顿，你的讥笑里中有爱迪生。"即使从师德角度来分析，尊重是师爱的别名。师生之间的人格是平等的，一时气话，不仅忽视了教师的应有期望值，而且也丢失了师爱，造成对学生人格的伤害、师生关系的紧张。

（三）严谨治学

师德集中体现在培养学生的质量上，如前所述，能否培养出国家需要的优秀人才，这是衡量师德的重要标准。于是我们可以看到师德的第三个表现：师能。

1985 年 9 月 22 日，《光明日报》发表评论员文章"苏步青效应"：并非名师出高徒，实乃高徒捧名师。教师的成功，在于创造出值得自己崇拜的学生。不想超过老师的学生，不是好学生；不想学生超过自己的老师，不是好老师。否则，一代不如一代，民族的兴旺发达，国家的繁荣昌盛，还有什么指望！我经常想着"苏步青效应"，希望我的学生超过自己，也希望我学生的学生超过我的学生。这就叫"青出于蓝而胜于蓝"，形成一种"长江后浪推前浪，一浪更比一浪高"的局面。

为了培养高素质创造性的人才，我们认为教师应该对自己的学生要有严格要求。如果上一个问题谈师爱师魂时，我们在强调"爱在细微中"，那么这里则要重视"严在当严处"。

教师对学生的严，往往建筑在对自己严的基础上。教师必须严格对待自己，特别要注意严谨治学，这是师德的要求。所谓严谨治学，是指教师树立良好的学风和教风，刻苦钻研业务，不断学习新知识，探索教育教学的规律，改进教育教学方法，提高自己的教科研水平与教育教学水平，从而提高教育质量，培养优秀人才。

对于严谨治学，我们有如下四点体会。

1. 教育质量直接取决于教师的业务水平

学校的教育教学质量，直接取决于教师的业务水平。随着学生的年级升高，尤其到高中或大学阶段，教师的声望和威信与教师的业务水平成正比。而学校的声望与威信的本身，正是取决于是否有一批有声望与威信的教师。

教师，尤其是中小学教师的业务水平，无非是两点，一是课讲得漂亮；二是能教书育人，当好班主任。因此，除了拥有知识之外，还要不断探索教育教学的规律，改进教育教学方法。

2. 业务水平，集中体现在一个“新”字上

为了培养学生的创新精神与创造能力，教师自己要锻炼创新性和创造性。

创新性和创造性要来自环境，来自教师创新和创造的动机，也来自知识结构，因此，教师要不断更新知识结构。

3. 创新的基础在于教师钻研业务

有了知识，包括学习了新知识，说明有了创新创造的材料，有了材料要成为自己的创新性创造性的智能结构，这需要加工。如何加工呢？靠教师刻苦钻研，勤奋好思的学风。靠严肃治学的态度，靠一丝不苟的治学精神。

4. 教师创新性或创造性要靠参加科研与教科研

教师的创新性、创造性、开拓精神、开拓能力，除了来自知识修养之外，主要靠参加教育改革的教育科学研究，所以教师提高自身科研水平十分重要。这个问题,第六章作详细分析，这里就不展开了。

(四) 为人师表

北京师范大学的校训为：“学为人师，行为世范”，这就是为人师表的师德表现。也可以叫师德的第四个表现：师风。

1. 为人师表与人格

“人格”一词，在汉语的词义上，可作两种解释，一是心理学里的个性，主要是指气质和性格；二是社会学里的品格。前者是指个体的差异，可以叫人格的个性特征；后者是指道德品质的高低，可以称人格的品格特征。但两者又密不可分，很难

区分开人格的个性特征和品格特征。教师的人格，既体现着教师之间的个性差异，诸如健康的情感、坚强的意志、稳定的态度、积极的兴趣、刚毅的性格和良好的品性等，这些因素在不同教师身上的不同组合，使教师呈现出不同的面貌，又是社会关系和道德关系在教师个人身上的内在表现，它反映在为人处事的道德风尚上，体现在教学风格中，表现在德育的环境里。

在教育中，一切师德要求都基于教师的人格，因为师德的魅力主要从人格特征中显示出来，历代教育家提出的“为人师表”“以身作则”“循循善诱”“诲人不倦”“躬行实践”等，既是师德的规范，又是教师良好人格的品格特征的体现。在学生的心目中，教师是社会的规范、道德的化身、人类的楷模、父母的替身。他们都把师德高尚的教师作为学习的榜样，模仿其态度、情趣、品行，乃至行为举止、音容笑貌、板书笔迹等。一个班级的班风，在一定程度上是其班主任人格的放大，一个学校的校风是其校长人格的扩展。教师的人格成为师德的有形的表现，高尚而富有魅力的教师人格能产生身教重于言教的良好效果，孔子曰：“其身正，不令而行；其身不正，虽令不从。”(《论语·子路》)由此可见教师人格的力量。学生往往从教师的言谈举止中发展其个性，从教师的品行中形成其品德，从教师的威望中完善其人格的全部含义。

韩进之教授(1989)曾从教师人格的个性特征着手研究，在总结国内外文献的基础上提出，一位优秀教师应具备以下的个性品质：①热忱关怀；②真诚坦率；③胸怀宽阔；④作风民主；⑤客观公正；⑥自信自强；⑦耐心自制；⑧坚韧果断；⑨热爱教育事业。[①] 如果将教师的人格或个性特征分为自信型、思考型、安静型、严肃型、谨慎型、活泼型和自我型七种类型；那么我们在研究中则可以看到，不同类型的教师人格对学生身心发展产生不同的效果，但这七种不同的人格个性特征都能培养出德才兼备的学生。

2. 为人师表的表现

(1)以身作则。它有着种种表现，模范遵守社会公德、尊师爱生、衣着整洁得体、语言规范健康、举止文明礼貌、严于律己、作风正派、注意身教等。

① 韩进之主编：《教育心理学纲要》，北京，人民教育出版社，1989。

(2)团结协作。为人师表不可缺少团结协作的精神。为人师表者，要谦虚谨慎、尊重同事、相互学习、相互帮助、维护其他教师在学生中的威信；关心集体、维护学校的荣誉，共创文明校风；联系家长，和家长积极配合，以共同完成教书育人的大业。

(3)廉洁从教。它是为人师表的一个明显标志。教师廉洁与否，学生看得特别清楚，当教师，要坚持高尚情操，发扬奉献精神，自觉抵制社会不良风气的影响，不利用职权之便谋取私利。

(4)依法执教。教师要带头学习与宣传政治、道德、法律等知识理论，还要学好辩证唯物主义与历史唯物主义哲学，起码要学好《矛盾论》与《实践论》，掌握科学的方法论；要拥护国家的基本路线，全面贯彻国家教育方针，自觉遵守《教师法》等法律法规；在教育教学中同国家的方针政策保持一致，不得有违背国家的方针、政策的言行。

二、对教师师德现状的实证研究

我国现有师德的研究，对师德问题的理论阐述较多，而实证研究较少；在实证研究中，对师德现状的研究较多，而对教师师德观的研究较少。这种情况非常不利于对教师，特别是中小学教师开展师德的培养。此外，经济的发展和社会的变化势必会对我国的教师的师德观产生影响，非常有必要弄清我国现阶段教师的师德观。

我们的研究选取了93名在全国或省、自治区和直辖市有影响的中小学特级教师为被试，事先并不告诉他们研究的目的，只让每个人撰写一篇有关师德的文章，字数不限。文章收集完后，由两名心理学研究生按照自己有关师德构成的划分标准进行编码(编码者一致性系数从0.65~0.99)。编码以句为单位进行，凡是出现编码表中的内容，便计1次，最后统计每项内容出现的次数。在数据编码过程中，有7名被试为无效被试，最后得到86名有效被试，其中，男教师64名，女教师22名；50岁以下的教师有5名，51~60岁的有24名，61~70岁的有47名，70岁以上的有10名；教龄在30年以下(包括30年)的有10名，31~40年的有29名，40年以上的有35名(有12名教师未填教龄)；小学特级教师有42名，中学特级教师有51名；

取得中师(专)和高中学历的教师有 11 名，大专学历的教师 5 名，大学学历的教师 67 名(有 3 名教师未填学历)。①

(一)中小学教师师德观的总体水平

表 4-2　中小学教师师德观的总体水平

内　容	总次数	平均数
爱岗敬业	951	11.06
热爱教育、热爱学校、热爱本专业	249	2.90
有责任心、积极性	100	1.16
教书育人、培养人才	216	2.51
奉献精神	386	4.49
热爱学生	631	6.74
热爱学生、关心学生	392	4.56
一视同仁	52	0.60
成功的期望	56	0.65
感情投资与感情回报	131	1.52
严谨治学	500	5.81
良好学风、刻苦钻研业务	127	1.48
拥有新知识、积极创新	122	1.42
探索教育教学规律、改进教育教学方法	196	2.28
提高科研水平	55	0.64
为人师表	655	7.62
以身作则	435	5.06
团结协作、培养新生力量	24	0.28
廉洁从教	79	0.92
依法执教	117	1.36

① 方晓义、陈浩莺、王永丽、林崇德:《中小学教师师德的内隐研究》，载《北京师范大学学报》，2002(1)。

从表4-2可知，“爱岗敬业”被中小学教师提到的次数最多，共951次，在教师师德4个大的维度中占35%，其次为“为人师表”，被提到655次，占24%，再次为“热爱学生”，被提到631次，占23%，最后为“严谨治学”，只提到500次，占18%。此外，中小学教师的师德观存在很大的个体差异。在“爱岗敬业”方面，有3名教师1次都没有提到，而有1名教师提到45次；在“为人师表”方面，有6名教师1次都没有提到，而有1名教师提到33次；在“热爱学生”方面，有9名教师1次都没有提到，而有1名教师提到38次；在“严谨治学”方面，有11名教师1次都没有提到，而有2名教师提到21次。

在16个小的方面，中小学教师的师德观也存在很大的差异。中小学教师提到最多的前3项师德分别为：①以身作则，平均5.06次；②热爱学生、关心学生，平均4.56次；③奉献精神，平均4.49次。而有5项师德被中小学教师提到的平均次数不到1次，它们分别是：①团结协作、培养新生力量，平均0.28次；②一视同仁，平均0.60次；③提高科研水平，平均0.64次；④成功的期望，平均0.65次；⑤廉洁从教，平均0.92次。

(二)中小学教师师德观的因素分析

我们分析了教师性别、年龄、教龄、学历、职称和地区六个方面对中小学教师师德观的特点。具体情况如下：

1. 教师师德观的性别特点

在4个大的维度上，男教师提到“爱岗敬业”和“为人师表”的次数要多于女教师(分别为：11.59对9.50和7.63对7.59)，而女教师提到“热爱学生”和“严谨治学”的次数要多于男教师(分别为：9.09对6.73和8.18对5.00)。t检验发现，男女教师的师德观在“热爱学生”和“严谨治学”方面存在显著差异($t=2.43$，$p=0.017$)。

从16个小的方面来看，男女教师的师德观存在显著差异的有两个方面：①男教师提到“有责任心、积极性”的次数明显多于女教师(1.34对0.64，$t=2.19$，$p=0.031$)；②女教师提到“拥有新知识、积极创新”的次数明显多于男教师(2.41对1.08，$t=2.47$，$p=0.02$)。

2. 教师师德观的年龄和教龄特点

结果发现，无论是4个大的维度，还是16个小的方面，中小学教师的师德观都不存在显著的年龄差异和教龄差异。

3. 教师师德观的学历特点

我们将中师(专)、高中和大专教师归为一组，而大学本科归为另一组，结果没有发现两组教师的师德观存在显著差异，但是在四个大的维度上，除“热爱学生”一项，取得大学文凭的教师提到的次数多于取得中师(专)、高中和大专文凭的教师，在其他三个维度上，均为取得中师(专)、高中和大专文凭的教师提到的次数多于取得大学文凭的教师。

从16个小的方面来看，取得大学文凭的教师提到“热爱学生、关心学生”“一视同仁”“成功的期望”“提高科研水平”“廉洁从教”和“依法执教”6个方面的次数多于取得中师(专)、高中和大专文凭的教师，而其他10个方面，均为取得中师(专)、高中和大专文凭的教师提到的次数多于取得大学文凭的教师。

4. 教师师德观的职称特点

我们将小学特级教师归为一组，中学特级教师归为另一组，以此分析教师职称对教师师德观的影响。结果发现，在4个大的维度上，小学教师提到“热爱学生”“严谨治学”和“为人师表”的次数多于中学教师，而中学教师提到“爱岗敬业”的次数多于小学教师，但中小学教师只在“热爱学生”方面存在显著差异(11.00对6.68，$t=2.11$，$p=0.038$)。

从16个小的方面来看，只有两个方面存在显著差异，它们是：①中学教师提到“有责任心、积极性”的次数明显多于小学教师(平均次数为1.33对0.23，$t=1.99$，$p=0.50$)；②小学教师提到“热爱学生，关心学生”的次数明显多于中学教师(6.85对4.15，$t=2.06$，$p=0.042$)。

5. 教师师德观的所在地区特点

我们将教师所在地区分为农村、中等城市和大城市三组。结果发现，在4个大的维度上，均是中等城市的教师提到的次数最少。而在16个小的方面，中等城市的教师提到“热爱教育”“热爱学校”“热爱本专业”“教书育人”“热爱学生”“关心学生”“感情投资与感情回报，‘亲其师，信其道’”“良好学风、刻苦钻研业务”“探索教育教学规律”“提高科研水平”“以身作则”，“团结协作、培养新生力量”和“依法执教”10个方面的次数都为最少，农村地区的教师提到“有责任心、积极性”“一视同仁”“廉洁从教”和“拥有新知识”4个方面的次数最少，而大城市的教师提到“成功的期望”和“奉献精神”的次数最少。方差分析发现，不同地区的教师只在“热爱教育、热爱学校、热爱本专业”存在明显的差异（$F=6.31$，$p=0.003$）。

（三）研究对中小学教师师德培养的启示

很显然，教师的师德观会对教师实际的教育教学行为产生很大的影响。在培养教师的教育教学行为时，应该注重对教师师德观的培养。根据研究结果，可以得到以下一些启示。

1. 应加强对中小学教师“严谨治学”态度的培养

研究结果发现，在师德的4个构成方面，我国中小学教师的认识和重视程度处于非常不平衡的状态，对“严谨治学”的认识和重视程度最低。这与我们平时对师德构成的强调是相符合的。正如本文前面提到的那样，在谈论师德构成成分时，很多人都只提到“爱岗敬业”“为人师表”“热爱学生”等方面，很少提到“严谨治学”，造成人们对“严谨治学”的轻视或者忽视。然而，严谨治学是教师师德构成的一个非常重要的方面，没有严谨治学的态度很难成为合格的有“师德”的好教师。

2. 应加强对中小学教师公平观的培养

研究发现，中小学教师提到“一视同仁”和“成功的期望”的平均次数均不足1次。在我们的编码系统中，“成功的期望”主要指教师是否能够关注差生，使差生也觉得自己是能够取得好成绩的。研究结果与我国中小学的实际情况相符合，也与本文前面提到的学生对所喜欢的教师类型的研究结果相符合。学生没有得到公平的对待，才会渴望来自老师的公平。学生能力有差异、成绩有高低、长相有区别、个性有不同，但这些都不应成为教师不公平对待学生的理由。作为教师，要努力去发现每个学生身上的优点和长处，让学生感受到来自教师对他的尊重和理解，这些是对学生作为一个人、一个独立个体而存在的价值的肯定。

3. 应加强对中小学教师科研能力的培养

研究发现，中小学教师提到“提高科研水平”的次数也不足1次。传统的教师是只管教书、教好书的教师，但是这种教师已经不适应时代对教师提出的新要求，时代呼唤新型教师的出现，即教师不仅要懂得教书，而且要懂得如何做科研。教师进行教科研是提高自身素质，提高教学质量的一条非常有效的途径。我们在遍布全国的3 000多个实验班中，大力提倡和鼓励教师进行教科研，现已经取得明显的成效。

4. 应加强对中等城市教师师德观的培养

研究发现，与农村和大城市的教师相比，中等城市教师的师德观在很多方面都处于较低的水平，在4个大的维度上，有3个方面提到的次数最少，而在16个小的方面，有10个方面提到的次数最少。得到这一结果的原因还需要进一步地探讨。但是，研究结果表明在今后的师德培养中，应加强这方面的工作。

(四)师德的影响因素

在完成这一课题的过程中，我们首先探讨了影响教师职业责任感的内外因素。对此，我们进行了深入的研究。就教师自身来看，有三个因素对其职业责任感有显著的正相关关系，即教师的职业价值观、对教育工作的成功期待和教育效能感，其相关关系(即一致性程度)分别为0.24**、0.69**、0.46**。[①]

我们从社会宏观条件、学校内部的客观状况、学校气氛、人际关系和总体环境影响五个方面考察了环境因素与教师工作积极性之间的关系。结果表明：社会宏观条件、学校客观状况、学校气氛、人际关系和总体环境影响都与教师工作积极性有显著的正相关，其相关系数分别为0.30**、0.23*、0.37**、0.30**、0.35**。这表明：社会宏观条件越有利于教育，学校的客观条件越好，风气越正，人际关系越融洽，教师的工作积极性也就越高。

为了进一步了解内外因素对教师工作积极性的真实影响，我们以三组预测变量进行多因素回归分析，考察这些变量对教师工作积极性的影响。这三组预测变量分

① * 表示 $p<0.05$，说明比较显著；** 表示 $p<0.01$，说明显著；*** 表示 $p<0.001$，说明十分显著。

别为：①教师特征变量：学历、教龄、学校类型；②教师心理水平：教育效能感、成功期待、职业价值观；③环境因素：教育工作为教师提供的发展条件、社会客观条件、学校客观状况、学校气氛、人际关系、师生关系。结果发现：教师教育效能感(X_1)、价值期待(X_2)、学校客观状况(X_3)等三个因素进入回归方程，各预测变量参与教师工作积极性的逐步回归后得到回归方程为：

$$Y=0.23413X_1+0.73670X_2+0.04677X_3+0.07908。$$

可决系数 $R=0.97400$，调整的可决系数为 0.94869，说明该方程对样本数据的拟合度很高，回归方程的显著性检验 $F=1152.39652$，$p<0.0001$，表明该回归方程回归效果很显著。回归结果表明，教师工作积极性与教师教育效能感、价值期待和学校客观状况之间存在显著的线性关系。教师工作积极性可以通过教师教育效能感、价值期待和学校客观状况三个因素进行预测，这个结果对我们培养教师、提高教师工作积极性有重要的借鉴意义。虽然，我们的结论证明，影响教师工作积极性的因素是非常多而且复杂的，但这些影响因素中，有些又是很难控制的，如社会宏观条件，我们很难在短时期内改变人们对教育工作的看法。我们处于“穷国办大教育”的状态，国家很难一下子投入大量的教育经费。但是，我们可以抓住那些我们可以控制、改变并对教师工作积极性有重大影响的因素，以求提高教师积极性，从而带动教育事业的发展。回归方程表明，我们可以通过改善学校的客观状况、提高教师的教育效能感、设法提高教师对教育工作的成功期待三个方面来提高教师的工作积极性，乃至整个师德。而这三个方面的改进是我们通过努力可以达到的。我们在国内二十多个省、市、实验点的研究结果证实了这一点，从某种意义上说，这也是我们研究的价值所在。

第三节

教师的知识

知识，是人类实践的产物，认识的成果和经验的结晶。

知识来源于社会实践。社会实践是人类一切知识的基础和检验知识的标准。知识的形成要以人类的语言为工具，知识借助于一定的语言，物化为生产劳动和社会变革产品的经验形式，用以交流或代代相传，成为人类共同的精神财富和精神文明。而教育正是运用这种知识来传承文化、培养人才。所以教育离不开知识，否则，教育就无内容可言；知识也离不开教育，否则，知识也就无从相传，不仅难以传递给下一代，而且也不能获得发展。知识与教育，两者是相辅相成的。

从中我们可以看出，作为教育者的教师，他们的知识是其从事教育教学工作的根本基础和前提条件。因此，教师的知识，是其重要的素质因素。

一、教师知识的结构

教师知识的研究开始于20世纪70年代，它是认知心理学应用于教师研究的一种表现。在70年代初期，一些研究明确地提出，教师的教学活动是一种认知活动。根据这种主张，教师知识作为教师认知活动的一个基础，就成为一个研究重点。

(一) 知识的分类

知识的分类很复杂，世界各国也没有一个统一的标准，我们根据多渠道对知识分类的依据，作如下的鸟瞰分析。

1. 依知识所反映对象的深刻性，可分为生活常识和科学知识

前者指生活的普通知识或平常的知识；后者指运用范畴、定理、定律等思维形

式反映现实世界各种现象的本质和规律的知识体系。

学校教育所涉及的知识，小学阶段以常识为主，但渗透以科学范畴；自中学起，尽管有一定的常识，但以科学知识为主。所有这一切就决定了教师知识的深刻性。

2. 依知识所反映层次的系统性，可以分为经验知识和理论知识

前者是知识的初级形态，与日常经验密切相联系，可界定为“前科学知识”；后者则是系统的科学理论，它是知识的高级形态。前者是后者的基础，后者是前者的发展。

学校教育，不论是小学、中学和大学，尽管都含有经验知识的不同成分，但基本上是有系统、有程序的科学理论，只不过不同学校，从小学到中学再到大学，其理论性越来越强，抽象概括程度越来越大。所有这一切，就决定了教师知识的理论性。

3. 依知识的具体来源，可分为直接知识和间接知识

知识虽可区分为直接知识和间接知识，但是从总体上说，人的一切知识都是后天在社会实践中形成的，是对现实的反映。

这里有几层意思，一是直接知识与间接知识之分，前者是指不经过逻辑推理就直接获得的知识，后者则是在经验基础上经过逻辑推导而获得的知识；二是知识的来源在于实践性，一切知识都是包含在人的实践活动之中的，是在实践活动中形成和发展的；三是知识从来源上分析，首先要承认客观规律性或现实反映性，与此同时，也要承认主观能动性，即承认人是认识和知识的主体，是实践活动的主人。

学校教育的对象是学生，学生在获得知识的过程中，尽管必须遵循人类认识活动的总规律性，但他们的认识活动要越过直接经验的阶段；学生的学习（或获得知识）是一种在教师指导下的认识活动；学生是获得知识的主体，学习动机是其认识活动的动力。所有这一切就决定了教师知识的广度和深度，决定了教师知识的实践性，决定了教师的知识结构中包含着对学生获得知识的认识。

4. 依知识的内容，可以分为自然科学（理科）知识、社会科学（文科）知识和思维科学知识，以及总括和贯穿于三个领域的哲学知识和数学知识

对于上述五种知识，我们不必作具体的解释。学校教育，文理往往是分科的，思维科学、哲学和数学往往也作为一门课程来教学。所有这一切，就决定教师的知识，既要有本体性知识，又要有广博的文化知识；既要向学生传授本体性知识，又要对学生进行科学方法论的教育。

5. 依知识的性质，可以分为陈述性知识和程序性知识

前者是关于“是什么”的知识，后者则是关于“怎么样”的知识。也就是说，我们不仅要知道有关事实方面的信息，还要知道如何把这些知识运用到某些过程中。

学校教育传授给学生的知识，既有陈述性知识，又有程序性知识，而且随着年级的升高，尤其是初中二年级以后，学生更要懂得如何运用自己所学的知识的问题。所有这一切，就决定了教师不仅要有关于学生“领会知识、巩固知识、运用知识”的知识，而且也要有条件性的知识，即指个体在什么时候、为什么以及在何种条件下才能更好地运用陈述性知识和程序性知识。

6. 依知识的功能性特点，可以分为情境性知识、概念性知识、程序性知识和策略性知识

情境性知识是指特定领域内所出现的关于具体情境的知识；概念性知识是关于事实的、静态的知识，指的是某一领域中所运用的概念及其原理，类似于陈述性知识;程序性知识所要揭示的“怎么样”，是指一系列的操作步骤；策略性知识，是帮助学习者组织问题解决的过程，帮助个体了解运用哪种策略可以解决问题的知识，策略一般可以理解为问题解决的一系列活动计划。

学校教育，离不开这四种知识。前三种都是具体的，适用于一个领域内的某一类型的问题；而策略性知识则适用于一个领域内的多种问题类型。在学校教育中，教师需要上述四种类型的每一种知识，这些知识构成了问题解决的基础。所有这一切，就决定了教师在完成学校教育的复杂任务解决中，知识所起的功用，并逐步把知识定位于具体问题的解决中。

（二）对教师知识结构的分析

教师的知识是指教师所具备的科学文化知识及其掌握程度，包括各种文化科学

的基础知识、专业学科知识、教育科学和心理科学知识。另外，教师在长期的教育教学工作中不断探索，总结出一套行之有效的课堂情境知识和解题知识。前者大多属于教师的间接知识，而后者属于教师的直接知识。

对于教师的知识结构，不同研究者有不同的研究角度或研究方式，因而也就有不同的理解。我们认为，从其功能出发，教师的知识可以分为四个方面的结构内容：本体性知识(subject-matter knowledge)、文化知识(cultural knowledge)、实践性知识(practical knowledge)和条件性知识(conditional knowledge)。这四个方面知识共同构成教师的知识结构。

1. 本体性知识

教师的本体性知识是指教师所具有的特定的学科知识，如语文知识、数学知识等，这是人们所普遍熟知的一种教师知识。知识要有事业与职业的目的，一个人最佳的知识结构，主要是以自己所从事的职业与专业为基础。一位教师的职业知识首先是精通自己所教的学科，教师购买资料，也首先是自己所教学科的书籍。学生的年级越高，教师的威信越取决于其本体性知识的水平。这种本体性知识有如下四个要求：一是对学科知识有一定的深度和广度；二是既懂得本学科的历史，又掌握该学科的新进展；三是与本学科相关的知识，例如有关学科的知识背景、实验知识、观察知识以及科学方法论方面的知识，等等；四是能把本学科知识变成自己的一种学科(学术)造诣，并能够清楚表达出来。教师扎实的本体性知识是其取得良好教学效果的基本保证，正因如此，人们认为，这些知识和学生成绩之间存在显著的正相关关系。于是，向被培训者传授本体性知识成为我国师资培训的中心任务。然而，实践证明这种培训方式存在很大的弊端，具有丰富的学科知识只是“基本保证”，而不是唯一保证，即光有本体性知识并不是个体成为一个好教师的决定条件。我们的研究表明，教师的本体性知识与学生成绩之间几乎不存在统计上的“高相关”关系。有几位颇有名的科学家，他们曾经是一些不合格的中学教师，教哪个班，哪个班乱，甚至被学生轰下讲台，这不就是生动的实例嘛！因此，我认为，教师的本体性知识一定要有，但达到某种水平即可，多了对教师的教学并不一定起作用。

2. 文化知识

教师的工作，有点像蜜蜂酿蜜，需要博采众长。为了实现教育的文化功能，教师除了要有本体性知识以外，还要有广博的文化知识，这样才能把学生引向未来的人生之路。在学校里，知识渊博的教师往往赢得学生的信赖和爱戴，因为教师丰富的文化知识，不仅能扩展学生的精神世界，而且能激发他们的求知欲。学校中各门学科的知识总是紧密联系的，俗话说，“文史不分家”“数理化是一体”，说的就是这个道理。社会发展到今天，我们更应强调“文理交融”，提倡文科的教师懂理，理科的教师懂文，这样才能适应知识爆炸时代思想活跃、见多识广的学生的需要。我们认为，学生的全面发展，在一定程度上取决于教师文化知识的广泛性和深刻性。当然，教师的文化知识修养具有很大的个体差异，因此，我主张每一位教师都要发挥自己的一技之长。擅长创作的教师，可以用创作丰富学生的想象力；爱好诗词的教师，可以用诗词的魅力来启发学生；有音体美特长的教师，可以借之参与引导学生全面发展……我们体会到，一位教师，除了本体性知识以外的广博的知识，对于其取得最佳的教育效果，具有与本体性知识同等重要的意义。

3. 实践性知识

教师的实践性知识指教师在面临实现有目的的行为中所具有的课堂情境知识以及与之相关的知识，或者更具体地说，这种知识是教师教学经验的积累。教师的教学不同于研究人员的科研活动，具有明显的情境性。我们的研究表明，专家型教师面对内在不确定性的教学条件能作出复杂的解释与决定，能在具体思考后再采取适合特定情境的行为。在教育教学工作中，很多情况需要教师机智地对待，这种教育教学的机智不是一成不变的，在某种情况下适宜的和必要的方法，在另一种情况下可能就是不恰当的。只有针对学生的特点和当时的情境有分寸地进行工作，才能表现出教师的教育教学机智来。在这些情境中教师所采用的知识来自个人的教育教学实践，具有明显的经验性。而且，实践知识受一个人经历的影响，这些经历包括个人的打算与目的以及人生经验的累积效应。所以这种知识的表达包含着丰富的细节，并以个体化的语言而存在。显然，关于教学的传统研究常把教学看成一种程式化的过程，忽视了实践知识与教师的个人特点，这种传统研究限制了研究成果的运用。

4. 条件性知识

教师的条件性知识是指教师所具有的教育学与心理学知识。这种知识是广大教师所普遍缺乏的，也是我们在教改实验中所特别强调的。条件性知识是一个教师成功教学的重要保障，在我们的“学习与发展”理论中，第一条指导思想是：“儿童、青少年的心理发展规律是教育实践和教育改革的出发点。”在研究中，我们把教师的条件性知识具体化为三个方面，即学生身心发展的知识、教与学的知识和学生成绩评价的知识，并据此编制了“教师职业知识量表”，以测定教师的条件性知识的水平。我们的研究表明，无论职前教师还是职后教师，他们对条件性知识的掌握都不够好，这是非常值得我们深思的。

我们的研究旨在从不同的角度来理解教师知识，以明了“一桶水”和“一杯水”之间的关系与性质。且对这“一桶水”与“一杯水”作出新的诠释，因为随着信息时代知识迅速发展的特点和学生多渠道获得知识，尤其是新知识的可能性，教师这“一桶水”，不是“死水”，而是取之源源不断的流水，给学生的也是长流不息的“新水”。因此要注重研究和更新教师知识的性质、范式、组织和内容。我们希望发现教师是如何把掌握到的某一学科的内容传授给学生的。已有的研究表明，教师把他们已具有的学科知识与课堂的具体情境结合起来，形成一种与行为有关的知识。所以教师应该把自己有关的知识、学校里的资料、演示材料、学生的兴趣、学生的知识背景等结合起来。从某种意义上说，教学的中心任务就是对学科作出教育学的解释，这种解释要依据学生对该学科的掌握情况，考虑到学生对该学科已有的知识和错误的理解。正如杜威(J. Dewey)早就指出的那样，科学家的学科知识与教师的学科知识是不一样的，教师必须把学科知识“心理学化”，以便学生能理解。所以他强调教师学习心理学，“学校是个应用心理学的实验室”。①

二、对当前我国中小学教师知识状况的研究

当前我国中小学教师的知识状况如何，这是值得研究的一个重要课题，对此，

① 赵祥麟、王承绪编译：《杜威教育论著选》，上海，华东师范大学出版社，1981。

我们曾承担了教育部师范司的研究项目，对当前我国中小学教师的基本情况，特别是知识状况进行了调查。

(一)调查结果与分析

我们课题组主要围绕教师的本体性知识、实践性知识和条件性知识三个方面，开展了一些初步的探索，其结果及分析如下。

1. 教师本体性知识及相关的研究

教师的本体性知识是教学活动的基础，在教学活动中，一切努力又都是围绕着本体性知识的有效传授。教学的最终绩效是用学生掌握的本体性知识的质量来衡量的。正因如此，我们有必要了解中小学教师学历的“达标”情况和相关“绩效”的研究，以便了解我国中小学教师本体性知识的现状。

(1)中小学教师学历的达标率

教师的学历，从一个侧面反映了其本体性知识的水平。按照《教师法》规定的标准，据当时的全国性最新统计(现在相关数据已有很大变化)，小学教师的学历合格率(中师毕业)为93%，初中教师的学历合格率(大专毕业)为84%，高中教师的学历合格率(大本毕业)为60%。

但当时的统计数据显示(现在相关数据已有很大变化)全国各地极不平衡，北京、上海、浙江、广东、江苏、辽宁等省市大力开展诸如“五六一”工程的工作，并已取得很大的成效，即到20世纪末，已有50%以上的小学教师学历大专化(有的已达大本水平)；60%以上的初中教师学历大本化；10%～15%的高中教师拿到硕士学位，或已经在硕士研究生课程班结业。然而，我国的中西部与东部、农村与城市相比差异十分显著，个别省小学、初中和高中教师学历指标达标率仅为65.7%、17%和26.6%，而这些省的农村学校教师的达标率更低。这种区域差异在一定程度上影响了我国整体教师的知识层次水平，尤其是影响本体性知识的水平。

(2)中小学教师教学绩效与本体性知识的研究

20世纪90年代初我们调查结果表明，①中小学教师教学绩效、本体性知识和其学历具有一致性，因此师范院校，尤其是高师毕业生总的分配趋势是需大于供。

②高师毕业生本体性知识的深度，好的为54.6%，一般的为43.4%，差的为2%；运用本体性知识，好的为53.6%，一般的为44.1%，差的为2.3%；教学能力，好的为63%，一般的为34.3%，差的为2.7%。①

2002年肖丽萍的博士论文中对达标中小学教师的培训需求作了分析，第一位是信息技术；第二位是英语和与本体性知识有关的新科技内容；第三位是条件性知识。从中可以看到，中小学教师的需求中，并未把补充本体性知识放在重要的维度，换句话说，“达标”教师的本体性知识基本上能胜任教学任务，真正缺乏本体性知识的是未达标的少数教师。这个结论与上边结论具有一致性。②

2. 教师实践性知识及相关的研究

对教师的实践知识的研究往往是通过对其课堂知识来实现的，课堂知识的研究是要将各种不同的教学情境中的教师知识在一般意义上系统化，该研究的理论依据是生态学观点和图式理论。生态学观点注重环境的要求以及这些要求对思维和行为的影响，图式理论则是通过知识组织和理解过程将知识与环境中发生的事件联系起来,从而使个体的知识结构与所在情境中的情境结构在功能上协调一致。课堂知识将不再是从外部课程或从研究中推断的命题知识，而是一个“情境化知识”，是基于课堂事件的一般经验知识。课堂知识研究的中心结构是“任务”。任务是个体与环境形成联系的中介，个体通过完成任务来同化、顺应自己的认知图式。任务的特征包括：要实现的目标、一系列情境或给定的条件，以及能够用于实现目标的材料。教师在课堂中建立和维持秩序以及让学生掌握课程内容，运用其知识解释任务和事件，并把这些理解与教学任务的不同结果联系起来，成为处理不同课堂事件的决策依据。

在关于教师实践性知识的研究方面，申继亮和鲁志鲲对不同年龄、不同教龄的教师的“结构不良问题”处理方式方面进行研究(1993)。③ 该项研究的对象是职前教师(师范生)和职后教师(专职教师)。年龄跨度从19岁到55岁，教龄从0到十几

① 北京师范大学调查组：《关于高等师范毕业生分配使用情况的调查报告》，载《高等师范研究》，1990(3)。

② 肖丽萍：《教师专业发展：中小学教师培训需求研究》，北京师范大学博士论文，2002。

③ 鲁志鲲：《成人日常问题解决的研究》，北京师范大学硕士论文，1993。

年。变量分组为：按教龄分为三组(0 年、10 年以内和 10 年以上)，每组平均受教育的水平控制在 13 年到 14 年，每组至少 30 人。实验材料是关于教学中人际冲突情境问题的调查问卷。涉及师生间、教师间和教师与家长间的冲突情境。按照被试处理问题方式分为：冲突反应、抑制反应、移情和自主四种水平。实验结果表明：三个教龄组之间得分的总体平均水平差异显著($F=5.460$，$p<0.01$)。实验得到的结论为：对教师处理好教育教学问题，尤其是各种冲突(如课堂冲突、教学冲突、人际关系冲突等)影响显著的因素是教龄，丰富的教学经验对处理问题、组织好教学肯定是有利的，这在一定程度上将影响教学的有效性。这就是我们前面所提出的观点：有经验的教师可以运用自己的知识，认清当前的情境，引发过去的经验，并产生符合这种情境的行为。该实验还有另外一个重要发现，即各个分组间尽管差异显著，但组内的得分方差值并不小。这表明在不同的教龄组间，得分也有差异。即参加工作时间短、教龄低的被试也存在对“结构不良问题”处理方式比较好的情况。这表明我们的另一个观点：对专家型教师从实践中获得的经验加以结构化、系统性总结所形成的理论是可以为新手习得的。

3. 教师条件性知识及其相关研究

教学过程是教师将其具有的学科知识转化为学生可以理解的知识的过程。在此过程中使用教育学和心理学规律来思考学科知识，对学科知识的重组和表征是现代教育科学的基本要求。

在关于教师条件性知识的研究方面，我们对北京、宁波两地的 298 名中学教师(其中男教师 142 名，女教师 156 名和来自首都师范大学的 48 名职前教师)在教育学、心理学方面的条件性知识进行了状况调查。对这些被试还统计了有关的学历、所教的年级、所教的科目、进修情况、进修内容中教育学、心理学课程情况等。调查首先对全部被试在学生身心发展的知识、教与学的知识和学生成绩评价的知识 3 个成分方面进行了研究。结论是 3 方面知识成分的相关程度都非常高(显著水平均 $p<0.001$)，这表明对被试来说，作为条件性知识的 3 个方面成分发展是均衡的，但被试对教育学、心理学知识的掌握情况不令人满意。3 部分知识成分的得分若折合为百分制则及格率很低，可见表 4-3：

表 4-3　中学教师条件性知识掌握情况(%)

	50 分以下	50~60 分	60~70 分	70 分以上
学生心理发展	47. 1	27. 5	22. 7	2. 1
教与学	24. 1	30. 3	38. 0	7. 9
学生成绩评估	33. 2	36. 0	24. 2	6. 6
总得分	23. 2	38. 0	36. 1	2. 7

注：被试的得分已转换为百分制。

我们进一步以性别、所教科目、所教年级、地区、是否进修过和是否有教学经验等分别为自变量(因素)，考察了这些因素对教师条件性知识的影响。检验结果表明，被试在教育学、心理学知识方面的条件性知识掌握与性别、所教科目、所教年级、地区、是否进修过等因素无关，这些因素的影响均不显著，只有职前职后差异性比较显著。这个结果至少在两个方面值得我们注意：首先，培训前后没有差异，反映出培训对教师条件性知识的获得没有显著作用。其次，没有教学经验的职前教师条件性知识匮乏，这反映了师范教育传授的条件性知识还不能适应教育教学实际的要求。师范生的教育学、心理学基本理论知识水平要在相当一段时间的工作后才能达到在职教师的水平。这说明我们目前的师资培训方式有待改进。

究其原因，我们认为有以下几个：①师范院校教育、心理学类课程所占比重偏低；②从教育、心理学课程的内容来看，纯理论知识较多，与教育、教学实践直接联系的知识偏少；③从教学方法来讲，偏重书本讲授，不注重运用理论知识来分析教育、教学实例，致使理论与实践相脱节，不能学以致用。在上述原因中，我们认为课程设置问题是根本。目前，我国高师中教育类、心理类课程设置，无论是开课门数，还是授课时数都是偏低的。与国外教师职前教育培训内容相比，我们的教育类、心理类课程设置也是偏低的(见表 4-4)。

表 4-4　中外中等教育教师职前培训内容比较①(%)

国　家	学科教育	教育理论	教育实践
德　国	85	10	5
埃　及	65	30	5
美　国	63	25	12
法　国	75~89	11~25	
印　度	75	8	15
日　本	90	7	3
菲律宾	80	12	8
英　国	50	35	15
瑞　典	75	10	15
摩洛哥	75	18	7
中　国	90~92	5~6	3~4

(二)对初步调查的感受

通过初步调查，我们有两点感受，特提出讨论。

1. 教师各种知识之间存在着功能密切的关系

通过上述调查，除了获得基本情况之外，我们感受到上述三个方面对教师知识结构建立了彼此之间的功能关系：教师的本体性知识是教学活动的实体部分。在教育教学活动中，教师为把本体性知识有效地进行传递，就需要结合教学对象的特征对学科知识作出符合教育科学和心理科学原则的解释，以便教学对象能够很好地接受和理解。因此，一方面，教师的条件性知识对本体性知识的传授起到一个理论性支撑作用。另一方面，出于教学情境的具体特征，教师的间接知识是有一定局限的，它很难涵盖所有教学情境。而从有经验的或优秀教师解决问题方式的研究中可

① 苏真：《比较师范教育》，384 页，北京，北京师范大学出版社，1991。

以得出一种观点，他们解决问题往往是靠“直觉”或称“再认”，即不完全靠推理。他们的经验作为其直接知识往往可以缩短推理过程，并对特定情境的处理和疑难问题的解决起指导作用。因此，也可以说教师实践性知识对本体性知识的传授起到一个实践性指导作用。一名有经验的或优秀教师不能仅仅具备本体性知识，因为他面临的是教与学这样一个交互过程。条件性知识可以解决教学过程处理问题的原则，而实践性知识则可以解决教学过程处理问题的方式方法。当然，除了上述三方面的教师职业知识之外，教师的文化素养，或者说是教师的文化知识，我们未能调查其现状，但它也是值得重视的教师知识的成分。

2. 要一分为二地看待教师知识结构的特点

教师的知识结构是其在接受职前正规教育、职后继续教育以及实际工作中的各式各样学习积累基础上形成的。因此，我们必须肯定两点：一是我国基础教育的成绩与水平，与教师拥有合理的知识结构及其水平是密切相关的，广大教师兢兢业业，职前职后求取知识，这是一种敬业的精神，是一种主流；二是当前教师知识结构的特点与我国的教师教育体制与内容是密切相关的，例如，教师的条件性知识不理想，如上所述，应该修订职前职后的教育内容，而不能责怪教师本人。

与此同时，我们也看到我国中小学教师的知识结构存在着下面三个问题：一是知识不合理，即教师所掌握的各类知识所应达到的水平、发挥的功能与高质量完成教学活动的要求不一致；二是区域性差异严重，开展“教育扶贫”亟待解决；三是知识更新落后于时代要求，这一要求具体反映在教师身上，对其知识的更新提出更为迫切、更为快速的要求，这是因为教育应具有超前性。

三、教师知识的认知机制

如上所述，20 世纪 70 年代国际上掀起对教师知识的研究，缘起是认知心理学的“教师的教学活动是一种认知活动”的观点。作为教师教学的前提条件的知识，其认知活动的机制是什么？衷克定的博士论文“关于专家型教师与新手型教师认知结构特征的对照性研究和计算机模拟系统”(1999)，以物理教师的知识结构为研究基础，对认知活动的机制作了探索。

(一)教师知识的认知结构

整个研究利用计算机模拟系统探讨教师知识的认知结构的结构特征，结论是，教师知识的认知结构是具有一定层次的心理结构。对物理教师知识的认知结构，可以归为三方面的知识结构(见图 4-2)。

1. 教师认知结构的结构

图 4-2 显示，教师认知结构，从知识的角度分析，包括陈述性知识、程序性知识、策略性知识。由于陈述性知识主要强调“是什么”，例如概念、术语、定义、定理和公式等，所有教师对这些大同小异，所以研究者不作深入分析，分析的是程序性知识和策略性知识。

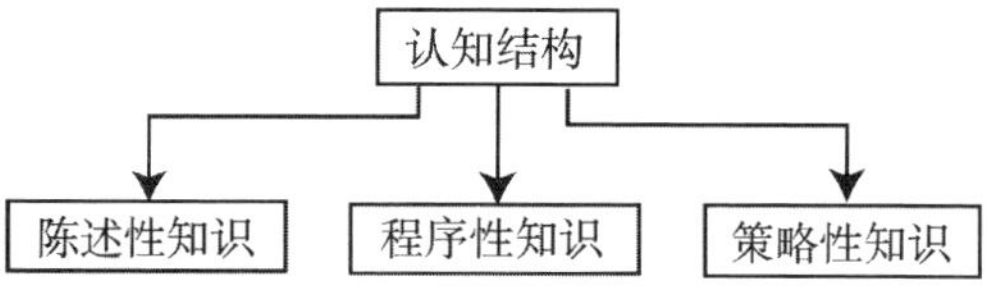

图 4-2　教师认知结构的结构

2. 教师程序性知识结构

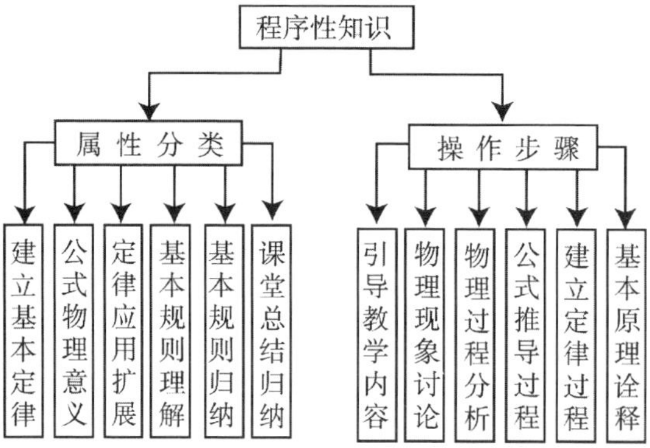

图 4-3　教师程序性知识结构

由图 4-3 可见，教师的程序性知识的结构特征，反映出教师在各教育教学环节中对知识的认知水平。主要表现在关于模式识别的属性分类和关于概念组合的操作步骤方面。

3. 教师策略性知识结构

由图 4-4 可见，教师策略性知识包括三个子维度：思维导向策略、知识同化策略和过程监控策略。思维导向策略体现在教师的教育教学活动中，教学思想与内容表述的明确性、教学步骤与行为的目的性、教学方法与手段的综合性以及教学结论的提高性。知识同化策略体现教师在教育教学活动中，先决知识的利用率和基本原理地位的显著性。过程监控策略体现在教师对自己教学活动的计划和准备性、评价性和反馈性、调节性和校正以及课后反省性。

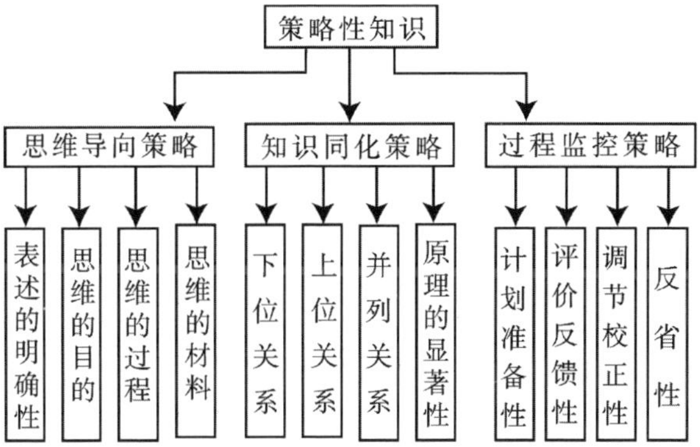

图 4-4　教师策略性知识结构

(二)教师程序性知识的发展及其影响因素

衷克定先研究了教师的程序性知识的影响因素，然后研究其发展的特点。

1. 对教师程序性知识影响因素的研究

以教龄、学历和学校类别为影响因素检验北京 6 个区 59 名物理教师对程序性知识的影响。由于某些项被试数量较少，因此多因素方差分析只能讨论各个因素单独作用的影响结果。结果见表 4-5：

表 4-5　程序性知识的影响因素分析

程序性知识	教龄		学历		学校类别	
	F	p	F	p	F	p
属性分类	6. 319	0. 000	0. 037	0. 305	1. 074	0. 305
操作步骤	4. 307	0. 005	0. 602	0. 442	0. 948	0. 335

从表 4-5 中的数据可以得知，被试教师的教龄对两种程序性知识的影响都是显著的，其显著水平都小于 0. 05。教师的学历和学校类别对两种程序性知识的影响不显著。因此，教师的教龄就成为研究其程序性知识发展的主要自变量。

2. 对教师程序性知识水平发展特点的研究

总体样本在程序性知识水平的发展变化上呈递增趋势，即教师程序性知识随教龄变化而发展。（见图 4-5）

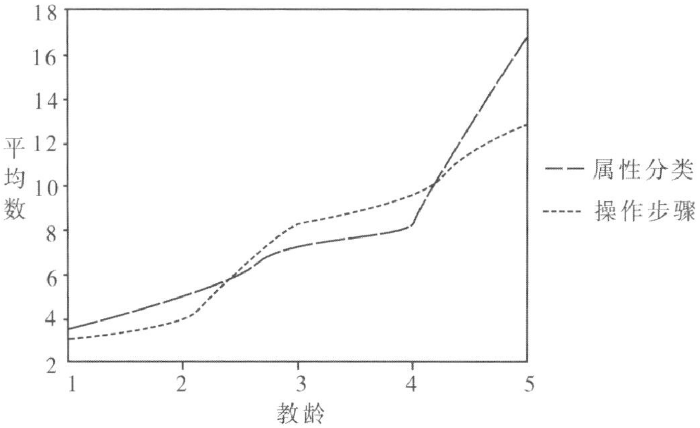

图 4-5　教师程序性知识的发展演化图

具体表现在如下三个方面：

（1）程序性知识总体水平在参加教师工作之初几年是平缓递增的。五年以下教龄年轻教师的程序性知识的总体水平并不高，但逐年上升。

（2）在五年左右教龄的教师由于教学实践逐渐增多、理论水平日趋提高、自身经验不断总结，不仅程序性知识的总体水平明显高于五年以下的，而且最后一两年的变化梯度也明显高于前三四年。

(3)对不同教龄的教师程序性知识水平分布的平衡性比较。由于平均数的差异性反映的仅仅是变异的水平差异，而心理差异特征的表现不应当只由水平差异来反映，不同因素水平样本分布的方差差异能够反映样本的变异率情况。

(三)教师策略性知识的发展及其影响因素

束克定等人采用的效应值方法更能全面地描述差异的各种表现形式，通过效应值比较可以反映因素作用的差异大小。① ω^2 效应值法用以比较不同因素，如：教龄、学历和学校类别，分别对策略性知识影响的重要程度。d 效应值法用以比较某一影响因素，如：教龄，对各个不同策略性知识影响的强度。差异性的效应值检验方法比方差分析法所要求的条件更为严格。另外，考虑到在一些教育学、心理学研究中，更为重要的不是平均数的差异，而是变异数，如：方差、标准差等的差异，本研究将通过对标准差的讨论分析总体样本策略性知识的发展规律和变异规律。

1. 比较不同影响因素对策略性知识影响的重要程度

影响因素学校类别、学历和教龄在不同水平下的 ω^2 如表 4-6 所示。其中：学校类别的不同水平为重点中学和普通中学的教师，学历的不同水平为本科毕业和大专毕业，教龄的不同水平为三年教龄以下的和三年教龄以上(不含三年)的教师。

表 4-6　三种策略性知识的 ω^2 效应值检验

策略	学校类别		学历		教龄	
	t 值	ω^2	t 值	ω^2	t 值	ω^2
策略一：思维导向策略	2.28	0.068603	0.46	−0.01403	3.60	0.173434
策略二：知识同化策略	0.65	−0.01024	0.28	−0.01643	4.46	0.248929
策略三：过程监控策略	1.15	0.005626	0.18	−0.01727	2.75	0.103245

效应值大小的显著度水平指标的确定是研究者们根据大量研究分析确定的一个

① 束克定、张溉：《教师策略性知识的发展规律及影响因素研究》，载《心理科学》，2000(4)。

公认标准，即 ω^2 越大，表明差异越显著。通常超过 0.04 就可以认为差异存在。从表 4-6 中数据可以看出，在三种影响因素中：学校类别仅对思维导向策略的 $\omega^2>0.04$，对其他策略性知识的 ω^2 值都很小。学历对三种策略性知识的效应值 $\omega^2<0.04$，而教龄的三个 ω^2 值都很大。其结果表明：只有教龄对三种策略性知识的影响都是显著的。上述结论与采用多因素方差分析(数据略)的结果完全一致。

2. 教龄对不同策略性知识影响程度的比较

运用 d 效应值检验法比较主要影响因素——教龄，对三种不同策略性知识影响的重要程度。由于教龄因素有五种水平，在此将影响因素的各个水平的 d 值用样本数作为权重，求 d 的加权平均值(格拉斯曼-亨特 1982)，并对其进行比较(见表 4-7)。

表 4-7　三种策略性知识的 *d* 效应值检验

教师教龄	思维导向策略	知识同化策略	过程监控策略
一年与两年	0. 289931	0. 229805	0. 12222642
两年与三年	0. 249132	0. 37883	0. 15566
三年与四年	0. 186632	0. 29805	0. 018868
五年与五年以上	0. 803819	0. 764624	1. 04717
d 效应值加权平均值	0. 614754	0. 657058	0. 55871

对表 4-7 所示的 d 效应值检验结果可以作如下讨论：

(1)教龄作为策略性知识的一个影响因素，其 d 效应值加权平均值表明：教龄的影响是显著的。通常 d 效应值在 0. 5 就可以认为“差异明显”(许燕，1997)，这与用方差分析产生的结论相同。教龄的影响显著，表明策略性知识的形成有赖于教学经验的积累。

(2)从 d 效应值的加权平均值的差异可以看出，教龄对于三种策略性知识的影响作用并不相同。在策略性知识的发展过程中，知识同化策略随教龄的变化较为突出，思维导向策略变化次之，而过程监控策略受教龄的影响相比之下最低。

(3)从三种策略性知识发展的过程来看，在工作的最初几年变化并不突出，随着教学年限的增加，在五年左右的时间出现了一次较大的变化，d 值很大。因此可以看出：教龄作为策略性知识的一个影响因素，其影响的高峰发生在从教五年左右的时间。

3. 对总体样本水平发展变化的研究

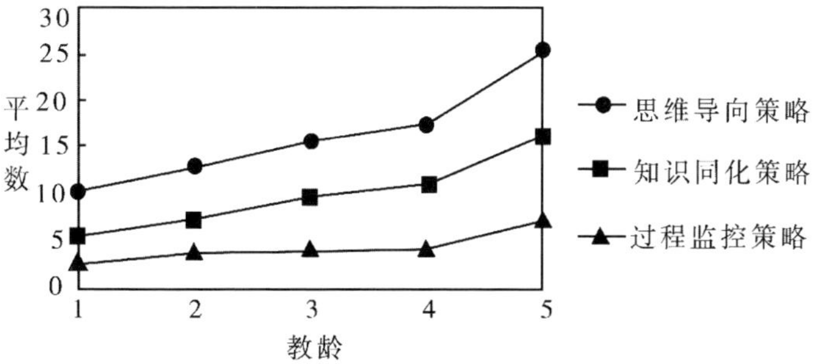

图 4-6　三种策略性知识的总体水平与教龄变化的关系

(1) 由图 4-6 可以看到：在参加教师工作最初几年，三种策略性知识得分的总体水平都不高，但其发展变化呈逐年递增趋势。

(2) 五年及以上教龄的教师由于教学实践逐渐深入、理论水平日趋提高、自身经验不断总结，三种策略性知识的总体水平明显高于五年以下的教师。

(3) 由于平均数的差异比较反映的仅是水平的差异，而心理差异特征的表现不应当只由水平差异来表现，不同因素水平样本分布的标准差差异能够表现样本的个体差异情况。对不同教龄的教师策略性知识水平分布的平衡性比较可通过方差或标准差来反映。(见表 4-8)

表 4-8　教师策略性知识的标准差随教龄变化

教师教龄	思维导向策略	知识同化策略	过程监控策略
一至两年	5. 7266	3. 7401	1. 8254
三至四年	9. 5149	5. 8671	3. 4744
五年及以上	12. 7993	7. 3817	6. 0415

第五章

教师的素质(二)

在教师素质的结构中，有一种素质可以称之为才华，即教师的教育能力。教师的教育能力，有广义和狭义之分，广义的教育能力所包括的范围非常广泛，有人将其归为七种能力，有人将其归为九种能力，可谓见仁见智。当然，归纳为多少种能力，都是一位合格教师所必备的，这其中，有的是一种内在的潜能，有的是教师外在的行为表现。我们将其概括一下，无非是两种能力，一种是教师的教学能力，一种是狭义的教师的教育能力(又称教师的德育能力)，这两者加起来构成合格教师教书育人的才华。这种才华的核心成分是什么呢？我们从自己的思维结构观出发，认为其核心为自我监控能力。它表现为教师在教育教学活动中的那种“知其然，又知其所以然”的品质，这种监控能力是教师从事教育教学活动的核心要素。

本章中，我们要通过对教师的教学能力、教育能力和监控能力的分析，论述教师的才华。

第一节

教师的教学能力

教师的工作主要表现在教学上，尤其是课堂教学上，因此教师素质突出地表现在其教学行为上。换句话说，教学行为是教师素质的外化形式，它既是一种技术，更是一门艺术。

教学是教师组织和指导学生的认知、达成教学目标的师生共同活动，在这一活动中，教师的教学行为起着关键的作用。一个教师教学效果的好坏，直接地决定于其教学行为的合理与否。虽然我们强调教师的知识、观念、工作积极性和教学监控能力对其教学的作用，但很明显，这些因素必须通过教师的教学行为体现出来。学生也是通过教师的教学行为，来理解教师的要求、掌握知识、发展自身能力、培养健康的个性品质的。因此，调整教师的教学行为，使之有利于教学任务的完成，有利于学生的全面发展，就成为教师教学成败的关键因素。

在国际教育界和心理学界，对教师的教学及其能力课题展开了广泛而深入的研究，皮亚杰、奥苏贝尔、加涅等诸多名家，都对这个课题进行了探索，且有大量的论著。最近由中国轻工业出版社推出“基础教育改革与发展译丛”的“教学模式与方法系列”，反映了国际学术界对教学课题的重视。

教师的教学行为可以从以下六个方面的指标来衡量：一是教学行为的明确性，即教师的教学行为是否明确；二是多样性，即教师的教学方法是否灵活、多样，调动学生学习积极性的手段是否有效；三是任务取向，即教师在课堂上的所有活动是否是围绕教学的任务进行的；四是富有启发性，即教师的课堂教学对学生能否启而得法，所谓启发性教学的实质是做到后次复习前次，在原有知识结构上产生新的学习需要，以旧知识同化新知识，做到“新课不新”，启而得法；五是参与性，即在课堂教学中，班上的学生是否都积极地参与到教学活动中去；六是及时评估教学效果，即教师能否及时掌握学生的学习状况和课堂中出现的问题，并根据此调整自己的教学节奏和教学行为。如果一个教师能做到以上六个方面，那么他的教学行为应是非常恰当的，教学效果必然会很好。

对于教师的教学能力，我们想从下边三个方面来讨论：教师教学能力的理论模式；教师教学的基本功；教师掌握现代化教学技术的能力。

一、教师教学能力的理论模式

20 世纪 80 年代初，我们曾在理论上探讨了教学实质与教师的教学能力，那时更多的是强调教学能力是以一般认识能力为基础，同时又借助教学活动所表现出来的特殊能力。①

但是，对这个问题作实际调查又进行系统理论分析者是申继亮②，下面三个方面的研究，主要是他对我们课题组的贡献。

(一)对教育实际工作者的调查

教学实际工作者是如何看待教师的教学能力，这是构成我们对教师教学能力理论分析的基础。

我们曾对中小学教师关于教学能力构成的看法进行了调查，利用开放式问卷让教师们描述教学能力的构成成分，并让中小学教师评定各项教学能力的重要性程度，最后得到如下结果(见表5-1)：

表5-1　中小学教师关于教学能力构成的看法及对各项能力重要性的评述

序号	小学教师		中学教师	
	教学能力	重要性等级	教学能力	重要性等级
1	语言表达能力	1.14	语言表达能力	1.16
2	组织教学能力	1.21	组织教学能力	1.25
3	培养学生良好学习习惯的能力	1.26	调动学生学习积极性、学习兴趣的能力	1.28
4	全面掌握运用教材的能力	1.27	传授知识的能力	1.36
5	调动学生学习积极性、学习兴趣的能力	1.29	启发学生思维的能力	1.38
6	应变能力	1.34	分析处理教材的能力	1.40
7	思想素质、敬业精神	1.35	应变能力	1.42
8	概括能力	1.42	因材施教的能力	1.46

① 林崇德、傅安球：《学龄前儿童心理发展与早期教育》，北京，北京出版社，1982。
② 申继亮、王凯荣：《论教师的教学能力》，载《北京师范大学学报》，2000(1)。

续表

序号	小学教师		中学教师	
	教学能力	重要性等级	教学能力	重要性等级
9	备课能力	1.44	创造性地设计教学过程的能力	1.46
10	知识结构	1.44	洞察学生心理变化的能力	1.47
11	设计问题的能力	1.45	渊博的知识(知识面广、水平高)	1.53
12	渊博的知识(知识面广、水平高)	1.47	思维能力	1.53
13	因材施教的能力	1.48	概括能力	1.56
14	培养学生自学能力	1.55	教师的兴趣爱好	1.57
15	教师的兴趣爱好	1.61	及时发现、纠正学生错误的能力	1.57
16	教学反馈能力	1.61	阅读理解的能力	1.60
17	洞察学生心理变化的能力	1.63	设计问题的能力	1.64
18	积累经验教训的能力	1.64	教学反馈能力	1.71
19	实验操作的能力	1.64	实验操作能力	1.72
20	板书的能力	1.84	教学诊断能力	1.80
21	留作业的能力	2.03	控制自我情感的能力	1.86
22			教具演示的能力	1.87
23			科研、教研能力	1.87
24			板书能力	1.91
25			把握相关学科发展并渗透到本学科的能力	1.99
26			写作能力	2.15

注：①重要性等级越低，越重要。②各种教学能力的顺序按重要性由高到低排列。

由表5-1可以看出，教育实际工作者所提出的教学能力构成是相当丰富而具体的，且在一定程度上解释了各项教学能力在教学活动中的相对重要性。

(二)理论设想

从理论上分析，我们将教学能力设想为如图5-1的结构，即认为教师的教学能力应由教学能力的智力基础、一般教学能力和具体学科教学能力三个成分组成。

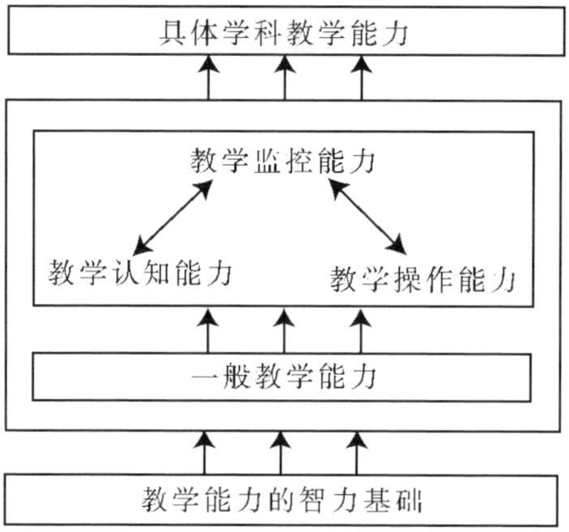

图5-1　教学能力结构模式

这里的教学能力的智力基础，是指智力结构和智力活动的基础。有关人的智力结构及其活动的理论，我们将在下一篇再展开，有关具体学科教学能力，是指诸如语文、数学、科学、历史、地理等各科的教学能力。但我们认为，本模式的中间部分最重要，这就是一般教学能力。

所谓一般教学能力，是指各式各样的教学活动所涉及的能力，它可以归结为三种：即教学监控能力、教学认知能力、教学操作能力。

1. 教学监控能力。它是指教师为了保证教学的成功，达到预期的教学目标，而在教学的全过程中，将教学活动本身作为意识的对象，不断地对其进行积极主动的计划、检查、评价、反馈、控制和调节的能力。这种能力是教学能力诸成分中最高级的成分，它不仅是教学活动的控制执行者，而且是教学能力发展的内在机制。对这个问题，我们在本章第三节会详细论述。

2. 教学认知能力。它主要是指教师对教学目标、教学任务、学习者特点、教学方法与策略以及教学情境的分析判断能力。主要表现为：①分析掌握教学大纲的能力；②分析处理教材的能力；③教学设计能力；④对学生学习准备性与个性特点的了解、判断能力等。在教学能力结构中，教学认知能力是基础，它直接影响到教师教学准备的水平，影响到教学方案设计的质量。

3. 教学操作能力。它主要是指教师在实现教学目标过程中解决教学问题的能力。从教学操作的手段(或方式)看，这种能力主要表现为：

①教师的言语表达能力，如语言表达的准确性、条理性、连贯性等；

②非言语表达能力，如言语的感染力、表情、手势等；

③选择和运用教学媒体的能力，如运用教具的恰当性。

从教学操作活动的内容看，这种能力主要包括：

①呈现教材的能力，如恰当地编排呈现内容、次序，选择适宜的呈现方式等；

②课堂组织管理能力，如学生学习动机的激发，教学活动形式的组织等；

③教学评价能力，如及时获取反馈信息的能力，编制评价工具的能力等。

上述三种能力互为关联，教学监控能力分别与教学认知能力、教学操作能力直接相关，而教学认知能力与教学操作能力的联系往往是通过教学监控能力而实现的。

(三)教学能力的动态分析

教学能力是在教学活动中形成、发展、表现出来的，因此，要深刻认识教学能力，还必须从教学活动过程的角度来分析教学能力。教学活动在时间顺序上可以分为教学前、教学中、教学后，针对每阶段活动的内容、能力表现，我们提出如下模式图(见图5-2)。

二、教师课堂教学的基本功

如果说教学是一种技术加艺术，那么这种技术和艺术主要表现在教师课堂教学的基本功上。我们课题组坚持“教无定法，选有法则”的观点。为了提高课堂教学的效果，我们从上述教师教学行为的六个标准出发，根据北京老教师朱丹先生提倡的教学思想，将课堂教学方法作了改进，提出一系列“原则”的规定，要求我们课题组

的实验班教师，选择备课、讲课和处理好若干关系的规范以提高教师课堂教学的基本功。（见图 5-3）

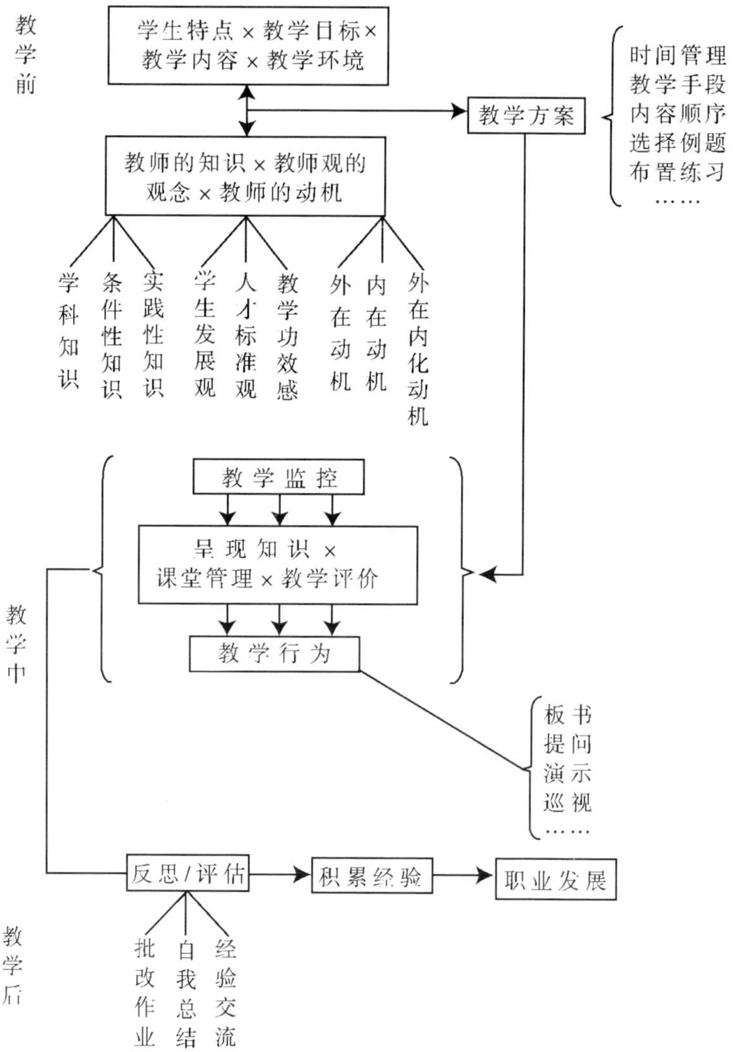

图 5-2　教学能力动态模式

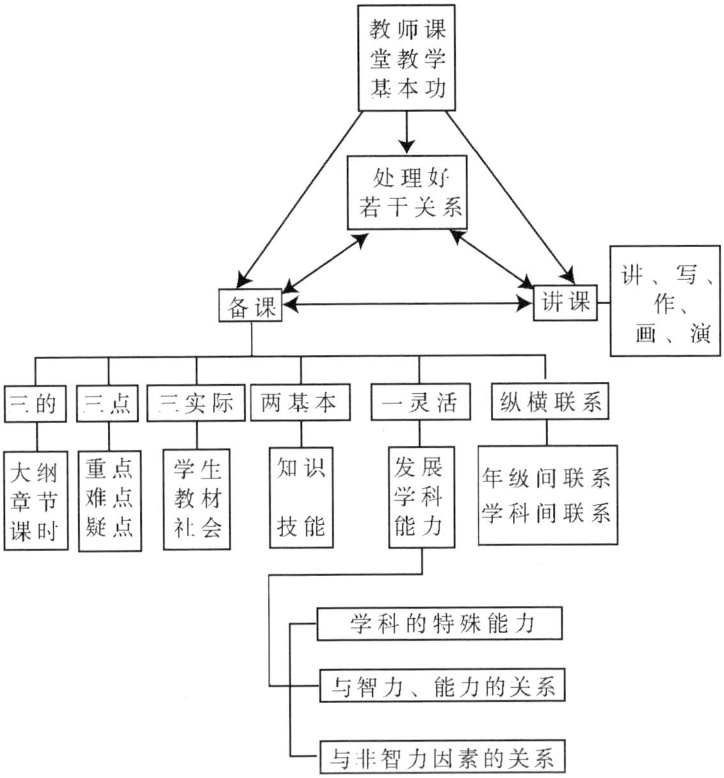

图 5-3　教师课堂教学基本功组成示意图

(一)备课的要领

备课是上好课的关键和前提。什么叫备课?顾名思义,备课是教师在讲课前准备讲课内容。但是,备什么,怎样备?却存在不少问题。我们提倡,备课应考虑 17 个字,那就是“三的、三点、三实际、两基本、一灵活、纵横联系”。

1. 三个目的

备课首先要备目的,使我们课堂教学做到有的放矢。备课应备哪些目的呢?主要是“三的”,就是要备出教学大纲的目的、单元或章节的目的、课时的目的。

首先,备教学大纲的目的。教学大纲是国家教育领导机构,根据教学计划规定某一门课程教学内容的文件。它包括这门课程的目的、任务、各章节的知识范围、讲授、实习、实验、作业及教学时数的分配等。教学大纲是教师课堂教学的依据,所以备课首先要熟悉教学大纲，使讲课内容符合教学大纲的目的。

其次，备各单元或章节的目的。各科教材都是按若干单元或章节编排的，各单元或章节又包含一定的知识范围，某一课文或某一细目只是体现一定单元或章节的一个方面。因此教师在备课时，不仅要了解每一篇课文或每一个细目的精神，更重要的是吃透一个单元或章节知识的内在联系，全面地、整体地把握知识，掌握这个单元或章节的目的。

最后，备课时的目的。课时，也叫“学时”，它是教学的时间单位，即一节课的时间，小学一般为40分钟，中学一般为45分钟，大学一般为50分钟。在教学中，每一节课都有每一节课的目的。所以教师备课中要备具体课时的目的，使40分钟、45分钟或50分钟的课堂教学，都能服从既定的教学目的。

2. 重点、难点、疑点

课堂教学，要突出重点，讲好难点，说明疑点。

在任何一篇教材里，都有一些在同类知识中分量大、重要的或主要的内容，这就构成了课堂教学的重点；也有一些学生难懂、费解和不易掌握的内容，这就构成了课堂教学的难点。教师在备课时就要找出这些重点和难点。备课要备一篇教材的实质性内容，掌握其重点与难点，熟悉它在整个教材中的地位，了解它和前后教材相互联系之处。所谓疑点，就是课堂上学生混淆不清，容易误解且产生疑惑的地方，讲课时需要特别强调，不然学生容易造成概念的混乱。这也是我们在备课时要注意的。

3. 从三个实际出发

在教学中，要从学生实际出发，从教材实际出发，从社会实际出发。

首先是备学生，从学生实际出发，便于因材施教。接一个班级的教学任务，先得摸清这个班级在某门学科的学习水平，要熟知这个班级学生在这门学科的分化表现，多少人学习有困难；接着要摸清大多数学生对教材的哪些知识已经了解了，哪些还不了解，教材中哪些内容可能成为难点或疑点；还要摸清用什么样的方法能够提高大多数学生的学习质量，并带动两头，使好的更好，差生也能有进步。

其次是备教材，“吃透”自己所使用的教材，从教材的实际出发，便于因“教材”制宜。所谓备教材，有三层含义：一是在目前“一纲(一种教学大纲)多本(多种教材)”的情况下，了解自己使用教材的特点；二是正确理解教材的实质和各项知识内容，并能掌握相关的基础知识与实际知识，使教师本体性知识、文化性知识与实际知识融会贯通；三是在“熟”字上下功夫，通过钻研教材，熟练地掌握教材的重点、难点和疑点，避免偏离主题；熟练地理解教材中基本知识和基本技能的要求，避免脱离教学大纲的指导；熟练地掌握教材的内部联系，避免完全被教材所束缚，这样教师在课堂上，不论从哪个方面组织教材，不论从什么角度进行讲解，都能运用自如。

第三是备社会发展实际，即要求教师联系社会发展实际，文科教学要挖掘教材的思想性，密切联系当前社会的重大现实，对学生进行教育；理科教学要考虑科学发展的最新实际，既能激发学生的学习兴趣，又能使其了解最新的科学成就。这就需要教师在平时加强学习、关心社会，收集资料、联系实际，以便备好社会发展实际的内容。

4. 抓好“双基”

备课要备“二基本”，又称“双基”，即基本知识和概念，基本技能和技巧。

5. 灵活地发展智力与能力

在备课中注意到如何在传授知识的同时，去发展学生的智力、培养他们能力的问题。这个问题，我们在《学习与发展》①一书中谈得较多，在本书第三部分还要展开论述。培养学生的心理能力，即智力与能力，要贯穿在全部课时中。

6. 纵横联系地备课

备课时要常常想到四个字：纵横联系。

纵的联系是一门学科的上下联系、年级之间的联系。知识是循序渐进的，每节课必须考虑到新旧知识的联系，学生才能温故知新。所以教师在备新知识或新概念的引出时，必须考虑如何利用学生原有的知识或概念，尽快地将新东西纳入他们已有的知识结构中去。至于想到为未来教学服务，这不仅是提高整体教学质量的需要，也是一种师德表现。

① 林崇德：《学习与发展》，北京，北京师范大学出版社，2003。

横的联系，就是各学科要彼此照顾。当然，这方面也得请别的学科教师多谅解、多配合。

（二）讲课的艺术

要上好课，就得讲究讲课的艺术。本章的引言部分，我们提到的衡量课堂教学的六个标准，即明确性、多样性、任务取向性、启发性、参与性和及时评估教学效果，正是体现讲课艺术的要求。讲课的基本功可以概括为五个字，这就是讲、写、作、画、演，这五个方面是相互制约、密不可分的。当教师的正是用温馨而铿锵的话语，规整而有力的板书，期待而优美的动作，娇艳而多变的画面，直观而科学的演示或现代化教育技术的运用，就能收到良好的效果。

1.“讲”

讲课，当然以讲话为特色。一位优秀教师，上讲台用不了多少话就能够吸引住学生，这就叫基本功，这就是艺术。而这种艺术是怎么来的呢？影响因素很多，技巧要领也不少，主要有：

（1）讲好课的三个前提

一是精神面貌，就是平时在教师中流传着的三个字：精、气、神；二是感情投入，就是把感情融入教学全过程中去，这叫真正进入角色，以情动人，共情于听讲者，引起共鸣，达到讲课的目的；三是激发兴趣，就是激发学生的求知欲。讲课的艺术不在于传授的知识，而在于传授知识的前提——激励、唤醒和鼓舞。正如孔子所说：“知之者不如好之者，好之者不如乐之者”（《论语·雍也》）。

（2）讲课的语言要求

讲课主要靠教师的语言。过去有一种习惯的说法，叫教师是吃“开口饭”的，这话有一定的道理。因为讲课离不开语言，这是教师职业的一个特点。上海优秀教师有一句名言，即“愿你的语言‘黏’住学生”。他们用“确切、明白、简洁、通俗、优美、形象”12 个字来表示教学语言的基本要求①，是很有道理的。对此，我们在拙

① 于漪、潘益大、陈贤德、陈亦兵等：《教师的修养》，上海，上海教育出版社，1995。

著《教育的智慧》一书中，用我们自己的体会，对这12个字作了解释。①

(3)提倡多种授课方法

课堂上的“讲”，方法是多种多样。

按照教学的要求，可以是讲授式的，也可以是谈话式的，还可以是读书指导式的。同样是讲授，对教材进行系统的讲述和说明，称作叙述；对概念、定理、法则或某些问题进行解析和论证，叫作解释；对课文边讲边读，视为讲读；对一个完整的题目，连贯地进行分析、论证和说明，可谓讲演。

对不同年级的学生，有不同的讲法。所讲的内容与形式，都要符合学生的年龄特征，凡是超过他们理解水平的东西，就不要给他们讲。

不同的学科，讲的方式方法是不尽相同的。如果说文科要求讲得生动活泼一些，理科则更多地要求合乎严密的逻辑性。用语文课的讲授方法去教授数学，就不一定适用，有时还会导致整个教学的失败。

课堂教学，更要提倡多一份灵活性。备课固然是上好课的前提，讲课绝不是生搬备课的内容去“照本(这里指备课本)宣科”，而应该提倡有教学机智，灵活运用。在一定意义上说，灵活的讲授是教师在教学中监控能力的表现。如前所述，一是在讲课前对自己的教学内容要事先计划安排，组织好教学语言；二是在讲课中对自己实际讲话活动进行有意识的监察、评价和反馈。这就是讲授中的“知其然，又知其所以然”的表现，也是教学机智的表现；三是在讲课后对自己讲授活动进行调节、校正和有意识的自我控制，便于下一堂更好地发挥讲课的艺术。

2.“写”

写就是板书，上课要善于运用板书。“字若其人”，板书不仅表现出一位教师上课的基本功，而且也体现教师的教学态度乃至性格。

首先要求教师在板书上下功夫，尤其到一个新班上课，字写得好，学生就很佩服。

其次是板书设计。教师备课时，要考虑板书设计。我的主张是把板书分为主体

① 林崇德：《教育的智慧》，北京，北京师范大学出版社，2005。

板书和辅助板书，主体板书在黑板右边(教师板书时的左边，约占黑板的2/3)，主要把标题、重点、难点、内容要点和结论书写出来，包括公式、性质、例题，一、二、三……顺序出现；辅助板书(约占黑板的1/3)，主要说明疑点，凡是讲新课带有旧知识或疑难字、解释字都写在黑板左边(教师板书时的右边)，可以随时擦去。黑板原则上是写白字，彩色粉笔一般不能多用，如果用就要起到画龙点睛或提纲挈领的作用。

第三是板书的心理学依据。我们上述板书的设计，是依据“知觉心理学”的原理，黑板是背景，板书是对象，背景与对象对比鲜明，学生一目了然，起到加深知识记忆的作用。

3.“作”

所谓作，顾名思义是指动作，动作集中体现在教态上。教态起着很大的辅助作用，表现在眼、手、身的动作上。

眼就是要盯住学生，引起学生共鸣；手的动作主要指打手势能起到辅助讲解的作用；身体位置的处理也是很重要的，例如是否“串行”教，要按照具体教学内容、学生年龄等而定，不应千篇一律要求。教态既表现出一位教师的教学功底，又直接影响教学效果。

4.“画”

“画”，指的是教师在讲课过程中，应及时画出图表、状物，这是按学生思维发展的年龄特点，提供具体形象的材料。“画”要让学生看得清，变成自己头脑中的形象，便于形成基本概念。

5.“演”

“演”，即演示。不仅指小学的自然，中学的物理、化学和生物的课堂教学需要使用直观教具，而且也包括使用现代化的教育技术。

讲、写、作、画、演的相互配合，形成一个教师课堂教学的基本功，是上好一堂课的基本条件之一。“基本功”怎样，往往决定着课堂教学的成败，因此我们不能忽视这“五字”功夫。

（三）处理好课堂教学的几种关系

要取得课堂教学的效果，必须处理好其中一系列的关系，据总结优秀教师与我们课题组教师的经验，应该抓住以下几方面关系。

1. 解决好德、智、体、美的关系

处理好德、智、体、美的关系，是教学原则的要求，一般要求教师在课堂教学上贯彻“爱、关、严、辅、培、引”六个字。“爱”就是从爱护学生的观点出发；“关”就是关心学生，包括学生的思想、学习、生活、体育锻炼；“严”就是严格要求；“辅”就是课上课下，对差的学生辅导；“培”就是培养学生的能力，这是在课堂上一点一滴培养起来的；“引”就是注意智育与体育的关系，引导学生积极参加体育活动，引导他们注意卫生保健，对学生看书、写字、坐、立、听讲、回答问题的姿势都要注意。

2. 处理好讲和练的关系

讲、练是一种教学方式。讲和练如何结合呢？一种是“精讲多练”；另一种是“精讲精练”；再一种是“讲而泛练”；还有一种是“精讲不练”。这四种提法来自不同教学内容，归纳起来，我们称其为“精讲善练、讲练结合”。

3. 处理好尖子学生与一般学生的关系

因材施教不是搞复式教学，因为课堂上要面对大多数。什么叫好课？大多数人听得懂，中等学生掌握了就是好课。当然课下要按程度进行辅导，但是课堂上不必太迁就“两头”。对尖子学生的辅导可在课下进行，这是课堂教学的延伸；对差的学生的辅导也应在课下进行，那是课堂教学的继续。这是不可缺的两个环节，但必须放在课下。

4. 处理好留作业与批改作业的关系

作业的批改一定要讲究实效，虽然作业有抽收全收，抽收抽改、全收全改等多种办法，如果教师总忙于作业之中，实际效果并不好。因此，作业的批改一定要加强课堂的订正，讲题目的要求、思路、解法。此外，有些作业，例如数学课的编题，语文课的“编报”，可以让学生互评。

5. 处理好课内与课外、校内与校外的关系

这既能进行社会实践教育，又是搞好课堂教学的一种重要手段。因为课外校外活动的内容丰富多彩，形式生动活泼，方法灵活多样。它可以增加学生的感性经验，满足学生多方面的需要，发展学生的特殊爱好，培养学生某方面的才干，从而提高教学的质量。对课内外、校内外关系处理得好，不仅体现出教师的基本功，而且也把师爱扩展到课堂之外去。

6. 处理好教与学的关系

教与学的关系，我提倡双主体地位，这在本书第一章就提到了，与此同时，我们认为，授之以“鱼”，不如授之以“渔”。教师教的目的是为了学生的学。学生要学得积极，学得主动，才能收到好的效果。孔子曰：“学而不思则罔，思而不学则殆。”(《论语·为政》)程颐曰：“为学之道，必本于思，思则得之，不思则不得之。”(《河南程氏遗书·二程集》)所以应在眼、耳、心、口、手组成的学习方法上做文章，并在看、听、记、写、问、忆、练七个字上下功夫。

三、教师应用信息技术的能力

随着信息时代的发展，信息社会的教学越来越需要借助现代化教育技术手段，如使用计算机辅助教育、运用多媒体、录制微课等。上网和创办网校，这些信息技术能力已成当今教师不可或缺的必备专业能力，在教学中如何应用这些技术手段，以提高教学质量，是教师教学能力的一个重要组成部分。

我国于2004年12月25日正式颁布的《中小学教师教育技术能力标准》是国内第一个教师教育技术专业标准。经过10年的验证，2014年5月30日，《中小学教师信息技术应用能力标准(试行)》正式发布，从技术素养、计划与准备、组织与管理、评估与诊断、学习与发展五个维度对中小学教师提出了要求。在此基础上，我国还同期制定了《中小学教师信息技术应用能力培训课程标准(试行)》，依据能力标准对中小学教师信息技术应用能力的基本要求和发展性要求，设置“应用信息技术优化课堂教学”“应用信息技术转变学习方式”和“应用信息技术支持教师专业发

展"3个系列的课程，共27个主题(详见表5-2)，帮助教师提升信息技术素养，使用信息技术提高学科教学能力、促进专业发展。① 2014版的《标准》将中小学教师的信息技术应用能力定义为"中小学教师运用信息技术改进其工作效能、促进学生学习成效与能力发展，以及支持其自身持续发展的专业能力"。②

表5-2 《培训课程标准》中的27个课程主题③

类别	应用信息技术优化课堂教学	应用信息技术转变学习方式
技术素养类	T1 信息技术引发的教育教学变革 T2 多媒体教学环境认知与常用设备使用 T3 学科资源检索与获取 T4 素材的处理与加工 T5 多媒体课件制作 T6 学科软件的使用 T7 信息道德与信息安全	T16 网络学习空间的构建与管理 T17 网络教学平台的应用 T18 适用于移动设备的教学软件应用
综合类	T8 简易多媒体教学环境下的学科教学 T9 交互多媒体环境下的学科教学 T10 学科教学资源支持下的课程教学	T19 网络教学环境中的自主合作探究学习 T20 移动学习环境中的自主合作探究学习
专题类	T11 技术支持的课堂导入 T12 技术支持的课堂讲授 T13 技术支持的学生技能训练与指导 T14 技术支持的总结与复习 T15 技术支持的教学评价	T21 技术支持的探究学习任务设计 T22 技术支持的学习小组的组织与管理 T23 技术支持的学习过程监控 T24 技术支持的学习评价
教师专业发展类	T25 中小学教师信息技术应用能力标准解读 T26 教师工作坊与教师专业发展 T27 网络研修社区与教师专业发展	

从国家要求的课程体系中可以看到，单从技术素养维度审视，教师主要应掌握

① 中华人民共和国教育部：《中小学教师信息技术应用能力培训课程标准(试行)》，2014年05月30日。

② 祝智庭、闫寒冰：《〈中小学教师信息技术应用能力标准(试行)〉解读》，载《电化教育研究》，2015(9)。

③ 中华人民共和国教育部：《中小学教师信息技术应用能力培训课程标准(试行)》，2014年05月30日。

的能力有：运用多媒体技术的能力、学科教学资源搜索与获取的能力、信息道德与信息安全能力、计算机辅助教学的能力以及开展网络课程教学的能力。

(一)运用多媒体技术的能力

每种教学媒体技术的出现，都是为了提高教学质量，促使学生更好地获取知识与发展智力。同样，每种媒体既有长处又有不足。如果把多种教学媒体组成一个系统，使各种媒体之间扬长避短，互为补充，那么，这种教学系统就能发挥更大作用，这就是多媒体(Multimedia)系统。

多媒体是多种媒体的综合，一般包括文本、声音、图形图像、视频与动画等多种媒体形式。面对这个新的教学系统，优秀教师应该具备以下能力。

1. 了解多媒体系统的特点

多媒体技术有其自身的特点：一是能将不同的媒体数据，都表示成统一的结构码流，能够对其进行变换、重组和分析处理，能进行存储、传送、输出和交互控制；二是实行新的技术标准体制，以适应系统级继承和规范相关产品的性能指标。三是建设支持多媒体通信和资源共享的高速宽带网络环境，在智慧城市的建设中，无论哪个国家和地区都以支持多媒体通信为技术指标，这使得多媒体信息系统，能以置身于前所未有的共享空间的条件来研究设计，从而实现过去难以想象的应用目标。四是多媒体信息系统强调应用的双向性设计，即各终端用户既是信息的接受者，又是信息的提供者，还是授权范围内的信息控制者。特别是多媒体教学(CAI)等方式。五是这个系统设计的目的，是赋予其对客观世界的信息级的自然模拟和处理能力。对多媒体数据对象之间的语义、时态和空间关系的分析及表达模式，基于内容理解的数据压缩和信息抽象化，使我们能克服多媒体的数据“爆炸”，使建造全景化虚拟世界数据库(Virtual World Database)能够成为现实。

总之，多媒体系统应具备的特性和设计范型已逐步明确，其中涉及的许多支持技术已取得了不同凡响的成果，有些则成为研究热点，它对我们的教学技术革命无疑是巨大的贡献。

2. 在教学中加工、应用多媒体技术的能力

在教育技术的变化与进步中，对媒体的使用由单一媒体向多媒体发展。后者比前者显得更为重要，因为媒体的复合是教师在教学中使用的多种不同媒体，有效的多媒体运用，可以使教学功能更加丰富、手段更加有效。

在这个过程中，教师需要掌握对多媒体的编辑加工能力。如利用办公软件编写文本、制作演示文稿、统计数据；利用音频编辑软件加工声音素材；利用图像编辑软件编辑照片；利用视频软件剪辑视频，等等。选择多媒体工具时，要考虑操作简便、易于入门、集成性好、具有较强扩充功能等因素。

这种以计算机技术为基础，结合网络技术、全方位、多角度集成了多种信息载体的一种先进的交互式的多媒体教学手段，既能充分发挥我国传统教育的优势，即重知识、重钻研、讲求逻辑思维的特点，又能积极吸取国际教育中灵活、知识面宽、适应性强、讲求创造性的教学模式。由于多媒体具备这种特点，所以，一方面它能带来较大的信息量；另一方面它又具备由浅入深、由低到高的知识层次。在教学中应用这种技术手段，有利于我们培养人才。

（二）学科教学资源搜索与获取

从学科教学资源搜索与获取的角度看，可以分为传统资源与网络资源两种。传统资源一般指在资料室、图书馆这些资源汇集地查询的教学资源，但随着互联网的出现与发展，为人类提供了更为广泛的学科教学资源汇集地，越来越成为获取学科教学资源的便利方式。

学科教学资源可以理解为一切可以用于教育、教学的物质条件、自然条件、社会条件以及媒体条件，是学科教学材料与信息的来源。美国教育传播与技术协会（简称 AECT）认为，教学资源主要包括教学材料、教学支持系统及教学环境，即指一切可以帮助学生达成学习目标的、物化的、显性的或隐性的、可以为学生的学习服务的教学组成要素。

1. 教学资料

教学资源指的是，包含了大量的教育信息，能创造出一定教育价值的各类信息

资源。包括学生和教师在学习与教学过程中所需要的各种数字化的素材、教学软件、补充材料，等等。例如，教材就是学习中的物化资源，它只是一个在教师指导学生学习时可资利用的材料，必须有教师的二次加工，必须结合学生的特点，进行科学合理的开发利用；又如，作为教学中的媒体资源，如何将计算机与新课程进行整合，充分发挥现代信息技术对新课程的支持，不仅反映教师的认识问题，也反映了教师对现代信息技术的驾驭能力。学习情境则是要靠教师创造性创设的教学组成要素。良好的学习情境，有利于学生事半功倍的学习。

2. 教学支持系统

教学支持系统主要指支持学习者有效学习的内外部条件，包括学习能量的支持、设备的支持、信息的支持、人员的支持，等等。支持系统作为资源的内容对象与学习者沟通的途径，实现了媒介的功能，它与资源组成诸要素相关联，是我们认识学习资源概念的结构性视角。

3. 教学环境

教学环境不只是指教学过程发生的地点，更重要的是指学习者与教学材料、支持系统之间，在进行交流的过程中所形成的氛围，其最主要的特征在于交互方式以及由此带来的交流效果。教学环境是学习者运用资源开展学习的具体情境，体现了资源组成诸要素之间的各类相互作用，是我们认识学习资源概念的关系性视角。

对于教师来说，有效掌握学科教学资源下载的途径主要包括：专业网站下载、利用搜索引擎检索下载。

1. 直接登录专业网站，下载需要的教学资源

例如，需要查找教育政策方面的政策文件时，可以登录教育部官方网站下载；需要我国互联网发展的数据时，可以登录中国互联网络信息中心(CNNIC)的官方网站，下载《中国互联网络发展状况统计报告》进行查阅；需要出版社教材配套资源时，可以通过登录出版社的官方网站下载。

2. 利用搜索引擎检索下载

搜索引擎(Search Engine)是指根据一定的策略、运用特定的计算机程序在互联网上搜集信息，在对信息进行组织和处理后，为用户提供检索服务，并将用户检索

相关的信息展示给用户的系统。搜索引擎包括全文索引、目录索引、元搜索引擎、垂直搜索引擎、集合式搜索引擎、门户搜索引擎与免费链接列表等。搜索信息时，输入的文字被称为关键词。网站会按照我们提交的关键词去搜索，所以通过关键词清楚地表达自己的搜索意图，才能缩小搜索范围，快速、准确地找到需要的信息，提高搜索效率。用于搜索的关键词必须突出要搜索信息的主要内容。搜索时，如果输入的关键词不合适，就会查询到很多无用的网址，增加选择的难度。实际操作时，往往采用“同时输入多个关键词”的方法，提高网络搜索的效率。

(三)信息道德与信息安全能力

信息道德指在信息领域中用以规范人们相互关系的思想观念与行为准则。首先，教师要认识到，在对信息道德准则的遵守中，应以不损害国家利益、公共利益和他人利益为基本要求；要做到诚信友善，不恶意编造谎言、欺骗他人，更不能有谩骂以及其他有损道德败坏的行为；遇到问题时，要多思考、多判断、多请教，不随意跟风，不瞎起哄，从自我做起，维护清朗的网络空间；同时，要擦亮眼睛，明辨是非美丑，不恶意传播低俗虚假信息，不跟谣传谣，不在朋友圈等社交平台发布广告和无用信息，应让网络充满正面、真实的信息。

其次，信息道德的遵守要体现在维护个人和他人隐私方面。要做到不在不安全的网站中公开自己和他人的真实姓名、身份证件、个人和家人照片等隐私信息；不随意打探和泄露他人隐私，不随意公开和他人的电子邮件或私人聊天(QQ、微信等)记录；也不能有恶意毁损、玷污、丑化他人的肖像、或利用他人的肖像进行人身攻击等行为。

最后，信息道德还表现在要注意保护个人和他人知识产权方面。除了传统知识产权的内涵外，搜索下载的教学资源都是开发者辛勤劳动的结晶，也都拥有知识产权。因此，既要做到不盲目上传、不随意在网络上散发自己和他人的原创作品，又要做到合理、合法地引用他人作品。

在使用信息技术进行教学时，不可避免地对教师信息安全素养提出了要求。因此，教师应该具备安全规范使用信息技术的能力，加强自身的信息安全意识，避免因个人失误引发安全问题。

1. 设置安全密码

登录电子信箱、QQ、微信、微博，乃至登录各种信息系统时，都需要进行密码验证。为了防止被他人或机器轻易破解，设置的密码需要有一定的复杂度：有足够长的位数，通常在 6 位以上，最好包含大小写字母、数字和符号，而且不要与名字、生日、电话号码等完全相同。但是，如果密码太过于复杂，就很容易遗忘。这就需要一定的设置技巧，即最好是他人看来杂乱无意义，而对自己有特殊含义、容易记忆的字符串，例如“姓氏+标点符号+某个特殊日子”的组合——“ZhAo. 7-2”“yU16_1”等。这样既保证了密码的安全性，又可以牢记不忘。使用密码时，还要有安全意识：妥善保管自己的所有账号和密码，不得随意泄露；不要将自己的账号和密码转借给他人使用；输入的密码不应明文显示在显示终端上；确保自己在各信息系统的账号设置有足够强度的密码；密码中不要使用容易被猜测出来的常用信息的组合，如身份证号码、电话号码、生日以及其他系统中已使用的密码；如果可以的话，使用双重验证的方法，在使用密码登录的同时通过短信验证码确认。

2. 防范病毒

在使用计算机、平板电脑等终端设备时，要做好以下病毒防范工作：一是要及时安装可实时监控的杀毒软件，定期更新病毒库，同时安装防火墙工具，设置相应的访问规则，过滤不安全的站点访问；定期全盘扫描病毒等可疑程序，定期清理未知、可疑的插件和临时文件；不随便使用不明来源的 U 盘、移动硬盘等移动存储设备，即使是自用设备，也要及时查杀木马和病毒。二是要开启操作系统及应用软件的自动更新设置，及时安装补丁程序，修复系统漏洞和第三方软件漏洞；严格控制共享文件和文件夹，从多个方面封堵病毒、木马的传播与黑客入侵通道。三是不使用盗版软件，应该从正规的商家或者官方认证的网站上购买正版软件，或下载免费的开源软件。四是不要随意扫描或点击陌生人发来的二维码，不要轻易打开他人发送的网页链接，不要随意打开不熟悉电子邮件中的附件，如需要打开这类附件，需先使用杀毒软件查杀病毒。

3. 学会数据备份

计算机、移动设备中存储有大量教学资源，如文章、照片、视频等，一旦设备损坏或丢失，这些数据都会面临永久损失的风险，因此需要提前做好个人数据的备份。首先是做好本地备份。重要的数据不能只保存在计算机或者手机等设备中，还需要在其他存储介质中做好备份。可以在其他计算机或移动硬盘中复制一份，也可以在光盘中刻录一份。一定要定时进行备份，例如每天、每星期或者每个月备份一次，保证在数据不慎丢失时，损失降到最低。其次可以选择云备份。可以借助越来越多的网盘和云空间，把计算机等设备中占用空间比较大的资源上传到网盘或云空间中，既不占用本地空间，也不用担心丢失问题。

4. 安全使用网络

互联网的发展在给我们带来极大便利的同时，也带来了很多的安全隐患。在使用网络时要注意以下操作。一是在使用无线网络时，尽量选择官方机构提供的、有验证机制的 Wi-Fi；不使用网络时，应注意关闭手机自动连入 Wi-Fi 的功能，并慎用蹭网软件，以免连入恶意 Wi-Fi。二是在下载教学资源时，不要随意在非官方网站注册会员或提供个人资料；在使用规模大、信用好的网络平台时，在填写会员注册等信息前，要仔细阅读该网站的个人信息保护规定，然后再决定是否填写个人信息。三是要识别钓鱼网站和假冒网站，要注意：网站地址和服务商提供的网址应保持一致。

（四）运用计算机辅助教学的能力

计算机辅助教育（Computer-Based Education，CBE）的研究，开发与应用始于 20 世纪 50 年代末期。目前，从计算机在教学教育中的作用来看，已把计算机作为解决教学教育以及其他领域问题的重要工具。充分利用现有计算机技术，按照科学的方法来解决教学教育过程中反映的问题。其中利用计算机作为对教与学过程的直接辅助手段，叫作计算机辅助教学（Computer Assisted Instruction，CAI）。应用计算机辅助教学的目的，在于提高教学效率和质量，开发学生的智力与创造力。在这个过程中，优秀教师应掌握以下的能力。

1. 对计算机教学系统的设计能力

教学设计是20世纪60年代末至70年代初在美国教学技术领域发展起来的一种系统方法。所谓教学设计，是指分析教学问题、制订课程计划、创设教学方法、应用教学技术和评定教学成果的过程。这个过程是一套操作程序、一个教学系统，所谓教学设计又是教学系统设计，是一种教学系统方法。

在计算机辅助教学中，计算机对教与学的过程起到重要的作用。主要表现在：①代替指导教师启发式或指导的课件；②相当于模拟实验室；③操作与练习，学生通过反馈-矫正来学习；④游戏课件；⑤问题求解；⑥咨询；⑦智能型学习系统。

在计算机教学系统的设计方面，要充分根据科学学习理论，并做到以下几点：①设计开发出的教学系统应与学习过程的内部进程相一致；②激发学生的积极性和主动性；③充分考虑CAI系统的交互性特点和个别性特点；④确保目标、教学和评价的一致性，以提高教学质量。

2. 使用计算机辅助教学传播系统的能力

计算机辅助教学传播系统的呈现，是传播系统自发明印刷术以来发生的一次质的突变。显然，诸如录音、电视等技术的发明，已有助于传统教学的改善，但只是程度上的提高，并无种类的变化；而计算机所提供的是性质上截然不同的东西，即以智能的方式和学习者发生了相互作用，不仅改变了传播的类型，也使教学系统其他部分的意义和作用发生了变化。

计算机是双向媒体，它既可以呈现教学信息，又可以用来收集学生的反应信息，并可以对学生的反应进行诊断和评价，以提高反馈信息。其优势为：可提高学生的兴趣和学习能力；能及时得到学生的反馈；可因材施教；能将特殊教育、职业教育和继续教育有机地结合在一起。因为在把具有教学功能的软件(即课件)配置到计算机之后，计算机就像教师那样，与学生构成教学系统，完成教学任务，而学生则可以通过与计算机的交互作用进行学习。所以计算机辅助教学增加了教学传播系统中的新技术成分。

3. 对计算机辅助教学成果的评定能力

教学设计是重视教学成果评定的，在计算机教学中，必须对CAI课件进行评定，以确定课件在教学中的地位。一般的做法是，通过教学实践比较 CAI 与其他教学形式产生的结果，然后进行教学成果的评定。

为了更好地实行 CAI 教学成果的评定，许多国家制定了 CAI 课件的标准。例如我国教育部就制定了功能性、可靠性、使用方便性、程序设计技巧和商品化五个标准。可见，合理的评定方式有助于 CAI 教学成果评定的应用；全面应用计算机辅助教学成果评定，有助于提高学习效果；注意利用计算机技术进行 CAI 教学效果评定的积极方面和消极方面，可以扬长避短，开发出内容丰富的、综合的普通数据库，借此可以对学习行为特点、学习水平、与个体差异的关系、认知过程以及学习态度的变化等信息做出推断。这就使 CAI 教学成果评定得以应用和推广。

(五)开展网络课程教学的能力

网络教学是在一定教学理论和思想指导下，应用多媒体和网络技术，通过师、生、媒体等多边、多向互动，以及对多种媒体教学信息的收集、传输、处理、共享，来实现教学目标的一种教学模式。网络学习作为一种新的教学模式，不但打破了传统教学在时空上的局限，丰富了教学内容，让教学组织形式发生了变化，还能让学习者充分利用碎片化时间进行学习。

可以说，优秀教师必须具备的素质和能力应当包括：把先进的教育教学思想通过先进的现代教育技术手段，从学生能力培养入手进行网络课程教学的设计和实施。

1. 对网络课程教学的理解能力

自从计算机网络被引进了远程教育，其意义已经不仅仅表现在先进技术的应用上，而更重要的是网络课程教学在培养学习者的认知发展方面提供了相当大的发展空间。从学习者认知规律的角度看待网络课程教学，其优势是显而易见的。认知心理学建构主义教学观强调情境教学、自主学习、协作学习和信息资源支持，最终目标是完成对知识意义的建构。因此在该指导思想下的教学目的、教学方式、教学组织和教学设计及教师的作用等方面都同传统的教学有很大的区别。网络教学活动能够通过现代教育技术和特殊教学环境，使上述各个方面的实现优于传统教学手段，因此，运用现代远程教育技术及网络课程教学最根本的就是要对先进技术与教学活动基本规律的关系有一定的理解能力。

2. 网络课程教学的引导能力

网络课程教学环境需要学习者能围绕某一议题寻找各个方面的相关材料，然后把这些材料整合起来，建构起对这一议题的认识。这种自发的探索活动能力通常也不是在网络课程教学环境下可以自发形成的。因此，网络课程中的导向功能显得非常重要，它将代替教师在课堂上的引导教学的作用。一名优秀的教师设计的网络课程必须非常重视课程系统的引导功能和引导效果，否则将会造成学习者的迷茫，并降低学习效果。

3. 网络课程教学的问题解决能力

网络教学不同于传统的课堂教学。学生能根据自己的需要，选择感兴趣的学习内容以及认可的教师。因此，要求教师对教学内容有深刻的理解，并能认真搜集教学资源，合理架构知识体系；能在教学过程中，通过教师工作坊、电子邮件、即时通信软件等平台及时解决学生的问题，提高学生的学习兴趣，激发学生的学习积极性，发掘学生的学习潜能。

4. 运用网络交互手段进行教学监控的能力

由于在网络课程教学环境中，系统本身并没有规定学习的内容和过程。所以学习者享有很大的学习自主权，一方面，这固然为发展学生的自主探索和创新能力提供了潜在的便利条件，但另一方面使学习者越过疑难问题、选择学习内容，确定学习时间，决定学习的进程和确定学习的方法和路径出现了困难。在网络课程教学环境中，由于学习不是在事先组织好的线性方式下发生的，所以教师需要通过各种交互手段对学生提供帮助，例如：教师学生之间交互、学生之间交互、学生与课程之间交互等方式，以解决上述困难，同时还可以监控学生学习的效果，动态调整和改变课程的内容和结构。一名优秀的教师在网络课程设计和建设方面必须有能力随时帮助学生驾驭网络课程的学习材料。

第二节

教师的教育能力

教师的任务，不仅是教书，更重要的是育人。教育的最终目标，是促进学生学会做人，成为一名有德性的人才。为了达到这个目标，教师要有育人的能力，这就是我们平时说的教育能力或德育能力。

教师的教育能力十分复杂，表现的方面也很多，既表现为专门从事德育工作的教师担任班主任(在大学称“辅导员”)的能力，也表现为所有教师在教学过程中渗透德育的能力。

一、教育能力的动态分析

与教学能力一样，教育能力也是在教育活动中形成、发展、表现出来的，从教育活动过程的角度，动态地分析教师的教育能力是非常必要的。

(一)教育能力的动态模式

教育活动也是一个顺序问题，按照教育前、教育中和教育后，针对每个教育环节的要求，我们提出如下模式图(见图5-4)。

(二)教育能力的要素分析

在该教育能力动态分析的模式图中，其包含的要素实在太多，为了突出重点，我们扼要地作如下分析。

1. 教育目标及其相关因素

教育能力的出发点是德育目标。当我们在课题组内向中小学教师调查德育的目

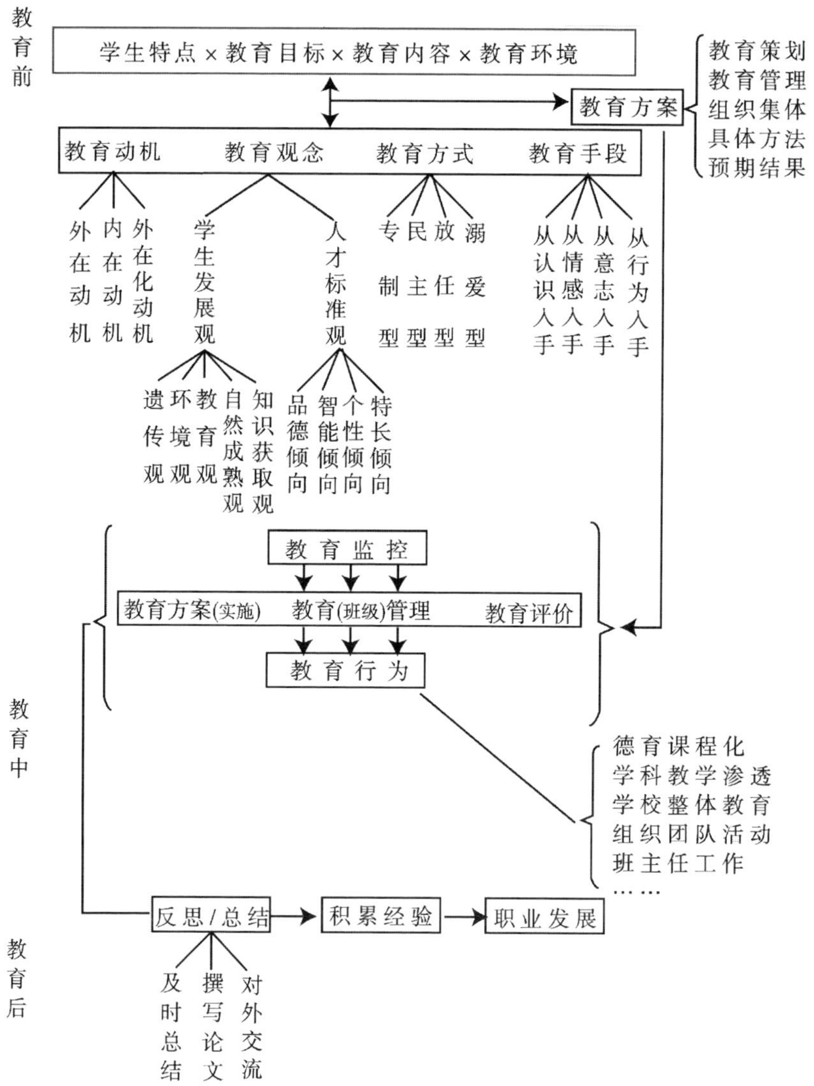

图 5-4　教育能力动态模式

标时，答案相当集中。

(1)中小学德育目标主要体现在四个方面。

①学习做人准则的知识和技能；

②领会人生的价值观（到高中阶段应逐步形成正确的人生观与价值观）；

③掌握为人处世的方法(到高中阶段应逐步形成唯物辩证法的方法论);

④形成良好的行为习惯。

(2)要考虑德育目标的相关因素:

其一,学生的特点,既要考虑年龄特征与个体差异,又要考虑学生发展的时代特征。上述四个德育目标,不同年龄或年级段是有很大差异的;当前的德育目标要求与以往年代也是有区别的,一切从学生实际出发,才能做好德育工作。

其二,德育的内容是德育目标的具体表现,德育教育内容的丰富性,要求教师要具有对具体内容作具体分析的能力。

其三,德育工作要考虑育人的环境,我们不仅要有创设优良育人环境的能力,而且也要有改变不良育人环境的能力。

2. 教育方式方法与教育观念

我们的研究生曾经对教师的教育方式及其与学生观的关系进行了研究①,与社会一般认识一样,提出了教育的教育方式可以归纳为专制型、民主型、放任型和溺爱型四种。在当前教师队伍中,以民主型倾向的得分最高;教师的教育观念,特别是学生观,主要从教师的两种观点上体现出来,即关于影响学生成长因素的发展观和评价学生成才的人才标准观,但在当前教师队伍中,对品德倾向并不太看重,这是值得德育工作注意的一种倾向。

在教师的教育(德育)动机中,尽管紧迫是主流的,但无能为力的倾向也是值得注意的。

至于教育工作从何入手?当然是没有固定的公式,用个"多开端"概念,倒有点合适。教师对学生做教育工作,可以从认识(知)入手,即让学生"晓之以理";也可能从情感(情)入手,即"动之以情";再可能从意志(意)入手,即促使学生"持之以恒";又可能从行为(行)入手,即"执之以行";还可能是知、情、意、行结合起来。

教师正是从上述的教育动机、观念、方式和手段上,表现出其教育能力来。

---

① 程巍:《中学教师的教育方式及其与学生观的关系研究》,北京师范大学硕士论文,2000。

3. 教育能力是在教育监控能力作用下发挥作用

在教育中，要实施事先制订的方案，要对学生(特别是班主任对班级)进行管理，要进行教育工作评价，等等，所有这些工作，都表现出教师在教育工作中的能力，而正是由于这种能力才会产生一系列的教育行为。

如果把这些能力叫作一般的教育能力，那么这一般的教育能力受一种更核心的能力所控制，这就是教育的监控能力，它把教育活动本身作为意识的对象，不断地对其进行积极、主动地计划、检查、评价、反馈、控制和调节，这种能力将在下一节再展开分析。

4. 教育后的反思总结是教育能力的一个重要表现

正如第三章提到的“写教后”一样，教育工作需要总结经验，每天或每周的反思，每学期或每年的总结经验，不仅有助于德育工作，而且对于丰富教育理论和发展自身职业都是十分重要的。而能否反思、总结，正是从一个侧面反映一位教师教育能力的高低。

二、担任班主任的能力

班主任与非班主任在教育观念上有何区别呢？我们的研究生专门研究了这个问题。[①] 在该研究中，她把班主任和非班主任作为分组变量，利用秩和检验法分析担任班主任对教师的九种观念是否有影响(见表5-2)。

从表5-2中看到，班主任与非班主任教师，在教育观念上是没有显著差异的($p>0.05$)，鉴于这一点，我们可以担任班主任为契机，来分析教师的教育能力。

表5-2 班主任与教育观念的关系

教育观念	未来性	生命性	社会性	主动性	潜在性	差异性	双边共时性	灵活多样性	综合渗透性
Z	−0.291	−1.392	−1.770	−0.133	−0.311	−1.872	−1.039	−0.138	−0.150
p	0.771	0.164	0.077	0.894	0.756	0.061	0.299	0.890	0.880

① 王树华:《中小学教师教育观念现状及相关因素的研究》，北京师范大学硕士论文，2000。

教师的几种观念包括：①“未来性”的未来是指我们所处的社会之未来和作为个体的人生之未来。未来性要求中小学为学生自身的学习与发展奠定基础，即基础教育对“未来性”的最基本的界定。②“生命性”就是要使每一个教师都强烈地意识到我们的工作直接面对生命，关系到人类最宝贵的财富——生命的成长。③“社会性”包括两方面的含义：一是基础教育是社会公共事务，它关系到千家万户和社会未来的发展；二是教育过程也是学生社会化的过程。④学生“主动性”发展的最高水平是能动、自觉地规划自身的发展，成为自己发展的主人，这也是我们教育成功的标志。⑤“潜在性”是指教育者要看到学生存在着多种发展的潜在发展可能性，它是相对于学生已经表现出来的和达到的现实发展水平而言的。⑥“差异性”是指教师要承认每一个学生都具有自己的独特性，相互之间存在差异。⑦“双边共时性”强调教育活动由师生共同参与，教与学两类活动在时间上具有共时性，并时时都产生交互作用，而且其作用方式也是多样的。⑧“灵活多样性”是指教育活动的内容方法与过程在设计上都应是多样的，没有固定的模式。⑨“综合渗透性”强调教育活动是以综合为特征，并对人的发展具有综合作用的功能。

其中，①②③属于基础教育价值观；④⑤⑥属于学生观；⑦⑧⑨属于学校教育活动观，合起来为教师的教育观念。

（一）从班主任的工作看教育管理能力

应该把班级看作是一种正式组织，把班主任的工作视为一种管理工作，因为班主任是学校里全面负责学生班级工作的教师，也就是说，班主任是位领导者、组织者和管理者。所以，在论述班主任的教育能力时，首先要分析其教育的管理能力。

1988 年，国家教委颁布的《小学班主任工作的暂行规定》指出：“班主任是班集体的组织者和指导者，是学校贯彻国家教育方针，促进学生全面健康成长的骨干力量。他对学校教育教学计划和其他各项管理的实施、协调本班任课教师的教育工作和沟通学校和家庭、社会教育之间的联系，起着重要的作用。”《中学班主任工作的暂行规定》指出：“班主任是班集体的组织者和指导者，是学校领导者实施教育、教学工作计划的得力助手。班主任在学生全面健康的成长中，起着导师的作用；并负

有协调本班各科的教育工作和沟通学校与家庭、社会教育之间的联系的作用。”(国家教育委员会，1988)

根据以上两个规定，我们把班主任的职责归纳如下。

(1)着重领导班级德育工作。班主任的工作的核心是德育工作，学生的思想、政治、道德和精神四种面貌是班主任工作好坏的“晴雨表”，离开了班级德育，就无班主任的工作可言。班级是学校行政进行领导工作的基层单位，学校德育工作计划的实施，首先是通过班级落实到每个学生身上。班级德育工作相当繁杂，它既包括细水长流的稳定性的德育工作，例如，日常思想、政治、道德教育，爱国主义教育，学习动机教育，纪律教育，这些都是经常性的工作，又包括突如其来的临时工作，例如，班级里发生了思想、道德、纪律、心理等问题，甚至是意想不到的事件，都应该及时处理。它既包括定期的或周期性的工作，例如，阅读“周记”，每个学期一次对每个学生的思想鉴定或操行评定，做好各种奖励工作等，又包括学校、社会附加的无规律的工作，例如，配合社会重大事件的时事教育和国情教育。它既包括一般性的面上工作，例如，针对全班的或针对某一学生的德育工作，对学生学会“做人”的教育，又包括带有很强时间性的工作，例如，入学常规教育、毕业班的职业理想教育和思想工作，这些都需要因人因事因地制宜。班级德育工作就是如此千头万绪，它需要班主任逐步地理出头绪来，以便对学生积极地疏导。

(2)积极协调各科教学。学校里的教学工作是分班进行的，各任课教师在一个班级里教学，需要由班主任来协调。班主任与各任课教师密切配合、及时联系，不仅可以了解学生的学习情况，从而有的放矢地、一步步地激发学生的学习动机，学会各科的学习，提高教学质量，而且可以掌握并调整学生的各种活动和课业负担，还可以帮助解决任课教师和学生之间产生的各种各样的矛盾，便于他们之间的相互适应。

(3)全面提高学生素质。班主任是班级里最关心学生的人，他要按照德、智、体等全面发展的要求，开展班级工作，去全面地关心学生，促使他们的成长、成熟、成才。因此，除了班级德育、各科教学之外，班主任还要关心学生的体育锻炼、心理健康、营养保健和卫生习惯；组织参加生产劳动，增强其劳动观念和劳动习惯；引导他们参加文娱活动，发展其审美观念和美育能力；指导他们处理好人际关系，提高其人际交往的能力等。只有当学生达到或基本达到上述要求的时候，他才会产生一种尽心尽力的自我体验。

(4)进行班级日常管理。班主任领导的是班级集体，他对班级的日常管理为的是充分发挥班级集体的作用。例如，通过班级活动等形式，进行班级德育工作；组织学生参加社会实践，进行人际交往和团结友爱的教育；建立班级常规，促使学生遵守"学生守则"和"学生行为规范"；增强学生法纪观念和安全教育；进行心理健康教育；指导班委会和本班团队工作，培养学生干部，以建立奋发向上的班级集体。

(5)指导校外课外活动。班主任的管理工作，不仅涉及校内课内，而且也包括校外课外生活和活动。因此班主任要支持和组织学生开展各种有益身心健康的科技、文娱和社会实践活动；鼓励学生发展正当的兴趣和特长。

(6)联系家庭教育和社会教育。班主任的管理工作，还应包括联系本班学生家长，了解各个家庭教育的特点，这不仅使本职工作取得家长的支持和配合，而且还可根据各个家庭以及家庭教育的特点，做到因"家庭"施教。同样的，班主任联系社会，不仅了解社会的特点，分析社会上对学生教育的有利和不利的因素，以便利用或防御有关的因素，而且也能取得社会有关方面的支持，共同做好学生教育工作。

(7)出主意，用干部。毛泽东同志曾经指出："领导者的责任，归结起来，主要的是出主意、用干部两件事。一切计划、决议、命令、指示等，都是属于'出主意'一类。使一切主意见之实行，必须团结干部，推动他们去做，属于'用干部'一类。"①班主任也是一位领导者，所以要在"出主意，用干部"能力上下功夫。为了出好主意，班主任必须有系统的目的性和计划性，有集体的决定，有命令和指示，而"用干部"则是班集体建设的基础。20世纪80年代初，我们曾调查了100名先进班主任(下边引用时简称我的"调查")②，90%以上的班主任的成功经验里有"抓好班

---

① 毛泽东：《毛泽东选集(第2卷)》，527页，北京，人民出版社，1991。

② 林崇德：《班集体对中小学生品德形成中的作用》，载《心理学教学与研究》，北京师范大学心理专业资料，1980(2)。

干部”这一条。要抓好学生干部，班主任必须在四个方面做工作：识别学生干部，使用学生干部，爱护学生干部，轮换学生干部。接了新班，先到原班主任处作调查，再考察学生，特别是小学干部进入初中新集体的各种表现，经过较全面的调查研究和考察物色后，再提出班干部的候选人名单，提交班里选举。选择班干部的标准是：作风正派、办事公道；以身作则，在学生中有影响；肯为同学服务，一心扑到工作上；有一定组织能力。在使用班干部时，除了经常出主意，注意培养他们的独立工作能力之外，充分相信他们、依靠他们，尊重他们对问题的处理意见，让他们放手工作，使他们敢于负责。对班干部格外的爱护，经常了解他们的困难，及时帮助他们解决来自人际关系的、学习的和自我的等方面的各种各样的困难。定期检查他们的工作，帮助他们总结经验，发扬成绩，克服缺点。学生干部，不能固定不变，需要经常轮换。有突出表现的，适当地往学校推荐；表现较好的，作适当留任；表现一般或较差的，特别是缺乏工作能力的，要加以适当调整。对于班级里每一位学生，包括班级里的“个别生”，都应安排机会，让其当一下干部。这么做，为的是让每个同学都去尝试一下当学生干部的滋味，充分地选择机会让每个学生都得到锻炼。对原班干部来说，适当地调整，既减轻了他们的工作负担，也不会滋长那种干部“特殊地位”的思想；对广大学生来说，利用人人当干部达到人人关心班集体的目的。干部轮换制的前提是班主任要做好细致的思想工作，干部队伍建设好了，班集体就坚强了，班风自然也就正了。

面对错综复杂的班主任管理工作，要履行好上述种种职责，需有两个前提：一是制订周密的班级工作计划和严格实施的方案；二是充分地了解学生，讲究工作方法。我们将在下边对之展开分析，从中我们可以看到班主任的教育管理能力的复杂性。

(二)从班主任的任务看组织集体的能力

班主任的基本任务是按照全面发展的要求，开展班级工作，培养良好班集体，以全面教育、管理和指导学生，使他们成为有理想、有道德、有文化、有纪律、身体健康的未来的公民。我们正是从“开展班级工作，培养良好的班集体”入手，进行了“调查”。

“调查”中我们看到，一个先进班集体是通过集体力量形成正确的集体舆论、信念、情感、意志行动和行为习惯的。这个集体从两个方面影响着集体成员——个体的品德诸因素的发展：第一，先进班集体促使大部分正常学生形成良好的品德；第二，先进班集体改造品德不良的学生。这正是我当年在完成班主任任务时的基本途径和较突出的经验。

1. 先进班集体的舆论特点

舆论是代表集体倾向的占优势的言论。在调查中看到，集体舆论对集体成员的作用表现在：①对个体的行为权威性地作出肯定或否定，鼓励或制止，是“强化”的信号；②直接影响个体道德认识的提高；③是集体荣誉感的源泉。按作用程度为指标，一个班集体的舆论分为三级水平：Ⅰ. 有压倒一切的正确集体舆论；Ⅱ. 正确舆论能占上风；Ⅲ. 无正确的舆论。分析一百个先进班集体的舆论水平，我们看到：①没有一个先进班集体是没有正确集体舆论的，集体舆论是先进班集体的组成部分。②先进班集体的舆论水平对集体成员的良好思想行为的作用力量是不一样的，区级以上的先进班均属于第Ⅰ级水平就是例子。③集体舆论是集体变化的重要指标。

2. 先进班集体的信念特点

集体信念对集体成员的思想行为的作用有：①成为个体行为的准则；②促使个体对前景的向往，提高形成思想道德的自觉性；③使个体更好地提高集体观念，服从集体利益。按此作用程度为指标，一个班集体的信念分为下面三种水平：Ⅰ. 把班集体的要求变成绝大部分成员的行动指南，他们始终知道自己为什么这样去做；Ⅱ. 班集体的要求一般地还能起作用；Ⅲ. 班级成员无任何信念与原则。我们看到，一个先进班集体，集体的成员不可能无任何信念与原则，信念水平越高，班级集体力量越强。但目前先进班级里，真正把集体要求变成绝大多数成员的行动指南，自觉地按照信念去行动的也是少数(只占29%)。

3. 先进班集体的情感特点

集体荣誉感、责任心和义务感等都是一个良好的集体情感，它对个体思想行为的影响作用是大的：①它使学生的行为是否符合社会的要求而产生荣誉或羞愧，自豪或内疚等体验；②直接影响个体的正确道德感的形成；③感情的可近性，使集体成员之间互相学习、互相模仿正确的品德行为产生可接受性体验。我们在调查中看到，按上述作用的程度，对一个班集体的情感也可分为三级水平：Ⅰ. 有正确的集体荣誉感、义务感，集体成员热爱班集体，同学之间互助友爱；Ⅱ. 尽管同学之间有不齐心的现象，但大部分同学还是重感情或讲义气的；Ⅲ. 集体成员对班集体无情感，同学之间互不团结，有的要求离开这个集体，没有集体荣誉感。一百个先进班集体，不仅全部有集体荣誉感，而且绝大部分的班级(82%)达到第Ⅰ级水平。可见一个良好的班集体对于中小学生道德感的形成，良好道德行为的内在态度和动机的确立，起着决定的作用。

4. 先进班集体的意志行动特点

调查中我们看到，先进班集体的意志行动不仅直接影响集体成员良好品德的既定目的，而且也提高集体成员为形成良好品德而克服困难的自觉性。以我们调查的一百个先进班集体的纪律表现为例，所有被调查的中小学生中，课上课下听指挥、守纪律的占73%，表现一般的占23%，不能自觉地遵守纪律的仅占4%，可见先进班集体的集体力量。以既定目的性与克服困难自觉性两项指标为依据，我们把一个班集体意志行动分为三级水平：第Ⅰ级是统一地按照集体目标齐心协力地去行动；第Ⅱ级是靠班主任的决定去行动，班主任的决定就是班级集体的行动要求；第Ⅲ级是班集体没有力量，集体如一盘散沙。先进班集体达到Ⅰ、Ⅱ级水平的分别为46%和54%，由此可见，集体的力量对于个体形成道德意志，自觉纪律和有目标的行动的作用是十分明显的。先进班集体使集体成员有统一的行动，保持和维护良好道德风尚的要求，约束着集体成员的越轨行动。集体性强，集体的力量也越显著。

5. 先进班集体的行为习惯的形成

班集体的行为习惯水平的确定，主要指标是常规与班风形成的程度。良好的常规与班风，对集体成员的思想、行为的作用是很大的：①它能促使个体良好的道德习惯的确定、定型；②良好的常规训练与班风的建立，促使个体对道德行为不断练习，逐步巩固；③改造个体与良好集体行为习惯相违背的不良行为习惯。一个班集体的班风，也有三种水平：Ⅰ. 是形成良好的稳固的班风；Ⅱ. 是良好的班风虽未形成，但常规逐渐建立，班内主导作风还是健康的；Ⅲ. 是未形成良好习惯或形成了不良的班风。一个先进集体，一般都形成或基本形成了良好的道德习惯，直接影响着集体成员品德习惯的建立。班集体的先进性越显著，则班风越稳固，对个体良好品德习惯的形成的影响就越大。在调查中，我们还看到班风的水平也表现在班风的特色上，不同先进班集体具有不同特点的班风，这种特点的差异反映了先进班集体的程度和水平，也反映了对个体习惯形成中的影响。

6. 先进班集体对于纠正不良品德的作用

在调查中我们看到先进班集体不仅对于形成正确道德品质起着决定作用，而且对于纠正不良品德的学生也发挥深刻的影响。从我们的调查中，发现属于不良品德的学生集中在中学阶段。中学的五十个先进班集体中属于不良品德的有 175 人，占中学生的总数的 7%。这 175 名不良品德的学生中，曾被拘留以上处理过的 43 人，占 24. 6%；-般不良的 132 人，占 75. 4%。在研究中我们看到：①先进班集体对品德不良的学生的影响是很大的，它们使不同类型与性质的不良品德学生不仅受到影响，而且大部分不同程度地起了变化，基本不变的是极少数(9. 7%～11. 7%)。②变化程度的差异性反映了品德形成及其内外因素的复杂性。在先进班集体力量的压力下，品德不良的学生在班内的“市场”变小。先进班集体与班内的品德不良学生之间是互相影响着的，但由于先进班集体的力量，控制和约束了这类学生的活动，使这些学生在班内找不到活动的“市场”。先进班集体改造着不良品德学生的不良习惯，使这些学生在校内外肇事的恶习得到改变，具体分两种结果：一是不良品德学生出自班集体的压力，在校内外均不敢肇事；二是在校内不敢活动，在校外仍有暗地的活动。按调查材料统计，属于第一类的有 131 人，占 75%，属于第二类只有备而无患的 44 人，占 25%。由此可见，先进班集体可对品德不良学生的不良习惯加以反面“强化”，促使他们品德行为不断进步。

通过当年的调查，我们试图说明两点：一是班集体的力量是相当大的，这是班级成长和班级的每个成员进步的基础，也是一位先进班主任完成其基本任务，成功管理班级的经验所在；二是班主任在促使形成一个先进班集体及其舆论、信念、情感、意志、行为和习惯(班风)时要花费大量的心血。但先进毕竟是少数，绝大多数班主任还须在班集体建设过程中迈着艰苦的步伐。要完成这个任务，就需要组织集体的能力。

(三)从班主任的工作计划看教育预见能力

马克思说："蜜蜂建筑蜂房的本领使人间的许多建筑师感到惭愧。但是，最蹩脚的建筑师从一开始就比最灵巧的蜜蜂高明的地方，就是他在用蜂蜡建蜂房以前，已经在自己的头脑中把它建成了。"①这说明了人类劳动和工作的目的性和计划性。班主任要把管理工作做好，也有其目的性和计划性，目的性和计划性就是教师的工作决策，它是教育监控能力的一种表现。

1. 制订计划的基本要求

班主任制订计划，有四个基本要求②：首先，应根据班主任的职责和班主任的任务而提出具体要求；其次，班主任要做三个集体的工作，即班级或学生集体，本班任课教师集体和学生家长集体；再次，保证教育方法方式的多样性和灵活性，不能千篇一律；最后，班主任管理工作要从实际出发，这个实际含有三层意思：一是教育任务与班级特点，二是客观条件，包括环境条件和学生条件，三是主观条件，特别是班主任的自我条件。于是，对需要解决的具体问题作具体的分析，不能一刀切，所以，在制订计划时要坚持实事求是，适当地留有余地，不要太满，不必攀比,不求雷同，切忌主观性和片面性。

2. 计划的内容

班主任制订计划时的关键问题是目标。因为不同的班主任计划的具体内容大同小异，没有太多的特殊性，可是不同的班主任要达到的目标却往往差距很大，这就成了班级差异的一个重要因素。在制订班主任计划时，应该注意五点：一是要简明扼要，不要套话、不出现空话，严禁那种"穿靴戴帽"，贴政治标签，更不搞没有实效的形式主义。二是时间适宜，太长了，计划跟不上变化，难以保证计划实施；太

① 马克思：《资本论(第1卷上)》，202页，北京，人民出版社，2004。

② 唐文中等：《教育学》，362页，哈尔滨，黑龙江人民出版社，1986。

短了，看不出成效，达不到目的。三是稳定性与可变性。计划，应严格执行，但难免有一定的变化，具体问题要作具体分析。四是连续性，新任班主任，在制订计划时，应充分考虑到连续性。五是周密性，不仅计划较全面，而且措施也要周到，所以制订计划前，班主任要充分听取任课教师想法，征求班干部的意见。有计划必须有检查，经不起检查的计划最好不要出台。

(四)从班主任的工作方法看教育创新能力

一谈到班主任的工作方法，几乎每一个班主任都强调班主任工作方法主要有三种：一是研究学生，了解学生，一切从实际出发；二是培养良好的集体，充分依靠集体的舆论、信念、情感、意志和班风的力量；三是组织各种教育活动，把活动作为学生积极向上的基础。然而，有人工作很出色，把班管理得很好，有人却工作平平，也有人却管成了乱班。这里除了学生生源、班主任的投入程度以及班级基础之外，主要取决于班主任的创造精神和创造能力。

1. 研究学生

班主任研究学生是了解学生的基础。只有研究学生，才能把握学生思想行为的脉络；只有了解学生，才能把自己的师爱倾注于班级的每一个学生身上，对其采取有针对且有效的措施，达到教育的目标。班主任研究的学生，其侧重点分为学生的个体和群体两种。

因此，如何研究学生、了解学生，要靠班主任的创造性劳动，优秀班主任的特点之一是及时把握集体及其每一个成员的状态。北京市优秀班主任、北京五中的高级化学教师董正中，他的班里发生任何一件小事情，哪怕是相当秘密的，不出两天他准知道，正因为他情况明，所以才决策准，管理出一个又一个好班，培养了一批又一批人才。

2. 培养班集体

集体是由人们的共同目的和任务联合起来的，在有社会价值的共同活动过程中达到高水平发展的群体。班集体是一种集体，是一种以学生亚文化为特征的社会群体，又是一种以教学为中介的共同活动体系。优秀的班集体应该有六个特点：①具有共同的目标；②要求班级成员团结一致，即具有价值定向的统一性；③有领导核心,即学生干部队伍；④靠集体舆论达到集体主义的认同作用；⑤强烈的集体荣誉感以维护班集体的利益；⑥良好的班风促使对共同活动的结果赋予和承担责任的客观性。

怎样培养班集体呢？我们的体会是：首先，提出一个适当的奋斗目标；其次，要“选择、培养和使用”干部，在“选择、培养和使用”中，“培养”是关键；最后，培养良好的班风。总之，如何培养班集体，要靠班主任的创造性劳动。

3. 组织各种教育活动

组织各种教育活动，把活动作为学生积极向上的基础，这是班主任常用的教育方法。

教育活动内容丰富多彩，形式也灵活生动。例如，定期举行班会，向英雄模范、专家学者学习活动，组织参观访问，组织文体活动和兴趣小组活动，等等。

班级教育活动，主要是班级德育工作的一个途径，但也包括智育等活动，诸如，学习方法研讨会，外语学习经验交流会，“红五月”班级征文活动，科技新进展漫谈，围绕某种国情或时事教育的小组知识竞赛，等等，这些活动都是在中小学班级活动里常见的。通过这类活动，不仅提高学生智育水平，而且也是一种学习目的的教育。任何教学中都含教育性，这类活动当然有教育意义。这类活动依靠什么？靠班主任知识的渊与博，这需要班主任向“全才”方向努力。1997 年 9 月 10 日《北京日报》-篇文章，写了对优秀教师孙维刚的刚毕业的第三轮班的 20 多名同学的采访，其中有一句话：“我们最骄傲和最钦佩的是，我们的老师是全才。”而孙老师却谦虚地表示：“我并不是全才，但这是学生们的期望。”他颇有深情地谈道：“班主任工作，重要的不仅是一项管理工作，也不仅仅是为学习创造良好的环境，更不是维持局面，而是一场进军的号角，班主任则是这场进军的统领。所以班主任尤其应当在自己所教课程上造诣高深，精益求精。同时，尽可能熟知各个领域，这对班级整体优化，是十分必要的，班主任应努力向全才发展。”由此可见，组织各种班级活动，更要靠班主任的创造性的劳动。

三、教师在教学过程中渗透德育的能力

德育具有多途径和多渠道。德育课程化是一种途径，班主任工作是一个重要渠道,而各科教学都具有教育性。在传授知识的同时，不仅灵活地发展学生的智力与能力，而且也可有机地渗透德育，负起“教书育人”的职责。因此，渗透于教学的德育能力，就成为教师教育能力的一个重要表现。

(一)教学过程教育性能力的要求

在教学过程中，有意识、有计划、有目的地进行德育，提高学生思想道德水平，是教学过程必须完成的重要任务之一。教学过程教育性有三个表现：

1. 方法论教育

在教学中传授任何知识体系都是以一定的方法论为基础的，同时，也必须培养学生一定的科学方法论。方法论是关于认识世界和改造世界的方法的理论，一般地说，它同世界观是统一的，因为持世界观去认识世界和改造世界，就是方法论。

按照科学方法论的不同层次有哲学方法论、一般科学方法论和具体科学方法论之分。哲学方法论是最高层次的方法论，我们要坚持的是辩证唯物主义的方法论，即一切从实际出发，实事求是，矛盾分析，具体情况具体分析，坚持实践是检验真理的标准，以及历史唯物主义的分析方法。一般科学方法论，即现代科学共同适用的科学方法论，它具有跨学科的性质，其代表是系统方法论。具体科学方法论是指某一科学的具体方法，即分别用于特定科学的专门的研究方法技术，学生从上了中学起，所学的学科都是某一种科学，这里边就有具体方法，特别是要对学生进行科学观点、科学态度、科学方法等教育，以防止封建迷信、伪科学和歪理邪教的侵袭。德育课程当然突出科学方法论的思想，但各学科教学也渗透着科学方法论的观点，因此，教师能否自觉地在各科教学中培养学生的科学方法论，这是教师在教学中渗透德育能力的表现之一。

2. 学习态度教育

学生学习总是有一定的目的、动机和态度，培养学生学习的动力系统，即目的、动机和态度是教师日常教学中教育性的至关重要表现。我们课题组曾倡导“需要咨询”，就是针对克服学生在学习中无理想、无动机和无兴趣的问题而提出来的；我们课题组还坚持“爱学”（激发动机）、“会学”（学会学习）和“活学”（创造性地学习），就是把培养学生的学习目的、动机和态度放在学习的首位。因此，我们的研究特别强调教师对学生学习态度教育与培养的能力。

3. 思想道德教育

教学内容本身就渗透着思想的、政治的、道德的、法律的等因素。教师只有在传授知识内容的基础上，重视这些因素，并提高学生是非、好坏、美丑的鉴别和判断能力，提高他们认识问题的能力，思想政治水平和道德品质，才能够更好地使他们的思想道德向高级阶段升华，同时也达到教师的教学中有教育性的目的。

教师如何重视这些德育的因素，如何提高学生与德育有关的能力和水平，如何引导学生完成高级阶段的升华，这就成为教师在教学中渗透德育工作能力的研究课题。

（二）教师在教学过程中渗透德育的能力表现

教师的天职是既教书又育人，所以，在各类课程、各门学科、各科教学中，教师毫无例外地要对学生进行科学方法论，学习态度和思想道德的教育。然而，这种渗透教学中的德育效果取决于什么呢？在研究中我们看重两种因素：一是教师自身的思想道德境界和师德基础；二是教师如何在教学中渗透德育工作的能力。对后者的表现，我们作如下三方面的论述。

1. 引导学生的思想品德从量变走向质变的能力

在教学中坚持德育教育，一个重要方面，是要引导学生的思想品德发展从量变走向质变，因为教学中任何德育的内容，都是思想道德知识，思想道德的知识、认识、训练是思想品德发展的基础。也就是说，学生思想品德是在其“知”的反复提高和“行”的反复训练中逐步发展起来的，并需经过一个又一个发展的阶段。可见，学生思想品德水平，一是取决于他们所领会的有关思想、政治、法律、道德、方法论、世界观、理想、态度等的知识和认识；二是取决于他们对正确行为规范的不断练习；三是取决于他们的内化，即真正变成其自身的思想精神财富。第一点的要求是背诵和理解，以铭记在心中；第二点要求是形成良好的习惯，养成教育是中小学乃至大学思想品德和行为规范教育的重要步骤；第三点的要求是通过内化真正变成自己的东西。思想品德发展的每一个阶段的特征，都集中地体现在行为习惯的变化和内化上。因此，良好的行为习惯的形成，内化变为自己的稳固品质，是一个人的完整思想道德结构发展中的质变的核心。教师能否引导学生完成这个质变，这在教学过程中是应该引起重视的一个问题，也是教师在教学中渗透德育能力的集中表现。

2. 培养学生的非智力因素的能力

传授知识的教学活动，主要是一种智育活动，以培养学生的智力与能力为主要目的，但智育中有德育，德育中有智育；发展学生的智力必须要以培养他们的非智力因素为前提，培养学生的非智力因素为的是更好地发展智力。所以，在教学活动中，除了一般德育内容之外，一条重要的德育措施是培养学生的非智力因素，即发展学生的需要、动机、情感、意志、性格和习惯等。这实际上是每位教师在每堂课中都会碰到的事情，问题是看我们做不做和如何来做。所以，能否培养好学生的健康的情感、顽强的意志、浓厚的兴趣、远大的理想、积极的动机、刚毅的性格和良好的习惯等，取决于教师在教学中渗透德育的能力。因为这些非智力因素的提高，既是教学中智育的要求，又是德育的内容。

3. 培养学生爱国主义思想的能力

爱国主义教育是培养学生热爱祖国的思想和情感，并立志报效和献身于祖国的教育，爱国主义教育是各国德育的首要内容。在我国，强调通过教学和学校各项工作进行。其内容主要包括：热爱国旗、国徽和国歌；热爱祖国的大好山河和家乡；热爱祖国悠久历史和优秀文化；热爱中华各族人民并维护民族团结；热爱中国共产党和社会主义制度等。

在教学中，教师应该把爱国主义教育作为贯彻始终的一条红线或生命线；把爱国心、赤子情、民族魂作为教学内容的指导思想和最高原则；把知国耻、懂国情、树国格、振国威、扬国魂作为具有现代意义的教学原则。这是教师应该具备的渗透在教学中的德育能力，而且是一种德育工作的核心内容。

(三)如何提高在教学过程中渗透德育的能力

比起专门从事德育工作的班主任工作和德育课程的教学，渗透在教学活动中的德育工作是很难做的，弄得不好，往往是教学与教育两张“皮”，很难统一起来。对于如何提高在教学中渗透德育的能力，我们在课题中提出三条要求：

1. 提高在教学工作中加强德育的自觉性

我们强调学校工作以教学为主，坚定不移；教学永远具有教育性，坚定不移。这两个“坚定不移”，就是自觉性。有了这种自觉性，才能在教学中坚持“有教无类”的传统，对全体学生的全面发展负全面责任；才能寓教育或德育于教学之中，要求每位教师时时刻刻做德育工作者；才能尊重学生，发展个性、因材施教、培养人才。

2. 负起为人师表的责任，把以身作则贯彻在课堂教学的始终

我们强调，为人师表的前提是对教书育人的负责，以身作则要体现在课堂教学主渠道的每一个环节。有了这种责任感，必然追求既当经师，更为人师的境界。只有这样，才能给学生以科学方法论、科学观点、科学态度、科学方法、科学地为人处世；才能给学生以信心：天生我辈必有才，天生我材必有用；才能给学生以动力：遵守成功动力等于目标期待值与实现概率的乘积的公式；才能给学生以思想：立志第一，做人第一，崇德第一，爱国第一。

3. 学会德育理论、德育任务、德育原则和德育方法

我们强调，当教师，首先要懂德育，要了解德育的基本概念和基本做法。因为有些教师之所以不能很好地在自己的教学中渗透德育，不是不想渗透，而是由于他们不了解德育的要求。只有了解德育的任务，明确通过教育教学把全体学生培养成爱国的、具有社会公德、文明行为习惯的、遵纪守法的好公民，才能在教学中不仅教学生生活的知识、生存的技能，而且更会教他们懂得生命的意义；只有了解德育

的过程，明确教师有一个把教学内容中一定的社会思想准则和道德规范转化为学生思想品德的过程，并明确教师的影响力，才能在教学中主动教书育人，从而更好地促进学生的健康成长和成功；只有了解德育内容，明确对学生应该从哪些方面施加影响，才能在教学内容上确立诸如“五爱”等一系列的要求，自觉教给学生；只有了解教育的途径和方法，明确历来教育家和思想家把德与知融为一体的做法，才能加强课堂管理，利用渗透方法，潜移默化地把德育要求加以内化和概括化，成为学生思想品德的规范、准则和品质。只有这样，教师才能从中提高自身在教学中渗透德育的能力。

第三节

教师的自我监控能力

教育的成功，来自教育活动加反思，这就说明了教师的自我监控能力的重要性。

在我们课题组里，对教师的自我监控能力进行了一系列的研究，并发表了一系列关于教育的自我监控能力的学术论文和研究报告。当然，在这些报告中，对教师的教学监控能力研究得多，对教育监控能力研究得少，所以这里介绍的研究，其数据大多出自对教师的教学监控能力的研究，但是，应该指出，不管是教育的监控能力还是教学的监控能力，都是教师的自我监控能力，其实质就是我国古人所说的“吾日三省吾身”，即自我意识在教师能力中的表现。

我们提出教师的自我监控能力有两方面的依据：一是教育实践的基础，即我们在第三章里提到的“优秀教师等于教育过程加反思”的设想或“公式”；二是心理学的理论影响，其中的主要理论渊源有四种：①维果茨基和鲁利亚提出并发展起来的言语的自我指导理论（Theory of Self-Instruction）；②社会认知理论（Social Cognitive Theory）；③认知建构理论（Cognitive Constructive Theory），特别是弗莱维尔（Flavell）

的“元认知”；④我们自己的思维结构理论。①

一、教师的自我监控能力的概念

教师的自我监控能力是教学教育能力的核心成分，它不仅是教学教育活动的控制执行者，而且是教学教育能力发展的内在机制，是教师能力的重要表现。

(一) 什么是教师的自我监控能力

自20世纪70年代以来，在心理学研究中，人们开始高度重视探讨人类行为的心理本源问题，力求发现人类纷繁复杂的行为背后的心理必然性。心理学家在对人类认知进行了大量研究之后，发现要真正地理解个体的认知活动，就必须首先了解在其内部对认知活动控制和调节的心理机制。这个研究趋势对我们进行教师研究有重要启示：虽然教师的教学教育活动是各式各样的，但其内部的心理必然性是什么呢？这个问题值得我们深思。在已有的教师研究中，人们已经指出，教学教育活动主要是一种认知活动；研究发现，教师的自我概念对其教学教育行为和教学教育效果有明显的因果性影响，这就给我们提出了非常重要的研究证据。基于上述考虑，我们提出教师的教学教育监控能力这个概念，即教师的自我监控能力。所谓教师的自我监控能力，是指教师为了保证教学教育的成功、达到预期的教学教育目标，而在教学教育的全过程中，将教学教育活动本身作为意识的对象，不断地对其进行积极、主动地计划、检查、评价、反馈、控制和调节的能力。这种能力主要可分为三大方面：一是教师对自己教学教育活动的事先计划和安排；二是对自己实际教学教育活动进行有意识的监察、评价和反馈；三是对自己教学教育活动进行调节、校正和有意识的自我控制。1995年1月，《中国教育报》刊登记者对我的采访纪实，问我“21世纪教师能力中最重要的成分是什么？”我毫不犹豫地回答“是教师的自我监控能力”。由于教育过程的复杂性，教师的自我监控能力也必然复杂且较难研究。为

---

① 朱智贤、林崇德：《思维发展心理学》，第1章，北京，北京师范大学出版社，1986。

了分析简便起见，我们在这一节里更多论述教师完成中心任务——教学活动的教学监控能力。当然，教学活动也极为复杂，包括的方面和涉及的因素多种多样，因此，教师的教学监控能力也具有多方面的内容和多样化的表现。

(二)对教师的自我监控能力或反思能力研究的思考

教师的自我监控能力，又可以叫作反思能力。在国际上，教学反思的理论基础应该追溯到1933年杜威对之进行的描述，他认为反思是根据情境和推论对自己的信念或知识结构进行积极的、持久的、周密的思考。根据杜威的观点，教师的反思能力是一种不断对自己的行为进行批判，对实践的结果进行监控，并对每一个方案的长期和短期效果进行考虑的能力。

与杜威的观点相反的舍恩(D. A. Schon)，他在20世纪80年代提出了“行为反思”的概念①，他反对把教师的职业行为看成是决策过程的一系列步骤，而强调对行为反思的过程。他提出反思能力的工作框架为：反思可以在行为之后，也可以在行为之中，而且更重要的存在于参与者对这些条件的含义进行反思后所得的结果之中。

20世纪80、90年代，研究者一般认为②，反思是教师对于教育事件进行选择的一种思维方式和态度，其成分包括：①承认教育困境的存在；②对这种困境作出回答；③对这种教育困境进行建构和重建；④采用不同方法进行尝试，以发现其结果与实质；⑤检验这些方法，并作出评价。

在国际教育界，近20年来越来越重视对教师的自我监控能力或反思能力的研究，甚至于提出，如果20世纪80、90年代提倡培养专家型的教师，那么21世纪要倡导训练反思型的教师。于是，有关反思型教师的论著越来越多：最近有幸在自己担任顾问的“基础教育改革与发展译丛”中，看到了新译著《批判反思型教师ABC》③，为之喜悦十分。说明我国的教育界和出版界已对这个方面给予了足够的

① D. A. Schon. *Educating the Reflective Practitioner*, San Francisco: Jossey-Bass, 1987.

② F. Rorthagen. “Two Models of Reflection”, *Teacher&Teacher Education*, 1993, Vol. 11, No. 3.

③ S. D. Brookfield:《批判反思型教师ABC》，张伟译，北京，中国轻工业出版社，2002。

重视。

对教师的自我监控能力或反思能力进行研究的方法论或方法主要采取建构主义理论、经验学习和比较新手与专家教师的思维形式。

我们不想过多地去评价上述的观点和研究，却认为他们各有其合理性。我们不仅吸取他们理论的合理之处，而且也相当重视上述的各种研究方法。通过研究，我们建立了下边的“构成要素”的想法，并投入了大量的研究，包括写出了一批博士、硕士论文在内的研究报告和学术论文。

(三)教师的自我监控能力的构成要素

教师自我监控能力的复杂性决定了其构成要素的复杂性，我们可以从不同的角度来分析它的构成。根据申继亮和辛涛的研究①，可以认为，至少可以从教师自我监控能力的对象性质、作用范围、发生过程和表现形式四个方面来考察教师教学监控能力的构成。

根据自我监控的对象，我们可以把教师的自我监控能力分为自我指向型和任务指向型两类。所谓自我指向型的自我监控能力，主要是指教师对自己的诸如教学教育观念、教学教育兴趣、动机水平、情绪状态等心理操作因素进行调控的能力。能力之间相互联系、相互影响的。例如，自我指向型的自我监控能力不仅直接影响教师教学的积极性水平、努力程度以及对教学效果的情绪反应，而且也间接地影响着教师教学计划的制订、教学材料的使用、教学方法的选取以及教学效果的评价与补救等。相反，任务指向型的自我监控能力不仅直接作用于教师教学教育的具体过程，而且它对教师的教学教育观念、教学教育积极性等也存在间接的影响，进而影响到教师自我指向型的教学监控能力。

根据其作用范围，我们可以把教师的自我监控能力分为特殊型和一般型两类。前者是指教师对自己作为教育者这种特定角色的一般性的知觉、体验和调控能力，它是建立在教师所具备的有关教学教育的必要知识、技能和方法的基础上的，是一

① 申继亮、辛涛：《论教师的教学监控能力》，载《北京师范大学学报》，1995(1)。

种超越具体教学教育活动的、具有广泛概括性的整体性的知觉、体验和调节能力；而后者则是指教师对自己教学教育过程中的各具体环节进行反馈和调控的能力，它决定教师在具体教学教育活动中的具体的自我调节和控制的行为。

根据教学教育过程，我们把教师的教学监控过程分为三个有机联系的部分①：自我检查、自我校正和自我强化。所谓自我检查是指教师对自己教学教育活动进行有意识的、自觉的检查、审视和评价的过程，它是教师对自己教学教育活动的一种敏感反应，是教师对自己教学教育活动进行有意识监控的开始阶段；自我校正是教师在自我检查的基础上，对自己教学教育活动中存在的问题所进行的主动的改进、纠正和调节的过程，它是教师的自我监控能力的外在体现；自我强化是自我校正过程的延续，在这个过程中，教师主动地寻找自我强化的方式和手段，以期巩固自己已经出现的好的教学教育行为，防止原有问题的重新出现，这是教师的自我监控过程一个循环的结束。值得注意的是，教师的自我监控过程是一个螺旋式发展的过程，在这种发展中，教师的自我监控能力得到不断的提高，教学教育效果会越来越好。

根据其在教学教育过程，特别是教学过程不同阶段的不同表现形式，教师的自我监控能力可以包括以下几个方面：①课前的计划与准备性，即在课堂教学之前，明确所教课程的内容、学生的兴趣和需要、学生的发展水平、教学目标、教学任务以及教学方法与手段，并预测教学中可能出现的问题与可能的教学效果，这是教师进行教学监控的前提。②课堂的反馈与评价性，指教师对于课堂的状况、学生反应的敏感性与批判性，或者说是教师对课堂教学过程中“问题性”的敏感程度，以及对所发现问题的解释与分析。可以说，评价和反馈性是教师教学监控能力的基础，教师的教学监控过程都是从他对教学活动的反思、评价与反馈开始的。③课堂的控制与调节性。如果说评价与反馈性是教师自我监控能力的基础的话，那么调节与校正性则是教师自我监控能力的目的。教师的自我监控能力的根本作用就在于它使教师能够有意识地、自觉地对自己的教学教育活动进行调节和修正，使之达到最佳效果，能最大限度地促进学生的发展，这也是我们培养教师的根本所在。④课后的反

---

① 辛涛、申继亮、林崇德：《教师教学监控能力的结构：一个验证性的研究》，载《心理学报》，1998(3)。

省性，在一堂课或一个阶段的课上完后，自我监控能力高的教师会对自己已经上过的课的情况进行回顾和评价，教师的自我监控能力结构的这四个成分实际上是从教学教育监控的全过程来区分的，是一种过程性的、动态性的结构。

二、教师教学监控能力结构的分析研究

如前所述，教学监控能力是指教师为了保证教学的成功、达到预期的教学目标，而在教学的全过程中，将教学活动本身作为意识的对象，不断地对其进行积极、主动地计划、检查、评价、反馈、控制和调节的能力，这种能力大体上分为三个方面：一是教师对自己教学活动的事先计划和安排；二是对自己实际教学活动进行有意识的监察、评价和反馈；三是对自己的教学活动进行调节、校正和有意识的自我控制。它不仅对教师的教学活动有着重要的影响，而且通过其教学活动影响学生的能力发展和学业的提高，是当代新型教师应具有的核心素质。

（一）模型的建立

我们（1998）①选择北京市与浙江省450名中小学语文、数学教师，采用了自制的教师教学监控能力量表。

图5-5是教师教学监控能力的结构模型的构想图，根据朱里斯考克（Joreskog）等人②③的研究，在图5-5中，圆圈中的变量为潜变量（Latent Variable），潜变量又分为外在潜变量（Exogenous Variable），即图5-5中的一阶因素 η（量表维度），和内在潜变量（Endogenous Variable）即图中的二阶因子 ξ（教学监控能力）；Y_i（$i=1,2,\cdots,25$）为观测变量（Observed Variable），或称显在变量（Manifest Variable）。图中，ξ 是 η 的残差，y 是连接潜变量 ξ 和 η 的直接路径系数，λ 是测变量 Y 对 η 的因素负荷，ξ 是观测变量的测量误差。在构想图中，潜变量与观测变量之间构成二阶一因素同

① 辛涛、申继亮、林崇德：《教师教学监控能力的结构：一个验证性的研究》，载《心理学报》，1998（3）。

② K. G. Joreskog, D. Sorbom. *LISREL Ⅷ: A guide to the Program and applications*, Chicago: SPSS, Inc, 1994.

③ P. M. Bentler. *Multivariate analysis with latent variables: Causal modeling*, *Annual Review of Psychology*, 1980, 31, 419-456.

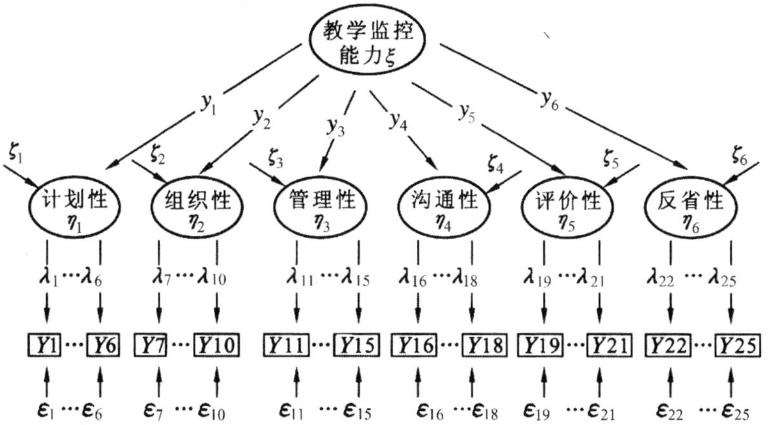

图 5-5　教师教学监控能力量表的二阶六维同质性测量模型

质性测量模型（A Second-order one-factor Congeneric Measure Model）。其数学表达式为：

$$Y=\Lambda y(\Gamma\xi+\zeta)+\varepsilon$$

式中的 Λy 为一阶因素的负荷矩阵（25×6），Γ 为二阶因素负荷矩阵（6×1）。本模型存在如下前提假设：第一，观测指标（Y）在一阶因素（η）上的负荷（λ）应是正值，并且具有统计学上的显著性，由于 ε 为观测变量的测量误差，因此测量误差的变异也应具有统计学上的显著性；第二，γ 也应大于零，并具有统计学上的显著性；第三，六个维度（η）彼此独立。

本研究依据 Pearson 相关矩阵，采用极大似然估计，得到我们所建构的二阶一因素同质性测量模型的参数。其中 $\chi^2(269,\ N=436)=965.47$，$p<0.001$，$GFI=0.81$。从教师教学监控能力量表各项目在六因素上的因子负荷来看，除 Y_7 之外，所有观测指标（Y_1- Y_{25}）在一阶因素上的因子负荷在 0.39 与 0.67 之间变化。如果我们假定这个模型为真值测量模型（true-score measurement model），那么观测指标的信度可以被定义为真值变异与观测变异之比，因此，各观测指标的信度范围在 0.16 到 0.45 之间。一阶因子，计划与准备性、课堂组织性、教材管理性、沟通性、评价性和反省性，在教学监控能力上的负荷在 0.73 到 0.94 之间变化，换句话说，这六个一阶因子分别可以解释教师教学监控能力变异的 53.29% 到 88.36%。我们进一

步分析了这六个维度之间的相关关系，结果见表5-3。

表5-3　教师教学监控能力量表六维度之间的相关

六维度	计划性	组织性	管理性	沟通性	评价性	反省性
计划性	1.00					
组织性	0.266 8*	1.00				
管理性	0.227 7*	0.407 6*	1.00			
沟通性	0.218 3*	0.255 0*	0.301 4*	1.00		
评价性	0.356 5*	0.268 1*	0.303 3*	0.438 1*	1.00	
反省性	0.305 4*	0.312 1*	0.303 6*	0.344 2*	0.385 0*	1.00

注：* $p<0.05$。

从表5-3可以看出，这六个维度之间存在显著的相关。其中组织性和管理性、沟通性和评价性、评价性与反省性之间的相关很高，分别达到0.4076，0.4381和0.3850，而我们在建构模型时的假设之一是各一阶因子(维度)之间彼此独立。那么，这六个维度之间的相关意味着什么呢？可能之一是，这六个维度之间的相关只是数量表面的相关，并不是维度本身的相关；可能之二是，这六个维度的背后还存在着共同的因素，因此，有必要对教学监控能力结构进行进一步的检验。仔细分析各维度之间的相关关系，我们发现，如果这六个维度背后还存在着共同因素，最可能的情况有三种：①这六个维度合并为单一维度，教师教学监控能力的结构模型由二阶模型变为一阶同质性模型；②这六个维度中组织性和管理性合并，沟通性和评价性合并，教师教学监控能力结构模型的一阶因素变为4个；③这六个维度中组织性和管理性合并，沟通性、评价性和反省性合并，教师教学监控能力结构模型的一阶因素变为3个。我们曾列出了这三个放宽模型的χ^2检验结果。① 在三个放宽模型中，有两个模型，即含有四个一阶因子的二阶因素模型和含有三个一阶因子的二阶因素模型，对教师教学监控能力的结构提供了比原有模型更为准确的拟合。其$\Delta\chi^2$分别为489和122，$p<0.001$；而单因子模型对教师教学监控能力结构的拟合效果最差，其χ^2最大，达到1125，这表明，教师教学监控能力并不是一个单一因素的结

① 辛涛，申继亮，林崇德：《教师教学监控能力的结构：一个验证性的研究》，载《心理学报》，1998(3)。

构。比较含有四个一阶因子的二阶因素模型和含有三个一阶因子的二阶因素模型，我们发现，其卡方差异 $\Delta\chi^2=367$，$\Delta df=1$，这表明两模型对教师教学监控能力结构的拟合效果存在显著的差异，即四因子模型比三因子模型更好地拟合了教师教学监控能力的结构。这一点也可以从χ^2/df 与 *GFI* 两个参数中看出，四个模型中，四因子模型的卡方与自由度之比最小，$\chi^2/df=1.76$，*GFI* 的值最大，为 0.89。一般认为，卡方与自由度之比越小越好，可接受的值应在 2.00 之内。因此，我们可以得出结论说，含有四个一阶因子的二阶因素模型是教师教学监控能力结构的最佳拟合。该模型的其他参数分别为：*ECVI*＝1.30，*NFI*＝0.82，*IFI*＝0.88，*CFI*＝0.87，*RMR* ＝0.051，这些参数均表明该模型是教师教学监控能力结构的更为理想的拟合。①

四因素模型与原六因素模型相比，计划与准备性和反省性因素未变，而课堂的组织性与教材的管理性合并，与学生的沟通性和对学生进步的评价性合并，经过认真分析被合并因素的内部一致性，我们分别将其命名为对课堂教学的控制性和反馈性。这时，6 个观测指标（Y_1-Y_6）在计划与准备性维度上的因子负荷分别为：0.53，0.64，0.63，0.68，0.67，0.65；9 个观察指标（Y_7-Y_{15}）在评价与反馈性维度上的因子负荷分别为：0.39，0.43，0.39，0.31，0.36，0.43，0.48，0.53，0.34；6 个观测指标（Y_{16}-Y_{21}）在控制与调节性维度上的因子负荷分别为：0.44，0.40，0.57，0.59，0.63，0.62；4 个观测指标（Y_{22}-Y_{25}）在课后反省性维度上的因子负荷分别为：0.60，0.66，0.52，0.71。由这组数据可知，所有观测指标（Y_1-Y_{25}）在四个一阶因子上的负荷在 0.31 到 0.71 之间变化，其负荷值均在 0.001 水平显著，各观测指标的信度范围在 0.10 与 0.50 之间。一阶因子，计划与准备性、评价与反馈性、控制性和反省性，在二阶因子，即教师教学监控能力上的负荷分别为 0.73，0.86，0.96 和 0.87，各因子对教师教学监控能力的解释率分别为 52.29%，73.96%，92.16%和 75.69%。模型的拟合度检验得到$\chi^2(271, N=436)=476, p<0.001$，$\chi^2/df=1.76$，*GFI* ＝0.89，这些参数表明该模型的结构效度很高。

我们的结论是：与我们原有构想相比，其最佳结构是四因素结构：课前的计划

① *GFI* 为拟合优度；χ^2/df，为模型的拟合检验的χ^2 与自由度之比；$\Delta\chi^2$ 为所比较模型的卡方值之差；Δdf 为所比较模型的自由度之差。

性，课堂中的反馈性和评价性，课堂中的调控性和课后的反省性。

(二)教师教学监控能力及其影响因素

辛涛的博士论文(1997)对这个问题做了研究和分析。

1. 教师教学监控能力量表的描述数据

在确定了教师教学监控能力的结构之后，我们给出了这个量表在北京和浙江两个样本中的总分，各维度分以及其同质性信度等描述性统计量，具体见表5-4。

表5-4　教师教学监控能力量表的描述性参数

量表维度	统计参数	样本		
		北京*	浙江**	总体***
总量表	*M*	3.85	3.99	3.94
	SD	0.39	0.38	0.39
	α	0.89	0.88	0.89
计划性	*M*	3.99	4.15	4.09
	SD	0.54	0.50	0.53
	α	0.78	0.73	0.78
反馈性	*M*	3.77	3.92	3.87
	SD	0.48	0.43	0.45
	α	0.76	0.75	0.76
调控性	*M*	3.81	3.91	3.87
	SD	0.35	0.38	0.37
	α	0.76	0.74	0.75
反省性	*M*	3.93	4.05	4.01
	SD	0.61	0.56	0.59
	α	0.71	0.69	0.71

注：* $n_1=156$　** $n_2=280$　*** $n=436$。

从表中可以看出，该量表的总体同质性信度为0.89，四个维度的同质性信度指数分别为0.78，0.76，0.75，0.71；从表中各维度的平均分来看，教师在其教学监控能力的计划、课后的反省性方面相对较好，而在对课堂教学的调控性与反馈性方面较差。我们可以看到，课前的计划和课后的反省性都允许时间延隔的存在，教师有较充分的时间去考虑，而在课堂教学中对教学的调控性与反馈性则是要求教师在教学活动的瞬间完成的，因此，提高教师的教学能力，或者更宽泛地说，要提高教师的教学效果，培养教师在课堂上的调控能 力和反馈能力是重点，也是难点。

2. 教师教学监控能力在人口变量上的影响因素

教师教学监控能力在其教龄、学历、性别和地区四个因素上的差异进行了复方差分析(MANOVA)，见表 5-5。

表 5-5　不同教师监控能力的复方差分析

变异来源	计划性	反馈性	控制性	反省性	监控总分
教龄	2.631*	2.649*	1.974	1.658	2.960*
性别	0.005	0.152	0.017	0.110	0.002
学历	2.058	2.451	1.067	0.720	2.031
地区	4.906*	4.183*	2.313	1.430	4.365*
性别×学历	0.292	0.068	0.425	0.213	0.016
性别×地区	0.105	0.215	1.496	0.018	0.454
性别×教龄	0.624	0.565	0.680	0.407	0.661
地区×学历	2.088	2.283	2.375	1.355	2.006
教龄×地区	2.121	2.425	1.159	1.010	2.362
教龄×学历	2.100	1.556	1.114	1.156	1.795
学历×地区×性别	1.052	0.262	0.203	0.151	0.190
学历×性别×教龄	1.252	1.065	1.055	1.073	1.141
学历×地区×教龄	0.692	0.754	0.101	0.186	0.259
性别×地区×教龄	1.381	2.312	1.469	0.385	1.81

注：表中数据为变量的 F 值，* $p<0.05$。

结果表明：这四个变量只有教龄和地区因素对教师教学监控能力的部分维度有显著性的影响，其他各因素及交互作用对教师教学监控能力均无显著影响。

当然，我们在其他研究中，曾发现地区、学校，以及教师教学动机(内在的、外在的和外在内化动机)的影响因素，在这里不作展开分析。

三、中小学教师教学监控能力的发展

我们课题组的俞国良曾带领其研究生研究了中小学教师教学监控能力的发展及其相关因素①。研究的对象是浙江省的中小学教师，采用的测试工具是我们自编的教学监控能力量表和教师教学效能感量表。结果如下。

(一)教师自身特征对其教学监控能力的影响

在研究中，教师自身特征包括性别、学历、教龄等统计学变量。根据已有的研究和经验，教师的自身特征，特别是教龄可能影响教师的教学监控能力，见表5-6。

表5-6　教师自身特征对教学监控能力影响的复方差分析

变异源	监控总分	计划性	反馈性	调控性	反省性
性别	0. 35	0. 15	0. 44	0. 05	1. 20
学历	0. 10	0. 55	0. 37	0. 08	0. 40
教龄	3. 31*	1. 22	3. 74*	3. 92*	0. 47
性别×学历	3. 05	2. 37	1. 93	2. 49	1. 82
性别×教龄	0. 13	0. 07	0. 01	0. 58	0. 38
学历×教龄	0. 71	0. 24	0. 68	1. 64	0. 16
性别×学历×教龄	0. 01	0. 05	0. 14	0. 06	0. 02

注：表中所列数据为方差分析中的 F 值，* 表示 $p<0.05$。

通过复方差分析可以清楚地表明，教师的性别、学历、教龄这些自身特征对其教学监控能力的影响是完全不同的。其中教师的教龄对监控总分的影响达到显著水平，即对教学监控能力有显著影响。这种影响主要体现在教学监控能力的两个分维度上，它们是评价与反馈性、调节与控制性，因为在这两个分维度上教龄的主效果达到了显著性水平。而学历和性别这两个变量的主效果、交互作用均不显著。当然,对复方差分析的结果仍需做进一步的分析。

① 俞国良等:《中小学教师教学监控能力：发展特点与相关因素》，载《心理发展与教育》，1998(2)。

(二)教学监控能力的发展趋势

复方差分析的结果已经表明，教师的教龄对其教学监控能力有显著影响。通过对教学监控能力及其分维度与教龄关系的描述，可以进一步了解教学监控能力的发展趋势(见图 5-6)。

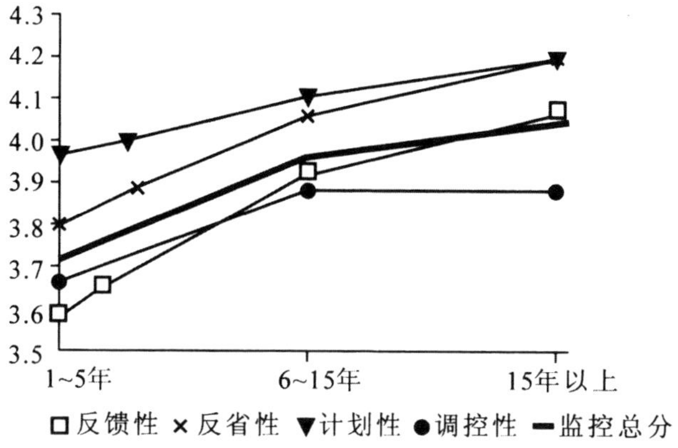

图 5-6　教学监控能力及其分维度的发展趋势

从上图可以明确地看出，各教龄组的教学监控能力水平是不相同的，随着教龄的增长，教学监控能力及其各个分维度都呈现出不断提高的趋势。然而，对于不同的教龄阶段，教学监控能力提高的幅度是不相同的，呈现“先快后慢”的特点，即“新教师”教学监控能力提高较快，此后仍不断上升，但是速度减慢。各维度的总体发展趋势是一致的，但是变化的幅度略有差异。

(三)不同教龄组教师教学监控能力发展水平的比较

如前所述，各教龄组之间，教学监控能力的发展水平是不相同的，它们之间是否存在显著差异呢？(见表 5-7)

表 5-7　不同教龄组教师教学监控能力发展水平的比较

教龄（年）	监控总分		计划性		反馈性		调控性		反省性	
	A	*B*	*A*	*B*	*A*	*B*	*A*	*B*	*A*	*B*
1～5(*A*)										
6～15(*B*)	2.47*		1.13		2.70**		2.64**		1.83	
>15(*C*)	3.44**	1.01	1.97	0.84	3.61**	1.30	2.87**	0.47	2.83**	0.95

注：表中所列数据为 t 值，* 表示 $p<0.05$，** 表示 $p<0.01$。

从表 5-7 可以得知，教龄的变化对计划没有显著影响，但是对反馈性、调控性、反省性以及监控总分有显著影响。具体来说，1～5 年教龄组的教师评价与反馈性、调节与控制性以及教学监控能力整体的发展水平显著低于 6～15 年及 15 年以上教龄组，课后反省性水平也显著低于 15 年以上教龄组，而计划性虽然也呈上升趋势，但无显著提高。

（四）教学监控能力与教学效能感和教学策略之间的关系

组成系统的各要素之间总是相互联系、相互作用的。教学监控能力、教学效能感、教学策略作为教师素质的有机组成部分，它们之间是否存在相关呢？（见表 5-8）

表 5-8　教学监控能力与教学效能感和教学策略之间的关系

	监控总分	计划性	反馈性	调控性	反省性
教学效能感	0.44***	0.39***	0.44***	0.34**	0.42***
教学策略	0.62***	0.59***	0.56***	0.55***	0.52***

注：表中所列数据为相关系数，** 表示 $p<0.01$，*** 表示 $p<0.001$。

表 5-8 说明，教师的教学监控能力及其分维度与教学效能感和教学策略之间有非常显著的正相关。换言之，教学监控能力越高，教学策略水平就越高，教学效能感也越高。可见，它们作为教师素质的有机组成部分，其间必然存在某种相互影响和制约的关系。

第六章

教师的培训与提高

国运兴衰，系于教育。一个国家的教育水平决定了其在未来世界中的地位和命运,谁掌握了21世纪的教育，谁就能在未来竞争中立于不败之地。教育大计，教师为本，教育水平的高低决定于教师素质的高低。

如第四章所述，发展性、动态性是教师素质的精髓。这就是说，前面两章论述的教师的素质，我们不能否认有一定的天赋的成分，但主要取决于后天的因素。教师的素质是在后天的培训中，在教育的实践中发展的。科学的合理的职前教育和职后培训是教师素质提高的前提。

我们通过长期的研究认为，就教师职前教育来看，师范教育应立足于完善未来教师的知识结构和初步的教育教学技能；就教师的职后培训来看，以“教育效能感”为出发点，以“自我监控能力”为目标，是培训工作的核心；就教师素质提高的方法看，应特别强调“科研兴校”——教师参与教改的教育科学研究是提高素质的重要途径。与此同时，我们还要看到教师教育与培训的基础，这就是对教师的绩效研究，只有这样，教师教育与培训才能做到有的放矢。以上观点，就构成了本章的内容。

第一节

绩效研究是教师教育与培训的基础

教师教育与培训是教育改革成功的决定因素，也是教育系统人力资源管理的重要手段。教师教育与培训之所以重要是因为，它决定了教师队伍的质量；也决定了教育改革的成败；它还可以提高教师的能力和激发他们的积极性、主动性与创造性，是教育系统人力资源管理与开发的重要内容及手段。蔡永红的博士论文专门研究了教师教育与培训的基础——教师绩效的结构及其影响因素，这一研究对指导教师绩效评估与确定教师教育与培训的需求具有重要的参考意义①。本节的内容是对她的博士论文的概括。

绩效评估是教师教育与培训的前提和基础。所谓绩效评估，指的是识别、观察、测量和开发组织中人的绩效的过程。而教师绩效评估，是识别、观察、测量和开发教育系统中教师的绩效的过程。教师培训需求的分析是师资培训中目标设置、培养和培训计划制订、培训实施及培训效果检验的基础和前提。目前用于确定培训需求的方法主要有组织分析、工作分析和人员分析三种，其中，后两种方法主要用于确定教师的个人培养和培训需求。在确定个人培训需求时，教师实际的绩效水平是一个重要的参考指标。因此，教师绩效研究是教师培养和培训的基础。

一、关于教师绩效结构的研究

绩效是与组织目标相关的行为，对绩效的评价主要采用主观评估的方法。要科学评估绩效，首先就需要对绩效的结构进行探讨。许多研究发现，绩效是多维度结构。但教师的绩效应该包含哪些具体的维度，每个维度又包含哪些具体的内容，这是进行教师绩效评估，确定培训需求的前提。我们对这个问题进行了长期地探讨，在分析已有研究成果的基础上，对过去的研究之不足进行了总结，并根据自己的解释性研究和实证研究，提出并验证了我们所建构的教师绩效的结构。

（一）绩效结构研究提出的背景

在长期的教师绩效研究中，我们对人事心理学中有关绩效结构及内涵、教师评

① 蔡永红：《教师职务绩效》，北京师范大学博士论文，2002。

价及教师有效性等研究进行了系统的文献回顾。国内外已有的教师绩效研究主要存在以下几方面的局限。

1. 研究者们对不同类型的评价没有进行严格区分，从而造成了不同类型及功能的教师评价的混用，使教师有效性研究难以得出明确的结论

目前，从收集信息的方式来划分，主要有三种不同的教师评价类型：①教师胜任力评价(teacher competence evaluation)，或称教师素质评价。评估教师所需要的素质或胜任力，即教师知道些什么，通常是用纸笔测验的形式进行，其结果常常作为教师资格证书或执照授予的依据。它主要用于监控教师职前教育的进程和评估为提高教师胜任力所进行的培训的效果。②教师绩效评价(teacher performance evaluation)是对教师在工作中的表现，也就是教师的行为进行评定，以了解教师工作的质量。通常是在工作中通过课堂观察，由领导、同事和学生等作出主观性评定。③教师有效性评价(teacher effectiveness evaluation)是对教师施加给学生的影响进行评价，也就是对在教师的影响下学生在重要的教育目标上进步的情况作出评价，通常是通过同一测量工具的前测与后测之间的差异，同时考虑学校、班级的原有情况，通过回归方程来预测学生应该取得的进步，并将之与学生实际取得的进步进行比较来得到。多数的教师有效性评价需要用标准化测验工具来收集信息，而不同班级由于不能使用相同的工具，其结果往往不能相互比较。此外，由于标准化测验本身在测量范围上的局限，许多重要的教育目标的发展情况也不能完全依赖它来采集。因此，教师有效性的评价常常难以实现。

这三种类型的评价应在教师职业发展的不同阶段使用，并且它们在功能上也不同。这三种类型的评价相互间有着密切的联系，教师绩效评价是教师胜任力评价的效标，而教师有效性评价又是教师绩效评价的效标。也就是说教师有效性评价是教师研究的终极效标，而教师绩效评价则是中间效标。但在实际应用中，这三种类型的评价常常被搅在一起，并冠以教师评价或教师有效性评价的名称，其内容既有对教师胜任力的评价，也有对教师绩效的评价，以及对教师有效性的评价。对教师胜任力和教师绩效的评价通常采取主观评定的方式，由领导、同事及学生进行评定，而对教师有效性的评价则直接以学生的学习成绩为指标。以这种

结构混乱的工具为效标所进行的教师有效性研究可想而知是很难得出明确一致的结论的。

2. 对绩效本身的理论结构的探讨不够，只关注了任务绩效行为，没有关注关系绩效行为

教师绩效是教师在教育教学过程中表现出来与教育教学目标相一致的行为。教学是一个相当复杂的过程，教师在教育教学过程中表现出来与教育教学目标相一致的行为也是复杂的。许多研究发现，教师绩效评估是多维度测量(Marsh，1987；Marsh & Dunkin，1992；Feldman，1976，1989)，但到底评价应包含哪些行为内容，这些行为应该是具体还是概括？具体到什么程度？概括到什么程度？研究者对这些问题还研究得很不够。

此外，在绩效结构问题上，已有的多数评价工具采用的是归纳法，即从已有的有效教学的研究中抽取出一些被认为对教学效果有影响的教师特征及教师课堂行为，但评价的最终目的需要获得合成分数。还有些研究以学生学习结果作为教师评价的唯一标准。由于学生学习结果的影响因素的复杂性，这些研究往往很难将来自家庭、同伴及个人动机等方面的因素与教师的影响区分开来，因而也就很难得出明确的结论。

多数教师评价工具所包含的行为内容只涉及教学有效性方面，而这实际上只是绩效的一个方面，即任务绩效，也就是工作所规定的教师必须做出的行为。对另一种教师有一定自主选择的行为——关系绩效行为的关注很不够。这些行为包括职业道德、职务奉献、助人与合作等行为。有效教学的研究表明，教师工作的主动性、创造性、对职业的承诺等对教学效果有非常重要的影响，这样的行为应该被概括进教师绩效评估的内容里。

无论在理论界还是在实践领域，哪些行为应该成为教师绩效评定的内容，至今仍存在很大的争议。其原因主要在于，有效教学的特征，不同的研究者所强调的重点不一样，而得出的结论也很不同。但无论如何，教师绩效评定中的行为内容应该是对教育教学的成功与失败影响最大的和关键性的。而要得到这些关键性行为，必须经过三个过程：一是对教师进行详细的关键事件访谈；二是对有效教学的大量研

究文献进行回顾与总结，从中概括出有效教学的关键变量；三是了解教育研究者、教师及学生对有效教学的看法。只有经过以上三种过程的反复研究与探索，才能得到教师绩效评价的内容及维度。

3. 多数教师评价研究是关于大学教师的，有关中小学教师的评价研究很少

尽管大量有效教学的研究都是关于中小学教学的，但多年来，并未研究出一些适于中小学生评价教师绩效的问卷。这其中的原因主要是：研究者认为，中学生特别是小学生，缺乏评价教师效能的复杂技能与能力。但有些研究(Aubrecht，et al，1986)指出，这种观念是错误的。研究者探讨了大学生评价教师的维度对高中学生的适用性，结果发现高中学生评价教师效能是有效的。有些研究者(Fox，1983)探讨了大学生评价教师效能的维度对小学水平的适用性，结果发现小学六年级的学生在评价教师时是可靠的、有效的和有价值的。

有关学生评价教师绩效是否适用于小学水平的问题，还需要有更加深入的探讨，但许多研究都肯定了中学生评价教师绩效的有效性。尽管如此，目前有关中学教师的绩效评价研究仍然很少，因此很有必要加强这方面的研究。

(二)我们对教师绩效结构的探索

教师绩效的结构是我们在长期的理论与实践研究中提出的。这一理论结构是基于我们有关教师素质结构的理论，在分析国内外有关绩效研究、教师评价研究及有效教学研究的已有成果，和对大量教师、学生、教育研究者进行开放式调查，以及对教师进行关键事件调查和关键事件访谈的基础上，通过定性分析和实证分析的反映研究过程而得出的。

1. 教师素质结构理论是教师绩效结构理论的基础

如前所述，在长期的教师研究中，我们提出了教师素质结构的理论。即不仅提出素质结构的依据和素质的定义，而且提出了五种内容和三个方面的要素。根据这些理论，我们把教师职务绩效定义为：是教师在教育教学过程中所表现出来的与教育教学目标相一致的行为。教师职务具有高度自主性，在教师绩效的构成中，既有任务绩效，也有关系绩效。任务绩效是教师工作本身所要求的行为，包括教学行为

与价值以及师生互动；关系绩效是教师有一定自主选择权的行为，包括职业道德、职务奉献以及助人与合作等。

2. 教师绩效结构理论的形成流程

在长期的研究中，我们探讨了教师绩效的结构。我们采用了解释性研究与实证研究结合的研究方法，通过解释性研究提出了教师绩效的理论构想，并通过实证研究来验证这种构想。在解释性研究中，我们采用了开放式调查、关键事件访谈等方法，通过对访谈及调查结果的定性分析，结合文献回顾中对已有成果的总结，我们形成了教师绩效的理论构想，编制了“教师绩效评定量表”。在实证研究中，我们对大量教师的绩效评价数据进行了验证性因素分析及多质多法分析，来验证所提出的理论构想。

在解释性研究中，我们确定了教师绩效包含六个维度的理论结构，并对这六个维度进行了操作定义。这六个维度的操作定义为：

(1)职业道德是教师表现出来的，对职业准则与规范的遵从，对学校目标和自己的工作目标的认同、维护与支持，对教育事业的热爱，对工作热情、对工作的责任感等行为。

(2)职务奉献是教师表现出来的，不断地反思教育教学工作，总结工作经验，关爱每一个学生、并适应时代不断完善自己等方面的行为。

(3)助人合作是指教师主动地帮助同事，表现出良好的协作精神，与家长建立良好合作关系，真诚待人等方面的行为。

(4)教学效能是指教师在计划、组织与表达教学内容方面的行为。

(5)教学价值是指教师通过自己的教学，使学生在各方面所发生的积极的变化。

(6)师生互动是指教师与学生在课堂内外的交往与互动行为。

这一形成过程可以用以下流程图来表示(见图 6-1)：

3. 教师绩效评定量表的形成过程

在前期研究中，我们从 1999 年 11 月起，在中学进行了教师绩效评价的试点。后又对 300 多名教师进行了关键事件调查，对 30 名教师进行了关键事件访谈。这些定性研究是我们提出教师职务绩效结构的基础。教师绩效评定量表的编制过程包括

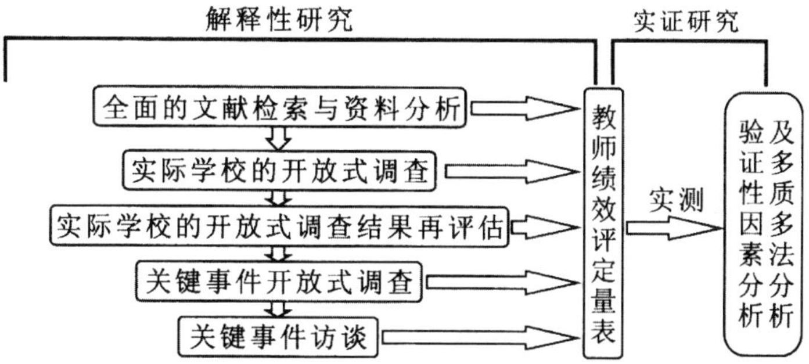

图 6-1　教师绩效评定量表的形成过程流程图

以下几个步骤：

(1)对国内外相关研究进行全面检索，分析教师绩效结构及绩效评估研究的现状,对国内外现有的教师效能评价量表进行分析。

(2)在中学进行开放式调查，调查对象包括在职教师、学生及学生家长。调查内容包括：评价教师的素质和工作效果应该具有哪些标准(合格教师标准)，优秀教学应该具有哪些特点等。

我们对开放式问卷结果进行了主题词分析，并分析了各主题的出现频率，按频率超过 50%来选择行为条目。再对其中具有相似性的条目进行综合，最后形成具有一定概括性的行为条目。

(3)将这些行为条目反馈给学生、教师，由他们对这些条目按重要性程度由高到低依次给以 5 到 1 的数值评价，另加一开放式问题，要求他们写出认为重要，但没有包含在问卷里的项目。这样，得到了重要性程度几乎相同的 30 个行为条目。

(4)对 300 多名教师进行开放式调查。调查内容有：作为教师，您要做哪些工作；每种工作所占用的时间比例各为多少；各种工作的相对重要性程度怎样(以 10 表示最重要，1 表示最不重要，不同工作的重要性程度可以有相同的)；在您做教师的过程中，有哪两件事情您认为是做得最成功的，令您难以忘怀的；(这两件事情的经过是怎样的，您是怎样做的，事情的结果如何，为什么会得到这样的结果)；在您的教师生涯中，有哪一件事情是您认为做得最不成功的(这件事情的经过是怎样的，您是怎样做的，结果如何，为什么会这样)。

对以上调查结果进行主题分析，收集教师行为条目，并与上述结果进行核对。

(5)采用关键事件技术(critical incident technique，CIT)，对30名教师进行访谈。我们对所收集到的30个教师的行为事件访谈结果进行主题分析。并与以前研究中的所得行为条目进行对照，最后确定出29个出现频率最高的行为描述语句，这些就成为教师绩效评定的行为内容。

(6)将该问卷在中学进行试用，征求教师的意见，对每个项目的可读性、内容相关性、意义明确性、建构适当性等进行评估，对量表的主要维度和项目进行修订，最后形成了正式的问卷。

4. 教师绩效结构理论的验证性分析

通过对实证数据的统计分析，我们探讨了所提出的教师绩效结构的合理性。

(1)被试取样及施测方法

我们在北京和浙江两地挑选了4所学校(每地区2所)，对这些学校的教师进行了正式施测。其基本情况包括地区、性别、教龄、年龄、学历、学位、任教年级等人口学因素。每名教师随机由5~20个学生，2~8名同事和2~7名领导来评价，参加评价的学生总人次为3 405，同事总人次为855，领导总人次为889。全部教师都作自我评价。

(2)模型的建立

通过反复的调查、访谈及对文献资料的总结，我们提出，教师的职务绩效包含6个维度，在二阶结构上包含两个因子。具体结构情况如图6-2所示。

图6-2中，圆圈中的变量为潜变量(latent variable)，潜变量又分为外源潜变量(exogenous variable)，即本图中的六个一阶因素(本量表的维度)和内源潜变量(endogenous variable)，即本图中的二阶因子(关系绩效和任务绩效)；A1至A29为观测变量(observed variable)，或称显变量(manifestvariable)；e1到e29是测量误差，error1到error6为外源潜变量的残差。外源潜变量到观测变量的路径表示观测变量对一阶因子的载荷，外源潜变量到二阶因子的路径，表示一阶因子在二阶因子上的载荷。

6个一阶因子分别是：职业道德、职务奉献、助人合作、教学效能、教学价值与师生互动。在二阶因子上，前三个维度属于关系绩效，后三个维度属于任务绩效。

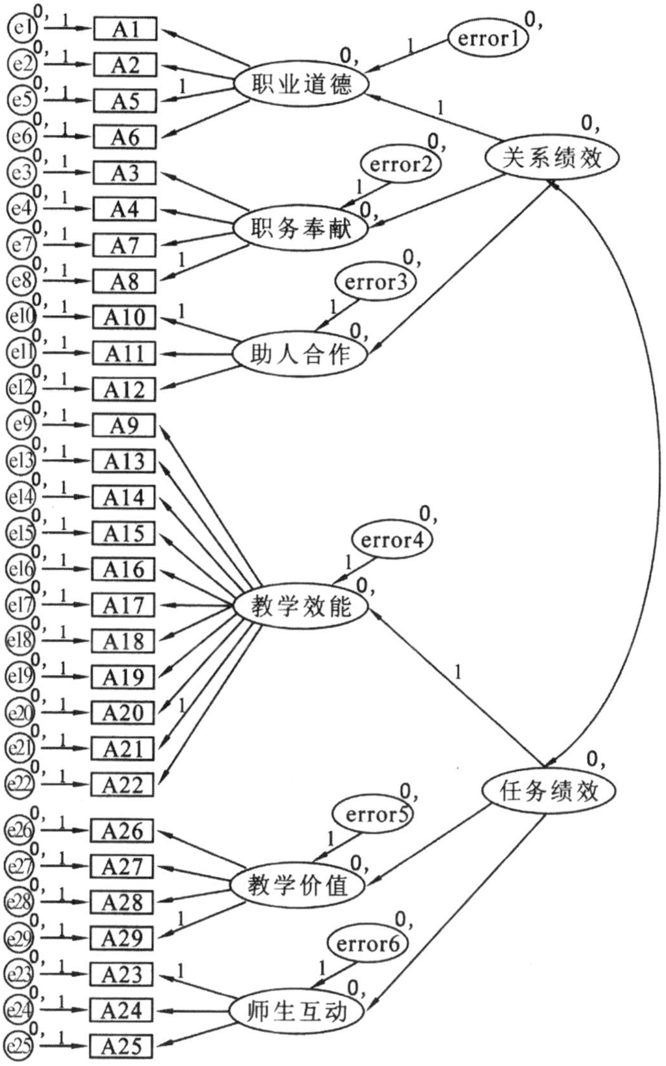

图 6-2　教师职务绩效初始结构模型图

(3)结果分析

通过验证性因素分析，我们比较了 16 种可能模型的拟合指数，这些指数χ^2/df、

CFI、TLI、RMSEA 等，验证性因素分析表明，学生评价、同事评价、领导评价具有相同的维度结构，都是二阶二因子一阶六因子结构。其拟合指数分别为(见表 6-1)：

表 6-1　绩效二阶二因子一阶六因子模型拟合指数表

维度	χ^2/df	CFI	TLI	RMSEA
学生评价	11.78	0.99	0.99	0.056
同事评价	4.95	0.99	0.98	0.068
领导评价	8.47	0.98	0.98	0.092

根据修正指数的提示，删除了一个题目。分析结果表明，教师的绩效确实包含六个维度，即职业道德、职务奉献、助人合作、教学效能、师生互动和教学价值。前三个维度属于关系绩效，后三个维度属于任务绩效，任务绩效与关系绩效并不独立，二者有较高的相关(达 0.90 以上)。

对自评的验证性分析表明，它具有与以上三种评价方式不一致的结构，将助人合作与师生互动合成一个维度，形成了二阶二因子一阶五因子结构，其拟合指数为(见表 6-2)：

表 6-2　二阶二因子一阶五因子拟合指数表

	χ^2/df	CFI	TLI	RMSEA
自评	2.04	0.99	0.98	0.076

从验证性因素分析结果还可看出，领导评价的拟合指数只达到可接受程度，与其他三种评价方式相比，其结构效度较差。因此，还有必要对领导评价方式，教师绩效的结构进行更深入的研究。

(三)教师绩效评定量表的测量学分析

我们对教师绩效评定量表的测量学指标进行了分析，包括信度和效度两个方面。其中信度包括同质性信度和评分者信度，而效度包括结构效度和效标关联效度。在学生评价中，我们采用了随机抽取 5~20 个评定者评价的方式，该方式保证评价者信度在 0. 60~0. 90 之间(Marsh，1987)。领导评价和同事评价中，也采用了随机抽取 2~10 个评价者评价的方式，这些方式可以保证评价结果的信度。

我们对三种评价方式的同质性信度进行了分析，结果如下，从中可以看出，其同质性信度较好，评价结果是可靠的(见表 6-3)。

表 6-3　三种评价方式的 α 同质性信度表

绩效维度	学生评价	领导评价	同事评价
职业道德	0. 94	0. 88	0. 87
职务奉献	0. 94	0. 84	0. 83
助人合作	0. 85	0. 85	0. 80
教学效能	0. 98	0. 97	0. 93
师生互动	0. 94	0. 92	0. 86
教学价值	0. 97	0. 97	0. 90

效度分析中，结构效度是通过验证性因素分析来完成的，这些结果已在表 6-1 中给出。从中可以看出，除领导评价的结构效度稍差外，学生和同事评价的结构效度均较好。效标关联效度是通过计算四种评价方式下评价结果的相关来得到的。结果表明，学生评价结果与其他评价方式结果的相关均很显著(大多数相关达 0. 01 显著性水平)。同事评价的效度次之，自评的效度最差。

这一研究结果表明，在我们的研究中，四种评价方式中学生评价结果最可靠和最有效。以学生、领导及同事评价结果为基础，我们探讨了当前教师绩效的现状、差异等问题，并进一步分析了教师绩效的影响因素。

二、当前教师绩效状况的研究

基于上述研究中教师绩效的结构，我们进一步探讨了教师绩效的现状。为了便于理解，我们将所有原始分数转化为百分制计算，分别探讨了学生、领导及同事三种评价方式，教师绩效的现状，具体分析如下。

(一)学生评价方式教师绩效的现状分析

学生评价结果表明，教师的整体绩效水平均为 87～93 分，而标准差则为 7～11 分。这一结果说明，从取样学校来看，中学教师的绩效水平普遍较高，在六种绩效成分中，教师绩效的个别差异均较大。具体情况见表 6-4。

表 6-4　学生评价方式教师绩效的总体情况（$N=312$）

绩效维度	平均分	标准差	最大值	最小值
职业道德	92.55	7.3	100	57
职务奉献	90.05	8.4	100	42
助人合作	85.8	9.8	100	40
教学效能	88.38	9.12	100	36
师生互动	88.2	10.46	100	34.6
教学价值	87.7	10.1	100	34

从上表可以看出，在抽取的全部教师中，其职业道德的状况最好，其次是职务奉献、教学效能、师生互动、教学价值等，助人合作表现最差，平均分为 85.8。在六种绩效成分中，师生互动的个别差异最大，其次是教学价值、助人合作、教学效能、职务奉献和职业道德。

该结果对教师培训有两点启示：

第一，从总体上看，教师的绩效水平较高，但与其他维度相比，教师在助人合作与教学价值上的表现稍差，如果要从整体上培训教师，则需要加强促进助人合作与提高教学价值等方面的培训。

第二，教师在不同绩效维度上的差异非常大，尤其是在教学价值、师生互动、助人合作及教学效能上，表现最好的教师与表现最差的教师相差达 60 分以上。这说明教师的客观培训需求存在非常明显的差异。要使培训有的放矢，就必须加强对教师绩效的评估。

(二)领导评价方式教师绩效的现状分析

领导评价结果表明，教师的六种绩效平均分在 78～84 分，其标准差为 8～10

分。从总体上看出，领导对教师的绩效评价较学生低，且对教学价值的评价最低，平均分只有77.8，没有达到优良水平。领导对现有教师的其他五种绩效的评价稍好，平均分达80分以上。但教师绩效的个别差异均较大，具体情况见表6-5。

表6-5 领导评价方式教师绩效的总体情况(*N*=618)

绩效维度	平均数	标准差	最大值	最小值
职业道德	84.35	9.3	100	55
职务奉献	83.35	8.7	100	58.55
助人合作	81.47	8.7	100	46.67
教学效能	80.3	9.14	100	45
师生互动	82.6	10.07	100	46.67
教学价值	77.8	8.15	100	52.8

该结果对教师培训有以下两点启示：

第一，从总体上看，教师普遍在教学价值上表现较差，如果要从整体上培训教师，则应加强改进教学价值行为方面的培训。其次则应该加强提高教学效能和促进助人合作方面的培训。

第二，教师在绩效的六个维度上的差异均非常大，尤其是在师生互动、职业道德及教学效能三个方面，表现最好的教师与表现最差的教师相差达45分以上。这同样说明，在培训中，区别不同教师的个人需求，有的放矢地进行培训，比整体上提高教师某些方面的绩效更重要。

(三)同事评价方式教师绩效的现状分析

从同事评价结果的分析中可以看出，这种评价方式下绩效评价的结果最高，六种绩效成分的平均分为92~97分，标准差较小，为4~6分。这一结果表明，同事对教师绩效的评价普遍较高，且不同教师之间的个别差异很小。这在某种程度上说明，同事对教师绩效的评价较为宽容，并且对不同教师的绩效差异区分不太好。具体情况见表6-6。

表 6-6 同事评价方式教师绩效的总体情况

绩效维度	平均分	标准差	最大值	最小值
职业道德	96. 45	4. 3	100	61. 95
职务奉献	93. 6	5. 15	100	62. 55
助人合作	92. 47	6. 33	100	45. 93
教学效能	92. 16	6. 1	100	60. 56
师生互动	93. 73	5. 87	100	57. 53
教学价值	92. 1	6. 25	100	58. 8

以上结果表明，同事评价对分析教师客观培训需求帮助不大。

从以上三个方面的分析，可以看出，同事评价对于我们确定培训需求帮助不大，而学生和领导评价则非常有意义。此外，在教师培训中，了解教师的个人培训需求，将比盲目地进行整体培训更有利于改善其绩效水平。从总体上看，现有教师在职业道德、职务奉献方面的表现均得到了学生和领导的认可，目前，有必要加强对教师进行促进其助人合作、教学价值、教学效能、师生互动等方面绩效的培训。

三、教师绩效的差异分析

我们以学生、领导评价结果为基础，以职称、教龄、年龄、性别等教师人口学特征为分组变量，探讨了不同组别的教师在绩效六个维度上的个别差异情况。

(一)不同职称教师的绩效差异分析

我们将全部被试分为四个职称组，1=中教三级及以下(包括无职称者)，2=中教二级，3=中教一级，4=中教高级，用 spss 10. 0 中的 one-way ANOVA，对被试在六个绩效维度上的评定结果进行差异分析。

1. 学生评价结果的分析表明，4 组被试在绩效的六个维度上都存在差异，但只有教学价值的差异达到了显著性水平($p<0.05$)，其余各维度差异都不显著。总体上说，中教一级教师的绩效评价结果较其他组高，具体结果如表 6-7。

表 6-7　学生评价结果的职称差异分析

职称	*N*	职业道德		职务奉献		助人合作		教学效能		师生互动		教学价值	
		M	*SD*	*M*	*SD*	*M*	*SD*	*M*	*SD*	*M*	*SD*	*M*	*SD*
1	56	18.56	1.50	18.00	1.59	12.72	1.42	43.81	4.28	13.35	1.54	17.5	1.84
2	105	18.50	1.39	18.10	1.55	12.87	1.47	43.35	4.35	13.29	1.47	17.62	1.97
3	105	18.65	1.40	18.13	1.70	13.09	1.47	44.88	4.47	13.36	1.55	17.83	1.90
4	47	18.23	1.71	17.56	2.00	12.48	1.52	42.78	5.25	13.66	1.78	16.72	2.44
总体	313	18.51	1.46	18.01	1.69	12.86	1.48	44.19	4.56	13.23	1.57	17.54	2.02
F 值(3/309)		2.51		1.40		2.09		2.51		2.54		3.1*	
显著性水平 *p*		0.461		0.243		0.102		0.059		0.056		0.027	

注：* 表示 $p<0.05$。

表中结果显示，除师生互动以外，高级教师的绩效评价结果均略低于其他各组，这一结果与现有的职称评定职能是相矛盾的，按照职称评定体系的要求，教学好的教师才能被评上高级职称，应该说，高级教师的绩效评定结果应比其他组高，但我们的实际研究结果则与此恰恰相反。

2. 领导评价结果的分析表明，4 组被试在绩效的 6 个维度上都存在差异，但只有教学效能和教学价值的差异达到了 0.05 显著性水平，其余各维度差异都不显著。总体上说，高级教师的绩效评价结果较其他组高，具体结果见表 6-8。这一结果与学生评定结果不一致。这说明，领导与学生在评价教师绩效时，各自所重视的行为方面可能有所不同。

表 6-8　领导评价结果的职称差异分析

职称	N	职业道德		职务奉献		助人合作		教学效能		师生互动		教学价值	
		M	SD	M	SD	M	SD	M	SD	M	SD	M	SD
1	34	12.91	1.86	16.58	1.85	12.22	1.65	39.02	4.33	12.31	1.68	15.72	1.98
2	50	12.89	1.64	16.67	1.85	12.25	1.24	39.81	4.09	12.45	1.52	15.99	1.91
3	50	12.59	1.45	16.47	1.74	12.07	1.25	39.96	5.21	12.21	1.52	15.89	1.62
4	34	13.19	1.28	17.05	1.45	12.42	1.05	42.07	4.07	12.61	1.29	17.34	4.23

续表

职称	N	职业道德		职务奉献		助人合作		教学效能		师生互动		教学价值	
		M	SD	M	SD	M	SD	M	SD	M	SD	M	SD
总体	168	12.87	1.57	16.67	1.74	12.22	1.30	40.15	4.75	12.39	1.51	16.18	2.55
F值(3/164)		1.002		0.786		0.486		2.905*		0.538		3.121*	
显著性水平p		0.393		0.503		0.693		0.036		0.657		0.028	

注：* $p<0.05$。

3. 讨论

从上述研究结果中，我们可以看出，不同职称的教师，在教学效能、教学价值等绩效维度上存在明显的差异。这一结果提示我们，在教师培训中，不同职称的教师的培训需求有明显差异。此外，我们还发现，学生和领导对高级教师的绩效评价结果存在分歧，学生往往把高级教师评价为最低，而领导则将之评为最高，对此我们还需要进行更深入的研究，以确定其代表性，并探讨其原因。

（二）不同教龄教师的绩效差异分析

我们将教师的教龄划分为5组，具体划分方法是：1=0~2年，2=2~6年，3=7~15年，4=16~20年，5=21~40年。用spss10.0中的one-wayANOVA，对被试在六个绩效维度上的评定结果进行差异分析。

1. 对学生评价结果的分析表明，5组被试在助人合作、教学效能、师生互动与教学价值四个维度上差异显著（达0.05显著性水平），具体结果见表6-9。

表6-9　学生评价结果的教龄差异分析

教龄组	*N*	职业道德		职务奉献		助人合作		教学效能		师生互动		教学价值	
		M	*SD*	*M*	*SD*	*M*	*SD*	*M*	*SD*	*M*	*SD*	*M*	*SD*
1	82	18.61	1.18	18.14	1.37	12.73	1.42	44.19	3.88	13.42	1.21	17.64	1.68
2	57	18.38	1.39	17.93	1.51	12.85	1.33	44.10	4.19	13.09	1.61	17.44	1.97
3	92	18.75	1.45	18.30	1.79	13.22	1.52	45.19	4.89	13.53	1.59	18.02	2.03
4	33	18.41	1.83	17.84	1.98	12.79	1.56	43.64	5.07	12.97	1.70	17.08	2.25
5	49	18.14	1.69	17.50	1.85	12.45	1.50	42.80	4.75	12.67	1.76	16.91	2.26

续表

教龄组	N	职业道德		职务奉献		助人合作		教学效能		师生互动		教学价值	
		M	SD	M	SD	M	SD	M	SD	M	SD	M	SD
总体	313	18.51	1.46	18.01	1.69	12.86	1.48	44.19	4.56	13.23	1.57	17.54	2.02
F 值(3/308)		1.615		2.045		2.515*		2.420*		3.130*		3.045*	
显著性水平 p		0.170		0.088		0.042		0.048		0.015		0.017	

注：* 表示 $p<0.05$。

进一步对各组的差异进行多重比较，结果发现，第 3 组与第 5 组在师生互动与教学价值维度的差异达 0.05 显著性水平，具体结果见表 6-10。

表 6-10 教龄对教师绩效的学生评价结果影响的多重比较结果

教龄	师生互动	教学价值
	21~40 年	21~40 年
7~15 年	0.86*	1.11*

注：表中数值是第 3 组平均数减去第 5 组平均数的结果，* 表示 $p<0.05$。

从上述结果可以看出，教龄为 7~15 年的教师，六种绩效均表现最好，并在师生互动和教学价值上明显高于教龄为 21~40 年的教师。这说明，不同教龄的教师，其客观的培训需求存在较大的差异，教龄为 21~40 年的教师需要加强提高师生互动和教学价值方面绩效的培训。

2. 领导评价结果的分析表明，5 组被试在六个绩效维度上的差异均不显著。具体结果见表 6-11。

表 6-11 领导评价结果的教龄差异分析

教龄组	N	职业道德		职务奉献		助人合作		教学效能		师生互动		教学价值	
		M	SD	M	SD	M	SD	M	SD	M	SD	M	SD
1	48	13.20	1.56	13.67	1.62	12.43	1.23	39.40	3.38	12.53	1.36	15.91	1.67
2	28	13.09	1.51	17.05	1.63	12.38	1.25	40.79	3.86	12.80	1.43	16.82	1.79
3	40	12.63	1.51	16.59	1.71	12.16	1.22	40.06	5.29	12.24	1.49	16.00	1.82
4	22	13.09	1.43	16.91	1.72	12.44	1.25	41.80	4.73	12.54	1.49	16.57	1.91

续表

教龄组	N	职业道德		职务奉献		助人合作		教学效能		师生互动		教学价值	
		M	SD	M	SD	M	SD	M	SD	M	SD	M	SD
5	30	12.26	1.68	16.10	2.02	11.67	1.49	39.65	5.53	11.84	1.75	16.42	4.75
总体	168	12.86	1.57	16.67	1.74	12.22	1.30	40.15	4.57	12.39	1.51	16.18	2.55
F 值(4/163)		2.220		1.298		2.012		1.282		1.798		0.392	
显著性水平 p		0.069		0.273		0.095		0.279		0.132		0.814	

注：* 表示 $p<0.05$。

表中结果显示，各教龄组的领导评价平均值差异很小，总体上说，教龄为16到20年的教师，绩效表现最高，其次是教龄为3~6年组和7~15年组。这与学生评价结果不太一致，学生将教龄为7~15年组的绩效评定为最好。这说明，领导与学生在评价教师绩效时所依据的信息来源不太一样。领导评价最低的组是教龄为21~40年组。这与学生评价结果是一致的。

3. 讨论

从上述分析中，我们看出，学生与领导在评价绩效时，所依据的信息来源有差异。在确定客观培训需求时，多级评价将有利于我们全面了解教师绩效的现状。此外，就目前情况而言，教龄为21~40年的教师，更需要加强培训，尤其是要加强提高其师生互动和教学价值等方面绩效的培训。

(三)不同年龄教师的绩效差异分析

我们比较了不同年龄的教师在六种绩效上的差异，以分析其在培训需求上的差异。

1. 考虑教师职业发展阶段的特点，并考虑分组的均衡性，我们将教师划分为三组，1=20~28岁，2=29~40岁，3=41~60岁，对学生评价结果进行差异分析。结果发现，三组在教学效能、师生互动和教学价值三个维度上的差异达到0.05显著性水平，具体结果如下(见表6-12)：

表 6-12 学生评价结果的年龄差异分析

年龄组	N	职业道德		职务奉献		助人合作		教学效能		师生互动		教学价值	
		M	SD	M	SD	M	SD	M	SD	M	SD	M	SD
1	123	18.55	1.22	18.08	1.38	12.76	1.37	44.18	3.91	13.33	1.35	17.59	1.71
2	130	18.62	1.51	18.14	1.82	13.08	1.52	44.73	4.90	13.35	1.64	17.76	2.13
3	57	18.17	1.80	17.56	1.94	12.58	1.58	42.94	4.98	12.72	1.78	16.94	2.35
总体	310	18.51	1.46	18.01	1.69	12.86	1.48	44.19	4.56	13.23	1.57	17.54	2.02
F 值(2/307)		1.996		2.582		2.681		3.074*		3.646*		3.333*	
显著性水平 p		0.138		0.077		0.070		0.048		0.027		0.037	

注：* 表示 $p<0.05$。

进一步对各维度的差异进行多重比较，结果表明，只有第 2 组与第 3 组的差异显著，第 1 组与第 2 组差异并不显著，结果如下(见表 6-13)：

表 6-13 学生评价结果与教师年龄差异的多重比较结果

年龄	教学效能	师生互动	教学价值
	41~60 岁	41~60 岁	41~60 岁
29~40 岁	1.791*	0.63*	0.82*

注：表中数值是第 2 组平均数减去第 3 组平均数的结果，* 表示 $p<0.05$。

上述结果表明，29~40 岁的教师，其绩效表现在各个维度上均最好，且在教学效能、师生互动和教学价值上明显好于 41~60 岁的教师。

2. 在分析领导评价结果时，考虑到分组的均衡性，我们将教师分为 5 个年龄组，即 1=20~25 岁，2=26~30 岁，3=31~35 岁，4=36~42 岁，5=43~60 岁。结果表明，5 组的差异在 6 个绩效维度上均极显著，具体结果如下(见表 6-14)：

表 6-14 领导评价结果的年龄差异分析

年龄组	N	职业道德		职务奉献		助人合作		教学效能		师生互动		教学价值	
		M	SD	M	SD	M	SD	M	SD	M	SD	M	SD
1	41	12.79	1.65	16.39	1.62	12.09	1.22	38.5	3.39	12.23	1.35	15.54	1.71
2	40	13.33	1.43	17.14	1.66	12.54	1.28	41.01	3.78	12.86	1.46	16.33	1.66

续表

年龄组	N	职业道德		职务奉献		助人合作		教学效能		师生互动		教学价值	
		M	*SD*	*M*	*SD*	*M*	*SD*	*M*	*SD*	*M*	*SD*	*M*	*SD*
3	27	12.49	1.43	16.48	1.62	12.15	1.12	39.59	5.42	12.16	1.34	15.97	1.73
4	30	16.41	1.36	17.32	1.62	12.72	1.22	42.93	4.45	12.94	1.49	17.74	4.49
5	29	12.15	1.66	15.93	1.93	11.56	1.43	38.99	5.05	11. 63	1.61	15.48	1.81
总体	167	12.86	1.57	16.67	1.74	12.23	1.30	40.16	4.59	12.39	1.51	16.18	2.56
F 值(4/162)		3.958**		3.667**		3.954**		5.555**		4.388**		4.401**	
显著性水平 *p*		0.004		0.007		0.004		0.000		0.002		0.002	

注：* 表示 $p<0.05$；** 表示 $p<0.01$。

上述结果表明，不同年龄组的教师，其绩效表现存在明显差异，其中，年龄为36~42岁组在所有绩效维度上的表现均最好，表现最差的是43~60岁组。

进一步对各维度的差异进行多重比较，其结果见表6-15。表中结果显示，年龄为36~42岁组，在所有维度上，明显高于年龄为43~60岁组。

表 6-15　领导评价结果的年龄差异的多重比较结果

年龄组	职业道德	职务奉献	助人合作	教学效能	师生互助	教学价值
	43~60岁	43~60岁	43~60岁	36~42岁	43~60岁	36~42岁
20~25岁				−4.43*		−2.20*
26~30岁	1.18*		0.98*		1.22*	
31~35岁					1.31*	
36~42岁	1.26*	1.39*	1.16*			
43~60岁				−3.94*		−2.26*

注：表中数值是第一列各组的平均数减去第一行各组的平均数的结果；

* 表示 $p<0.05$。

3. 讨论

从上述分析可以看出，26~42岁这一年龄段的教师，绩效表现良好，而年龄在43岁以上的教师急需加强培训。

(四)不同性别教师的绩效差异分析

对男女教师绩效的差异分析结果表明，在学生评价中，男女教师没有显著差异；在领导评价中，男女教师存在明显差异，男教师明显高于女教师(见表6-16)；同事评价的情况与学生评价完全一致。对领导评价的这一结果，我们可以做出两种解释，一是领导在评定绩效时受到了性别刻板印象的影响；二是男女在绩效上存在真实的差异。究竟是哪一种情况，对此我们还应进行更深入的研究。

表6-16 领导评价结果的性别差异分析

性别	N	职业道德		职务奉献		助人合作		教学效能		师生互动		教学价值	
		M	SD	M	SD	M	SD	M	SD	M	SD	M	SD
男	78	13.18	1.45	17.02	1.71	12.48	1.17	41.38	4.32	12.76	1.39	16.81	3.12
女	89	12.60	1.63	16.37	1.72	12.01	1.37	39.08	4.57	12.07	1.54	15.63	1.77
总体	167	12.87	1.57	16.67	1.74	12.23	1.30	40.16	4.59	12.39	1.51	16.18	2.56
F值(1/165)		5.752*		6.014*		5.444*		11.091**		9.229**		9.183**	
显著性水平p		0.018		0.015		0.021		0.001		0.003		0.003	

*表示$p<0.05$ **表示$p<0.01$

四、绩效的影响因素分析

对职务绩效中任务绩效与关系绩效划分的一个理由，来自这两类绩效的不同的预测因子。为进一步了解不同类型的绩效产生的原因，我们在绩效结构分析的基础上，将六个绩效维度合成关系绩效和任务绩效，并考察了认知因素、人格因素、情感因素以及评价方式对绩效评定结果的影响，得出以下结果。

(一)认知因素主要影响任务绩效

总体上说，代表认知特征的年龄、教龄、职称等因素主要影响学生、同事及领导评价结果中的任务绩效。认知因素对两类绩效的影响都是曲线型的，也就是说，教师的经验、教育教学技能和学历的提高以及知识的增长等因素，并不能保证其有较高的绩效。在一定的教学经验、教学技能、学历、知识的前提下，教师绩效的进一步提高还受到其他因素的影响。

(二)人格因素主要影响关系绩效

我们采用了大五人格测验，分析了人格因素对学生、领导及同事评价结果的影响。结果发现，人格因素对三种绩效评价结果的影响均很明显，但不同评价方式受到最大影响的人格维度有所不同。其中，经验的开放性对学生评价结果的影响显著，并且对任务绩效的影响大于对关系绩效的影响；责任感对领导评价结果的影响显著，并且，对关系绩效的影响大于对任务绩效的影响。随和性和情绪的稳定性对同事评价结果的影响显著，其中，随和性对同事评价的任务绩效有负向的影响，而情绪的稳定性则对同事评价的关系绩效有正向的影响(见表6-17)。

在人事心理学中，研究者也认为，人格因素更多地影响关系绩效，而认知因素更多地影响任务绩效(Borman & Motowidlo，1993)。但研究也发现(Van Scotter & Motowidlo，1996)，不同评价者所重视的绩效的方面有所不同。不同评价者的这种差异，有可能使人格因素对不同评价者的评价结果的影响也不同。

表6-17　人格因素与两种绩效成分的相关分析结果

人格因素	学生评价($N=312$)		领导评价($N=168$)		同事评价($N=167$)	
	关系绩效	任务绩效	关系绩效	任务绩效	关系绩效	任务绩效
情绪稳定性	0.078	0.073	−0.068	−0.002	0.139	0.106
外向性	−0.001	0.013	0.053	0.043	0.067	0.085
经验开放性	0.087	0.098	−0.005	−0.063	0.068	0.039
随和性	0.065	0.076	0.124	0.072	−0.123	−0.141
责任感	0.016	0.008	0.218**	0.137	−0.083	−0.066

注：* 表示 $p<0.05$；** 表示 $p<0.01$。

(三)情感因素对关系绩效与任务绩效均有明显的影响

情感关系对绩效评价结果有非常明显的影响，但三类评价方式所受到的影响程度各有不同。领导评价和学生评价受到情感关系的影响最大，而同事评价受到的影响则稍小；喜欢程度对学生评价及同事评价的任务绩效的影响要大于对关系绩效的影响；而喜欢程度则更多地影响领导作出关系绩效的判断(见表6-18)。

表6-18　喜欢程度与不同评价方式两种绩效成分的相关

情感因素	学生评价(N=312)		领导评价(N=168)		同事评价(N=167)	
	关系绩效	任务绩效	关系绩效	任务绩效	关系绩效	任务绩效
喜欢程度	0.879**	0.899**	0.906**	0.842**	0.617**	0.629**

注：* 表示 $p<0.05$；** 表示 $p<0.01$。

在绩效评估的早期研究中，研究者通常把情感关系对绩效评估结果的影响作为一种评估误差来处理，但从20世纪80年代以来，越来越多的研究开始把情感关系纳入绩效评价模型中，把它作为一种影响绩效的重要因素来加以考虑。许多研究均发现评定者对被评者的喜欢程度影响评定的结果(Barry，1986；Harris & Sackett，1988；Wagne & Ferris，1990)。这种研究更加符合实际的评估过程，其结果对指导现实的管理工作，也具有更大的参考价值。在我们的研究中，也发现了情感关系对教师绩效评估结果的明显影响，但我们认为，这种影响并不是一种测量误差。对喜欢程度与绩效评估结果之间的相关，我们可以做出以下两种解释：①教师工作中大部分的内容都涉及与人打交道，在人际交往中，情感关系对工作绩效会产生影响；②在工作中，教师好的工作业绩本身也会增加不同评价者对其的喜欢程度，因而，情感关系本身也可能是绩效的一种结果。

(四)评价方式对评价结果有明显的影响

我们从以下两个方面来分析了评估方式对评价结果的影响。

1. 多质多法分析

我们假设学生评、领导评、同事评和自评都符合二阶二因子一阶六因子结构，采用了多质多法(multitrait-multimethod，MMMT)对绩效特质及评价方式对评价结果的影响进行分析。用Amos4.0进行数据处理，结果发现，该模型的拟合指数不太好(见表6-19)，这说明，不同评价方式并不具有相同的因素结构。

表 6-19　多质多法拟合指数（$N=168$）

χ^2	df	χ^2/df	GFI	$AGFI$	CFI	TLI	$RMSEA$
463.28	207	2.24	0.82	0.75	0.94	0.92	0.086

因子载荷矩阵结果显示，方法因素对评价结果的贡献均非常显著，而特质因子的贡献则小于方法因子，测量的误差变异也非常显著。这一结果表明。绩效评价的方法对评估结果的影响是显著的，且不同评价方式的维度结构也不太一致。

2. 任务绩效与关系绩效对绩效总评的贡献分析

在不同评价方式下，任务绩效及关系绩效对绩效总体评价都有非常显著的影响，但影响程度不太一样。总的来说，在学生和同事评价中，任务绩效对绩效总体评价的贡献大于关系绩效，而领导评价中，关系绩效对总体评价的贡献大于任务绩效。这说明，不同的评价者，在作出绩效总体评价时，所看重的方面有所不同，学生和同事更看重任务绩效，而领导则更看重关系绩效（见表 6-20）。

表 6-20　任务绩效及关系绩效与绩效总体评价的相关

绩效类型	绩效总体评价结果		
	学生评价	领导评价	同事评价
关系绩效	0.891**	0.846**	0.685**
任务绩效	0.897**	0.826**	0.722**

注：** 表示 $p<0.01$。

此外，我们还发现，不同评价方式具有不太一致的维度结构，对于不同评价方式维度结构问题，目前研究所得的结论不太一致。美国大学教师效能评价的研究发现，评价维度对不同评价方式具有稳定性，但人事心理学的研究却发现，不同评价方式具有不同的维度结构（Klimoski & London，1974；Borman，1974）。对这一问题，我们还需要进行更加深入的研究。今后，我们应通过增加样本容量和进行重复性研究，来深入探讨不同评价方式在结构上的特点。

综合以上四个方面对绩效影响因素的分析，可以看出，个体促进组织目标实现的方式的确存在差异，表现为两类行为，即组织所规定的行为和自发的角色行为，分别被称为任务绩效和关系绩效。前者主要受经验、能力以及与工作有关的知识等因素的影响；后者则主要受到人格因素的影响。但认知因素对绩效的影响是非线性的。个体总体绩效的提高，受到知识经验与人格因素的共同作用，个体绩效的表现存在某个最佳的年龄段，在这一时期，个体的知识、经验与其人格特征达到了某种结合，从而使其绩效表现出最高水平。继续提高知识和经验可能会影响到人格因素对绩效的作用，比如个体因知识和经验太多而失去了对工作的兴趣，或缺乏革新与创新的意识，结果反而使总绩效出现停滞或下降的趋势。

此外，评估方式对评价结果有明显的影响，这一结果提示我们，在绩效评估中，多级评价方式非常必要，它能够使评估的信息来源更加全面。当然，我们还需要进一步探讨，如何更好地整合多级评估的结果，以指导实际的教师管理与教师培训工作。

第二节

21 世纪教师教育与培训的途径

从当前的大环境来看，社会对教育的要求越来越高，教育要承担起造就适应社会主义现代化建设的一代新人的艰巨任务。严峻的现实要求教师具有比以往任何时期都高的教育水平，现在的教师不能是传统意义上的“教书匠”，而要成为教育教学工作的专家。然而，如何对教师进行教育与培训，使他们成为高素质的新型教育工作者？这确实是一个亟待解决的问题。辛涛对我们第四章提出的教师素质结构模型作了若干定量的研究(见图 6-3)①，并指出这个模型是 21 世纪教师培养途径的出发点。

① 辛涛：《教师教学监控能力——结构、影响因素及其与学生发展的关系》，北京师范大学博士论文，1997。

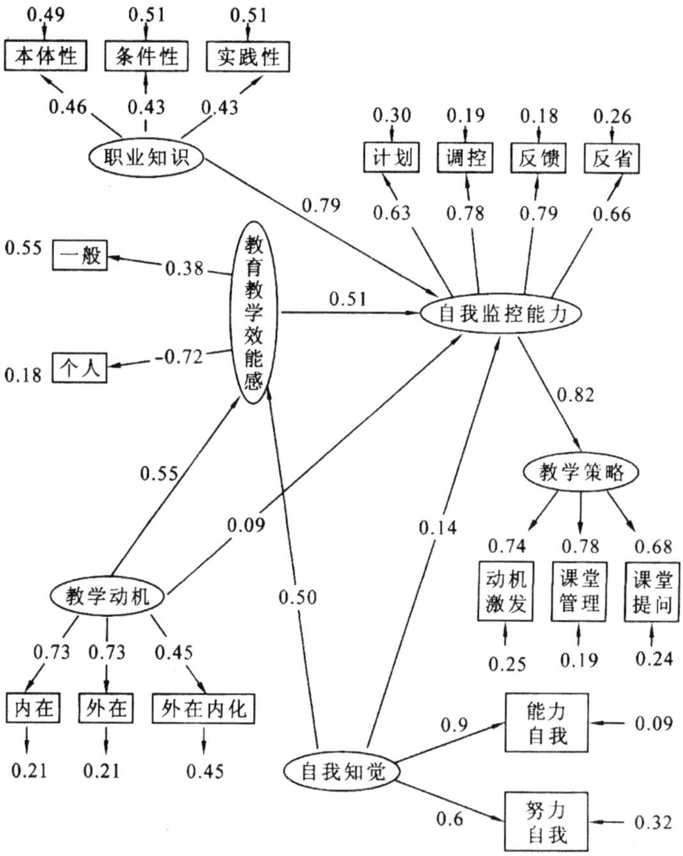

图 6-3　教师自我监控能力与其相关心理因素的关系模型

对 21 世纪教师的教育与培训或教师素质提高的途径，我们做了以下四点的思考：

第一，改革教师的职前教育；

第二，以提高教师教育教学效能感作为提高教师素质的出发点；

第三，以发展教师自我监控能力作为提高教师素质的目标；

第四，教师参与教育改革的教育科学研究，是提高教师素质的一条重要途径。

本节主要论述前三点，第四点在下一节作专门的论证。

一、改革教师的职前教育

从我国现存的教师培训方式来看，大体上有两种模式，一种是教师职前教育，另一种是教师职后培训。实践表明，这两种培训，都存在着这样或那样的问题。对此，我们强调，教师的职前教育，应立足于完善未来教师的知识结构和培养教育教学技能；至于教师的职后教育，我们在后面再展开论证。①

（一）现行师范教育存在的问题

前面我们已经指出，适应教育现代化要求的教师的知识结构应当包括四个方面的内容：本体性知识、条件性知识、实践性知识和文化知识。而师范教育正是师范生获得这些知识，掌握各种技能，构建自己适应未来教育教学的合理知识结构和技能的黄金时期，只有在此打好基础，才能在未来的岗位上有丰富的知识底蕴，灵活地施展教育教学技能。而从当前的师范生来看，他们的知识结构基本上是不合理的。如第四章所述，我们曾对师范生和中学教师的条件性知识作过一项调查（1995），两者对关于教育学、心理学的条件性知识的掌握情况都令人不满意。而究其原因，课程设置的不合理性是根本。反思我国的师范院校的课程设置，一个主要的问题是与条件性知识、实践性知识和教育技能相对应的教育学、心理学、教学法及其教育实习的课程门类少，学时短。传统的教育学科课程的典型形式就是以教育学、心理学、学科教学法为代表的“老三门”课程，课程设置的偏颇严重影响了师范生合理知识结构的建立。同时，师范生积累教育实践知识、初步形成教育技能的重要环节——教育实习也流于形式。一方面表现在由于教育实习的时间过短；另一方面，教育实习缺乏规划和设计，变成了走过场的“四部曲”程式，即跟班听课、讲课（4~6节）、组织活动、实习总结。以这样的实习时间和安排，师范生很难迅速累积个人实践知识和形成教育教学技能。

---

① 林崇德、申继亮、辛涛：《面向21世纪的教师素质：构成及其培养途径》，全国中小学教师继续教育工作会议专题研究报告之一，1999。

（二）对师范教育改革的思考

师范教育如何构建未来教师合理的知识结构和基本的教育教学技能呢?

1.“4+X”是一个创新性的设想

“4+X”是北京师范大学近年来率先提出的一个人才培养模式。其背景是在建设综合性、有特色、研究型的世界知名大学的过程中，在认真研究国际教师教育发展趋势，广泛调研社会特别是重点中学需求、北京师范大学学生的选择的基础上，于2000年1月通过校发《北京师范大学关于开展人才培养模式改革试点工作的决定》文件，提出了高质量、多元化、强调创新和全面发展的培养规格上移的“4+X”人才培养模式改革方案。

根据“4+X”人才培养模式改革方案，在本科三年级后期开始分流培养，为本校学生升入研究生阶段学习提供培养规格上移、多样化的发展平台。“4+3”模式为非师范生本硕贯通培养模式，旨在培养高水平的科研与技术人才；“4+2”模式为高层次研究型教师教育模式；“4+0”模式为小部分希望在本科学习后即进入中学或其他行业的学生提供机会。

“4+X”人才培养模式的特色是“4+X”专门化教师教育培养模式，它既顺应了国际教师教育发展的潮流，又可充分发挥学校文理基础学科和教育学科双重优势和特色，在获得本科学士学位后，在教育学院进行教师专门化教育，以适应社会对高素质、研究型教师的要求，“4+2”模式因而成为北京师范大学教育的重点和主渠道。2001年3月，北京师范大学教育学院成立，标志着北京师范大学的教师教育开始进入到与国际通行的建立在强大学科优势基础上的“大学+师范”模式。

2001年，“4+2”模式在中文、物理两系试点；2002年，试点工作扩大到中文、历史、哲学、数学、物理、化学、生物、地理8个学科所在院系。其培养计划的要点有：①前三年“4+2”模式与其他模式（“4+0”“4+3”）按同一教学计划组织教学和培养，目的是加强基础，拓宽口径，提高素质和能力；第三学期末对进入“4+2”模式的学生进行中期筛选。②第四学年“4+2”模式学生继续修读一部分本科生专业方向课程和完成本科毕业论文，以取得本科专业学士学位。与此同时，按本研贯通培养的思想，修读相关学科研究生学位基础课程2门，以及研究生外语和政治理论课；第四学年下学期每周安排半天到中学见习。③第五学年在教育学院修读教育理论，学科教学论，基础教育发展趋势，教育研究与教育技能等课程，以培养从教素质和能力；第六学年主要安排到中学进行教育实习和完成硕士论文。

"4+X"人才培养模式改革方案的提出，不仅在理论上完善着人才培养体系，而且在实践上，也显示出其推进学校整体工作、进一步体现学校办学以学生为本的重要教育理念。"4+X"人才培养模式改革提出的多样化、多层次、办学规格上移等思想，恰与学校的"综合型、有特色、研究型的一流大学"的办学思想吻合，人才培养模式改革工作将极大地推进学校办学目标的实现。

2. 改革师范教育的课程设置

对于不能实施"4+X"模式的师范院校，应该改革其课程设置。我们认为至少应该考虑从以下方面入手：第一，增加教育理论与实践课的课时比重，这类课程的课时数应占总课时数的30%左右；第二，分解教育学、心理学，将原来的两门课改为多门课；第三，增强教育、心理类课程的实用性和可操作性；第四，增加教育实习课的时间与内容。同时要加强教育专业学科的教材建设。教材建设是学科建设的基石与核心。传统的教育专业学科的教材普遍带有干瘪、教条、抽象的弊端，改革师范教育的课程设置，成败与否的关键是是否能出版一批体现教师专业和职业独特性的教材，这些教材应是紧密围绕中小学的教育教学实践而设置的，即有明确的针对性和可操作性。

二、以教师教育教学效能感的提高为出发点

教师的教育教学效能感的提高，涉及教师观念的转变和更新。观念上的问题解决了，思想通了，才谈得上教育教学能力的培养，这是教师培训的基础；教育教学效能感培养的实质就在于培养教师对教育教学的自觉期望意识，培养教师对教育教学活动的自我评估的习惯和能力，培养教师对自己教育教学过程进行调整与控制的方法和技能，培养教师对学生反应的敏感性。有了这些能力和习惯，教师就可以面

对变化的环境而自如地处理教育教学过程中遇到的各种问题，就可以应付来自不同方面的挑战了。

（一）关于专家—新手型教师教育教学效能感的研究

优秀教师，尤其是优秀青年教师的培养，使之由新手型教师向专家型教师转变，是各级各类学校的当务之急。这个严峻任务要求心理学从理论上研究探索教师成长的特点和规律，从而为优秀教师的成长提供根据和实践上的指导。为此，俞国良对专家—新手型教师的教育教学效能感和教学行为开展了研究。①

1. 专家—新手型教师在教学效能感及其各个维度上的差异

如第四章所述，随着教师教龄的增长，教师的一般教学效能感呈现出下降的趋势，对专家—新手型教师来说，情况是怎样的呢？我们对专家—新手型教师在教育教学效能感及其各维度进行了差异性检验，结果见表 6-21。

表 6-21　专家—新手型教师在教学效能感及其各个维度的差异显著性检验

教学效能感	专家教师(48 人)		新手教师(48 人)		t 值
	平均数	标准差	平均数	标准差	
一般教育效能感	4.031	0.324	4.642	0.281	9.88^{***}
个人教学效能感	5.008	0.296	4.244	0.239	13.90^{***}
效能感总分	4.545	0.262	4.445	0.197	2.20^{**}

注：$^{***}p<0.001$；$^{**}p<0.01$。

上表表明：新手型教师的一般教学效能感明显地高于专家型教师，这一结果与上述的有关研究有一致的方面。从上表可以看出，专家型教师的个人教学效能感明显高于新手型教师，这和我们的研究假设是相吻合的。教学效能感总分反映了教师教学效能感的总水平，是教师职业特性的一个敏感指标。专家型教师在教学效能感总分上优于新手型教师，这说明在总体水平上，专家型教师比新手型教师对教育在学生发展中的作用和自己的教学能力更有信心，他们对教学抱有更积极的态度。

① 俞国良：《专家—新手型教师教学效能感和教学行为的研究》，载《心理学探新》，1999(2)。

2. 专家—新手型教师的教学行为

在对专家—新手型教师的课堂教学行为观察结果进行编码记分后，首先计算了两个评分者的信度，两个评分者的一致性信度为0.93，然后任意选择一名评分者的记分作为教学行为的指标。由于事先用方差分析对性别和学历因素的作用进行了检验，发现在教学行为的各个维度上，性别和学历因素的作用均不明显，且不存在交互作用。因此，我们对教学行为的各个维度进行差异显著性检验。结果见表6-22：

表6-22　专家—新手型教师在教学行为各个维度上的差异

维度	专家教师(48人)		新手教师(48人)		t值
	平均数	标准差	平均数	标准差	
课堂规则	3.972	0.283	3.132	0.339	13.76^{***}
集中注意	3.998	0.271	3.258	0.396	10.68^{***}
教材呈现	4.014	0.211	3.235	0.330	13.78^{***}
课堂练习	4.023	0.224	3.356	0.316	11.93^{***}
教学策略	4.051	0.207	3.510	0.304	10.20^{***}
教学行为总分	4.011	0.183	3.298	0.299	14.11^{***}

注：$^{***}p<0.001$。

从上表我们看到，专家教师和新手教师在教学行为的各个方面表现出明显的差异，专家型教师的教学行为明显优于新手型教师，这也是两种类型教师差异的最终表现。正是因为他们在课堂教学过程中表现出不同的教学行为，他们才被选为专家或是新手。我们对两种类型教师的访谈也发现：两种类型的教师在课堂教学的不同方面都有不同的表现，在课前准备、课中互动和课后评价三个方面，新手型教师均不如专家型教师。

3. 专家—新手型教师教学效能感和教学行为关系

我们分别对专家和新手教师在教学效能感和教学行为的各个维度之间的关系作了相关分析。

(1)专家型教师的教学效能感和教学行为的关系(见表6-23)

表 6-23　专家型教师的教学效能感和教学行为的关系

教学行为	一般教学效能感	个人教学效能感	教学效能总分
课堂规则	0.2660**	0.5360***	0.4988***
集中注意	0.4210**	0.6272***	0.6561***
教材呈现	0.3114**	0.5327***	0.5268***
课堂练习	0.4142**	0.6785***	0.6669***
教学策略	0.3909**	0.4765**	0.4535***
教学行为总分	0.4521**	0.7229***	0.7347***

注：*** $p<0.001$；** $p<0.01$。

上表表明：专家型教师的教学效能感的各个维度与其教学行为的各个方面都存在显著的正相关关系，其显著性水平除一般教学效能感维度与教学行为各维度的相关为0.01以外，其余均达到0.001，这一结果与我们以往的绝大多数研究结果是一致的。高教学效能感的教师，在课堂教学过程中表现出较高水平的教学行为。

（2）新手型教师的教学效能感和教学行为的关系（见表6-24）

表 6-24　新手型教师的教学效能感和教学行为的关系

教学行为	一般教学效能感	个人教学效能感	教学效能总分
课堂规则	0.2422	0.3799***	0.3180**
集中注意	0.0340	0.5271***	0.1517
教材呈现	0.0973	0.4054***	0.2318
课堂练习	0.1259	0.4512***	0.1828
教学策略	0.1404	0.3305**	0.1207
教学行为总分	0.0883	0.3456**	0.2106

注：*** $p<0.001$；** $p<0.01$。

上表的结果表明，新手型教师只有个人教学效能感维度与其教学行为的各个维度存在显著的相关，一般教学效能感和效能感总分与其相关不明显。对新手型教师来说，由于他们对教育在学生成长中的作用估计过高，其一般教学效能感过高，而这种高的一般教学效能感对其教学行为的提高并没有作用。因此，新手教师的一般教学效能感和教学行为及其各维度的相关并不明显。这种高的一般教学效能感也影响了效能总分和教学行为的相关。这一结果说明，个人教学效能感是影响教师教学行为的一个重要因素。

(二)教师的教育教学效能感对教师教育与培训的意义

在教师素质提高的过程中，教师的教育教学效能感，尤其是个人教育、教学效能感的培养，应该作为一个核心问题来抓。

首先，作为教育观念或教育信念的教师教育教学效能感，尤其是对教育教学行为有预测作用。因为教师形成了这种正确教育观念或信念，无论对其职前准备，还是对教育教学实践，都是至关重要的。

其次，教师的教育教学效能感是影响教师决策和行为的重要因素，它决定着教育教学的效果，对学生身心发展有直接而显著的作用。

再次，教育教学效能感是一种教育信念，而信念是认识和情感的“合金”。这种信念是教师在教育教学的认识过程中确立的，并受这种认识的深度和发展水平的影响；但是没有饱含情感的内心体验，认识是很难转化为信念的，而且消极的情感还会阻碍教师形成正确认识，并且影响着教师的认识向信念的转化。

又次，更新教育观念是确立科学的教师信念，即教育教学效能感的内核。从我国师资的状况看，学科知识的培训能够比较顺利地完成，目前，重要的是更新教师的教育观念，使教师掌握现代化的条件性知识，并把注意力集中于确立有关学生、学科、教法、课程、角色和学校等方面的合理信念上来，充分发挥教育教学效能感的作用。

最后，把教师的教育教学效能感作为其从事教育教学工作的心理背景来抓，作为其素质的“软件”来抓，如果我们把教师素质中的知识等视为“硬件”，那么“硬件”需要“软件”的管理和支持。教育教学工作经过一定的周期才能显示出成效，因而在具备一定知识和技能(硬件)以后，教育教学效能感便成为取得教育教学工作成效的一个重要条件。

因此，师资培训应以教师的教育教学效能感为出发点。

三、以“自我监控能力”的发展为目标

良好的自我监控能力是教师从事有效教育教学所应具备的重要素质，因而应成为当前教师培训的核心。在研究中，我们依据有关的理论，经过长期的教育实验，最终形成了两类干预手段，自我指向型的干预手段和任务指向型的干预手段。

(一)自我指向型的干预手段

在前面分析自我监控能力的结构时，我们曾从教学监控对象的角度把教学监控能力区分为自我指向型(self-involved type)和任务指向型(task-involved type)两类。自我指向型的干预手段主要指针对教师自我指向型的教学监控能力而进行的训练和干预手段。根据理论和实证研究，我们所采用的具体干预方法有认知的自我指导技术、角色改变技术和归因训练技术，结合这三种技术，我们形成如下的自我指向型的干预模式图(图6-4)。

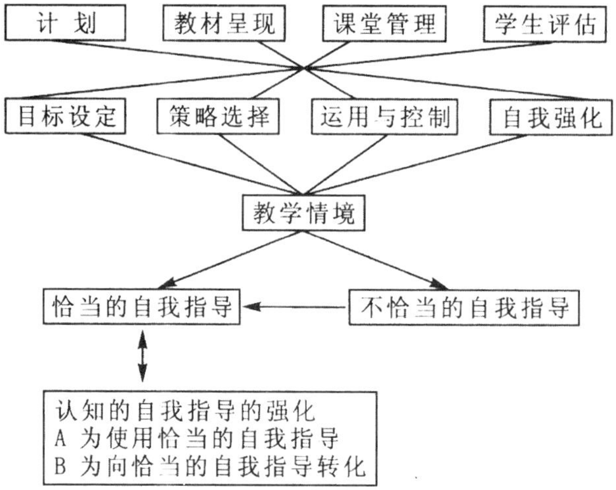

图6-4　师资培训中自我指向型的干预手段模式图

从自我指向型的干预模式中我们可以看出，本培训的手段的实质在于：调动教

师的教学积极性和自信心，引起他们对教学活动的高度的醒觉状态。通过这种方法,我们力图使实验教师形成：提出计划的能力；对教学过程的高度清晰性；师生之间的合作关系；言语的自我调节能力。总之，通过这种方法，使实验教师形成较高的教学监控能力。

(二)任务指向型的干预手段

任务指向型的干预是针对教师的任务指向型教学监控能力而进行的训练和干预手段。在具体的干预中，我们采用的方法包括教学策略培训、教学反馈技术和现场指导技术。这三种方法涉及被试教学过程的各个阶段，其模式如图 6-5 所示。

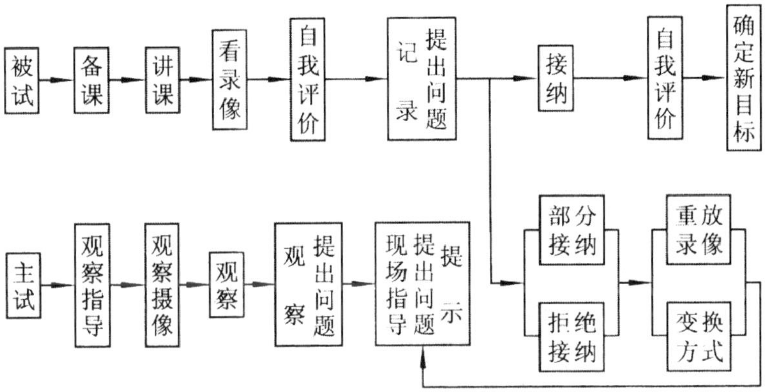

图 6-5 任务指向型干预手段的模式图

这三种方法的采用是有其针对性的。其中，教学策略的训练从理论上说是来源于元认知理论。我们要想使实验教师形成高度的教学监控能力，提高他们的教学水平，首先就要使他们掌握正确的课堂教学方法和策略，有了这些方法和策略之后，他们才有可能在自己的课堂教学中注意去运用这些策略，发展自己的教学监控能力。教学反馈技术和现场指导技术的采用，是我们深入分析教师教学监控能力构成及特征的结果。分析教师教学监控能力的含义，他们认为，评价与反馈性是基础，而调节与校正是根本目的，对教师教学监控能力的培养必须紧紧地抓住这两个关键。为此我们采用教学反馈技术，意在促使教师客观地认识和评价自己的教学过程和教学效果。而采用现场指导技术，意在帮助教师针对不同的教学情境选用最佳的教学方法，以达到最佳的教学效果，更有效地促进学生的发展。

（三）教学监控能力的培养阶段

我们把教师教学监控能力的培养工作分为四个阶段。第一阶段为澄清阶段，在此阶段，我们要向实验教师说明我们培训的目的、根据和所要达到的具体目标，特别是向实验教师提供进行实验所必需的知识背景和理论依据；第二阶段为模拟阶段，在这一阶段中，由指导教师按照我们所设计的程序，向实验教师具体模拟采用认知的自我指导的方法提高教学监控能力；第三阶段为练习阶段，由实验教师练习认知的自我指导技术，使之达到熟练化的程度；第四阶段是提示阶段，在此阶段，通过指导教师监控，实验教师巩固认知的自我指导技术，使之达到自动化的程度，这标志着教师教学监控能力的初步形成。各阶段培训的内容和培训的主要方法见表6-25。

表 6-25　培训的内容和培训主要方法

阶段	名称	训练内容	训练方法
阶段(1)	澄清	指导者向实验教师提供以下知识背景： 1. 教学监控能力的理论基础； 2. 元认知的性质与发展； 3. 通过默声言语的自我监控能力的发展； 4. 与教学监控能力相关的研究。	1. 角色转变技术 2. 归因训练技术 3. 理论培训 4. 教学策略培训
阶段(2)	模拟	指导者向实验教师模拟教学监控技术： 1. 教学情境和相应的自我谈话、目标设定，策略选择、策略运用、自我强化； 2. 恰当和不恰当的自我谈话举例； 3. 对教学情境进行真实的模拟(包括现场和摄像的)。	1. 观察学习 2. 认知的自我指导技术 3. 教学反馈技术 4. 现场指导技术

续表

阶段	名称	训练内容	训练方法
阶段(3)	练习	实验教师练习 1~3 的内容，最后达到 4 的要求： 1.（大声地）针对特定的教学情境进行相应的自我陈述； 2. 悄声地自我陈述； 3. 无声地自我陈述； 4. 最初认知的自我指导的陈述。	1. 认知的自我指导技术 2. 教学反馈技术 3. 现场指导技术
阶段(4)	提示	帮助实验教师巩固自我指导的陈述： 1. 实验教师学习提示技术； 2. 鼓励采用提示卡； 3. 展示提示卡的例子。	提示技术

四、未来教师教育的新动向

根据我们对教师素质问题的研究，反思世界范围内教师教育领域的一般特征，申继亮认为未来教师教育将表现出一些新的发展趋势，主要概括为“四化”，即培训目标职业化、培训体制开放化、培训内容的现代化和培训方式的个体化。具体如下。

（一）培训目标的职业化

近年来，教师的职业化问题已经成为教师教育理论界探讨的一个热点问题。人们普遍认为，教师已成为一种专门化职业。美国卡内基教育和经济论坛“教师作为一个专门化的职业”工作组发表的“国家为培养 21 世纪的教师作准备”中提出，要提高教育质量，促进经济的发展，必须提高教师的职业专门化和教师的专业化水准。并指出“美国的成功取决于更高的教育质量……取得成功的关键是建立一支经过良好训练的专业化师资队伍”。[①] 从世界范围看，提高教师的专业化水平已成为教育

① Task Force on Teaching as a Proffession. *A Nation* repared: *Teacher for the 21st Century*, Carnegie Forum on Education and the Economy, 1986.

发展的共同趋势。

那么，在教师的继续教育中如何体现教师的这种职业化呢？要回答这一问题，有必要再回顾一下当前教师教育领域的现状。在培养目标上，尽管目前教师的学历层次得到了普遍的提高，但忽视教师职业专业化时代要求的倾向依然存在，这在教师培养的课程设置上体现得尤为明显。例如，前面提到的，教师的职业训练仅限于开设数量相当有限的“老三门”即教育学、心理学和教学法，教育实习学时短，难以全面体现教师的职业特殊性和专业化目标要求，这也与教师职业化的意识不清晰直接相关。在我们看来，经过教师的培训，教师应具有完善的知识结构和较强的教育教学技能，教师的职业独特性突出地表现在其具有其他受过同等学历教育的人所不具备的丰富的教育教学知识和课堂教学技能。因此，要建设一支能胜任 21 世纪教育要求的新型师资队伍，就必须加快教师职业化进程，把提高教师的职业化意识和水平作为教师教育的目标要求。教师成长与培训的最终落点在于促进学生的全面发展和健康成长，以“立德树人”为根本任务，更好地担当起学生健康成长指导者和引路人的责任。“教育学生是教师的首要任务”(教育部，2012)。教师培训旨在帮助全体教师深刻认识、科学把握学校各项工作的育人功能和育德价值，提升自身素质，培养出高素质的人才。

(二)培训体系的多元化

传统上，我国的师资培训体系基本上可以分为两种，即教师的职前教育和在职培训。教师的职前教育由师范院校负责，在职培训主要由教育学院、进修机构负责。随着信息时代的到来，在知识经济的挑战下，在全社会强调人才创新的背景下，社会对教师素质的要求越来越高。要培养出高素质的教师，仅靠这两类体系是很难实现的，借助非师范类高等教育的力量已经势在必行。例如，目前正在试行的教育硕士制度，就借助了一些有条件的综合性大学的师资力量。从长远来看，尝试建立多种体系，以满足社会对高素质教师的需求，将是未来教师教育领域的一个重要的趋势，例如，是否可以在有条件的重点综合性大学中设立师范学院等。

当然，在多元化的培训体系出现时，加强对不同体系的宏观监管，强调不同培训体系之间的相互沟通与衔接，是非常必要的。这可以从传统的职前教育与职后教育这两种体系存在的一些明显的问题中得到启示。传统的职前与职后教育基本上是分离的，各自为政，互不统属。这种教师培养与培训相分离的体制，既造成了教育资源的浪费，又影响了教师参加培训的积极性，从而难以达到培训的目的。因此，无论从培养高素质教师的角度还是从提高培训的质量来看，将多种培训体系结合起来，实现不同培训体系间更广泛的沟通与衔接，都是提高师资培养及培训效益的体制上的重要举措。

职后教育与培训是教师继续学习、自我学习和终身学习的一种重要途径与方式。职后培训的对象为全体在职在岗中小学教师，相关部门应该加强顶层设计，构建一个全员、全程的培训体系。根据教师群体的整体特性，系统规划和设计“线上-线下”融合的教师培训课程；根据不同教师群体的特点和岗位等实际情况，分层、分类开展有针对性的师德培训；基于跟踪、调研、观察和分析，按照培训过程中教师学习的积极性、深入性和实际获得情况，设计能够满足不同层次需求的课程，增强培训的针对性，促进不同教师群体整体素质的整体提升。课程设计可以采用主题培训的形式，包括三个层级的课程：一类是必修的通识性、基础性课程，二类是基于教学资源综合运用的拓展性、体验性课程；三类是以问题探究为出发点的专题化、特色化的课程，有利于发挥教师在某一领域的专业特征和创造性。在三个层级的课程中，尤其是一类和二类课程的建设，各地可结合本地实际，自行设计，互相借鉴，资源共享，同时充分发挥教师个人的经验与优势，鼓励各地教师教学改革与经验分享。

(三)培训内容的现代化

21 世纪是一个现代科学和技术飞速发展的世纪。高新技术的迅猛发展，对教育提出了现代化的要求，而现代化的一个重要制约因素是师资队伍的现代化。现代科技既向中小学教师的继续教育提出了要求，又为教育本身提供了先进的物质条件。现代化的设备和手段的采用，例如电脑教育网络的开发、远程教学、电视教学等多种现代化教学技术，使一个开放的学习网络正在逐渐形成，这为教师的继续教育提供了便利有效的条件，使之向着现代化、科学化的方向迈进。

教育手段的现代化也对教师教育的内容提出了更高的要求。就目前的培训内容来看，基本上是大纲介绍、教学过程示范、教学方法举例等，这些固然重要，但是从现代教育思想和教育发展的实际情况来看，应渗透现代教育观念、现代教育内容，培养新型教师的现代教育观，如强调培养学生的创造性思维，动手操作和实际问题的解决能力等，真正提高教师的素质，实现教育的现代化。

教师培训应当讲究培训内容与方法的科学性、形式的多元性以及教师的主体性，不应成为一种“灌输”，不应是搬弄概念、照本宣科。应当准确把握不同教师群体的特点，包括年龄差异、教龄长短、学科差异、区域差异和层次差异等。强调案例培训、实践体验、浸润式研修，培育教师的自主学习、合作学习和研究性学习的能力和创造性。启发教师要“学出来、悟出来”，更要“做出来、传下去”，引导教师知行合一。例如，对于教师师德的拓展性、体验性培训，教育专家钟祖荣提出“四个走进”：带领教师走进社会(感受自身的社会责任)、走进名师(以优秀教师为榜样)、走进优秀电影、走进学生。通过引领教师感受社会实践，激发教师情感共鸣、认识鲜活的现代化培训效果。

(四)培训方式的个体化

信息社会的竞争，知识经济的挑战，对人才的素质提出了更高的要求。作为教师职业，未来的竞争会更加激烈，那么教师也必然对自身素质提高的要求越来越迫切，自觉地接受继续教育的培训逐渐成为个人化的愿望。而科技的现代化为教师的这种个体化要求提供了可能，教师可以通过通信网络、远距离教学，按照自己的实际需要，随时选择进修内容，进行自我学习，也可以进行交互式咨询活动。同时，这种个体化的学习方式比传统的整齐划一的大班讲授，更适应教师的个体差异，使教师的个人教育教学风格得到充分的发展。因此，这种个体化的培训方式成为一种发展趋势。倡导自主学习、合作学习、体验性学习、研究性学习和创新性学习，运用专家讲授、案例研究、经典阅读、发掘优秀教师成长典型、讲好师德故事等多种教学方法，确保培训实施的效果。

第三节

投入教育科学研究中去

我们是从事发展心理学研究与教学工作的，我们感到青少年儿童发展的关键因素在于教师的素质。于是，从20世纪80年代开始，我们在研究青少年儿童发展的同时，研究了教师的素质。然而，教师素质提高的途径很多，我们从自己教学实验的切身体会中提出："教师参加教育科学研究，是提高自身素质的重要途径。"①当时提的"教师"，主要是中小学教师。但是，一种新的教育观点的提出和接受，是有一个过程的。我们的观点在当时不仅未见成效，反而引起一些怀疑，有人认为这是"天方夜谭"。但是，今天不会有太多的人反对这个观点了。这正是十一届三中全会以来教育改革的一大成功：中小学教师走上教科研的道路。当然，从我们个人的角度说应该感谢国家教委的各级领导，尤其是张承先和何东昌二位同志，没有他们的支持，就不会使这个观点被人认可。

教师是发展教育事业的主要力量。邓小平同志指出："一个学校能不能为社会主义建设培养合格的人才，培养德智体全面发展、有社会主义觉悟有文化的劳动者，关键在教师。"②是的，社会主义的办学方向、教育质量的高低优劣、教育出的学生能否成为德才兼备的一代新人，都要靠教师这个环节来实现。

我国基础教育的师资素质，正在逐年提高。但是，我们也不无忧虑地看到，在我们中小学教师中，也存在着种种问题。广大教师无论是思想素质还的业务水平都有待提高。前几年整个教育界抓了中小学教师的学历"达标"问题，这完全是必要的。可是有一个现实问题出现了：如果中小学教师学历要求完全达到或符合国家的要求，即小学教师为中师毕业生；初中教师为大专毕业生；高中教师为大学本科毕

① 林崇德：《教育科研：教师提高自身素质的重要途径》，载《中国教育学刊》，1999(1)。

② 中华人民共和国教育部：《邓小平教育理论学习纲要》，54页，北京，北京师范大学出版社，1998。

业生；即使实现了有些省市的“五六一”工程(小学教师有50%为大专毕业生，初中教师有60%为大本毕业生，高中教师有10%~15%拿到硕士学位或获得硕士研究生课程班的结业证书)，那么是否教师培养工作就可终止了呢？当然，结论是否定的。今后，我们要把教师队伍的建设仍然放到应有的战略高度。中小学教师素质提高的途径很多，我们认为，参与教育科学研究，特别是参与教育改革方面的教育科学研究工作，是一个重要的途径和方法。我们在全国各个省、自治区和直辖市的实验点所从事的教学实验研究，在一定意义上说，就是一项领导一大批中小学教师参加教育科学研究的研究。

一、教师参加教科研是新时期教育特点的一种表现

教师参加教育科学研究，是新时期教育特点的一种表现形式。

第二次世界大战以来，教育改革的高潮一浪高于一浪，如第一章所述。20世纪80年代以后，教育的发展更为迅速，出现了不少新特点，突出地表现在两个方面。从这两个方面我们可以来分析教师参加教科研的趋向。

(一)新时期教育的特点

如前所述，新时期教育的特点，着重表现在两个方面，一是教育时空在扩展，二是越来越向基础教育倾斜。前者说明社会办教育，教育社会化；后者说明基础教育是国民教育的关键，提高基础教育的质量，已成为各国普遍关注的大事。

为此，我们才始终不渝地坚持在基础教育的实践中进行实验研究。因为，未来的国力竞争，更多的是靠基础教育的水平，所以，基础教育必须置于头等领先的地位。

(二)当前基础教育改革的主要课题

基础教育能否上去、从事基础教育的教育工作者能否全力以赴，关键的问题是基础教育的社会地位问题。为了提高基础教育的社会地位，从基础教育的内部机制来看，应是对基础教育进行改革，以提高其质量。这里主要抓好四件事。

一是育人环境的改善。这里不仅指社会、家庭和学校(含校园文化)一体化的环境，而且还应包括教育投入。教育的过程，是以教育资源投入为物质基础的认识或认知的过程，产出的是学生的发展。在我国，基础教育经费虽有较大幅度的增长，但与基础教育发展的要求相比，仍然显得非常不够，我们仅用占全世界基础教育经费的0.7%的投入，去办占全世界受基础教育的学生之19.3%的教育，显然是相当低的。我国教育经费在国民生产总值中所占的比重，1997年为2.8%，1999年后有较大的提高，但是仍比世界发达国家低得多，而且与发展中国家的平均4.1%也存在着一定差距。因此，在我国，提高教育投入成为十分迫切的任务。

二是德育工作的加强。重视德育是国际教育的一种潮流，西方发达国家如此，日本更是这样。在讨论21世纪人才的时候，日本提出培养世界日本人。我们且不去分析其意图，但他们的种种德育措施值得我们借鉴，例如，想方设法加强爱国主义教育，利用学生中午在学校就餐，尽量不吃日本人爱吃的大米饭，供应世界各国食品；组织中小学生与幼儿园孩子去各国旅游，从中进行“世界日本人”的教育。

三是教育内容的更新。“给学生什么”已成为世界性的教育改革的课题。难怪有些教育家们(如L. Creman，1976)就将教育定义为一切深思熟虑的学习活动。各国都围绕教育-学习的内容进行改革。美国的“2061”工程(要求到2061年在地球上重见哈雷彗星时要实现的教育目标的改革方案)，涉及有关全面发展的思想；涉及教育结构；涉及课程设置，强调中小学着重抓英(语)文、数学、科学、历史、地理等，强调培养“知识经济”所需要的具有综合能力的通才或通才基础上的专才。日本、法国也有类似改革的内容。如何改变我国陈旧的教材，使学生提高学习质量，减轻过重的负担，以达到全面发展、学有特色的要求，这已成为我们亟待解决的问题。

四是教师队伍的建设。育人环境如何改善，德育工作如何加强，教育内容与教学方法如何改进，其关键问题在于教师队伍的建设。教育观念、教育内容、教育方法的改革，教师这个环节是基础。从这个意义上说，教育就是教师有目的、有计划的“教书育人”的活动。正因为如此，我们才承担了基础教育改革与发展研究的课题，探讨基础教育师资素质提高的途径和方法。

怎样完成以上四个方面的改革呢？国外教育界提出首先应该抓教师这一关键环节，因此大力提倡培养专家型和学者型的教师。然而，这专家型和学者型的教师如何实现呢？发达国家的整个社会普遍重视教改实验，重视教育科学研究，这与中小学教师参加教科研已相当接近了。近年来，我国教育领导部门相当重视教师水平的提高，同时又指出教师参加教育科学研究的重要性。以国家教委名义颁发的中国教育学会“九五”纲要明确指出，“九五”期间要着重抓教师队伍的建设，要求有三条：一是学历未“达标”的地区要完成达标率；二是狠抓为人师表，即师德问题；三是强调参加教科研，用科研带教研，用教研促教改，以提高教师的整体素质。

鉴于以上分析，针对新时期教育发展的两个特点，我们认为加强专家型和学者型的教师队伍建设是教改的一个中心环节。为了更好地促进教师队伍的建设，使教师成为专家型和学者型教师，让教师参加教科研，尤其是参加教改的教科研就显得越来越迫切。所以说，教师参加教科研是实现以上种种基础教育改革的基础，教师参加教科研是新时期教育改革的重要形式和重要措施。

二、教师参加教科研的必要性与可能性

中小学教师参与教育科学研究，是必要的，也是可能的。

(一)必要性的表现

1. 懂得教育规律，提高教育理论水平，更好地从事教育工作

我们要做好任何工作，要按客观规律办事，教育工作也是这样。为了做好教育工作，就必须按照教育的客观规律办事，不能搞主观主义。而中小学教师投入教科研，首先要学习教育理论，掌握教育规律。例如，在宏观上了解教育的实质、功能和目的，了解教育结构、体制和发展目标，等等；在微观上了解教学过程、课程设置、考试规律，了解德育的特点、学生的特点和评价方法，等等。正是这些理论体现了一定的教育规律，于是，参与教科研的中小学教师，可以对照自己的教育实践，做到理论联系实际。因此，中小学教师一旦亲自参加这些教育科学的研究，他

们就能更好地、更亲身体验到科学研究所揭示的教育中的客观规律，进而把它运用到实际工作中去，就能提高教育的质量。

2. 了解教育发展的趋势，更自觉地为建设具有中国特色的社会主义教育体系做出努力

教育科学研究的课题来自一定的教育理论和教育实际，它具有时代感、整体观和创造(开拓)性。一个优秀的教育科学研究课题的提出，都存在下一节要提到的“适应两个需要”的问题。一是要适应国际教育发展的趋势。国际教育界目前正重视知识经济与基础教育关系的研究，这对参加教科研的中小学教师有很大的吸引力，他们也要使自己的研究课题同这个国际教育发展趋势相吻合。二是要适应我国教育观念的更新。教育观念的更新是以教育任务为前提的。20 世纪 90 年代我国教育发展战略的重要课题有：关于教育国情或教育环境、战略目标的研究；教育结构的研究；教育质量的研究；教育投入的研究；教育体制的研究等。① 如果我们引导中小学教师直接参加教育科学研究，从中体会到面对 21 世纪的挑战，发现新情况，研究新问题，亲自投身于建设具有中国特色的社会主义教育体系，就能更直接地掌握教育工作的主动权。

3. 明确教育改革的实质，更好地当好教改骨干，并为深化教育改革做出贡献

教育科学研究，是教育改革的先导与基础，这就是“科研带教研，教研促教改”的来由。引导中小学教师参与教育科学研究，特别是教育改革实验的科学研究，这和他们的切身利益密切相关。改革旧的教育思想、教育内容和教育方法，这是一件十分艰巨的工作，要下大力气，这里既有感性认识问题，又有理性认识问题。教育改革的科学研究既使作为参与者的中小学教师对教改实验的感性认识上升到理性认识,又使他们将一定的理论知识带回到教改实践中去，从而使这些中小学教师不仅掌握教育改革的主动权，而且在教育改革中提高自身的素质；不仅提高教育改革的自觉性，而且也用科学的态度投入教改，从而提高教育改革的质量。

4. 教育科学研究能够提高教师的教育科研意识，改变教师的角色

中小学教师在教育的过程中参与教育科学研究，特别是教育改革的科学研究，

① 郝克明、谈松华主编：《走向 21 世纪的中国教育》，贵阳，贵州教育出版社，1998。

使这个过程中的重大决策，有一定的理论依据。中小学教师通过实地调查、实验研究、筛选经验、科学论证，实现着教育工作的科学化。这样，这些教师的教育、教学工作的模式正由“经验型”转向“科研型”；教师本身角色的模式也由“教书型”转向“专家型”或“学者型”。于是，教师不仅成为教育、教学的骨干，使教育、教学工作具有开拓性，而且具有一定的教育科学研究的能力，从而按照教育科学意识指导教育，使教育工作逐步走向规范化、科学化。如果联系本书各章对中小学教师的要求，那么，教师的角色出现了崭新的变化，如我的友人吴昌顺所指出的那样，成为教育者、领导者、保健者和科研者。

(二)可能性的表现

中小学教师参加教科研是否可能，我先用下边的例子引路：

本书多次出现了北京五中。五中在原校长吴昌顺的带领下，自“七五”开始，逐步明确提出：“科研导向，开辟德育新思路；科研领路，教学再上新台阶；科研搭桥，全面提高教师素质。”并为之进行认真踏实的实践。校长带头承担课题，教职员工、文理科、老中青三个年龄段的教育工作者都有典型，滚雪球式的逐步发展。以此来贯彻三个“全面”：全面贯彻教育方针，对全体学生全面负责，全面提高教育教学质量。80%以上教师有论著，有的论著超过百万字，有的成果在社会上引起很大的反响，例如，梁捷编的30集教学录像片(李立风导演)，《中学语文听说读教学》(18集，在中央电视台播放)，《美育之光》(12集，在北京电视台播放)。1998年该校70华诞之际，从获奖论文中选出来自各方面、各学科较好的51篇作品出版了《耕耘与收获》论文集。张岱年先生为之题写了书名，我受命作序。论文集显示出理论与实践相结合、研究内容和范围广阔、研究方法和手段多样三个特点，这所升学率100%、升入重点大学超过91.6%、考上北京大学与清华大学的毕业生人数名列北京市前茅的重点中学，十余年来在教师成为学者型与专家型角色的活动中取得了显著成绩。下面，摘下我们中学课题组组长吴昌顺为该书写的前言中的一段内容，以加强对问题的分析。

科研搭桥，全面提高教师素质

文：吴昌顺

学校管理无外乎是物的管理和人的管理、思想管理和制度管理、学生管理和教工管理等。我们认为办好一所学校，教师是关键，而教师是知识分子，对教师的管理首要是满足他们高层次的精神需求，为他们创造成名成家的环境和发挥聪明才智的机遇，确立他们在普教界的学术地位。经过多年的实践证明，参加教育科研是提高教师全面素质的一条捷径。

第一，提出要求，树立目标。

近年来，我们提出的较低标准是履行教师的基本职责：

(1)教好一门课；

(2)当好一个班主任；

(3)开设一门选修课或带好一个学科小组或指导一项课外活动；

(4)积极参加继续教育，投身教育改革，进行教育科研，并取得成效。

较高标准就是要实现教师的努力目标：

不仅作“经师”，更要为“人师”。要成为历史文化的传播者，人际关系的艺术家，学生心理的保健医师，人类灵魂的工程师，未来事业的引路人。

第二，面临挑战，更新观念。

宣传当代先进的教育观、人才观、教学论、课程论，交流世界教改大潮的各种动态；宣传第四产业(信息)、第五产业(心理)和中学教育的关系，促进教育观念的转变；宣传第五次产业革命与钱学森先生的“大成智慧工程”“大成智慧教育学”对我们教学改革的启示；宣传信息高速公路的开通，教育多媒体的应用，推动学校教学手段的现代化；宣传只有成名成家的教师才能教出成人成才的学生，鼓励教师在教育科研方面做出成绩。

我们认识到，教育不仅是一门艺术，更是一门科学。教育工作是一种特殊的产业，由于它的本质特性——过程的长期性、效益的滞后性等，如果不以教育科研为先导，一切改革也只能在黑暗中摸索。所以我们在教工中大力提倡学习先进的教育理论，树立良好的风气，形成正确的舆论。学习之钟常鸣，校风建设之本已成共识；“活到老，学到老”已成为大家的行动口号。我们提倡两个三结合：有权之士、有识之士、有志之士三结合；教师人人走学习、实践、科研三结合的道路，鞭策教师破除神秘感，树立自信心，提高理论思维，增强科研意识。

第三，知行统一，落实举措。

首先是校领导带头承担课题，教职员工、文理科、老中青骨干三个年龄段的教师都有典型，滚雪球似的逐步发展。

其次是培养骨干教师作为课题的负责人，支持教师参加校内外的学术活动，包括讲学、交流、访问等。现在学校已有学科带头人和市区教研员34人，开设选修课22门，已送30余位大学毕业不久的青年教师参加高校的研究生课程班进修，22位教职员参加北师大心理系的心理咨询函授班学习，10余位职工参加专业技术培训；有40多位教师前后去过十几个省市自治区培训教师、交流经验；已和远近郊区和老少山边穷地区的十余所学校建立了友好往来的关系。

再次是创设条件，增添设备。自1991年全面改造校舍以来，已先后自筹资金200余万元，装备语音教室、心理咨询室、天文观测台、计算机校园网络系统等，购置有关学习的图书资料，同时邀请专家学者来校讲学，普及教育统计学知识和教育科研方法等。

北京市宣武区琉璃厂小学原属于教育水平偏低的一般学校，周边环境差，生源差，原先的教师素质不高，教学质量也低。该校的前门在一条胡同里，车子进不去，后来一些教学器具，少不了教师卖苦力。在齐国贤、谢美意先后两任校长的领导下，学校投入教科研，奋斗六年彻底改变后进面貌。学生全面发展，学有特色，学生奖项多，举办了展览会，形成了良性循环。自1995年开始，该校成为接待兄弟省市自治区同行的开放学校。1996年，学校获北京市优秀教育科研成果奖。1997年教师素质迅速提高，全校教师普遍地投入到科研中去，不少人开始著书立说。1997年首批毕业生成为一些重点学校重点选择的对象。学校声望大震。由谢美意、卜希翠、刘宝才等主编的教师论文集《小学实验课型新探》和《提高教师素质培养学生能力》在全国同行中颇受欢迎。他们请我校启功先生为该校题了“琉璃厂小学”五个大字，荣宝斋为其制作了一块大匾。位于琉璃厂的后门打通成为前门，金光闪闪的大匾一挂，成为真正的琉璃厂小学。

1998年我们课题组召开学术研讨会，同时也是对20年教学实验的一个纪念，在会上表彰了127个先进单位，他们中间绝大多数是普通中小学校。还有诸如黑龙江五常市教委、山西晋城市城区教委、河南偃师市教委等，在他们的领导下，全(县级)市的所有小学全部投入我们课题组的小学教改实验。我们抽样调查了全国小学实验点，发现随着实验时间增长，实验班和对照班在知识与能力测验成绩上的差异越来越大；对照班的标准差(或两极分化的离差程度)逐年增加(从一年级至五年级分别为10.2，10.6，15.6，21.0，24.5)；而实验班却变化不大(从一年级至五年级的标准差为8.8~10.6)。中学的情况也类似。近五年中，实验点的教师荣获"特级教师"称号的有23名，晋升中学高级或小学教师享受中学高级待遇的超过150名。例如，浙江的特级教师王金兰、黄逸萍是劳动模范、省小学语文和数学的学术带头人之一，而且还被评为优秀教学成果的主持人。此外，课题组的中小学教师撰写的论文，有500多篇分别获得全国的、省级的、地级的和县级的奖励。由此可见：

1. 中小学生蕴藏着极大的发展潜力，例如，上述事例说明中小学生的智力与能力是能够通过教育来培养的。教改或教改的教科研的一个重要目的是提高教学质量，即在于增进学生的知识的同时，发展其智力与能力。而学生心理能力提高的程度，又往往是作为衡量教师素质高低的一个重要指标。

2. 中小学教师蕴藏着搞教改实验研究或教育改革科学研究的极大积极性和可能性。一旦使其积极性获得发挥，他们就能变这种可能性为现实性，成为教育改革科学研究，乃至整个教育科学研究的一支生力军。而我们所承担国家教委的课题之所以取得一定的成果，正是由中小学教师潜在的教改实验研究的积极性所致。

3. 中小学教师在教育科学的研究中，特别是在教改的教科研实验中提高其素质。教科研对重点学校说来是锦上添花，例如江苏扬州中学，校长沈怡文承担了"九五""十五"国家教委重点教科研的课题；中老年特级教师如蒋念祖、张乃达的语文、数学教育专著誉满全省；青年教师积极投入教科研，他们的成长更快了。教科研对于基础薄弱校来说则是雪中送炭。例如，1997年4月我们去海南讲学，一出海口机场，先奔往参加我们课题组的二七小学。一进校门我们大吃一惊，没想到一所原先基础薄弱校变成了一所花园式学校。一问才知道，是教师们在校长傅映柏的带动下，参加了教科研，自身素质提高很快，教学质量逐年提高，一改原来面貌，赢得当地老百姓的信赖，是老百姓帮助二七小学建设的新校园。1996 年小学毕业考试，海口市语文、数学平均成绩分别为 66 分和 79 分，可是二七小学却是 88 分和 98 分。难怪海口市教育局和教研室对我们课题组给予了莫大的支持，并不断地扩大了实验点。

三、教师参加教科研的特点

教师参加教育科学研究总的特点是 16 个字：面向实际，站在前沿，重在应用，合作性强。不同的课题、不同研究有其不同的特点。我们只能用自己教改实验做例子。我们在研究中，主要抓了一个目的，两种需要，三股力量，四条原则，五项设想。这在一定意义上也可以代表中小学教师参加教科研的具体特点。

（一）目的与课题提出

我们各地课题组成员研究的根本目的，是服从总课题的要求，探索教育与发展或学习与发展的辨证关系，从而为教育工作提供心理科学的依据。但是，并不代表其他的研究也是这个目的。研究的目的来自研究的课题，所谓研究课题，意指研究什么，即规定的具体题目和具体内容，或要研究的问题，这些问题尚待认识和解决。这些问题既是我们认识的成果，又是我们进一步认识的起点。如第三章所述的，课题来自两个方面，一是来自理论，即前人的理论，或他人的理论，或自己的理论。二是来自实际。中小学教师研究的课题，主要是来自实践，像东海的海水一样，教育实际有着中小学教师所需要的取之不竭、用之不尽的课题。当然，即使来自实际的课题，也需要学习理论，做到理论联系实际，这样可以避免与前人研究的完全重复，同时吸收别人的研究经验，发现相关联的问题，获得对比性资料，有助于研究成果的解释。

中小学教师研究课题选择的原则为：①需要性，既要满足社会需要，又要满足教改的需要，具有应用的价值；②科学性，必须有一定事实根据和科学依据；③创造性，选题有新意；④可能性，应考虑到各种主客观的条件；⑤兴趣性，适合研究者自己的兴趣。中小学教师按照这些原则选择个人或集体的研究课题。可以是宏观课题，更需要是微观的课题；可以是教育或教学课题，也可以是自身素质提高课题；可以是教育实验课题，也可以是科学的经验总结，等等。研究目的来自各自不同的课题内容，集中地表现在研究课题的提出上。有了课题，明确了目的，才会考虑怎样研究问题，即具体战术问题、方法和措施的问题。

（二）适应需要与文献综述

中小学教师的教科研，是为了适应两个需要：一是迎合国际教育发展趋势的需要；二是符合我国亟待更新、转变的教育观念的需要。我们认为中小学教师参加教科研都有两个适应的问题。

1. 要迎合国际教育发展趋势的需要

教育改革的成效，对于国家的繁荣和国际地位的提高都是至关重要的。在此基础上，国际基础教育界出现了如下的趋势：①适应信息时代，迎接知识经济的到来；②基础教育日益受到重视，提高中小学的教育质量成为各国普遍关注的大事；③把人的个性发展提到了突出的地位；④教育结构的变化是国际共同关心的热点；⑤力求提高教育投资和改善教师的待遇。我们的中小学教学实验课题组正是适应这种趋势，把着眼点放在中小学的基础教育的改革上；放在学生的智力、能力乃至整个个性的发展上；放在教师队伍的建设上；放在中国化的儿童青少年心理学与教育心理学上。因此，任何课题选择，都应同国际教育发展趋势相适应。

2. 要符合我国教育观念更新的需要

在我国，深入教改，促进教育的健康发展，要以更新教育观念为基础，从“科教兴国”的战略层面考虑我们基础教育的发展。在这些任务的前提下，我国教育观念的更新、转变表现在下述几个方面：①树立教育是生产力标准中的重要组成部分的观念；②树立主动适应商品经济发展的观念，建立合理的教育机制，自觉抵制商品经济带来的消极因素；③树立全社会办教育、管教育的观念；④树立造就德、智、体、美、劳、群等诸方面全面发展人才的观念，培养有理想、有道德、有文化、有纪律的一代新人。我们的中小学教学实验课题组正是符合这种观念，我们把着眼点放在一般学校，特别是一大批农村的中小学的教改上；放在以思想品德为核心的非智力(非认知)因素的培养上；放在学生全面发展的指导上，放在造就适合“改革、开放”国策需要的人才上。可以说，我们对课题的选择，同我国教育观念更新相符合。

针对这两个需要，要求中小学教师在参加教科研时先要阅读有关论著、掌握材料，写好文献综述。任何一个研究，都要强调文献综述，它是回顾、综述已有国内外的有关研究，或概括研究。它使研究者理清某些研究发展的脉络和背景，成为研究基础，有助于自己进一步研究问题，为提出假设提供经验和依据。文献综述不是对材料的罗列，而是根据自己的思路，既客观(已有的有关研究)，又主观(按自己有关研究需要)地汇总而成的。

(三)研究力量

我赞同教育家陶西平的观点：教改教科研的成功，要依靠“有权之士”“有识之士”“有志之士”三股力量的共同努力。中小学教师参加教科研更需体现这三股力量的有机结合。

我们课题组的教改实验，正是专业工作者同教育部门的行政长官、中小学广大教师密切结合来进行的。在教学实验中，我们课题组不仅获得国家教委和地方各级教育部门领导的支持，而且他们中间的不少专家型领导已成为课题组的成员。各级教育部门的有权之士，在精神上、财力上、研究条件上等多方面给予了我们帮助。

在教学实验中，专业工作者应该是中坚力量，或者说是各方面力量的中心。专业工作者不仅是研究方案的制定者和整个实验的主持者，而且他们应该是“有权者的智囊”“有志者的知己”。在一个较大型的教育科学研究项目中，专业工作者应该具备知识(专业知识和业务修养)、胆识(研究设计和各种决策)和见识(组织能力和团结精神)，这才能称为“有识之士”。

在教学实验中，我们课题组有数以千计的实验班，有一大批参与实验研究的中小学教师和学校级领导，他们是教育改革的“有志之士”。他们有的在省、自治区、市级重点学校，更有大批的教师在一般学校或基础薄弱校工作。他们凭着坚定的志向、求实的精神、科学的态度、合理的措施，竟把教学实验逐步引向正规，最后获得可喜的成果。为了教学实验成功，这些“有志之士”做出了很大的努力。如果没有课题组一批事业心强、教学严谨、认真贯彻实验措施的骨干力量以及实验班教师，我们很难想象自己的研究能够成功。

(四)研究原则

我们从教学实验一开始，就为课题提出了四个研究原则，客观性原则、系统性原则、优化性原则、不平衡性原则。这四个原则，体现了我们在辩证唯物主义思想指导下的工作指针和方向。它也可以作为广大中小学教师参加教科研的原则。下面的原则，在本章第三节提到过，但这里有必要作点重复。

1. 客观性原则

这是中小学教师参加教科研的出发点。它要求我们在实验研究中，必须坚持实事求是，一切从实际出发。因为，任何科学研究只有符合客观事物的真实面貌，才能达到真理性的认识。所以，坚持客观性的标准是一切科学研究的根本原则，违背了这个原则，就会误入歧途，甚至导致反科学的结论。于是，在我们课题组的教学实验中注意到如下几个方面：①我们的研究绝不是为了去论证和说明某一决策，去附和某一种预先准备好的“结论”，而是老老实实地实践和实验，从而验证或更新一定的教育理论，并为决策提供科学的依据；②我们课题组在实验研究中实行“大统一、小自由”，在统一的实验目的、要求下，允许各地按照自己的办学条件、师资水平、学生等实际情况，开展符合总课题精神的具体研究。研究成功的事实告诉我们，实事求是是科学研究的灵魂；③我们课题组对自己和对他人的研究成果进行评论时，坚持客观的态度，例如，对自己课题的实验教材或补充教材，都是持同等的客观评价原则。在向实验班教师介绍我们的实施教材或补充教材时，我们不允许出现任何贬低其他教材的言词。

2. 系统性原则

事物是以系统形式存在的有机整体，是由要素以一定结构组成的，具有不同于诸要素功能的系统，是由不同层次的等级结构组成的开放系统，它处于永不停息的、自组织运动之中，有其产生、发展、消亡的过程。坚持系统性的原则，使我们更好地全面地分析问题和研究问题。我们课题组在对中小学生能力发展与培养的研究中，注意从以下两个方面来贯彻系统性原则：①从整体观来看待中小学生能力发展与培养的全貌，研究了智力因素，必须要探索非智力因素；研究了学生，必须要探索教师，等等；②从整体观来看待中小学生能力发展与培养的具体研究方法，它也是一个整体。我们的课题是一个由深入实际、调查研究、收集资料、确定课题、制订研究方案、做出具体实验设计、实验施测、统计处理、讨论解释等环节构成的系统。我们在研究中看到任何一项研究结果都是该系统的综合效应，因此要科学地研究自己的课题，就必须按照系统、整体的观点，切实地掌握好每一具体研究过程中的每个环节。从整体性看，其中任何一个环节出现差误，都可能直接影响到结果的科学性和价值。总之，我们希望参加教科研的中小学教师能遵循系统性原则，这样才有可能使我们对课题作整体研究，获得较全面的科学结论。

3. 优化性原则

我们课题组的教学实验是讲究效果的，实验的质量和效果是我们所追求的标准之一。因此，从我们的教学实验中可以看到一条原理：中小学教师参加教科研，最终的目的在于教育，提高教育质量，一切不符合以教育为目的的研究措施都应该杜绝。在教育史上，明确提出“最优化思想”的是苏联教育家巴班斯基。巴班斯基从培养全面发展的人这一教育目标出发，提高最优化水平。① 我们的“优化性”原则和巴班斯基的思想有相似之处。我们这里的“优化性”原则的目的，是为了减少各种教育资源的投入，减轻师生的过重负担，提高教育质量，促进学生发展，以便为社会更好地培养人才。于是，我们在教学实验中注意到如下几个方面：①要花较少的时间和精力，取得在可能范围内的较大效果，关键在于科学教学。于是我们加强对实验

① ［苏］巴班斯基：《教育学》吴式颖等译，详见《教学》第一章，北京，人民教育出版社，1986。

班教师的培训，系统地引导他们学习教育科学和心理科学的理论，以探索改进教学的措施；②围绕学生发展的课题，在教材(教学内容)、教学方法和手段、学习积极性、学习策略等外部和内部两个方面着手改革；③将发展学生的智力与能力放在“优化性”教学的首位。在分析实验班与控制班学生智力、能力、学习成绩差异时，严格以“等组”作前提。但这“对等”的条件往往是不对等的，因为我们提倡实验班的各方面教育资源的投入要低于控制班，特别强调实验班学生的学习负担要轻(或轻松)于控制班学生。北京市海淀区中关村二小在汪惠萱的带领下，全校教师参加教科研。他们围绕学生思维品质问题，全面开展研究，他们优化课堂教学，优化教师队伍，优化科研措施。从1992年以来，他们连续三年被评为海淀区教科研先进集体，教师论文有45篇获市、区级的奖励。实验班学生在三次全国数学奥林匹克比赛中获第一名，全校学生全面发展，学有特色。例如，校交响乐团成为北京市唯一的小学生交响乐团，即北京金帆少年交响乐团，多次演出于国内外。

4. 不平衡性原则

由于种种原因，学生之间存在着各式各样的差异。例如，我们所研究的中小学生的智力与能力，就表现出这种差异。也就是说，存在着不平衡性：一是在不同问题上表现出不同的智力与能力；二是在不同的活动上表现出类同智力与能力的最佳水平。这种智力与能力发展的不平衡性产生的原因有三：一是来自问题的情境；二是来自学习活动的差异；三是来自学生主体，基础的差异、个性特点的差异及心理状态的差异，会带来问题情境及解决水平的不平衡性。于是，我们在教学实验中注意下面几个方面的问题：①承认中小学生在智力与能力方面的个别差异是客观存在的。这就是我们提出的“鼓励冒尖，允许落后”的理由。然而，这落后并不等于教师不管，它反映我们实验研究中的一种思想，即对于学生的学习成绩，要做到“上不封顶，下要保底”，既从实际出发，因材施教，又要防止个别生“滑坡”；我们允许个别尖子跳级，但力争实验班学生不留级(事实上，实验班没有留级的现象)。②针对在不同的问题上表现出不同智力与能力的事实，我们注意在智力与能力发展研究的设计中所要考虑的内容、知识范围、活动的代表性。在评估(评价)的测查中，所测查的内容、材料、活动必须力争全面，并且对研究结果作出客观的分析。③针对在不同活动上表现出不同的最佳智力与能力水平的事实，我们就在制定培养智力与能力的方案上做到有的放矢。总之，我们希望参加教科研的中小学教师在研究时也考虑到不平衡性原则，这样才能使研究设计更完善、更合理；才能使获得的研究结果更可靠、更富于代表性，才能使我们更加不拘一格地培养人才。

(五)理论设想

我们在教改实验中的指导思想，或理论构想上，着重坚持五种观点：

(1)儿童与青少年心理发展的基本规律是教育改革的出发点；

(2)培养思维品质是发展智力与培养能力的突破口；

(3)数学能力和语文能力是中小学生智力与能力的基础；

(4)从非智力因素入手来培养学生的智力与能力；

(5)融教师队伍建设、教材建设、教法改进为一体，提倡教师参加教科研，以此作为完成这“三位一体”的基础，特别是提高自身素质的基础。

我们重视这五个观点，拙作《学习与发展》和《教育与发展》有一半以上的篇幅是围绕着这些观点而展开的。可见这五个观点是我们“学习与发展”和“教育与发展”观的精髓。但是中小学教师参加教科研，各自有着自己的课题，它也必然有着自己的理论设想，这就需要我们学习理论，坚持理论联系实际。没有理论指导的教科研是不会成功的，至少不是一个完整的研究。

此外，教师参加教科研，还有一个选择研究方法的问题。第三章我们提出的方法，不完全只是适用于教育科研工作者和心理学工作者，它们对教师参加的教科研也有一定的帮助。这里不再赘述。

我们恳切地希望有更多中小学教师参加教科研，我也衷心地期待着大家教科研的成功，期待大家用这成功的花卉来充实我国教育科学的花圃，让其更千姿百态，更丰盛争妍，更欣欣向荣。

第三篇

PART 3

智育与发展篇

智育是使受教育者系统掌握科学文化知识与技能、发展智力的教育。尽管各种教育形式都有智育的功能，但教学是智育的主要形式。

在智育任务、内容及有关掌握知识、技能和发展智力的关系上，历史上长期存在着形式教育与实质教育之争。我们主张知识与智力两者的辩证统一。因此，教学的主要目的在于在传授知识的同时，灵活地去发展学生的智力，培养他们的能力。从这个角度来说，教学不单纯是一个“知育”的过程，还是一个“智育”的过程。智育促进人的发展，既有知识、技能的掌握，又有智力的发展，最终还要落实到人才的培养上，特别是创造性人才的培养上。20多年来，我们坚持在教育第一线研究儿童青少年的发展问题，主要是智力与能力发展和培养的问题，受益的学生达到30余万，他们的知识技能和智能都获得了提高。正是在这些研究的基础上，我不断地完善了自己的智力理论，并逐步地建立了自己的教育与发展观。

我们在2006—2009年的研究发现，强基础智力是科学拔尖人才五大心理特征之一，创新性人才都具有较高水平的一般智力。虽然，心理学的研究发现，智力不是创造力发展的充分条件，但它却是创造力形成的必要条件。智力对创造的作用体现在某些具体组成部分对创造力的影响，如理解正确、思路清晰、学习新知识快、较强的分析和综合性思维能力和联想能力。由此可见，培养和提高智力水平是发展中小学生创新能力的一个关键环节。

今天，国际上提倡对人类积极特征的研究，如乐观、希望、知识、智力和创造力等，因此智力与创新人才就进一步获得联系。尽管国际心理学界反复强调智力只是创造力的必要条件而不是充分条件，然而，创造性或创新毕竟是智慧活动。所以，智育与创造性人才的关系也获得体现，学生的创新精神是智育的一项重要任务。

本部分包括三章：第七章为智力结构及其发展的研究；第八章从智力因素培养智力；第九章从非智力因素入手培养智力。第七章是第八章的基础，第八章、第九章是第七章的具体途径。

第七章

智力结构及其发展的研究

智力是心理学的一个重要概念。尽管其定义有150多种，但绝大多数心理学家把它归属于个性的范畴，突出其两大特点：一为成功地解决问题；二为有良好的适应性。皮亚杰(J. Piaget，1896—1980)明确指出，智力的实质就是适应。因此，我们(1984，1986，1992)将智力定义为成功地解决某种问题(或完成任务)所表现的良好适应性的个性心理特征。①

我们既研究了智力的理论，又用实验研究探讨了智力的发展与培养。在智力发展的研究中，不仅探索了智力发展的特点，而且也揭示了智力的机制问题，特别是运用脑ET尝试探究了智力的脑机制。

第一节

智力结构与多元智力

关于智力的结构，是心理学界极为关注的一个课题。古代心理学思想便涉及它,现代诸多心理学家研究它，西方心理学家重视它，俄国心理学家也在探讨它。1983年，美国心理学家加德纳(Howard Gardner)写了一本《智力的结构》(Frames of Mind)，提出了多元智力(multiple intelligences)的概念；1993年，他又出版了一本

① 朱智贤、林崇德:《思维发展心理学》，北京，北京师范大学出版社，1986。

《多元智力的理论与实践》，在国际心理学界，自然有一番新的评论。似乎智力研究又进入了一个新的阶段。

一、加德纳的多元智力理论与古代中国“六艺”教育的多元智力理论的异同

如前所述，加德纳(1983，1993)认为，并不存在一种单一的、统一的智力，存在的是一套相对区别的、独立的和模块的多元智力。起初，加德纳(1983，1993)的多元智力理论只包括七种智力：知人智力、自知智力、音乐智力、身体运动智力、空间智力、语言智力和数学-逻辑智力。① 1998年，加德纳在其多元智力理论中又添加了一种智力：自然主义者智力。加德纳的“多元智力”观为人才多元化提出了科学的依据，这对研究创新人才的类别是有价值的。

多元智力理论与中国古代的“六艺”教育所蕴含的智力理论具有惊人的相似之处，所以，我们首先来比较一下加德纳的多元智力理论与“六艺”教育智力理论的异同点。

(一)中国古代的“六艺”教育及其蕴含的智力理论

所谓“六艺”，是指中国古代西周时期(公元前11世纪—前771)官学和春秋时期(公元前770—前476)孔子私学的六门基本课程，即礼、乐、射、御、书、数。

智力是在特定的文化背景或社会环境中解决问题或者制造产品的能力(加德纳，1993)，而“六艺”教育的目的则是培养六种能力，亦即六种智力。所以，可以说“六艺”教育所蕴含的理论也是一种智力理论，我们称为“六艺”教育的智力理论。可以说“六艺”教育的智力理论包括六种智力：“礼”的智力、“乐”的智力、“射”的智力、“御”的智力、“书”的智力和“数”的智力。

(二)加德纳的智力理论与“六艺”教育的智力理论之间的相似之处

如果静态地、机械地、形而上学地诠释“六艺”，那么，就不容易看到加德纳

① [美]加德纳：《多元智能》，沈致隆译，北京，新华出版社，1999。

(1983，1993)的多元智力理论与“六艺”教育的智力理论之间的许多相似之处；相反,如果动态地、历史地、辩证地诠释“六艺”，那么，就会惊奇地发现，二者之间的相似之处很多，突出地表现在两个方面：

1. 加德纳智力理论的七种智力与“六艺”教育的6门课程之间存在对应关系

第一，“礼”是调节和处理人际关系的行为准则、道德规范和法律制度，掌握了“礼”就意味着具备了处理人际关系的智力。因此，加德纳智力理论的知人智力在某种程度上对应于“六艺”教育中“礼”的智力。

第二，“乐”是综合艺术课，但音乐教育是其不可分割的一个组成部分，因此，加德纳智力理论的音乐智力在某种程度上对应于“六艺”教育中“乐”的智力。

第三，对于西周和春秋时代的中国古人而言，“射”的技能是最重要的身体运动智力，因此，加德纳智力理论的身体运动智力在某种程度上对应于“六艺”教育中“射”的智力。

第四，“御”的技能则是对于当时的中国人最重要的空间智力。因此，加德纳智力理论的空间智力在某种程度上对应于“六艺”教育中“御”的智力。

第五，“书”的能力，即“书写文字”的能力，是对于当时的中国人最重要的语言能力。所以，加德纳智力理论的语言智力在某种程度上对应于“六艺”教育中“书”的智力。

第六，加德纳智力理论的数学-逻辑智力与“六艺”教育中“数”的智力的对应关系是不言自明的。

第七，在“六艺”教育中，似乎没有一门单独的课程对应于加德纳智力理论的“自知”智力。那么，“六艺”教育是不是就忽视了“自知”智力呢？完全没有。不管是西周的官学，还是孔子的私学，“礼”的教育都是第一位的，而“仁”又是礼教育的中心内容。在《论语》中，“仁”字出现的次数达109次之多(中国社会科学院文学所计算机室，1987)。“克己”和“爱人”则是“仁”的基本内涵。“爱人”智力的实质，就是加德纳的知人智力；“克己”智力的实质，就是加德纳的自知智力。所谓“克己”，即以礼约身，一切行为都遵守礼的准则：“非礼勿视，非礼勿听，非礼勿言，非礼勿动”(《论语》)。因此，“六艺”教育的“礼”课程不但包括加德纳智力理论的

“知人智力”，而且也涵盖了其“自知智力”。

至于自然主义智力与中国的“天人合一”的自然智力有一定的相似之处，但不管是其内涵还是外延，自然主义智力远远不能与“天人合一”思想相提并论。

2. 两个理论都重视评价过程与学习过程的有机统一

不管是加德纳的多元智力理论，还是“六艺”教育的智力理论，都重视评价过程与学习过程的有机统一。无论是在加德纳的“未来学校”，还是在“六艺”教育的“礼乐射御”四门课程中，评价过程与学习过程不再分离，考场与教室不再分离，考试时间与学习时间不再分离。因此，这种教育所重视的是动态的评价。

在这种评价中，教师的教学效果或者学生的学习效果可以迅速得到反馈，所以，这种教育不但可以为学生提供有益的反馈，而且可以为教师提供有用的信息。此外，这种评价既可以达到鉴别个体学习结果差异的目的，又可以达到立即帮助学生的目的，与标准的 IQ 测验评价范式相比，这种评价应该是一个优点。

(三)加德纳的智力理论与“六艺”教育的智力理论之间的区别

虽然加德纳多元智力理论与“六艺”教育中蕴含的智力理论有许多惊人的相似之处，但是，由于时代背景的不同——前者是约 20 年前提出的，后者已经有 3 000 多年的历史；也由于文化背景的差异——前者属于美国式的，后者属于中国式的，所以，两者之间还是存在许多重要的区别，突出地表现在如下两个方面。

1. 两者的出发点有本质的区别

加德纳的智力理论是从个体的需要出发，而不是从社会的需要出发，所以，加德纳(1993)心目中的“未来学校”必然是“以个人为中心”的学校。这种学校要求根据每个学生特殊智能上的强项和倾向来实施教育，不但寻求和每个学生相匹配的课程安排，也寻求与这些课程相适应的教学方法。加德纳(1993)自己认为，得到这种帮助的人在事业上将会更投入、更具有竞争力，因此，他们将会以一种更具建设性的方式服务于社会。然而，一方面，我们承认，加德纳的“未来学校”可能有助于挖掘每一个人的潜能；另一方面，我们也担心，加德纳的“未来学校”也可能培养出一些“天才的白痴”或者“聪明的疯子”，即某一种智力特别发达而其他智力特别迟钝的智力不健全的人。

“六艺”教育的智力理论则是从整个社会的需要出发，而不是从个人的需要出发。这主要表现在两个方面。

第一，“礼”的教育不但居“六艺”教育的首位，而且始终贯穿于其他“五艺”的教育之中。如果说，加德纳的“未来学校”是“以个人为中心”的学校，那么，“六艺”教育制度的学校就是“以礼为中心”的学校。这是因为，“礼”是西周的立国之本，具有国家宪法的性质，从政治、经济、军事、法律体系，到社会生活的一切道德规范，都在“礼”的范围之内，“礼”的教育的成败直接关系到国家的前途、人民的命运。

第二，“六艺”的教学内容都与当时社会的需要有极大的关系，特别注意“六艺”之间的内在联系。如果说，加德纳的“未来学校”有可能培养出一些智力不健全的个体，那么，“六艺”教育的最终目的则是一些智力健全的个体。

2. 两者对各种智力间关系的看法不同

在加德纳(1983)的智力理论中，七种智力之间是相互独立的，不同的人具有不同的认知能力和认知方式。此外，这七种智力之间是并列的关系，无主次之分、大小之别，因此，彼此之间的顺序可以重新排列。

然而，在“六艺”教育的智力理论中，不同的智力之间是相互联系、相互依存的。例如，“射”智力的训练与评价包括五项内容，其中的第五项，即“井仪”，是指连射4箭皆中靶并呈“井”字状，重在训练箭法之准确。要完成“井仪”训练的任务，不但需要发达的空间智力(即“御”的智力)，而且也需要发达的数学-逻辑智力(即“数”的智力)。再如，“御”智力的训练与评价也包括五项内容，其中的第二项，即“逐水曲”，是指沿着曲折的水沟边驾车前进而不使车落于水中。要达到“逐水曲”的训练目的，不仅需要发达的身体运动智力(即“射”的智力)，而且也需要发达的数学-逻辑智力(即“数”的智力)。类似的联系，在“六艺”教育中随处可见。

此外，“六艺”的各种智力之间也并非彼此并列，而是主次分明的。这体现在两个方面：第一，智力训练的侧重点因学习阶段的不同而存在极大的差异。例如，西周小学阶段的主要任务是训练“书”和“数”的智力，大学阶段的主要任务则是训练“礼、乐、射、御”的智力。第二，礼的教育居“六艺”教育的首位和核心地位。不管是西周的小学教育还是大学教育，“礼”智力的训练都是一项不可缺少的任务，“礼”不仅是大学的一门单独的课程，而且始终贯穿于“六艺”教育的全过程。

综上所述，加德纳(1983)的智力理论虽然与中国古代“六艺”教育所蕴含的智力理论具有惊人的相似之处，但是，差异也是明显地存在着的。“六艺”十分重视多种智力之间的相互联系性，可惜加德纳的弱点就是独立地或孤立地提出多种智力，即对多元智力缺乏联系性。

二、“多元智力”是心理学界长期研究的课题

其实，多元智力观是心理学界近百年探讨的课题，不能说是一个新的发现，如上所述，加德纳只不过赋予其一定的新意。

对智力本质的研究，在20世纪，经历了3个取向(approach)变化：60年代前是因素分析(factor analysis)，60年代出现了信息加工(information processing)，80年代后又有人主张智力的层面(stratum of intelligence)。不管哪种取向，都认为智力是一种多元的结构。

(一)“因素说”是研究智力构成要素(或因素)的学说

智力由哪些因素构成的呢？早在19世纪末20世纪初，桑代克(E. L. Thorndike, 1874—1949)提出了特殊因素理论，认为智力由许多特殊能力构成，特别是他设想了智力由填句(C)、算术推理(A)、词(V)和领会指示(D)所组成。斯皮尔曼(C. Spearman，1863—1945)于1904年提出了“二因素”说，认为智力由贯穿于所有智力活动中的普遍因素(G)和体现在某一特殊能力之中的特殊因素(S)所组成。凯勒(T. L. Kelly)和瑟斯顿(L. L. Thurstone)分别于20世纪30年代和40年代提出了“多因素”说，认为智力由彼此不同的原始能力组成。不过凯勒和瑟斯顿的提法不尽相同。凯勒提出数、形、语言、记忆、推理五种因素，而瑟斯顿则提出数字因子、词的

流畅、词的理解、推理因素、记忆因素、空间知觉、知觉速度七种因素。因此，对智力的研究，从一开始就认为智力不是单一的或一元的成分，而是多种因素的多元智力。

（二）因素分析发展到新的阶段是智力的“结构说”

结构说应看作是因素说的一种新的形式和新的发展，强调智力是一种结构，是从结构的角度来分析智力的组成因素。智力是什么样的结构呢？艾森克（H. J. Eysenck）于 1953 年首先提出智力三维结构模式。该模式包括三个维度：心理过程（知觉、记忆、推理）、测验材料（语词、计数、空间）和能量（又叫品质，指速度、质量）。在艾森克的基础上，吉尔福特（J. P. Guilford，1897—1987）于 1959 年提出了新的智力三维结构模式，认为智力由操作（即思维方法，可分认知、记忆、发散思维、辐合思维、评价五种成分）×内容（即思维的对象，可分图形、符号、语义、行动四种成分）×结果（即把某种操作应用于某种内容的产物，可分为单元、种类、关系、系统、转换、含意六种成分）所构成的三维空间（120 种因素）结构。值得一提的是，20 世纪 60 年代以后，随着认知心理学的兴起与发展，吉尔福特根据因素分析和信息加工原理，将智力视为以不同组合方式对不同信息加工的各种能力的综合系统。他不断充实自己的三维空间结构，从 120 种因素，扩大到 180 种因素，即把“操作”中的记忆分为长时记忆和工作记忆，把“内容”中的图形分为视觉和听觉，于是 6×5×6 为 180 种因素。阜南（P. E. Vernon）于 1960 年提出了智力层次结构理论，认为智力是个多层次的心理结构。最高层次是智力的一般因素；第二层次包括两大因素群，即言语和教育方面的能力倾向，操作和机械方面的能力倾向；第三层是第二层的两大因素群所分成的若干小因素群，言语和教育的能力倾向分为言语、数量、教育等，操作和机械方面的能力倾向分为机械、空间、操作等；第四层是各种特殊能力。希来辛格（I. M. Schlesinger）和格特曼（L. Guttman）于 1969 年又提出了二维结构模型，他们认为，智力的第一维是言语、数和形（空间）的能力；第二维是规则应用能力、规则推理能力和学校各种学业测验成绩。因此，不管什么样的智力结构，智力都是由多元因素组成的多元智力。

（三）信息加工的多元观点观

认知心理学试图了解人的智力的性质和人们如何进行思维（J. R. Anderson，1979）。认知是什么？道格（D. Dodd，1980）指出，认知心理学强调的是，认知包括三个方面，即功能（适应）、过程和结构。这里突出的是，认知是为了达到一定的目的，在一定心理结构中进行信息加工的过程。在一定意义上说，智力就是为了达到一定的目的，在一定心理结构中进行信息加工的过程。信息加工取向的最大特点是，运用信息加工理论及神经生理学的影响，对智力不再斤斤计较其组成的成分（因素），而是注意它在处理现实生活中的功能。所谓信息加工，认知心理学家普遍地指的是对信息的接收、存储、处理和传递。信息加工的观点，把人看成是一个主动动态系统。信息加工可分为三类，即串行加工，每个阶段连成一条线，前一个阶段的输出变成了下一个阶段的输入，任何一个阶段在接到其前一个阶段的输出以前不能够进行本阶段的信息加工，人的中枢信息加工多属于这类加工；并行加工，每个阶段并不要等其他阶段完成加工后才进行加工，人的感觉就是并行接收信息，在正常情况下，许多感受器同时被激发；混合加工，即串行加工和并行加工结合进行。信息加工取向所揭示的智力活动问题是：各种智力包括哪些心理过程？这些心理过程进行的速度和准确性如何？这些过程所操作信息的表征的类型是什么？对此，认知心理学家探讨了智力的结构。戴斯（J. P. Das）是一位信息加工的典型代表人物。他同助手们（1990）提出的智力 PASS 模型（Planning-Attention-Simultaneous-Successive Processing model）信息加工的整合包括四个单元：信息输入、感觉登记、中央加工器和指令输出。中央加工器主要包括三种认知成分：同时性加工与继时性加工两种编码过程以及计划过程。如图 7-1 所示：

因此，信息加工取向不是试图以因素去解释智力，而是确定构成智力活动为基础的记忆、注意、表征、思维、想象等心理过程。

（四）智力层面观的实质及其理论

智力的层面的实质是把因素分析和信息加工两种取向结合起来，既讲成分，又

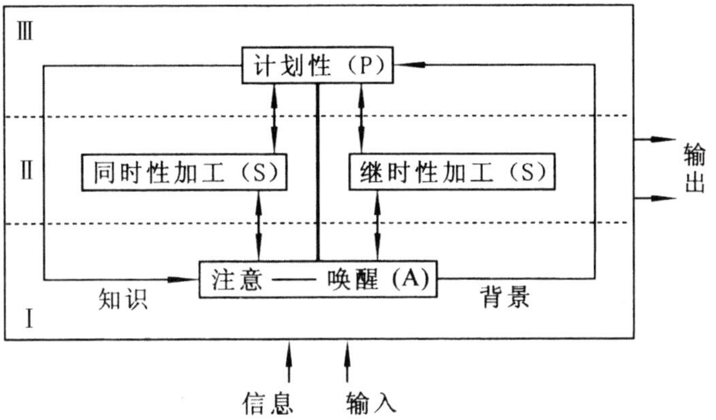

图 7-1　戴斯的智力 PASS 模型

注：Ⅰ、Ⅱ、Ⅲ分别代表鲁利亚学说中相对应的大脑一、二、三级功能区

讲信息加工的过程。严格地说，上边提到的吉尔福特是把两者结合起来的开拓者。近 20 年来，在这方面做出贡献最有影响的代表人物是斯腾伯格和加德纳。

斯腾伯格在 1985 年以后多次宣称，一个全面的研究智力本质的理论，应包括一组构成要素(因素)过程。这组要素过程应比在有限的实验环境或典型实验情况下的心理学家们迄今确定的范围更为广泛。他建议，这组更广泛的要素不仅与“学业智力”有关，而且应与“实用智力”有关。他从智力的内隐(头脑里的想法)和外显(外部行为)概念的研究，提出语言能力、解决问题能力和实践能力三种要素组成交叉的结构体，而形成每一认知结构的要素有元成分、操作成分和知识获得成分。每个成分都是信息加工的过程。元成分在认知过程中的作用是制订计划、选择策略及监控具体的加工过程；操作成分的作用是执行具体的编码、联系、反应的加工过程；知识获得成分的作用是获得信息、提取信息和转换信息。三种成分相互储存、相互联系，推动认知的发展，展示了智力的不同层面。由此可见，这是一种将因素取向与信息加工取向相结合的一种新的取向。

加德纳也是智力层面观。一方面，他强调多元智力观，认为智力由七种或八种智力(因素)组成；另一方面，他又强调信息加工的方式，指出智力对于特定文化创造出来的符号系统的敏感性，这些符号系统是捕捉、表达、传播信息的重要形式，信息加工对人的智力形成的发展是不可缺少的。对加德纳的多元智力观，我们应作如下分析：一是这种观点的提出，主要是反对传统的智力测验，因为传统智力测验只能反映被测试者的一般性认知能力或学业成绩，所以用智商(IQ)作为鉴定儿童青少年的智力标准是不全面的；二是这种观点的来源是他参与主持的哈佛大学的“零点项目”，这个项目是一种推进艺术的项目，所以诸如“音乐智力”等观点的提出有其研究基础，也有中小学实践的支持，但是否完整，是值得商榷的；三是作者反复声明：“到目前为止，我还没有谈到智力是一元的还是多元的，也没有说智力是先天就有的还是后天获得的，我只强调智力是解决问题和制造产品能力。”①作者只是提出问题，并再进一步做深入的研究。因此，我们虽然赞赏加德纳提出了“多元智力”的概念，但同时，我们又认为多元智力是心理学界长期研究的课题，只要是坚持因素和结构观点的心理学家，都会在不同程度上强调智力的多元论的。

三、智力是一个较难穷尽组合的多元结构

将因素分析和信息加工结合起来分析智力的“智力层面”取向的出现，这是对智力实质及其结构的新进展。它要求我们更全面、更深入地分析智力结构，既要考虑组成的因素或成分，又要探索过程及其机制。它启发我们，尽管心理学家们谁都能摆出若干种因素或成分，但智力是一个较难穷尽组合的多元结构。

考虑这种难以穷尽组合的多元结构的理由是研究智力结构本身的复杂性，它涉及智力的先天与后天、认知与社会认知、内容与形式、表层与深层等关系的错综复杂性。

(一)先天与后天

在智力及其发展中，争议最多的课题是先天与后天的问题，即遗传、环境和教育在其发展中的作用问题。也就是说：人的智力是否由遗传决定？环境能改变智力吗？教育能否提高智力的水平？如果可能，其作用又有多大？换句话说，个体的智

① ［美］加德纳：《多元智能》，沈致隆译，北京，新华出版社，1999。

力能在多大程度上获得改变？这种改变到底有多大的潜力？这些问题，既是古老的问题，也是近半个世纪来研究中耗资最大、规模最大的课题（A. R. Jensen，1981）。不管争议何等激烈，但心理学家根据遗传、环境和教育对智力及其发展的关系的不同认识，大致是三种观点：遗传决定论、环境决定论和相互作用论。

我把这个问题，叫作智力发展的条件，总的倾向是交互作用的观点，认为智力及其发展是极其复杂的现象，与许多条件相联系。具备一定条件，智力及其发展才能实现，而各种条件的性质是不同的，所以在智力及其发展过程中所起的作用也不相同。归纳起来：

（1）遗传是智力发生与发展的自然或生物前提，为此，我曾多次赞同“智力的天赋亚结构”的提法；

（2）脑的发育是智力发展的生理条件，“生理条件”同今天脑科学与认知神经心理学的发展有着密切的关系，脑科学与神经科学提供我们智力及其发展的科学依据，主要是“脑定位”“关键期”和“可塑性”这三点；

（3）社会物质生活条件是智力发展的决定性条件，其中教育是智力发展的主导性因素，我们可以作出这样的结论：自然前提只提供智力发展的可能性，而环境和教育则把这种可能性变成现实性，教育通过主体的认知活动和学习活动，对智力结构的规模、内容、操作程度和发展速度起直接制约作用；

（4）实践活动是智力发展的直接基础和源泉。难怪皮亚杰的建构主义（constructivism）的“建构”主要是强调主客体的相互作用即活动的结果，皮亚杰把活动作为考察认识发生与发展以及智力结构的起点与动力。

由此可见，智力的先天与后天的关系，给智力结构的先决条件或机制带来了复杂性。

（二）认知与社会认知

认知是人类个体对客观世界的认识过程。认知的成分，就是构成智力活动基础的感觉、知觉、记忆、表征、思维、想象、言语和操作技能等心理过程。这是我在自己的论著中多次强调“智力的认知亚结构”的依据。认知的对象，是客观世界，客观世界包括无生物界、生物界和人类社会三大部分。前两者统称自然界，国际心理学界通称为物理世界，而把后者称为社会世界。因此，认知既包括对物理世界的认知，也包括对社会世界的认知，两者共同构成认知的全部内容。从这个意义上说，对物理世界的认知和对社会世界的认知并不是同一层次上的并列关系。对社会世界的认知，即社会认知，是认知的一个属概念；它所对应的是非社会认知或对物理世界的认知，即物理认知。但我们平常所讲的“认知”，在一定程度上可以说是“非社会认知”或是“物理认知”。由于传统认知理论主要建立在个体对物理世界的认知研究的基础之上，这些理论已相对成熟并自成一体，国外心理学著作大多在认知之外另设社会认知，以示其为一个独立领域。所以我们在这里也沿用这个理论，认知分为广义认知和狭义认知。广义的认知包括对物理世界的认知和对社会世界的认知两个方面，而狭义的认知则专指非社会认知或是物理认知。

社会认知的特点是什么？我看主要有四个方面：一是对象的特殊性，一个人社会认知的对象正是他生活于其中的社会世界或社会环境，其内容的第一位是人与人际关系；二是发展的特殊性，社会认知的发展与非智力因素或人格因素的发展有密切联系；三是社会互动(人际交往及其信息加工)经验对社会认知的作用，于是社会判断智力、观点采择或选择智力是社会认知的基础和核心成分；四是情感在一个人社会认知中起着重要作用。有了上述特点，心理学界产生了伦理智力、观点采择智力、人际关系智力、自我控制智力和情绪智力等一系列概念，也不足为奇了。随着认知心理学研究的深入，认知的心理过程研究得越来越细，越来越深入。以认知的一个因素“记忆”为例，传统的分类为有意记忆与无意记忆、机械记忆与理解记忆、情绪记忆、运动记忆等。最近几十年出现了按时间分类，有长时记忆、短时(工作)记忆、瞬时记忆；按意识性分类，又有外显(explicit)记忆和内隐(implicit)记忆。后来，又出现前瞻(prospetive)记忆和回溯(retrospetive)记忆；按功能分类，又有内容记忆(反映内侧颞叶功能)和来源记忆(反映前额叶功能)，等等。如果这些记忆前边加一个“智力”，那么，认知和社会认知中产生多少“元”的智力呢？

由此可见，智力的认知与社会认知的关系，给智力结构的类型或要素带来了复杂性。

(三)内容与形式

如果按照吉尔福特的观点，智力的内容，是思维的对象，那么，初步的是感性的对象，后是理性的对象。感性的对象是图形，即直观形象的对象；理性的对象是符号、语言、行为，即理性思维活动，最重要的对象应包括三个成分：语言、数和形(空间)，几乎国际上主要研究智力的心理学家，在涉及智力因素与成分时，无一不以这三种对象列为首选的内容。

智力内容的不同组合，其基本的形式可以表达为吉尔福特的智力结构，即单元、种类、关系、系统、转换和含意等，也可以表达为苏联(俄罗斯)心理学里强调的分析、综合、抽象、概括、比较、系统化、具体化等；其最终的形式，总是具体地表现在各种学科的能力上。这也是我在某些文章中提出的"智力的学科能力亚结构"。①

所谓学科，有两种含义：一是指一定科学领域的总称或一门科学的分支；二是指学校课程的组成部分。学科教育，受教育目标和学生身心的发展水平的制约，它按知识结构和逻辑体系展开论述，旨在提高教学效果，传授学科知识，发展学生的智力，其中突出的一点，就是培养学生的学科能力，所以学科能力是学科教育与学生智力发展的结晶。学科能力，通常有三个含义：一是学生掌握某学科的特殊能力；二是学生学习某学科的智力活动及其有关的智力成分，这种智力活动以概括能力为基础，并和思维的智力品质发生交互作用；三是学生学习某学科的学习能力、学习策略与学习方法。要探索一种学科能力，首先要揭示这种学科的特殊性，找出最直接体现这种学科特殊要求与特殊问题的特殊能力。例如，与语言有关的语文、外语两种学科能力，听、说、读、写四种能力就是其特殊的表现；与数学学科有关的能力，应是运算(数)的能力、空间(形)想象能力和数学的逻辑思维能力。对此，我们在"九五"规划期间，探讨了10种学科能力，出版了一套10册的学科能力丛书。我们佩服加德纳通过艺术教育"零点项目"的研究提出"音乐智力"与"身体运动

① 林崇德：《从智力到学科能力》，载《课程·教材·教法》，2015(1)。

智力”，然而，美术智力也是一种艺术学科的能力吧？还有科学教育中涉及的科学学科的能力呢？

由此可见，智力的内容与形式的关系，特别是学科能力给智力结构的范围或领域带来了复杂性。

(四)表层与深层

尽管智力，特别是思维本身是一种深层的东西，然而智力既然是一种结构，按结构主义的观点，结构应区分为表层结构和深层结构。前者指现象的外部联系，能通过人们的感知或仪器直接观察到的；后者则是现象的内部联系，只有通过模式才能认识它。智力的表层结构和深层结构有以下两个含义。

一是每一种智力活动或者是认知活动，都有表层结构和深层结构之分。信息输入以后，运算(过程)、储存(结果)和控制(监控)都是认知过程必不可少的结构成分。因此，智力结构应该将认知过程结构和逻辑结构这两种较深层的结构结合起来考虑，应该从认知的结果或行为这些较表层的结构去分析认知过程，并将认知过程，即认知操作能力水平、认知产品的水平和更深层的控制或元认知的水平结合起来分析，以获得系统性的结构。

二是智力活动中的非智力因素(或非认知因素)，在智力活动中应被看作一种深层的结构。所谓非智力因素，是指除了智力之外又同智力活动效益发生交互作用的一切心理现象。它是指智力活动中表现出来的非智力因素；它也是一个整体，具有一定的结构和功能；它与智力因素的影响是相互的，而不是单向的；它只有与智力因素一起才能发挥其在智力活动中的作用。非智力因素在智力活动中起什么作用呢？

(1)动力作用。需要及其诸如理想、动机、兴趣等表现形态，是引起学习活动，促进智力发展的内驱力。

(2)定型与习惯作用。即把某种认知或行为的组织情况越来越固化。

(3)补偿作用。即弥补智力某方面的缺陷或不足。与其谈论“情绪智力”，不如强调非智力因素更妥当些，为此，我才多次强调“智力结构的动力亚结构”，即非智力因素的亚结构。

由此可见，智力的表层与深层的关系，给智力结构的层次或水平带来了复杂性。

综上所述，智力结构的多元性是较难穷尽的。因为它是一个多侧面、多形态、多水平、多联系的结构。所谓多侧面，即智力是在先天的天赋(生物)前提下，在后天的实践中形成和发展的，它要依赖一系列的客观条件，又有主观的内部动力；它要借助于认知和社会认知的心理过程为基础，借助于智力的内容为材料，又要和非智力(即非认知)因素发生关系，形成多侧面。所谓多形态，即智力活动十分复杂，一个智力结构，有目的、有过程、有结果(或材料)、有自我监控或自我调节、有共性、有个性(思维的智力品质)、有行为、有动力等一系列的关系，成分繁多，在活动中形成多形态。所谓多水平，即智力结构及其活动处于发展变化之中，既有共时性结构，又有历时性结构，各种形态的有机结合，形成多级水平。所谓多联系，即智力的条件、成分、内容和形式等诸因素在智力活动中组成完整的智力心理结构，它既要体现先天与后天关系、主体与客体关系、知识与智力的关系(学科能力就是这种知识与智力关系的产物)，还要体现一般智力与特殊智力，即共性与个性的关系，形成了多种联系。

四、我们对智力结构的探索

在智力的研究中，国内外心理学界公认思维是智力的核心，我们曾企图通过探讨思维结构来研究智力的结构。图 7-2 是我们的思维结构图形(1979，1983，1986，1992)[①]：

由图 7-2 可以看到，思维作为一个整体结构，它是人类这一个大的系统中的一个子系统。因此，要探讨人类思维结构的组成，就要从人类主体与其客体的相互关

① 朱智贤、林崇德：《思维发展心理学》，北京，北京师范大学出版社，1986。

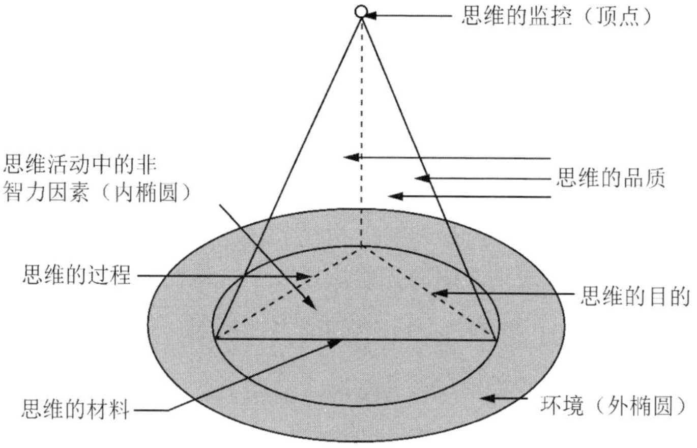

图 7-2　思维结构图

系、从人类思维本身整体和部分、从部分与部分之间的相互关系来考察。根据这一原理，我认为，从心理学的角度来看，思维结构应当包括思维的目的、思维的过程、思维的材料或结果、思维的监控或自我调节、思维的品质、思维中的认知因素与非认知因素。我也认为，这个图形可以解释智力结构，并认为研究智力结构应从下面七个方面入手。

（一）智力的目的

智力，首先是人类特有的成功地解决问题的有目的的活动，即一种以定向为前提的过程。在传统心理学中，将问题解决过程分析为“提出问题、明确问题、提出假设、验证假设”的过程，这里明确地指出并强调了智力的目的性和定向作用。现代认知心理学把问题解决定义为任何受目标指引的认知性操作序列，即把问题解决看成是对问题空间的搜索，其任务在于找出一种能把初始状态转变为达到目的的目标状态的操作序列。例如，上边提到的道格的“功能、过程、结构”理论就是有代表性的观点，强调的也是智力的目的与方向。人的智力活动在实践之中出现、表现和发展。它是在主体和客体的交互作用中、在感性反映形式的基础上产生的一种理性认识；这种理性认识或认知，以自觉地定向，能动地预见未来，作出计划，有意识地改造自然、变革社会、调节自己为前提。所以，目的性是智力的根本特点，它反映了人类智力的自觉性、有意性、方向性和能动性，并构成智力结构中的功能因素。

(二)智力的过程

智力有着认识或认知的过程，或者是以认识或认知活动为基础。这个过程或活动，要回答三个问题：多久、什么样的顺序和怎样的流程。这个过程或活动到底包括哪些成分？如上所述，现代认知心理学认为，智力活动是一种信息加工的过程，即对信息的接收、存储、处理和传递。信息加工成分如何变成智力成分，特别是思维成分？认知心理学强调编码过程，即人经历分析和检验问题、吸收信息、加工编码、对知识重新组合、做出概括，以获成功。我则认为，智力活动的框架是这样构成的：确定目标—接受信息—加工编码—概括抽象—操作运用—获得成功。

(三)智力的材料或内容

智力的材料分两类：一类是感性的材料，一类是理性的材料。感性的材料，包括感觉知觉、表象等，智力活动是凭借这些感性材料，特别是表象来进行的。表象也有着不同的水平，一般可以分为“动作性表象”“形象性表象”及“符号性表象”。而理性的材料，几乎所有研究智力的心理学家，都主要强调语言、数和形。思维是智力的核心，也是智力活动的最高形式，人类的思维是语言思维。由于人类有了语言，由于语言具有概括作用和调节作用，这样，使人的思维成为以语言作为工具的理性认识。理性的材料，主要是指概念，不少心理学家称其为符号，它是用语言对数和形的各种状态、各种组合和各种特征的概括。概念是思维的细胞，概念的形成和发展，与判断和推理是不可分割的。但是，概念是思维的主要形式，它既是判断和推理的基本单位，又是判断和推理的集中体现。当然，概念、判断和推理共同组成思维形式的整体。理性的材料，就是依靠这基本的思维形式来运用各种思维材料而形成的，它属于抽象的材料。

(四)智力的反思或监控

关于“反思”，在我国古代与“反省”同义，指“自我省察”。西方哲学中通常指其为精神的自我活动与内省的方法，洛克和黑格尔都相继使用了这个概念。20世纪70年代弗拉维尔(J. Flavell)提出了“元认知”(metacognition)，即对认知的认知，把自身认知活动作为认知的对象，这里，就涉及认知活动，即智力活动的监控模型。对认知活动或智力活动的监控是通过元认知知识、元认知体验、目标(或任务)和行动(或策略)来实现的。智力结构中有一个监控结构，其实质就是智力活动的自我意识。所谓自我意识，是意识的一个方面或一种形式，即关于作为主体的自我知觉。它的功能主要表现为三个：①定向。这在“智力目的”结构成分中已提到。对智力课题的定向、意识或注意，以确定智力的课题或目标，从而提高智力活动的自觉性和正确性。②控制。控制智力活动内外的信息量，排除智力课题外的干扰和暗示，删除智力过程中多余或错误的因素，从而提高智力活动的反思(反省)性、独立性和批判性。③调节。及时调节智力活动的进程，修改课题(或目标)、手段(或策略)，从而提高智力活动的效率和速度。由于定向、控制和调节的功能，使自我监控成为智力结构中的顶点或最高的形式，这就是主观能动性或自觉能动性的由来。

(五)智力的品质

智力的发生和发展，既服从于一般的、普遍的规律性，更表现出个性差异。这种差异体现为个体智力活动中的智力特征。智力品质较为复杂，表现在知觉上，有选择性、整体性、理解性、恒常性；表现在记忆上，有意识性、理解性、持久(巩固)性、再现性；表现在思维上，有敏捷性、灵活性、创造性、批判性和深刻性等，这就是思维品质。由于思维是智力活动的核心，所以思维品质又称为思维的智力品质。思维存在着层次性，所以思维品质，成为区别智力的超常、低常和正常的指标。我把思维品质视为思维心理学，乃至智力心理学的一个重要的理论问题，又是培养思维、智力、能力的一个重大的突破口。

(六)智力中的认知因素与非认知因素

在考虑智力结构时，既要考虑其智力的因素，或认知因素；又要考虑其非智力因素，即非认知因素。过去人们常常习惯于把智力和非智力(或非认知)因素割裂开来研究。事实上智力中的智力因素与非智力因素、认知因素与非认知因素之间存在着十分密切的关系。从系统论的观点或整体性的观点来看，智力仅仅是人的心理现象之一，属于偏于认识的个性系统之列。但是，如果把人的心理现象作为一个完整的大系统来看，智力就仅仅是这个大系统中的一个小系统。人的各种心理现象可以表现出不同的特点，但是，在这些特点的背后，总是存在着来自其他心理现象的影响，即这个大系统内的某一小系统，会影响另一个小系统，这种影响是普遍的、客观存在的。作为偏于认识的个性心理特征的智力，其水平、特征、品质和作用等，固然具有各种认知因素的特点，但是，它在完整的人的心理现象的大系统中，又带有浓厚的非认知因素的色彩，要和主体本身的理想、动机、兴趣、情感、意志、性格、气质等非智力或非认知因素交叉在一起，彼此分不开，并如上所述的要受这些因素的动力、定型、补偿三作用的制约。所以，在一个完整的智力结构里，应该有智力因素和非智力因素、认知因素和非认知因素，不兼顾这两者的关系，就不能探索智力结构的整体性。

(七)智力环境是研究智力结构的前提

智力的环境包括体外环境(outside-body context)与体内环境(inside-body context)。

体外环境又分为体外硬环境和体外软环境。体外硬环境，就是人类个体周围一切有形的物质环境。凡是与人类个体生活、学习和工作密切相关的物质条件都属于体外硬环境。体外软环境，就是人类个体周围一切无形的社会历史文化环境。举凡与人类个体生活、学习和工作密切相关的社会制度、哲学思想、科学精神、道德规范、法律制度、宗教信仰等，都属于体外软环境。

体内环境的实质，就是智力的生理基础，上边已经作了论述，这里只强调三个因素：第一，神经系统和大脑的生长发育状况；第二，各种感觉器官特别是耳目的生长发育状况；第三，各种身体运动器官特别是手足的生长发育状况。

我们认为，智力环境任何一个方面的差异都会影响到思维结果的差异，进而影响到智力的个体差异。根据上述的七种因素分析，我们进一步强调，智力就是人们在特定的物质环境和社会历史文化环境中，在自我监控的控制和指导下，在非智力因素的作用下，为了达到某种目的，识别问题、分析问题和解决问题所需要的思维能力。

总之，智力心理结构是一个整体，智力发展上所涉及的问题，都与这个结构、这个结构的关系或联系有关。智力及其发展的研究，必须要从智力的这种整体性出发，这样才能显示出其多元性来。

第二节

智力的发展

发展心理学认为，儿童青少年智力发展是指其认知能力整体结构随年龄的增长而发生变化。这种变化一般是呈负加速度前进，在婴幼儿期和童年期(指小学儿童)发展较快，以后逐渐减缓。①

在拙著《学习与发展》中，我们就按上述路子，对中小学生的智力发展是从概括能力、思维品质、辩证逻辑思维三个方面的变化来进行阐述的，所获得的结论是：思维是智力的核心成分。小学生思维具备初步逻辑的或言语的思维特点，具有明显的过渡性，即从具体形象思维过渡到抽象逻辑思维，但这种抽象思维仍然具有很大程度的具体形象性；中学生的思维能力迅速地得到发展，他们的抽象逻辑思维处于优势的地位，但初中生的思维还属于经验型，而高中生的思维则属于理论型。

以上的结论，在发展心理学中几乎成为共识，因此，我们不想在本书中再加以赘述。这里，我们只抓住《心理学大词典》中一个重要观点：“智力发展是指认知能

① 朱智贤主编：《心理学大词典》，148页，北京，北京师范大学出版社，1990。

力整体结构的变化”，准备展开论述。我们所要强调的是两点：一是我们从上一节的智力整体结构的成分出发，论述智力的目的、进程、材料、品质、监控能力和非智力因素的变化；二是我们不想全都涉及智力的年龄特征或年龄阶段性，更多的是阐述上述每个因素发展的趋势和特点。我们企图改变一下发展心理学的传统论述思路，目的是要揭示智力结构诸因素“完善的过程”，也可美其名曰“发展变化的规律”，以便和教育工作者采纳与应用。

一、智力目的的变化

智力目的的发展变化或完善的指标表现在以下五个方面：

①定向性——解决问题的自觉性和定向性的发展；

②功能性——体现智力的本质是为了适应(适应是智力的目的)；

③建构性——主客体的交互作用越来越明显；

④结构性——图式的完善；

⑤主体性——能动性、预见性和有意性的变化。

(一)辛自强、陈浩莺的两个实验的结果分析

我的博士生、硕士生的不少论文，都涉及智力目的的完善。这里展示两个实验。

1. 图式的获得与建构

辛自强的博士论文题目叫作“儿童在数学问题解决中图式与策略的获得”(2002)。[①] 他指出：人类只有建立更加完善和复杂的认知结构才能更好地认知和适应环境，使主体在感性认识的基础上产生一种理性认识。这种理性认识以自觉的定向，能动地预见未来，作出计划，有意识地以改造自然、变革社会、调节自己为前提。所以目的性是智力的根本特点之一，反映了人类智力的自觉性、能动性、方向

① 辛自强：《儿童在数学问题解决中图式与策略的获得》，北京师范大学博士论文，2002。

性和有意性，而智力的目的性受主体的图式制约。

心理学研究的智力结构有很多种，如脚本、图式、框架、计划等，其中有关图式的研究尤其能说明它对智力活动目的的影响。现代认知心理学对图式的定义众说不一，但大都将它定义为个体的知识和认知结构，它对输入的新信息进行选择、组织，并将其整合到一个有意义的框架中，以促进对信息的理解。

在问题解决过程中，从对问题情景的知觉到对问题的理解，再到问题解决方法的获取，都受到图式的影响。图式知识一旦被激活，就能引导问题解决者以特定的方式搜索问题空间、寻找问题的有关特征，有助于提高问题解决的效率。可见，图式选择是问题解决的固有部分。面临问题时，我们需要选择合适的图式，并用它指导问题解决行为。由此可见，具备合适的图式可以引导问题理解和解决的方向，是产生智力活动目的性的基础。

图式或智力结构的建构有一个过程，辛自强对基本算术应用题类型图式的研究能说明这一点。基本的算术应用题包括四种类型：变换问题、组合问题、比较问题和相等问题。儿童要解决这些问题，必须具备相应的问题类型图式，正确识别问题的类型。如果能对许多不同类型的问题作出合理的归类，就可以说明儿童具有了相应的图式。研究者让60名小学三、四年级的儿童对16道算术题进行归类，发现44名儿童的分类能够反映其图式质量。这些分类包括五个水平：11.4%的儿童在水平0上，他们不会分类，不会概括分类标准或一题一类；在水平1上的儿童占29.5%，他们根据数量指称的事物分类，把问题分成关于弹球的问题、关于邮票的问题等；36.4%的儿童在水平2上，他们根据题目中与数量变化有关的字眼(如谁给谁、谁多几)分类；在水平3上的儿童占15.9%，他们能根据对数量关系的初步概括或反映数量关系的线索词比较正确地分类；在水平4上的儿童占6.8%，他们能根据对集合关系的本质概括作基本正确的分类。上述五种水平的分类基本反映了儿童的不同图式水平。分类水平0至水平2的儿童属于前图式水平，在这个水平上的儿童没有掌握问题类型图式；而水平3、4上的儿童达到了图式水平，基本掌握了问题类型图式。儿童在不断的问题解决或专门的问题类型表征训练中可以提高图式水平。

辛自强上述的研究，从一个侧面展示了智力结构的完善或图式水平的提高可以使问题解决活动更具有目的性，有助于选择正确的解题程序，从而达到目标。这个研究表明，已经掌握或基本掌握问题类型的儿童的问题解决成绩(以列式正确数为指标)，显著高于那些仍处于前图式水平的儿童的解题成绩(见表7-1)。原因就在于，问题类型图式可以引导智力操作沿着正确的方向目的进行，提高了解题正确率。

表7-1　图式水平与解题成绩的关系

图式水平	0	1	2	3	4
列式正确数	3.666 7	5.250 0	5.416 7	6.000 0	5.333 3
事后差异检验	$MD_{(1-0)}=1.5833^{**}$ $MD_{(4-0)}=1.6667^{***}$	$MD_{(2-0)}=1.7500^{***}$ $MD_{(3-1)}=0.7500^{*}$		$MD_{(3-0)}=2.3333^{***}$	

2. 推理策略发展的特点

陈浩莺的硕士论文为“小学生图形推理策略发展特点的研究”(2002)。① 她提出，在解决图形推理问题时，被试会采用六种策略：分析策略(发现规则，并使用这种规则来解决问题)、不完全分析策略(指出部分的规则)、知觉分析策略(在解决图形推理时更具有整体性)、知觉匹配策略(选择与矩阵的某因子相似或相同的图形)、格式塔策略(把所缺损图形补充完整)、自主想象策略(凭个人喜好带有猜想性)。

在解决图形推理时，不同年级儿童在解决不同类型题目时的策略使用表现出不同的特点，使用较简单的格式塔策略不存在差异；分析策略的使用率越来越高，自主想象和知觉匹配的使用率越来越低；每个年龄段儿童都出现使用多种策略来解决问题；中高水平的儿童和低水平儿童解决图形推理问题的过程正是表现在这难度和多样性上。

我们在《学习与发展》一书中指出，学习策略是一系列有目的的活动，它是学生在学习过程中所选择、使用、调节和控制学习的方法、方式、技能的操作活动。陈

① 陈浩莺:《小学生图形推理策略发展特点的研究》，北京师范大学硕士学位论文，2002。

浩莺的儿童策略研究，从一个侧面展示了智力结构目的性的发展。

(二)辛自强、陈浩莺实验的启示

无论是经典的还是当代的认知(智力)发展理论的一个重要问题，就是研究被试目标指引的行为，其中图式获得和策略应用尤其能体现智力活动的目的性。从最一般的意义上说，这两个方面是目标指向的、旨在解决问题的心理结构和心理操作。

我的弟子们的研究涉及智力的目的性问题，从中我们获得三点启示：

1. 通过被试的图式变化和策略发展，使我们看到智力目的性发展变化的趋势：定向自觉性在逐步提高；对解决问题的适应性和预见性越来越明显；策略的选择、使用、调节和控制四个方面在不断的提高。

2. 辛自强用的是一个年级的被试，陈浩莺用的是不同年级的被试。尽管智力的目的性发展有一定年龄特征，但更多地表现出个体差异。从中我们看到，智力目的性是成为衡量不同被试水平高低的指标，要促使儿童青少年的智力发展，我们可以在目的性方面下功夫。智力结构的目的性不仅仅体现年龄特征，更重要的是显示个体差异。如前所述，智力本身是一种个性心理特征，因此，研究智力结构目的性的个体差异，在一定意义上说，比探讨年龄特征显得更为重要。

3. 人类智力活动的根本目的是为了适应和认识环境。问题解决作为最主要的高级智力活动之一，尤其能体现出目的性，而这种目的性是建立在主体的认知结构基础上的，其中图式与策略的影响尤其显著，它们的不断发展与完善对保证智力活动的方向性、针对性和目标专门性有重要意义。

二、智力过程的发展

智力过程的发展或完善的指标主要表现在以下两个方面。

一是成功地进行信息加工，且逐步完善，即能进行串行加工、平行加工和混合加工；

二是逐步掌握分析—综合的方法，且能引申出比较、分类、抽象、概括、系统化和具体化。

按照当代认知心理学的观点，智力过程是信息加工的过程。人的信息加工有三种基本的形式：一种是串行加工，一种是并行加工，一种是混合加工。一般认为，认知过程从宏观上看是串行加工的过程，如记忆和对熟悉问题的解决过程等；从微观的角度来看，在认知过程的具体环节上存在着并行加工，如阅读理解、解决问题假设的提出和策略的选择等。综合使用这两种加工，就是混合加工。

传统心理学认为，在智力过程中，思维过程是其核心过程。思维的过程一般包括分析和综合及其表现形式，即比较、抽象、概括、系统化和具体化等，其中分析和综合是最基本的过程。思维过程一般贯穿于智力过程。

(一)张奇研究结果的分析

张奇的博士论文(2002)，对小学生等量关系运算和几何图形预见表象等认知过程，进行了信息加工过程和思维过程的分析。

他以“等量关系运算”为例，来分析小学生“等量关系认知能力”的信息加工过程和思维。他在“小学生等量关系认知能力测验”中给被试呈现诸如下列的等式：2(　)5=10；5(　)9(　)5=40；36(　)6(　)3=2……。测验让小学生根据给出的每个等式的等量关系，在括号内填写一个适当的运算符号(+、−、×、÷)。对于学过加、减、乘、除运算的二年级及其以上年级的小学生来说，在解决这样的问题时，其信息加工的过程往往是混合加工的过程。例如，一位二年级小学生被试在解决2(　)5=10时，可以完成的信息加工过程见图7-3。

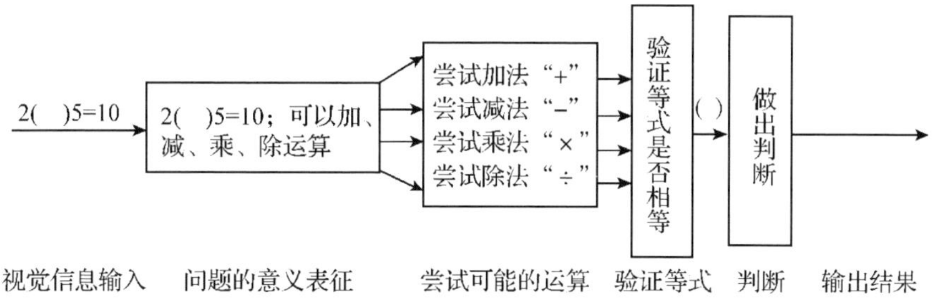

图7-3　小学生解决数学问题信息加工过程图(I)

按照信息加工的术语，上述认知过程中既有串行加工，也有并行加工，是一个混合加工的过程。从认知的总过程来看是串行加工；但在信息加工的具体环节上存在并行加工。在这个信息加工过程中，“尝试各种可能的运算”和“验证等式是否相等”都是并行加工。

按照传统心理学的观点，在上述认知过程中，除了“信息输入”和“结果输出”之外，其余的认知环节都是思维过程。“问题的意义表征”是分析—综合的过程；“尝试各种可能的运算”是发散思维的过程；“验证等式是否相等和作出判断”是综合思维的过程。所以，在“等量运算”的各关键环节上都是思维活动的过程，表现出分析和综合的基本思维过程来。

研究者认为，对智力过程的信息加工分析(即用信息加工的流程图来描述认知过程)使我们获得对认知过程的直观认识。对认知过程的思维过程分析，有利于我们把握认知过程的核心过程和心理机制。两者的对比分析，会使我们更加清楚地认识认知过程的发展。

再如，一位三年级小学生被试在解决5(　)9(　)5=40的问题时，表现出的信息加工过程见图7-4。

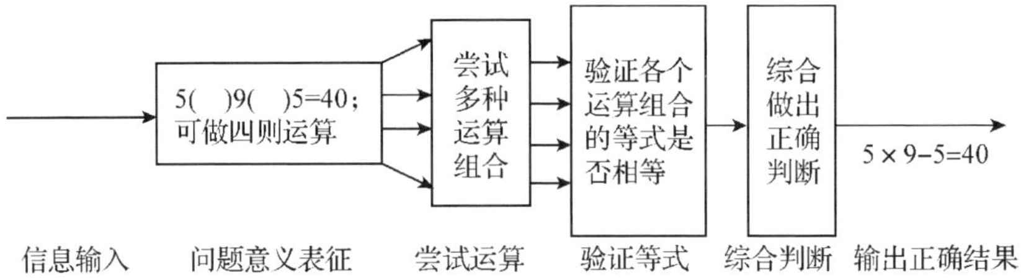

图7-4　小学生解决数学问题信息加工过程图(Ⅱ)

上述认知过程也是混合加工的过程。而且，等量运算的步骤越多，并行加工就越多，信息加工的过程就越复杂。思维过程也是如此。我们看到等量运算的步骤越多，思考的运算组合就越多，思维活动也就越复杂。一般来说，发散思维过程对应的是并行加工；辐合思维过程是由并行加工的过程过渡到串行加工的过程。小学生等量关系运算能力的发展是随着年级(年龄)的增长而逐步提高的。一般来说，一年级小学生尚无“两步”等量运算的能力，二年级小学生才开始具有这种能力。三年级及其以下小学生一般还没有“三步”等量运算的能力，四年级小学生开始具有这种能力。四年级及其以下小学生一般还没有“四步”等量运算的能力，五年级小学生开始具有这种能力。这说明，小学儿童等量运算的智力过程的发展是逐步完善的，其表现为信息加工的过程由简单到复杂，由不完善到逐步完善。其思维过程的发展也是如此，最初是简单的分析与综合，再发展表现为抽象与概括，最后，实现等量运算概念的系统化和具体化。

几何图形预见表象过程也是信息加工的过程。它与等量运算认知加工过程的区别是信息的表征形式不同，认知加工(信息加工)的方式也不同。但就其信息加工过程的形式来说，也有串行加工、并行加工和混合加工。下面我们以“立体几何图形的表面展开作业”为例，分析其信息加工的过程。

立体几何图形表面展开的作业如图 7-5 所示。

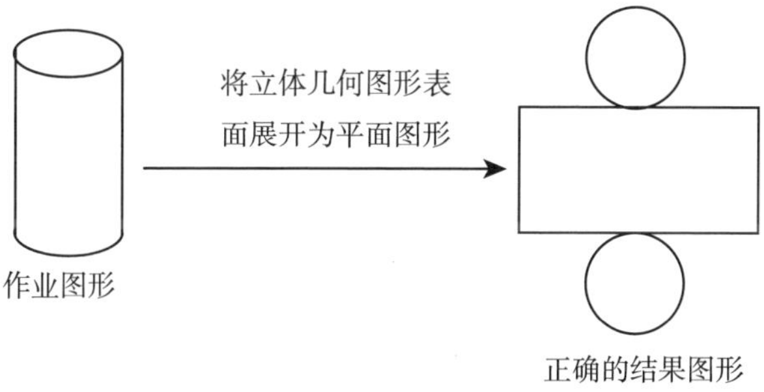

图 7-5 立体几何图形展开作业的示意图

其信息加工的过程可能见图 7-6。

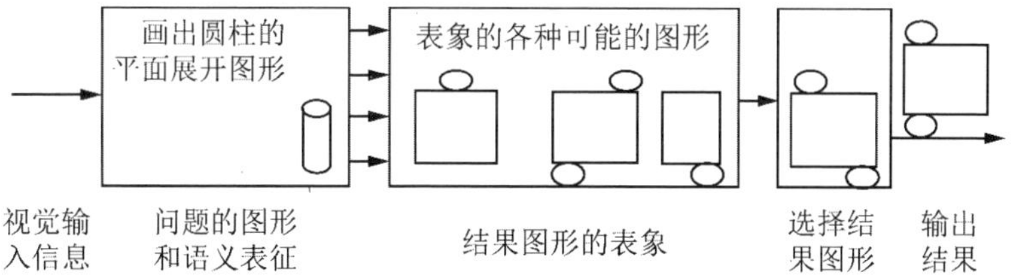

图 7-6 小学生解决几何问题信息加工过程图

按照信息加工的观点，上述预见表象的过程也是混合加工的过程，整个信息加工的过程是串行加工，具体的表象过程是并行加工。在上述信息加工过程中，“表象各种可能的图形”是并行加工。按照传统心理学的观点，几何图形的预见表象过程是对几何图形的独立想象过程，即形象逻辑思维过程。在上述认知过程中，从“视觉信息的输入”到“问题的意义表征”是分析—综合的过程；从“表象各种可能的图形”到“结果图形的选择”过程是更深入的分析—综合过程。可见，分析与综合是思维活动的基本过程。这个研究结果显示：小学生几何图形预见表象能力的发展是由“参照水平”到“独立水平”，由比较简单的几何图形的预见表象发展到比较复杂的几何图形的预见表象。这说明，小学儿童表象信息加工的过程或形象逻辑思维过程的发展也是思维过程逐步完善的。

(二)张奇研究结果的启示

通过张奇博士论文的研究结果对小学生数与形认知的信息加工过程的分析，我们得到以下几点启示：

1. 思维的过程是智力(认知)的主要过程

不论是等量关系的认知过程，还是几何图形的预见表象过程，其思维活动过程都是智力(认知)的主要过程。问题的表征、数学逻辑运算、几何图形的预见表象、运算或表象结果的判断等都是逻辑思维的过程。问题的表征就是对问题的分析和理解，这是数学逻辑分析思维的结果；数学运算是心理的逻辑操作过程，这是数学逻辑转换思维的结果；对几何图形的预见表象是形象思维的过程，是几何图形逻辑想象的结果；对运算或表象结果的判断或选择是思维比较和概括的结果，也是思维的过程。在智力(认知)过程中，感知为思维提供有待加工的信息；记忆为思维提供有用的知识，而且，感知信息的选择和记忆内容的提取也受思维过程的支配。

2. 思维过程的发展促使智力过程的完善化

个体思维发展的一个重要表现是思维过程的发展，思维过程的发展也是智力发展的重要方面。思维过程的发展是思维过程的不断完整化、简约化和优化的过程，即思维过程的“完善化”过程。这种完善化过程，既有思维具体过程的完善化，如分析和综合过程的完善、抽象和概括过程的完善以及系统化和具体化的完善，还包括整个思维活动过程的协调统一和完善化，如解决问题中思维过程的完善化等。尽管有着年龄特征，但也表现在不同个体发生在解决不同课题的过程上，例如上面解决“数”的问题，二年级学生可以获得与五年级学生同样的串行、平行和混合三种加工的过程中。当然这里年级间所解决问题的质量是有区别的。

3. 智力过程的发展表现为认知过程的完善化

在认知过程中思维过程是主要过程，思维过程的发展或完善决定认知过程的发展或完善。认知过程的发展包括两个方面：一是整体认知过程中各个具体认知过程的发展或完善；二是整个认知过程中各个认知环节的协调、统一和完善。这种协调、统一和完善是在思维活动的目的、任务和过程的要求下实现的。因此，思维过程的发展或完善决定着整个认知过程的发展或完善。

4. 智力过程的发展表现为智力过程的完善化

智力过程体现在许多具体的智力活动过程中，如认知过程、学习过程、分析和解决问题的过程、推理和判断的过程、创造性过程，等等。所以，智力过程的发展包括认知过程的发展、学习过程的发展、分析和解决问题过程的发展、推理和判断过程的发展、创造性过程的发展，等等。但是，所有这些过程都表现在认知过程发展或完善决定着其他智力过程的发展或完善上。如果这些过程达到了多种(串行、平行和混合)加工，达到了会分析与综合，并表现为有比较、分类、抽象、概括、具体化和系统化的过程，就算达到了智力的发展变化和完善化的指标。因此，思维过程的发展或完善决定着智力过程的发展或完善；思维过程的发展或完善就是智力过程的发展或完善。

三、智力材料(内容)的发展

如前所述，智力的基本过程是认知过程。认知的材料(内容)即是智力的材料(内容)。按照信息加工心理学的观点，认知的材料(内容)就是信息，即外部事物或外部事物属性的内部表征。外部信息的内在表征有多种类型或形式。最简单的是各种外部刺激的内部感觉，如音响、明暗、冷热、气味、软硬、口味等。其次是知觉水平的表征，如大小、形状、旋律、口音、语速、形象等。再次是表象表征，如记忆表象(再现表象)、想象表象(预见表象)等。然后是抽象表征，首先是语言表征，如口头语言、文字语言、听觉语言(这三类信息简称为AVL信息)和语义表征。语义表征有具体的描述性语义表征，如陈述、说明、解释等；还有抽象的语义表征，如概念、命题、规则等。抽象的表征还有图形表征，如曲线、几何图形、徽章、商标等。更抽象的表征是符号表征，如数字、运算符号、推理符号、代码、公式、标志符号等。我们可以把感觉表征、知觉表征和表象表征统称为直接的具体的表征；而把语言表征、图形表征和符号表征统称为间接的抽象的表征。按照哲学认识论的观点，前者是智力的感性材料，后者是智力的理性材料。

我们认为，智力(内容)的发展变化或完善的指标是：感性认识(认知)材料的全面性和选择性；理性认识(认知)材料的深刻性和概括性；感性材料向理性材料转化的灵活性和准确性。

(一)陈英和研究的结果分析

陈英和的博士论文《关于儿童青少年获得几何概念认知操作的发展研究》(1991)①能够揭示这个问题。

陈英和在研究中发现，儿童青少年的平面几何概念的发展，共经历了四个水平。

它们分别为：第一，具体水平。这一水平的儿童青少年能够在一定的时间间隔后，将某个先前感知过的图形从若干其他图形中辨认出来。第二，同一性水平。儿童青少年能够在不同的视觉角度下，将先前感知过的图形认作为同一图形。第三，分类水平。儿童青少年能够将某一几何概念(图形)的两个或多个不同的例证视为同一类事物，达到这一水平的核心能力是抽象。第四，形式水平。儿童青少年可以从本质上对概念的内涵进行表征。

① 陈英和：《关于儿童青少年获得几何概念认知操作的发展研究》，北京师范大学博士论文，1991。

在这个过程中，反映出儿童青少年对客体的认识从感性向理性发展的特点，同时也反映出儿童青少年思维能力的发展并非完全呈直线状态而是呈现螺旋式上升趋势。具体表现如下。

(1)学前晚期中已有相当一部分儿童能在时间和空间位置都发生变化的情况下，将先前感知过的图形视为同一个图形，在图形认知上进入了具体水平表征并接近同一性水平表征，随着年龄的增长，这两种能力继续发展，并分别在小学一年级和四年级达到成熟。

(2)小学一年级至五年级儿童进入了概念发展的第三级水平——分类水平，即在图形认知上已开始表现出一定的抽象能力，能够排除外部特征的干扰，深入到事物内部去寻找本质特征，并以此作为判断的依据，而且随着年级的增高，儿童能将表面形式差别很大但本质一样的图形视为同一类别，达到了图形认知上的分类水平表征，但每个年级在这一水平上的具体发展程度不同，小学二年级和四年级是在这个水平上发展较快的两个阶段。

(3)从初中开始，实际上从小学六年级开始青少年就进入了概念发展的形式水平的初级阶段。随着年龄的增长，他们能逐步做到，不仅能分辨出某一几何概念的本质特征，而且能用标志概念内涵的语言对这些本质特征进行描述，进入高中阶段后，个体则能根据事物的本质特征评价概念的正负例证，并通过对正负例证进行分析、比较，给出相应概念的内涵，在图形认知上达到了形式阶段的表征水平。

个体概念每一级水平的发展总是以一种新的认知操作形式的出现为基础，概念水平的发展是表现，相应的认知操作水平的提高是实质。儿童青少年在概念学习过程中，有关的认知操作呈现流动传导状态，随着年龄的增长和知识的增多，每一种包含于前一级水平的操作形式都将传递到下一级水平中去，作为一种新操作出现的基础，或在功能上对新操作予以辅助。这个过程不断地进行下去，当所有有关的认知操作累加在一起，并经过内部的重新组合和调整而趋于完善的时候，个体相应的概念的发展也就趋于成熟了。

（二）陈英和研究的启示

陈英和的博士论文使我们在智力材料（内容）的发展变化或完善性上，获得如下四点启示。

1. 智力材料（内容）的发展是由具体形象朝逻辑抽象方向转化。智力材料（内容）的本质就是外部事物在人脑内的信息加工，外部事物的不同内在表征形式从一个侧面反映了智力的水平或思维的水平。感觉表征、知觉表征和感觉获得的对外部事物及特征的记忆表征是直接到具体的表征，这是感性认识（认知）的结果。而语言表征、图形表征和符号表征是间接的抽象的表征，这是理性认识（思维）的结果。年幼儿童首先具有感性认识，然后才发展到理性认识。皮亚杰把儿童认知（智力或思维）的发展划分为感知-运动水平、前运算水平、具体运算水平和形式运算水平。我们早在20世纪80年代的研究认为①，学前儿童已经具有了动作思维和形象思维。小学儿童开始具有抽象思维。在小学阶段，儿童以形象思维为主，同时抽象思维迅速发展，两种思维并存了，并实现着从形象思维到抽象思维的过渡。到中学阶段，青少年的抽象逻辑思维处于优势的地位，即达到了一种假设的、形式的、反省的思维。

2. 儿童青少年智力材料（内容）的不断抽象化或认知表征的不断概括化，是他们智力或认知能力发展的重要特征之一。它标志着他们思维过程简约化或概括化水平的提高，也就是抽象思维或理性认识的发展。人类思维或理性认识突出的特征之一就是其概括性和间接性。人类思维可以摆脱具体事物的感知和表象，进行抽象的、间接语言思维和符号运算。这是人们认识事物本质和规律的基础。正因为如此，人类认识才不至于停留在感性认识上，而向更深刻的认识——理性认识发展。

3. 当代认知心理学无疑注意到了事物表征和概括表征。在认知心理学中，视觉表征、听觉表征和语义表征都是常用的术语。但它没有对不同水平的表征形式作出明确的区分，而把物理表征、语义表征和概念及命题表征混为一谈，这无疑忽略了感性认识与理性认识的本质区别。我们认为，视觉的和听觉的表征，以及其他感觉

---

① 朱智贤、林崇德：《思维发展心理学》，北京，北京师范大学出版社，1986。

表征形式属于感性表征；而语义的、符号的、概念的和命题的表征属于理性表征。思维既可以在感性表征基础上进行，也可以在理性表征基础上进行，但两种思维(或认知)的水平有本质的不同。理性思维主要是在理性表征的基础上进行的思维过程，这是一种人类特有的认知能力，即理性认知能力。研究理性认知，或抽象思维应是认知心理学研究的重点。

4. 理性认知或抽象逻辑思维的材料(内容)主要有三种：语言(语义、概念和命题等)、数(标志符、运算符、代码符)和形(几何图形、设计图、草图、曲线、示意图等)。思维的内容不同，思维的过程也不同。所以，在智力心理学中，语言能力、数及数的运算能力、图形的表象能力是三个基本的智力部分。在认知发展心理学中，语言能力的发展、运算及数量关系认知能力的发展、图形表象能力的发展常常是分开进行研究的，三种能力各有其发展规律。陈英和《关于儿童青少年获得几何概念认知操作的发展研究》的研究集中探讨了儿童和青少年图形表征能力的发展，也有一些研究是侧重揭示儿童数运算能力的发展，都发现了有价值的结果。的确，数的认知能力与形的表象能力是两种不同的能力，应该加以分别研究，这样有利于问题的深入，对于各种能力特质的深入探讨具有积极意义。但智力(认知与思维)毕竟是一个整体，也有必要开展适当的综合研究，使人们进一步认识智力(认知或思维)的整体特征。

四、智力反思(监控)的变化

智力的反思(监控)的发展变化或完善的指标表现在以下五个方面：

①计划——对面临的任务所确定目标、规划进程、预示结果的发展；

②检验——用恰当方法检查学习活动的进展和变化，使其保持合理性；

③调节——根据检验结果，及时调整、完善解决问题的方式、方法；

④管理——不断提高对自己要解决任务保持“反省”，逐步做到对问题“心中有数”；

⑤评价——在解决问题以后，有一个科学评判标准，能客观地对待自己的

结果。

(一)章建跃研究结果的分析

章建跃的博士论文题为“中学生数学学科自我监控能力——结构、发展及影响因素”(1999)。① 从这篇论文中，我们可以看到智力的反思或自我监控是如何发展变化或完善的(见表 7-2)。

表 7-2　各年龄段学生数学学科自我监控能力各维度的平均分

年龄段	参数	计划	检验	调节	管理	评价
小学毕业生	*M*	14. 64	13. 68	14. 75	16. 23	6. 27
	SD	5. 09	4. 50	5. 69	5. 81	2. 83
初中生	*M*	17. 73	16. 53	14. 81	18. 45	7. 23
	SD	4. 63	4. 75	5. 68	6. 08	3. 36
初中毕业生	*M*	18. 93	18. 46	18. 00	22. 37	8. 48
	SD	4. 38	5. 20	7. 46	6. 87	3. 80
高中生	*M*	19. 34	17. 62	15. 96	20. 03	8. 68
	SD	4. 52	4. 02	5. 07	5. 54	2. 82
总体	*M*	18. 03	16. 80	15. 74	19. 32	7. 81
	SD	4. 88	4. 75	5. 88	6. 24	3. 28
	F	12. 741	0. 508	10. 148	5. 760	11. 790
	P	<0. 001	>0. 05	<0. 001	<0. 001	<0. 001

从上表可以看出，在正常的学校教育条件下，中学生数学学科自我监控能力的发展有其年龄阶段性。但是发展的趋势除小学毕业到初中阶段比较明显外，其他年龄段均较平缓，而且检验在整个中学阶段的发展没有显著性差异，在调节、检验及管理上，从初中毕业到高中还有些下降。

(二)章建跃研究的启示

中学生自我监控能力的发展尽管呈现年龄阶段性，但是当前中学生自我监控能

① 章建跃:《中学生数学学科自我监控能力——结构、发展及影响因素》，北京师范大学博士论文，1999。

力的发展比较平缓，没有达到与其他智力成分或心理能力的同步发展，也不是数学知识增长的必然结果。不过，中学生自我监控能力的发展仍有其自身的规律性。

从总体上来看，中学生数学学科自我监控能力的发展符合从他控到自控、从不自觉到自觉再到自动化、从局部到整体、敏感性逐渐增强、迁移性逐渐提高等基本规律。

章建跃的研究至少给我们以下几点启示：

(1)中学生数学学科学习中的自我监控由他控发展到自控。这说明当前中学生自我监控中他控比重仍然很大，即使到了高中也如此。

(2)中学生数学学习中的自我监控发展经历了一个从不自觉到自觉再到自动化的过程。学生是否能对学习活动进行自觉的自我监控，这种监控能不能达到自动化的程度，与学生对活动所需的思想方法的熟悉程度密切相关。除了在某些方面外，中学生在学习中的自我监控自动化水平是比较有限的，这突出表现在对解题过程的检验这一自我监控核心环节的发展缓慢上。

(3)迁移性逐渐提高。即中学生数学学习中自我监控的过程或方式可以从一个具体的数学活动情景迁移或应用到与其相同或相似的其他数学活动情境中去。随着学生所掌握的数学思想方法抽象水平的提高，对其本质的认识不断加深，学生对这种思想方法的有效性的认识在不断提高，应用它来指导自己的实践活动的意识和自觉性也在不断增强，这就是学生在学习中自我监控的过程或方式的迁移性提高的表现。

(4)敏感性逐渐增强。即学生根据数学学习中各因素之间的关系及其发展变化，对学习进程作出迅速而有效的调节和校正的能力在增强。敏感性是衡量中学生在学习中自我监控水平的重要指标，敏感性的增强过程在一定程度上可以看成是中学生自我监控水平的发展过程。

(5)局部监控到整体监控。即中学生数学学习中的自我监控在深度和广度方面都在逐渐发展。在数学学习中，从局部到全局的自我监控，与学生的思想方法从具体到抽象的发展密切相关。从局部监控到整体监控是学习中自我监控发展的又一个重要特征。

五、智力品质的变化

智力品质，即思维的智力品质的发展变化或完善的指标表现在思维的敏捷性、灵活性、创造性、批判性和深刻性五个方面。

早在20世纪80年代，我们研究了小学生在数学运算中思维品质的发展变化，获得如下结论：小学生思维的智力品质的发展存在着明显的年龄特征。思维品质是统一的整体，其发展存在着一致性，同时，完整的思维品质又包括不少成分，它们又各有其年龄特征的表现。一般来说，小学生思维的敏捷性与灵活性是稳步发展的，我们在研究小学生运算过程中，尚未发现其思维敏捷性与灵活性有“突变”或“转折点”。这是敏捷性与灵活性在发展上的相似之处，但两者又不完全类似。在小学阶段，学生思维的敏捷性往往易变化、不稳定。也就是说，在小学生敏捷性的发展上，其年龄特征更易表现出可变性。在预备实验中，几次测得敏捷性的信度和效度普遍地比其他品质低。这里，固然有实验者、主试及试题的原因，但也有敏捷性“易变”的因素，思维敏捷性不如其他品质“稳定”，其原因是决定它的因素太多，其中也包括它要受其他品质的影响，而造成敏捷性的不稳定。小学生思维的灵活性比敏捷性稳定，同时，在发展中它的表现形式也比敏捷性丰富或多样化。小学生思维的深刻性，在发展中既表现出不断发展的趋势，又有一个三四年级的转折或关键期。从三四年级起，学生思维的成分中，逻辑性成分逐步占主导地位。小学生思维的独创性，比其他思维品质的发展要晚、要复杂，涉及的因素很多。我们既不能忽视小学阶段，尤其是高年级学生思维创造性品质的发展与培养，但也不能过高地估计他们独创性思维品质的水平。当然，在当前教育中，忽视独创性的现象比过高估计的现象要严重得多。

（一）李春密实验的结果分析

李春密的博士论文“高中生物理实验操作能力的发展研究”（2002），涉及中学生思维品质的变化和完善过程。

1. 各品质之间的比较研究

表 7-3 高中生物理实验操作能力中各品质所占比重

深刻性	灵活性	批判性	敏捷性	创造性
23.4%	19.3%	19.4%	21%	16.9%

由表 7-3 可见，学生的深刻性品质的得分最高，反映了深刻性是诸品质的基础，这是逻辑抽象思维发展的必然趋势；学生的创造性的得分最低，这说明创造性的思维品质的发展，较其他品质要迟、要慢，难度最大。

2. 思维品质之间的相关性

为了清楚地看出各品质之间的相关性，李春密把各品质之间的相关系数表示成如下的相关矩阵：

	深刻性	灵活性	批判性	敏捷性	创造性
深刻性	1	0.508	0.447	0.514	0.371
灵活性	0.508	1	0.716	0.646	0.660
批判性	0.447	0.716	1	0.673	0.654
敏捷性	0.514	0.646	0.673	1	0.640
创造性	0.371	0.660	0.654	0.640	1

由上面相关矩阵可见，敏捷性品质与其他品质的相关系数最高，说明敏捷性主要由各品质所派生或决定的；灵活性、批判性与创造性的相关系数高，证明了发散思维是创造思维的前提或表现，创造程度与批判程度具有高相关；深刻性与创造性的相关系数低，说明抽象逻辑思维未必都能产生创造性思维，同样地说明创造性思维也未必都来自抽象逻辑思维，因为创造性思维也来自形象逻辑思维。

(二) 李春密实验的启示

从李春密的博士论文中，我们得到了三点启示。

(1) 智力品质的完善首先表现出思维的智力品质的全方位发展和成熟。比起小学的思维品质，到了高中阶段，思维的深刻性、灵活性、批判性、敏捷性和创造性获得全方位的发展，且在高中阶段，利用多重比较，年级之间(即高一与高二之间、高一与高三之间、高二与高三之间)不存在显著差异，这说明思维的智力品质到了高中已趋成熟，如表 7-4 所示。

表 7-4　高中生思维品质发展的年龄差异方差分析结果

组别	平方和	自由度	均方	*F*	Sig
组间	2. 613	2	1. 306	1. 678	0. 187
组内	1126. 359	1447	778		
总计	1128. 972	1449			

(2)智力既然作为个性心理特征，当然是有层次的，它要集中地体现出个体差异来。智力的超常、正常和低常的层次，主要体现在思维水平上，即思维品质上。也就是说，思维的智力品质是智力活动中，特别是思维活动中智力特点在个体身上的表现。因此，思维品质的实质是人的智力、思维的个性特征，思维品质的完善与成熟，必然成为智力完善与成熟的重要指标。思维品质的不同体现了个体智力的差异，事实上，我们的教育、教学目的是要提高每个个体的学习质量。因此，在智力的培养上，往往要抓住学生的思维品质这个突破口，做到因材施教。

(3)智力发展变化或完善也表现在各思维品质的作用上。李春密研究中所揭示的思维品质之间的比重与彼此相关，说明了各思维品质在智力活动中的地位与作用、发展变化的时间与次序、彼此之间的影响与功能，这些因素的完善，就意味着思维品质的完善，且表现为智力发展变化的一个重要指标。

六、智力中的非智力因素的变化

智力中的非智力因素的发展变化或完善的指标，表现在非智力因素结构的完整化和对智力活动的作用两个方面。

(一)申继亮研究的结果分析

1988 年，申继亮①制订了智力与非智力因素两个量表，并以 53 名高中生的语文、数学、外语三门课的期终成绩的平均数，作为被试的学业成绩。他运用模糊综合评判的方法，对评价结果进行统计处理。之后又求得智力因素、非智力因素和学业成绩三者的相互关系，结果见表 7-5。

表 7-5　智力因素、非智力因素与学业成绩三者的相互关系

智力因素与非智力因素	智力因素与学业成绩	非智力因素与学业成绩	智力、非智力诸因素与学业成绩
0. 90***	0. 826 5**	0. 718 1**	0. 813 1**

注：** $p<0.01$；*** $p<0.001$。

由上述结果可以看到，智力因素与非智力因素的相关极为显著，达到了 0. 001 的水平；学业成绩与智力因素、非智力因素及智力非智力诸因素构成的整体的相关，均达到了非常显著的水平，即 0. 01 的水平。这说明，在学生智力形成和发展过程中，非智力因素的影响是非常显著的。良好学业成绩的取得，不仅与智力品质有关，而且与非智力因素有关。

申继亮的研究同时指出：智力因素与非智力因素在学生学习活动中各自作用，即权重为：智力因素＝0. 525，非智力因素＝0. 475。尽管这个数据与国外的非智力因素略大于智力因素在学习活动中的作用的数据有些不同，但本质是一样的。学生的学习活动要受智力与非智力两种因素的作用，至于哪个因素略大一点，这不是实质的问题。

(二)申继亮研究的启示

申继亮的研究，至少给了我们三点启示。

(1)智力不能与非智力因素割裂开来，智力的发展变化或完善应该包括非智力因素的发展变化或完善；同样的，非智力因素只有与智力因素一起才能发挥它在智力活动中的作用。

① 申继亮：《心理模糊性的定量研究》，载《北京师范大学学报》，1990(增刊)。

(2)应该探索非智力因素在智力发展变化或完善中的具体作用。申继亮的两个因素之间 0.90 相关系数($p<0.001$)是很有意义的。我们将在下一章中展开，说明非智力因素对智力活动的动力、定型和补偿三个方面的作用。

(3)对于人的一切智力活动，包括学习活动、智力因素与非智力因素一起在起作用，作用的孰多孰少不是实质的问题。正因为如此，在智力因素的培养上，不仅要从智力本身出发，而且也要考虑到从非智力因素出发。这就是我们在下一章要讨论的重要问题。

第三节

智力的生物学研究

我们在研究中小学学生的智力与能力发展的同时，也研究了其生物学机制问题。随着认知神经科学的兴起，对智力的生物学机制的研究有了更进一步的深入。

认知神经科学的研究任务在于阐明认知活动的脑机制。我们和我国的认知神经科学的发展同步，一直在探索思维和智力的脑机制变化的科学规律。在我所提出的聚焦思维结构的智力理论中，涉及思维的目的、思维的过程、思维的材料、思维的自我监控、思维的品质以及认知中的非认知因素六个方面。思维的目的、思维的过程主要指在思维过程中，能否有效地排除无关信息的干扰，对相关信息进行高效的编码、转换、刷新和协调，实际上是思维执行加工的过程。同时，复杂的思维过程也依赖于个体的推理能力。思维材料主要指思维过程中相关信息的表征形式，这就涉及工作记忆问题，工作记忆容量的大小对思维的深刻性和灵活性也会产生影响。同时，个体在记忆的加工过程中可能会生成错误的记忆表征，而这些错误记忆会显著影响思维的准确性。思维的自我监控主要指对思维的思维，它直接决定了思维批判性水平的高低。各种思维品质都要体现出思维活动的速度，即敏捷性，它主要与信息加工速度有关。因此，对思维执行加工、推理过程、信息加工速度、工作记忆、错误记忆和自我监控的脑机制进行研究，不仅能够验证聚焦思维结构智力理论的合理性，而且也必须从神经机制层面对这一理论进行补充和深化。

认知神经科学领域的研究者们凭借各种先进技术，深入探讨人类智力发展的机制问题，如脑区定位问题、智力发展的关键期问题和智力的可塑性问题，试图探讨出大脑这一"黑箱"内部的复杂结构和活动规律。我和我的弟子们采用了多种认知神经科学技术来研究智力的生物学机制：(1)脑电图(electroencephalogram，EEG)技术，它能够放大并记录大脑皮层自发的、节律性变化的生物电活动，并具有很高的时间分辨率，能够对大脑活动做毫秒级的精确记录，并能够通过事件相关电位(event-related potential，ERP)技术探讨个体参与某项特定的认知任务的生物学机制；(2)核磁共振成像(Magnetic Resonance Imaging，MRI)技术，它能够对大脑活动引起的血氧依赖水平(blood-oxygen level dependent，BOLD)的变化进行记录，对参与特定认知活动的脑区做毫米级的精确定位，同时能够测量个体的不同脑区的灰质与白质体积以及在静息状态下脑区之间的功能连接；(3)脑电超慢涨落分析技术(Encephaloflutuograph Technology，ET)，它是一种新的脑电非线性分析方法，能够对脑波进行优势频率扫描，记录脑波超慢成分，通过对脑波超慢涨落功率和频率的分析来进行脑功能研究；(4)DNA 提取与分析技术，它能够对人类的 DNA 进行提取、纯化与分型，并根据携带基因类型对个体进行分类，进而考察遗传基础和环境因素对人类认知过程的交互作用。

这里，我把我们关于智力的生物学机制的研究成果作了汇集，按照智力和思维中不同的具体认知过程进行介绍。

一、思维执行加工的生物学机制

思维执行加工(thinking executive control)负责认知活动的调节和任务计划等，包括抑制(inhibition)、转换加工(shifting process)、双任务协调(dual-task coordination)和编码刷新(code updating)等成分。思维执行加工是人类高级认知活动的关键环节，其认知神经机制备受发展心理学、认知心理学、人工智能、动物学习研究和神经生理学的关注，具有重要的理论意义。

我们通过一项 ERP 研究考察了在思维执行加工过程中大脑皮层的生物电活动。① 实验采用 n-back 范式，这种实验范式要求被试连续刷新工作记忆中的信息编码，同时存贮、抑制和提取信息流，是一种典型的思维执行控制加工。我们采用了 1/2/3-back 任务，刺激呈现序列见图 7-7。屏幕中央每次呈现一个汉字，每个汉字呈现 1500ms，刺激间隔(interstimulus interval，ISI)为 1500ms。被试需要在每个汉字呈现时判断当前汉字是否与向前第 n 个的汉字相同(如 n=2 时，判断当前汉字与向前第 2 个汉字是否相同)。我们通过 1/2/3-back 任务来变化任务负荷，进而观察哪些脑区随任务中信息量的增加而出现生物电活动的显著变化，以确认参与该认知活动的脑区。

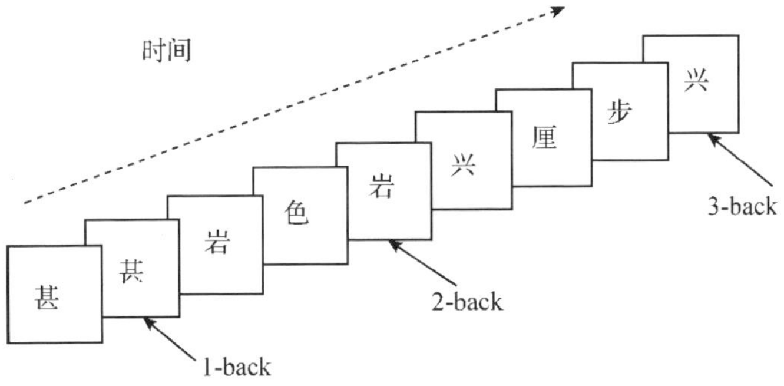

图 7-7　汉字 1/2/3-back 任务的刺激呈现序列示意图

我们使用 NeuroScan ERP 记录与分析系统，考察了每个刺激消失后 1500ms 时间内的脑电活动，基线为刺激消失前 200ms。结果表明，1/2/3-back 任务均在头皮前部诱发 P230、N360 和晚正波(Late Positive Complex，LPC)，在头皮后部诱发 N150 和晚负波(Late Negative Complex，LNC)，见图 7-8。我们还发现，N150、P230、LPC 和 LNC 在任务间(1/2/3-back 任务)的差异均未达到显著水平，而 N360 的任务主效应($p<0.001$)、记录点(即电极位置)的主效应($p<0.001$)以及任务与记录点交互作

① 王益文、林崇德：《额叶参与执行控制的 ERP 负荷效应》，723~728 页，载《心理学报》，2005，37(6)。

用显著($p<0.05$)。因此，我们对N360进行了进一步的分析。对任务负荷的分析表明，N360的波幅只在AF3/AF4记录点上存在1/2/3-back任务间的两两差异，即波幅随工作记忆负荷(1，2至3)增加而显著增加。在F3/F4、F7/F8、T7/T8记录点上，3-back任务中N360的波幅显著大于2-back任务和1-back任务，但2-back任务和1-back任务的差异不显著，任务总体的差异在两个低负荷任务间出现间断或消失，表现出一种跨任务的负荷效应模式。

对记录点的分析表明，N360在AF3/AF4和F3/F4点的波幅最大，刺激消失后360ms时在双侧额叶皮层均有密集电流分布。溯源定位分析表明，产生N360成分的偶极子分别位于左额中回、右额颞区和扣带回后部。在F7/F8和T7/T8点上，N360的波幅存在左右侧的显著差异，且均是左侧显著大于右侧，表现出一种左半球优势效应，其偶极子位于额中回。F7记录点大约对应于布洛卡区，且其N360波幅显著大于F8点，因此这种差异可能反映了左半球参与语言加工的优势效应。这说明，左右半球均不同程度地参与执行控制加工，只是在大脑某一具体部位上(如

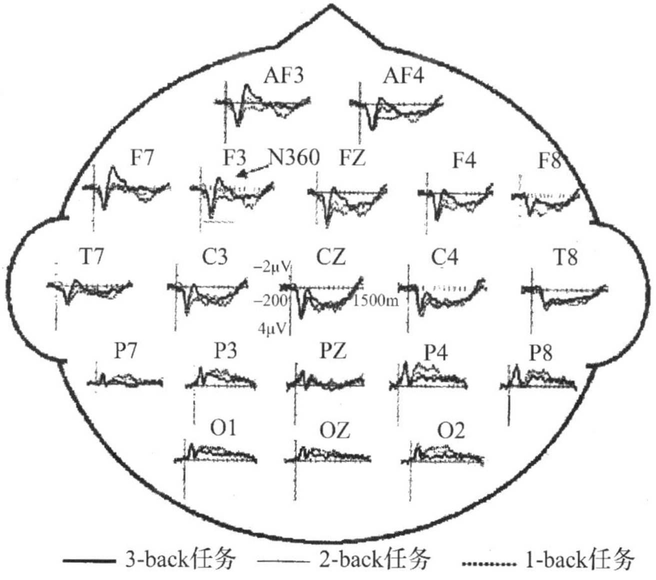

图7-8 汉字1/2/3-back任务的ERP总平均图

布洛卡区）表现出左半球的相对优势，这可能反映了一种言语复述加工的成分。我们认为，N360 的时程可能揭示了信息编码、刷新以及执行控制的时间过程，且已有关于其他执行控制任务的研究也发现了时间范围接近的 ERP 负成分。这说明思维执行控制加工可能不是单一的认知模块，而是包括多个子系统。

在另一项研究中，我们使用结构核磁共振成像技术（structural MRI）来考察海马体中不同区域的体积与 2-back 任务成绩之间的关系①。每名被试都需要完成以汉字为刺激材料的言语 2-back 任务与使用藏文为刺激材料的视觉图形 2-back 任务。同时，我们测量了每名被试的双侧海马的整体体积以及海马中每个具体区域的体积，并考察了 2-back 任务成绩与海马不同区域体积的相关程度。结果表明，视觉 2-back 任务成绩与双侧海马整体体积以及海马当中的下托（subiculum）、CA1、海马尾（hippocampal tail）等具体区域的体积有显著正相关，但言语 2-back 任务成绩与海马体积无关。同时，性别显著调节了 2-back 任务成绩与海马体积的关系，即海马与 2-back 任务成绩的关系主要体现在男性而非女性被试上。上述结果表明，与言语思维过程相比，海马体可能与视空间思维过程更加相关。此外，已有研究也表明不同性别个体的海马体积及其发育过程存在差异，这也许能够解释性别对海马体积和 2-back 任务成绩之间关系的调节作用。

我们也开展了研究专门考察思维执行加工中的抑制功能的生物学机制。抑制（inhibition）是个体的一种主动压抑的加工过程，是把与任务无关的信息从工作记忆中排除出去的过程。它是思维执行加工的重要组成部分。我们结合了结构核磁共振成像和基因提取分析技术，考察了 CNTNAP2 基因、大脑额叶结构和抑制功能之间的关系②。已有研究表明，CNTNAP2 基因的表达与个体的前额叶发育存在显著的相关，具有不同的 CNTNAP2 基因型的个体在前额叶的结构和功能上的差异存在显著的差异。CNTNAP2 基因被证明和多种精神障碍有关，如自闭症、精神分裂症、抑

---

① B. Zhu，C. Chen，X. Dang，Q. Dong，& C. Lin，"Hippocampal subfields' volumes are more relevant to fluid intelligence than verbal working memory"，*Intelligence*，2017，61：169-175.

② B. Zhu，C. Chen，G. Xue，X. Lei，Y. Wang，J. Li，… & C. Lin，"Associations between the CNTNAP2 gene，dorsolateral prefrontal cortex，and cognitive performance on the Stroop task"，*Neuroscience*，2017，343：21-29.

郁症等。有研究者指出，这些精神障碍的患者通常在背外侧前额叶（dorsolateral prefrontal cortex，DLPFC）的结构和功能上存在异常，进而影响了思维执行加工。然而，以往研究并没有在一项实验中直接考察 CNTNAP2 基因、背外侧前额叶和执行加工之间的关系。因此，我们运用核磁共振技术测量了被试背外侧前额叶的结构，并通过血液采集对被试的 CNTNAP2 基因进行提取和分析，同时要求被试完成 Stroop 任务，考察其抑制功能。在 Stroop 任务中，屏幕上会呈现汉字“红”“黄”“蓝”或“绿”，每个汉字呈现的颜色与其内容可能一致或不一致。被试需要按键判断每个汉字的颜色而非内容。当汉字颜色与内容不一致时，被试需要抑制汉字的内容而对颜色进行判断，即反映了抑制功能。我们使用不一致条件和一致条件之间的反应时差异作为 Stroop 任务的成绩，两种条件的反应时差异越短说明被试的抑制功能越强。实验结果表明，左侧背外侧前额叶的皮层面积和体积能够正向预测 Stroop 任务的成绩，而其厚度能够负向预测 Stroop 任务的成绩。这说明背外侧前额叶与个体的抑制功能存在显著关系。我们同时发现，CNTNAP2 基因上的多个位点（rs4726942，rs4726945 和 rs4726946）能够同时显著预测个体左侧背外侧前额叶的皮层面积和体积，以及个体在 Stroop 任务中的表现。为了进一步考察背外侧前额叶的结构是否中介了 CNTNAP2 基因对个体抑制功能的影响，我们进行了中介分析，使用个体在上述三个位点上的基因型作为自变量，Stroop 任务成绩作为因变量，而左侧背外侧前额叶的皮层面积作为中介变量。结果表明中介效应显著，而控制中介变量之后自变量的直接效应不显著，说明背外侧前额叶的结构能够完全中介 CNTNAP2 基因对 Stroop 任务成绩的作用。我们的实验结果和已有研究一致，进一步证明了背外侧前额叶是负责抑制功能的核心脑区，同时说明 CNTNAP2 基因能够通过影响背外侧前额叶的结构来作用于个体的抑制功能。

此外，我们还运用 ERP 技术考察了儿童的视听跨通道干扰抑制的生物学机制。①。被试需要阅读屏幕上呈现的词语，同时听到另一个词语。接下来，被试需要判断屏

① 王益文、林崇德、高艳霞、王钰、张文新：《视听跨通道干扰抑制：儿童 ERP 研究》，273~280 页，载《中国科学：生命科学》，2010，40(3)。

幕上呈现的下一个词语(探测刺激)与之前视觉呈现的词语(而非听到的词语)是否相同。屏幕上第二次呈现的探测刺激可能与之前的视觉呈现词语(一致条件)或听觉呈现词语(不一致条件)相同。在不一致条件下，被试需要抑制自己听到的词语信息而根据视觉呈现的词语作出判断。ERP 记录结果表明，和一致条件相比，不一致条件下产生了更强的 P200 成分，体现在除双侧颞区之外的各个脑区，同时也产生了更强的 N300 和 N550 成分，主要体现在额中区(如图 7-9)。我们认为，P200 可能反映了在刺激呈现的早期阶段，个体初步觉察了探测刺激与视觉目标词的差异，而 N300 和 N550 则反映了额叶对听觉干扰词带来的无关信息的抑制。

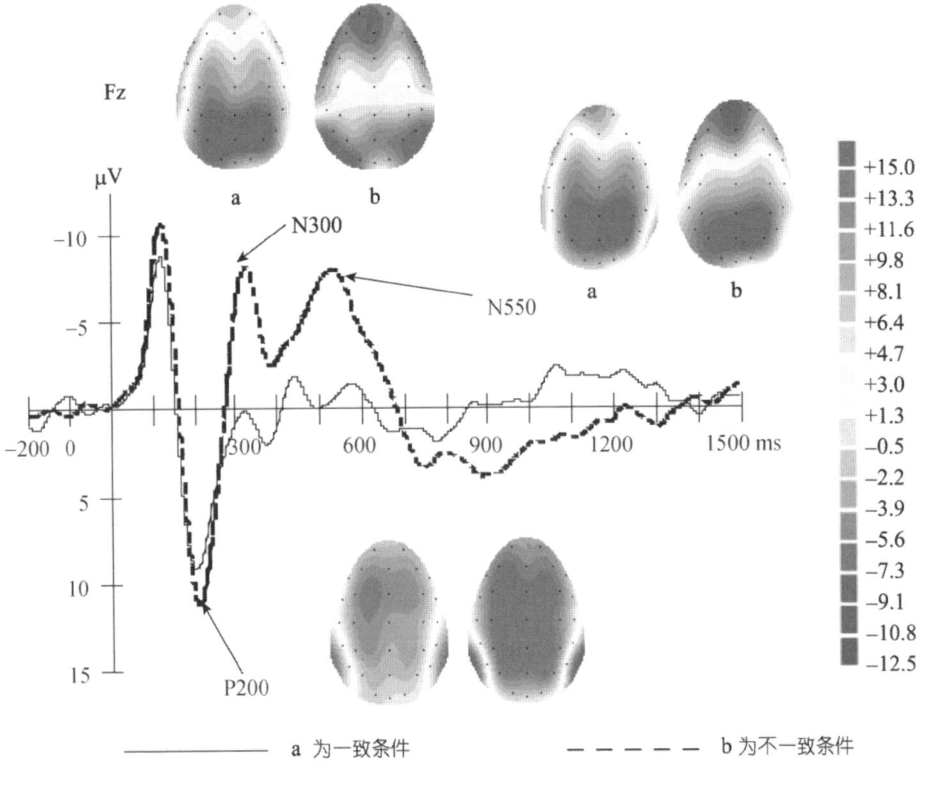

图 7-9　一致条件与不一致条件的 P200、N300 及 N550 的地形图

二、推理和表象能力的生物学机制

推理是由具体事物归纳出一般规律，或者根据已有的知识推出新的结论的思维活动。从本质上看，推理属于问题解决的范围，要回答问题就要提取长时记忆中的知识，并结合当前的一些信息，在工作记忆中进行综合。推理能力是一种相当高阶的心理能力，是智力的一个核心成分，因此一直是心理学家们研究的重点。此外，认知心理学领域的大量研究揭示，儿童在思维过程中比成人更多地使用表象。表象在儿童的思维过程中扮演着主要的角色，且对其概念形成和推理能力产生重要的影响。研究推理和表象能力的生物学机制，能够帮助我们更好地把握复杂的思维过程。

我们通过两项研究考察了海马体积、SEMA5A 基因与个体的图形推理能力之间的关系。①② 图形推理是以图形为材料的推理，在图形推理中，图形材料通过不同图形特征的组合以及不同图形组成的逻辑关系的复杂程度来控制难度。以往研究表明，海马与个体对视空间信息的加工有显著相关，因此很可能会影响个体的图形推理能力。此外，SEMA5A 基因是一种主要在海马内部进行表达的基因，携带不同的 SEMA5A 基因型的个体在海马的结构和功能上存在明显差异。为了考察上述指标之间的关系，我们在两项研究中分别选取了 329 和 417 名大学生被试，并要求每名学生完成《瑞文推理能力测验》，用测验成绩来代表每名学生的图形推理能力。同时，我们在两项研究中均测量了每名被试的双侧海马体积，并在其中一项研究中提取分析了被试的 SEMA5A 基因。我们的研究结果表明，被试的图形推理能力的个体差异与双侧海马的整体体积均有显著的正相关。当我们把海马划分为不同的具体区域时，我们发现图形推理能力与海马内部的多个区域的体积有关，包括 CA1、CA4、

---

① B. Zhu, C. Chen, G. Xue, R. K. Moyzis, Q. Dong, C. Chen, ... & C. Lin, "The SEMA5A gene is associated with hippocampal volume, and their interaction is associated with performance on Raven's Progressive Matrices", *NeuroImage*, 2017, 88: 181-187.

② B. Zhu, C. Chen, X. Dang, Q. Dong, & C. Lin, "Hippocampal subfields' volumes are more relevant to fluid intelligence than verbal working memory", *Intelligence*, 2017, 61: 169-175.

下托、海马伞(fimbria)、海马裂(hippocampal fissure)、海马尾等。我们还发现，被试在SEMA5A基因中的rs42352位点的基因型与海马体积有显著相关：在rs42352位点上携带TT纯合子的被试的海马体积显著高于携带AA纯合子和TA杂合子的被试，而携带AA纯合子和TA杂合子的被试在海马体积上没有显著差异。接下来，我们进一步地考察了海马体积和SEMA5A基因对被试的图形推理能力的共同影响。我们发现海马体积和rs42352位点的基因型之间存在显著的交互作用：海马体积和图形推理能力仅对于携带TT纯合子的被试而言才存在显著相关，而对于携带AA纯合子和TA杂合子的被试而言则不存在显著关系。我们的研究结果支持了已有研究关于海马在视空间信息加工中的作用，并进一步证明海马能够影响个体的图形推理能力。同时，我们的结果也指出，对于在rs42352位点上携带TT纯合子的被试而言，海马体积显著大于携带AA纯合子和TA杂合子的被试，且海马体积和图形推理能力的相关系数仅对于携带TT纯合子的被试才显著。这说明海马体积和图形推理能力之间的关系可能受到海马体积的个体差异的影响。

在另一项研究中，我们使用脑电超慢涨落图(ET)技术考察了中学生表象能力的发展和脑电α波之间的关系。[①] 我们记录了13~18岁共188名中学生被试在正常安静闭眼状态下的脑电α波(8~13Hz)。除了记录安静状态下的脑波之外，我们还让被试完成句图匹配和心理旋转两项表象能力测验，探索中学生表象能力的发展特点及其与脑电α波的关系。在句图匹配任务中，被试需要按键判断屏幕上呈现的句子含义是否与图形一致；在心理旋转任务中，被试需要对屏幕上呈现的两张图片进行心理旋转，并判断两张图片的内容是否相同。我们采用被试在任务中做出正确反应的反应时作为表象能力的指标，反应时越短代表表象能力越强。中学生被试在这两项表象能力测验中表现出了相同的发展特点，即不同年龄间存在显著差异，男女生的反应时无显著性差异。反应时的年龄差异主要来自13、14、15岁与16、17、18岁之间的差异。16岁为反应时发展变化的一个转折点。16岁以前，中学生句图匹配和心理旋转的反应时均呈明显的下降趋势，16岁以后则变化不大，渐趋稳定。

---

① 潘昱、沃建中、林崇德：《13~18岁青少年表象能力的发展和脑电α波的关系》，载《心理发展与教育》，2001(4)。

为了探讨表象能力与脑电活动之间的关系，在每个年龄段，根据被试在句图匹配和心理旋转两项任务上的正确反应时，我们将所有被试分为表现好组和表现差组。我们分别对两项表象任务中表现好组和表现差组的 α 波的六种频率成分(8～13Hz)所占进行了比较。结果表明，表现好组和表现差组在六种频率上的 α 波占比差异均不显著，但在句图匹配和心理旋转作业中，表现好组在 10Hz 的 α 波的比率上均高于表现差组(见图 7-10 和图 7-11)。本研究的一个局限性在于，我们采集的是中学生被试安静闭目状态下的 α 波数据，而不是实时记录被试在表象操作过程中的脑电 α 波。虽然脑电 α 波能够客观地反映个体大脑的生理成熟过程，可以作为衡量中小学生脑发育和成熟程度的主要指标，且在某个频率段上的 α 波变化能在一定程度上反映表象能力的差异，但是用静息状态下 α 波频率成分来推测个体认知功能的方法还

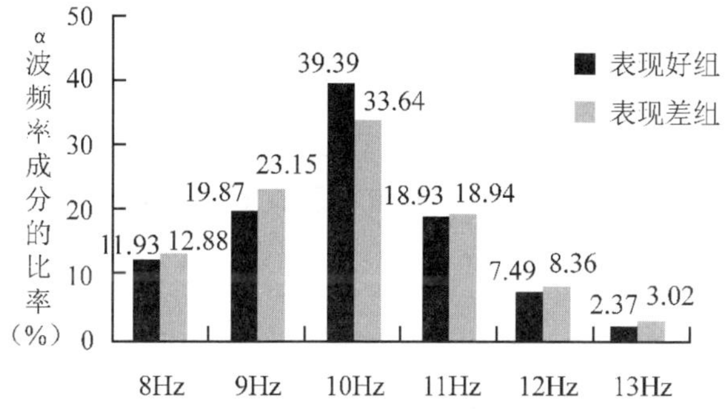

图 7-10　句图匹配任务中表现好组和表现差组 α 波频率成分的比较

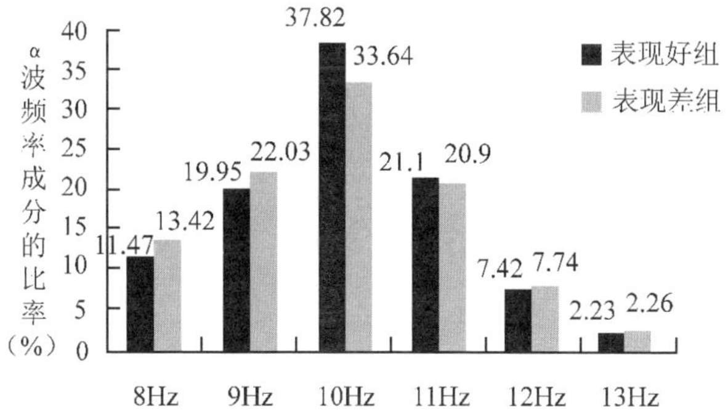

图 7-11　心理旋转任务中表现好组和表现差组 α 波频率成分的比较

是具有很大的局限性。因此，我们仍然有必要从其他的途径更深入地探索表象能力的脑机制。

三、信息加工速度的生物学机制

信息加工速度(the speed of information processing)的概念最早起源于反应时的研究。人类的信息加工过程就是人脑对输入信息的获取、编码、储存和提取等一系列的操作过程，而不同的个体对同一任务的操作有快慢的区别，即体现了信息加工速度的个体差异。在高尔顿(Galton)和斯皮尔曼(Spearman)的早期智力研究中，他们把心理速度(mental speed)作为智力的基础或重要组成部分，此后，许多智力研究把心理速度作为衡量智力个体差异的重要指标。因此，在我提出的聚焦思维结构的智力理论中，也把信息加工速度的快慢作为思维品质的一个重要方面。有研究表明，脑电活动中的 α 波(8~13Hz)成分与个体的思维和认知等脑的高级功能有关。为了更好地探讨脑功能的发展与信息加工速度的关系，我们利用脑 ET 技术对中小学生的脑电 α 波进行了一系列的研究。

在一项研究中，我们测查了 228 名 6~12 岁小学生的脑电 α 波频率分布和信息加工速度的关系。① 结果表明，不同赫兹 α 波的脑区分布有所不同，且相同赫兹的 α 波在各脑区的比率存在着显著的差异。总体上，左右脑 8Hz、10Hz、11Hz、12Hz、13Hz 的 α 波呈对称分布，且右脑 9Hz α 波显著多于右脑。此外，α 波在左右对称脑区的分布比率也因频率不同而表现出不同的左右脑优势。随后，我们从脑电被试中随机选取了 41 名被试进行六项信息加工速度测验，包括简单反应、选择反应、字母匹配、图形匹配、句图匹配和心理旋转，进而根据测验的成绩将被试分为信息加工速度快组和慢组。对两组的 α 波分析结果表明，快组的 9Hz α 波的比率略小于慢组，10Hz α 波的比率则略大于慢组。然而，统计检验结果指出，两组被试的六种频率(8~13 Hz)α 波的比率均无显著差异。我们认为，这是由于本研究并非实时地对

① 曹河圻、沃建中等：《6~12 岁儿童脑电 α 波频率分布特点与信息加工速度的关系》，载《心理学探新》，2001(4)。

被试从事认知活动过程中的脑电波进行监测，因此无法准确验证 α 波与个体认知功能之间的关系。

为进一步探究脑电活动与个体信息加工速度的关系，我们对脑波进行优势频率扫描，进而分离出脑波涨落的周期性优势超慢成分。这种由超慢成分组成的超慢系统简称为 S 系统。S 系统以 mHz 为单位，由 S1、S2、S3、…、S255 共 255 条谱线组成超慢谱(简称 S 谱)。从脑波中分离出来的这些超慢涨落信息可以展示精细的、深层次的频率-空间结构，它们反映了脑的高度自组织活动，并与脑内神经化学活动等深刻过程联系起来。我们分析了这种超慢系统(S 谱系)与信息加工速度的关系。① 结果表明，不同信息加工任务中表现好与表现差的儿童的 S 谱基频功率在前后脑的比值表现出不同的特点。在简单反应、句图匹配、字母匹配任务中，速度快组的儿童在绝大多数(≥8 个)基频谱线上的前后脑功率比值均大于速度慢组；在字母匹配任务中，表现较好的儿童的所有基频谱线都在前脑更为活跃，而在这个任务中表现得不太好的儿童的后脑比较活跃。同时，被试在选择反应和心理旋转任务中则表现出了完全相反的特点，即在这两项任务中表现较好的儿童的绝大多数(≥7 个)基频谱线的前后脑比值均小于速度慢组；其中在心理旋转任务中表现较好的儿童的各种基频谱线在后脑较前脑更为活跃，而在这一任务中表现不好的儿童的前脑更为活跃。此外，在简单反应、选择反应、图形匹配任务中，表现较好的儿童的基频谱线都在左右脑活动更平衡，而在这些任务中表现得不太好的儿童则左右脑对称性较差。这充分说明，不同的信息加工活动不仅与大脑的不同部位相联系，也与大脑活动的空间关系相联系。

此外，我们还考察了小学生脑波超慢涨落功率与计算速度的关系。② 我们选取 6~12 岁的 176 名小学生被试，并要求被试完成加法和减法运算测验，记录每名被试的测验用时，并根据所用时间把被试分为快组、中组与慢组。同时，我们也使用脑电超慢涨落分析仪对被试的脑电活动做了记录，并对被试的脑区平均功率分布进

① 沃建中、林崇德、曹河圻、胡清芬：《6~12 岁儿童脑波功率涨落特点与信息加工速度的关系》，载《北京师范大学学报(自然科学版)》，2001(1)。

② 沃建中、林崇德等：《6~12 岁儿童脑波超慢涨落功率与计算速度的关系》，载《心理学报》，2001(6)。

行分析。对前后脑区的功率分析结果表明，快组和慢组基本上都呈现出额低枕高的功率分布趋势。从梯度逆转数据来看，除了7岁和11岁年龄段外，其余各年龄段的快组的逆转百分数明显低于慢组，其差异主要在右脑。但在左脑，两组的逆转百分数差异较小(见图7-12)。对左右脑区的功率分析表明，除11岁年龄段以外，各年龄段的计算速度快组的左右逆转百分数都高于计算速度慢组。此外，快组和慢组的脑波功率左右逆转百分率的差异主要反映在后脑。在后脑功率的左右逆转百分数上，计算速度快组多于计算速度慢组(见图7-13)。我们还发现，无论是计算速度快组、中组，还是慢组，随着年龄的增长，脑波超慢涨落功率都不断减小，而且逆转现象逐渐减少。这说明脑区不断优化，逐渐表现出有序性。我们注意到在9岁时，计算速度好的学生的脑电超慢波平均功率最低，发展最慢，随后逐渐增加。而在计算速度慢组正好相反，9岁时是发展的最高峰，随后脑区发展将呈下降趋势。此时学生的计算速度能力将不断分化，最终有可能导致很大的差异。我们认为脑波超慢涨落功率对计算速度的控制是涉及前后、左右脑区调节的，是一个双层次调节过程，即前后脑区和左右脑区共同地、各自发挥一定作用的调节。对于小学生来说，计算速度快的儿童在进行认知活动时，以高层次的前后调节为主，而计算速度慢的儿童则以层次较低的左右调节为主。可见，脑波超慢涨落功率的分布和发展特点与计算速度有着根本的联系。

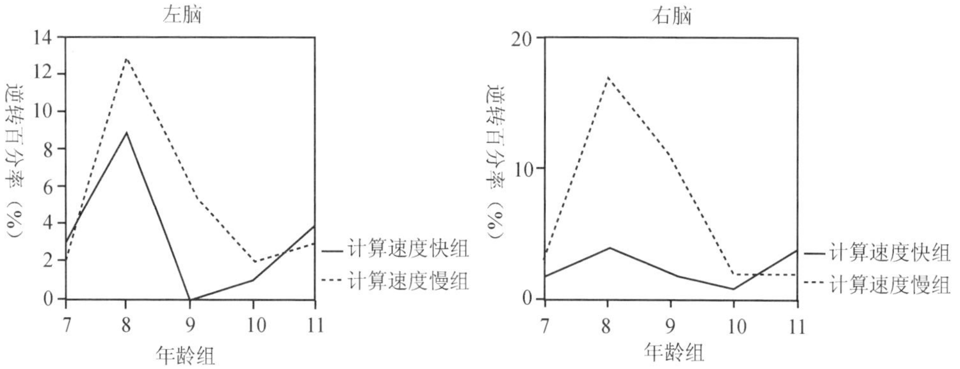

图7-12　左脑和右脑的脑波超慢涨落功率前后梯度逆转年龄变化

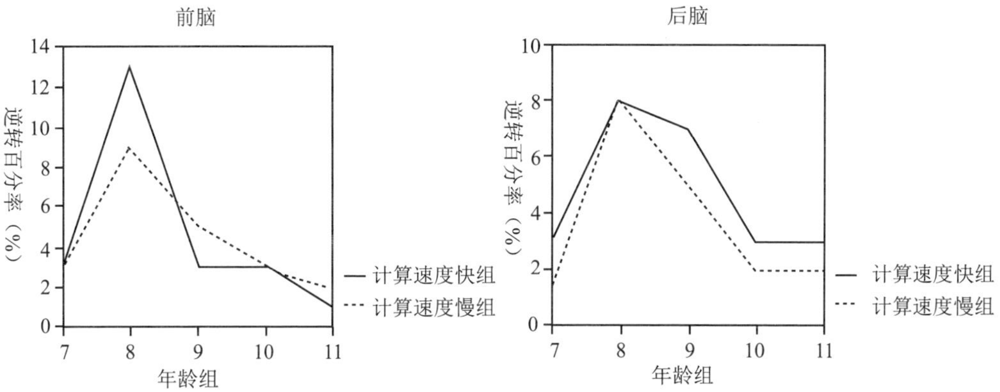

图 7-13 前脑和后脑的脑波超慢涨落功率左右逆转年龄变化

四、工作记忆的生物学机制

工作记忆(working memory)是为完成某一特定任务而暂时贮存和保持有限容量的信息，并对其进行操作加工和执行控制的系统，它由中央执行系统(Central executive system)、语音回路(Phonological loop)和视觉空间模板(Visuo-spatial sketchpad)组成。在过去的十几年中，认知科学家已经接受工作记忆容量是导致一般智力差异的“X 因素”的观点。揭示工作记忆中保持信息时脑区的激活及其动态加工过程，成为思维和智力脑机制研究中的一个重要问题。

我们在一项脑电研究中比较了汉字 2-back、0-back 和复述任务的 ERP 成分，试图分离工作记忆中短时存贮和复述成分的功能定位及其时间过程。① 2-back 任务的流程与前述内容相同。在 0-back 任务中，被试只需要判断屏幕上每次呈现的汉字是否与预定汉字(如“观”)相同；而复述任务要求被试连续地无声复述每次出现的汉字，直到下一个汉字出现为止，无须判断和按键反应。在 2-back 任务中，被试需要同时对获得的信息进行主动复述和被动存贮，同时需要通过执行控制系统对工作记

① 王益文、林崇德、魏景汉、罗跃嘉:《短时存贮与复述动态分离的 ERP 证据》，697～703 页，载《心理学报》，2004，38(6)。

忆中的信息进行刷新；而在0-back任务中，被试只需要通过执行控制功能对信息进行刷新并完成按键反应；此外，复述任务只需要被试参与复述过程。因此，通过比较三个任务之间的ERP成分，我们便可以获知和工作记忆的复述和存贮过程有关的脑电活动。结果表明，2-back任务中晚期负成分(Late Negative Component，LNC)的平均波幅显著大于复述任务(见图7-14)，两任务相减后出现了差异波N430。我们认为N430动态反映了工作记忆中对汉字进行存贮加工的时间过程。同时，在头皮前部，2-back任务的P230和LPC波幅均显著大于复述任务，相减后在头皮前部出现了持续正成分(Sustained Positive Component，SPC)。这一差异波SPC可能反映了2-back任务减复述任务后剩余的执行控制成分。对2-back和0-back任务进行比较的结果表明，在头皮后部顶枕叶区域，2-back任务LNC(400~600ms)的平均波幅显著大于0-back任务，相减后在头皮后部得到差异波N430，与2-back减复述任务得到的N430波形极为接近。由于2-back与0-back任务的差异以及2-back与复述任务的差异均包含工作记忆中的短时存贮过程，因此上述结果进一步验证了N430成分与短时存贮过程的关系。而在头皮前部，2-back任务的P230波幅显著小于0-back任务，其晚期正成分(Late Positive Component，LPC)平均波幅在右侧前额部显著小于0-back任务，相减后主要在C3点和头皮前部右侧出现持续差异负成分(Sustained Negative Component，SNC)。我们认为SNC动态反映了复述加工的时间过程，可能是工作记忆中复述加工的指标。综合上述结果，我们认为大脑额叶和后部区域分别参与信息的复述和短时存贮，两者的动态分离加工可能是工作记忆中信息暂时保持的神经基础。

在另一项研究中，我们考察了工作记忆的另一个重要的组成部分——视觉空间模板，及与其相关的生物学机制。视觉空间模板也叫视觉空间工作记忆，用于存贮视觉和空间信息，主要负责产生、操作和保持视觉映像。关于视觉空间工作记忆的研究发现，视觉空间模板中存在着视觉工作记忆和空间工作记忆两个相对独立的子成分，视觉工作记忆对物体的大小、颜色和形状进行加工和存储，而空间工作记忆

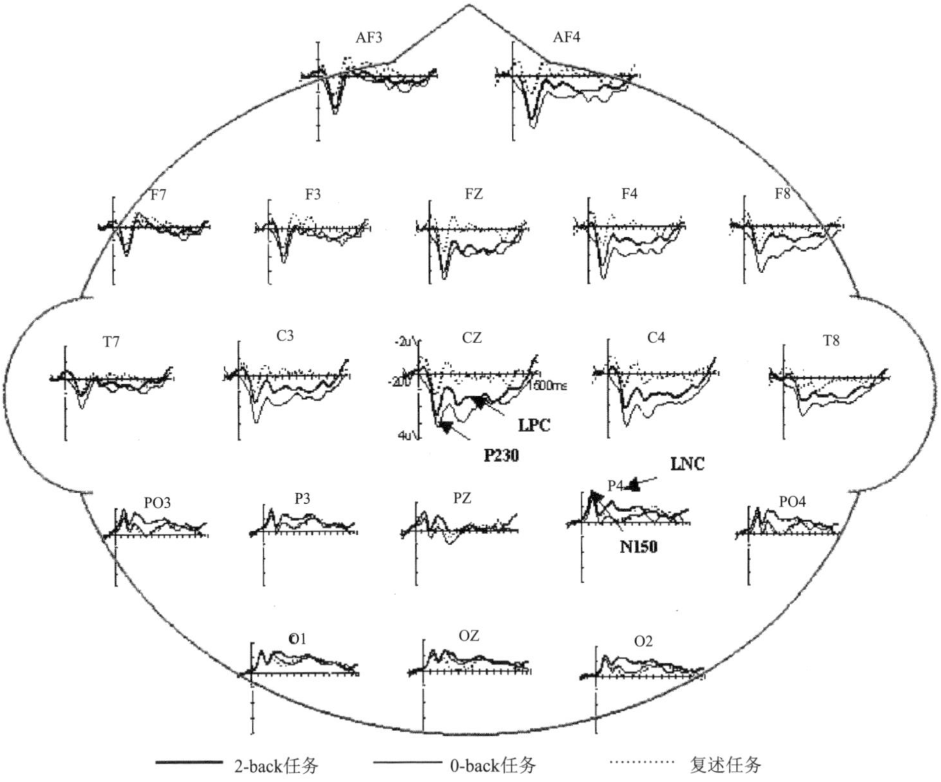

图 7-14 2-back 任务、0-back 任务和复述任务的 ERP 成分图

主要负责加工和存储物体的空间位置信息。我们利用 ERP 慢波的空间-时间特征来考察当客体、空间信息在工作记忆中进行编码和保持时，脑电活动部位存在哪些差异。① 我们要求被试完成延迟匹配任务(见图 7-15)。对于客体工作记忆任务而言，被试需要尽量记住三角形的形状；而对于空间工作记忆任务而言，被试需要尽量记住三角形在二维矩阵里的位置。结果表明，客体工作记忆与空间工作记忆所诱发的皮层慢电位(slow cortical potentials，简称 sp 成分)在时间上存在分离，且在 sp 出现的脑区空间位置上也存在着分离(见图 7-16)。空间任务在目标刺激出现以后的

① 沃建中、罗良、林崇德、吕勇：《客体与空间工作记忆的分离：来自头皮慢电位的证据》，729～738 页，载《心理学报》，2005，37(6)。

700ms 左右就出现负 sp 成分，且各个脑区负 sp 成分出现时间一致，而客体任务负 sp 成分出现时间差异较大，甚至有些脑区电极记录点就没有出现负 sp 成分。这个结果说明，空间任务的编码和复述开始的更早，并且与客体任务相比，空间信息在从编码到保持/缓存系统的传递更快。此外，从 700ms 一直到探测刺激出现(4800ms)的整个刺激呈现和延迟阶段中，客体任务诱发的 sp 成分都显著负于空间任务诱发的 sp 成分，且差异主要表现在前额中部的左侧脑区。这一 sp 成分可能反映了大脑对客体信息进行的编码和保持。同时，两种任务都在左下前额叶诱发出负 sp 成分，并且这种负 sp 成分并不存在显著差异。已有研究认为，注意控制在工作记忆中起到关键作用，并且认为这种注意控制能力是普遍性的，独立于具体的存储系统之外。在本研究中发现的左下前额叶的负 sp 成分可能就是注意控制的参与而诱发出来的。

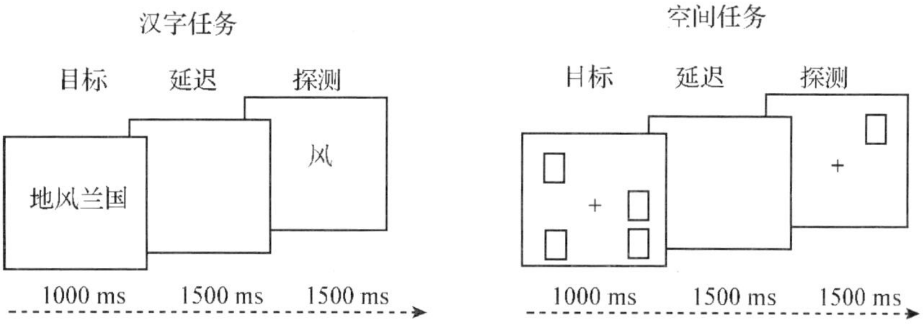

图 7-15 客体和空间工作记忆任务流程图

此外，我们也采用了 ERP 技术考察工作记忆过程中汉字与空间信息的分离。我们以汉字和空间位置为刺激材料，考察了工作记忆中汉字与空间信息保持的时间进程、汉字和空间延迟反应任务激活的部位、左右半球优势，以及各脑区激活表现出的时间顺序和动态变化等构成的脑机制模式特点。① 实验采用了延迟匹配任务的范式(见图 7-17)，汉字任务为在屏幕中央呈现四个汉字，空间任务为在屏幕上 8 个可能的二维空间位置中，随机选择 4 个位置呈现 4 个方框。在探测阶段，屏幕上呈现

① 王益文、林崇德、魏景汉、罗跃嘉、卫星：《工作记忆中汉字和空间分离与动态优势半球的 ERP 效应》，253~259 页，载《心理学报》，2004，36(3)。

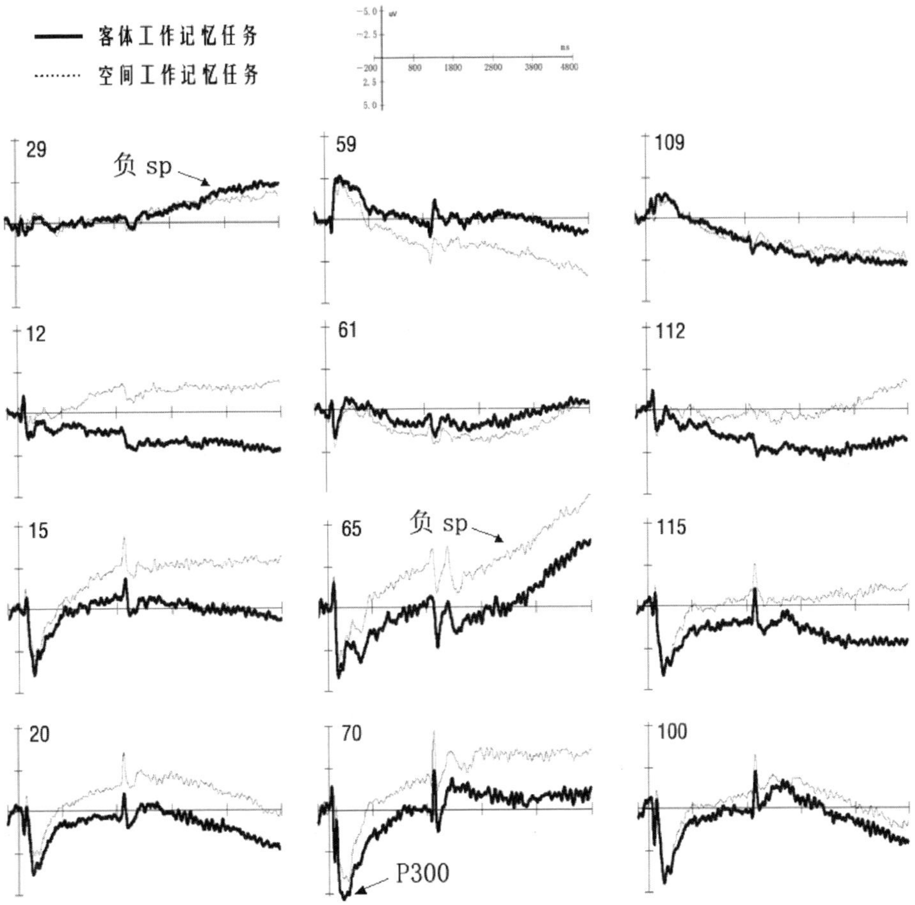

图 7-16　客体任务和空间任务 ERP 总平均波形图

一个汉字或方框，被试需要判断汉字或方框的位置是否在之前出现过。结果发现（见图 7-18），汉字和空间任务均主要在头皮前部产生 P260 和晚期正成分（LPC），在头皮后部双侧顶枕叶产生 N150 和晚期负成分（LNC）。P260 在 F3/F4 电极的波峰最大，且汉字任务右半球显著大于左半球，空间任务左右半球没有显著差异。P260 的潜伏期表现为汉字任务上左半球长于右半球，空间任务上右半球长于左半球。N150 在 P3/P4 电极的波峰最大，其潜伏期的所有主效应和交互作用均不显著。我们还发现，头皮前部 LPC 平均波幅汉字任务显著大于空间任务，这说明汉字易于进

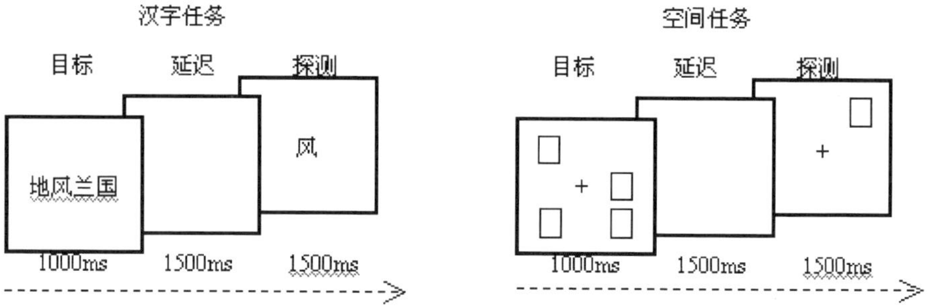

图 7-17　客体和空间工作记忆任务流程图

行默读复述，因此消耗的认知资源较多。汉字与空间信息的分离主要表现在 400～800ms 时头皮前部额叶皮层，而后部分离不明显。根据上述结果，我们认为，工作记忆中信息的保持可能是根据信息类型（词语、客体或空间）进行组织的。但无论是采用空间任务或言语任务，均存在一个工作记忆激活回路把头皮前部额叶和后部顶枕叶联结起来。同时，我们还发现，空间任务从 P260 的左右半球均衡变化为 400～800ms 更多激活右半球。与之相对，汉字信息的保持在早期 100～300ms 时是右半球相对优势，在晚期 400～800ms 转变为左半球相对优势，即呈现出一种动态变化的左右半球优势效应。我们认为，工作记忆中加工汉字时左右半球之间存在信息传递，汉字可能在右半球进行字形的空间形体加工时，表现出右半球优势。随后将信息传送至左半球进行语音义加工，这时就表现出左半球优势。本研究说明，左右半球的功能关系只不过是大脑高级功能加工的动态过程的一个组成部分，两个半球在加工时是分工与合作且不断变化的动态关系。因此，静态优势半球难以解决大脑多维变化的复杂性。

我们还使用了脑电和脑 ET 技术考察了记忆状态下中小学生脑电 α 波和脑波超慢涨落的特点。①② 我们选取一所小学和一所中学的各年级被试共 24 名，分别采集被试在静息状态下和记忆状态下的脑电 α 波数据。在静息状态下，要求被试在测试

① 林崇德、沃建中等：《记忆状态下儿童青少年脑电 α 波特点的研究》，载《北京师范大学学报（自然科学版）》，2002（1）。

② 沃建中、刘慧娟、林崇德：《记忆状态下儿童青少年脑波超慢涨落特点的研究》，载《心理科学》，2002（3）。

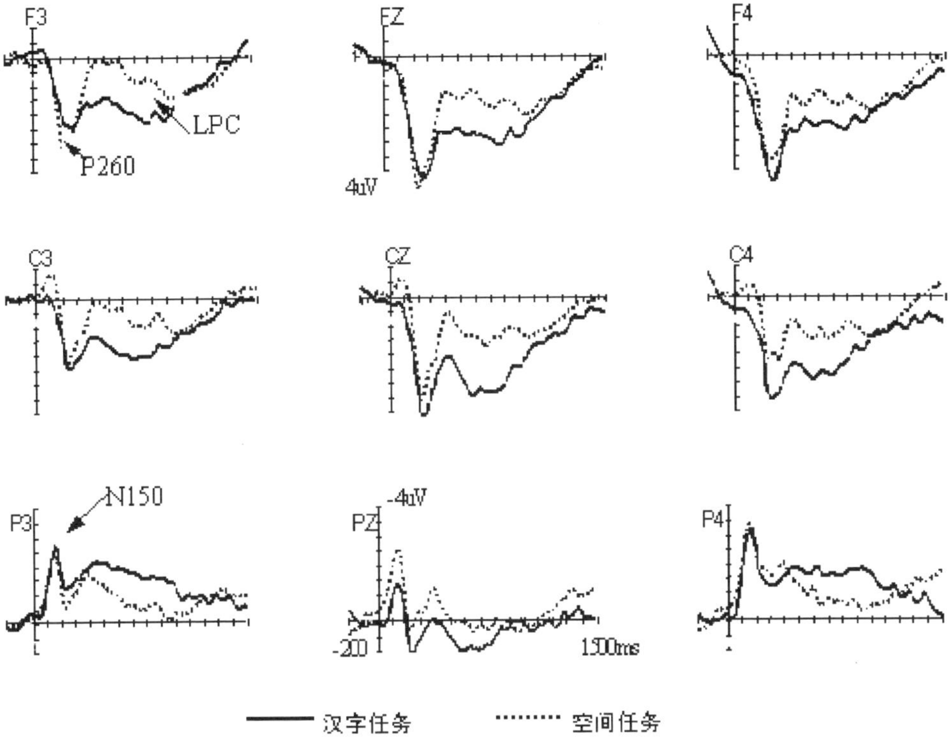

图 7-18 汉字与空间任务中延迟阶段的 ERP 总平均图

时保持安静闭眼状态。在记忆状态下，要求被试在测试时保持安静闭眼状态，同时通过耳机认真收听录音机中播放的内容，并尽量把这些内容记下来，在测试结束后写出记下的内容。记忆的材料包括词汇对偶联合、算术计算和图形对偶联合三部分。结果表明，被试在记忆状态下所表现出的熵值与静息状态相比有所升高。熵值越大，说明被试脑内各种频率 α 波所占的比率越接近。上述结果表明在记忆状态下，被试脑内各种频率的 α 波共同活跃，而不再是只有一种频率的 α 波活跃。同时，在记忆状态下，低频 α 波在全脑所占比率有所下降，而高频 α 波所占比率则有所上升。这些都说明，高频 α 波与记忆活动有着密切的关系。我们还采集了被试在静息状态和记忆状态下的两组 ET 数据，并发现在记忆状态下，男生的右脑，特别是右前脑功率变化不大，而左脑功率则明显下降。与男生不同，在记忆状态下，女生的左前脑平均功率变化不大，而右脑，特别是右前脑功率则明显上升。这说明男生的左前脑活动与记忆活动的相关比较密切，而女生则相反，其右前脑的活动与记忆活动的相关更加密切。左右脑优势不同的被试在记忆状态下平均功率的变化也是不一样的。静息状态下左脑占优势的被试在记忆时左前脑功率的变化更大，活动更加剧烈，而静息状态下右脑占优势的被试在记忆时右前脑功率的变化更大，活动更加剧烈。这或许与被试的用脑习惯有关，即左脑优势的被试在认知活动中更倾向于使用左脑来完成任务，而右脑优势的被试则更倾向于使用右脑。这些结果说明，中小学生在记忆过程中的脑电超慢功率涨落变化与性别和用脑习惯都有显著关联。

我们的研究结果还显示，记忆负荷对客体工作记忆任务中的脑电活动会产生显著影响：在记忆编码阶段，高负荷任务在前额中部诱发的皮层慢电位 sp 成分显著负于低负荷任务诱发的 sp 成分；而在记忆编码和保持阶段，低负荷任务在左侧前额-中央和中央-顶叶区以及右侧前额-中央区诱发的 sp 成分显著负于高负荷任务诱发的 sp 成分。① 此外，我们的另一项 ERP 研究显示，干扰任务对空间工作记忆测验中诱发的 P1 和 N1 成分没有显著影响，但其显著影响了 P300 成分的潜伏期，这说明干扰刺激对空间工作记忆再认测验的早期视知觉加工阶段没有影响，而其影响主要体现在刺激评估和反应决策阶段。② 我们还通过基因提取和分析技术发现，人类的 CHAT 基因（一种和乙酰胆碱合成相关的基因）与工作记忆广度的个体差异存在显著相关。③

五、错误记忆的生物学机制

记忆是个体对以往知识经验的编码、存储和提取的过程。按照记忆内容的真伪

① 罗良、林崇德等：《客体工作记忆任务中大脑皮层活动的记忆负荷效应》，805～814 页，载《心理学报》，2006，38(6)。

② 罗良、刘兆敏、林崇德等：《延迟干扰对空间工作记忆信息再认的影响》，491～497 页，载《自然科学进展》，2009，19(5)。

③ B. Zhu, C. Chen, R. K. Moyzis, Q. Dong, & C. Lin, "The Choline Acetyltransferase (CHAT) Gene is Associated with Parahippocampal and Hippocampal Structure and Short-term Memory Span", *Neuroscience*, 2018, 369: 261-268.

性，我们可以把记忆分为真实记忆和错误记忆。所谓的真实记忆(true memory)，指的是个体能够对以往发生过的客观事实做出正确提取和还原。而当人们对过去曾经编码过的信息不能做到真实的还原，则会在记忆提取过程中产生偏差，这就是错误记忆(false memory)。大量研究表明，记忆并不像我们以为的那样具有非常高的可靠性，而是会由于外在的诱导或个体主观产生的意识偏差而造成错误记忆。错误记忆的产生会严重地影响思维过程，进而对思维的可靠性造成显著的负面影响。

我的弟子朱莳和她的同事运用功能核磁共振成像技术，考察了真实记忆和错误记忆在生物学机制上的差异。在一项研究中，我们考察了记忆和编码提取阶段的大脑活动一致性程度能否预测真实或错误记忆的产生。① 在实验中，被试需要记忆一系列词语，并完成一个再认测验。在测验中，被试需要辨认屏幕上呈现的词语是否在之前学习过。再认测验使用的词语中，一部分为学过的旧词，一部分为与旧词在语义上毫无关联的新词，而另一部分为与旧词在语义上有很高的关联但并没有学过的干扰词。我们发现，被试很容易将与旧词有语义关联的干扰词判断为“学过”，即产生了错误记忆。而当这种语义关联越强时，被试产生错误记忆的比率越高。核磁共振成像的结果表明，真实记忆的记忆强度与多个脑区在编码和提取阶段的神经活动相似程度有关，包括左侧额下回、左侧顶下小叶、左侧顶上小叶、双侧腹外侧枕叶等。此外，大脑左侧额顶区(如左侧额下回、左侧顶下小叶、左侧顶上小叶)的神经活动在编码和提取阶段的相似程度还能够预测错误记忆的强度，但腹外侧枕叶的神经活动与错误记忆的强度无关。此外，左侧顶下小叶的神经活动还能够部分中介语义关联性对错误记忆的影响：当左侧顶下小叶的活动在编码和提取阶段的相似程度越高时，语义关联性对错误记忆的影响越大。我们还发现，前额叶的神经活动与记忆提取过程中的认知控制功能有关；同时，当左侧顶下小叶和腹外侧前额叶的活动在编码和提取阶段的相似程度差异越大时，左侧前额叶的激活强度越高。上述结果表明，左侧额顶区负责的认知加工过程同时促进了真实记忆和错误记忆的生成，而枕叶加工的视觉信息则仅被用于生成真实记忆而非错误记忆。同时，记忆提取过

① Z. Ye, B. Zhu, L. Zhuang, Z. Lu, C. Chen, & G. Xue, “Neural global pattern similarity underlies true and false memories”, *Journal of Neuroscience*, 2016, 36(25): 6792-6802.

程中也包含了认知控制，而这一具体过程由前额叶负责。本研究从记忆编码和提取阶段的神经活动相似性的角度，推动了我们对负责真实和错误记忆加工的脑区的认识。

在另一项近期的研究中，朱皕和她的同事用功能核磁共振成像技术考察了不同感觉通道对真实和错误记忆的影响。① 在实验中，被试需要完成和之前研究相似的学习和再认测验，和之前研究的区别在于，在本研究中，对于不同被试而言，学习阶段和测验阶段的刺激材料均可能通过视觉或听觉通道来呈现。根据学习和测验阶段的材料呈现所使用的感觉通道，可以把被试分为视觉-视觉组、视觉-听觉组、听觉-视觉组与听觉-听觉组。我们发现，听觉-视觉组产生错误记忆的比率最高。此外，当学习阶段的材料使用听觉呈现时，干扰词和旧词的语义关联性对记忆强度的影响比当学习材料使用视觉呈现时更强。核磁共振成像结果表明，左侧额中回的神经活动在编码和提取阶段的相似程度能够同时预测真实和错误记忆的强度，而舌回的神经活动只能预测真实记忆的强度，且这一结果对于不同的感觉通道都成立。此外，对于视觉-视觉组，枕叶皮层和海马的神经活动可以显著预测真实记忆的强度，但这一结论对于听觉-视觉组并不成立。我们的结果还表明，和视觉-视觉组相比，听觉-视觉组被试的前额叶活动在测验阶段显著更弱，这说明视觉-视觉组在记忆提取过程中的认知控制功能更强。最后，我们还发现，与视觉-视觉组相比，听觉-视觉组的被试的颞极的神经活动能够更强地预测错误记忆的强度，说明对于听觉-视觉组的被试而言，颞极与错误记忆的关系更密切。而已有研究表明，颞极与语义信息的加工过程显著相关。综合上述的结果，我们认为，和用视觉呈现学习材料相比，用听觉呈现学习材料会减弱视觉皮层的认知加工活动，降低记忆提取过程中的认知控制功能，并增强语义信息对记忆提取过程的影响。上述过程都有可能是导致听觉-视觉组被试产生更多的错误记忆的原因。

我们还使用了结构核磁共振和基因提取分析技术，考察真实和错误记忆的脑机

① B. Zhu, C. Chen, X. Shao, W. Liu, Z. Ye, L. Zhuang, ... & G. Xue, "Multiple interactive memory representations underlie the induction of false memory", *Proceedings of the National Academy of Sciences*, 2019, 116(9): 3466-3475.

制。结果表明，海马的灰质体积能够显著预测短时的真实与错误记忆的强度，而右侧梭状回的体积能够预测长时的真实和错误记忆。① 此外，人类的 HTR2A 基因的基因型能够显著预测真实记忆，但与错误记忆无关。②

六、自我监控的生物学机制

在我的思维结构理论中，有一个深层结构叫思维的自我监控(self-monitoring)，又称反思，它是自我意识在思维中的表现。以往研究认为，人类的认知过程存在两个层面的思维活动，一个是较低级的客体层面，另一个则是元层面。元层面的活动控制并调节着客体层面的活动，使客体层面的加工产生一定的改变或变化，这种改变是以元层面对客体层面的加工活动做出的判断和评价为依据的，这种判断和评价就是监控。自我监控是思维结构中的顶点或最高形式，它对确定思维的目的、搜索和选择恰当的思维材料和思维策略、评价思维结果发挥重要作用。因此，揭示自我监控的认知神经机制，对深入认识思维与大脑之间的关系有着重要的意义。

我们在一项研究中使用 ERP 技术考察了不确定监控过程中的脑电活动。③ 在实验中，被试被随机分为知觉组和监控组，两组被试看到的刺激材料完全相同。屏幕上每次会出现由黑色和白色小方格组成的图案，知觉组被试需要按键判断屏幕上的黑色和白色小方格哪个更多，而监控组则需要评估自己判断黑色和白色小方格的数量的准确性，并按键判断自己能否准确辨别两种颜色方格的数量差异。我们发现，监控组被试的反应时间(1210ms)显著长于知觉组被试(928ms)，说明确定性判断可能包含了色块数量比较判断没有的一个心理加工过程。这个心理加工过程很可能就是自我监控，它是被试对自身判断准确性的一个反省过程。ERP 结果显示(见图 7-

---

① B. Zhu, C. Chen, E. F. Loftus, Q. He, X. Lei, Q. Dong, & C. Lin, "Hippocampal size is related to short-term true and false memory, and right fusiform size is related to long-term true and false memory", *Brain Structure and Function*, 2016, 221(8): 4045-4057.

② B. Zhu, C. Chen, E. F. Loftus, R. K. Moyzis, Q. Dong, & C. Lin, "True but not false memories are associated with the HTR2A gene", *Neurobiology of learning and memory*, 2013, 106: 204-209.

③ 罗良、胡清芬、林崇德等:《不确定监控的事件相关电位研究》, 51～57 页, 载《自然科学进展》, 2008, 18(1)。

19)，两组被试在头皮后部诱发的 P1(50～110ms)和 N1(110～170ms)成分的波幅和潜伏期都没有显著的差异，说明两组被试在对任务物理特性的早期加工上并没有明显的不同。而监控组被试在头皮前部诱发出的 N2(160～220ms)成分和在大脑后部出现的 P2(170～230ms)成分的波幅，显著大于知觉组被试。我们认为本研究发现的 N2 与 P2 可能反映了两个相关联的加工，即首先大脑前部额叶进行监控加工，然后根据监控加工的结果对后部低级视觉皮层进行信息的逆向反馈。前部额叶对监控加工投入的注意资源越多，可能从前部额叶逆向反馈给后部低级视觉皮层的信息量就越大，因此诱发出波幅较大的 P2。此外，我们还对大脑头皮前部的晚期成分进行了分析，并发现监控组与知觉组在 P340～440 和 P440～540 两个时间窗口诱发出的 ERP 平均波幅存在显著差异，监控组被试诱发的 ERP 成分与知觉组相比更为负走向。在 540ms 后，这种差异消失。这个结果说明前额叶在监控加工后期起到非常重要的作用。与知觉视觉刺激相比，监控需要前额叶投入更多的资源，且这种资源的投入在刺激出现后的 540ms 左右完成。

在另一项核磁共振研究中，我们考察了学习判断准确性的生物学机制。① 所谓学习判断(judgments of learning，JOLs)，指的是在学习过程中，个体对自己在将来的回忆测试中提取出学习项目的可能性的预测。学习判断是个体在记忆编码过程中进行的自我监控过程，其准确性能够显著影响个体能否在学习过程中选择合适的学习策略，进而显著影响学习过程的效率。因此，探讨学习判断准确性的生物学机制具有重要的理论和实践意义。我们发现，学习判断的准确性的个体差异与左侧岛叶的灰质体积之间存在显著的正相关。进一步的数据分析表明，当以左侧岛叶作为静息态功能连接的种子点时，学习判断的准确性与左侧岛叶和多个脑区之间的功能连接有关，包括右侧额极、双侧顶下小叶、左侧顶上小叶和左侧海马旁回。我们还发现，上述提到的几个脑区之间的功能连接也与学习判断的准确性有关。随后，我们使用因素分析方法，将与学习判断准确性有关的功能连接分为两个相互独立的组。

① X. Hu, Z. Liu, W. Chen, J. Zheng, N. Su, W. Wang, & L. Luo..., "Individual Differences in the Accuracy of Judgments of Learning Are Related to the Gray Matter Volume and Functional Connectivity of the Left Mid-Insula", *Frontiers in human neuroscience*, 2017, 11: 399.

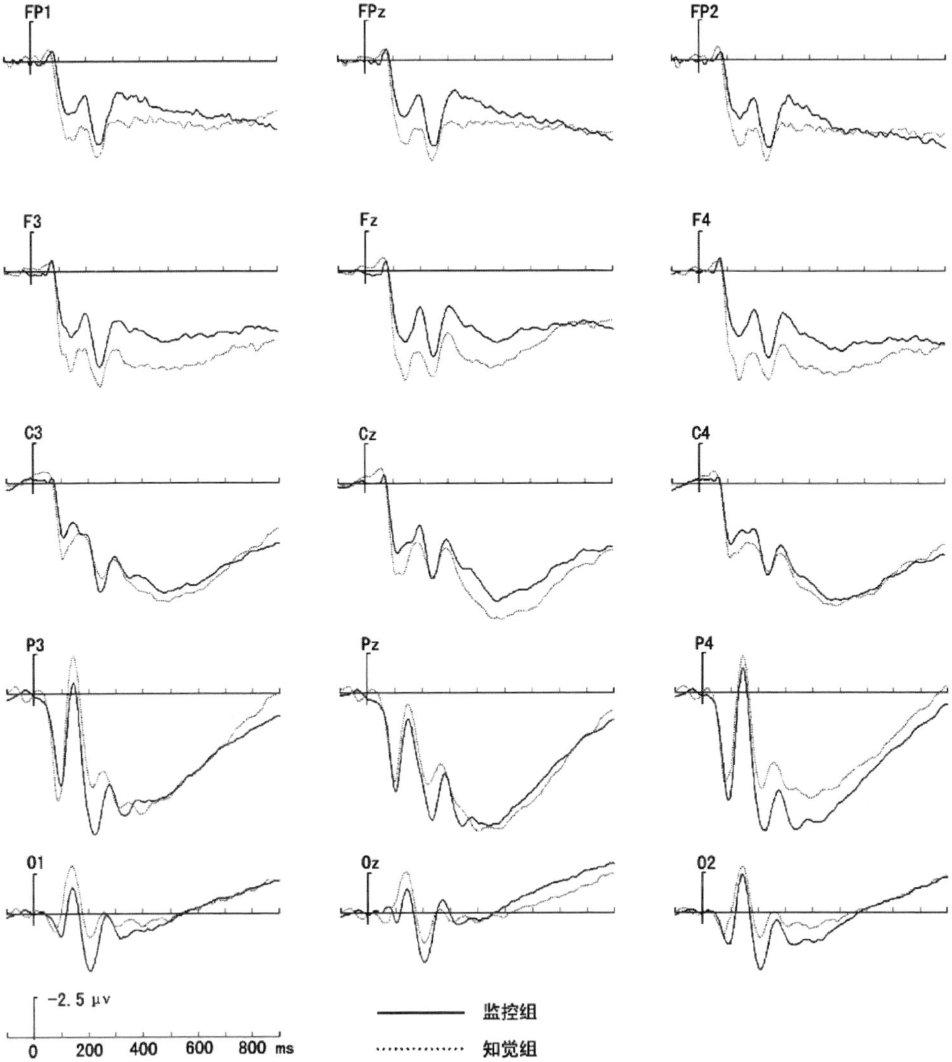

图 7-19　监控组与知觉组 ERP 总平均波形图

第一组功能连接包含左侧岛叶与上述提到的各个区域之间的连接，以及右侧额极与左侧顶上小叶之间的功能连接。第二组功能连接包含双侧顶下小叶和左侧顶上小叶之间的功能连接(见图 7-20，图中参数反映了每个功能连接与学习判断准确性的相关系数)。我们认为，第一组功能连接通常与认知控制和自上而下的认知加工有关，因此可能反映了学习判断过程中的认知控制和信息整合等。而第二组功能连接与大脑中的额顶网络(frontoparietal network)有关，可能反映了学习判断过程中对注意的维持。上述结果表明，学习判断是一个比较复杂的高级认知过程，需要多个脑区之间的协同配合来完成。

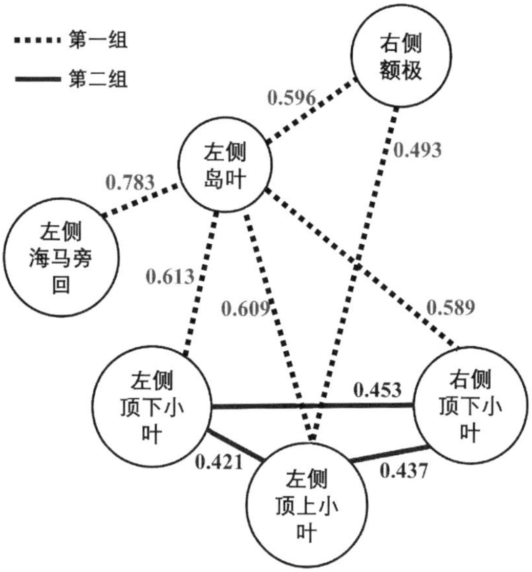

图 7-20　与学习判断准确性有关的功能连接图

第八章

从智力因素培养智力

在智力是先天的还是后天的这个问题上，我们继承与发扬恩师朱智贤的“教育与发展”的观点，并在上一章作了论述。

既然我们已承认在先天的基础上后天是决定因素，那么，我们就要强调教育在智力发展中的作用，强调对学生智力的培养。

在智力培养的问题上，我们把智力的差异视为培养的出发点，也是培养和造就创新人才的基础。因为我们课题组对中国、美国、日本、德国、英国和新加坡六个国家的青少年创造性思维与创造性人格的跨文化研究发现，不同国家青少年创新能力的显著差异不在水平的高低，而是在创新能力不同类别上。具体地说，中国学生在问题提出和科学想象能力上高于英、日学生，但是产品设计和产品改进的能力较低；中国学生的思维流畅性和灵活性水平显著高于英、日学生，但是独特性水平则不高。此外，对中、日、德、英四国青少年的创造性人格研究发现，四个国家的学生既存在共同性，也存在差异性。具体地说，好奇心和冒险性是四国青少年创造性人格较突出的方面；德国青少年坚持性方面更佳，中国青少年开放性上更为突出，日本青少年怀疑性方面更强；中、日青少年在自信心方面存在较大的个体差异，英国青少年在自我接纳方面存在较大的个体差异，德国青少年则在怀疑性和自信心方面存在较大的个体差异，等等。根据多年研究结果，尤其是跨文化的青少年创造性研究，我们认为既要重视智力、知识、发散思维技能等认知因素差异性，即思维品质的差异性，又要强调培养学生的自信心、好奇心、探索性、挑战性和意志力等创新人格品质，即非智力因素。

基于上述我们研究结果的启示，我们在智力的培养上从两方面入手：一是思维品质入手，因为智力或创新能力的差异就是表现在思维品质上；二是从非智力因素入手。这两个方面构成我们研究课题的基本内容，落实到学生智力与能力的培养，更体现出我们对学生创新精神和创新人才培养的理念。

第一节

培养智力要以智力差异为前提

我们已多次提到，智力属于个体心理特征。因此，研究智力的培养，当然要以智力的差异作为前提。智力的差异，既表现为群体的差异，又表现为个体的差异。下面我们分别从两个方面进行讨论。

一、智力的群体差异

早在20世纪80年代，我们在《思维发展心理学》①中，已把思维或智力的群体差异归纳为三种，即不同性别的群体差异、不同民族的群体差异和不同地区(城乡)的群体差异。胡卫平则从青少年创造力的地区差异入手，研究了智力的群体差异。研究对象是中、英两国青少年，内容是创造力的诸多表现。②

(一)差异的表现

我们把研究中发现被试的创造力的差异，归纳为如下几点：

1. 国家、年龄及性别对青少年科学创造力的影响

为探讨国家、年龄及性别对青少年科学创造力影响的主效应及其交互作用，我们对12岁到15岁的4个年龄组被试《青少年科学创造力测验》各项目分数及总量表

① 朱智贤、林崇德：《思维发展心理学》，北京，北京师范大学出版社，1986。
② 胡卫平：《青少年科学创造力的发展研究》，北京师范大学博士论文，2001。

分数在国家、年龄及性别（2×4×2）3 个因素上的差异进行了复方差分析（MANOVA）。结果表明，对国家来讲，$\lambda=0.366$，$p<0.001$；对年龄来讲，$\lambda=0.184$，$p<0.001$；对性别来讲，$\lambda=0.035$，$p<0.001$；对国家×年龄来讲，$\lambda=0.132$，$p<0.001$；对国家×性别来讲，$\lambda=0.014$，$p<0.01$；对年龄×性别来讲，$\lambda=0.015$，$p>0.05$；对国家×年龄×性别来讲，$\lambda=0.016$，$p>0.05$。国家、年龄及性别对青少年科学创造力的影响由表 8-1 所示。

表 8-1 国家、年龄及性别对青少年科学创造力的影响（*F* 值）

各项目	国家（$df=1$）	年龄（$df=3$）	性别（$df=1$）	国家×年龄（$df=3$）	国家×性别（$df=1$）	年龄×性别（$df=1$）	国家×年龄×性别（$df=3$）
物体应用	39.230***	34.479***	1.652	20.503***	0.016	2.035	2.259
问题提出	78.918***	15.840***	0.715	3.203*	5.757*	0.568	0.363
产品改进	233.160***	5.797***	0.630	0.752	1.262	0.204	0.059
创造想象	300.994***	25.072***	8.845**	0.239	5.300*	0.786	0.852
问题解决	119.041***	41.931***	8.929**	26.819***	0.268	0.408	0.649
实验设计	237.688***	19.033***	22.588***	11.269***	12.075***	0.231	0.920
创造活动	48.083***	7.699***	0.225	4.890**	10.544***	1.331	1.557
总量表	228.792***	44.639***	0.792	4.103**	11.570***	0.522	1.207

注：* 表示 $p<0.05$，** 表示 $p<0.01$，*** 表示 $p<0.001$。

由多元方差分析结果可知：第一，国家因素对青少年在《青少年科学创造力测验》各个项目及总量表上的得分都有显著的主效应；第二，年龄因素对青少年在《青少年科学创造力测验》各个项目及总量表上的得分都有显著的主效应；第三，性别因素对青少年在创造想象、问题解决、实验设计上的得分有显著的主效应；第四，除产品改进和创造想象外，青少年的国家与年龄之间在其他项目及总量表上的得分有显著的交互作用；第五，青少年的国家与性别之间在问题提出、创造想象、实验设计、创造活动及总量表上的得分有显著的交互作用；第六，年龄与性别之间，国家、年龄与性别之间不存在显著的交互作用。

2. 中英青少年科学创造力发展的比较

由于国家对青少年科学创造力的发展有显著的影响，且除产品改进和创造想象外，青少年的国家与年龄之间在其他项目及总量表上的得分有显著的交互作用，我们比较了中、英两国12岁到15岁的青少年在科学创造力测验各项目及总量表得分的平均分和标准差，用t检验进行了差异的显著性检验，画出了中、英两国青少年科学创造力及各组成要素的发展趋势，结果见图8-1~图8-8：

从表8-1和图8-1到图8-8可以看出：第一，英国青少年的科学创造力明显高于中国青少年的科学创造力，特别是发散思维和技术领域，差异特别大；第二，两国青少年科学创造力发展的趋势相似，12岁到13岁上升，13岁到14岁下降，14岁到15岁又上升；第三，在问题解决项目上，中国青少年的得分高于英国青少年，且差异非常显著，而在其他项目和总量表上的得分，中国青少年则显著低于英国青少年；第四，从13岁到14岁，英国青少年在各个项目上的得分均下降，且在创造想象、实验设计、创造活动等项目上的得分下降非常明显；对于中国青少年而言，这种下降主要发生在创造想象、问题解决和创造活动上，在其他项目上的得分均有上升的趋势，但没有显著性差异；第五，与中国青少年相比，英国青少年在大部分项目上得分的标准差以及在总量表上得分的标准差较大，这说明英国青少年科学创造力的两极分化比较明显。

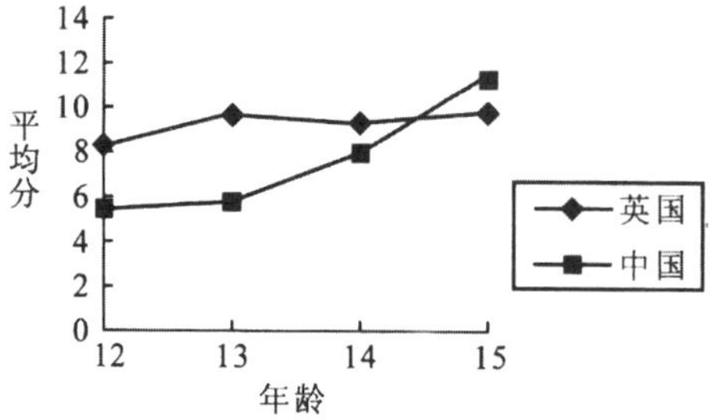

图8-1　中英青少年物体应用能力发展趋势

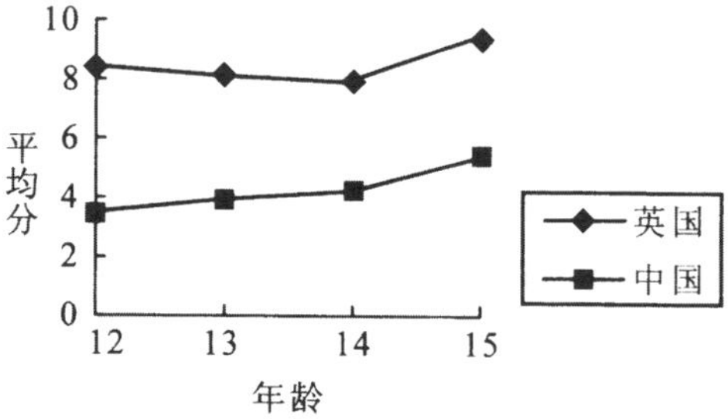

图8-2　中英青少年问题提出能力发展趋势

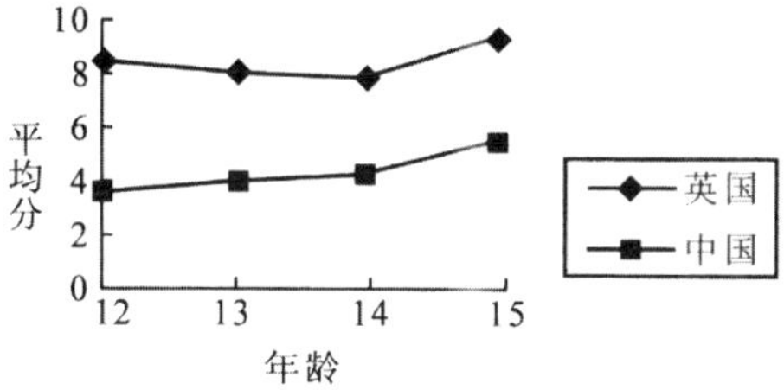

图 8-3　中英青少年产品改进能力发展趋势

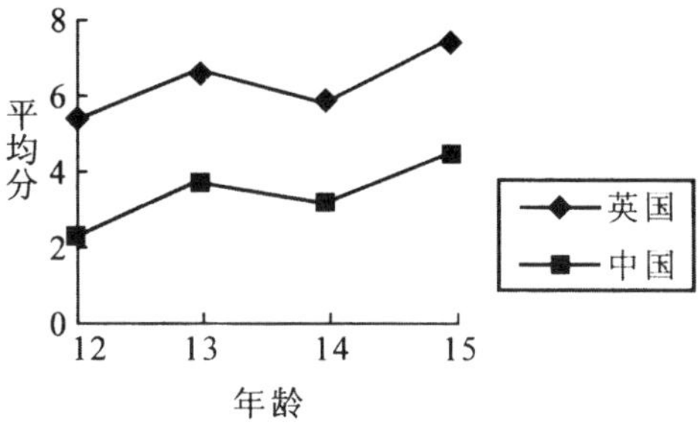

图 8-4　中英青少年创造性想象能力发展趋势

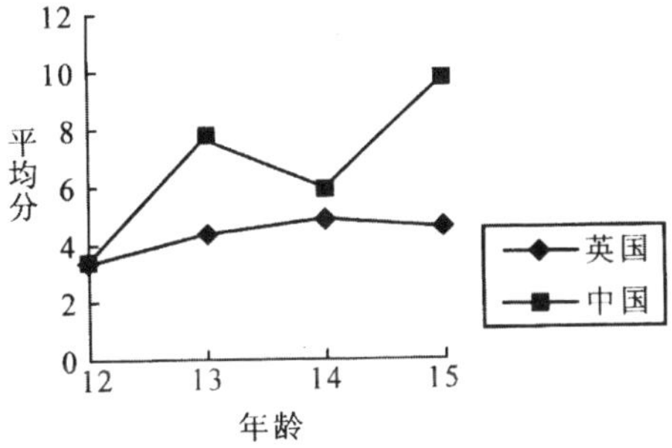

图 8-5　中英青少年问题解决能力发展趋势

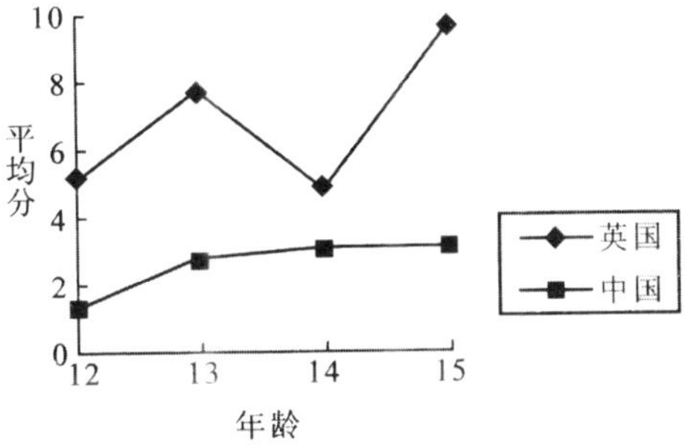

图 8-6　中英青少年实验设计能力发展趋势

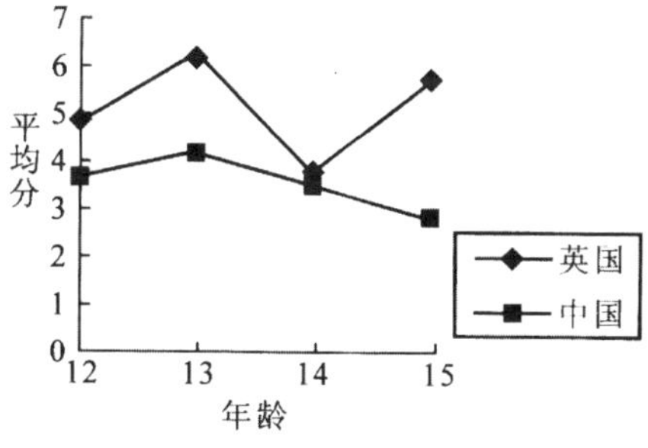

图 8-7　中英青少年技术产品设计能力发展趋势

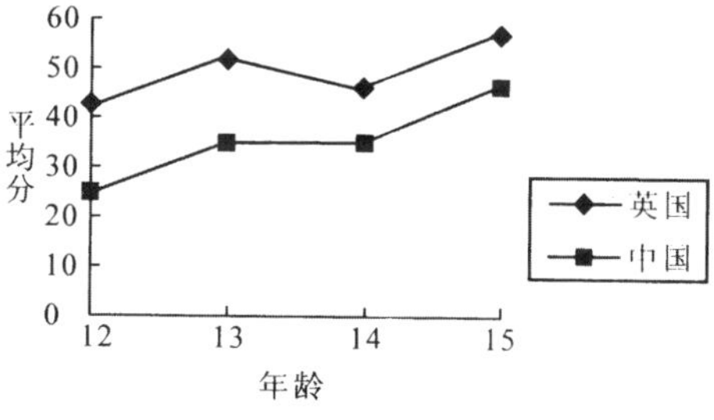

图 8-8　中英青少年科学创造力发展趋势

(二)对差异的讨论

我们在第一章曾强调把培养学贯中西的“T”型人才作为我们的一项重要的教育目标。这里再据此对中英青少年科学创造力差异进行分析。

由于青少年身心的发展有着共同的规律和特点，故在不同文化背景下成长起来的青少年科学创造力有相似的发展趋势；但是，科学创造力又受文化、社会、环境、家庭、学校等外部因素的影响，如在学校教育中，教师的教育观念、教学方法、教学水平、认知方式、学校的课程设置、教学环境、课外活动等都会对青少年科学创造力的发展产生直接或间接的影响，因此，在不同的文化背景和学校教育中成长起来的青少年的科学创造力就会存在一定的差异。由上面研究结果可知，英国青少年的科学创造力和中国青少年的科学创造力，特别是技术领域和发散思维，有显著的差异。这里，胡卫平除了分析文化传统、社会氛围和家庭教育三项差异之外，着重分析了下边的三项差异。

1. 科学课程的差异

科学课程规定了科学教学的基本要求，关系学生的知识结构、智力结构和个性特征，也影响着学生创造力的发展。

自 20 世纪 80 年代以来，世界各国都特别关注科学教育，美国制订了“2061 计划”，英国引入了“国家科学课程”(NCS)。英国是在 1988 年引入 NCS 的，从 1988 至 1995 年的 7 年中，共修改了 3 次。这里，我们对 1995 年修订的英国科学教学大纲作一简述，并与我国现行的义务教育阶段的科学(包括物理、化学、生物)教学大纲作一比较。

(1)英国义务教育阶段学段的划分

英国将义务教育阶段分为 4 个学段(Key Stage)，分别为：KS1、KS2、KS3、KS4。这 4 个学段与学生年龄、年级和学习年限的关系如表 8-2 所示。

表 8-2　英国义务教育阶段学段的划分

学段	年龄	年级	学习年限
KS1	5～7	1～2	2
KS2	7～11	3～6	4
KS3	11～14	7～9	3
KS4	14～16	10～11	2

(2)英国国家课程中的达成目标和组成部分

英国国家课程由学习计划(Programs of Study)和达成目标(Attainment Targets)两部分组成，每部分内容包括四个领域：科学 1——实验与调查；科学 2——生物过程和生命体；科学 3——物质及其性质；科学 4——物理过程。学习计划是对每个学段教学内容的说明，达成目标是课程评价的依据，每个达成目标都有一系列内容和要求，称为组成部分(Strands)。四个达成目标及其组成部分如表 8-3 所示。

表 8-3　英国国家课程中的达成目标和组成部分

学段	AT1 实验与调查	AT2 生物过程和生命体	AT3 物质及其性质	AT4 物理过程
KS1	设计实验 获得证据 思考证据	生物过程 作为生物的人类 作为生物的绿色植物 变异及分类 环境中的生命体	物质的分类 物质的变化	电 力和运动 光和声
KS2	设计实验 获得证据 思考证据	生物过程 作为生物的人类 作为生物的绿色植物 变异及分类 环境中的生命体	物质的分类 物质的变化 混合物的分离	电 力和运动 光和声 地球和其他星球
KS3	设计实验程序 获得证据 分析证据、得出结论	生物过程和细胞活动 作为生物的人类 作为生物的绿色植物 变异、分类及遗传环境中的生命体	物质的分类 物质的变化 物质的性质	电 力和运动 光和声 地球和其他星球

续表

学段	AT1 实验与调查	AT2 生物过程和生命体	AT3 物质及其性质	AT4 物理过程
KS4	设计实验程序 获得证据 分析证据、得出结论 评价证据	生物过程和细胞活动 作为生物的人类 作为生物的绿色植物 变异、遗传和进化环境中的生命体	物质的分类 物质的变化 物质的性质	电和磁 力和运动 光和声 波 地球和其他星球 能源和能量传递反射性

(3)中英教学大纲中的教学目的比较

虽然，我国现在的课程标准(或叫教学大纲)几经修订，内容已经有了较大的变化,但由于研究中的青少年接受的科学教育主要是在当时的教学大纲的指导下进行的，因此，表 8-4 列举了我国当时的中小学科学教学大纲中教学目的所包括的内容。①

表 8-4　我国现行的中小学科学教学大纲中教学目的所包括的内容

目的要求 / 大纲种类	知识技能	知识技能在实际中应用	能力	科学态度和科学方法	情感意志和个性心理特征	世界观、方法论和爱国主义教育	兴趣、创造性
小学自然	*	*	*	*	*	*	*
初中化学	*	*	*	*		*	*
高中化学	*	*	*	*	—	*	*
初中生物	*	*	*	*	—	*	
高中生物	*	*	*	*		*	
初中物理	*	*	*	*		*	—
高中物理	*	*	*	*		*	—

注：* 表示教学大纲中包括此内容；—表示教学大纲中包括此内容的一部分。

英国国家课程的教学大纲中的教学目的主要有：培养学生的探究能力、知识在日常生活及其他各个领域中的应用、理解科学概念的本质、培养学生学会交流、健

① 胡卫平：《青少年科学创造力的发展研究》，北京师范大学博士论文，2001。

康教育和安全教育。从以上对英国国家课程的介绍及其与中国中小学科学教学大纲的比较，我们可以看出，与中国中小学的科学课程相比，英国科学课程具有两个显著特点：第一，注重综合，属于综合课程；第二，重视学生的探究。

2. 科学教学的差异

与中国科学教学相比，英国的科学教学主要有如下几个特点。

第一，注重科学探究。探究在英国科学教学中占有很重要的位置，国家课程对科学探究、科学知识和科学过程的关系是这样描述的：科学探究、科学知识和对科学的理解是相互交织在科学课程之中的，它们在教学过程中无论在任何意义上都不能分离（NCS，1989）。研究者认为，首先，科学探究的答案不是显而易见的，学生可以对将发生什么或结果可能是什么作出猜测或假设，然后需要开展探究活动，以证明假设是否正确（Duggan S. & Gott R.，1995）。探究包括三个阶段：制订计划、实施或操作（其中包括记录）、检验数据并从中得出结论。科学探究不是孤立的技能或过程，也不是简单的形成概念或发现规律，而是在解决问题的过程中使用和发展技能、概念，促进对过程的理解，因此，要通过讲解或说明引入相关概念，且强调科学探究的多种模式。

第二，设计多种活动。英国学校历来重视活动，政府对此有明确的要求，在1997年发布的一份白皮书中指出：除正常的学校学习之外，所有的学生都要参加一定的活动。活动也是英国科学教学的一种重要方式，所有的学校及教师都根据学生的实际情况，设计出各种各样的科学活动。这些活动主要有四个特点：一是有趣；二是简单；三是重在体会研究方法，注意引导学生如何从观察到的现象中得出结论；四是所有活动对器材的依赖程度都不高，大部分只需要一些可以从日常生活及周围环境中取来的东西。科学创造力作为一种认知能力，其发展是离不开活动的。英国科学教学中给学生设计了丰富多彩的活动，无疑对培养学生的科学创造力有很大的促进作用。

第三，重视形成过程。让学生充分体验自然科学概念和规律的形成过程，是英国科学教学的又一特点。许多科学教师认为，让学生充分理解科学概念和规律的形成过程，改变他们在与自然、社会的接触中所形成的错误的、模糊的或片面的想法，真正理解科学概念和科学规律的含义，形成对自然的正确观念，比让他们记住一些抽象的概念和公式，会做一些数学运算重要得多。

3. 考试方式的差异

考试是考查学生学习效果的最有效的方法之一，每一个国家的学生都要参加考试，英国也不例外。像我国一样，英国社会、学校、家长、学生等对考试也特别重视，每年高考结束，有关机构都要对英格兰所有中学的考试成绩由高到低进行排队，学校一般按照成绩分层教学，每个班有 20~30 名学生，一个年级分两级、三级、四级不等。英国中小学生参加的考试主要有两种形式：一是学校内部测试，包括学年学校测试和平时教师测试。教师测试是一种经常性测试。二是国家公开考试（如 General Certification for Sec-ondary Education，GCSE）和国家测试（Standard Assessment Tasks，SATs）。值得注意的是，学校测试、教师测试和国家统一测试具有同等重要的地位，它们不能相互替代。在年度末或学段末，学校将学校测试、教师测试和国家测试的成绩，包括其他信息，通报给家长。除上述测试成绩外，学生在其他方面如技术发明、美术作品、体育活动、音乐、舞蹈等的成绩，以及校外活动如社区活动等方面的成绩，都被学校和教师记录在学生的档案中，作为将来升学和就业的主要参考材料。由此可见，在对学生的评价方面，英国与中国有两点差别：一是考试科目比较少，只考三门核心课程，不需要学生死记硬背，负担也比较小；二是将学生各方面的成绩和表现作为将来升学和就业的依据。

4. 科学教师的差异

在教学过程中，教师的教在很大程度上决定了学生的学。学生创造力的发展具有极大的潜在可能性，教师既可以促使他们的这种潜在可能性向现实性转化，也可能阻碍他们创造力的发展，教师是学生创造力发展的一个重要影响因素。与英国的科学教师相比，我国的教师在教育观念、知识结构和教育方式等几个方面存在差距。

虽然从整体来讲，英国青少年的科学创造力比中国青少年的科学创造力强，但是，在创造性的解决问题的能力方面，中国青少年则明显高于英国青少年。对此，我们作一简单分析。本测验中的问题解决项目中有要求学生将一个正方形分成四等份的试题，这一问题与空间想象有极为密切的关系。为什么中国青少年的空间想象能力或问题解决能力高于英国青少年，我们认为可能与三个因素有关：一是由于中国的文字是汉字，汉字是象形文字，与英语相比，这种文字有利于空间想象力的培养；二是由于中国青少年的数学明显比西方青少年的数学好，数学是研究数与形的科学，数学特别是几何学的学习，对于空间想象力的发展起着重要的作用；三是由于中国的科学与数学教学中给学生布置的习题较多，重视解题能力的培养。

我们的研究还表明，虽然英国青少年的科学创造力比中国青少年的科学创造力高，但两极分化比较严重，这可能与英国的教育传统有关。英国的教育强调个人的自由发展，激发青少年学习科学的兴趣，给青少年创造参加各种科学活动的机会，对于喜欢科学且具有发展前途的青少年而言，会极大地促进他们科学创造力的发展，但对于一些对科学没有兴趣的青少年来说，这些活动没有什么作用，因此并不强迫他们参加。中国的教育正好与此相反，我们重视系统知识的传授，重视课题知识的教育，重视教学计划的完成，重视严格的、按部就班的训练和谦虚性格的培养，中国的家长重视学生考试科目的学习，即便学生不喜欢，家长也要迫使他们认真学习。1999 年 5 月 31 日，著名物理学家杨振宁在北京师范大学作了题为“科技与大学”的学术报告。他指出：中国的教育哲学与西方的教育哲学大不相同，西方培养的学生兴趣广泛、勇敢、自信、有闯劲、傲慢、自大，培养方式是非连续的，是跳跃的，而中国培养的学生则知识面窄、胆怯、缺乏自信、消极、谦逊、有礼貌，培养方式是连续的，是按部就班的。杨振宁认为：在培养科学创造力时，两种教育哲学都是必要的，西方的教育哲学对 3%～4%的超常儿童的培养特别有利，而不利于一般人创造力的发展；中国的教育哲学则有利于普通人创造力的发展，但对于超常儿童创造力的发展不利。由此可见，英国的教育传统决定了他们培养的青少年的科学创造力分化严重。

二、智力的个体差异

在《思维发展心理学》中，我们把思维或智力的个体差异，主要归结为思维的智力品质，这个观点我们一直在坚持，并一直围绕其从事智力的培养实验。但为了改变一下论证方式，我们想换个角度阐述智力的个体差异。

1998 年年底，我参加了浙江省教育委员会组织的 3 个优秀教学成果的鉴定，其中一个是 1992 年被省教委命名为“浙江省青少年创造学校”的新昌中学。新昌中学经过 10 余年的奋斗，形成了全面发展、培养个性的办学特点，不仅每年的高考升学率达 100%，而且有 1 000 多项学生发明在各级各类青少年创造发明比赛和科学讨论会中获奖，其中获省级发明奖 124 项次，国家级发明奖 34 项次，国际级发明奖 3 项次，有 2 件作品被国家科委、团中央送往日本和保加利亚展出，有 2 项发明申请了国家专利。作品“两用柔性栏架”在北京钓鱼台国宾馆通过了部级鉴定，开创了国内学生发明作品通过部级鉴定的先河，并投入生产，产生了良好的社会效益和经济效益。

新昌中学的办学经验可以证明，我们坚持的“全面发展，学有特色”是正确的。新昌中学和我们都在探讨创造性教育中“因材施教”的原理，为什么要提倡“学有特色”？为什么强调“因材施教”？因为人才及其智能存在着个体差异：

①从其发展的水平的差异来看，表现为超常、正常和低常的区别；

②从其发展的方式的差异来看，有认知方式的区别，特别是表现为认知方式的场独立性与场依存性；

③从其组成的类型来看，表现为各种心理能力的组合和使用的区别；

④从其表现的范围来看，表现为学习领域与非学习领域、表演领域与非表演领域、学术领域与非学术领域的区别。

（一）智力发展水平的差异

同年龄或同年级的中小学生，他们在智力与能力发展的水平上是不一样的。智力发展或某种能力显著超过同龄或同年级学生平均水平者，称为超常学生；智力发展或某种能力明显低于同龄或同年级学生平均水平，并有适应行为障碍者，称为低常学生；智力发展或各种能力没有明显偏离正常和没有障碍的学生，称为正常学生。

这里所说的“发展水平”，也表现为智力与能力发展的个体差异。也就是说，中小学生智力与能力表现有早有迟。有的人智力与能力显露得早，即所谓“早慧”或

“人才早成”；有的人智力与能力表现较迟，甚至有所谓“大器晚成”的现象。智力与能力显露较早者，有的属于智力超常学生，有的则只是属于智力与能力早熟而非超常学生，因为他们虽然能力显露得较早，但随着年龄的增长，就不再显示出超常的水平。而智力与能力表现较晚的，也未必不是“天才”，因为能力晚颖、大器晚成的事例是很多的。所以，我们要全面地对待超常、正常和低常等发展水平的个体差异。

智商可用以比较中小学生智力发展水平的高低(见表 8-5)。若低于 90，则表明其智力发展水平较低，大于 110，则表示其智力发展水平较高。

表 8-5　智力常数通常分布表

智商	类别	占总数的百分比
130 以上	智力超常	1%
110～129	智力偏高	19%
90～109	智力中常	60%
70～89	智力偏低	19%
70 以下	智力低常	1%

一般认为，智力商数有一定的稳定性，但在良好的环境、教育和主观努力下，可以产生一定程度的变化。可见，智力低常、正常和超常，是稳定性和一定程度的可变性的统一。智商的稳定性与可变性的测验，实际上是思维品质的测定，艾森克的智力测验的依据是其三维智力结构，其中一维就是思维(智力)的能力或品质，所测的内容是速度和质量，即我们的思维品质。

根据学生智力与能力发展水平的差异，我们认为，除了办好普通中小学教育之外，应该抓好两头教育。超常教育是应该创办的，我们先后去过北京八中和中国人大附中，为他们的超常班作过鉴定；我们与中国科技大学少年班也有过联系，公正地说，我国的超常教育是有成绩的，它为我们国家培养了人才。但对于成绩落后的学生，甚至于智商稍低的学生，也要及时采取补救措施。我们课题组先后改变了近 600 所基础薄弱校，多多少少有抓低常教育的味道，我们课题组里的郑士平，曾一度专门从事补救差生问题的研究，并且取得了较显著的成绩。①

（二）认知风格的差异

智力与能力的认知方式，对中小学生学习的影响是明显的。所谓认知方式，就是个体在对信息和经验进行积极加工的过程中表现出来的个性差异。它是一个人在感知、记忆和思维过程中，经常采用的、受到偏爱的和习惯化了的态度和风格。在众多的认知方式中，由威特金(H. A. Witkin)提出的场独立性和场依存性，是近年来研究较多的一个理论观点。

场独立性(field independence)与场依存性(field dependence)，是两种相对的个性型态。场独立性的个体在其认知和行为中，较少受到客观环境线索的影响而注重主体性的倾向。而场依存性的个体在其认知和行为中，则往往倾向于更多地利用外在的参照标志，不那么主动地对外来信息进行加工。以典型的场独立性与场依存性为两个极端，不同的认知方式构成了一个连续体。一端在进行信息加工时倾向以内在参照为指导，另一端则常常倾向于以外部参照为指导。相应地，每个人在场独立性—场依存性连续体上都占有一定的位置，所以，除了少数人以外，大部分人都或多或少地处于中间位置。认知方式的这种个性上的差异，影响了学生的学习活动，甚至影响了他们的智力与能力的发展。我的弟子白学军的硕士论文揭示了认知风格在思维品质诸方面的表现，并获得"在一定意义上说，思维品质不仅是一种思维特征，而且也是一种认知方式"的结论。② 由于生活实践包括学习中各种性质的活动，对人们心理活动特征有不同的要求，因此，我们不要轻易地作出场独立性或场依存性两种认知方式孰好孰坏的结论。

在自己的教学实践中，我们强调思维品质诸特征和场独立性—场依存性相互联系、相互补充，共同构成全面而丰富的智力与能力的认知方式，充分考虑到不同学生学习所受客观环境影响的程度及主体主动对外信息加工的水平，以便有的放矢地

① 郑士平、张拓书：《对初中数学"差生"的教学心理学实验研究》，载《中学生能力发展与培养》，北京，北京教育出版社，1992。

② 白学军：《四～八岁儿童心理旋转表象发展的实验研究》，北京师范大学硕士论文，1991。

对待，并帮助其一一建构适合自己个性特点的认知风格。

(三)学科能力构成的差异

中小学生智力与能力的组成类型突出地表现在学科能力类型上。构成中小学生学科能力类型的因素很多，大致有以下四个方面。

1. 学科能力本身组成的因素

由于组成各学科内在结构因素的不同，构成了学科能力类型的区别，也造成了中小学生学科能力的差异。按大学科分类，学科可分为理科与文科。一般说来，理科的学科能力，更多与抽象逻辑思维、认知紧密地联系着；文科的学科能力，更多与形象逻辑思维、社会认知相联系。这体现着中小学生学科能力在构成因素上的差异,或者说是在建构不同学科能力中思维或认知成分的特色。

2. 个体内在生理类型与学科能力交叉

在学生中间，有的属于艺术型，有的属于思想型，有的属于中间型；有的偏左脑功能，有的偏右脑功能，有的较为均匀。而学科又有区别，有的属于文科，有的属于理科，有的属于交叉学科。由于众多因素的交互作用，不同的学生在学科能力类型上会有明显的差异。哈佛大学加德纳提出的多元智力理论①就是这种观点的典型代表，他把智力分为语言智力、逻辑数学智力、音乐智力、空间智力、身体运动智力、人际关系智力、内省智力和自然智力八种智能，不同的人可能在不同的智力方面表现出优长。

3. 学科思维品质

学生思维品质的差异往往表现在各个学科领域，从而造成学科能力的个体差异。我的弟子胡卫平(2001)和李春密(2002)的博士论文，研究了科学学科能力及其发展，他们都把思维品质作为这种学科能力的主要维度之一。② 因此，思维品质的差异体现了学科能力构成的差异。

---

① [美]加德纳：《多元智能新视野》，沈致隆译，杭州，浙江人民出版社，2017。

② 胡卫平：《青少年科学创造力的发展研究》，北京师范大学博士论文，2001；李春密：《高中生物理实验操作能力的发展研究》，北京师范大学博士论文，2002。

4. 学生学科兴趣

学生心理能力发展，往往决定于非智力因素，而学生学科能力类型，则取决于其对学科兴趣的水平、学习动机、学习效能感等。例如，有的学生对数学有强烈的学习兴趣和学习动机，他就表现出很强的数学能力。实际上，那些“偏科”的学生，往往是因为对某个学科有特定的兴趣。

（四）表现领域的差异

智力与能力表现领域的差异有三个方面，在一定程度上，这是思维品质在智力的内容形式上所表现出的差异。

1. 学习领域与非学习领域的差异及其因材施教

学生在学习领域上的差异是显著的，而学习的好坏，尽管对后来的发展有相当大的影响，但并不一定表现出人才的优劣。因此，在学习领域，教师更要突出因材施教，应对学生一视同仁，尤其是对待那些学习成绩差的，更要耐心而热情的帮助，除了提高其学习成绩之外，还要鼓励他们在非学习领域成才。

2. 表演领域与非表演领域的差异及其因材施教

表演领域主要指体、音、美领域。在教改实验中我们看到，有的学生在体育领域、艺术领域表现出特殊才干，有的学生却在这方面能力平平，或几乎是没有发展前途。对前者，我们着重在表演领域加强辅导，给其“开小灶”，为他们办展览和申报奖项，向有关部门积极推荐，使其发挥特长为国家做贡献。对后者，除了学好体、音、美应学的课程外，也要鼓励他们向别的领域发展。

3. 学术领域与非学术领域的差异及其因材施教

学术是指较为专门的、有系统的学问。学术领域的能力，主要围绕着学问而展开。学生在学校学习阶段，谈不上有什么学术能力，即使在中学或大学本科阶段出现的，也只是学术领域智能的萌芽或雏形。非学术能力范畴较广，诸如管理、行政、组织、服务、军事、宣传等。当然，这些领域也有学术问题，但这些领域的智力与能力表现，又是另一种性质的了。在教育中，鼓励学生树立志向，是引导学生将来从事学术与非学术领域工作的一种途径，各科教学以及课外校外活动，也是一种途径，更重要的是职业指导，这是根据学生智能表现因材引导的一种好途径。从事学术领域工作的毕竟是少数，学校教育应为社会输出各种各样的人才。因此，我们在教改实验中把英才教育与提高普通教育质量统一起来，很重要的一点是提高大面积的教学质量，培养各种非学术的人才。

我们始终坚持一种观点，即：“天生其人必有才，天生其材必有用。”我们特别要声明的是，中小学教育是打基础的教育，所以必须把全面发展和学有特色两者统一起来。只要帮助学生选择好既符合社会需要，又适合其人、其才、其趣的工作，我们相信每个人都能在各自的工作岗位上做出自己的成绩。如果机遇合适，成绩更大。这就是“行行出状元”的道理。

第二节

从思维品质入手培养智力

思维是智力的核心成分。所以，我们的教学实验，自始至终将思维的训练放在首位。在对思维训练的做法上，我们主要抓住三个可操作点：其一，从思维的特点来说，概括是思维的基础。在教学中抓概括能力的训练，应看作是思维训练的基础。其二，从思维的层次来说，培养思维品质或智力品质是发展智力的突破口。结合各科教学抓思维品质敏捷性、灵活性、创造性、批判性和深刻性的训练，正是我们教学实验的特色。其三，从思维的发展来说，最终要发展学生的逻辑思维能力。

如前所述，思维品质或思维的智力品质是智力活动中，特别是思维活动中智力特点在个体身上的表现，其实质是人的思维的个性特征。它体现了每个个体思维水平、智力与能力的差异，它是区分一个人思维乃至智力层次、水平高低的指标。事实上，我们的教育、教学目的是提高每个个体的学习质量，因此，在智力与能力的培养上，就要抓学生的思维品质这个突破口，做到因材施教。然后，在此基础上我们开展创新人才的培养和训练。在美国圣约翰大学工作的周正博士，使用其智力

(认知)发展量表，在我们坚持训练学生思维品质实验的实验点——天津静海县一所偏僻的农村小学测了学生的智力发展水平，然后与北京市一所名校的学生相比较，发现农村小学生的成绩略高于城市的被试，但无显著差异；最后又测得美国城市被试的成绩，发现该农村小学被试成绩不仅高于美国被试，而且有显著差异。周正的结论是，思维品质训练的确是发展学生智力的突破口，且训练时间越长，效果越明显。①

一、思维品质的表现

思维品质的成分及其表现形式很多，我们认为，主要包括敏捷性、灵活性、创造性、批判性和深刻性五个方面。

(一)思维品质的敏捷性

智力敏捷性，又叫思维品质敏捷性。它是指智力活动，特别是思维活动的正确而迅速的特点。有了智力敏捷性，在处理和解决问题的过程中，能适应紧张的情形并能积极地思维、周密地考虑、正确地判断和迅速地作出结论。有人说，智力敏捷性主要指速度而不包括正确的程度，但我们认为，思维的轻率性也绝不是思维或智力的敏捷性品质。

1. 智力敏捷性的意义

信息时代的今天要讲究时间。“时间就是生命，效率就是金钱”，这正是当今时代的一种写照。因此，智力敏捷性的训练，是时代对人类的要求。对于学生来说，智力敏捷性是学习活动的需要。各种学科对学生都提出了正确而迅速学习的要求，因此，没有智力敏捷性，要完成学习任务是困难的。学生的智力敏捷性有四种表现：正确而迅速，正确但不迅速，迅速但不正确，既不正确又不迅速。我们教学的任务，当然是要培养学生正确而迅速的智力品质。

① Zheng Zhou, Stephen T. Peverly, Ann E. Boehm, Lin Chongde, “American and Chinese children's understanding of distance, time, and speed interrelations”, *Cognitire Derelopment*, 2000, 15(2): 215-240.

2. 智力敏捷性的前提是正确

我们提倡的是正确前提下的敏捷性，所以强调培养学生正确而迅速的智能。例如，全面准确地理解所阅读内容的要点，把握作者的意图，是形成敏捷的阅读能力的基础。正确的思维，正确的作业是训练的结果。我们强调，学生年龄越小越要加强作业正确率的训练。在我们的课题里，几乎对每个阶段每门实验学科都有“正确性”的要求，以达到正确思维的目的。

3. 智力敏捷性的关键是迅速

智力活动的速度往往以其他智力品质为基础，而更有其自己发展的特点。这种智力活动的速度与不同个体的遗传因素有关，具有一定的先天性，但主要是来自后天的培养。学生每一阶段在学习每门学科时，都应有速度的要求。又如，我们课题组对中学生的阅读训练提出了三点要求：①提高阅读速度，3 分钟不低于1 000 字；②学会速读、跳读、浏览、泛读等方法，提高读书速度；③迅速捕捉到所读内容的主要观点和自己所需的主要材料。而后天培养的方法，主要是在上述的正确性基础上的练习。例如，我们在提高小学生运算能力敏捷性的练习方面，主要抓两条措施：一是抓速度的练习，在低年级我们将正确而迅速的运算要求作为学习常规的重要内容；在形成一定学习“常规”的基础上，每天坚持 5 分钟左右的速算练习，有口算、速算比赛，接力地完成一个复杂题，包括应用题等；到中、高年级，强调在数学运算中把正确而迅速与合理而灵活结合起来；平时数学作业，一律有速度的要求。二是教给学生一定的速算要领与方法，速算方法有上百种，我们课题组按照不同年级学生所学不同的数学内容，分别教给他们各种方法，使他们提高运算的速度。心理学认为，重复练习是形成习惯的重要条件，教会速算方法，反复练习，学生就能从领会这些方法到应用这些方法，逐步地熟能生巧，而一旦变成习惯的“生巧”，不仅可以丰富数学知识，而且可以促进智力敏捷性品质的发展。

(二)思维品质的灵活性

智力灵活性，又叫思维品质灵活性，它是指智力活动的灵活程度。它的特点包括：一是思维起点灵活，即从不同角度、方向、方面，能用多种方法解决问题；二是思维过程灵活而不死钻牛角尖；三是概括-迁移能力强，运用规律的自觉性高；四是善于组合分析，伸缩性大；五是思维的结果往往是多种合理而灵活的结论。我们提出的智力灵活性，与美国心理学家吉尔福特(J. P. Guilford)所提出的发散思维的含义有一致的地方。发散思维的特点有：多端，灵活，精致，新颖。例如，他们出了一道题："砖有什么用处?"让学生发散求多种结论。于是他认为发散思维的实质是求异。我们也同意灵活性来自求异思维，但求异哪儿来，应来自迁移。因为灵活性越大，发散思维越发达、越能多解，说明这种迁移过程越显著。"举一反三"是高水平的发散，正是来自思维材料和知识的迁移。而迁移又从哪里来呢?从思维心理学角度来说，"迁移就是概括"，这是正确的。"触类旁通"，不就说明灵活迁移——旁通，来自概括的结果——触类吗?从中不难看出，培养学生智力灵活性，不仅是今天学习的要求，而且是使其明天变得更加机灵的需要。

我们课题组认为，培养学生智力灵活性的最简单的办法是求多解的练习。例如，适应数学教学的实际，提高学生一题多解、一题多变、同解变型和恒等变型的能力。结合语文教学，强调字词练习的一字多组(词)和写作练习的一材多题的做法。

其实，每一门学科都可以引导学生做求多解的练习，发展其一题多解的发散思维，但是，在强调这种发散思维训练的同时，绝对不能忽视寻求一个正确答案的辐合思维。我们认为，辐合思维与发散思维是相辅相成、辩证统一的，它们是智力活动中求同与求异的两种形式。前者强调主体找到对问题的"正确答案"，强调智力活动中记忆的作用；后者则强调主体去主动寻找问题的"一解"之外的答案，强调智力活动的灵活和知识迁移。前者是后者的基础，后者是前者的发展。在一个完整的智力活动中，离开了过去的知识经验，即离开了辐合思维所获得的一个"正确答案"，就会使智力灵活失去出发点；离开了发散思维，缺乏对学生灵活思路的训练和培养，就会使思维呆板，即使学会一定知识，也不能展开和具有创造性，进而影响知识的获得和辐合思维的发展。因此，我们在培养智力灵活性的时候，既要重视"一解"，又要重视"多解"，且将两者结合起来，我们可以称它为合理而灵活的智力品质。

(三)思维品质的创造性

今天，社会进步的标志之一，在于创造或创新。通过创造或创新，使社会处于日新月异的变化之中，正是我们时代的特色。正因为如此，美国、日本的教育界早在20多年前就提出，把培养创造性人才作为培养21世纪人才的指标。这对我们的教育改革，无疑是一种启示。

创造性思维，智力创造性，独创性或创造力，可视为同义语，在英文中都可以表达为“creativity”。在汉语中，如果强调创新的过程，则为创造性思维；如果强调人与人之间创新的差异，则称创造性或独创性；如果强调创新能力的大小，则叫创造力。实质都表现在“创新”或“创造”上，即一个现象的多种形态。它是人类思维的高级形态，是智力的高级表现。

为培养学生创造性思维，在教学实验中，我们首先强调创新的解题、作文、活动等。例如，我们课题组曾针对小学生自编应用题，以此突破难点，使学生进一步理解数量间的相依关系，不仅提高他们解应用题的能力，也促进其智力创造力的发展。又如，我们课题组要求中学生在写作时做到：观察问题的角度新，分析问题的眼光新，叙述事物的方式新；选材力求新颖，立意不同一般；语言表达上逐步形成自己的个性及风格。为此，实验点教师又深入将这些要求具体化，寻找各个年级指导作文的措施，以提高学生写作能力的创造性。

创造性人才更需要创造性人格(或个性)。2006—2009年我们课题组对创新拔尖人才(包括34位两院院士、15位老一辈的社会科学“国宝”级人才和21位艺术类国家级最高奖项获得者)的心理特征进行了系统地研究，结果发现，虽然这些拔尖创新人才所属领域不同，但是他们都有着一些共同的创造性人格。这表明，创造性人格在创新过程中起着重要的作用，所以中小学教育在重视智力、知识、发散思维技能等认知因素的同时，我国同样强调培养学生的自信心、好奇心、探索性、挑战性和意志力等创新人格品质。

(四)思维品质的批判性

智力批判性，与批判性思维应视为同义语，它是指思维活动中善于严格地估计思维材料和精细地检查思维过程的智力品质。思维的批判性，是现代社会不可缺少的精神状态，它和思维的创造性密切相关。“知其然，知其所以然”，就是智力批判性的表现。它具体呈现在五个特点上：①分析性，在思维过程中不断地分析解决问题所依据的条件和反复验证业已拟订的假设、计划和方案。②策略性，在思维课题的面前，根据自己原有的思维水平和知识经验在头脑中构成相应的策略或解决问题的手段，然后使这些策略在解决思维任务中生效。③全面性，在思维活动中善于客观地考虑正反两方面的论据，认真地把握问题的进展情况，随时地坚持正确计划，修改错误方案。④独立性，以独立思考为特点，即不为情境性的暗示所左右，不人云亦云、不从众盲从附和。⑤正确性，思维过程严谨，组织得有条理；思维结果正确，结论实事求是。为此，我们在实验点采取了许多措施，其中之一是“学法指导”。我们认为小学二年级以后，不论是对小学生、中学生、大学生都可进行学法指导，引导学生学习前有计划；学习中讲策略；上课时要自我调节；课后，尤其是考试后会反馈总结；坚持数年形成各人的学习风格。这样，一大批学生当了学习的主人，把学习搞活了。

如前所述，心理学里有一个概念叫“元认知”，指的是对认知的认知，对思维的思维。具体地说，元认知包括三个方面的内容：一是元认知知识，即个体关于自己或他人的认识活动、过程、结果以及与之有关的知识；二是元认知体验，即伴随着认知活动而产生的认知体验或情感体验；三是元认知监控，即个体在认知活动进行过程中，对自己的认知活动积极进行监控，并相应地对其进行调节，以达到预定的目标。因此，元认知过程实际上就是指导、调节我们的认知或认识过程，也就是选择有效认知或认识策略的控制执行过程。在一定意义上，这种元认知在每个个体身上的表现，就是智力活动的批判品质。例如，学生不断检查自己说话的内容及思维过程，及时加以调整。这既是元认知的表现，也是区分不同学生说话能力批判性水平的一种指标。所以，智力批判性的训练，主要要从提高认识或认知、体验和行为三方面的监控能力人手。

不管是智力批判性还是元认知，都是思维过程中自我意识作用的结果。心理学研究表明，那些愚鲁的、智力落后的学生的自我评价往往是非批判性的，创造性思维和自我概念存在着高相关。没有思维的批判性，对一个人来说就难表现出创新能力，对一个社会来说就会失去生命力。对此，我们认为一个学习好的学生，应该是善于反思学习过程的学生。所以，我们课题组不仅对教师的自我监控——批判性有要求，如第五章所述，更重视学生在各学科能力上的批判性，并对之提出了训练的要求。例如，对中学生运算的批判性的要求是：①解题时能看清题目要求，自觉采取合理步骤运算；②运算中能正确选取有用的条件和中间结论；③运算中能及时调整解题步骤和方法，特殊问题能采取特殊解法；④善于发现运算过程中出现的错误并及时纠正；⑤在使用运算法则时不容易发生混淆；⑥善于运用各种方式检查运算结果的正确性。又如，对他们写作的批判性要求为：①掌握文章修辞的基本方法和步骤，有较好的修改作文的习惯；②学会自评作文，写作文小结、作文集序跋；③及时总结自己的写作经验，针对不足进行有目的的训练，以提高写作水平和质量。推广到各科教学，我们无非是在启发学生，善于对问题的可解性作出正确的估计；善于对具体问题作具体分析，思路清晰；善于发现推理过程中出现的错误并及时纠正；善于克服学习过程中的“负迁移”；善于考虑正反两方面的论据，作出正确判断;善于调节思路，目的性强；等等。总之，让学生的自我意识对其思维活动的各个环节、各个方面进行分析、调整和校正，以提高他们智力的批判性。

(五)思维品质的深刻性

智力深刻性，又叫思维深刻性。它不仅表现在思维的逻辑性上，而且也表现在思维的深度、广度和难度上。

1. 思维品质的深刻性

人的思维是语言思维，是一种理性的认识。在感性材料的基础上，经过思维过程，去粗取精，去伪存真，由此及彼，由表及里。于是在人脑里就生成了一个认识过程的突变，产生了概括；就在思想上将许多具有某些共同特征的事物，或将某些事物已分出来的一般的、共同的属性、特征结合起来。由于概括，人们抓住了事物的本质、事物的全体、事物的内在联系，认识了事物的规律性。个体在这个过程中，表现出深刻的差异，智力深刻性集中地表现在善于深入地思考问题，抓住事物的规律和本质，预见事物的发展进程。这就是我们平时说的“透过现象看本质”。它正是我们强调的思维品质的深刻性。

智力的深刻性是一切智力品质的基础。智力的灵活性和创造性是在深刻基础上引申出来的两个品质。而智力的批判性是在深刻性基础上发展起来的品质，只有深刻的认识，周密的思考，才能全面而准确地作出判断；同时，只有不断自我评判、调节思维过程，才能使主体更加深刻地揭示事物的本质和规律。智力的敏捷性是以智力的4个其他品质为必要前提的，同时它又是其他4个品质的具体表现。

2. 思维品质的深刻性表现

思维的深刻性表现在：思维形式的个性差异，即在形成概念、构成判断、进行推理和论证上的深度是有差异的。思维方法的个性差异，即在如何具体地、全面地、深入地认识事物的本质和内在规律性关系的方法上，诸如归纳和演绎推理如何统一，特殊和一般如何统一，具体和抽象如何统一等方面都是有差异的。思维规律的个性差异，即在普通思维的规律上，在辩证思维的规律上，以及在思考不同学科知识时运用的具体法则上，其深刻性是有差异的。只有自觉地遵循思维的规律来进行思维，才能使概念明确、判断恰当、推理合理、论证得法，具有抽象逻辑性，即深刻性。思维的广度和难度的个性差异，即在周密的、精细的程度上是有差异的。一个具有广度和难度思维的人，能全面地、细致地、深刻地考虑问题，照顾到和问题有关的所有条件，系统而深刻地揭示事物的本质和内在的规律性关系。

3. 深刻性的训练

作为一切智力品质基础的智力深刻性，我们课题组训练的方法较多，这里归纳为两个方面：

一是抓概括能力的训练。概括性在思维过程中的地位以及概括能力在现实中的作用和重要性不言而喻。正因如此，概括性成为思维研究的重要指标，概括水平成为衡量学生思维发展的标志；概括性也成为思维乃至智力训练的重要方面，智力水平通过概括能力的提高而获得显现。我们实验点北京市通县六中(现通州六中)一改后进面貌而成为北京市的“特色校”，措施之一是县教科所和六中重视对学生概括能力的培养：①明确概括的重要思路，引导学生从猜想中发现，在发现中猜想；②在把概括的东西具体化的过程中强化发现猜想；③通过变式、反思、系统化深入进行；④大力培养形式抽象能力，根据假定进行概括的能力。不难看出，学生从认识具体事物的感知和表象上升到理性思维的阶段，主要是通过抽象概括。因此，我们在中小学生的教学实验中强调，要积极引导学生对实验中为概念与知识所提供的感性材料进行观察或语言描述；分清事物的本质特征和属性；给各类概念作解释或下定义；对已有的概念逐级归类组成新的概念。把训练学生的概括能力，作为发展学生思维乃至智力的一个重要环节。

二是抓逻辑推理能力的训练。人是靠什么能力来解决问题的呢？靠逻辑推理能力。逻辑推理是思维的重要形式，是解决问题的主观基础。结合各个学科的教学，我们着重培养学生四对推理能力，即直接推理与间接推理；综合法与分析法；归纳法与演绎法；类比推理与对比推理。我们的实验点教师一点又一点、一步又一步地通过相应的训练，教会学生掌握各种逻辑推理，指导他们学会思维，提高学生智力的深刻性，进而培养他们的智力与能力。

二、培养思维品质是发展智力的突破口

我们提倡培养思维品质，绝不是脱离知识传授的那种"形式教育"式的思维训练,而是密切结合学科教学进行，把其作为学科能力的一个组成部分。例如，我们把语文能力看作是以语文概括为基础，将四种语文能力(听、说、读、写的能力)与五种思维品质(思维的敏捷性、灵活性、创造性、批判性、深刻性)组成20个交结点的开放性的动态系统；把数学能力看作是以数学概括为基础，将三种数学能力(运算能力、空间想象能力、数学逻辑思维能力)和五种思维品质组成15个交结点的开放性的动态系统。如前所述，我们所说的学科能力，一要包含某学科的特殊能力；二要以概括为基础；三要有思维品质参与。因此，在教学中抓住了思维品质这个突破口，就发展了学生的智力这个总目标，同时，也促进了他们成绩的提高，使他们学得快，学得灵活，学得好，换句话说，就是促进了整个教学质量的提高。

20多年的教学实验，我们获得了许多，这里分别以小学与中学的代表性实验结果来做一个证明，然后介绍更精细的微观发生实验的研究证据。

(一)小学教学实验例证

我们主要通过三个手段抓小学生的思维品质的培养：一是直接抓实验小学；二

是使用突出思维品质的数学、语文两种教材；三是使用突出思维品质训练的数学、语文两科的练习手册。

1. 20 世纪 80 年代的 20 个实验班的成绩

在恩师朱智贤和我合著的《思维发展心理学》与拙著《学习与发展》两本书中，有着 80 年代我们直接抓的 20 个思维品质实验班的研究结果，与同年级控制班相比较，这 20 个实验班不论是在敏捷性、灵活性、创造性和深刻性 4 种品质的发展上，还是在学习成绩上，都显著地超过控制班(达到 0.01 的水平)。

2. 琉璃厂小学的实验结果

琉璃厂小学原是一所基础较差的学校，20 世纪 80 年代末加入我们的课题组，是我们直接抓的实验点。1992 年他们在研究小学生创造性发展的实验措施时，获得几组数据，值得推广。① 我们这里展开两组结果，并略作分析。

(1)实验班与对照班四种思维品质的比较

他们对该校实验班语文、数学两种思维品质发展水平差异做了比较，结果见表 8-6：

表 8-6　两种被试思维品质的差异

思维品质＼学科	语文				数学			
	实验班	对照班	差异	差异检验	实验班	对照班	差异	差异检验
敏捷性	7.6	4.8	2.8	$p<0.01$	5.9	1.2	4.7	$p<0.001$
灵活性	6.3	3.8	2.5	$p<0.01$	2.7	0.8	1.9	$p<0.001$
创造性	8.1	4.9	3.2	$p<0.01$	10.8	3.8	7.0	$p<0.001$
批判性	1.52	0.74	0.78	$p<0.001$	1.59	0.83	0.76	$p<0.001$

由此可见，由于在语文、数学教学中突出了思维品质的培养，实验班学生的思维品质迅速地获得发展，与对照班相比差异显著。

① 刘宝才：《小学生创造才能培养的整体实验研究》，载《小学生能力发展与培养》，北京，北京教育出版社，1992。

(2)实验班与对照班学生元认知发展比较

抓学生的思维品质，对其智力的其他成分有何促进呢？研究者研究了思维品质对元认知的影响，并获得表 8-7 的数据：

表 8-7　实验班与对照班学生元认知发展比较

元认知发展		平均数	差异数	差异检验
元认知知识	实验班	14.20	3.66	$p<0.001$
	对照班	10.54		
元认知监控	实验班	9.98	3.02	$p<0.001$
	对照班	6.96		

由上表可以看出，实验班学生的元认知知识和监控能力的发展水平，与对照班相比差异显著。一方面，研究者证实学生的元认知与创造性发展的关系；另一方面,也看到培养学生思维对其元认知的影响与作用。

3. 面上收获

2002 年暑假，来自小学课题组的全国 30 多个实验中心寄来了不少实验数据，内容涉及广大的小学实验班成绩、智力的发展与培养(干预)的情况。但由于未按我们统一的统计标准上报数据，使我们很难汇总在一起。而这 30 多个实验中心，确实是踏踏实实地按照我们的要求做了很多的工作，他们结合语文、数学两科培养学生的思维品质，培养出的学生学业成绩优秀，证明他们的被试的思维品质乃至智力都有了进步。尽管大多数实验点未做显著性检验，但是被试的数量、差异数的大小，确实可以反映这里差异的显著性，也可以说明培养和干预是有效的。例如：

(1)2002 年各地小学升初中水平测试

黑龙江通河县有五所小学 14 个实验班，平均成绩为 83.4 分，而全县小学毕业班的平均成绩为 75.39 分。

河北张家口市桥东区三所学校 8 个班的平均成绩为 94.8 分，而全区 20 所小学 96 个班的平均成绩为 91.91 分。考试中，这三所实验学校名列第一名、第二名和第五名。

黑龙江双城市王家镇实验学校毕业生平均成绩为 89.6 分；而全镇 16 所学校的

平均成绩为76.9分。

河南栾川县四所学校近10年共毕业了96个毕业班，每年毕业生水平测试总是占全县前4名。另外，追踪研究表明，实验学校毕业生在中学里仍能保持优势。

(2)实验班与对照班比较

天津静海县独流镇育英小学4个实验班与相对应的4个对照班相比，学生的平均成绩分别为85.82分和78.73分；及格率分别为99.4%和89.4%。

类似数据说明，我们全国各地小学实验点，每次考试，学生的成绩都超过当地(市、县)学生的平均成绩，或者实验班成绩高于对照班(见表8-8、表8-9)。这些结果说明抓住学生思维品质的培养，能促进学生学习质量乃至整个教育教学质量的提高，有利于学生减轻过重的负担，有利于学校落实与推行素质教育。

表8-8　海南海口市第二十七小学近七届毕业生中实验班与对照班毕业会考成绩的比较

届别	班级	人数	语文			数学		
			优秀率(%)	及格率(%)	平均分	优秀率(%)	及格率(%)	平均分
1996届	实验班	31	51.6	100	84.5	96.8	100	98.8
	对照班	57	32.6	98.2	77.5	56.2	91.2	83.4
1997届	实验班	37	32.4	100	82.6	91.9	100	95.3
	对照班	68	29.4	98.5	78.9	61.8	95.6	84.1
1998届	实验班	45	100	100	93.2	100	100	97.8
	对照班	62	62.1	100	87.3	89.1	100	90.4
1999届	实验班	39	66.7	100	88	98	100	93.7
	对照班	69	55.1	95.7	83.6	59.4	97	86.3
2000届	实验班	54	60.3	100	88.7	91.7	100	96.3
	对照班	62	40.6	100	79.1	81.4	96.4	86.9
2001届	实验班	60	90.3	100	90.4	93.1	100	95.1
	对照班	64	61.4	96.2	81.2	80.7	100	86
2002届	实验班	52	73.1	100	87.2	78.8	100	91.3
	对照班	62	38.7	100	82.2	45.2	95.2	83.6

表 8-9 浙江宁波市镇明小学近三年实验班与对照班成绩的差异

届别	班级	人数	语文			数学		
			优秀率(%)	及格率(%)	平均分	优秀率(%)	及格率(%)	平均分
1998 年	实验班	94	87. 15	100	96. 61	85. 15	100	98. 25
上学期	对照班	95	80. 9	100	94. 61	78. 7	100	96. 81
1998 年	实验班	94	61. 8	100	95. 72	93. 65	100	97. 86
下学期	对照班	95	41. 05	100	92. 5	85. 2	100	97. 2
1999 年	实验班	100	30	100	90. 13	88	100	97. 95
上学期	对照班	98	36. 55	100	92	77. 7	100	96
1999 年	实验班	100	84	100	96. 8	83	100	97. 4
下学期	对照班	99	66. 3	100	95. 76	63. 25	100	98. 03
2000 年	实验班	100	74	100	91. 65	92	100	95. 8
上学期	对照班	104	70. 75	100	90. 7	82. 55	100	93. 9
2000 年	实验班	100	68	100	92. 1	81	100	94
下学期	对照班	106	67. 95	100	90. 55	84. 8	100	94. 05
2001 年	实验班	100	10	100	78. 65	80	100	93. 75
上学期	对照班	109	7. 5	100	78. 85	58. 7	100	90. 7

(二)中学教学实验例证

中学实验尽管也有过补充教材，但主要是靠各个实验点的教师有意识、有目的地在学科教学中促进学生的思维品质的发展，进而提高智力的水平和学习的成绩。

江苏扬州中学有一批思维品质培养的实验班，在校长沈怡文的领导下，各科全面开展研究，获得可喜的成果。沈怡文用“以培养学生思维品质为核心，系统开展学科思维教学活动”为题目，在海峡两岸中小学课程教材教法学术研讨会(台南，1998)上作了报告。此外，浙江富阳中学也在开展学生思维品质的训练，只是研究时间短，这里只收集一个研究结果。

1. 教师思维教学情况对比

沈怡文、王雄等人要求学生叙述课堂教学的客观情况。按思维教学，尤其是思维品质的内容，分 15 项评分。评分标准为："多"为 4 分，"较多"为 3 分，"较少"为 2 分，"基本没有"为 1 分。按照这个评价方法，选择了实验班与对照班的学生进行调查，将参加实验的两位教师和未参加实验的同学科教师分别组成"实验教师(1、2)"和"对照教师"。其结果见表 8-10、表 8-11，这些结果都说明实验组教师思维教学情况更多更好。

表 8-10　实验组教师(1)与对照组教师思维教学情况比较($n=34$)

	实验 1	对照 1	对照 2	对照 3	对照 4	对照 5	对照 6
平均分	44.32	37.00	34.94	39.21	39.82	35.44	42.35
标准差	7.117	8.856	5.859	5.963	6.886	7.476	7.109
Z 值		3.756	5.533	3.210	2.650	5.017	1.142
显著性检验		$p<0.001$	$p<0.001$	$p<0.01$	$p<0.01$	$p<0.001$	$p>0.05$

表 8-11　实验组教师(2)与对照组教师思维教学情况比较($n=34$)

	实验 1	对照 1	对照 2	对照 3	对照 4	对照 5	对照 6
平均分	51.00	37.00	34.94	39.21	39.82	35.44	42.35
标准差	9.358	8.856	6.859	5.963	6.886	7.476	7.109
Z 值		6.232	7.970	6.112	5.540	7.478	4.240
显著性检验		$p<0.001$	$p<0.001$	$p<0.001$	$p<0.001$	$p<0.001$	$p<0.001$

2. 语文(作文)成绩对比

陈国林以蒋念祖的《高中议论文写作与思维品质训练》为教材，突出思维品质的训练，进行实验，3 年中，一直与对照班相比较，其结果见表 8-12、表 8-13、表 8-14。

表 8-12　高一刚进校实施训练前两班同题作文有关情况对照表

参数对象	人数	提炼的论点数	论点准确深刻的人数	完成作文平均时间	作文均分	标准差	差异
实验班	45	3	7	75′	63.37	12.6	$p>0.05$
对照班	46	2	8	73′	62.72	11.2	

表 8-13　高二(上)进行思维训练一年后两班同题作文情况对照表

参数对象	人数	提炼的论点数	论点准确深刻的人数	完成作文平均时间	作文均分	标准差	差异
实验班	45	13	25	61′	72.35	8.7	$p<0.05$
对照班	46	6	15	71′	65.40	11.3	

表 8-14　高三(上)实验班进行思维训练两年后两班同题作文情况对照表

参数对象	人数	提炼的论点数	论点准确深刻的人数	完成作文平均时间	作文均分	标准差	差异
实验班	45	14	36	48′	75.02	5.8	$p<0.01$
对照班	46	6	18	66′	66.41	10.6	

注：以上三次作文均为同时进行，都没有任何解释说明和提示，作文结束后两班所有试卷打乱后任意组合，装订成两本，由同一老师批阅。

3. 历史能力对比研究

历史教师王雄，由于加强了思维品质的培养，促使学生掌握历史的概括能力迅速提高。通过与对照组的对比，发现越难的历史材料，实验组的概括能力越强，实验班与对照班的差异越明显。结果见表 8-15。

表 8-15　实验班与对照班历史学科能力测试对比

班别	人数	均分标准差	较易材料的概括能力	含较难材料的概括能力
实验班	40	X	9.350	11.78
		SD	1.236	1.917
对照班	40	X	9.025	10.40
		SD	1.275	1.463
Z 值差异显著性			1.158	3.614
			$p>0.05$	$p<0.001$

4. 英语能力对比

叶宁庆通过实验，通过对学生进行以中学英语阅读思维品质为核心的英语阅读能力结构、英语阅读策略和理解方法等一系列的思维训练，使学生的阅读思维品质和阅读能力结构得到了优化，整体阅读理解能力也得到了提高(见表 8-16、表 8-17、表 8-18)。

表 8-16　实验班与对照班进校摸底测试成绩统计表

班别	人数	平均分	标准差	t 值	p 值
实验班	53	71.04	7.57	0.99	$p>0.05$
对照班	52	72.54	7.71		

表 8-17　高一英语能力竞赛预赛成绩统计表

班别	人数	平均分	标准差	t 值	p 值
实验班	53	84.17	6.74	3.30	$p<0.05$
对照班	52	78.75	9.63		

表 8-18　高二英语阅读能力测试结果统计表

班别	人数	平均分	标准差	t 值	p 值
实验班	53	75.91	6.25	3.84	$p<0.05$
对照班	52	70.31	8.42		

5. 物理能力对比

冯小秋等人通过正确建立物理模型、教给思维方法、开设方法专题等多种形式，从培养中学生思维的深刻性、广泛性、批判性、灵活性、独创性、敏捷性 6 个方面入手，进而培养了学生的智力并提高了学习成绩(见表 8-19)。

表 8-19　高三测试物理成绩和 1999 年高考物理成绩表

考试	参照对象	人数	平均分	标准差	差异检验
高三测试物理成绩	实验班	30	118.0	8.74	$p<0.05$
	对照班 A	30	111.6	11.63	
	对照班 B	30	111.5	13.45	
1999 高考	实验班	30	134.93	8.39	$p<0.05$
	对照班 A	30	127.87	11.15	
	对照班 B	30	127.15	13.20	

6. 生物能力对比

刘满希等人在生物教学实践中运用启发研究教学模式，通过培养学生的思维品质，来促进学生的智力发展(见表 8-20)。“启发研究”是以科学地处理启发诱导和研究探索的关系为主要目的，着眼于发展学生的智力的一种教学方法。

表 8-20　生物学科思维品质培养实验的结果

思维品质	测试	对照班		实验班		t 值	差异检验
		人数	分数	人数	分数		
侧重基础知识掌握的内容	期末测试	54	84. 2	55	83. 9	0. 0695	p<0. 05
	综合测试	54	80. 6	55	80. 4	0. 0853	p<0. 05
侧重基本技能的训练的内容	期末测试	54	73. 2	55	75. 8	0. 4952	p<0. 01
	综合测试	54	68. 5	55	70. 1	0. 3536	p<0. 01
侧重于思维能力的训练和培养的内容	期末测试	54	63. 9	55	68. 7	1. 0713	p<0. 01
	综合测试	54	71. 7	55	76. 2	0. 3816	p<0. 01

7. 高中生物理创造力的培养

曹宝龙等选取浙江富阳中学高三年级的两个班共 108 名学生进行了研究，其中一个班为实验班，采用的是突出创造性思维品质的训练，进行问题性教学授课；另一个班是对比班，采用常规办法授课。实验开始前，运用自编的“物理创造性思维能力测验”考察实验班与对比班在创造性思维的四个维度(迁移、逆向、发散、组合)上的发展水平，两个班学生的得分没有显著的差异。

所谓问题性教学，就是以问题为纽带，在教师的引导下，尽量启发学生自己提出问题、思考问题并解决问题，从而培养学生创造性思维品质的一种教学组织形式。

问题性教学没有什么固定的模式，主要的形式就是教师设置情景，并提出问题，而学生在解决这个问题的过程中会出现更多的问题，积极思考并互相讨论，达到更好的学习的目的。在教学过程中，要考虑学生的水平，问题不能太难或者太简单；一堂课只需要一个主要的问题，尽量使讨论向纵深发展；对敢于提出问题的学生，要尽量肯定，对其问题中的错误成分，不要“穷打猛追”，以培养其提问意识；尽量多地让学生讨论，教师自己不要“冲锋陷阵”。另外，如果学生们都不敢提问，教师要积极的示范。最后，既然是问题性教学，就要给学生留足够的时间来讨论问题，而不是把讨论作为附加手段。

在开展了两个月的教学之后，按“中学生创造力测验”要求对实验班和对比班进行后测，结果见表 8-21。

(1)在总体上，实验班学生的得分明显超过对照班学生，说明经过干预后实验班学生的创造力水平高于对照班的学生。

(2)在创造力的七个维度上，实验班学生的得分超过对照班学生，并且在问题提出、创造想象、问题解决等方面差异显著。具体见表 8-21：

表 8-21　高中物理创造力的培养效果

项目	班级	人数	平均数	标准差	t 值	p
物体应用	实验班	54	12.37	5.94	1.69	$p>0.05$
	对照班	54	10.55	5.16		
问题提出	实验班	54	11.79	5.19	3.22	$p<0.01$
	对照班	54	9.01	3.62		
产品改进	实验班	54	6.11	2.95	1.84	$p>0.05$
	对照班	54	5.14	2.44		
创造想象	实验班	54	6.33	2.51	2.25	$p<0.05$
	对照班	54	5.27	2.33		
问题解决	实验班	54	13.92	7.58	3.64	$p<0.001$
	对照班	54	8.85	6.85		
实验设计	实验班	54	6.66	5.13	1.82	$p>0.05$
	对照班	54	5.77	4.05		
创造活动	实验班	54	4.88	4.09	1.66	$p>0.05$
	对照班	54	3.66	3.43		
总量表	实验班	54	63.33	17.31	5.05	$p<0.001$
	对照班	54	47.42	13.02		

(三)思维品质培养的微观发生实验证据

除了在中小学实验学校大面积培养学生的思维品质，提高其学习成绩之外，我们课题组还进行了精细的微观发生实验以检验思维品质培养的效果，这里就以辛自强等对小学数学进行的实验为例子做一简单介绍。①

1. 儿童表征水平的阶段

数学问题解决是儿童在头脑中对数学符号进行抽象思维、运算的过程。因此，儿童在数学问题解决中采用的思维方式和表现出的策略是其智力的集中体现。认知心理学家卡米洛夫·史密斯(2001)认为儿童在数学问题解决上的表征水平(即思维的深刻性)要经历三个阶段：第一阶段为程序阶段，在这个阶段，儿童的行为是“成功取向的”，在问题解决上能够达成成功的表现，主要是掌握一些相对孤立的解题程序；第二阶段为元程序阶段，儿童的学习开始受内部力量的驱使，不再集中于外部材料，而是集中于内部表征的相互作用，在问题解决时开始形成统一的解决方法；第三阶段是概念化阶段，这时儿童的内部表征和外部材料的相互作用受到了调控和平衡，在程序组织的基础上获得了概念化的表征，发展了认知灵活性与创造性，能将知识迁移到不同的领域。思维深刻性既表现出个体差异，又具有发展特性。在正常教育条件下，儿童的思维深刻性与问题解决能力的提高需要有较多的练习和时间，但针对性的思维品质的训练是否能促进智力发展呢？辛自强带领弟子使用微观发生法对小学低年级学生的思维深刻性进行了训练，检验了思维品质训练对其表征水平和问题解决能力的促进效果。

2. 研究方法

课题以 120 名小学一、二年级学生为研究对象，其中一年级 54 人，二年级 66 人。研究分为 8 个实验期间(见表 8-22)，每个期间儿童都要完成“? +? =4”的数字分解组合任务的测试题目，找出所有和等于右边目标数字的数字组合。每完成一个期间的题目，询问儿童如下问题：(1)还有其他答案吗？(2)你是怎么想到这些答案的？思维品质训练阶段采用了简单和复杂两种模式，在复杂模式条件下，期间 3 和 5 采用了两位数的目标数字。在第 7 阶段的近迁移测试中，题目为“这是一个跷跷板(图 8-9)，在它右端的大盒子里放了 8 块积木，而在左边有两个上下叠放在一起的小盒子，请问上下两个小盒子分别放几块积

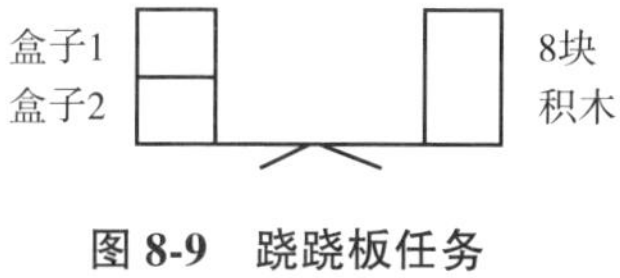

图 8-9 跷跷板任务

① 辛自强、张丽：《表征变化及其影响因素的微观发生研究》，532~542 页，心理学报，2006，38(4)。

木，才能使跷跷板两端平衡?”第 8 阶段的远迁移题目为“买一根铅笔要花 8 毛钱，现在有 5 张 1 毛的纸币和 3 张 2 毛的纸币，如何给售货员付钱?”以目标数字 5 为例，表 8-23 列出了儿童表征水平不同阶段的判断标准。

表 8-22 期间与任务

<table>
<tr><th>期间</th><th>简单练习模式</th><th>复杂练习模式</th></tr>
<tr><td>S1 前测</td><td colspan="2">一道数字题目(目标数字为 4)</td></tr>
<tr><td>S2 学习</td><td colspan="2">一道数字题目(目标数字为 5)</td></tr>
<tr><td>S3 学习</td><td>一道数字题目(目标数字为 8)</td><td>一道数字题目(15)</td></tr>
<tr><td>S4 学习</td><td colspan="2">一道数字题目(目标数字为 7)</td></tr>
<tr><td>S5 学习</td><td>一道数字题目(目标数字为 6)</td><td>一道数字题目(18)</td></tr>
<tr><td>S6 学习</td><td colspan="2">一道数字题目(目标数字为 9)</td></tr>
<tr><td>S7 迁移</td><td colspan="2">一道近迁移文字应用题</td></tr>
<tr><td>S8 迁移</td><td colspan="2">一道远迁移文字应用题</td></tr>
</table>

表 8-23 表征水平变化的阶段

阶段	内涵	操作定义
阶段 1：程序	儿童的学习完全是材料驱动的，表征主要是根据外在环境的信息建立的，依赖于背景的	解题程序的每一步与每一步之间是单独的，集中于不同的部分或步骤。如“和等于 5 的有 3 加 2，1 加 4，4 加 1，2 加 3，0 加 5，5 加 0。这些答案我想到一个写一个。”
阶段 2：元程序	儿童的学习开始受内部力量的驱动，他们不再集中于外部材料，而是集中于内部表征的相互作用	开始注意到部分程序或步骤之间的联系、规律，内部表征有一定的组织性，包括：①间隔顺序排列，如“和等于 5 的有 1 加 4，4 加 1，2 加 3，3 加 2，0 加 5，5 加 0。首先想到了 1 和 4，后面 4 和 1 是颠倒过来的。2 和 3 是由 1 和 4 想到的，2 比 1 大，3 比 4 小 1……”；②部分结果按照顺序排列，如“1 加 4，2 加 3，3 加 2，0 加 5，5 加 0，4 加 1。

续表

阶段	内涵	操作定义
		前面按照 1，2，3 这样想，后面想到一个写一个”；③检查时顺序化，“3 加 2，1 加 4，4 加 1，2 加 3，0 加 5，5 加 0。比 5 小的数字 0，1，2，3，4，5 都有了，没有其他答案了”。
阶段 3：概念化	内部表征和外部信息之间达到了平衡	发现了所有程序之间的联系，将所有数字组合按顺序化规律排列，并能够用言语表达出来。如“和等于 5 的有 0 加 5，1 加 4，2 加 3，3 加 2，4 加 1，5 加 0，我按顺序进行排列”。

3. 研究结果

首先考察了前测中不同年级儿童达到概念化阶段的情况。一年级 54 名儿童中有 5 名、二年级 66 名中有 28 名达到了概念化阶段，差异非常显著，$Z=4.05$，$p<0.001$，这说明儿童存在明显的发展上的差异。把这些儿童筛除掉后，考察其他儿童在 5 个练习阶段表征水平的差异，结果显示两个年级的儿童在 5 个期间达到不同表征水平的人数差异均不显著($ps>0.05$)。最后，考察儿童在两个迁移阶段的表现。在近迁移题目上，一、二年级达到不同表征水平的人数情况差异不显著($p>0.05$)，但在远迁移题目上的差异非常显著($p<0.01$)，这主要表现在二年级儿童保留在程序阶段的人数(74%)显著少于一年级儿童(96%)($p<0.01$)，而达到概念化阶段的人数(24%)显著多于一年级儿童(2%)($p<0.01$)。

更为重要的是，该研究所关心的重点并非上述发展性差异，而是教育干预的效果。该研究证明了儿童在不同练习模式下表征变化的路线、速度和广度等方面存在差异，这体现了思维灵活性、深刻性和创造性随着训练条件而改变。具体表现如下：第一，从变化的路线上看，与简单模式相比，复杂模式更能促进儿童的表征发生变化，而且这时儿童表征变化的路线更丰富；第二，从变化的速度上看，复杂模式下儿童在两次复杂练习题期间表征变化比较迅速，其余期间变化较小，简单模式下儿童在第二和第三次练习期间变化迅速，随后比较平稳；第三，从变化的广度看，练习中获得的表征能力均能推广到迁移题目上，但在近迁移题目上的表现好于远迁移题目上。可见，思维品质的训练能够促进儿童的表征能力的发展，提高他们的智力表现。

第三节

从学科能力入手培养智力

学科能力是学科教育和学生智能发展的结晶。学科能力是怎样构成的？第一，某学科的特殊能力是这种学科能力的最直接体现。例如，与语言有关的语文、外语两种学科能力，听、说、读、写四种能力是其特殊能力的表现；运算的能力、空间想象能力、数学的逻辑思维能力是学生数学的特殊能力；思想政治课需有明辨是非、抉择观点的特殊能力，等等。第二，一切学科能力都要以概括能力为基础，因为学习和运用知识的过程就是概括的过程。第三，某学科能力的结构，应有思维品质参与。任何一种学科的能力，都要在学生的思维活动中获得发展，离开思维活动，也就无学科能力可言。第四，学生的学科能力要体现个体自身的特点，即每个学生身上所体现的学科的特殊能力、智能成分和思维品质的组合结果。我们认为学科能力是培养智力的关键，因此，不仅探索了学科能力的特点与结构，还在培养学生思维和智力的课题组中进行了探索实施。

一、学科能力的特点与智力成分

我们对学科能力的基本认识包含两个方面，一是学科能力表现出的特性与结构，二是不同学科能力中隐含的智力成分，例如主要的认知与逻辑思维类型。下面我们分别从这两个方面来介绍学科能力。

(一)学科能力的特点

学科能力，既作为人类智力与能力的一种表现形式，又是学科教学的条件和结果，所以它是学科教学与人类智能的合金，并体现在学生身上。从这一点出发，我们可以获得学科能力的四方面特点。

1. 学科能力以学科知识为中介

一个人的智能与其知识是相辅相成、密不可分的。所以，学生的学科能力必需以学科知识经验为中介而实现。因为学生对每一门学科的学习，都是一种思维活动，最终形成的学科能力，是学生在学科的学习活动中，在感性认识，特别是表象的基础上，借助词、语言等工具，以学科知识经验为中介而完成的。这里的中介功能，是指学生从掌握学科知识经验过渡到学科能力的桥梁作用。以学科知识为中介，也反映了学科能力与记忆的相互关系，有了记忆，人才能累积知识、丰富经验,记忆是学生对学科知识经验的储备；它是运用学科知识经验进行思维，认识学科问题、解决学科问题的前提。没有记忆，学科能力失去材料，就没有知识经验这个中介了。

作为学科能力材料的知识经验，在内容上主要是语言、数和形；在形式上大致可分为两类：一类是感性的材料，另一类是理性的材料。感性材料，包括感觉、知觉、表象等，学生的学科活动是凭借这些感性材料，特别是表象来进行的。例如，小学中低年级学生掌握了数学符号性表象，但在运算中也要以感性材料为支撑，需要运用直观教具激发他们的具体经验。理性材料，主要指各学科的基本概念。概念是思维的细胞。概念的形成和发展与判断和推理是不可分的。例如，中学生在数学学习中，依靠数字、字母、字词等逐步掌握各种数的概念、定义、公式、法则，学会判断，利用推理来加以运算，依靠这些理性材料来提高数学学科的能力。

尽管我们将学科能力的材料分为感性材料和理性材料，但二者不是割裂的，在培养学科能力时，可以将感性材料和理性材料结合起来。例如，我们强调中小学生写作能力的培养要抓好两个过渡，一是从“说”到“写”，主要抓“看图说话—看图写话—忆‘图’(景)写话”；二是从“读”到“写”，主要抓“仿写”。这两个过渡要运用上述的两种材料，并贯穿到中小学写作的全过程。看图说话或写话，应从小学一年级入学第二个月开始，高中三年级仍要坚持“看图写话”。“仿写”应从小学二年级下学期开始，一直可延续到高中，这是提高学生写作能力的一项重要措施。“仿写”的关键有两个：一个是选好范文，另一个是引导学生练习。从小学生“照猫画虎”开始，到中学阶段，学什么体裁就写什么作文，散文、议论文、诗歌、小说、剧本等都可以选练，通过“仿写”而提高写作能力，“仿写”绝不是原先材料的重复，更不是“抄袭”，“仿写”中有创新，是仿照某一范文格式对写作的感性材料和理性材料的再创造。由此可见，学生学科能力的发展之所以表现出多样性，原因之一是作为材料的学科适应经验，不仅有数量的增减，而且有质的变化。学科能力发展过程中质的变化的重要途径，是通过作为材料的学科能力之中介——“新质要素”的逐渐积累和“旧质要素”的逐渐衰亡和改造来实现的。

2. 学科能力的结构

学科能力是一种结构，具有系统性，并且是静态结构和动态结构的统一。如果单纯分析学科能力构成的具体成分，可以将学科能力看成是静态的；但从学科能力构成的内在关系和联系来说，就其发展来说，这个结构是动态的。学科能力的系统性正是这种静态和动态结构的统一，而且，动态性是学科能力结构的精髓。首先，动态性表现出学科能力的结构是主客观的统一，是主客观交互作用的结果。也就是说，学生逐步地主动、积极处理其学科教学环境，并从解决各种问题的过程中完善他们的学科能力结构。其次，动态性表现在学科能力结构的发展上。学科能力结构不仅指的是内在结构、成分及关系，而更重要的是其有发生与发展的特征，这是一个本质的问题。最后，动态性表现在学科教学活动是学科能力结构的起点和动力。在教学活动中，当学生掌握某种操作程序并且获得不断发展的时候，当感知、表象、语言、思维相互结合的时候，他们的学科能力结构也就逐步完善和发展起来，并出现了各种学科能力的模式。

3. 学科能力具有可操作性

学生的学科能力要在各个学科的教学实践中获得具体化，并表现出较强的操作技能和善于运用知识的特点。换句话说，在各科教学实践中，已经形成的学科能力有助学生主体对各学科的学习，并为顺利进行学科学习提供符合知识运用和操作技能要求的程序、步骤、环节、策略和方法等。

学科能力的可操作性，可以用具体的学科语言来表示。例如，我们用数学语言规定数学能力的操作要求，用语文语言规定语文能力的操作要求。探索和选择适合一定学科的语言界定学科能力及其操作要求，使各科教学中培养有关学科能力有据可循，并发挥学科能力更大的可操作性，这是当前学科能力研究中的一个重要课题。

4. 学科能力是稳定的

如果说智力与能力是成功解决某种问题(或完成某种任务)表现出良好适应性的个性心理特征，那么，学科能力则是成功地完成学科课题的个性心理特征。当然，智力与能力有一定的区别。如上所述，智力是偏于认识，能力是偏于活动的稳固的心理特征。而学科能力既要解决认识，即“知与不知”的问题，又要面对活动，即“会与不会”的问题。教学的实质就在于认识与活动的统一，所以，学科能力是学生在学科教学中所表现出的智力与能力的统一，是一种较为稳固的心理特征的综合体现。

学科能力的稳定性，主要是指个体的稳固特征。这并不排斥个体学科能力的发展变化，因为每个人的各种学科能力都处于发展变化之中，但又显示出各自较稳固的个体差异来。例如，学生到了高中二年级前后，逻辑思维趋于成熟的时候，个体的学科能力差异水平也趋于“初步的定型”，这样就使学科能力的个性心理特征更为明显。个体抽象逻辑思维成熟之前，学科能力发展变化的可塑性大，成熟后的学科能力，尤其是理科能力发展变化的可塑性小。尽管某些文科学科能力还有“大器晚成”的表现，但对绝大多数个体所拥有的多数学科能力来说，他们后来的水平与其成年初期的水平基本上保持一致，尽管也表现出一些进步。因此，对学生学科能力的培养重心，应放在基础教育阶段。

(二)不同学科能力的不同智力成分

不同学科能力的建构存在着明显的思维或认识的特殊性。按大学科分类，学科可归为理科与文科，相应地与抽象逻辑思维和形象逻辑思维、认知和社会认知紧密地联系着。一般说来，理科的学科能力，更多地要与抽象逻辑思维、与认知相联系；文科的学科能力，更多地与形象逻辑思维、与社会认知相联系。至于大学科下属的具体学科，当然大致要和大学科的思维或认知成分相对应，但具体学科可以作具体分析，包括交叉学科，更有其特殊性。不过抽象逻辑思维与形象逻辑思维、认知与社会认知却体现着建构不同学科能力的思维或认知成分的特色。

1. 抽象逻辑思维与形象逻辑思维

在实践活动和感性经验的基础上，以抽象概念为形式的思维就是抽象逻辑思维，这是人类思维的核心形态。抽象逻辑思维尽管也依靠实际动作和表象，但它主要以概念、判断和推理的材料表现出来，是一种通过假设进行的、形式的、反省的思维。换句话说，抽象逻辑思维是撇开具体事物、运用概念进行的思维；是通过假设进行的思维，使思维者按照提出问题、明确问题、提出假设、检验假设的途径，经过一系列的抽象概括过程，以实现课题的目的。抽象逻辑思维，就其形式来说，是形式逻辑思维和辩证逻辑思维。前者是初等逻辑，后者是高等逻辑。二者既有区别，又有联系，它们是相辅相成的。

理科能力，特别是数学能力，主要与抽象逻辑思维联系着。例如，对数概念扩充及定义的展开，从“自然数”到“正整数”“有理数”“实数”“复数”，一直到“数”，这就体现着一个概念逻辑的抽象概括过程，反映了各年龄阶段的学生思维能力，乃至整个智力发展的水平。

形象逻辑思维是以形象或表象作为思维的重要材料，借助鲜明、生动的语言作为物质外壳，在认知中带有强烈的情绪色彩的一种特殊的思维活动。一方面是鲜明的形象；另一方面又有着高度的概括性，能够使人通过个别认识一般，通过事物外在特征的生动具体、富有感性的表现认识事物的内在本质和规律。形象思维具备思维的各种特点，除了语言之外，它的主要心理成分有联想、表象、想象和情感。特别是想象、表象的过程，在一定程度上往往也就是形象思维的过程。想象的发展是形象思维发展的过程，想象的结果就是形象思维的结果。想象和形象思维很难从本质上分清界限。形象逻辑思维的活动，有抽象思维参与，这使形象逻辑思维能作为一种具有必然性和普遍性的完全独立的思维活动。

文科能力，特别是文学、艺术等学科的学科能力，主要与形象逻辑思维联系着。因为文学、艺术形象的创造，主要是自觉运用表象运动的直接结果，文学、艺术学科能力的发展，更多地体现为想象力的发展。

我们强调某些理科能力和文科能力，分别更多地与抽象逻辑思维和形象逻辑思维相联系，这个“更多”仅仅指为主，体现某些学科能力的特殊需求，但绝不能将这些能力分别与抽象逻辑思维或形象逻辑思维简单等同起来，因为每一种学科能力，除了更多地与某种思维相联系之外，还要包含其他思维的成分。例如，数学能力是典型的理科能力，可是它却包含空间想象能力；语文能力是一种典型的文科能力，但是它既离不开形象逻辑思维，也离不开抽象逻辑思维。

2. 认知与社会认知

认知是人类个体对客观世界的认识过程。认知心理学对认知的看法尽管不能统一,但突出一点，认知是为了一定的目的、在一定的心理结构中进行的信息加工的过程。信息加工的对象是客观世界，客观世界包括无生物界、生物界和人类社会三大部分。因此，认知既包括对物理世界的认知，也包括对社会世界的认知。从这个意义上说，认知和对社会世界的认知并不是同一层次上的并列关系。对社会世界的认知，即社会认知是认知的一个属概念，它所对应的是非社会认知或对物理世界的认知。但我们平常所讲的“认知”，在一定程度上可以说是非社会认知或物理认知。这里有必要介绍一下社会认知的特点：第一，社会认知的对象具有特殊性，一个人社会认知的对象正是他生活于其中的社会世界或社会环境；第二，一个人的社会认知发展不是其一般认知的一种简单重复或反映，社会认知的发展与非智力因素的发展有着密切关系；第三，人们的社会互动(人与人之间的交换、接受、沟通和加工信息)经验和社会生活环境包括社会文化特点，对其社会认知的内容、结构、发展速度以及发展水平起着重要的作用；第四，情感在一个人的社会认知中起着重要作用。

无疑，理科能力总是更多地与认知或物理认知联系在一起；文科能力则更多地与社会认知联系在一起，并呈现出明显的层次性。例如，从社会认知的特点出发，我们可以把学生的思想政治课学科能力分成三个层次：第一层次，学生的思想政治课学科的特殊能力，它包括分辨是非能力、参加社会实践能力、观点采择能力三个部分；第二层次，学生的思想政治课学科的能力结构。学生思想政治课的学科能力，尽管不如理科能力那样，与智力存在高度的一致性，但它与智力活动的水平还是有一定联系的，特别是与思维活动有更密切的联系。所以，我们将思想政治课学科能力结构理解为：以对思想政治课的概括为基础，把分辨是非能力、参加社会实践能力、观点采择能力与五种思维品质(思维的深刻性、灵活性、独创性、批判性、敏捷性)组成15个交结点的开放性的动态系统；第三层次，学生的思想政治课学科能力的深层结构。社会认知的特点强调情感，强调非智力因素，这就是信念的因素。所谓信念，是一个人对某一理论准则、思想见解深信不疑的看法。信念不仅要以主体向往和追求完善的标准作为认识的前提，而且伴有强烈的情感体验，它是认识和情感的"合金"。

二、提高学科能力是发展智力的关键

前面我们主要从理科能力和文科能力两个大类介绍了学科能力的特点与智力成分，数学能力和语文能力则分别是两类学科能力的典型代表。我们课题组在26个省市设实验点，主要研究的就是培养学生的数学学科能力和语文学科能力，这里也以两门学科能力为代表做一介绍。

(一)数学学科能力的培养

数学是人类思维的体操。中小学生"数"和"形"的能力，数学能力发展在一定程度上体现了其思维和智力的发展。中学生和小学生数学能力的发展，尽管有联系性，但更多地显示出阶段性。所以，我们对小学生和中学生的数学能力的研究内容，既有关联，又有区别。

1. 中小学生数学能力发展的研究

(1)小学生数学能力的发展

我早在1981年就在《心理学报》上介绍了自己对小学生数学能力发展研究的认

识。① 我首先对小学生数学概括能力的发展进行了研究，将其分为五个等级，分别是：第Ⅰ级，直观概括水平；第Ⅱ级，具体形象概括水平；第Ⅲ级，形象抽象概括水平；第Ⅳ级，初步的本质抽象概括运算水平；第Ⅴ级，代数命题概括运算水平。研究以小学一至五年级 450 名小学生为被试，选用比较大小、顺序和进行分解组合、判断对错、求公倍数、求公约数、运用逻辑法则、归纳问题、演绎问题、假设推理与解答问题十个方面的数学材料，研究发现小学生数学概括能力发展水平既表现出年龄特征，又存在着个别差异。其趋势是：一年级学生在学前期智力的基础上发展起来，属于具体形象概括；二、三年级学生从具体形象概括向形象抽象概括过渡，大多数在三年级能完成这种过渡；四、五年级学生大多进入初步本质抽象概括水平，极少数学生在良好的教学条件影响下向较高级的代数运算水平发展。四年级是小学生掌握数学概念，从具体形象概括为主要形式过渡到以抽象逻辑概括为主要形式的一个转折点(或关键期)。

在我主持的“七五”规划(1985—1990)教育部教育科学重点课题研究中，还探索了小学生顺序概念、空间概念、体积概念、长度概念和概率概念等数学概念的发展。测查结果表明，一至六年级小学生数概念的平均通过率分别为 24%、34%、40%、52%、61%和 67%。小学生数学概念的发展有一个加速期，出现在三到五年级($p<0.01$)，其中四年级是一个转折点，到五年级后基本保持缓慢的发展趋势。具体说来，不同的数学概念的发展水平是不同的，其中数量概念发展速度最快，转折点在三年级($p<0.01$)；空间概念在一到三年级发展不快，三到五年级是直线发展的趋势($p<0.01$)。这说明，不同数学概念的内容，其发展速度是不同的，既表现出量的差异，又表现出质的差异。

以小学生数学推理发生的范围、步骤、正确性与品质抽象概括性等四项指标，来分析小学生运算中推理能力发展的水平，得到小学生推理能力的发展趋势为：第一，小学儿童在归纳推理与演绎推理能力的发展上，既存在年龄特征，也表现出个体差异；第二，小学阶段，随着年龄的增长、年级的升高，儿童推理范围的抽象度在

① 林崇德：《小学儿童数概念与运算能力发展的研究》，289~298 页，载《心理学报》，1981(03)。

加大，推理的步骤愈加简练，推理的正确性、合理性和推理品质的逻辑性与自觉性也在增强；第三，小学掌握归纳与演绎两种推理形式的趋势和水平具有高相关($r=0.79$, $p<0.01$)。

(2)中学生数学能力的发展

根据中学生数学能力的结构，我们以数学运算能力、数学空间想象能力和数学逻辑思维能力三种基本数学能力为主线，展开了中学生数学能力发展的研究，获得了其发展特点。

我们课题组认为，可以把中学生的运算能力水平分为三个层次：第Ⅰ级水平为了解与理解运算的水平，第Ⅱ级为掌握应用运算的水平，第Ⅲ级为综合评价运算的水平。中学生数学运算能力的发展，具有由低水平向高水平顺序发展的特征，这种发展次序是不可改变的。中学生数学运算能力发展的具体特征表现在：每一级水平的运算能力整体随着学生年级的升高而上升，但是，初二学生的运算能力在第三级水平上有所滑落，而初三无论是在第三级水平上，还是在前两级水平上都有一个飞速的发展，这一发展速度要大大超过由初一发展到初二的速度。这表明初中二年级是运算能力发展的新的起步，初中二年级是运算能力发展的关键。①

中学生数学空间想象能力的发展，可以分为三级水平：第Ⅰ级水平——形状简单的实物和几何图形间的双向想象、简单几何图形的特征分析；第Ⅱ级水平——能够由较复杂的图形分解出简单的、基本的图形，根据条件画出图形；第Ⅲ级水平——能够由基本图形组合为较复杂的图形，想象几何图形的运动和变化。我们在研究中看到，初二学生的空间想象能力在第一、第二级水平上，与初一学生相同水平层次上的能力没有太大进步；相反地，在第三级水平上还有所滑落。初三前两级水平有一个飞速的发展，大大超过其他时期的发展速度。这表明初中二年级是空间想象能力迅速发展的关键期，经过初二一年的学习，初中三年级学生的空间想象能力往往能获得一个质的飞跃发展。

中学生数学逻辑思维能力从初二开始得到快速发展，形象抽象逻辑思维的发

① 初二即八年级，初三即九年级。——编者注

展，初二到初三差异显著($p<0.05$)，其余各相邻年级差异不显著($p>0.05$)；中学生形式抽象逻辑思维的发展，初二到初三差异显著($p<0.05$)，初三到高一差异非常显著($p<0.01$)，其余各相邻年级差异不显著($p>0.05$)；辩证抽象逻辑思维的发展，初二到初三差异显著($p<0.05$)，高一到高二差异非常显著($p<0.01$)，其余各相邻年级差异不显著($p>0.05$)。中学生的数学推理水平是逐步发展的，初二学生普遍能够按照公式进行推理，多数高一学生掌握多步骤间接推理和迂回推理，高二学生的抽象综合推理水平得到较大发展。初二和高二是中学生数学推理能力发展的转折点。

2. 对培养数学学科能力的几点认识

数学学科能力的培养上，我们提倡中小学应以数学概括为基础，培养学生的数学思维品质。

(1)加强数学概括能力的培养

学生数学概括能力的水平，可按六项指标来确定：一是对直观的依赖程度；二是对数的实际意义的认知；三是对各类数的顺序和大小的理解；四是数的分解组合的能力和归类能力；五是对数学概念的展开，能用自己的语言下定义，且不断揭示概念的实质；六是数扩充程度。以上六项是学生对数概念的掌握及其概括能力大小的具体体现。但是，目前中小学数学教学常常只满足于学生会做题，而不注意引导学生去发展概括能力，这是对基本概念的重要性认识不够，对发展概括能力未加以重视的表现。其结果，学生往往只会“依样画葫芦”，老师怎样说就怎样做，公式怎样定就怎样套。到最后，不仅数学能力提不高，而且数学成绩也不一定理想。因此，我们主张，不论是小学还是中学，数学老师必须十分重视学生基本概念的掌握，重视数学概括能力的培养。

培养学生数学概括能力的几条措施：第一，明确概括的主导思路，引导学生从猜想中发现，在发现中猜想。所谓“猜想”，实质上是学生原有认知结构作用于知识的尝试掌握。强化“发现猜想”，首先要分析教材结构和学生的认知结构，明确概括过程的主导思路。然后，围绕这条思路，确定引导学生不断深入地猜想发现的方案。第二，在把概括的东西具体化的过程中强化“发现猜想”。在这个过程中，学生的认知结构与概括问题之间适应与不适应的矛盾最易暴露，也最容易对学生形成适应的刺激。第三，通过变式、反思、系统化，积极推动同化、顺应的深入进行。第四，大力培养形式抽象、根据假定进行概括的能力。

(2)重点放在培养学生的数学思维品质上

在小学数学教学中，主要是培养敏捷性、灵活性、深刻性和独创性四个品质；在中学数学教学中，应加一个批判性，即数学思维的全部五个品质。

第一，培养学生数学学习中的思维敏捷性。研究发现，数学尖子的普遍特点，就是在运算时思维过程敏捷、反应快、演算速度快。相反地，智力水平较低的学生运算的时间往往是一般学生的两三倍。常见的培养学生正确、迅速的运算能力的办法有两个：一是在数学教学中要有速度的要求；二是要使学生掌握提高速度的办法。

第二，培养学生数学学习中的思维灵活性。适宜数学教学实际的主要方法，主要是培养和提高一题多解、一题多变、同解变型和恒等变型的能力。其中要注意：在基础知识教学中要从不同层次、形态和不同交结点揭示知识和知识间的联系，从多方位把知识系统化；在解题教学中，要从不同的认识层次、观察角度、知识背景和问题特点进行一题多解、一题多变。此外，还要多方面地分析特点，抓住问题的特殊性，探求一题多解、一题多变。

第三，培养学生数学学习中的思维深刻性。数学教学，要求学生的智力品质深刻性，即要求以逻辑性为基础。数学能力的个体差异，实际上就是数学学习中思维的智力品质深刻性的个体差异。培养学生在数学学习中思维的深刻性，除了培养学生的数学概括能力之外，应该在空间想象能力、数学推理能力上下功夫。

第四，培养学生数学学习中的思维独创性。数学作业的独立完成，是培养学生思维创造性的最基本的要求。学生在解题中独立地起步，比解题本身显得更重要，平时解题有困难的学生往往不知如何独立地思考解题的第一个步骤。在独立思考的基础上，可以引导学生进行新颖而独特地解题和编题。编题，即要在学习中，学生根据自己所学概念、定理、公式、法则、方法的理解，自己编制各种类型的练习题，自己进行解、证，自己概括、总结、评价，以促进思维结构对所学知识的同化和顺应。

第五，培养学生数学学习中的思维批判性。数学学习中的批判性，是学生在学习数学知识过程中发现、探索、变式的反省，这种自我监控的品质，是中学生在数学学习中必不可少的环节。批判性往往是在对所学知识的系统化中表现出来的，但它的重点却在于学习过程中对思维活动的检查和调节。

(二)语文学科能力的培养

语言是思维的物质外壳，语言和思维是不可分割地联系在一起的。中小学生语文听、说、读、写的能力发展在一定意义上体现了其思维和智力的发展。和数学能力发展有所不同，小学生和中学生的语文能力发展具有内在的连续性和完整性；尽管有其阶段性，但一致性要比数学能力更明显。因此，我们对中小学语文能力发展的分析，是把中小学生连贯起来进行的。我们课题组成员黄仁发先生领衔的“中国儿童青少年语言发展与教育”研究小组在这方面做了许多研究。

1. 中小学生语文能力发展的研究

(1)中小学生语文“听”的能力的发展

我们让不同年级的学生听写包括10个词语、5个单句和一篇短文的统一材料，获得了他们听写成绩的发展趋势。结果发现，中小学生听写成绩是随着年级的递增而提高的。小学的中高年级可以达到及格水平，中学阶段可以达到优秀水平。材料不同，发展的曲线也不一样。小学生听写词语的成绩最佳，其次是句子，最差是全文，差距随年级递增而缩小；中学生则反之，最佳的成绩是全文，句子次之，最差的是词语，而且差距有随着年龄增长而扩大之势。这说明，中小学生语文的“听”的能力，不论是什么材料，其心理能力的发展特征是一样的。

(2)中小学生语文“说”的能力的发展

我们用“复述”材料为手段来考查中小学生“说”的能力。研究结果显示，随堂复述刚读完的教学课文，除小学四年级外，全在及格线上，而最高点也只能达到及格与优秀的中点。在复述刚读完的统一材料时，小学一、二年级不能复述，初中学生达到及格水平，高中学生臻于优秀。在复述的字数方面，小学一年级无力，二年级乏力，三年级吃力，从小学四年级起，直至高中，都能用280到380以上的字数加以复述。这说明复述的发展，不在于掌握文字的多少，主要是在于对文字的概括和表达水平。而且，女生的复述成绩要高于男生，尤其是小学和初中阶段更为明显。到了高中以后，男生发展速度超过了女生。但从整体上来说，男生的离散性较大，而女生的离散性要小一些。

(3) 中小学生语文“读”的能力的发展

在随堂朗读教学课文中，中小学生不管处于哪个年级，成绩全在及格线与优秀线之间。但是朗读统一材料的成绩随年级递增而提高。小学低年级处于及格线以下，小学四年级冲过及格线，中学生平稳发展，高二年级越过优秀线。中小学生理解阅读内容的能力发展有一个过程：小学低年级对阅读内容的理解是比较肤浅的；三年级开始理解阅读内容，此后逐年发展，五年级接近及格线；初中越过及格线，并向优秀靠拢。男女中小学生在理解阅读内容上存在差异，男生总的发展趋势比女生成绩高、发展速度快，但这种差异并不显著。

(4) 中小学生语文“写”的能力的发展

朱智贤朱老指出写作能力的发展大体经过三个阶段：第一，准备阶段，即口述阶段；第二，过渡阶段，包括两个过渡，一是口述向书写过渡，二是阅读向写作过渡；第三，独立写作阶段，即独立思考、组织材料、写出文章。我们以命题作文、修改作文和改写文章的方式进行了研究，结果发现小学低年级是准备阶段；三年级是口述向书写过渡；四年级是阅读向写作过渡的开始；小学高年级，尽管学生能开始独立写作，但多处于第二阶段；中学生的写作能力逐步向第三阶段发展，并逐步地以第三阶段的独立写作为主导。小学四年级、初二是两个转折点，高中二年级初步趋于定型。

2. 对培养语文学科能力的几点认识

语文教学的任务，应显示出它是一种综合性的教育，为了使这种教育功能得到发挥，我们提倡“五结合”。

(1) 文与道的结合。语文教育有较强的思想性，不仅讲“文”，而且要重“道”。所以教师应该根据既定的内容通过语文教学各环节，力图使学生在掌握“文”——知识的同时，得到思想的启迪或形成的一定的品德——“道”。

(2)语与文的结合。传统语文教学中存在着重“文”轻“语”的倾向。我们不同意语言与文学分开，既反对单讲语言又反对出现相反倾向，即重“语”轻“文”。语言既是文学的基础，又是文学的成分，二者相辅相成，在语文教学中两者脱节或重一轻一，势必顾此失彼，不能真正学好语文。

(3)听说读写的结合。听说读写是四种最基本的语文能力，四者缺一不可。这四者结合组成的是语文能力的整体，是提高语文能力的前提。

(4)智育与美育的结合。理解和欣赏美，特别是艺术作品中的美，这既是美育的基本途径之一，又是语文教学的重要内容。因此，我们把重视语文教学的美育问题,作为语文教学的一个组成部分。具体措施有：在语文教学中揭示美的规律；组织好学生的文学、戏剧、影视等艺术活动，以提高他们的文学艺术修养和审美能力；在语文听说教学中，师生共同制作配乐朗诵录音，不仅提高学生语文学习的兴趣，而且引导学生发现和创造社会美；组织语文课外和校外活动，引导学生认识和欣赏自然美。

(5)抽象逻辑思维与形象逻辑思维的结合。语文教学本身体现抽象和形象两种逻辑思维的统一。如果仅仅注重一个方面，必然不利于中小学生语文学习中的智力发展。

第九章

从非智力因素入手培养智力

“非智力因素”这一概念，在20世纪50年代以前就提出来了，此后得到广泛关注，并被用于教育实践。例如，北京通县(现通州区)第一、第二和第六中学三所学校，1986年招收的新生，入学考试的最低成绩分别为193、185和121.5(满分为200)分；智商测定分别为114.5、104.8和87.79(正常智商为90~110)。我们的实验点——通县六中——主要狠抓学生的非智力因素的培养，经过3年的努力，1989年在初中毕业升高中的“中考”时，名列全县46所中学的第二名，仅次于通县一中。智商不满90的学生的学业表现跻入了智商超过110的学生的行列，做到了学习能力的明显进步，学习成绩极大提高，智力也有所发展。1994年，通县六中被评为北京市中学“特色校”。这里不难看出教师在学生智力发展中的主导作用，以及从非智力因素入手来培养学生的智力与能力，从而提高教育质量的重要性。

我们的团队在2003年到2016年间连续承担了教育部的重大攻关课题，探讨拔尖创新人才的特点和发展规律。结果发现，自然科学领域的拔尖创新人才认为，两个方面的心理特征在科学创造中起重要作用，一是“成就取向/内心体验取向”，二是“主动进取/踏实肯干”；人文社会科学与艺术领域的拔尖创新人才认为，其人格特征有两个核心类别：积极的自我状态与良好的外界适应力；杰出的民营企业家创造性特征的心理结构则可分为四个维度：创造性基础素养、创造技能与品质、个性与品德、创造性驱动。可以看出，在智力的最高表现形式——创造性上，非智力因素同样起着重要的作用，而不同领域的拔尖创新人才也无一不提到教育对他们的作用。①

实际上，我主持的全国 26 省、市、自治区的各个实验点均有一个共同的突出的措施，即抓学生的非智力因素（nonintellective factors）或非认知因素（noncognitive factors）的培养。这是因为我们有一个基本观点：一个学生的成才，不仅要依赖于智力因素，而且更重要的是要依靠非智力因素或非认知因素。

第一节

智力中的非智力因素概述

我们强调要通过非智力因素来培养智力，这里指的是在智力活动中起重要作用的非智力因素，而并不是说所有的非智力或非认知因素都可以作为智力培养的抓手，这需要我们首先对智力中的非智力因素有一个正确的认识和理解。

一、非智力因素的结构

如何界定非智力因素的概念，我想应该考虑两个前提：一是国际心理学界运用的惯例；二是非智力因素或非认知因素的实质。在这两个方面，至今有几点是可以统一的：①强调智力活动中的非智力因素或认知活动中的非认知因素，即从智力与非智力因素的关系来界定非智力因素；②着重从人格（个性）方面来分析非智力因素；③从非智力因素在智力活动中的影响、效益和地位来认识非智力因素。在这个前提下，我们认为非智力（或非认知）因素，是指除了智力与能力之外又同智力活动效益有关的一切因素。它的特点有：①它是指在智力活动中表现出来的非智力因素，是指在智力活动中决定智力活动效益的智力之外的一切心理因素；②非智力因

① 林崇德：《创造性心理学》，北京，北京师范大学出版社，2018。

素是一个整体，具有一定的结构和功能；③非智力因素与智力因素的影响是相互的,而不是单向的；④非智力因素只有与智力因素一起才能发挥它在智力活动中的作用。事实上，两者是不能截然分开的，在日常生活中，我们很难界定哪些是严格的智力因素，哪些又是非智力因素。

从以上对非智力因素的界定和分析，可以看出非智力因素的结构。除心理过程的“认识过程”中的种种心理现象(属智力或认知范畴)和个性心理特征中的“能力”外，其余的一切现象，只要它在智力活动中表现出来，且影响智力活动的效益，均可称为非智力因素。也就是说，非智力因素是指与智力活动有关的一切非智力(认知)的心理因素。一般来讲，非智力因素的结构主要包括以下几个方面：①情感；②意志；③个性意识倾向性；④德性。

(一)与智力活动有关的情感因素

首先是情感强度。情感强度对智力活动或智力操作的影响是明显的。研究表明，情感强度同智力操作效果之间呈倒“U”型关系。过低或过高的情感唤醒水平，都不如适中的情感唤醒水平。适中的唤醒水平是一种适宜的刺激，它既可以诱发个体积极主动地同化客体，又保证了智力与能力活动的必要的背景，由此，适中的情感强度可以导致良好的操作效果。当学生面临着各种大考时，如果太紧张或压力太大，甚至吃不下饭睡不好觉，就会影响考生正常水平的发挥；如果一点压力也没有，抱无所谓的态度，也肯定考不出好成绩来，所以，创设适度的紧张气氛，维持适中的情感强度极为重要。

其次是情感性质。情感性质与智力的关系，表现在两个方面：一是产生增力与减力的效能，即肯定情感或积极情感有利于智力的操作，否定情感或消极情感不利于智力的操作；积极情感能增强人的活力，激发人的积极性，消极情感则会削减人的活力，阻抑人的行动。二是情感的性质对智力与能力操作效果的影响，与情感的性质同智力与能力操作加工材料的性质是否一致也有关系。例如，被试在愉快的情况下，容易记住令人愉快的事情；在不愉快的情况下，容易记住不愉快的事情。

最后是理智感。理智感是人在智力活动过程中产生的情感体验。人在智力活动中，对于新的还未认识的东西，表现出求知欲、好奇心，有新的发现，会产生喜悦的情感；遇到问题尚未解决时，会产生惊奇和疑虑的情感；在作出判断又觉得论据不足时，会感到不安；认识某一事理后，会感到欣然自得，等等。

（二）与智力活动有关的意志因素

意志最突出的特点，一是目的性；二是克服困难。它在智力与能力活动中，既能促使认识更加具有目的性和方向性，又能排除学习活动中的各种困难和干扰，不断地调节、支配学生的行为指向预定的目的。根据这一点，与智力活动有关的意志因素，主要是意志品质，即一个人在生活中形成比较稳定的意志特点，它包括意志的自觉性、果断性、坚持性和自制力。

对自己行动目的的正确性和重要性有明确而深刻的认识，从而自觉地行动，以达到既定目的，这叫作行动的自觉性。人的自觉性是一种意志品质，它使人自觉、独立地调节自己的行为，使它服从于一定思维和智力的目的任务，而不是事事依靠外力的督促和管理。与自觉性相反的，是受暗示性和独断性。容易受别人的影响而改变既定目的，这叫受暗示性；不接受别人的合理建议，毫无理由地坚持自己的错误做法，这叫独断性。这两者在表面上似乎截然不同，实际上都是意志薄弱的表现，都不利于思维和智力活动。

果断性，就是善于迅速地辨明是非，做出决定，执行决定。果断性的发展是与人的自觉性、与抽象思维和智力的发展相辅相成的。与果断性相反的是轻率与优柔寡断。轻率者遇事不加考虑，草率地做出决定并采取行动；优柔寡断指经常表现为三心二意、徘徊犹豫的心情。这两者都不是果断性的表现，都不利于思维和智力活动。

坚持性又叫毅力，是人能克服外部或内部的困难、坚持完成任务的品质。“贵在坚持”，正说明意志行动的坚持性的可贵。思维和智力发展良好者，一般都与坚持刻苦学习成显著正相关。与坚持性相反的，是意志薄弱。它表现为一遇到困难就垂头丧气，属于没有毅力；明知行不通，也要顽固地坚持，缺乏纠正的勇气，这也不能算是有毅力。两者都不利于思维和智力活动。

自制力，是人善于控制和支配自己行动的能力。有时表现在善于迫使自己去完成应当完成的任务，有时表现在善于抑制自己的行动。思维和智力活动的实现，正是受这种自制力所左右。与自制力相反的，是冲动，不善于控制自己，不能调节行动。当然，那些死气沉沉、呆板拘谨的品质，也不是自制力。这两者都不利于思维和智力活动。

（三）与智力活动有关的个性意识倾向性因素

个性意识倾向性的成分很多，与智力有很大关系的因素，主要是理想、动机、兴趣和气质等。

理想是一个人的奋斗目标。对学生来说，理想的种类及其表现形式也很多，而与智力活动有直接关系的是成就动机。成就动机是确立奋斗目标并努力追求、希望取得成功的一种需要，是以取得成就为目标的学习方面的内驱力，它以对未来成就和成功的坚定不移的追求为特点。成就动机的层次有高低。成就动机层次高的学生往往根据学习任务和未来的目标确定远大而又现实的理想，并且表现出较大的毅力，他们能认识到自己的能力，并有高度的自尊心。在遇到学习挫折时，成就动机高的学生倾向于把失败归因于努力程度不够；他们对往后的学习持乐观态度，并坚持不懈地追求，取得学习的主动权。相反，成就动机低的学生，往往把失败归因于学习内容太难，或运气不好等客观因素。这些因素是他们无法控制的，所以他们常常不去掌握学习的主动权。从中可以看出，作为理想的一种表现形式，成就动机层次的高低，直接决定着人在学习中乃至智力活动中的主体性的发挥。

心理学家研究动机，有四个目的：一是为了指示行为上的差异；二是为了辨别责任归属；三是为了操纵动机、左右行为，以达到预期目的；四是为了培养各种良好动机，以便有相应的良好行为。这里的行为，包括思维和智力。研究学习的动机，主要涉及五个问题：动机的性质、种类、功能、过程和差异。在各类活动中，学习动机具备的功能是：①唤起动机是唤醒和推动各种智力活动的原动力；它具有引起求知行为的原始功能及指导、监控求知行为的功能。②定向动机给求知行为或智力活动的客体添加上一定的主观性，具有维持求知行为或智力活动达到目标的指向功能。③选择动机使主体只关注有关的刺激或诱因，而忽视不相关的刺激或诱因,主体可以预计其行为的结果。④强化动机使主体对自己的反应加以组织和强化，以便使其求知行为或智力活动能够顺利进行。⑤调节动机使主体随时改变求知行为或智力活动以达到预期的目的。

兴趣是一种带有情感色彩的认识倾向。它以认识和探索某种事物的需要为基础，是推动人去认识事物、探求真理的一种重要动机，是学生学习中最活跃的因素。有了学习兴趣，学生会在学习中产生很大的积极性，并产生某种肯定的、积极的情感体验。学生的学习兴趣有四个方面的个性差异：兴趣的内容及其社会性；兴趣的起因及其间接性；兴趣的范围及其广泛性；兴趣的时间及其稳定性。学习兴趣有一个发展过程，一般说来，兴趣发展的趋势是从对学习的直接兴趣引向间接兴趣，从笼统的兴趣走向兴趣的逐渐分化；从不稳定的兴趣趋向稳定兴趣；兴趣的社会性和广泛性也在逐步发展。

气质特点对智力活动的影响，主要表现在它能够影响活动的性质和效率。与此影响有关的气质因素主要包括两个方面。第一，是心理活动的速度和灵活性。不同气质类型的人，其心理活动的速度和灵活性是不同的。有的气质类型的人，心理活动的速度较快，而且灵活性也较高，如多血质；而有的气质类型的人，心理活动的速度较慢，而且也不灵活，如黏液质。心理活动速度的快慢和灵活性的高低，必然影响到人的智力活动的快慢和是否灵活。这就是说，速度和灵活性这两种气质特征，影响到智力活动的效率。第二，是心理活动的强度。心理活动的强度，主要表现在情绪感受、表现强弱和意志努力程度。不同气质类型的学生，在这两方面有不同的表现。例如，胆汁质类型的人，情绪感受表现较强烈，而他们的抑制力较差，使得他们很难长时间地集中注意于某种智力活动，较难从事需要细致和持久的智力活动；而黏液质、抑郁质的人，其情绪感受表现较弱，但体验深刻，能经常地分析自己，因此，他们较适合于从事那些需要细致和持久的智力活动。

(四)“德性”是非智力因素的核心

2012 年，党的十八大提出把立德树人作为教育工作的根本任务，明确强调了教育的本质功能和真正价值，开始从国家层面更加深入系统地考虑“教育要立什么德、树什么人”这一教育最根本的问题，这也使我对自己多年以来一直思考的这个问题有了更加高位的认识。可以说，德育为一切教育的根本，是教育内容的生命所在；德育工作是整个教育工作的基础。诸育只有以德育为首，才能应运而生，才会有其价值。谈到思维和智力活动时，往往与成才联系在一起，然而不管在哪方面成才，其前提是品行，是道德，是人格。德性，属于非智力因素，并且决定非智力因素的方向，所以它是非智力因素的核心。

德性，即道德品质，简称品德。德性是一个人或个体的道德面貌，它是社会道德现象在个体身上的表现。当然，德性不是人格或个性心理结构中的一种简单成分或因素，而是人格或个性心理的一个特殊表现。它的发展呈现出不同的层次、水平和等级。不同人的德性存在着很大的差异性或区别性。那么，用什么指标来确定德性或品德的差异性？这在心理学、伦理学和教育学中都是一个薄弱环节。从道德的本质及品德心理成分出发，德性的差异性主要表现在道德规范、道德范畴和心理结构上。

道德规范是道德行为的准则或行为善恶的准则，它是对待某一社会关系的行为善恶标准。个体所涉及的社会关系主要是三大类。一是个人和社会整体的关系，即所谓“群己关系”，它包括个人和国家、民族、阶级、政党、社团、集体等关系；二是个人和他人的关系，又称“人己关系”，它包括友朋、敌我、同志、父母、长幼等之间的关系；三是个人对自己的关系，即自我道德修养的准则，如“信心”“诚信”“谨慎”“勤奋”“简朴”等。人与人品德的差异，首先表现在对待这三类社会关系上。针对这三类关系，必然地会产生各种各样的品德标准，以此可以衡量人与人之间品德的区别性。以我国为例，就能举出不少的品德准则。从春秋战国的思想家，到近代的孙中山，都推崇“忠”“孝”“仁”“义”的品德要求。1949 年以来，我们重视“五爱”：爱祖国、爱人民、爱劳动、爱科学、爱护公共财物。党的十八大则提出了“富强、民主、文明、和谐；自由、平等、公正、法治；爱国、敬业、诚信、友善”的社会主义核心价值观，其中“富强、民主、文明、和谐”是国家层面的价值目标，“自由、平等、公正、法治”是社会层面的价值取向，“爱国、敬业、诚信、友善”是个人层面的价值准则，这体现了我们党和人民对德性的最系统性的理解。

道德范畴是反映个人对社会、对他人、对自己的本质的、典型的、一般的道德关系的基本概念。道德范畴受道德规范的制约，又是道德规范发挥作用的必要条件。道德范畴体现一定社会对其成员的道德要求，它们必须作为一种信念促使道德行为的主体自觉行动。从古至今，国内外的思想家比较一致承认的道德范畴有：善恶、义务、良心、荣誉、幸福、节操、正直等。人与人之间的品德差异，从内容上来说，主要表现在道德范畴上。由这些道德范畴就自然地会产生各种不同的德性或品德标准，他们可用来辨别人与人之间德性水平的差异性。我们可以通过这些标准，通过考察一个人的道德范畴的表现，把握其德性状态。

德性或品德是一个统一的心理结构。它既包括道德动机或道德意识倾向性，又包括知、情、意、行的道德心理特征。人与人之间的品德差异，从德性或品德结构来说，分别表现在这些组成德性或品德结构的成分上。从这些结构成分上分析，它更多地属于非智力或非认知因素，属于突出德性为核心的非智力或非认知的因素。针对这些结构各成分的差异，也会产生多种形式的德性或品德标准。根据这些标准，我们可以去分析不同个体德性的区别。

上述表现德性状态差异性的道德规范、道德范畴和心理结构，不是平行的，而是交互作用的。道德规范制约着道德范畴，但只有属于主体的道德范畴，才能使道德规范发挥作用。不管是道德规范还是道德范畴，都是以某种道德心理成分表现出来的。以“正直”为例，它是一种道德范畴，必须要以一定的社会道德要求为准则，必须以对社会、对他人、对自己的一系列道德规范作基础，又以各种心理成分表现出非智力因素的性格特征来：在认知上为“正直”，在情感上为“襟怀坦荡”，在意志上为“持志”，在行为上为“廉洁”，构成“正直”的性格等。正是这些道德规范、道德范畴和道德心理结构的方方面面的特色，才产生人与人之间在“正直”这种德性方面的不同层次的区别性。

二、非智力因素的培养

非智力因素对学生的智力发展和学业表现具有动力、定型、补偿作用，非智力因素的培养需要以认识非智力因素的作用为前提。

(一) 非智力因素的作用

通过对教育实践的调查，我们获得非智力因素的作用和功能的示意图，见图 9-1。

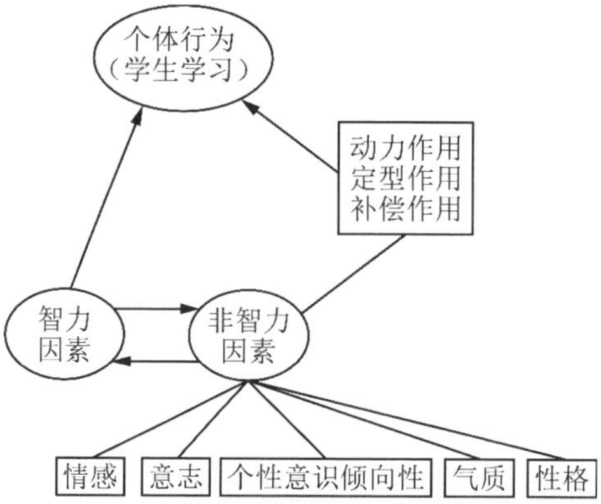

图 9-1 非智力因素作用示意图

学生的学习活动是在智力与非智力因素的综合影响下进行的。学生的学习成绩不仅与其智力水平高低有关，而且与其非智力因素的优劣有密切的关系，非智力因素在学习活动，乃至整个智力活动及其发展中有什么样的作用呢？我们认为主要表现在下面三个方面：

首先起的是动力作用。它是引起智力发展的内驱动力。具体地说，个性意识倾向性为学习活动提供动力，使学生能顺利地选择和确定任务；成就动机、自我提高的需要与学习任务完成存在着正相关，维持学生智力活动朝着目标持续不断地进行；动机过程影响智力的操作效果，促使学生发挥现有的知识技能，获得新的知识技能，并将知识技能迁移到新情境中去。情绪情感是通过内在的心理过程影响认知活动的，对智力具有增力或减力的效能。我们于 20 世纪 90 年代初参加过一次家庭教育的优秀论文的评奖，其中有一篇是对中国科技大学少年班的调查。少年班的大学生并非个个都天资聪颖，他们的优秀成绩多数来自学习动机系统，包括强烈的求知欲、学习兴趣，这样会使他们产生强烈的学习主动性和积极性。因此，我们要重视学生兴趣的激发、学习动机的培养、积极情绪的调节等。

其次起的是定型作用。气质和认知方式是以一种习惯化的方式来影响智力与能力活动的表现形式的。所谓定型或习惯作用，即把某种认知或动作的组织情况固定化，因为智力活动是稳固的心理特点的综合，它们具有稳固性，在智力的发展中，良好的智力的固定化，往往取决于学生主体原有的意志、气质、认知方式等非智力因素及智力的各种技能的重复练习的程度。以气质为例，如前所述，它包括强度、速度和灵活性等因素，从而直接制约其智力与能力的性质、效率和特征。我们多次阐述过气质没有好坏之分，关键在于后天中形成什么样的智力类型和性格。日常人们喜欢把胆汁质的人称为“脾气坏”的人，其实他们工作效率往往也最高，当然粗心大意也是他们所“定型”的智力活动的缺点。那些被人称为“脾气好”的黏液质的人，尽管准确性较突出，然而做起事来，往往是慢吞吞的，不讲速度和效率。这也是这种气质“定型”的智力特点吧。对于“定型作用”来说，每一种气质既有其长处，又有其短处。这些良好或者不良的智力往往都来自各种习惯。

最后起的是补偿作用。所谓补偿作用，就是非智力因素能够补偿智力活动的某方面的缺陷或不足。这种补偿作用从哪儿来？它来自非智力因素的定向(帮助人们确定活动的目标)、引导(帮助人们从动机走向目标)、维持(帮助人们克服困难)和调节(帮助人们支配、控制、改变自己的生理能量与心理能量)等功能。非智力因素之一的性格在这方面的作用是比较突出的。比如，学生在学习过程中的责任感、坚持性、主动性、自信心和果断性等性格特征，勤奋、踏实的性格特征，都可以使学生确定学习目标，克服因知识基础较差而带来的智力或能力上的弱点，“勤能补拙”的事例在我们的教学中是屡见不鲜的。

例如，我们课题组的王雄在历史教学中有意识地培养学生的非智力因素，涉及三个方面。

(1)成就动机的培养。强调历史学习的内在价值，培养学生主动参与学习活动；正确对待学生的失败与挫折，培养毅力与成功感；鼓励学生间、师生间的相互探讨;及时反馈与适当反馈，提高学生的成功欲，等等。

(2)学习兴趣的培养。强调历史教师应具备探讨人文科学知识、自然科学知识与学生成长等知识的广泛兴趣，以培养学生的学习兴趣；创设问题教学情景，使学生对历史知识充满兴趣；鼓励学生克服困难、指引学习的路径、形成良好的学习习惯，能把学习兴趣持续下去；活跃课堂气氛，在讨论、辩论中，引导学生探求自己的观点，促进兴趣的迁移、泛化，等等。

(3)情感的培养。强调教师以身作则，体验自己的历史社会情感，来感染学生；帮助学生形成正确的价值观，以产生正确的社会历史情感；丰富学生的课外活动，让学生感受自然美和社会美；重视及时消除学生的不良情绪对学生的影响，等等。

由于王雄在历史教学中有自觉提高学生非智力因素的措施，所以促进了学生学习质量的提高和智能的发展。

表 9-1　实验班与对照班社会研究能力对比

班别	人数 N	均分 标准差	A 选题	B 方法	C 阐述	D 资料	总计
实验班 1	45	X	14.78	13.62	12.77	6.044	
		SD	1.474	2.610	1.869	1.299	9.070
实验班 2	39	X	11.97	11.36	12.21	5.692	39.29
		SD	3.584	2.896	1.682	1.842	13.48
Z 值差异显著性			4.572	3.734	1.445	1.251	2.654
			$p<0.001$	$p<0.001$	$p>0.05$	$p>0.05$	$p<0.01$

从表 9-1 中我们可以发现：实验班的社会研究能力方面比对照班强，并有十分显著的差异($p<0.01$)。从具体项目来看，实验班在研究课题的选择、运用研究方法方面与对照班相比，有非常显著的差异($p<0.001$)。这说明，在历史课堂教学中从非智力因素入手，促进问题解决能力的培养，可以提高学生的问题解决能力，并可以实现正迁移，促进学生研究能力的发展。

王雄采用轮组法，即将对照班与实验班对调，新的实验班从非智力因素入手进行学科能力的培养，新的对照班却采用传统的以讲授为主的教学方式，两个月后，进行学科能力测试，得到的数据见表 9-2。

表 9-2 实验班与对照班历史学科能力测试对比

班别	人数 N	均分 标准差	A1 概括	A2 比较	A3 阅读	B 评价	AB 综合
实验班	40	X	11.78	4.150	16.24	4.650	20.62
		SD	1.917	1.333	2.998	1.754	3.505
对照班	40	X	10.40	3.350	13.75	4.050	18.05
		SD	1.463	1.174	2.086	1.071	2.774
Z 值差异显著性			3.614	2.849	4.312	1.847	3.636
			$p<0.001$	$p<0.01$	$p<0.001$	$p>0.05$	$p<0.001$

从上表中我们再次可以发现：从总的方面看，新的实验班在学科能力方面的水平超过了新的对照班，两班之间呈现极其显著性差异($p<0.001$)。这说明两个月的教学促进了实验班学生历史学科能力的发展。这一发展主要表现在阅读能力中的概括能力与比较能力方面，其中概括能力差异达到极其显著的水平($p<0.001$)。由此可以看到王雄从非智力因素入手培养学生智力的效果。

(二)非智力因素的培养

在工作中，我们不是经常在提倡要培养学生健康的情操、顽强的意志、积极的兴趣、正确的动机、崇高的理想、坚韧的性格、良好的习惯吗？培养学生的非智力因素，有利于其智力活动及其发展。因此，我们要加强对学生非智力因素的培养。

1. 要培养非智力因素，就要掌握非智力因素概念的性质

和“智力因素”一样，“非智力因素”也是一个中性的心理学概念。这类概念说明一种心理现象，包含着水平、等级和品质的差异，所谓培养，无非是为发展奠定基础。目前教育界有人担心，非智力因素有好多因素，每一种因素有着不同的性质，有的还有“好坏”之分，提出“培养非智力因素”，这不是好坏不分了吗？其实，这种担心是没有必要的。平时我们常说“培养智力”和“培养能力”，其实，智力与能力也有高低之分、聪明笨拙之分和品质好坏之分等。例如，同样是灵活性，可能是“机灵”，也可能是“滑头”。但这并不意味着提“培养智力”、“培养能力”不应该。

这里的培养，意味着提高、发展和矫正。同样的，几乎每一种非智力因素，都有一个水平、等级和品质问题，非智力因素的培养也意味着提高、发展和矫正，即发展其良好品质的成分，矫正其不良品质的因素。作为一个中性的心理学概念的非智力因素，它的培养就是强调“扬长避短”，以利于主体的学习活动乃至智力与能力的发展。

2. 要培养非智力因素，应重视从整体性出发

从理论上来说，可以分析非智力因素具体成分的功能；从实际上来看，非智力因素是一个结构，非智力因素和智力又是一个结构，构成一个整体。在智力活动中，尽管也存在着某一种因素起的作用大一点，另一种因素起的作用小一点的情况，但是，影响智力活动效益的是非智力因素的整体效应。因此，对非智力因素和智力因素在智力活动中的效益应该采用综合评价，即特定评价与客观评价相结合、总结性(效果)评价与过程评价相结合、专项评价与模糊评价相结合的办法。例如，我们在研究学生的智力与非智力因素在学习中的作用时，在对实验结果进行处理前，首先对各项因素进行量化，求出其模糊值。量化是根据参与“评定法”专家(例如，10 名专家，取其平均值)的经验进行的。需要量化的方面有：一是智力因素与非智力因素在学习中的各自作用(权重)；二是确定各项智力因素在智力方面，各项非智力因素在非智力方面的各自权重。以下是申继亮 1989 年研究的结果，即 6 项智力因素在智力方面、4 项非智力因素在非智力方面的各自的权重。智力方面总权重为 0. 525，包括感知和理解力(0. 1125)、记忆力(0. 14)、语言表达能力(0. 18)、思维能力(0. 275)、评价能力(0. 13)、应用操作能力(0. 1625)；非智力方面总权重为 0. 475，包括学习的目的性(0. 2375)、学习的计划性(0. 225)、学习的意志力(0. 2875)、学习的兴趣(0. 25)。① 我们根据诸项因素综合起来的状况来培养非智力因素。显然，培养非智力因素的实验基础是做多因素的分析。因为非智力因素是一个多因素的结构，在培养实验过程中存在着许多问题：有时变量的控制是不可能的，有时变量的控制是无意义的，从整体观看，在智力活动中，影响智力效益可能

① 申继亮：《影响学习多重因素的评估方法》，17 页，载《心理发展与教育》，1989。

是各种非智力因素的不同组合，也可能会因某一影响因素产生不同的作用。所以，我们对各种非智力因素都予以重视，且要从整体性出发加以培养。

3. 四项主要的措施

要培养非智力因素，尽量做到对具体的非智力因素作具体而谨慎的分析。在我们自己从事的教改实验中，主要抓住 4 个方面，即发展兴趣、顾及气质、锻炼性格、养成习惯。

第一，从非智力因素的正式提出开始，心理学界一直都很重视发展学生的兴趣。任何有成就的人，他们都热衷于自己的事业或专业，甚至达到了入迷的程度。天才的秘密就在于强烈的兴趣和爱好，从而产生无限的热情，这是勤奋的重要动力。因此，应当把学生的兴趣作为正在形成某种智力活动的契机来培养。今天我国教育界出现的“快乐教育”“愉快教育”等，尽管分歧很大，但是他们有一条很重要的措施，就是从发展学生兴趣入手，这是值得肯定的。要发展学生兴趣，应该处理好理想、动机、兴趣三者之间的关系，应该培养师生的感情，应该提高教学水平，引发学生兴趣。我们曾在全国十省市搞了一个较大面积的理想、动机与兴趣的调查，中学生把政治课作为自己最感兴趣学科的只占 1. 67%，约有 200 名被试，再深入调查这 200 名被试为什么喜欢政治课，回答却是共同的：“老师教得好！”可见提高教学水平的重要性。应该引导学生将广泛兴趣和中心兴趣相结合，只有这样，才能使学生产生良好的学习兴趣，且作为其智力活动的自觉动力和追求探索的倾向。

第二，气质在智力活动中的作用并无水平高低之别，每种气质在智力活动中都能获得其应有的地位。例如，胆汁质的人性急，在智力活动中可以表现为迅速、强度大，也可以表现为冒失、不正确、缺乏计划性；多血质的人灵活，在智力活动中可以表现为思维的发散性强、善于求异，也可以表现为动摇、受暗示性突出；黏液质的人迟缓，在智力活动中可以表现为正确、有条理、镇定，也可以表现为呆板、缺乏灵活性；抑郁质的人多虑，在智力活动中可以表现为好思索、深钻研，具有深刻性，也可以表现为疑心重、拿不定主意、退缩性强。由此可见，同样的气质，可以成为积极的思维特征，也可以助长不利的智力与能力因素的形成。所以，在非智力因素的培养中，应该顾及学生的气质，即突出因材施教。

第三，对智力活动和学习成绩有明显作用的性格特征是勤奋。“天才=勤奋”，这是一个十分有道理的“等式”。勤奋往往和踏实、自信、坚韧、刻苦联系在一起，构成主动学习、坚持学习、顽强学习的学习品质。勤能获取知识，发展智能；勤能补拙，克服心理能力上种种不足之处。我们在教改实验中相当重视勤奋，并要求实验班教师抓住“勤奋”学习的良好性格特征，加以有目的地培养，通过大量的强化训练，使学生形成“勤奋”的习惯。

第四，习惯不只表现在道德行为上，而且也表现在智力活动中。从系统科学的观点来看，习惯是一种能动的自组织过程。一定的环境使个体心理能力达到一个临界状态，智力活动的相变(质变)特点，习惯这种参与量是决定因素之一。所以，培养智力的智育过程，离不开良好的学习习惯和智能习惯，特别是技能习惯的形成。为此，我们要按照年龄特征制定学生学习习惯的要求；要训练必要的学习习惯；要严慈相济，引导学生有目的地去进行良好学习行动以及心智与操作技能的训练；要使形成良好的学习习惯、掌握学习方法和培养思维品质有一致性。

总之，作为智力活动中的非智力因素，认知活动中的非认知因素，应该在智力活动中或认知活动中来培养；而培养智力和发展认知能力，则要从非智力或非认知因素入手。

第二节

从动机因素入手培养智力

动机是激发和维持人们的行为，并将行为导向某一具体目标的心理倾向或内部驱力。学习动机则是激励和维持学生朝向某一目的的学习行为的行为倾向。当前的教育界，越来越重视非智力因素对学习的影响，动机就是非智力因素中的重要方面。我们在中小学教育的实践中时常看到，有的学生不敢尝试，唯恐失败；有的学生智商不低，但学习主动性(也就是学习动机)不足，导致学业表现差，等等。实际上，比较学习不良者、一般学生、学优生，我们能够发现，学习动机是一个重要的因素。所以，我们在研究和实践中都把培养学生的学习动机，尤其是内在动机作为一个重要抓手。

一、对学习动机的基本认识

对动机的研究无论在教育学界还是在心理学界都是一个热点，国内外研究者已经取得了丰富的成果，对一些基本理论的认识取得了较高的共识。我们认可有关动机的基本认识，也在学生发展与智力培养方面做了一些自己的探索。

(一)对动机的理论认识

学习动机是指激励和维持学生朝向某一目的的学习行为的行为倾向。① 学习动机与学生的学习兴趣、学习需要、个人态度与价值观、学习后果等都有密切的关系。

1. 动机与相关概念的辨析

申继亮认为，学习动力的主要表现形式可以分为三个方面：意志特征，如对学习的努力程度；情绪特征，如对学习的兴趣；认知特征，如对学习的态度。我们从这三个方面来进行分别说明。② 意志在智力与能力活动中，既能促使认识更加具有目的性和方向性，又能排除学习活动中的各种困难和干扰，不断地调节、支配学生的行为指向预定的目的。这一点我们在上一节中已经做了说明。动机同样具有目的性和定向作用，与意志相比较，较高水平的动机往往能带来意志行为，内在动机往往能带来意志行为。

兴趣是趋向某一对象活动的内在倾向。从这个角度来说，兴趣实际上就是动机的一种，其差别只是兴趣促动的活动方向比较专注、对象比较具体。兴趣可以分为直接兴趣和间接兴趣。对学习本身感到需要而产生的是直接兴趣，例如，一个爱好

① 陈琦、刘儒德：《当代教育心理学》，215页，北京，北京师范大学出版社，2007。
② 申继亮：《论智力活动中的非智力因素》，载《北京师范大学学报》，1990(1)。

数学的学生能够从解题本身中得到乐趣、体验到满足感，直接兴趣与内在动机密切相关；对学习将要或可能取得的结果感到需要而产生的是间接兴趣，例如，有的学生学习主要是为了得到老师的表扬，这主要与外在动机相联系。直接兴趣和间接兴趣都能导向良好的学习行为，但是二者在效力上有所差异。一般而言，直接兴趣与内在动机相联系，在外在环境发生变化或遇到挫折时，学生依然能坚持学习；间接兴趣的效力在外在奖励减弱或遇到困难时会有所降低。虽然直接兴趣与间接兴趣有差异，但二者并不是完全割裂的，间接兴趣完全有可能转化为直接兴趣。

态度也与动机有很多类似之处，两者都是促进行为的内在倾向，其不同在于态度的成分中多了一种情感因素，所以态度往往与赞成还是反对、喜爱还是敌视相联系着。态度的构成包括认知、情感、行为三个因素。譬如某人对背诵古文持反对态度，他可能能说出背诵古文如何不利于自己的智力发展(认知因素)，他讨厌古文(情感因素)，他在背诵古文时总是投机取巧(行为因素)。这时，他的态度是明确的。如果某一天他的语文老师生动地讲解了某篇古文，他产生了兴趣，背诵后又得到了老师的表扬，他的态度可能会发生转变。这个时候，他可能调整自己的认知、情感、行为中不一致的地方，以达到内在的平衡。这个过程实际上可以被理解成态度改变的动机。所以，态度可以是动机的起因，特定动机又会导致态度的转变。

2. 学习动机的作用

学习动机与一般动机一样，对学习主要产生诱发、定向、维持、调节四种作用。当学生对于某些知识或技能产生迫切的学习需要时，就会引发学习内驱力，唤起内部积极的心理体验，并最终诱发特定的学习行为。定向作用主要是以学习需要和学习期待为出发点，使学生的学习行为指向一定的目标，并推动学生为达到目标而努力。例如，某位小学生比较 1/2、2/4、4/8 时发现，这几个分数是相等的。他非常渴望揭开其中的奥秘，于是引发了其学习“分数的基本性质”的学习行为。学习动机能激发学生特定的学习行为，但在学习过程中，学生的学习状态在很大程度上要取决于动机水平。例如，是认真还是马虎，是勤奋还是懒惰，是持之以恒还是半途而废。学习动机水平高的学生往往能在长时间的学习活动中保持认真的态度和意志力，遇到挫折能够勇于克服困难，而学习动机水平低的学生往往在学习中缺乏稳定性和持久性，困难面前易打退堂鼓。这就是动机的维持功能。学习动机还能调节学习行为的强度、时间和方向，如果行为未达到既定目标，动机还能驱使学生转换行为方向以实现目标。

学习动机具有促进学习的作用，但是学习动机的强度与学习效果并不完全是线性相关的。研究发现，整体而言，动机强度与学习效率成倒“U 型”的曲线关系，中等强度的动机水平对学习促进作用最佳，也就是耶克斯-多德森定律(见图 9-2)①。如图 9-2 所示，在一定范围内，学习效率随着学习动机强度增大而提高，直至达到学习动机的最佳强度，此后，随着动机的进一步增强，学习效率会下降。学习动机与学习效果之间的关系还受到学习者的个性、任务难度等因素的调节。一般来说，进行较为容易或简单的学习活动或任务时，动机强度的最佳水平会较高，而从事较为困难的学习活动时最好将动机维持在稍低的水平。此外，动机强度的最佳水平还因人而异，进行同样难度的学习，有的学生需要动机水平高些，而有的学生需要维持较低水平的动机。

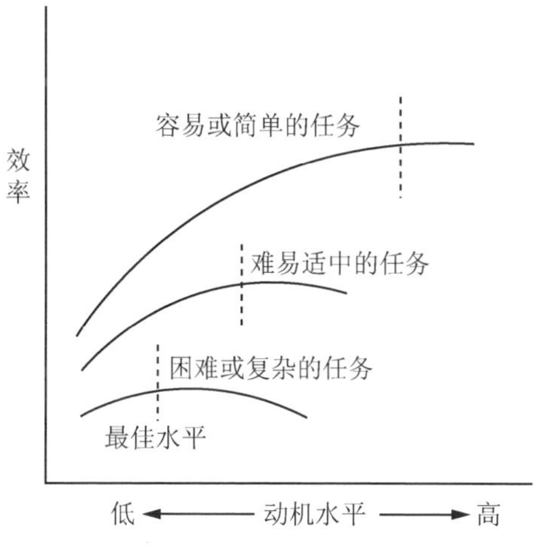

图 9-2　耶克斯-多德森定律曲线

3. 学习动机的分类

动机是由需要引起的，同样的学习行为可以由不同的动机引发。例如，两个学

---

① 陈琦、刘儒德:《当代教育心理学》，215 页，北京，北京师范大学出版社，2007。

习同样努力的学生，一个可能是出于对学习本身的热爱，另一个可能是出于对获得好成绩的期待；一个可能是为了获得好名次，另一个可能是为了获得奖学金。所以，动机是多样而复杂的，并不能直接由行为推导而出。这里介绍两种对教学实践较有影响的动机分类。

从学习动机的内外维度上可以分为内生动机(也称内部动机)和外生动机(也称外部动机)。内生动机是指人们对学习本身的兴趣所引起的动机。动机的满足在活动之中，而不是活动之外。此时，学习本身就是一种动力，不需要外界的诱因、奖惩等规范行为。相反的，外生动机则是指人们由外部诱因所激发的学习动机，动机的满足在活动之外。此时，人们不是对学习本身感兴趣，而是对学习可能带来的结果感兴趣。例如，有的学生是为了得到奖励、避免惩罚、取悦于老师等而学习。内生动机和外生动机的区分无关乎动机强度，但决定着学生是否能够持续学习。具有内生动机的学生能够在学习活动中得到内在满足，能够积极参与学习过程，他们具有好奇心，喜欢挑战，在解决问题时具有独立性，不仅仅满足于找到问题的答案，而是满足于探究的过程；而具有外生动机的学生则以实现特定的结果为目的，一旦达到了目的，学习动机就会下降；同时，他们倾向于选择较为没有挑战性的任务和避免失败的做法，以求最大可能地实现目标；一旦遭遇挫折，容易一蹶不振。

奥苏贝尔认为，学校情境中的成就动机一般可以从认知内驱力、自我提高内驱力和附属内驱力三个方面进行解释。认知内驱力主要是从人类的好奇天性中衍生出来的，是一种要求了解和理解的需要，要求掌握知识的需要，以及系统地阐述问题并解决问题的需要。学生对于学科的认知内驱力主要是后天获得的，有赖于学习经验的积累。认知内驱力指向学习本身，等同于内生动机。自我提高的内驱力是个体因自己的胜任能力而赢得相应地位和尊重的需要，是成就动机的主要成分。自我提高内驱力是一种外生动机，有赖于赢得地位与尊重的工具性需要。附属内驱力是一个人为了获得权威人物(如教师、家长)的赞许或认可而努力学习、工作的需要。附属内驱力依赖于学生与权威人物的情感联结，将权威人物的认可视为一种地位的认可；期望地位认可的人有意识地使自己的行为符合外在的标准和期望。可以看出，奥苏贝尔的分类与内生动机、外生动机的分类在实践上具有统一性。①

(二)学习动机的两项实证研究

我们课题组围绕学习动机、学习效能进行了多项研究，都揭示了学习动机的作用和培育学习动机的途径，这里仅以两项对具有不同学业表现的学生的学习动机对比研究来作为例证。

1. 学习不良儿童与一般儿童的比较

我们(张登印，俞国良，林崇德，1997)曾用认知测验法和问卷法比较了学习不良和一般儿童认知发展、学习动机等方面的差异。② 我们从北京市三所普通小学的四、五、六三个年级中取了328名儿童样本，其中学习不良儿童167名，一般儿童161名。选用韦氏儿童智力量表中的理解、词汇和类同分测验考察了儿童的认知表现，使用自编问卷测量了他们三个方面的学习动机：学习愿望、学习主动性和学习坚持性。这里仅汇报与学习动机密切相关的几项发现。

通过比较，我们获得的第一个结果是两类儿童在认知发展上有差异，结果表明：一般儿童的认知发展水平显著高于学习不良儿童，但其发展趋势存在着不平衡性。第二个结果是两类儿童在学习动机水平上有差异，结果表明，学习不良儿童的学习动机显著低于一般儿童，其学习愿望、学习主动性和学习坚持性均与一般儿童有显著性差异($p<0.001$)(见图9-3)。

第三，我们考察一般儿童与学习不良儿童学习动机的差异外，还考察了其学习动机与认知水平(三个分测验的综合分数)之间的相关，发现这种相关在一般儿童和学习不良儿童身上有非常明显的差异。由表9-3可知，一般儿童的学习动机与其认知发展的相关均不显著，而在学习不良儿童身上，这种相关却达到了非常显著的水平($p<0.01$)。也就是说，在一般儿童身上，学习动机之外的因素与其认知发展的关系更大。在学习不良儿童身上，学习动机对认知水平来说是非常重要的。这说明学

① Ryan, R. M., Deci, E. L., *Self-Determination Theory*, The Guilford Press, 2017.

② 张登印、俞国良、林崇德:《学习不良儿童与一般儿童认知发展、学习动机和家庭资源的比较》，52~56页，载《心理发展与教育》，1997(2)。

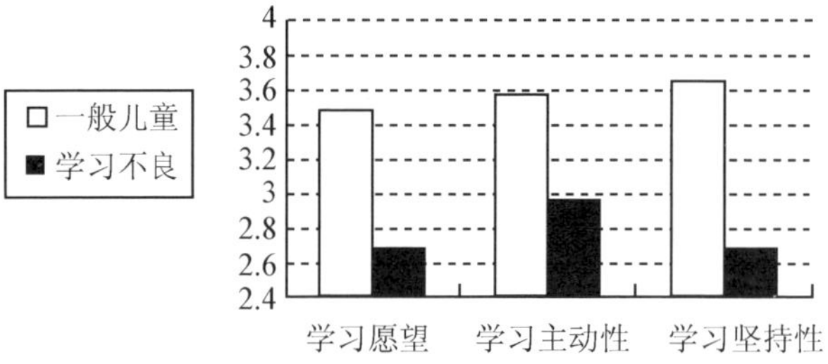

图 9-3　一般儿童与学习不良儿童的学习动机

表 9-3　一般儿童与学习不良儿童学习动机与认知发展的相关关系比较

	一般儿童的认知	学习不良儿童的认知
学习愿望	0.04	0.29***
学习主动性	0.03	0.28***
学习坚持性	0.03	0.23**

注：** $p<0.01$；*** $p<0.001$

习不良儿童的学习动机在其认知发展中占有非常重要的地位。

上述研究发现中尤其值得关注的是，学习不良儿童的学习动机与其认知发展的关系比一般儿童的更为显著，也就是说，其学习动机对认知水平有更好的预测意义。我们所选择的学习不良儿童，其整体智力发展是正常的，只是可能在智力的某些方面存在一些障碍，他们有的属于智力迟缓型，在学习的过程中，如果能够激发他们的学习动机，使他们愿意多一些耐心和多花一些时间去学习新知识，就可能促进认知水平的提高。尽管对于一般儿童而言，其学习动机与认知水平相关不显著，但其学习动机要明显高于学习不良儿童，这也说明，学习不良儿童的学习动机是偏低的，但就是这较低的学习动机，却正是他们最重要的特征之一。

2. 小学数学学优生与普通生的比较

我们这里再举一个学优生与普通生比较的研究例子（李丹，辛自强，2010）。①

① 李丹，辛自强：《小学数学学优生和普通生的学习动机与表征水平的关系》，74～80 页，载《心理研究》，2010，3(4)。

根据学生的数学学业成绩可以将其分为数学学优生、普通生，学优生的一个重要特征是具有较高的推理能力，喜欢具有挑战性和难度的任务。该研究以不同复杂性的数学应用题为测验材料(复杂性越高，任务越具有挑战性)，考察了小学数学学优生和普通生的表征水平，以作为其认知能力的指示，同时测量了他们的学习动机。该研究在北京市某普通小学四、五、六年级学生中选取了112名学生为被试，根据最近一次期末考试的数学成绩和数学教师提名，确定其中有学优生共40人，普通生共72人。

该研究将数学应用题的难度分为三个等级，等级1的题目为：已知长方形的长和宽求面积，例如"一个长方形的花坛，长是30米，宽是5米，这个花坛的面积是多少?"等级2的题目为：已知长方形的一边及其与邻边的关系来求面积，例如"一座长方形的水池，长是60米，长是宽的2倍，这个水池的面积是多少?"等级3的题目为：已知长方形的周长以及长和宽的关系来求面积，例如"一个长方形花园的周长是48米，已知长是宽的3倍，这个花园的面积是多少?"通过从低到高这三种不同复杂性的题目来确定儿童的认知水平，同时，测量了学生的内生动机和外生动机。

我们首先比较学优生与普通生在不同复杂性题目上的通过率(见表9-4)。可以看出，随着等级复杂性的提高，学优生与普通生的差异越来越大。进行2(学生类型：学优生、普通生)×3(复杂性：1、2、3)的重复测量方差分析，发现学生类型与复杂性的主效应和交互作用均显著($ps<0.001$)。进一步比较发现，学优生和普通生在等级1的题目上的通过率差异不显著，在等级2和等级3的项目上差异显著($ps<0.01$)，随着题目难度的增加，学优生与普通生的差异越来越大。

表9-4　学优生和普通生在不同等级复杂性项目上的通过率和标准差

等级复杂性	学优生		普通生	
	M	*SD*	*M*	*SD*
1	0.99	0.04	0.97	0.13
2	0.99	0.04	0.91	0.17
3	0.84	0.19	0.63	0.28

数学学优生和普通生的内生动机和外生动机见表9-5，进行2(学生类型：学优

生、普通生)×2(学习动机：内生、外生)的重复测量方差分析，发现学生类型与学习动机的主效应和交互作用均显著($ps<0.05$)。进一步比较发现，学优生的内生动机要高于普通生的内生动机($p<0.001$)，但二者的外生动机没有显著差异($p>0.05$)。此外，两类学生的内生动机水平均高于外生动机水平($p<0.001$)。

表 9-5　两类学生在两类学习动机上的平均成绩和标准差

等级复杂性	学优生		普通生	
	M	*SD*	*M*	*SD*
内生动机	3.22	0.37	2.89	0.40
外生动机	2.57	0.45	2.62	0.37

我们还以回归分析考察了两类动机对不同数学任务的预测效果(表 9-6)。整体而言，只有内生动机对学生的表征水平有预测作用，外生动机的回归系数均不显著。具体而言，第一，对于学优生来说，当等级复杂性为 2 和 3 时，内生动机对相应的表征水平具有预测力($ps<0.05$)，对等级 1 的表征水平不具有显著预测力；第二，对于普通生来说，当等级复杂性为 1 和 2 时，内生动机对相应的表征水平具有预测力($ps<0.05$)，对等级复杂性为 3 的表征水平不具有显著预测力。这个结果既显示了学习动机(尤其是内生动机)对学业和智力发展的作用，同时也表明了内部动机和外部动机的作用差异。

表 9-6　不同复杂性下学习动机对表征水平的预测作用

等级复杂性	学习动机	学优生			普通生		
		β	R^2	t	β	R^2	t
1	内生	0.00	0.00	0.03	0.26*	0.07	2.24
	外生	0.18	0.03	1.12	0.13	0.02	1.13
2	内生	0.33*	0.11	2.14	0.34**	0.12	3.03
	外生	0.13	0.02	0.83	0.04	0.00	0.36
3	内生	0.39*	0.15	2.59	0.14	0.02	1.14
	外生	−0.02	0.00	−0.10	−0.08	0.01	−0.63

二、学习动机的培育途径

通过上一部分的介绍，我们能够看到学习动机对学生学业表现和认知(智力)发展的作用，尤其是内生动机的作用，我们主要从三个方面来提高学生的学习动机。

(一)培养学生的学科兴趣

学习兴趣是学习动机最重要的来源，在学习活动中，学生对某学科的学习兴趣，直接表现为喜欢或不喜欢该学科。

1. 学科兴趣及其发展

申继亮(1988)曾以学生对某学科的喜爱程度为兴趣水平的指标，考察了258名初中生对语文、数学、外语三科的兴趣水平，以及兴趣与三科成绩的关系。结果如下。①

(1)学习兴趣与学习成绩的关系

由表9-7可以看出，三科的学习成绩与学习兴趣水平显著相关。高水平的学习兴趣，产生较大的学习动力，使学生积极朝向学习活动，为取得优异成绩创造条件。而优异的学习成绩又可提高学生的学习兴趣，在学习活动中产生积极愉快的情绪体验。

表9-7 学习兴趣与学习成绩间的关系

	语文	数学	外语
r	0.18	0.49	0.57
p	$p<0.01$	$p<0.01$	$p<0.01$

(2)学习兴趣的年级特征

由表9-8可以看出，第一，随着年龄升高，初中生对语文的兴趣水平下降，但初一与初二，初二与初三间的差异不显著，初一与初三间的兴趣水平有显著差异；

① 申继亮：《中学生学习兴趣的评估》，11~16页，载《心理发展与教育》，1998(4)。

第二，初一学生对语文的兴趣水平个体差异较大，初三学生对语文的兴趣次之，初二学生对语文的兴趣个体差异最小。

表 9-8　初中不同年级对语文的兴趣

	初一	初二	初三
M	0.72	0.70	0.65
SD	0.17	0.13	0.16
p	$p_{一二}>0.05$	$p_{二三}>0.05$	$p_{一三}<0.05$

由表 9-9 可以看出，第一，随着年级升高，对数学的兴趣总体趋势是下降的，但到初三有所回升，初一与初二、初一与初三之间的差异非常显著，但初二与初三之间差异不显著；第二，初一和初三学生对数学的学习兴趣水平的个体差异小，说明兴趣水平分布集中，初二学生对数学的学习兴趣分布离散性大。

表 9-9　初中不同年级对数学的兴趣

	初一	初二	初三
M	0.78	0.67	0.69
SD	0.14	0.18	0.15
p	$p_{一二}<0.01$	$p_{二三}>0.05$	$p_{一三}<0.01$

由表 9-10 可以看出，第一，随着年级升高，外语学习兴趣水平下降，其中初一与初二、初一与初三之间差异显著，初二与初三之间差异不显著；第二，学生对外语的兴趣水平，初二个体差异最大，初三次之，初一最小。

表 9-10　初中不同年级对外语的兴趣

	初一	初二	初三
M	0.75	0.69	0.69
SD	0.16	0.18	0.17
p	$p_{一二}<0.01$	$p_{二三}>0.05$	$p_{一三}<0.05$

(3)学科兴趣的分化情况

由表 9-11 可以看出，初一学生对语文、数学、外语的兴趣水平是不一样的，最喜欢数学，其次是外语，最后是语文，语文、数学两科兴趣水平差异显著，数学高于语文，外语与数学、语文两科相比，兴趣水平相当，无显著差异。

表 9-11 初一学生对语文、数学、外语的兴趣

	语文	数学	外语
M	0.72	0.78	0.75
SD	0.17	0.14	0.16
p	$P_{语数}<0.01$	$P_{数外}>0.05$	$P_{语外}>0.05$

初二、初三学生对语文、数学、外语的兴趣水平有所差异，但均未达到显著水平，故这里不再赘述。

(4)学习兴趣的性别差异

由表 9-12 可以看出，第一，男生最喜欢数学，其次是语文和外语，但三个学科间的差异未达到显著水平；第二，女生最喜欢外语，其次是数学，最后是语文，语文与外语之间有显著差异，语文与数学、数学与外语之间未达到显著水平；第三，男生在语文和数学上的学习兴趣均显著高于女生，在外语上的学习兴趣没有显著差异。

表 9-12 男女中学生对语文、数学、外语的兴趣

	语文	数学	外语
男	0.71	0.74	0.71
女	0.67	0.69	0.71
p	$p<0.05$	$p<0.01$	$p>0.05$

2. 学科兴趣的培养

中小学生的学习兴趣既表现出学科差异，又表现出性别和年级差异，这提示我们在培养其学科兴趣时既要充分尊重其个体差异，又要充分调动其主动性，避免“偏科”。

(1)尊重学生兴趣的学科差异

学生的智力结构既存在一般智力成分，即 G 因素，也存在着领域的差异。加德纳把智力分为语言智力、逻辑数学智力、音乐智力、空间智力、身体运动智力、人际关系智力、内省智力和自然智力八种，讲的就是人与人之间的智力既有水平上的差异，更有领域上的差异。我们在第八章学科能力的论述中也看到，学生在学科能力类型上有明显差异。学习兴趣同样如此。不同的学生个体、不同年级、不同性别的学生的学习兴趣存在学科差异。既然如此，在培养学生的学科兴趣时，首先就应该充分了解并尊重学生的差异，在此基础上激发学生广泛的学科兴趣。尤其要避免的是把学生对某一学科的兴趣不足错误转化为对学生整体的消极评价。一方面，鼓励学生在兴趣所在的学科上充分发挥特长，激发起成就动机；另一方面，教师鼓励学生在其他学科上勇于尝试、突破，把一门学科的成功迁移到其他学科上。

(2)尊重学生智力的发展规律

对于不同的学科而言，学科能力的结构存在着差异，以数学为代表的大理科学科能力主要是抽象逻辑思维，以语文为代表的大文科学科能力则更多地要求形象逻辑思维。从学生的智力发展上来讲，形象思维的发展要早于抽象逻辑思维。例如，很多低年级学生在解答数学应用题时会碰到困难，相当程度上问题不在于数学，而在于语文。也就是说，语文的阅读理解能力不足导致他们不能正确理解并解答数学应用题。此外，我们发现男生更喜欢数学、女生更喜欢语文，这也显示不同性别的学生的智力发展差异。基于这样的背景，学生学习兴趣的激发要符合其智力发展规律，尊重学生智力发展的不平衡性，因人而异，善于引导，不要搞“一刀切”。

(3)培养学生的正确归因

学习动机与成就归因是有密切联系的(张学民，申继亮，2002)。[①] 一般来说，将成功归因为能力强和努力的结果，而将失败归因为没有付出努力是积极的归因方式，对个体的成就状况有促进作用。因为，将成功归因为能力强会使个体产生自豪的体验，强化对未来成功的期待；将失败归因为努力不够会使个体坚信成功可以通过努力获得，建立对未来成功的信心，激发起内在学习动机。另外，将失败归因为运气差、缺乏能力或其他情境因素则是消极的归因方式。因为，将失败归因为缺乏

① 张学民、申继亮：《中学生学习动机、成就归因、学习效能感与成就状况之间因果关系的研究》，33～37页，载《心理学探新》，2002，22(4)。

能力会使个体产生自卑和羞耻的情感体验，对未来成功缺乏信心，忽视努力在成功中的作用，面对困难、挫折和失败缺乏坚持性。这提示我们，教师在对学生进行评价时应从努力等个体能够控制的方面进行，而避免将成功或失败归因为学生的聪明与否。同时，还应对学生的学习过程进行表扬，不能只注重学习的结果。

（二）提高学习中的认知压力

我们强调要激发学生的学习兴趣与内在动机，使其“乐学”，但绝不是说要让学生没有“压力”。无论是任何一种非智力因素的培养，其根本目的是促进智力的发展，而思维则是智力的核心。所以，我们在重视“乐学”的同时，还强调要激发学生的思维主动性与积极性，这是其学习动机，尤其是成就动机的重要来源，这个方面的观点主要来自我的弟子辛自强有关认知压力的研究成果（辛自强，池丽萍，2005；辛自强，宁良强，池丽萍，2005）。①②

1. 认知压力的基本观点

认知压力（Cognitive holding power）的概念是由澳大利亚学者史蒂文森在 20 世纪 80 年代提出的，是学习环境促使学习者进行不同类型认知活动的力量。在现代认知心理学中，通常把个体的知识表征区分为陈述性知识和程序性知识。陈述性知识是关于“是什么”的知识，程序性知识是关于“如何做”的知识。程序性知识可以分为两个水平：一级程序和二级程序。一级程序指那些用于达成专门目标的一些自动化的程序。例如，在解答竖式加法问题时，根据对数字事实（如能直接说出 3+5=8，而不需要特殊的心理努力）的记忆，自动计算出两个个位数的和，如果结果大于 10，可以熟练地进位。这就是在使用一级程序。二级程序指那些使用专门程序解释新情境、解决新问题、学习新技能时所用的程序，可以理解为使用一级程序达成更复杂目的时的程序。例如，在口算 328+199 时，学生已经会算 328+200，然后再减去得到最后结果，也就是使用了“数字凑整”策略；在计算 328—199 时，能不能灵活把

---

① 辛自强、宁良强、池丽萍：《认知压力与建构主义数学教学的关系》，1324~1329 页，载《心理科学》，2005，28(6)。

② 辛自强、池丽萍：《认知压力与促进知识建构：另眼看“减负”》，52~55 页，载《教育科学研究》，2005(9)。

加法情境下的“数字凑整”改造应用到减法情境呢？如果能，学生就在对先前的程序进行改造，让它与新的解题目标对接，这一过程实际上就是在使用二级程序，包括分析新问题和先前问题的差别，分析新问题是否能使用原有的熟练程序，如果不能又如何改造、重组等。根据这两级程序性知识，史蒂文森将认知压力分成了一级认知压力和二级认知压力。可以看出，二级认知压力情境下更有利于学生的主动思维，培养其学习的内在动力。

认知压力不仅是学生个体的行为，还与环境因素、教师行为等有密切关系，表9-13比较了一级认知压力和二级认知压力的主要特征与意义。教师和课堂应该尽可能多地创设二级认知压力情境，促使学生的主动思维，激发其内在学习动力。

表9-13　一级和二级认知压力的特征与意义比较

特征与意义	一级认知压力	二级认知压力
来自环境的压力	促使学生遵从教师提供的指导或程序，如，照抄、按照教师的要求去做、模仿教师的示范、依赖教师的观点	促使学主自己探究事物、解决问题，如，发观联系、查明信息、核查结果、尝试新观点
教师的典型行为	示范“练习性的”任务，讲述，提供信息，提出观点，指导，设计让学生练习用的任务，展示模式和关系，核查结果	提出新的“问题性的”任务，鼓励学生探索和应对不熟悉的任务和情景，应学生的要求提供信息，鼓励学生发现模式和关系，鼓励学生核查与已有知识矛盾的结果
学生的典型行为	按照教师的示范执行任务，遵从教师一系列的口头和书面指示，依赖教师的观点和方法，执行教师提供的计划，依赖教师建立联系、验证结果，被动地接受新的信息和程序，接受活动的结果	解释新的情景，制订计划，解决新的问题，建立新知识和已有知识的关系，产生观点，尝试新的想法和程序，核查新程序的结果，监控自己的活动
学生的认知活动	编码新的命题性知识，编码新的专门性的程序	使用二级程序制订计划、解决问题、自我监控；使用命题性知识解释问题、监控新程序、评估在目标方向上取得的进步；积极地建构命题性知识以及用于操作专门程序的二级程序

辛自强等曾经调查了山东省某城市的小学五、六年级和初中一、二年级共325名学生的认知压力情况，使用认知压力问卷对被试在数学课堂上感知到的一级和二级认知压力进行了分析(辛自强等，2005)。结果发现，小学五、六年级，初中一、二年级报告的一级和二级认知压力的平均分数分别为3.28和3.64(满分5分)，属于中等偏上水平。而澳大利亚的1203名高中生曾报告的一级和二级认知压力平均数分别为3.19和3.14。虽然国内外的数据来自不同年龄的被试群，不完全具有可比性，但是我们的被试报告的水平要高于澳大利亚高中生的水平，这是无疑的。此外，研究还发现，被试感知到的二级认知压力要显著高于一级认知压力($t=9.38$，$p<0.001$)。这些发现一致地说明我们在中小学阶段进行的数学教育是成功的。

2. 认知压力的教育意义

认知压力的概念一方面反映了学生思维的情境，另一方面本身就反映了学生思维的发展水平，所以创设具有认知压力的教育情境对于培养学生的学习动机，促使思维发展具有重要的实践意义，与我们现在所强调的建构主义教学、合作学习等概念也是一致的。

(1)正确认识压力

一方面，要正确认识“压力就是动力”。这种说法是颇有道理的，适度的压力能够激发人们的行为动力。实际上，试图为孩子们营造没有压力的所谓“快乐”教育，并不见得真能让孩子茁壮成长。每个孩子将来都要面临充满竞争的社会，应该慎重考虑如何让他们从小学会应对压力与竞争。另一方面，要区分不同性质的压力，认知压力反映了教育环境对学生进行不同水平的思维活动的要求，是迫使或促进他们进行认知活动的力量，而并不等同于心理无法承受的“精神压力”。从认知压力的角度看，教育恰恰应该“加压”，促使学生自己进行思考，并且学会如何思考。

(2)增加合理的认知压力

根据认知压力理论，教学背景既可以产生一级认知压力，也可以产生二级认知压力，从而促使学生进行不同类型的认知活动，训练不同层次的认知技能。由此，根据不同的教学要求，根据学生的不同水平和特点，应该设置合理的认知压力。一般来讲，大部分教学活动提供的一级认知压力居多，学生多是按照老师的要求和示范机械模仿和反复训练，虽然其负担很重，但对智力发展的影响往往“事倍功半”，还可能浇灭学生的学习兴趣。在一级认知压力背景下，教师实际上包办了很多应由学生进行的二级思维活动，表面上，教师尽职尽责，实际上教学效果不理想。在这个意义上，教师应该解放出来，让学生思维，教师要做的是精心设计教学背景，促进学生在各个层次上的认知活动。

(3)用建构主义指导教学

讨论式教学、设置概念冲突、同伴分享观点等建构主义教学方式对一级认知压力的解释率为9.4%，对二级认知压力的解释率为47.4%(辛自强等，2005)①，可见建构主义教学对认知发展的作用。建构主义的基本宗旨是：让学生在已有认知结构的基础上，建构他们自己的知识；让学生在社会交往中建构知识。在建构主义教学中，学生被视为“积极的学习者”“创造性的学习者”“社会性的学习者”，而教师担当着学习的“组织者”和“促进者”。建构主义教学有利于产生较高的二级认知压力，促使学生发挥主动性，自主进行各种类型和层次的思维活动和认知建构。所以，应该鼓励教师在教学中渗透更多的建构主义成分，特别是要注重设置概念冲突、引导学生与同伴分享观点，以教学满足学生探究和成就的需要，增进教学的现实性等。

(三)提升学生的自我效能感

无论是在实践层面还是在研究层面，提升学生的学习效能感都是激发其学习动力的重要方式。学生的自我效能感可以通过两个途径影响学业表现与智力发展，第一，直接影响学业表现；第二，以动机、归因等为中介影响智力发展。

1. 自我效能感与学业表现的实证研究

我们课题组围绕这个问题展开了一系列的研究，这里仅就小学、初中的研究各举一例。

(1)小学生数学自我效能与学业表现

何先友(1998)曾调查了108名小学五年级学生的数学自我效能、自我概念与数

① 辛自强、宁良强、池丽萍：《认知压力与建构主义数学教学的关系》，1324~1329页，载《心理科学》，2005，28(6)。

学成绩间的关系。[①] 他从解决日常生活中数学的自我效能、解决数学学业问题的自我效能和与数学有关课程的自我效能三个方面来测量了学生的数学自我效能，总分在 15 到 75 分之间。数学成绩则以五年级第二学期期中考试的数学成绩为指标，据此将被试分为数学成绩优秀组和数学成绩不良组。同时，根据被试的数学自我效能感的高低和自我概念得分的高低进行分组。

首先以数学成绩为因变量，进行 2(自我效能：高、低)×2(自我概念：高、低)的方差分析，结果显示自我效能和自我概念的主效应均显著($ps<0.01$)，数学自我效能与自我概念的交互作用显著($p<0.01$)。这说明自我效能与自我概念均与数学成绩有正向的关系。

反过来，检查数学成绩优秀组和数学成绩不良组被试的自我效能和自我概念是否有差异。结果显示，数学成绩优秀组的数学自我效能(69.84 分)要显著高于数学成绩不良组(30.36 分)($p<0.01$)，数学成绩优秀组的自我概念(109.75 分)也要显著高于数学成绩不良组(86.94 分)($p<0.01$)。这与前边的结果是一致的。

再以回归分析考察数学自我效能、自我概念对数学成绩的影响，发现对于数学成绩优秀组被试而言，数学自我效能、自我概念的偏回归系数分别为 0.44 和 0.36，均具有极其显著的统计学意义。对于数学成绩不良组而言，数学自我效能、自我概念的偏回归系数分别为 0.38 和 0.30，同样均具有极其显著的统计学意义。结果说明，数学自我效能和自我概念对小学生的数学成绩有显著影响，当二者一致时影响更大。

(2)中学生的自我效能感与学业表现

申继亮课题组曾对中学生的自我效能感、学习策略与学习成绩的关系进行了研究(李荟，辛涛，谷生华，申继亮，1998)。[②] 他们以北京市某普通中学初中一、二年级，高中一、二年级的 397 名学生为被试，调查了他们的自我效能感(一般学习效能感、具体学习效能感)、学习策略(元认知策略、认知策略、动机策略、社会策

---

① 何先友：《小学生数学自我效能、自我概念与数学成绩关系的研究》，45～48 页，载《心理发展与教育》，1998(1)。

② 李荟、辛涛、谷生华、申继亮：《中学生自我效能感、学习策略与学习成绩关系的研究》，48～52 页，载《教育研究与实验》，1998(4)。

略）以及测试前的数学、语文的期末考试成绩。

获得的第一个结果是自我效能感与学习成绩的关系。由表 9-14 可以看出，初中生的学习效能感与语文、数学成绩均显著正相关，高中生的效能感则仅与数学成绩有显著相关，初中生的自我效能感与学习成绩的关系要强于高中生的。

表 9-14　自我效能感与学习成绩的相关

自我效能	初　中		高中	
	语文	数学	语文	数学
一般学习效能感	0.5085***	0.5352***	0.0642	0.3424***
具体学习效能感	0.3635***	0.4346***	0.1217	0.2178***
总体效能感	0.4883***	0.5397***	0.0915	0.3308***

注：*** $p<0.001$。

第二个结果是学习策略与学习成绩的关系。由表 9-15 可以看出，初中生的学习策略与其语文、数学成绩均显著正相关，高中生动机性策略和社会性策略与其语文和数学成绩显著正相关，认知策略与其数学成绩相关相关，元认知策略与学习成绩相关则不显著。并且初中生学习策略与学习成绩的关系强度要高于高中生的。

表 9-15　学习策略与学习成绩的相关

学习策略	初　中		高中	
	语文	数学	语文	数学
元认知策略	0.4872***	0.4479***	0.1511	0.1303
认知策略	0.5028***	0.4340***	0.1347	0.1698*
动机性策略	0.4770***	0.4797***	0.2018**	0.2956***
社会性策略	0.3553***	0.3528***	0.1666*	0.1803*
总策略	0.5077***	0.4635***	0.2153**	0.2114**

注：*** $p<0.001$。

最后考察了自我效能感、学习策略与学习成绩彼此之间的关系。由图 9-4 可以看出，对于初中生而言，自我效能感、学习策略与学生性别都与学生的学习成绩存在显著的线性关系，这三个因素可以解释初中生学习成绩的 42%；自我效能感、性别、年级与学习策略之间也存在显著的线性关系，可以解释学习策略的37%。可以得出结论，初中生的自我效能感不仅通过学习策略来影响学生的学习成绩，也可直接对学习成绩产生影响。

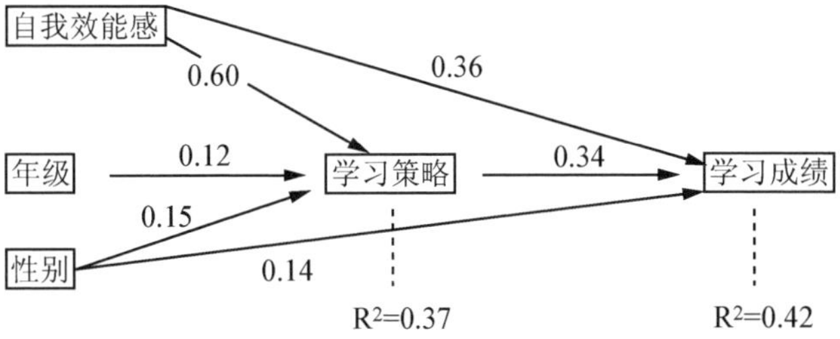

图 9-4 初中生自我效能感、学习策略与学习成绩的线性关系图

由图9-5可以看出，对于高中生而言，自我效能感、学习策略与学习成绩之间也存在显著的线性关系，但解释率较低，为11%；同时，自我效能感、性别与学习策略之间也存在显著的线性关系，解释率为23%。与初中生对比，年级因素对高中生的学习策略和学习成绩均不存在显著影响，性别也只对学习策略有显著影响。

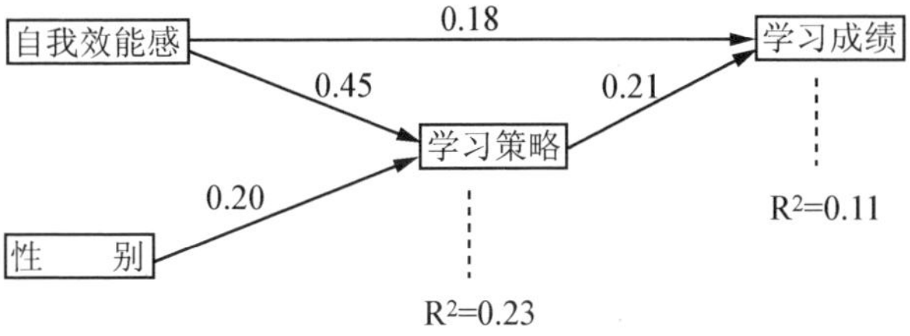

图 9-5 高中生自我效能感、学习策略与学习成绩的线性关系图

2. 学生自我效能感的提升

学生自我效能感的提升有很多途径，我们强调这几点。

(1) 认识自我效能感的个体与群体差异

自我效能感首先表现出个体差异，有的学生较为自信，有的学生较为自卑；其次还表现出群体差异，不同性别、不同年级、不同学业表现的学生自我效能感是不同的。但无论这种差异体现在何处，自我效能感最重要的来源都是个体过去的成功经验。我们能够看到，学习成绩较好的学生自我效能感较高。自我效能感与学习成绩实际上是相互影响的关系，高自我效能感有助于提高学习动力和学业成绩，学业成绩的提高又会反过来促进自我效能感的积累。所以，首先应该重视培养学生的自我效能感，尤其是那些学习较为落后的学生和较为自卑的学生，要帮助他们挖掘自己的长处，学会适当的学习策略，提高学习成绩。

(2)运用多种手段提高效能感

自我效能感的提升有多种途径，最直接的是个体自身过去的成功经验，其次还有相似他人的成功经验、言语劝说、情绪唤醒等。学校学习是学生的主业，是学生智力发展的主阵地，教师应该运用多种手段使学生体验到成功和成就感。例如，鼓励学生努力尝试，积累小的成功经验；教给学生适当的学习策略；运用建构主义等教学方法帮助学生自我探索；发现并认可学生的成功，尤其是所谓的“差生”，对其身上展现出的小的闪光点要及时鼓励、反馈，“星星之火可以燎原”，这是我在十多年中学教育中积累的经验。此外，还要充分发挥期待的作用。心理学上讲“皮格马利翁效应”或叫“罗森塔尔效应”，指的是教师对学生具有高智商、能够取得成功的积极期待能促使学生努力学习，取得学业上的进步。这实际上需要我们的老师要相信每个孩子都有其才华，每个孩子都能成才，对待所有学生要一视同仁。

(3)提高教师的教学效能感

教师的教学策略与艺术能够影响学生的学业表现，进而影响其自我效能感，同时，教师的教学效能感还能够对学生的自我效能感产生影响，形成正向循环(李红，郝春东，张旭，2000)。① 具体来说，教师在教学中取得的成功经验能够提高自身的教学效能感和教学能力，这种效能感能被学生观察到，成为学生自我效能感和学习策略的间接来源，学生自我效能感的提高往往带来学习成绩的提高，这最终又成为教师教学效能感的重要来源。在这个意义上来讲，培养学生首先要培养老师，这也是我重视教师素质、教师培养的原因(林崇德，2008)。②

---

① 李红、郝春东、张旭：《教师教学效能感与学生自我效能感研究》，44～48页，载《高等师范教育研究》，2000，12(3)。

② 林崇德：《我的心理学观》，北京，商务印书馆，2008。

第三节

从情绪因素入手培养智力

情绪对人类的学习、记忆、动机等有着多方面的影响。一方面，情绪可以影响认知活动，例如长时记忆、工作记忆，注意资源的分配和注意的持续性；另一方面，情绪可以影响学生的学习动机、学习兴趣等非认知因素。在教育活动中，我们讲的情绪因素实际上要分为两个方面：一方面是学生的学业情绪，也就是在教学和学习过程中，与学生学业相关的各种情绪体验，包括高兴、好奇、厌倦、焦虑等。学业情绪不仅指学生在知晓学习成绩后所体验到的各种积极或消极情绪体验，也包括学生在课堂学习过程中的情绪体验，在日常做作业过程中的情绪体验以及在考试期间的情绪体验。我们课题组对学业情绪的研究主要是中国人民大学的俞国良教授及其弟子进行的。另一方面指的是在教学中要充分重视情感教学。也就是说，在教学活动中既要重视认知因素的作用，也要重视情感因素，发挥情感因素的积极作用，通过完善和改进教学的各个环节，形成情知平衡、和谐、互促、并茂的教学格局，优化教学效果，促进学生智力和非智力因素的发展。我的挚友上海师范大学的卢家楣教授在这方面做了大量的研究和教育实践。

一、对学业情绪的基本认识

俞国良和董妍等人既在理论上对学业情绪及其对学业成就的影响和影响机制进行了探索，更是展开了诸多项实证研究（董妍，俞国良，2010；俞国良，董妍，2006）①②，这里分别加以介绍。

① 董妍、俞国良：《青少年学业情绪对学业成就的影响》，934~937页，载《心理科学》，2010，33(4)。

② 俞国良、董妍：《学习不良青少年与一般青少年学业情绪特点的比较研究》，811~814页，载《心理科学》，2006，29(4)。

(一)对学业情绪的理论认识

1998年，美国教育研究联合会召开了以“情绪在学生的学习与成就中的作用”为主题的年会，围绕该主题，大会组织了五个讨论会，充分激发了研究者对教育中情绪问题的研究兴趣，此后，学业情绪相关的研究如雨后春笋般迅速发展。

1. 学业情绪的概念

学业情绪的概念与学业动机、学业自我概念等有着非常密切的关系，这几个概念中的学业都指学生在学校中与学习能力、学习行为相关的学习成绩，而且这些概念都属于学习相关的非智力因素。但是，学业情绪涉及的范围更为广泛，包括在学校情境中学生所经历的各种成就情绪，特别是成功或失败相关的情绪体验。以上主要是西方学者的认识。我们认为，学业情绪中的学业是指学生的学习活动和学习成绩,在教学或学习过程中，与学生的学业相关的各种情绪体验，如高兴、厌倦、失望、焦虑等都属于学业情绪。也就是说，学业情绪的范围不仅仅包括学生在获悉学业成功或失败后所体验到的各种情绪，还包括在学生在课堂学习中的情绪体验，在日常做作业过程中的情绪体验以及在考试期间的情绪体验等。

2. 学业情绪的结构

通过我们对学业情绪的定义可以看出，学业情绪包含高兴、好奇、兴奋、厌倦、失望、焦虑、气愤等各种具体的情绪，要获得对学业情绪的理性认识就不能仅停留在具体情绪的罗列上，而必须分析其维度或结构。研究早期，研究者们往往只采用愉悦度将学业情绪分为积极和消极两类，或者是积极情绪、中性情绪与消极情绪三类。但对于人类的智力活动或认知活动而言，情绪的唤醒度也是具有重要影响的。进入21世纪后，学者将唤醒度加入了学业情绪的研究中，愉悦度与唤醒度进行交叉得到了四类学业情绪，即积极高唤醒度的情绪(如自豪、高兴)、积极低唤醒度的情绪(如放松、满足)、消极高唤醒度的情绪(如焦虑、生气)、消极低唤醒度的情绪(如厌倦、无助)。

2007年，董妍和俞国良对中国的9名中学生进行了访谈，并分析了39名高中生的作文《记忆深刻的一次学习体验》，结合文献分析共归纳出了高兴、厌倦、无助、生气、难过、满意、憎恨、羡慕、痛苦等数十种学业情绪。然后，他们编制了《青少年学业情绪问卷》，对 889 名初中和高中学生进行测试，结果支持了学业情绪两个维度、四种类型的结构，问卷的信效度都良好(董妍，俞国良，2007)。① 结果还发现，初中生的积极学业情绪得分显著高于高中生，男生的积极低唤醒学业情绪得分显著高于女生(主要是在高中阶段)，初中生的积极低唤醒情绪得分显著高于高中生，男生的消极高唤醒情绪得分显著低于女生(主要是在高中阶段)，初中生的消极高唤醒情绪得分显著低于高中生，初中生的消极低唤醒情绪得分显著低于高中生。具体分析过程这里不再赘述。

3. 学业情绪的影响因素

学业情绪会受到自我认知、成就目标、认知能力、环境因素等多方面的影响(徐先彩，龚少英，2009)。② 从自我认知上讲，学生对学习任务的控制和价值评估是学业情绪的主要来源，控制评估是学生对自己能否完成学习任务、掌握学习材料的评估，价值评估是学生对学习任务重要性和有用性的评估。只有当学生对学习任务很有兴趣、认为自己有能力达到学习目标并且认为所学的东西是有价值的时候，才会产生高兴等积极高唤醒的情绪。从成就目标上讲，它为学生如何去理解他们后来所取得的成绩提供了一个认知背景，不同的成就目标会引发不同的学业情绪，例如,发现掌握接近目标与积极情绪有关，成绩逃避目标与消极情绪有关。从认知能力上讲，研究者发现，在数学考试中，逻辑推理水平不同的学生会体验到不同的学业情绪。高水平学生体验到最多的是高兴，低水平学生体验到更多的焦虑和愤怒，而中等水平学生则报告了最多的厌倦情绪。从环境因素上讲，课堂的教学质量、重要他人对学业的期待、班级整体学习水平、教师反馈、互动学习以及家长和同伴支持等都会影响到学业情绪。但是应该说明，学业情绪的影响因素不仅仅局限于上述方面，这些结论也还远未形成定论。无论如何，从非智力因素的培养上讲，学业情绪都是一个重要方面，值得我们从这些因素入手考虑。

---

① 董妍、俞国良：《青少年学业情绪问卷的编制及应用》，852~860 页，载《心理学报》，2007，39(5)。

② 徐先彩、龚少英：《学业情绪及其影响因素》，92~97 页，载《心理科学进展》，2009，17(1)。

(二)学业情绪的两项实证研究

我们在这里同样介绍课题组的两项有关学业情绪的实证研究。

1. 青少年学业情绪对学业成就的影响

董妍和俞国良(2010)以1209名初中生和高中生为被试，调查了他们的学业情绪、成就目标、学业效能感和学习策略，并以学生最近一次期中考试的语文、数学、外语分数计算学业成就指标，检验了三个问题：(1)学业情绪对学业成就的影响有直接效应；(2)学业情绪对学业成就的影响可以通过目标设定、自我效能、学习策略等一些中介变量来实现；(3)不同的学业情绪对学业成就的直接影响和间接影响不同。①

他们采用极大似然估计法进行模型建构与比较，这里按学业情绪的四个类别报告几项直接的研究结果。第一，积极高唤醒情绪对掌握接近目标、掌握回避目标、成绩接近目标以及学业效能感和学习策略均有显著的积极预测作用；对学业成就没有显著预测作用，但对学业成就的总效应是积极显著的；第二，积极低唤醒学业情绪对掌握接近目标、学业效能感、学习策略、学业成就均有显著的积极预测作用，对掌握避免目标有消极的预测作用，积极低唤醒的学业情绪对学业成就的总效应是积极显著的；第三，消极高唤醒学业情绪对掌握回避目标、成绩接近目标、成绩回避目标具有显著的积极预测作用，对学业效能感、学业成就有消极的预测作用，对学习策略没有显著预测作用，对学业成就的总效应是显著消极的；第四，消极低唤醒学业情绪对掌握回避目标、成绩接近目标、成绩回避目标具有显著的积极预测作用，对学业效能感、学习策略、学业成就有消极的显著预测作用，对学业成就的总效应是显著消极的。

2. 学习不良青少年与一般青少年学业情绪的比较

俞国良和董妍(2006)还曾对学习不良青少年和一般青少年的学业情绪特点进行了比较研究②，他们调查了1034名初中和高中的学业情绪，其中包含有根据学业成

① 董妍、俞国良：《青少年学业情绪对学业成就的影响》，934~937页，载《心理科学》，2010，33(4)。

② 俞国良、董妍：《学习不良青少年与一般青少年学业情绪特点的比较研究》，811~814页，载《心理科学》，2006，29(4)。

绩落后、教师评定等标准识别出的学习不良儿童506人。发现的主要结果如下：

在积极高唤醒学业情绪上(包含自豪、高兴、希望三个因子)，在自豪与高兴的得分上存在性别差异($ps<0.05$)，男生在自豪因子上的得分要显著高于女生，女生在高兴因子上的得分要显著高于男生；在自豪因子与积极高唤醒情绪的总分上，年龄与组别有显著的交互作用($ps<0.05$)，在自豪因子上，初一、初二、初三年级的一般青少年的得分要显著高于学习不良青少年；在总分上，初一、初二、初三年级的一般青少年的得分显著高于各年级的学习不良青少年。结果见图9-6(LD代表学习不良青少年，NLD代表一般青少年，以下同)。

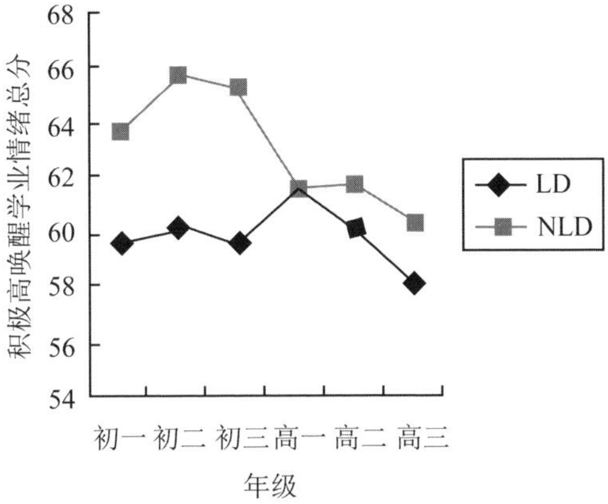

图9-6 两组青少年在积极高唤醒学业情绪上的得分

在积极低唤醒学业情绪上(包含满足、平静、放松三个因子)，放松与总分上存在性别差异($ps<0.05$)，男生在放松因子上的得分显著高于女生，男生在总分上显著高于女生；在放松因子与总分上存在年级与组别的交互作用($ps<0.05$)，在放松因子上，初一、初二、高二年级的一般青少年的得分显著高于各年级的学习不良青少年；在总分上，初一、初二、高二、高三年级的一般青少年的得分显著高于学习不良青少年，结果见图9-7。

在消极高唤醒学业情绪上(包含焦虑、羞愧、生气三个因子)，各因子与总分上均存在性别差异($ps<0.05$)，女生在各因子及总分上的得分都显著高于男生；在焦虑、羞愧因子和总分上存在年级与组别的交互作用($ps<0.01$)，在焦虑因子上，初

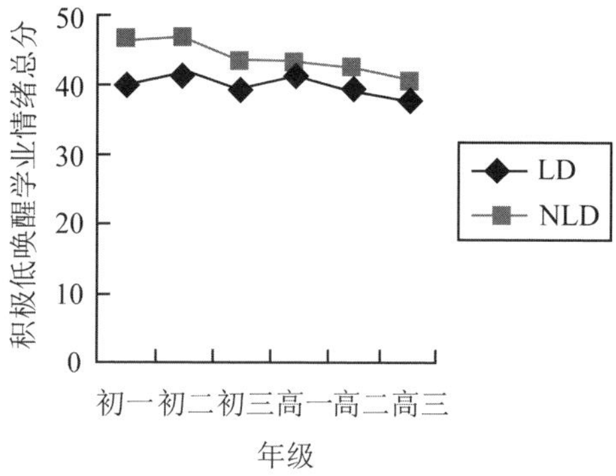

图 9-7　两组青少年在积极低唤醒学业情绪上的得分

一、初二、高二年级学习不良青少年的得分显著高于一般青少年；在羞愧因子上，初一到高三年级学习不良青少年的得分显著高于一般青少年；在总分上，初一、初二、高二年级学习不良青少年的得分显著高于一般青少年。结果可见图 9-8。

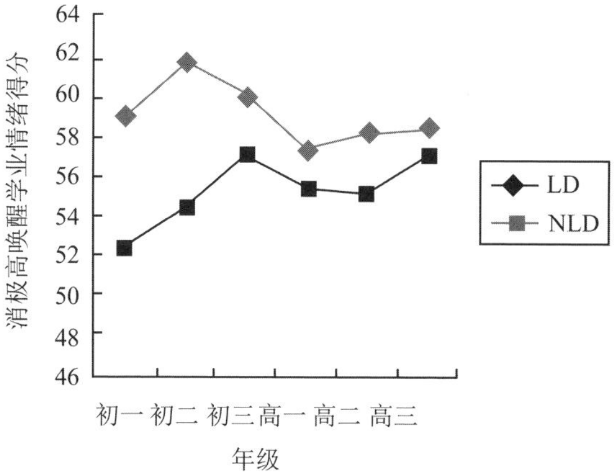

图 9-8　两组青少年在消极高唤醒学业情绪上的得分

在消极低唤醒学业情绪上(包含厌倦、无助、沮丧、心烦-疲乏四个因子)，厌倦与沮丧因子上存在性别差异($ps<0.05$)，男生在厌倦因子上的得分显著高于女生，女生在沮丧因子上的得分显著高于男生；在无助、沮丧与总分上存在年级与组别的交互作用($ps<0.05$)，在无助因子上，除高一外的其他年级学习不良青少年的得分显著高于一般青少年；在沮丧因子上，初一、初二、高二年级学习不良青少年的得

分显著高于一般青少年；在总分上，初一、初二、高二、高三年级学习不良青少年的得分显著高于一般青少年，结果见图 9-9。

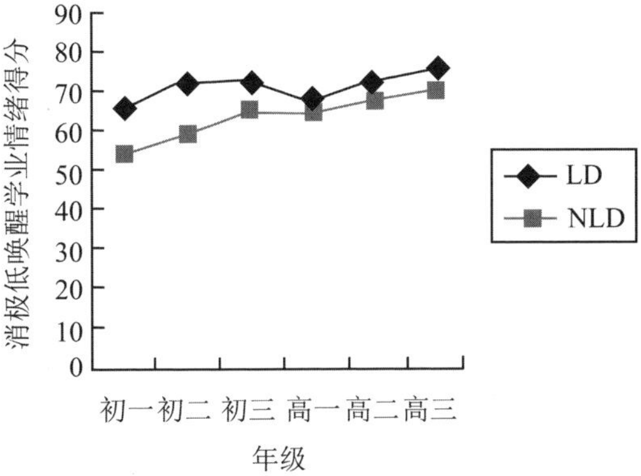

图 9-9　两组儿童在消极低唤醒学业情绪上的得分

二、培养学生良好的学业情绪

尽管学业情绪有不同的结构或类型，但其对智力发展的影响是显然的，这从学习不良儿童与一般儿童的对比中能够看出。培养学生良好的学业情绪，我们主要抓以下方面。

（一）培养学生的情绪管理能力

学业情绪是一般情绪在学业活动中的表现，情绪管理能力（或情商）自然也是管理学业情绪，促进学生智力的发展和学习成绩提高的抓手。

1. 情绪控制能力与学生发展

沃建中课题组实验学校的教师，从树立学生的自信心，培养良好的学习习惯，掌握好学习方法，营造民主、和谐的课堂气氛，体验成功培养良好的情绪等方法入手，针对 423 名小学生存在的不良情绪进行了两年的干预，对学生及时进行心理健康教育，对其不良情绪进行疏导，取得了较好的干预效果。①

(1)小学生情绪控制能力的培养

我们采用情绪自我控制培养认知模式进行“满怀兴趣学习”的实验，通过培养学生运用理性思考和自我暗示，提高了他们对学习情绪的控制水平，获得了较好的效果。从下表可以看出，经过一年的培养，小学生的行为自我控制能力均有提高，尤其是三年级和五年级学生，实验前后差异很显著。

表 9-16　小学生情绪控制能力培养的效果

年级	实验前			实验后			p
	人数	平均数	标准差	人数	平均数	标准差	
三	254	21. 24	7. 10	104	24. 86	7. 35	$p<0.001$
四	372	22. 69	7. 52	94	24. 10	6. 63	$p>0.05$
五	418	22. 94	7. 54	112	25. 80	5. 60	$p<0.001$
六	360	23. 33	7. 27	113	24. 22	5. 96	$p>0.05$

(2)情绪控制能力的提高促进学生学习成绩的变化

培养学生的情绪控制能力，有利于其学习成绩的提高。经过情绪控制能力的培养，实验班 77. 3%的学生认为自己是学习的主人，在课堂上能够主动参与；77. 6%的学生学习兴趣比以前明显提高；52. 7%的学生表示自己学习积极性比起以前发生了显著变化；60. 9%的学生学习成绩得到明显的提高，18. 6%的学生学习成绩有所提高。所有这些指标显著地超过了实验前的情况。我们的不少实验点就是以提高学生的学习积极性和学习成绩来促进学生智力发展的。

2. 情绪管理能力的干预

介绍情绪管理的著作有很多，从认知、行为等多方面提出了很多有益有用的方式，我们这里结合课题组的研究介绍两点。

(1)学生情绪管理能力培养的“认知模式”

沃建中在进行学生情绪的自我控制培养的研究中是这样做的。

① 沃建中等：《走向心理健康：发展篇》，北京，华文出版社，2002。

第一，引导学生识别自己在学习中的情绪体验。教师首先指出学习活动都是在一定的情绪状态下进行的，它可能是轻松的、愉快的，也可能是紧张的、焦虑的。然后，利用表示不同情绪的脸谱图，引导学生分析、识别自己在各科学习中的主要情绪。继而总结出情绪的不同体验在一定程度上导致了学习兴趣的差异。感兴趣与愉快的情绪相联系；缺乏兴趣甚至厌恶学习，往往源于紧张、不愉快的学习情绪体验。

第二，教师阐释情绪体验形成和情绪控制的有效方法，引导学生对自己的情绪进行理性思考，建立正确的认识。首先，教师指出学生的学习情绪(如是否对学习感兴趣)属于后天习得的范畴；其次，教师指出学生在教与学的过程中应保持积极肯定的情绪和满怀兴趣，但并不是要避免挫折，具体方法是在正确认识情绪形成及作用的基础上，进行有意识的自我暗示；最后，引导学生对自己已有的学习情绪形成过程进行分析，找出情绪形成的原因，使学生确信根据情绪形成的原理和控制方法,可有效地促进积极的学习情绪，改变消极的学习情绪。

第三，具体示范并引导学生进行自我暗示的实验。首先说明并示范自我暗示的方法，教师示范后，鼓励学生选择一门自己不太感兴趣的课来做这个实验。这个实验将帮助学生改变学习前的消极情绪体验。当然一次也许效果不明显，但这样坚持十几次、几十次，就会改善心境，处于从容、轻松、满怀兴趣的状态中。

(2)学习不良青少年学业情绪的整合性干预

董妍和俞国良(2011)针对学习不良青少年的学业情绪采用了为期一学期的整合性的干预手段，包含三个方面的方法：情绪性教学与评价、学业情绪调节方法的训练与个别心理辅导。①

第一，情绪性教学与评价。积极情绪性教学主要通过对教师进行培训，调动教师上课的积极情绪，使教师能够在课堂上带着积极的情绪进行授课，进而使学生在课堂上有积极的学业情绪。情绪性评价是将教师对学生成绩下降、提升的关注点改变为不仅关注学生成绩，更要对学生的学业情绪敏感，帮助学生分析成绩变化的原

① 董妍、俞国良：《学业不良青少年学业情绪的整合性干预研究》，160～169 页，载《中国人民大学教育学刊》，2011(1)。

因，更多地了解学生的感受。情绪性评价的具体做法是：首先，要求任课教师在每两周进行一次的小考中要关注成绩反馈对学生带来的情绪；其次，教师本人对这个学生的成就有什么样的情绪反应，帮助学生分析成绩变化的可能原因，进而教师再提出进一步的鼓励和希望。

第二，学业情绪调节方法的训练。对学生进行学业情绪调节方法训练的目的在于，让学生掌握和了解学业情绪调节的策略，当学生出现不良学业情绪的时候，能够自觉主动地改善自己的学业情绪，尽量减少不良学业情绪对自己的影响。学业情绪调节方法的训练由实验班班主任教师根据学业情绪调节训练手册的内容，每周进行一次团体训练，每次40分钟。

第三，个别心理辅导。对于有严重学业情绪的学生，请专职心理辅导教师进行学业情绪的个别辅导，以帮助他们改善不良的学业情绪。

(二)建立和谐的师生关系

我们强调教师素质的重要性，强调通过改善师生关系，创设一个和谐的气氛，促进学生智力的发展和学习成绩的提高。这里实际上包含一种情绪情感的因素，即“亲其师”与“信其道”的关系，建立良好的师生关系，使师生亲情的情绪情感成为学生智力发展的动力。

1. 师生关系特点与学生心理发展

王耘的博士论文研究了师生关系。① 师生关系是学校中教师与学生之间的基本关系，是师生之间以情感、认知和行为交往为主要表现形式的心理关系。20世纪90年代以来对儿童青少年社会关系的研究发现，师生关系作为儿童青少年生活中的一种重要人际关系，直接影响学生的学习，乃至智力的发展。因此，通过改善师生关系来提高学业成绩和发展他们的智力，是培养学生智力的一条重要途径。

王耘通过对由14名班主任教师对498名3~6年级学生与教师的关系及其对小学生心理发展影响进行了研究，获得如下的研究结果。

① 王耘：《小学师生关系的特点及其与小学生心理发展的关系研究》，北京，北京师范大学博士学位论文，2001。

(1)小学师生关系的表现和学生的学业成绩的分类

小学阶段师生关系有三种表现。

一是冲突性关系。即师生有矛盾，无论是从情感上还是在行动上，都有一定冲突的表现。

二是亲密性关系。即依恋情感，师生关系密切，学生心情愉快，且在情感和行动上都表现出来。

三是反应性关系。即学生对教师的情感举动相当敏感，不管教师对自己还是对别人热情或者是冷漠，都十分地在意。

小学生的学业成绩分优、良、中、差四等。我们认为学业成绩不能代表智力水平，但是可以作为智力的一种表现形式。

(2)师生关系不同维度方面与小学生的学业表现的关系

王耘曾在分析中发现小学生的师生关系存在着显著的性别差异，因此，她对学业成绩的性别分布进行了卡方检验，没有发现显著的性别差异($\chi^2=3.97$，$df=3$，$p>0.05$)。于是她以师生关系的各个维度作为因变量，学业表现作为自变量采用多元方差分析(MANOVA)来考察学业表现对小学生师生关系的主效应，获得下表的结果。①

表 9-17　3~6 年级小学生师生关系的学业成绩方差检验

学业成绩	冲突性	亲密性	反应性
	$m(sd)$	$m(sd)$	$m(sd)$
优($n=73$)	$1.43(0.40)^{d***}$	$4.08(0.64)^{b*c***d***}$	$4.28(0.54)^{b***c***d***}$
良($n=190$)	$1.53(0.55)^{d***}$	$3.70(0.76)^{a*}$	$3.84(0.66)^{a***}$
中($n=176$)	$1.56(0.57)^{d***}$	$3.55(0.93)^{a***}$	$3.88(0.54)^{a***}$
差($n=56$)	$1.93(0.75)^{a***b***c***}$	$3.43(1.01)^{a***}$	$3.66(0.54)^{a***}$
F 值	9.651^{***}	8.729^{***}	14.292^{***}

注：a. 与“优”的均数差异；b. 与“良”的均数差异；c. 与“中”的均数差异；d. 与“差”的均数差异。

① 王耘、王晓华：《小学生的师生关系特点与学生因素的关系研究》，18~22 页，载《心理发展与教育》，2002(3)。

从上表的结果可见，学业表现的主效应极其显著，$F(9,\ 1473)=8.54$，$p<0.001$。事后平均数多重组间比较表明，在师生关系的各维度上，学业表现不同的学生之间存在亲密性和反应性上均显著高于其他学生。从中我们可以看出，师生关系是影响学生学业表现的重要因素。

(3)师生关系不同维度对学生的性别、年级及学业表现的回归分析

为了定量师生关系对年级、性别和学业成绩的影响，王耘分别以师生关系的冲突性、亲密性和反应性作为分析中的一种变量，以年级、性别和学业成绩作为另一种变量，进行了多重回归分析。

由于年级是顺序变量，性别是分类变量，都不能直接作为回归变量，因此王耘进行了虚拟变量的转换。对于年级变量，她以三年级为比较基准，建立了 3 个虚拟变量 GR4、GR5 和 GR6，如果被试在三年级，则 3 个虚拟变量均为 0；如果被试在四年级，则 GR4 规定为 1，GR5 和 GR6 规定为 0；依此类推。对于性别变量，她以男生为基准，将男生规定为 0，女生规定为 1。

采用分层回归的方法，首先将年级和性别变量纳入回归方程，然后再进入学业成绩变量，结果见表 9-18。

表 9-18　师生关系对年级、性别和学业成绩的回归作用

	进入步骤		β值	t	R	R^2	ΔR^2	F
冲突性	年级	四年级	−0.249	−2.123***	0.411	0.169	0.164	33.285***
		五年级	0.153	3.147***				
		六年级	−0.260	−5.346***				
	性别		−0.057	−1.388	0.417	0.174	0.167	25.837***
	学业成绩		−0.161	−3.905***	0.446	0.199	0.191	24.320***
亲密性	年级	四年级	0.177	4.007***	0.554	0.306	0.302	72.329***
		五年级	0.167	3.792***				
		六年级	−0.402	−9.099***				
	性别		0.81	2.185*	0.562	0.316	0.310	56.533***
	学业成绩		0.164	4.370***	0.584	0.341	0.335	50.717***

续表

	进入步骤		β 值	t	R	R^2	ΔR^2	F
反应性	年级	四年级	-0.016	-0.309	0.141	0.020	0.014	3.315*
		五年级	0.081	1.574				
		六年级	0.087	-1.680				
	性别		0.164	3.761***	0.231	0.053	0.046	6.900***
	学业成绩		0.213	4.858***	0.311	0.097	0.088	10.495***

由上表的回归分析结果可以看出，学生的年级、性别和学业成绩对于师生关系均有显著的预测作用。最能做深入分析的数据还是师生关系对学生学业成绩的影响。因为学业成绩在预测师生关系的 3 个维度上均有显著的解释力。从中我们可以对如下三点作深入探索：第一，师生关系的冲突性与学生学业成绩呈负相关，亲密性、反应性与学生学业成绩呈正相关。这种趋势是十分显著的。第二，师生关系不同维度与学生学业成绩的关系是相互的。前者影响后者，后者也影响前者；前者可以被后者预测，前者同样也可以预测后者。这种关系可能有因果关系，但不能下因果关系的结论。第三，师生关系的不同维度一定要影响学生的学业成绩，进而影响学生的智力发展。因此，改善师生关系，促使师生关系中多一些亲密性、少一点冲突性，形成一个和谐的师生气氛，肯定能提高学生的成绩，培养学生的智力。

2. 和谐师生关系的建立

我们主要从教师素质，尤其是师德上来谈师生关系。2014 年教师节前夕，习近平总书记在参观北京师范大学并与北师大师生座谈时从四个方面对老师提出了要求：理想信念、道德情操、扎实学识、仁爱之心。我们课题组一直重视对教师素质的研究，习近平总书记对好老师的观点涵盖了知识、学识、信念、师德等方方面面，我再从师德的角度谈谈自己的看法。

(1) 敬业爱岗

师德的实质就是教育事业的“业”字；师德体现的就是对教育事业及其社会地位的认同、情感和行动，这就是师德第一个表现：“师业”。敬业爱岗有着十分丰富的内涵和外延，在研究中我们看到其表现有：第一，热爱教育事业，热爱本职岗位；

第二，献身于教育工作的职业理想；第三，教书育人、培养人才；第四，奉献精神。我时常说教师是最辛苦的职业之一，“两眼一睁，忙到天黑，闭上眼睛，想的都是心爱的学生”。献身于教育工作的职业理想，必然促使教师自身拥有高尚的道德品质、渊博的专业知识、高超的教学艺术、良好的师生关系，这一切集中地表现出奉献和做贡献时的工作态度和工作作风来，呈现一种敬业奉献的精神。

(2)热爱学生

教师对学生的爱，是师德的又一个表现：“师爱”。师爱是师德的核心，我们称其为“师魂”。我国台湾教育家高震东先生在其著作的扉页上写道：“爱自己的孩子是人，爱别人的孩子是神”①。我在为其著作所写的序中认为，疼爱自己的孩子是本能，而热爱别人的孩子是神圣。对学生的师爱却出自教师的职责，这种爱在性质上是一种只讲付出不讲回报的、无私的、广泛的且没有血缘关系的爱。师爱是教师教育学生的感情基础，学生一旦体会到了这种感情，就会“亲其师”进而“信其道”，也正是在这个感情投入与回报的过程中，教育实现了其根本功能。因此，师爱就是师魂,没有爱就没有教育，失去了对学生的爱，教师也就失去了人生的乐趣。

(3)严谨治学

师德集中体现在培养学生的质量上，能够培养出国家需要的优秀人才，这是衡量师德的重要标准。于是我们可以看到师德的第三个表现：“师能”。师能哪里来?出自教师的一种信念。我的体会是，教师的成功，在于能创造出值得自己崇拜的学生。为了提升师能，就要讲究严谨治学。一是教育质量直接取决于教师的业务水平；二是业务水平体现在一个“新”字上；创新的基础在于教师钻研业务；教师创新性与创造性要参加教科研。

(4)为人师表

北京师范大学的校训为：“学为人师，行为世范”，这就是为人师表的师德表现，也可以叫师德的第四个表现：“师风”。为人师表体现在四个方面：第一，以身作则，包括模范遵守社会公德、模范尊师爱生、衣着整洁得体、语言规范健康、举

---

① 丁广举、孙兰芝：《千万里路云和明：高震东先生与忠信教育》，台北，台湾出版社，2012。

止文明礼貌、严于律己、作风正派、注意身教等。第二，团结协作，表现为：谦虚谨慎、尊重同事、相互学习、相互帮助、维护其他教师在学生中的威信；关心集体、维护学校的荣誉，共创文明校风；联系家长，和家长积极配合，以共同完成教书育人的大业。第三，廉洁从教。教师，廉洁与否，学生看得特别清楚，当教师，要坚持高尚情操，发扬奉献精神，自觉抵制社会不良风气的影响。第四，依法执教。教师要带头学习与宣传政治、道德、法律等知识理论，还要学好辩证唯物主义与历史唯物主义哲学，掌握科学的方法论；要全面贯彻国家教育方针，自觉遵守《教师法》等法律法规；在教育教学中同国家的指令政策保持一致，不得有违背国家意志的言行。

三、注重运用情感教学法

从情感因素入手培养智力，不仅要靠教师对学生的爱与师德，还要注重发挥情感在教学活动中的积极作用。尽管教学是一个教师和学生在理性与情绪两方面的动态人际互动过程，是情感与认知力量相互作用的动力过程，但在我们的教学中，“重知轻情”现象依然不少见，甚至还比较突出。这里用我的挚友卢家楣教授的两项调查研究来作为说明。

(一)中学教学中教师运用情感因素的现状

卢家楣(2001)①曾在上海市辖区中选取18所中学，对1022名任课教师进行了调查，其中男教师占61.3%，女教师占38.7%。研究首先通过组织中学教师进行座谈，了解中学教学中运用情感因素来优化教学方面的意识和实践状况，在此基础上编制了《中学教学中运用情感因素的现状调查》问卷。获得的几项主要结果如下：

1. 对中学教学中“重知轻情”现状的基本估计

在调查中，当问及“你认为当前学校中重认知因素轻情感因素的情况如何?”时，选择“比较严重”“严重”和“很严重”的教师共519人，占教师总数的50.79%。可

① 卢家楣：《对中学教学中教师运用情感因素的现状调查》，55~58页，载《心理发展与教育》，2002(2)。

见，在中学教学中的确存在重知轻情现象。对重点和非重点、市区和郊区中学教师的回答做进一步分析发现，重点中学认为“比较严重”“严重”和“非常严重”的人数比例(56.86%)要显著高于非重点中学(46.69%)，而市区和郊区则无显著差异。

2. 教师对情感因素的考虑和运用状态

在调查中，当问及“你认为当前教学中自己对情感因素的考虑和运用处于什么状况?”时，认为自己在教学中能想到运用情感因素的教师有99.71%，其中“经常考虑”的教师占50.98%。然而，在教学实践中能真正去实践的教师只占8.81%，有42.17%的教师仅处于尝试阶段，更有一半的教师处于根本未用的状态。

3. 在教学中利用情感因素提高效果的作用

在调查中，教师认为教学中运用情感因素提高教学效果的作用，按重要性从高到低依次有六个层次：增进学习兴趣、促进教学内容接受和形成良好行为习惯、增加学习动力和培养学生情感、形成良好学习习惯和融洽师生关系、益于素质全面发展和利于学生身心健康、提高认知加工水平。这种情况在重点和非重点、市区和郊区学校是一致的。

(二)情感教学法的教育实验

同样在2001年，卢家楣(2001)①在高中一年级的语文教学中检验了情感教学法的效果。教学实验中以上海市高中一年级语文的说明文《大瀑布揽胜》为材料，选择男女比例、学习成绩、学习态度、纪律状况等都较为接近的两个班(分别为44人和45人)为平行班，随机分配为实验班和对照班。两个班均由同一位语文教师临时讲授该课文。整体结果表明，在内含隐性情感因素的文科教材内容中，可以运用情感教学法促进学生的认知和情感发展，提高课堂教学质量。具体的教学方法和结论如下：

1. 语文课上情感教学的方法

在该教学实验中，主要运用了情感教学中的发掘情感策略法。具体而言，即由

① 卢家楣：《发掘情感策略的实验研究》，690~693页，载《心理科学》，2001，24(6)。

教师通过对教材内容的加工提炼，使其内隐的情感因素得以充分发掘，让学生在接受认知信息的同时获得相应的积极情感体验。具体有三种方式。

第一，教师在讲解说明文的过程中，将作者在描写瀑布时所蕴含的对自然美的情感充分发掘出来，并用充满情感的语言讲解。例如，“啊，我们觉得这已经不是在写水，而是在写一条来自九天的巨龙，它呼啸着从九霄云外直冲大地。请看书，它‘喷出如雹急雨’，它‘掀起轩然大波’，那从天而降的水柱啊冲向大地。”由此引发学生对祖国美丽山水的阵阵赞叹。在进行深入的认知分析时，教师仍不忘发掘内中的美感：“作者为了说明瀑布的特征，除了运用举例子、列数字、作比较等常用方法外，更多的是运用描写说明方法，由于描写的特有功能——直观具体，会让我们在了解祖国各地名瀑特征的同时，还会让我们不断经受着一种情感上的震动。你们会有这种感觉吗？这些瀑布多美啊，多壮观啊，多奇丽啊！”

第二，教师还在这个基础上将作者描写瀑布时所蕴含的对祖国山河的自豪感和热爱感发掘出来，并用充满情感的语言讲解。例如，“同学们，作者短短的一篇说明文中竟然列举了有名的瀑布 27 处之多。可见，我们的国家瀑布真多，有瀑就有山，这说明我们的祖国山水多风景多，透过课文我们似乎看到了作者提笔列举祖国名瀑时的神情，他的面前也许放着一张全国旅游图，他找着、数着、记着，表现出作者的得意与自豪，是吗？同样，当我们看到如此之多的名瀑，也是兴奋、激动，自豪之情油然而生。”

第三，为了使学生更好地感受课文中所蕴含的情感，除教师自己表情朗读外，还组织学生在音乐伴奏下表情朗读，从而把学生的情感体验带到了高潮。

2. 语文课上情感教学的效果

为了检验运用情感教学的效果，在课堂教学前后分别对学生进行了两部分测试：认知测试和情感测试。认知测试材料为任课教师根据教学内容中的有关知识点自己设计和编制的认知前测和后测。前测用以检验实验班和对照班对本课学习的认知准备情况，后测则针对该课教学中所教授的知识点，了解学生的理解和掌握情况。情感测试材料为卢家楣教授课题组设计的问卷调查，用于调查学生情感在教学中受感染的程度和对教学内容的倾向性，包含注意集中度、动脑积极性、学习兴趣、学习热忱、情感感受、触动、感染及所受影响、课堂情绪气氛九项。

结果发现：第一，在所涉及的认知和情感测试中，实验班和对照班在前测阶段均无显著差异($ps>0.05$)；第二，在后测中，实验班在认知测验、情感测验上的总分均要显著高于对照班($ps<0.001$)，在注意集中情况、学习兴趣、动脑积极性、探索意愿、情感感受、情感触动、情感共鸣、课堂气氛等具体指标上，实验班均显著好于对照班。可见，情感教学法的确促进了学生的课堂学习效果($ps<0.01$)。

3. 其他学科的情感教学

上面列举了在高中语文教学中应用情感教学法的教育研究例子，实际上，情感教学不仅能够应用在文科中，理科教学中同样如此。例如，卢家楣(1994)①就提出了理科教学中的6种情感教学法：情感迁移法，指教师在教学过程中，巧妙引发学生的积极情感，并将它迁移到教学内容上；情感诱发法，即教师在教学中根据学生的心理规律巧妙组织教学内容，使之具有诱发学生积极情感的色彩；言语情趣法，即教师运用富有情趣的语言讲解有关教学内容；拟人比喻法，即教师用拟人化口吻比喻有关教学内容，使之具有情感色彩；逸事插入法，即教师“借题发挥”，介绍有关知识背后的人物轶事，使学生对教学内容产生亲切感，使之具有情感色彩；美感引发法，即教师通过充分展示教学内容中隐涵的美的因素，引发学生相应的美感体验。我们希望广大教师能够在各科教学中结合使用上述情感教学法，促进学生情感和认知发展。

① 卢家楣：《理科类教学内容的情感性处理》，12~15页，34页，载《课程·教材·教法》，1994(12)。

第四篇

PART 4

德育与发展篇

荀子把道德之威，视为国威之一(《荀子·强国篇》)。

今天我们国家重视“以德治国”的方略，旨在把“以德治国”看作与“以法治国”同等重要的地位。

道德之所以重要，是由于它有调节的功能。道德调节着主体的行为，从而使一个人完善其社会关系、人际关系和自我修养。道德的调节性，突出地表现在自觉的调节上。道德的调节，既不同于政治和法律，又不同于宗教。它一般地通过良心调节，不具备政治和法律那样的强制性和惩罚性，如果它也具有一定程度的强制性的话，那它往往出自内心自省而产生的内疚、不安、惭愧的道德心理，从而调整自己的行为。尽管道德和宗教都讲信仰，但道德信仰具有科学性，不像宗教那样盲从。由此可见，道德调节是一种自觉的调节。它可能不如政治、法律那样直接和迅速，不如文艺感染那样强烈，不如宗教那样虔诚，但是，由于自觉调节来自道德动机，要靠主体的内心信念，于是其功能必然具有相对的稳定性、持久性和广泛性。在人类社会中，主体总是按照自己一定的德性、社会性、道德面貌去分析世界，调节和控制自己，促进社会的物质文明和精神文明建设。创造性的发展也要靠“德”——“人格”或“品格”的作用。我国“两弹一星”的出现是世界上公认的“创新”或“创造”的事件。然而我国的原子弹和氢弹的爆炸和卫星的上天都发生在20世纪60、70年代，那时我们国家的经济还比较落后，科研人员工资很低，谈不上发什么奖金。但是我们的科技人员凭着崇高的品格、社会责任感和爱国主义的精神，硬使“两弹一星”创造成功，从中能使人悟出德育与发展的道理来。

正因为如此，德育工作就显得重要了。所谓德育，如前所述，是指形成学生一定思想品德的教育。它有狭义与广义之分。狭义的德育，就是道德教育。在中国，强调人的道德规范与行为准则的教育；在西方，一般指伦理道德以及有关价值观的教育。例如，美国学校德育以“澄清价值观念”“教授道德判断”和“形成道德习惯”为基本内容。在当前的中国，德育往往指广义的德育，它包括思想教育、政治教育、道德教育和法律教育。德育的内容是用来培养学生思想道德的政治观点、思想观点、法律意识和道德行为规范的；德育的目标不仅使学生的思想品德得到发展，即在特定阶段中培养学生在政治、思想、道德品质方面达到一定要求，而且对于人才的成长，特别是创新人才的成长奠定了可靠的人格基础或非智力因素的基础。

在近30年的德育与发展研究中，增加了不少新成分，尤其是对社会性发展与心理健康教育的重视或引入，使德育与发展显得更加复杂。为了使我们著作论证的内容既能符合我国国情，又能顾及心理学，特别是发展心理学新的进展，我们这样安排本篇的内容；第十章论述品德与社会性的关系及其发展趋势；第十一章论述德育促进学生的德性，尤其是品德与社会性的发展，重点突出德性的培养和干预；第十二章论述作为德育的组成成分之一的心理健康教育，不仅讨论当前心理健康教育的目的与途径等科学性的问题，而且也把学生心理健康的课题研究，视为德育与发展研究的一个重要组成部分。

第十章

德性及其发展

在《教育大辞典》里，“德”有三重含义。一是指德性，即道德与品德；二是指与法治相对的德治；三是指道德的具体表现和作用。

在《心理大辞典》里，“德”中的道德与品德有区别，前者是属社会现象，后者是指个体的道德品质。心理学研究的是品德或德性。

传统的发展心理学，把品德与个性（或人格）联系在一起，因为品德是个体的道德品质或德性；可是近20年来的发展心理学，因为重视个体社会性发展或个体社会化的研究，故更多地把品德与社会性联系在一起。

我们从德育出发，更重视“德”。“德者，道之合”（《管子·心术上》）；“君子进德修业”（《易·乾·文言》）。在讨论“德育与发展”中，更多讨论“德育与德的发展”，所以把品德与社会性统一为德性。《辞海》①中是这样解释“德性”的：“个体在道德活动中表现出来的思想与行为的优秀特质、品格，具有稳定一贯的特点，总是以一定社会的道德原则、规范为实际内容，以特定社会的道德要求为标准。”中国历史上的儒家一直有崇尚德性的传统。德国哲学家康德（I. Kant，1724—1804）提出，德性是人格守责任时，意志不为外物所动的一种道德力量。美国麦太金尔（Alasdail Macintyre，1929—　）主张“德性是人类后天获得的、内蕴于实践活动的各种好的性质、品质、倾向”。② 于是，我们应用了“德性”一词。我们明知这样归纳可能会带来争议和反对，但我们相信同行们和我们一样，也很难找出能包含两者概念内涵的表述方法。

---

① 夏征农主编：《辞海》，2290页，上海，上海辞书出版社，1999。

② Macintyre，A. C.，*After rirtue. Bloomsbury Academic*，University of Notre Dame Press，1981.

在本章的具体内容，我们将讨论品德与社会性的关系、品德发展和社会性的发展。这些标准的发展，应该看做是创新人才心理结构发展的一个重要组成部分。

第一节

人的品德与社会性

我们强调人的品德与社会性在个体发展中的统一，从而能研究德育与发展的关系,探讨通过教育功能达到个体社会化，探索品德培养的社会性因素的作用。

一、品德与社会性的概念

品德与社会性是两个概念，各有其含义，但我们这里更多地探讨其内在的关系，揭示它们两个概念之间的一致性。

(一)什么是品德

道德是多学科的研究对象，但品德却主要是心理学与教育学的研究对象。品德与道德有联系，但又有区别。

1. 道德的含义

要了解什么是品德，我们必须对什么是道德有初步的认识。道德是人类社会特有的现象，是一定社会依照舆论作用和内心力量而形成的，用以调节人们相互关系与行为的规范和准则，是行为规范的总和。道德的效用在于和平地解决和协调人际间的冲突，发展人际间理想的良好的关系。

2. 品德的含义

品德又叫道德品质，即个人的道德面貌，它是社会道德现象在个体身上的表现，是个人依据一定的社会道德行为规范行动时表现出来的较稳定的一贯的心理特征,是被个体内化了的道德规范和准则。从心理学特别是德育心理学和品德发展心理学角度理解，品德被看作是一种心理现象、一种反应方式，具体表现为一定社会道德要求的个人道德意识和道德行为总体的特征，其内容是社会现实在人脑中的反映，同时它又符合心理形成、发展的规律。人的品德的形成不是遗传决定的，而是在后天社会生活中逐渐形成的，特别是在社会舆论和教育的影响下形成和发展的，同时也受个人的心理发展规律的制约。学生品德的形成是一个复杂的过程，在品德教育中不能采取简单化、公式化和空洞说教的方法。另外，学生品德的形成和他们的智力发展有着密切关系，一个学生智力发展良好，往往容易理解社会道德规范要求，从而转化为道德行为，形成高尚品德。

3. 道德与品德

道德和品德既有区别又有联系。道德是一种社会现象，它是舆论力量所支持的行为规范，是社会分辨善恶的尺度。同时道德受社会发展的制约，是社会的产物，它不依赖某一个体而存在，即不以个别人的存亡和品德的有无为转移。从研究范围来说，道德主要是哲学、社会学、伦理学的研究对象，同时又被教育学、心理学所研究。品德是个体现象，是具体人的价值观、人生观和道德品质；品德依赖于具体人的心理活动规律，依赖于具体人的存亡。因此，品德主要是心理学、教育学研究的对象，尽管社会学、伦理学也涉及其内容。品德必须以一定的道德意识和道德观念为基础，在道德观念的支配下作出相应的道德判断，通过一定的道德情感和稳定的道德行为表现出来。同时，在一定条件下，品德和道德还可以相互转化。

(二)什么是社会性(社会化)

个体的社会性是在社会化过程中形成和发展起来的。社会化过程是指在一定社会环境中，个体在心理和生理两方面的发展，从而形成适应该社会的个性并掌握社会认可的行为方式的过程。因此，社会性的发展，取决于社会化过程。

1. 社会化的含义

要了解社会性的概念，我们有必要先对与之相关的概念——个体社会化的概念作一回顾与分析。

社会化，是许多学科研究的课题。不同的学科根据学科自身的性质和任务，从不同的角度研究人的社会化。社会学偏重于社会化过程中人与社会的互动，文化人类学则偏重于社会化过程中的文化继承。心理学，尤其是发展心理学偏重于社会化过程中的个人成长，关注人的人格与自我形成及一般的社会学习过程。社会心理学的创始人之一罗斯(E. A. Ross)指出，人们最困难、最高级、最棘手的工作莫过于使个人的情感和欲望符合群体的需要，这一方面靠“社会影响”，一方面要靠“社会控制”，这个过程就是“群体成员的社会化”。发展心理学家墨森(P. H. Mussen)等认为，社会化是儿童青少年学习他们的文化或社会中的标准、价值所期望的行为的过程。王振宇认为儿童社会化是儿童青少年在一定的社会条件(包括社会环境和社会关系)下逐渐独立地掌握社会规范，正确地处理人际关系、妥善自治，从而客观地适应社会生活的心理过程。《心理百科全书》指出，儿童社会化是儿童在特定的社会和文化环境中，形成适应于该社会与文化的人格，掌握该社会所公认的行为方式(《心理学百科全书》编辑委员会，1995)。

上述社会化概念的解释，基本上强调的是个体对社会的文化环境的适应和顺从，儿童青少年处在被动接受的地位，忽视了儿童的主动地位，并将社会化的主体视为单个人。

社会化的概念随着教育观念的改变而发生变化。西方在认识到儿童青少年在接受教育时的主动作用之后，社会化的概念也随之发展。吾师朱智贤在1988年指出，西方自20世纪70年代以来，儿童青少年已不再被看成是社会化过程中被动的个体，而被看成社会活动的积极参与者，他们不再仅仅是社会化的对象，而且也是社会经验的激发者和加工者。苏联的社会心理学家安德烈耶娃(Galina M. Andreeva)认为，人不仅接受社会的经验，而且会对这种经验进行改造。人不仅是生活经验的消极接受者，也是生活经验的积极利用者，人在社会化过程中，不仅社会性得到了发展，同时也会以不同的方式主动参加集体生活，使个性得到丰富和发展。因此我们可以把社会化理解为在人的主动参与下形成和发展社会性及获得个性的过程。

2. 社会性的含义

20世纪80年代，我国儿童青少年社会性发展及教育的重要意义得到了心理学界的重视，“社会性”一词也开始常见于我国心理学文献。在国外，有的西方学者试图给“社会性”下定义，但他们更多的是注意分析社会性的结构。相比之下，我国学者对界定儿童青少年社会性的关注程度似乎要高于西方学者。关于什么是社会性，大致有下列几种说法。

(1)“广义与狭义”说。广义的社会性是指作为一个社会成员的一切特征；狭义的社会性是指人的社交与群居倾向(陈帼眉，1994)。另外还有人认为广义社会性指人在社会上生存过程中所形成的全部社会特性的总和，包括人的社会心理特征、政治特征、道德特征、经济特征、审美特征、哲学特征，等等，它是和人的生物性相对而言的。而狭义的社会性是指由于个体参与社会生活，与人交往，在其固有的生物特性基础上形成的那种独特的心理特征，这使个体能够适应周围的社会环境，正常地与他人交往，接受别人的影响，也反过来影响别人，在努力实现自我完善过程中影响和改造周围环境(陈会昌，1994)。

(2)“单纯广义”说。社会性被视为与人格、非智力因素等具有相同意义的词汇，是指除生理和认知以外的一切心理特征。

(3)“单纯狭义”说。认为社会性是指人际关系中的情绪、性格等人格侧面。

(4)“先天和后天合成”说。社会性是指由人的社会存在所获得的一切特性。就个体而言，社会性包括先赋社会性：由出生时所处的既定历史条件和社会关系所获得的社会性；也包括后成社会性：通过学校教育和自身活动继承、学习、创造而获得的社会性(傅安球，1993)。

此外，还有人从下列几个方面来界定社会性：一是社会性是个体社会化的内容与结果，是人在社会化过程中获得的情感、性格等心理特征；二是认为社会性是人在社会交往中，处理人际关系时表现出的心理特性；三是将社会性具体解释为人们进行社会交往，建立人际关系，理解、掌握和遵守社会行为规则，以及人们控制自身行为的心理特性(卢乐山，1991)。

3. 社会性与个体社会化

以上几种对社会性的界定，内涵和外延都有一定的不同。广义的社会性偏重于相对个体的生物而言的一切特性，狭义的社会性是相对人的认知而言的心理特征。

心理学所说的社会性指的就是后者。为此，我们才在本书第一章中指出，教育可帮助个体社会化，教育的过程，也是受教育者个体社会化的过程。社会化是个体掌握和再现社会经验、社会联系和社会必需的品质、价值、信念以及社会所赞许的行为方式的过程。社会化的过程正是在一定社会环境中，个体通过接受教育而在生活和心理两方面获得发展，形成适应社会的人格并掌握社会认可的行为方式的过程。社会化过程包括学习、适应、交流等人类个体借以发展自己的社会属性、参与社会生活的一切过程。人类在社会化过程中，学会基本技能，掌握社会规范，确立生活目标，形成社会技能，培养社会角色。教育帮助受教育者实现个体社会化。虽然个体社会化的过程也要受到教育之外因素的影响，但毫无疑问，教育是一种最好的个体社会化的工具，学校是一个最佳社会化的单位。

（三）品德与社会性的关系

品德和社会性是两个不同的概念，它们之间既有联系，又有区别。

1. 品德与社会性的联系性

从社会学角度来说，品德是一定社会道德关系的体现，具有社会性的特性。首先，品德反映着一定历史条件下的某种社会关系。不论是道德准则、规范、行为、风尚，都体现了一定社会或阶级适用于当时整个社会关系状况和发展的客观要求。作为个人道德面貌的品德，它必然是这种社会道德内容的社会化，而绝不是脱离历史发展的抽象观念。其次，人的品德作为个性的特殊表现，不是人的生理上的自然属性，而是人的社会属性，它反映的是人的社会特质。离开了一定社会物质条件和具体历史环境，无法说明个性的本质和品德的性质。再次，品德的发展变化，主要取决于社会因素。品德的形成、发展和变化，从根本上说，要受社会条件，特别是生产方式的制约。只有在社会条件的作用下，个体通过社会化，在社会实践活动中，经过主观努力，才能不断形成、积累和完善新的品德成分，促进品德的发展变化。从这个角度上说，品德是社会化的结果，其本质是社会性。

2. 品德与社会性的一致性

从心理学角度来说，首先，品德是社会道德在个体身上的表现，是个性心理中的一个特殊表现。它反映的是个性中具有道德价值的核心成分。社会性所揭示的是个体的典型行为方式，例如，能公正、健康地与人合作，对他人的权利和行为予以适当的关怀；能从大目标出发对重要的问题进行思考，作出成熟的判断；对自己采取客观态度，不以自我为中心；从集体利益出发评价判断事物，等等。这些典型的社会性的行为方式，正是一个人的个性特征的集中体现，也是道德规范(准则)的反映和表现。所以我们认为社会性成熟与道德发展和个性完善具有一致性。人们的社会化过程，不仅显示了品德发展和个性完善的过程，而且也从中获得了行为方式的各种成分。其次，社会性的内涵包括品德。品德是社会性发展内涵的一部分，社会性发展包括品德的发展。从上文分析的社会性结构中，我们不难发现不管是广义还是狭义，社会性发展所涉及的内涵较广，内容较多。品德的形成只是人的社会性发展的重要标志之一。研究社会性发展的一些学者也往往把其研究内容集中在亲子依恋关系的形成与类型、同伴关系的特点、道德判断的发展与人格发展等方面。最后，品德和社会性发展的影响源具有一致性。人的品德和社会性发展，都离不开遗传、环境和教育的作用。人之所以为人，从生物学意义上讲，是由于物种在漫长的进化过程中，不断分化并使其遗传素质表现出自身发展所特有的趋势，从而为发展成为一个社会的人提供了可能性。动物由于它们自身所具备的遗传素质不同于人类，不管生活在怎样的环境中，它们永远是动物，而不可能具有人的属性。遗传为人的品德和社会性发展提供了生物学前提。环境和教育在人的品德和社会性发展中起决定性的作用。这里的环境和教育指人的生活条件和社会条件，一般包括胎儿的环境、物质生活环境和家庭、学校教育等。只有人自身的遗传因素，离开环境的作用，特别是社会环境的作用，人也不可能得到良好的发展。社会实践活动是人的品德和社会性发展的必要条件。离开了社会实践，就没有心理发展的源泉，也不会有人的品德和社会性发展的源泉。

二、品德与社会性的结构

品德和社会性作为个体心理特征的具体表现形式，各种心理成分按一定的联系和关系构成不同的结构。

(一)品德的结构

品德结构是德育工作中的一个核心问题。我国对品德结构虽进行了较长时间的探讨，但尚未得出一个统一的结论。近些年来，先后有人从不同的研究方法着手，提出二十多种品德结构观点。其中较有影响的有下列几种。

1.“三分法”“二分法”和“四分法”所引申出来的品德结构

在心理学史上提顿斯(Tetens)在沃尔夫(C. Wolf)的官能心理学基础上，创始了认识、情感和意志的“三分法”。康德在《纯粹理性批判》《判断力批判》《实践理性批判》等哲学著作中，以“知”“情”“意”为纲，继承了其师提顿斯的三分法，不仅构成了他的“批判哲学”的体系，而且也构成了他的心理学体系。从此，“知”“情”“意”就被确定为心理结构的主要成分，即所谓心理过程的“三要素”或三种心理过程，而对“知”“情”“意”三要素的揭示，也就构成了心理学的主要内容。在三分法的基础上确定的品德结构，就是把品德看成是道德认识、道德情感和道德行为的统一体。

二分法是把心理看做是由认识和意向(或认识和行为)两种成分构成的整体。实际上，二分法的心理学家并不否认情感成分的存在，二分法仍包含三种心理成分。

四分法认为“意”应分为“意志”和“行为”两种成分，心理结构就成为“知”“情”“意”“行”的统一体。这里还应看到提出者的不同。“知、情、意、行”是由孔子提出的，出自东方，而不属于西方心理学的范畴。

2. 从分解特定道德行为的构成因素来分析品德结构

美国品德心理学家莱斯特(J. R. Rest)在总结品德研究的基础上，从分析特定道德行为的构成因素出发，注意各种行为的内部过程和外观行动的联系，特别是重视道德情感在道德行为中的作用，进而提出了品德结构的问题。莱斯特指出，品德的主要成分有四种。

(1)理解道德情境。其中包括道德敏感性(敏感到自己的行动对别人权益产生什么影响的能力)和道德推理能力(推断别人思想情感的能力)。

(2)寻找出适当的道德行为途径。这是指确定怎样的行为途径才是道德的，即在这一道德情境中应该做什么。这一过程涉及的主要是与道德判断有关的问题。

(3)决定道德行为的计划。这里包括行为决策过程的描述，道德动机的激发和斗争。莱斯特认为，人之所以会出现舍己利人、舍生取义等道德行为，是因为多方面的道德情感在起作用。

(4)执行并实施道德行为的计划。包括设想各种阻碍和想象不到的困难，克服挫折、抗拒诱惑等。

莱斯特的品德结构四成分论注意各成分的相互关系和相互制约，较全面考察了道德行为。但只强调从共时性着手分析，而没考虑到发展，没有注意到品德结构的历时性的分析，这是它的局限性。

3. 从价值概念与结构概念联系中研究品德结构

西方认知心理学派的品德心理学，特别是柯尔伯格(L. A. Kohlberg)的品德心理学，比较重视价值观的研究。我国心理学家李伯黍和他的研究生们也提出了“道德价值结构”。道德价值结构理论重视品德结构的价值观念，从品德的形式和内容二维角度来分析品德的结构成分，并将伦理学的道德规范、道德范畴和心理结构相结合，从动态的、发展的方面去讨论品德结构，在科学性上有一定的突破。但道德价值结构理论对道德心理结构本身及从道德价值到道德动机转化的问题的论述还不够。

此外，还有一些人进行了品德结构的研究。如苏联的维列鲁学派的心理学家提出各种活动是一种阶梯式层次关系的个性结构，美国人本主义心理学家罗基奇(Rokeach)的品德 18 种终极目标等，从不同的角度探讨了品德结构。这里就不详述了。

4. 我们的品德结构观

我们认为，品德结构应在辩证唯物主义思想的指导下，运用联系和发展观点进行研究，从系统论的角度进行考察。① 品德结构应是一个多侧面、多形态、多水平、多联系、多序列的动态的开放性的整体和系统，尽管复杂，但主要包括下列三个子

① 林崇德：《品德发展心理学》，西安，陕西师范大学出版总社，2014。

系统：一是品德的深层结构和表层结构的关系系统，即道德动机系统和道德行为方式系统；二是品德的心理过程和行为活动的关系系统，即道德认识、道德情感、道德意志和道德行为的心理特征系统；三是品德的心理活动和外部活动的关系及其组织形式系统，即品德的定向，操作和反馈系统。

品德心理成分既相互联系，又相互制约，其中由道德认识和道德情感构成的道德动机处于核心的地位，道德信念和道德理想是其主导的成分，它对品德的形成和发展起着决定性的作用。道德动机与道德行为之间的联系具有多渠道的性质，同一道德动机可能导致多种道德行为；反过来，同一道德行为也可能由多种道德动机所推动。道德动机与道德动机之间以及道德动机与道德行为之间可能存在种种矛盾和冲突。这个层次的品德心理成分虽有一定的联系和关系，但就其结构的形成来说有不同的开端。一言以蔽之，品德结构的组织形式中的三个子系统相互联系、相互制约，构成了一个较大的系统；同时，这个系统又与外在的道德环境发生联系，构成了一个更大的系统。

（二）社会性的结构

对社会性结构，中外学者也从不同的角度给予分析。

1. 外国学者对社会性结构的分析较有代表性的有以下几种观点。

（1）“二要素说”。心理学家齐格勒（R. S. Siegler，1998）认为，人的社会性包括社会知觉和社会行为方式。通过社会知觉，人们觉察他人的想法，同他人表达行为的动机和目的；通过社会行为的学习，人们掌握约定俗成的举止行为、道德观念，从而能够适应自己所生存的社会。①

（2）“四因素说”。有人则认为在儿童社会性的心理结构中，起重要作用的特质因素有四个：信念、情绪、态度和价值观（Kohlberg，1969）。②

---

① Flarell J. H., Miller P. H. Social cognition. In: Kuhn D, Siegler R, eds., *Cognition, Perception and langhage. 5th ed*, New York, NY: Wiley, 1998; 851-898. Damon W, gen ed. Handbook of child psychology, 1998, vol 2.

② Kohlberg, L. Stage and sequence, *Handbook of Socialization Theory and Research*, McGraw Hill: New York: 1969.

(3)“复合说”。墨森等人认为社会性包括社会性情绪、对父母的依恋、气质、道德感、道德标准、自我意识、性别角色、亲善行为、对自我和攻击性的控制、同伴关系等。谢弗尔(D. R. Shaffer, 1989)认为儿童的社会性包括：情绪和与周围亲人的亲密关系，自我概念，社会技能、性别角色，以及以攻击性、利他性为核心的道德发展。[①]

2. 我国学者对社会性结构的观点

(1)“三维结构说”。我国有学者将儿童社会性划分为人际关系、社会规范和自我发展三个维度(王振宇，1992)[②]。还有人认为儿童社会性发展最集中地反映在对事、对人、对己三个方面，可以概括为责任心、合作性、自制力三维结构，它的形成和发展构成儿童青少年社会性发展的核心内容(王健敏，1996)。[③]

(2)“四方面说”。理论界对儿童社会性的内容的理解大致可归结为四个方面：①早期依恋感，与家庭成员的相互作用与关系；②道德发展，与同伴、老师或其他人的相互作用中，涉及社会道德规范的认知、情感和行为；③社会能力，认知与处理社会情景的能力和与别人交往的技能、策略和效果；④个性的形成，包括自我概念、独立能力、自制力、性格、性别自居力等。

一段时间来，我国一些幼儿教育工作者，根据国家教委颁发的《幼儿园工作规程》基本精神以及幼儿心理发展的具体情况，对幼儿社会性发展目标进行了较多的研究，概括起来，其基本框架包括如下内容：①自我系统的发展，包括：自我认识、自我评价、自尊心和自我价值感、成就感与好胜心、自信心，主动性、独立性，自制力与坚持性等；②情绪情感的发展，包括：一般情绪状态、情绪情感的表达与控制、同情心、责任感、好奇心和兴趣等；③社会交往的发展，包括：交往态度、交往能力(合作、轮流、分享、遵守规则、解决冲突)、人际关系等；④品德发展，包括：爱周围人、爱集体、爱祖国、礼貌、诚实、爱劳动等。以上四个方面的内容有好多交叉的地方，如在社会交往和情感情绪发展中的好多内容，都与品德发

① Shaffer D. R., *Developmental Psychology: Childhood and Adolescence* (*2nd Ed*), International Thomson Publishing, 1989.

② 王振宇：《儿童社会化与教育》，北京，人民教育出版社，1992。

③ 王健敏：《儿童社会性三维结构形成实验研究报告》，12~18 页，载《心理发展与教育》，1996(2)。

展有关。

(3)“五领域说”。石绍华(1994)在统计有关社会性发展的文献时，将道德认识、意志及自我意识、人际关系(包括集体观念、合群、从众、适应、独立性、自信心、攻击、挫折和亲社会行为)、独生子女等均归入其中。后来，她又将儿童社会性发展的全部文献分为社会认知、社会情感、社会行为、自我和社会性的发生机制5个领域(1994)。①

(4)“七维度说”。陈会昌将社会性发展分为七个主要维度，即社会技能、自我概念、道德品质、意志品质、社会认知、社会适应能力和社会性情绪。

吾师朱智贤与我提出“复合说”，在《儿童心理学史》中，我们认为社会性的成分，主要包括亲子关系、同伴关系、自我系统的发展，个性化、攻击性行为和亲社会行为的发展，道德发展，社会认知发展，学校社区及其他文化环境对儿童社会化的作用，等等(朱智贤、林崇德，1988)。②

三、品德和社会性在个体发展中的统一

品德和社会性在个体发展中是互相促进、相辅相成、互相制约、互为发展条件的。社会性发展是品德形成的基础和前提，品德的发展是社会性发展的动力和重要条件。

(一)个体社会性发展水平制约品德的发展程度

个体社会性发展水平制约品德的发展水平，是由社会性的基本性质决定的。社会性是人的基本属性，社会性发展有时也可视为人的社会化，它是个体心理发展的重要方面，是在个体与社会群体、个体与个体相互作用和相互影响的过程中实现的。社会性发展促使个体掌握社会经验和社会关系系统，包括掌握社会生活所必须

① 石绍华：《中国儿童社会性发展文献数据库(CCSD)的建立》，64～65页，《心理发展与教育》，1994(4)。

② 朱智贤、林崇德：《儿童心理学史》，北京，北京师范大学出版社，1988。

具备的道德品质、价值观念、行为规范以及形成积极的生活态度，掌握交往技能，善于自我调节，等等。特别是个体的道德认识、道德情感、道德意志和道德行为这四种品德心理成分，对一个人的成长、人格、身心健康、学习、智力发展，乃至长大后的事业成功以及个体的正常生活都具有重要的影响。

个体社会性发展水平制约品德的发展水平，也是由社会性的基本内容决定的。诚如前述，个体社会性既包括了自我、亲子关系、同伴关系、攻击性和亲社会行为，同时也包括了道德发展、情感发展、社会认知发展，以及学校、社区和文化环境等对其影响的诸多因素，这些因素都会不同程度的对个体的品德发生作用，从而在一定程度上制约品德的发展水平。在人的一生中，个体身心发展是一个连续的过程，但人在不同年龄阶段表现出与该阶段年龄特征相符的心理行为特征，我们将这种社会性的行为标准，称为发展任务。每一阶段(幼儿、儿童、青春成年、老年)的社会性发展任务，均与该阶段的品德发展相互关联，并决定该阶段品德发展的速度、水平和方向。

此外，从个体品德和社会性的发生来看，品德是在个体发展到一定阶段后，有了一定的道德认识，并将社会道德准则通过个体的内化后才形成的。可以说，没有个体的社会性发展，品德的发展就无从谈起，品德就成了“无本之木，无源之水”。归根结底，社会性发展是品德发展的前提和基础，只有有了个体社会性的发展，才会有个体品德的发展。品德的发展受社会性发展的制约。

(二)品德的发展更好地促进了人的社会性发展

人的品德的发生、发展具有阶段性特征。这是在遗传和生理成熟的基础上，在环境和教育的相互作用下，是个体在群体生活与人际交往中通过自身的道德实践，逐渐形成和发展起来的，这是一个从他律到自律，对社会道德由顺从、认同到内化的过程，由道德认识、道德情感和评价到道德行为方式的过程。对此，心理学家皮亚杰、柯尔伯格等都有许多经典性研究和相应的理论体系，我们将在后文涉及。他们的研究一致表明，品德的发展程度影响到人的社会化发展程度，品德的发展能加快人的社会化发展进程。

这里仅以皮亚杰的“道德发展阶段理论”为例加以说明。皮亚杰将儿童的道德发展划分为四个阶段。第一阶段为2~5岁，皮亚杰称为“自我中心阶段”，即前道德阶段。这阶段儿童不顾规定，按照自己的想象去执行规则，规则对他没有约束力，于是，在同伴关系、亲子关系、价值判断等方面均表现为自我中心主义倾向。第二阶段为5~7、8岁，称为“权威阶段”，即他律道德阶段。这阶段儿童表现出对外在权威绝对尊重和顺从的愿望。换言之，他律的道德感在一些情感反应和作为道德判断所特有的某些显著的结构中表现出来，其特点一是绝对遵守父母、权威和幼儿园阿姨的教导，二是对规则本身的尊敬和顺从，即把人们规定的准则，看成是固定不变的，不可更改的。因此，他们对行为标准的判断完全凭此出发。第三阶段为8~10岁，称为“可逆性阶段”，开始出现自律道德。这阶段儿童的思维进入了具体运算阶段，突出的特点具有守恒性和可逆性。他们已经不把规则看成一成不变的东西，逐渐从他律转入自律，这从其情感发展特点上明显反映出来。第四阶段为10~12岁，称为公正阶段，即自律道德阶段。这阶段的儿童继可逆性之后，公正观念或正义感得到发展，这是互敬互惠的一个重要产物。在这一阶段，儿童的道德观念倾向于主持公正、平等，儿童体验到公正和平等应当符合个人的情况，公正感成为情感领域内的一个核心概念。与之相伴随是他们对攻击性行为和亲社会行为的阐释上也符合公正和平等原则。因此，在一定程度上，可以说品德发展程度是评价个体社会性发展水平的参照系。

当然，人的社会性发展贯穿于人的一生全程，但人的品德形成、社会性发展，其关键也在这个阶段，如人的世界观、人生观的形成一般都在18岁左右。因此，这个阶段品德发展良好，将会对个体一生的社会性发展都有指导意义。另一方面，如果把品德和个性发展结合起来考察，那么，品德和社会性两者的关系就会出现更加复杂的情况。人的各种品德构成了个性结构中的控制系统，这个系统的核心是对人与人之间社会关系的性质及处理这种关系的基本原则的反映。品德同个性的其他方面有着广泛的极其密切的联系，如世界观、人生观对道德观的影响，各种知识、技能、能力构成对品德行为方式的意义等。

(三)品德发展与社会性发展的统一性

个体的品德发展与社会性发展是有机统一的，不但统一在个体的心理发展水平上，而且统一在个体不同阶段的心理发展任务上。具体来说，个体品德发展和社会性发展在发展阶段、发展时间、发展内容等方面有着不可分割性。

1. 从个体的发展阶段上考察，人的道德发展总是与人的社会性发展联系在一起的

人的社会性发展的每一个阶段大都有道德品德发展的任务。刚出生的婴儿，没有与人交往的社会性需要，对各种社会性和非社会性的刺激的反应也是不分化的，不可能有道德认识，品德尚未形成。1.5 岁以后，在周围成人的教育下，在婴儿自我意识萌芽和形成的同时，儿童逐渐出现最初的道德观念、道德判断和道德行为。儿童早期(3~6 岁)，儿童进入情境道德发展阶段，能做出合乎成人要求的道德行为。到了小学阶段(6~13 岁)，是品德发展的协调阶段，道德知识开始系统化，并出现了与之相符的道德行为。进入青春期后(13~20 岁)，是个体的动荡性品德发展和世界观、人生观形成阶段：前期品德形成两极分化严重；后期，品德发展趋于成熟，人生观、世界观逐步形成。

2. 从发展时间上考察，人的品德发展稍迟于社会性发展

新生儿到了第一月末和第二月初，已明显地表现出与成人交往的需要，这是婴儿最初社会性的表现。三四个月后，婴儿看见别的孩子，会饶有兴趣地互相对视，目不转睛地瞧着同伴，喜欢与他们拉手；当蹒跚走路时，更喜欢与别的婴儿在一起，这些是儿童社会性同伴关系的发展。在与同伴的交往中，婴儿逐渐学会了如何表达自己的愿望，如何与别人友好相处，如何与同伴合作，分享东西，互相帮助，等等，这些可视为亲社会行为的雏形型，是儿童高级情感和品德发展的基础。儿童自我意识，特别是关于自我行为、愿望的意识，关于人我关系，以及自我评价、自我体验及自制力，对儿童最初品德的产生起着直接的推动作用。儿童在一岁半时，逐渐出现最初的道德观念、道德判断和道德行为。可见，儿童的社会性发展早于品德的形成，品德是在个体社会性发展到一定程度，有了一定社会经验后逐渐形成的。

3. 从发展内容上考察，社会性发展中有品德发展的任务

在上面已经涉及这个问题，这里不再展开。

第二节

品德发展的研究

从心理学来看，品德的发展，主要是指整个品德结构的发展和完善。它的实质是道德品质逐步内化的过程，表现在从外部的道德环境到内在的道德结构，从他律到自律、从内部品德结构完善化到表现为外部的稳定的道德行为。

上一节我们已经论述了品德的结构，对品德发展的研究，主要围绕品德结构的主要成分，即道德动机(深层结构)、品德的心理特征(表层结构)和道德习惯(发展质变的指标)三个方面来展开。在本节里，我们也是围绕着这三个方面来展开讨论。

一、儿童青少年品德发展的一般趋势

自20世纪70年代至80年代末，我们整整花了10年的时间，研究了儿童青少年品德发展的总趋势或特征，我们不仅把其写进了自己的著作①中，而且也向国外同行作了多次的演讲②。

(一)品德发展的一般的、典型的、本质的特征

和心理发展所表现的年龄特征一样，品德发展也表现出一般的、典型的、本质的阶段性。例如在品德结构，特别是在道德动机和行为特征的辩证关系方面，每个

① 林崇德:《品德发展心理学》，上海，上海教育出版社，1989。

② Lin Chongde, *A Study of Moral Development for Chinese Children and Adolescence*, International School Psychology, 1988, 2.

年龄阶段都表现出一定的品德特点。

0~1 岁，主要是适应时期，这个时期还不可能有道德认识，也不可能有意地做出什么道德行动。这个阶段的儿童需要的是有规律的满足和舒适的照料，尚谈不上社会性的发展。这个阶段的主要任务是适应社会现实。

1~3 岁为品德萌芽阶段，是一个以“好”(或“乖”“对”“好人”)与“坏”(或“不好”“不乖”“坏蛋”)两义性为标准的道德动机，并以此引出合乎“好”与“坏”的道德需求的行动来。此时，儿童不可能掌握抽象的道德原则，其道德行为是极不稳定的。这个阶段的主要任务是理解“好”“坏”两类简单的规范，并做出一些合乎成人要求的道德行为。

3~6、7 岁，主要是情境性品德发展时期，这时道德行为的动机往往受当前的刺激(即情境)所制约，道德认识还带有很大的具体性、情绪性和暗示性。这个阶段的主要任务是开始接受系统而具体的道德品质教育。

6、7~11、12 岁，即小学阶段，是品德发展协调性时期，此时出现比较协调的外部的和内部的动作，道德知识系统化，并形成相应的行为习惯；言行比较一致，动机与行为也比较一致；随着年龄的递增和道德动机的发展，言行一致和不一致的分化逐步增大。这个阶段的主要任务是发展道德信念，以提高道德行为的思想境界。

11、12~14、15 岁，即少年期，为动荡性品德发展时期，也是站在人生的十字路口上。这个时期一方面是道德信念和道德理想形成的时期，是世界观萌芽的时期，是开始以道德信念和理想来指导自己的行为的时期；另一方面又是心理的发展跟不上生理迅速成熟的时期，是逆反心理、对抗心理出现的时期，是幼稚与成熟、冲动与控制、独立与依赖错综并存的时期。因此，少年期必然是两极分化严重的阶段。这个阶段的主要任务是处理好过渡时期的各种矛盾，使其日渐趋于成熟。

14、15~17、18 岁，即青年初期，这时品德发展的明显特点是成熟性。成熟的指标，一是较自觉地运用一定的道德观点、原则、信念来调节行为；二是世界观、人生观的初步形成。这个阶段的任务是形成道德行为的观念体系和规划，并促成青年发展进取和开拓精神。

各年龄阶段的适应性、两义性、情境性、协调性、动荡性和成熟性，反映了儿童与青少年品德发展6个阶段的主要特点，即一般的、典型的、本质的特征。当然，各个阶段的特点之间都是交错和联系的，在一个阶段之初，可能保存着大量的前一阶段的年龄特征；在一个阶段之末，也可能产生较多的下一阶段的年龄特征。

(二)品德发展的关键年龄

我们自己的研究材料表明：2.5~3岁、5.5~6岁、小学三年级、初中二年级是儿童与青少年个性发展，特别是品德发展变化的关键期。例如，小学儿童的男女界限，小学中的乱班多出现在三年级；青少年品德的两极分化正是初中二年级的现象。我们的中、小学和幼儿园的教育工作，要适应儿童和青少年这种心理发展的关键年龄的质变特征，据此采取适当的措施，做到有的放矢。

有些国家的心理学家认为，过了关键年龄，某些教育就无法进行，有的心理品质就无法培养。这对强调早期教育的重要性是有意义的。我们认为，否定心理发展有质的飞跃无疑是错误的，但是把关键年龄绝对化也是不对的。

(三)品德发展的成熟年龄

从儿童出生到青年初期，这一过程的总的矛盾是不成熟状态和成熟状态之间的矛盾。儿童生下来时是软弱无能、无意识的，到了青年初期，他发展成为一个初步具有觉悟和思想的人，这个变化是一个重大的质变。正如生理发育有一个初步成熟期一样，心理发展过程包括品德发展过程也有一个成熟期。上面曾提到青年初期品德发展呈现成熟性，确切地说这个成熟期一般地出现在初三末期到高二初期。到了成熟期，每个人的品德结构和个性特点就基本定型了，保持相对的稳定性。我们对北京几所学校做过追踪调查，发现初三毕业报考高中的品学兼优学生，高一时仍有变化；但是从高二上学期到高中毕业，在品学两方面都保持相对的稳定性，而且升入大学后，高中品学兼优的学生，绝大部分仍然如此。调查的结果说明，发展中的青少年成熟前与成熟后的心理现象，明显的差异在于他们的可塑性。这是衡量一个人心理成熟与否的标志。成熟前的人的可塑性大，应抓紧训练、培养；成熟后并非不能再发展，但可塑性小，较难训练、培养。因此，抓紧成熟前的塑造是十分必要的。

二、小学儿童的品德发展

小学阶段(6、7~11、12岁)又称童年期或学龄初期。小学儿童开始形成系统的道德认识，并能较自觉地以道德意识来调节和支配道德行为。

小学儿童的品德心理是在学校教育、学习活动以及师生交往活动中获得发展的。儿童入学后，学校及学习活动的要求，都在激发他们品德发展的种种需要，并同他们已经达到的原有心理水平和品德结构产生矛盾，这种矛盾构成了小学儿童品德发展的动力。总的来说，小学儿童的品德是从他律到自律，从低级到高级逐渐发展起来的。

(一)小学儿童的品德发展的一般特点

根据已有的研究资料和我们自己的研究，我们认为，小学儿童的品德发展所显示出来的基本特点就是协调性和过渡性。

1. 小学儿童逐步形成自觉地运用道德认识和道德规范的能力

小学儿童的道德知识已初步系统化，初步掌握了社会范畴的内容，并开始向掌握道德原则的水平发展。具体地说是这样：①在道德认识的理解上，小学儿童从比较肤浅的、表面的理解逐步过渡到比较精确的、本质的理解，但具体性比较大，概括水平比较差。②在道德品质的判断上，小学儿童从只注意行为的效果逐步过渡到比较全面地考虑动机和效果的统一关系，但常常有很大的主观性和片面性。③在道德原则的掌握上，儿童道德判断从简单依附于社会上他人的规则，逐步过渡到受内心的道德原则所制约。但许多情况下，判断道德行为还不能以道德原则为依据，没有形成道德信念，容易受到外部的、具体的情境影响。④小学儿童已初步掌握了道德范畴，不过对不同范畴的理解存在不同的水平。比较“对他人”“对自己”“对社会”三方面的道德认识，“对自己”方面的道德概念发展水平较高，“对社会”的次之，最低的是“对他人”的道德概念的发展水平，显示出不平衡性。

2. 小学阶段的言行从比较协调到逐步分化

在整个小学阶段，小学儿童在品德发展上，认识与行为、言与行基本上是协调的、相称的，年龄越小越一致。而随着年龄的增长，开始出现分化，小学儿童的行为与家长、教师的指令存在着一定的不协调性；言行一致与不一致的分化也越来越大。这主要由于小学儿童的品德结构还未完善，将社会道德规范内化为定向系统还有一个过程，因而，小学儿童常常出现言行脱节的情况。然而，小学儿童的言行分化只是初步的，即使高年级的小学儿童，还是以协调性占优势。

3. 自觉纪律的形成和发展在小学儿童品德发展中占有相当显著的地位

自觉纪律的形成和发展是小学儿童的道德认识系统及相应的行为系统的表现形式，也是小学儿童出现协调的外部和内部动机的标志。所谓自觉纪律是一种出自内心要求的纪律，是在小学儿童对于纪律认识和自觉要求的基础上形成起来的，而不是依靠外力强制的纪律。小学儿童的自觉纪律形成是在外在的教育要求下转化为小学儿童的内心道德需要的过程。在教师的细心引导下，小学儿童完全可能形成自觉纪律。但由于存在着年龄差异和个别差异，小学儿童中存在着违反纪律或缺乏自觉纪律的现象也是自然的。但是，只要教师全面、细致地了解小学儿童的个性特点，教育得法，促使小学儿童自觉纪律的形成和发展并不困难。

总之，小学儿童的品德是从习俗水平向原则水平过渡，从依附性向自觉性过渡，从外部监督向内部监督过渡，从服从型向习惯型过渡。从这个意义上来说，小学儿童的品德是过渡性品德，这个时期的品德发展比较平稳，显示出协调性的基本特点。

(二) 小学儿童道德动机的发展

小学儿童道德动机具有三个显著的特点。一是由服从向独立发展，即使高年级逐步产生的自觉道德动机和价值观念(萌芽)，也离不开对成人指令的服从；二是由具体、近景向抽象、远景发展，尽管高年级道德动机和价值取向以社会需要作为基础，但还离不开具体的生活情境；三是逐步产生道德动机斗争，但激烈的冲突较少。

1. 小学儿童价值取向的特点

小学儿童价值观的特点体现出其道德动机的发展趋势。

寇彧的博士论文“学生道德判断、价值取向发展及其与道德观念影响源关系的研究”(1999年)涉及小学儿童的价值取向的特点，被试是小学五年级学生。我们把被试对研究中涉及的价值取向评价的平均数列于表10-1。

表10-1 小学儿童对四种价值取向评价的平均数和标准差

接受权威价值观		需要的表达价值观		平等主义价值观		个人主义价值观	
M	*SD*	*M*	*SD*	*M*	*SD*	*M*	*SD*
37.23	6.53	28.23	4.97	39.27	4.89	32.09	6.19

由上表我们可以看出：

(1)小学儿童对“接受权威”的价值取向较高，说明其作为品德结构的深层动机的价值观还有依赖性和他律性。

(2)小学儿童最多追求的平等主义价值观，说明他们的道德动机中开始重视平等，要求独立，要求与成人有一样的民主地位。

(3)小学儿童对个人主义价值观和需要的表达价值观相对较低，说明他们对其重视程度还很不够，这会影响动机中的个人奋斗、需要的表达等因素的作用。

2. 小学儿童价值观的品质表现

寇彧在研究25个价值观品质选择上，小学儿童的前3位选择是“忠诚”“孝顺”“公正”。第4以后选择为“宽容”(4)、“关爱”(5)、“可信”(5)、“珍惜生命”(5)、“礼貌谦恭”(6)、“分享”(7)、“独立”(8)、“勇敢”(8)、“工作努力”(9)、“尊老爱幼”(9)、“自律”(10)、“幽默”(11)、“责任”(12)、“快乐 ”(13)、“表现自我”(14)、“集体感”(14)，而“报答”“逻辑”“开放”“想象力”“小心谨慎”和“服从”都选择了“0”。由此可见，在小学儿童的品德动机的深层，“忠诚”“孝顺”和“公正”成为主要的道德内容或道德范畴。

总之，小学儿童道德动机具有直接性、具体性，即与生活与日常教育内容的接近性，而道德动机的斗争并不复杂。

（三）小学儿童品德心理特征的发展

国内外的研究者都重视小学儿童品德的知、情、意三个方面发展的研究，我们也同样如此。

1. 小学儿童道德判断的特点

寇彧的博士论文涉及不同年龄段道德判断的特点，她修订了"道德权威量表"和"社会反应测验"，她的判断等级依据是柯尔伯格（L. Kohlberg）和亨利（R. Henry）的理论见表 10-2。

表 10-2　柯尔伯格的品德"形式"与亨利的品德"内容"的比较

柯尔伯格的品德"形式" （关于如何进行推理）	亨利的品德"内容" （关于对什么或谁进行推理）
第一阶段：惩罚和服从	无影响源：避免伤害
第二阶段：工具性的相对主义	影响源与权威：满足自我兴趣
第三阶段：人际的和谐	影响源与权威：家庭与群体同伴
第四阶段：法律与秩序	影响源与权威：教育者与传媒
第五阶段：社会契约	影响源与权威：社会的和谐幸福
第六阶段：普遍的伦理原则	影响源与权威：尊严、公正

寇彧对所获得的被试道德判断发展分为四个阶段。研究结果见表 10-3。

表 10-3　小学儿童道德判断的被试人数与百分数（括号内为百分数）

阶段 2	阶段 2(3)	阶段 3(2)	阶段 3	阶段 3(4)	阶段 4(5)
5(11.5)	19(42.7)	16(37.1)	4(8.7)	0	0

由此可见，小学儿童平均达到 2~3 转折阶段，但倾向于第二阶段水平，道德判断还处于不成熟水平，其道德判断的特征表明既有第二阶段的"交换工具的和工具性的"特点，又表现出第三阶段的"亲社会"倾向。例如："如果你不守信，别人也不会对你守信，你们就不会互相信任"；"你不会愿意和撒谎的人在一起"，等等。

2. 小学儿童道德情感的特点

我们研究生参加了李怀美对小学儿童道德情感的研究工作。

李怀美等人制定了一套问卷试题，用以测查小学二、四、六年级儿童的道德情感的发展趋势。① 试题包括五个道德情感范畴：爱国主义、良心、荣誉、义务和幸福，各有4个试题，共20题，每题又根据道德情感的不同水平拟定了5个答案。在规定的时间内，让被试在5个答案，即很符合、比较符合、介于符合与不符合之间、不太符合、很不符合5种体验中，依次进行选择，并将题号填写在答案纸上的相应格内。每题5个答案，各代表道德情感由低到高的不同水平：

(1) 自然的、直接的情感(以直接感受到的痛苦与快乐为依据)；

(2) 由对直接的个人得失的预测引起的情感(对直接赏罚的预测)；

(3) 不是个人意愿，而是按照社会反应而行动的情感(社会的奖赏的作用，借助于行为理想)；

(4) 不管自愿与否，由必须遵守道德行为准则的外部作用力引起的情感(不论愿意不愿意都必须服从的外部作用力)；

(5) 以已被内化并结合成为自我的抽象道德观念为依据，不仅是自觉的，而且已成为一种激励的力量(具有高度概括性的，理论型的道德情感)。

李怀美等认为，品德发展应该是多层次、多水平、多深度的，所以道德情感发展不应以单维度来表示。

(1) 每个年级都有道德情感的5级水平。随着年级的递增，其水平逐步增加。低年级从第3级向第4级转化；中年级以第4级为主；高年级约有半数左右被试达到第5级水平。

(2) 小学三年级是道德情感发展的转折期，即一、三年级之间道德情感水平的差异较显著；而三、五年级的差异没有如此明显。

(3) 小学儿童对不同道德范畴所表现出的道德情感有差异，即道德情感发展具有不平衡性。其表现是义务感最强烈，荣誉感次之，良心和爱国主义再次之，幸福

---

① 李怀美等：《中小学生道德情感发展的研究》，载《心理发展与教育》，1989(3)。

体验最差。

3. 小学儿童道德意志的特点

我们的研究生参加了史莉芳等①对小学儿童道德意志的研究工作，她们获得的结论是，小学儿童道德意志行为的一个重要特点，是在外部力量的作用下，其道德意志控制力和自觉性会明显地表现出来，但这种控制和自觉性还不能完全离开外部的检查和督促。

(四) 小学儿童道德行为习惯的发展

小学儿童初步的道德行为习惯开始逐步养成，但尚不巩固，容易变化，具有较大的可塑性。

我们在研究中看到，整个小学阶段，学生品德的可塑性很大。低年级还没有形成必要的道德行为习惯，四年级以后逐步养成初步的道德行为习惯。但从总体来看，小学儿童的道德行为习惯不巩固，容易变化。我们在研究中还看到，班集体可影响儿童习惯，特别是道德行为习惯的形成，而一个班集体能否在这方面发挥有效的影响作用，关键在于是否形成了良好的班风。我们看到②，班集体习惯的形成有三种情况：①未形成良好的集体习惯；②班风未形成，但其主导作用比较明显；③形成稳固的良好班风。从调查的小学中 50 个先进班集体来看，先进班集体基本上都处在上述第②、③级水平，低年级先进班集体一般处于上述第②级水平，四年级以上的先进班集体逐步发展到以上述第③级水平居多数(60%)。由此可以看到，小学儿童养成道德行为习惯的年级特征的趋向。

我们参与的北京市“小学儿童行为习惯培养系列化实验课题组”，于 1987 年曾围绕 19 个方面对羊坊店学区 220 名小学儿童行为习惯进行了全面调查。如果用“五爱”道德规范为指标，那么其中有 6 项明显地涉及道德行为习惯：①守纪习惯，指自习课或老师不在时一样遵守纪律(自觉遵守)；②待人习惯，包括尊重习惯，即尊重父母，尊重师长的习惯；待客习惯，即文明礼貌待客；③劳动习惯，包括生活自理、家务劳动、值日等公益劳动习惯；④爱公物习惯，指不损坏公物、爱护公物、

---

① 史莉芳等：《中小学生道德意志发展的实验研究》，载《心理发展与教育》，1986(4)。

② 林崇德：《班集体对中小学生品德形成的作用》，载《心理学教学与研究》，1980(2)。

尊重别人的劳动果实等；⑤关心集体习惯，凡是集体的事都能积极发表意见，主动出主意，并认真完成集体的任务(尽义务)；⑥课外活动习惯，指课余爱读课外科普读物，并有一项科技小制作的业余爱好。这种习惯也可以说是热爱科学习惯的萌芽。这项研究的结果见表10-4。

表10-4 小学儿童行为习惯养成情况

项目	守纪	待人		劳动	爱公物		关心集体	爱科学
		尊重	待客		不损坏公物	节约		
百分比(%)	33.6	54.1	46.8	30.3	73.7	44.2	29.1	44.4

由上表可以看出：①当前小学儿童各种道德行为习惯的水平偏低，表中6个项目8个数据中有6个未过半数。特别是在关心集体、爱护劳动、自觉纪律三项要求的品德指标方面，形成行为习惯的仅仅只有30%上下。②劳动习惯较差，这是当前小学儿童中的普遍现象。③小学儿童关心父母、教师、他人的习惯达50%左右。从年级分析，所获结果可以见表10-5。

表10-5 小学儿童行为习惯养成的百分比(%)

项目	守纪	待人		劳动	爱公物		关心集体	爱科学
		尊重	待客		不损坏公物	节约		
低年级	37.2	46.2	46.2	25.5	83.3	51.3	37.2	55.7
中年级	11.4	54.8	57.5	24.2	57.1	41.4	23.3	32.8
高年级	52.2	62.3	52.2	41.0	79.7	39.1	44.9	40.5

从上表可见，小学儿童道德行为习惯的发展水平形成一个“马鞍”形。低年级和高年级较高，中年级较低。按理说中年级道德行为习惯各项数据都应比低年级高，可实际并非如此。这说明，低年级形成的行为习惯，是处于依附性很强的“家长和教师的权威”阶段，这种行为习惯并不巩固；一旦升入中年级，由于独立性和自觉性的发展，有些儿童就显得不完全“听话”了，于是就可能破坏原先形成的道德行为习惯，导致行为习惯水平下降。高年级儿童道德行为习惯水平的上升，不仅是一个数量问题，而且是一个质量问题，说明他们的道德行为习惯已带有一定的自觉性。

三、青少年品德的发展

我们这里阐述的，主要是中学阶段，但我们的研究也涉及大学生，所以我们只得把他们叫作青少年。

青少年阶段，处于青春发育期。在这个时期外形、生理机能和生殖器官发生“三大剧变”；思维上趋向逐步成熟，但易带主观、片面性；情绪正从两极性、动荡性向稳定性变化；自我意识逐渐成熟。这种状况必然形成这个阶段心理的过渡性(从幼稚向成熟，从依赖向独立过渡)、动荡性、闭锁性和社会性等特征。这些特征也必然影响青少年的品德，形成少年期的动荡性向青年初期的初步定型(成熟)期的过渡。

(一)青少年品德的发展的一般特点

在整个青少年阶段，学生的品德迅速地得到发展，他们正处于形成伦理时期。但少年期(主要是初中生)和青年初期(主要是高中生和低年级大学生)的品德是不同的，尽管这里没有一条明确的分界线。在少年期的品德中，伦理道德虽然开始占优势，可是在很大程度上，表现出动荡性，即两极分化的特点。而青年初期能用伦理道德观点、原则、信念来调节行为。同时，从少年期开始，世界观开始萌芽，到青年初期则已初步形成。

青少年品德的基本特点主要有：

1. 青少年的伦理道德是以自律为形式、遵守道德准则并运用信念来调节行为的道德品质

这种品德具有六个方面的特征。

(1)独立而自觉地按道德准则来调节行为。“伦理”一般指人与人之间的关系以及必须遵守的行为准则。伦理的含义比道德深层，它是道德关系的概括，所以伦理道德是道德发展的高级阶段。从青少年起，个体逐步掌握这种道德伦理，并能够独立而自觉地遵守道德准则。所谓独立性，即皮亚杰的“自律”，也就是服从自己的价值标准和道德原则；所谓自觉性，即目的性，也就是按自己的道德动机去行动，以

符合某种伦理的要求。

（2）道德信念在道德动机中占据相当的地位。青少年时期是道德信念和道德理想形成的时期，是开始以其来指导自己行为的时期。道德信念和理想的形成并成为青少年道德动机中的重要成分，使他们的道德行为更有原则性和自觉性。这是人的主观能动性在道德行为上的具体表现，也是人的个性发展的新的阶段。

（3）品德中自我意识的明显化。自我调节贯穿于品德心理形成的全过程，是自觉道德行为的前提。古人说："吾日三省吾身"，今人说："每天在头脑过电影"，都是在提倡自我道德修养的反省性和监控性。从青少年开始，品德的反省性、监控性特点越来越明显，这是道德行为自我强化的基础，也是提高道德修养的手段。

（4）道德行为习惯逐步巩固。个体的道德伦理必须有道德行为相匹配。在青少年品德的发展中，逐步地养成道德行为习惯是进行道德行为训练的重要手段。与道德伦理相适应的道德习惯的形成，也是伦理道德培养的最重要的目的。

（5）品德发展与价值观、世界观形成的一致性。如前所述，价值观、世界观的形成，是一个人个性、品德发展成熟的主要标志之一。青少年阶段是世界观从萌芽到形成的阶段，它既受主体的道德伦理的价值观念所制约，又赋予其道德伦理以哲学基础，两者相辅相成，具有一致性。

（6）品德结构的组织形式完善化。学生一旦进入伦理道德阶段，其道德动机和道德心理特征这两个子系统在其组织形式或进程中，形成了一个较完善的动态结构。首先，这个阶段不仅逐步地按自己的准则规范进行定向，而且通过逐步稳定的个性而产生各种道德的或不道德的行为方式。其次，这个阶段在具体道德环境中，能以原有的品德结构定向系统对这个情境作不同程度的同化，这个同化程度随年龄增加而加强；能作出道德策略，比较完整的道德策略的决定与他们的独立性的心理发展有关；能具体地将道德计划转化为外部行为，并通过行为所产生的效果达到自己的道德目的，这大致在初中二年级以后才发展较快。这种掩饰内心的活动（即闭锁性）对小学儿童来说还是有一定困难的。最后，随着青少年的反馈信息的扩大，他们能够根据各种反馈信息来调节自己的行为，使之满足道德需要。

2. 青少年品德处于动荡性向成熟型过渡的阶段

(1)少年期品德发展表现出明显的动荡性特点。少年期初中学生的品德，从总体上来说，已初步具备伦理道德的特征，但它不成熟，不稳定，具有较大的动荡性。从少年期动荡性品德的表现形式来看，少年期的整个品德结构处于一种矛盾状态。他们的道德动机日渐信念化和理想化，但又存在着易变性和敏感性；他们道德观念的原则性和概括性在增强，但又带有一定程度的具体经验的特点；他们的道德情感表现得比较丰富且又强烈，但好冲动而不拘小节，爱表现又时有假象；他们的道德意志以及自制力逐步形成，但又相当脆弱，容易受外界的影响，抗诱惑的能力并不强；他们的道德行为有了一定的目的性和决策性，自尊心、自信心增强，渴望独立自主地做好事，但愿望与实际行动之间又有一定的距离；他们开始喜欢从社会意义和人生价值方面来衡量和评价自己，但还缺乏耐心与韧性，往往时冷时热，中道易辙或半途而废。这是一个世界观、人生观、价值观萌芽的时期，又是两极分化严重的阶段，品德不良，甚至于违法犯罪正是从这个阶段开始的。可见少年期的品德结构的内在矛盾是十分严重的，可逆性相当大。我们将少年期品德发展特点以“动荡性”三字来概括，正是体现心理过渡时期那种半幼稚和半成熟、独立性与依赖性错综复杂，充满矛盾的特点。少年期品德动荡性的特点，主要反映了品德发展中行为特征或心理特征的不成熟，但这种动荡性也反映了少年期的品德具备了一定的自觉性和独立性，反映了从依附性走向成熟的过渡期的特点。对比小学儿童的品德“协调性”来看不是后退而是提高。

(2)青年初期是品德趋向成熟的开始。青年初期结束的时候，即年满 18 岁到了青年中期的时候，青年的身心各方面已达到了相当成熟的阶段。青年中期是走向独立生活的时期，是一个开始独立决定自己的生活道路的时期。从总体来看，青年初期逐步进入了以自律为形式遵守道德准则，运用信念来调节行为的品德成熟期。

(二)青少年道德动机的发展

青少年道德动机由外部的动机，发展为内部的动机，道德动机中重要成分是其价值观。

1. 寇彧对青少年与大学生价值观的研究(见表 10-6)

表 10-6 各年级被试对四种价值取向评价的平均数和标准差及 *F* 值

变量 年级	接受权威价值观		需要的表达价值观		平等主义价值观		个人主义价值观	
	M	*SD*	*M*	*SD*	*M*	*SD*	*M*	*SD*
小五	37. 23	6. 53	28. 23	4. 97	39. 27	4. 89	32. 09	6. 19
初二	33. 57	5. 45	29. 74	3. 82	38. 29	4. 78	33. 50	5. 72
高一	30. 24	4. 38	33. 59	4. 66	36. 74	5. 81	35. 35	4. 29
大三	36. 20	4. 76	34. 91	4. 81	36. 92	4. 85	38. 81	5. 37
总体	31. 36	6. 57	31. 62	4. 13	37. 81	5. 12	34. 94	5. 18
$F(3,185)$	22. 47		3. 79		2. 19		21. 36	
p	0. 000 0		0. 016		0. 092 3		0. 000 0	

由上表可见，青少年在四种价值取向上随年龄的增高而出现价值取向的互动和分化。具体表现为：从注重服从权威到注重自我需要和自身的发展；从强调个人利益到关心他人与自己的关系，看到自我的发展需要；从服从权威到注重平等、公正；从个人的好奇性到表达社会的价值。

2. 从寇彧论文引发的思考

从青少年的价值观到动机，我们看到四点启迪：①主导性道德动机逐步明确；②道德动机的多变性与稳定性交织在一起；③道德动机的现实性与社会性的发展；④好奇心的变化。

(三)青少年品德心理特征的发展

如果按照道德的知、情、意指标来研究青少年品德的特点，可以获得下面的结果。

1. 道德认识的发展

在道德认识方面，青少年能根据自己的价值标准判断一些道德问题，并能将普遍的公道原则作为其道德判断的内在基础。

寇彧对北京市小学儿童初中、高中和大学生 186 人进行了测查，以期对我国青少年道德认识(判断)的发展水平及特点作出新探索，结果表明，我国青少年道德判断水平具有年龄阶段性，并表现出明显的年龄特征，14~15岁的初中青少年的道德判断水平处于不成熟水平，16~17岁的高中生和20~23岁的大学生的道德判断水平已经达到成熟水平，16~17岁是道德判断水平发展的成熟年龄。进一步分析发现，总体上青少年的道德判断成熟分数具有发展的年龄阶段，不同年龄被试间的道德判断成熟分数SRMS之间差异显著。初二学生的平均分数也达到2~3阶段，但倾向于第三阶段水平，高一学生的道德判断已平均达到第三阶段水平，表现出一定的成熟水平的倾向。

寇彧又进一步地分析发现，青少年道德判断水平在随年龄增长而提高的过程中，提高的速度并不均等，从初中到高中阶段，其道德判断水平发展速度提高较快，16~17岁的高一阶段是青少年个体的道德判断水平由不成熟向成熟转变的阶段。其他各阶段发展的速度较为平稳。

2. 道德情感的发展

道德情感方面，青少年逐步获得社会性道德情感。青少年道德情感的发展，主要体现在两个方面，一是道德情感的形式方面，二是道德情感的社会性方面。

如果以道德情感产生的原因、道德认识的关系为指标，那么青少年的道德情感形式可以分为三种。第一种是直觉的情绪体验，是对某种情境的感知而引起的，这时对于道德准则的意识往往是不明显的。例如，有的青少年可以因别人碰一下他的桌椅就激愤起来。第二种是道德形象所引起的情绪体验，例如，某个英雄的形象可以使不少青少年产生忘我精神和利他情感；反面的电影角色有时也可以激起不良道德感。第三种是伦理道德的情感体验，它由道德认识所支配，这时个体能清晰地意识到道德要求和道德伦理。应该说，青少年道德情感中，这三种形式都存在，不过，前二种逐步被后一种所取代占据主导地位。

青少年道德情感的社会性也获得了较高水平的发展，青少年的道德情感的社会性成分逐步增多，诸如集体荣誉感、义务感、责任心、友谊感和爱国主义、国际主义情感都获得了发展。特别是青少年阶段是最具有集体情感的年龄阶段，在学校的集体生活中，随着交往范围的扩大，青少年逐步产生了对集体的态度体验，形成了集体荣誉感、义务感、尊重各种道德情感形态，也更渴望在集体中具有一定的威信和权威；而且，这些集体情感越来越复杂，其方向性和稳定性也逐步加强。同时，青少年的友谊需要也十分强烈，无论男生还是女生，都会感受到友谊是人们相互关系中最重要的东西。青少年友谊感逐步深刻、稳定，具有一定的选择性。他们选择兴趣、爱好、性格、信念相同的人做朋友。由于青少年自我意识的发展及"闭锁性"的特点，他们彼此之间关心内心世界，倾诉"内心的秘密"。调查资料表明，在500名一般的青少年中间，遇到问题时，有19.5%的被试宁肯"向朋友倾吐"，而不愿意和父母商量。因此在青少年时期，他们往往把互相诚实、坦白、亲密当成友谊的宗旨。

必须指出的是，多年来，人们逐渐关注青少年的移情与道德感之关系。人们普遍认为，移情(Empathy)是人的一种内在过程，在整个心理生活中占有重要地位，它是个体由真实或想象中的他人的情绪、情感状态引起的并与之一致的情绪、情感体验，是一种替代性(vicarious)情绪、情感反应能力。研究证明青少年的移情是维系积极的社会关系的重要的社会性动机因素，青少年的移情能力与亲社会行为呈显著的正相关，增强青少年的移情能力能促进他们亲社会行为水平的发展。在培养青少年的道德品质，要创设有利的道德教育情境和交往活动，尽可能地发展青少年的移情能力，即接受情感上的共鸣。这是促进其亲社会性的道德行为品质形成和发展的有效途径。

3. 道德意志的发展

青少年道德意志方面，坚持性与自制力以及为达到一定的目标而克服困难的努力程度都获得较高的发展。青少年道德意志的控制能力获得了较高发展，并表现出明显的个别差异性。

(1)道德意志的坚持性与自制力的发展。史莉芳采用青少年在社会公益活动中道德意志发展的指标研究了坚持性和自制力的发展。结果表明，少年期和青年初期在道德意志的坚持性和自制力方面有明显差异，青年初期道德意志的控制能力有了明显的提高，虽然外部的检查和督促是必要的，但其自觉的伦理道德毕竟起了很大的作用。

(2)自觉纪律的表现。青少年的自觉纪律形成是道德意志控制能力的重要标志，其特点是自觉纪律中的行动目的性和克服困难的努力程度都较高，直接体现了道德意志控制能力的水平。青少年在遵守纪律方面的道德意志控制力，或者在正常条件下良好的班集体中表现出来；或者在纪律涣散的“乱班”中表现出来。由于这两种集体的道德面貌不同青少年道德意志的控制能力往往会出现两种截然不同的状态。对此，我们曾追踪研究了一个良好班集体，研究发现，良好的班集体是青少年提高自觉纪律，发展道德意志的结果。初中三年级后，青少年道德意志的控制能力在日常纪律中获得表现，并在意志行动上日趋成熟。当然，由于个体差异，青少年有时也违反纪律。因此，对青少年进行自觉纪律的教育，要全面细致地了解他们的个性特点，善于发现和利用他们的积极因素去克服消极因素。

(四)青少年道德行为习惯的发展

我们根据自己的研究总结出青少年道德行为习惯的发展特点。

第一，青少年道德行为习惯发展的总趋势是，养成道德行为习惯的人数是随着年龄的递增而上升的。实验表明，初三前后形成道德行为习惯的有 60%，高二时期有 80%。从道德行为习惯的内容来看，随着年龄的递增，良好的道德行为习惯与不良的道德行为习惯的两极分化在增强。从道德行为习惯发展的稳定性来看，初中三年级之前带有更大的不稳定性和可塑性；初中三年级之后带有更大的自动性，可塑性越来越小，这与由动荡走向成熟的青少年品德发展是一致的，这种品德的成熟正是与道德行为习惯紧密联系在一起的。

第二，青少年道德行为习惯的发展与其世界观、人生观、价值观的萌芽、形成是联系在一起的。青年初期道德行为习惯形成率为 80%。这在其世界观、人生观的形成中具有重要的意义。

第三，青少年特别是少年期的道德行为习惯具有不一致性。往往在学校里表现较好，在家里表现不一定很好，这反映了青少年道德行为习惯发展中存在着不平衡性和可变性。

第三节

社会性发展的研究

在心理学中，“社会性发展”与“社会化”经常在相同意义上替换使用，不过两者所强调的角度略有不同。“社会化”一词，更注重个人向社会的接近，注重个人融入社会群体的过程。而社会性发展是从个人成长发展的角度，强调个体发展的一个主要内容侧面，儿童青少年社会性发展的过程，也就是其社会化的过程。所谓社会性可以理解为作为社会成员的个体，为适应生活所表现出的心理和行为特征。具体包括儿童青少年的社会认知、社会交往、性别角色差异、亲社会行为、依恋和自我等方面的发展，这些社会性发展的心理与行为具有显著的年龄特征和发展规律。

一、儿童青少年社会性发展的一般趋势

按发展心理学所揭示年龄特征，尽管各心理学派的提法不同，但从出生到成熟，大致都是以婴儿期(0~3岁)、幼儿期(3~6、7岁)、童年期(6、7~11、12岁)、少年期(11、12~14、15岁)、青年初期(14、15~17、18岁)来划分的，18岁以后为成人期(或成年期)。

儿童青少年的社会性发展，如第一节所述，比起品德来要早一些。例如，出生第一年，品德发展仅仅是表现为适应于社会的行为，但其社会性却已萌芽；整个婴儿期(0~3岁)，品德发展处于萌芽状态，可是社会性已达到了一定发展的水平。当然，到青年初期的成熟阶段，品德与社会性又趋于统一。

个体的社会性，特别是儿童青少年社会性是如何发展的，有两个问题是值得分析的。

(一)儿童青少年社会性发展的阶段性

儿童青少年社会性发展的年龄阶段性问题，还未见到过系统资料，我们在《发展心理学》①里，曾在每个阶段提到儿童青少年社会性发展的特点。

(1) 0 ~ 28 天，即新生儿的社会性表现出“社会性潜能”(social latent competence)，出现新生儿的模仿、新生儿的情绪和新生儿最初的社会行为等最原始的、最基本的社会性表现。

(2)0~3 岁，婴儿期为社会性萌芽期。在与照顾者交往的过程中，形成了依恋；在探索环境、认识他人的过程中，开始了解自我；社会性开始发展，道德观念与行为开始萌芽；个性差异已经展现出来。

(3)3~6、7 岁，幼儿期为开始认同社会时期，也就是说，幼儿开始掌握一些被社会认可的行为方式。3~6、7 岁的儿童，初步学会基本的生活技能，掌握最初级的社会规范，认同一定的社会角色，产生情境性的道德品质。于是，在他们的自我意识、道德、性别认同和社会交往的发展中都体现出明显的年龄特征。

吾师朱智贤教授与我的博士生庞丽娟的博士论文《幼儿同伴交往类型、成因与培养的研究》(1991)，是我国最早用实验研究方法对幼儿社会性进行的研究之一。庞丽娟的研究结果表明：

①在 4~6 岁的幼儿群体中，幼儿的社交地位已经分化，出现受欢迎型、被拒绝型、被忽视型和一般型四种类型。随幼儿年龄增长，受欢迎的幼儿人数呈增多趋势，而被拒绝和被忽视的幼儿呈减少趋势。

②各类型幼儿在总体中的分布比例为：受欢迎的幼儿占 13. 33%，被拒绝的幼儿占 14. 31%，被忽视的幼儿则占 19. 41%，明显高于受欢迎和被拒绝的幼儿，一般幼儿占 52. 94%，约为一半。这说明，随着幼儿整个心理发展水平的提高和交往范围的日益扩大，交往经验的日益丰富，幼儿已初步形成了按照一般的标准有规律选择同伴的能力和评价同伴的能力。在性别维度上，各类幼儿的分布特征是：受欢迎的幼儿中女孩多于男孩，差异非常显著，被拒绝幼儿中男孩多于女孩，差异非常显

① 林崇德：《发展心理学》，台北，台北东华书局，1998；杭州，浙江教育出版社，2002。

著，在被忽视幼儿中，则女孩多于男孩，差异显著。

③各类同伴关系类型的幼儿在生理特征、行为特征、能力特征、性格与情绪、情感特征、交往特征、自我意识特征上均存在显著的差异；各类幼儿父母性格、情绪情感特征、自身交往特征、对幼儿交往的态度和教育方式特征分别与幼儿的性格特征、交往特征、被同伴接纳、拒绝存在显著相关。这反映出幼儿的社会知识增加，行为的改变，主动性的提高是其社交地位变化的重要原因。

④适当的、有针对性的教育干预措施可以显著地改善被拒绝、被忽视幼儿的不利社交地位，降低被拒绝的幼儿被同伴排斥的程度，提高被拒绝的幼儿和被忽视的幼儿被同伴接纳的程度。结合幼儿日常活动进行培养训练，既简单可行，又能效果显著。事实上，庞丽娟的教育干预研究是我国儿童社会性发展的最早的干预研究。

(4)6、7~11、12 岁，童年期或小学期的社会性出现协调性、开放性和可塑性的特点。他们品德协调发展；他们自我意识稳步发展；他们的知识和经验逐渐增长，更为有意识地与周围人进行开放性地交往，于是亲子关系、同伴关系、师生关系都较和谐。但是，整个社会性的可塑性是较大的。

(5)11、12~17、18 岁，青少年期的社会性从急剧的变化到初步成熟。从少年期(11、12~14、15 岁)到青年初期(14、15~17、18 岁)表现出社会性发展从迅速趋于稳步；品德发展从动荡趋向稳定；自我意识发展从依赖趋于成人化；价值观发展从萌芽趋于形成。社会化有些过程到青少年期就可以完成，这叫作青少年社会化。有些社会化过程贯穿于个体一生，这就是成人的继续社会化和再社会化。

(二)儿童青少年社会性发展的关键年龄与成熟期

儿童青少年社会性发展的关键年龄，研究得并不充分。苏联心理学家曾按社会活动对年龄特征分期，提出每个时期都有关键年龄或危机年龄。我们的研究和教育实践发现，小学三、四年级和初中二年级是社会性发展的转折期或关键年龄。这个问题，有待进一步深入探究。

对于青少年社会化成熟期，我们根据研究和教育实践经验，把它定于 15~18 岁，即青年初期。青年初期完成了青少年社会化或儿童青少年社会化，这就是儿童青少年社会化的成熟。这个成熟的核心，主要表现为自我意识的稳定，价值观的形成和道德趋向初步成熟三个方面。

二、小学儿童社会性的发展

小学儿童社会性的发展主要表现在品德、社会认知和各种人际关系的交往等很多方面，并表现出上边提到的协调性、开放性和可塑性的特点。

关于品德的发展，我们在上一节已经论述，这里，我们着重来论述小学儿童的社会认知与各种关系的发展变化。

(一)小学儿童的社会观点采择的发展

张文新的博士论文《儿童社会观点采择的发展及其与同伴交往关系的研究》(1998)是一项社会认知发展的研究。① 他以幼儿园大班、小学二、四、六年级的儿童为被试。在研究中认为观点采择是区分自己与他人的观点，进而根据当前或先前的有关信息对他人的观点(或视角)作出准确推断的能力。之所以这样界定观点采择，是因为观点采择的本质特征是个体认识上脱离自我中心，即能够站在他人的角度，从他人的视角看待事物。而要做到这一点，个体必须能够发现自己与他人之间潜在的差异，把自己的观点(视角)和他人的观点区分开来。但是，区分自己与他人的观点并不等于采择他人的观点，只有在区分自己与他人观点的基础上对他人的观点作出准确的推测，才是真正采择了他人的观点。为了更全面准确地把握观点采择的定义，有必要对观点采择的特性进行分析。

1. 小学儿童对社会关系因果关系认知的发展

由于本研究所采用的认知观点采择测验任务(故事 1 和故事 2)在结构上完全一致，其测验任务均包括：①对不同情景中故事主人公的情绪解码；②对故事主人公情绪与前提事件的简单因果关系认知；③对故事主人公行为与前提事件的复杂因果

① 张文新:《儿童社会观点采择的发展及其与同伴交往关系的研究》，北京师范大学博士论文，1998。

关系认知；④对“局外人”进行观点采择。而两个情感观点采择测验任务不包括复杂因果关系测验问题。因此，仅以儿童在两个认知观点采择测验任务上的反应对儿童情绪解码、简单因果关系和复杂因果关系的认知发展及年龄差异进行统计分析。

四个年龄组儿童在情绪解码、简单因果关系认知和复杂因果关系认知三个子任务上的通过率分别见图 10-1 和图 10-2。

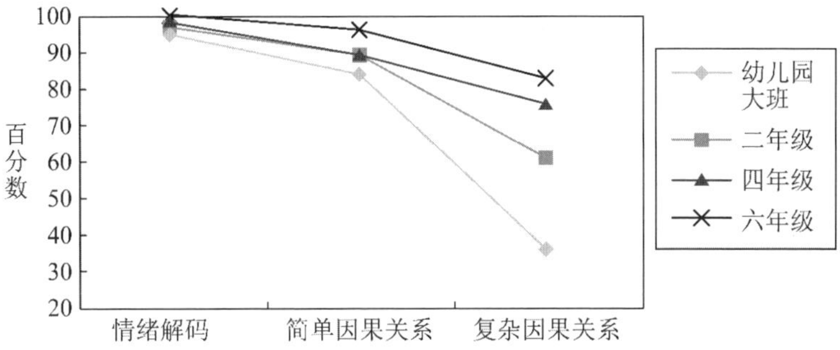

图 10-1　四个年龄组儿童在认知观点采择测验故事 1 的得分

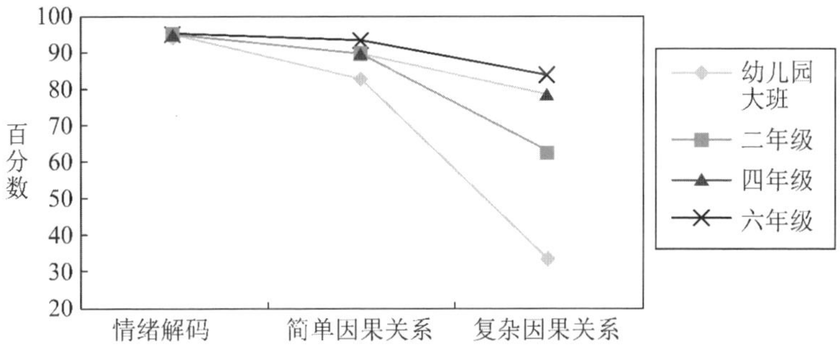

图 10-2　四个年龄组儿童在认知观点采择测验故事 2 的得分

由上面两图我们可以看出：幼儿园大班儿童已能够对不同故事情景中的简单因果关系作出准确认知；儿童对社会事件复杂因果关系的认知发展显著地落后于简单因果关系，幼儿园大班儿童和小学二年级儿童基本上不能正确认知社会事件复杂因果关系；从幼儿园大班到小学四年级这一阶段是儿童复杂因果关系认知速度发展较快的时期，四年级儿童(10 岁左右)基本上已能够掌握复杂因果关系，其后儿童因果关系认知的发展速度减慢，处于相对稳定状态。

2. 小学儿童社会观点采择能力的发展

幼儿园大班至小学六年级男女儿童认知观点采择测验上的得分(两个认知观点采择测验任务得分的和)和情感观点采择的得分(两个情感观点采择测验任务得分的总和)情况见表 10-7、表 10-8、表 10-9。

表 10-7　各年级组认知观点采择的平均得分及标准差

年级	性别	平均数	标准差	人数
幼儿园大班	男	2. 08	1. 50	24
	女	1. 93	1. 75	15
二年级	男	2. 97	1. 01	73
	女	2. 93	1. 17	59
四年级	男	3. 29	0. 93	65
	女	3. 15	1. 08	53
六年级	男	3. 33	1. 08	78
	女	3. 66	0. 64	58

表 10-8　各年龄组情感观点采择的平均得分及标准差

年级	性别	平均数	标准差	人数
幼儿园大班	男	2. 13	1. 26	24
	女	1. 67	1. 59	15
二年级	男	2. 45	1. 33	73
	女	2. 52	1. 34	59
四年级	男	3. 20	1. 00	65
	女	3. 19	0. 96	53
六年级	男	2. 88	1. 07	78
	女	3. 39	10. 7	58

表 10-9　各年龄组观点采择总分上的平均得分及标准差

年级	性别	平均数	标准差	人数
幼儿园大班	男	4. 21	2. 50	24
	女	3. 60	3. 30	15
二年级	男	5. 43	1. 80	73
	女	5. 46	2. 03	59

续表

年级	性别	平均数	标准差	人数
四年级	男	6.49	1.51	65
	女	6.34	1.59	53
六年级	男	6.21	1.68	78
	女	6.59	1.26	58

由上面三表可以看出：儿童6岁左右开始初步克服认识上的自我中心主义，能够初步把自己的认知观点与他人的认知观点区分开来，但是在准确推断他人的观点方面还存在很大的困难；从幼儿园大班到小学四年级这一阶段儿童的社会观点采择能力快速发展，四年级儿童已能够根据环境信息比较准确地推断他人的观点，四年级之后儿童观点采择的发展速度相对减慢；儿童认知观点采择与情感观点采择发展的一般趋势与年龄差异基本一致；儿童情感观点采择发展水平相对落后于认知观点采择；儿童的社会观点采择能力不存在性别差异。

3. 小学儿童社会观点采择与同伴交往经验的关系(见图10-3)

(1)幼儿园大班儿童的社会观点采择能力与在自然情景中发生的同伴社会互动有显著的正相关关系，而与其非社会性行为发生的次数之间有显著的负相关关系。小学儿童的社会观点采择能力与同伴评定中“亲社会性”(同伴交往性)有显著的正相关关系，但是与“攻击性—孤立性”之间不存在显著的负相关。

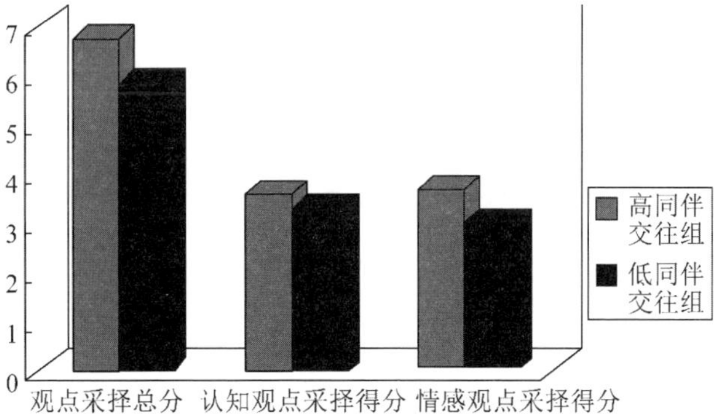

图10-3　高同伴交往组和孤立组观点采择的三种得分

(2)儿童的同伴交往经验对其社会观点采择能力的发展有显著的积极影响，高同伴交往组儿童的社会观点采择能力显著高于其社交孤立组的同伴。

(3)总的来看，在观点采择能力与同伴交往经验之间的关系方面，幼儿园大班儿童与小学儿童具有一致性。但是，认知观点采择和情感观点采择与同伴交往经验之间的关系在幼儿园大班阶段和小学阶段存在着不一致性。

(二)小学儿童亲子、师生、同伴三种交往关系的特点

沃建中、杨平儿等对浙江富阳市一所城镇小学 3~6 年级 1 404 名(男女几乎各半)被试的亲子、师生、同伴三种交往关系的特点展开了系统的研究。研究采用 MHQ 问卷(由北京师范大学发展心理研究所编制，信度和效度均达到可接受范围)，分别对亲子关系、师生关系、同伴关系这三部分的内容进行了分析，用五等级记分法，分数越高，表示两者之间关系越好，分数经转换后，最高分为 50 分，最低分为 10 分。具体研究结果见表 10-10。

表 10-10　3~6 年级儿童亲子关系的发展特点情况

年级	男			女			总体		
	人数	平均数	标准差	人数	平均数	标准差	人数	平均数	标准差
小三	134	37. 363 2	6. 862 1	120	39. 791 7	6. 591 2	254	38. 510 5	6. 831 1
小四	180	34. 213 2	6. 979 2	192	37. 630 2	6. 844 1	372	35. 976 9	7. 109 2
小五	222	35. 773 3	7. 374 9	196	38. 350 3	6. 500	418	36. 981 7	7. 088 0
小六	174	34. 607 3	6. 222 4	186	35. 403 2	6. 762 9	360	35. 018 5	6. 510 4

1. 3~6 年级儿童亲子关系特点①

表 10-10 的结果表明，从总体上看，经二因素方差分析，年龄和性别之间不存在交互作用[$F(3.1396)=2.368$，$p=0.069$]；年龄主效应差异非常显著[$F(3.1396)=15.522$，$p=0.000$]，进一步分析表明其差异来自 3~4 年级($p=0.000$)，4~5 年级($p=0.038$)，5~6 年级($p=0.000$)，这说明 3~4 年级亲子交往的关系越来越差，

① 杨平儿、徐卫平、方宏图：《10~13 岁儿童与成人交往的发展特点研究》，见《区域性推进中小学心理健康教育的研究与实践(研究报告文集)》，2001。

呈下降趋势，但4~5年级亲子交往的关系又略上升，5~6年级亲子关系又呈下降趋势且幅度较大，这说明随着年龄的增长，亲子关系的变化呈波浪式的发展趋势。性别主效应差异非常显著[$F(1.136\ 9)=38.885$，$p=0.000$]，女生的亲子关系要好于男生。进一步分析表明，随着年龄的增长，男生3~4年级亲子关系越来越差，呈下降趋势，4~5年级呈上升趋势，速度缓慢，5~6年级又呈下降趋势，并且速度较快，这说明了随着年龄的增长，男女同学亲子关系变化的趋势是不同的。

2. 3~6年级儿童师生关系的特点①

表10-11的结果表明，从总体上看，经二因素方差分析，年龄和性别之间不存在交互作用[$F(3.139\ 6)=1.467$，$p=0.222$]；年龄主效应差异显著[$F(3.139\ 6)=3.590$，$p=0.013$]，进一步分析表明其差异来自3~4年级($p=0.120$)，4~5年级($p=0.242$)，5~6年级($p=0.012$)，这说明3~4年级师生交往的关系越来越差，呈下降趋势。但4~5年级师生交往的关系有上升趋势，5~6年级师生关系又呈下降趋势。这说明随着年龄的增长，师生关系的变化也是呈波浪式的发展趋势，性别主效应差异非常显著[$F(3.139\ 6)=20.463$，$p=0.000$]，这说明女生的师生关系要好于男生。进一步分析表明，随着年龄的增长，男生3~4年级师生关系越来越差，呈下降趋势，4~5年级男生师生关系呈上升趋势，速度较快，5~6年级又呈下降趋势，而女生3~4年级呈下降趋势，4~5年级师生关系略微有上升趋势，但幅度较平稳，5~6年级又呈下降趋势，速度较快，这说明了随着年龄的增长，男女同学师生关系变化的趋势是有所不同的。

表10-11　3~6年级儿童师生关系的发展特点情况

年级	男			女			总体		
	人数	平均数	标准差	人数	平均数	标准差	人数	平均数	标准差
小三	134	34.235 1	8.1672	120	36.5833	6.6692	254	35.3445	7.5740
小四	80	32.9653	7.6350	192	35.7682	7.5724	372	34.4120	7.7210
小五	222	34.3637	7.5233	196	35.7781	7.3402	418	35.0269	7.4626
小六	174	33.3333	7.1880	186	34.0188	6.7154	360	33.6875	9.9466

① 杨平儿、徐卫平、方宏图：《10~13岁儿童与成人交往的发展特点研究》，见《区域性推进中小学心理健康教育的研究与实践(研究报告文集)》，2001。

3. 3~6年级儿童同伴关系的特点①

该研究中从儿童与同性同伴交往和与异性同伴交往两个方面来考察3~6年级儿童的同伴关系特点，所获得的结果如下两表：

表10-12　3~6年级儿童与同性交往的发展特点比较情况

年级	男			女			总体		
	人数	平均数	标准差	人数	平均数	标准差	人数	平均数	标准差
小三	134	35.53	5.86	120	36.27	5.87	254	35.88	5.87
小四	180	34.21	5.55	192	34.29	5.06	372	34.25	5.30
小五	222	33.00	5.58	196	34.39	4.99	418	33.65	5.35
小六	174	34.43	5.15	186	34.40	5.25	360	34.42	5.20

表10-13　3~6年级儿童与异性交往的发展特点比较

年级	男			女			总体		
	人数	平均数	标准差	人数	平均数	标准差	人数	平均数	标准差
小三	134	35.73	10.69	120	39.25	9.12	254	37.39	10.11
小四	180	36.07	8.89	192	37.47	9.94	372	36.79	9.46
小五	222	35.24	8.90	196	38.69	7.99	418	36.85	8.66
小六	174	36.78	8.16	186	37.14	8.10	360	36.97	8.12

以上两表说明，从整体上看，3~6年级儿童与同伴交往的关系（包括同性交往[$F(3.139\ 6)=1.457$，$p=0.225$]和异性交往[$F(3.139\ 6)=2.650$，$p=0.047$]都存在年龄与性别之间的交互作用，进一步分析发现交互作用来自5~6年级。在同性交往方面，女生呈平稳发展趋势，而男生则有非常明显的上升趋势；在异性交往方面，女生呈下降趋势，而男生呈上升趋势。从3~6年级的总体上看，女生与同性交

① 裘惠琴、吴丽珍、唐英华：《10~13岁儿童与同伴交往的发展特点》，见《区域性推进中小学心理健康教育的研究与实践（研究报告文集）》，2001。

往发展水平较稳定；与异性交往3~4年级下降非常明显，4~5年级呈上升趋势，到了5、6年级下降又非常显著。男生与同性交往发展水平起伏较大，3~5年级交往直线下降，5~6年级又呈上升趋势；男生与异性交往明显高于女生[$F(3.1396)=20.152$，$p=0.000$]，男生在3~4年级与异性交往有上升趋势，但4~5年级则下降明显，5~6年级又上升得非常快。这说明，随着年龄的增长，男、女生同伴关系(包括同性交往和异性交往)发展趋势是不同的。

三、青少年社会性的发展

前边已经提到青少年社会性发展的总的特点，尤其论述了青少年社会化成熟的问题。在这里，我们一方面展开一下青少年社会性的一般趋势；另一方面，我们想借助他人研究成果作一些证实。

(一)青少年社会化的主要表现

青少年期的生理、认知、情感和品德的发展变化特点，决定着这一时期的社会性发展。青少年社会化的任务表现在以下六个方面。

1. 追求独立自主

由于成人感(feeling of being an adult)的产生而谋求获得独立(inde-pendence)，即从他们的父母及其他成人那里获得独立。

2. 形成自我意识

确定自我(ego)，回答“我是谁?”这个问题，形成良好的自我意识(self-consciousness)。

3. 适应性成熟

所谓适应性成熟(sexual maturity)，即适应那些由于性成熟带来身心的，特别是社会化的一系列变化。

4. 认同性别角色

获得真正的性别角色(sexual role)，即根据社会文化对男性、女性的期望而形成相应的动机、态度、价值观和行为，并发展为性格方面的男女特征，即所谓男子气(或男性气质)(masculinity)和女子气(或女性气质)(femininity)，这对幼儿期的性别认同(sex identification)说来是个质的变化。

5. 社会化的成熟

学习成人，适应成人社会(adult society)，形成社会适应能力。价值观、道德观的成熟是社会化成熟的重要标志。

6. 定型性格的形成

发展心理学家常把性格形成的复杂过程划分为三个阶段：第一阶段是学龄前儿童所特有的、性格受情境制约的发展阶段；第二阶段是小学儿童和初中的少年所特有的、稳定的内外行动形成的阶段；第三阶段是内心制约行为的阶段，在这个阶段里，稳固的态度和行为方式已经定型，因而性格的改变就较困难了。

(二)青少年社会性发展的几个研究

近几年，我的学生的博士论文，有不少是研究儿童青少年社会性发展的，其中有青少年社会性发展的内容。

1. 方晓义的青少年友伴网络结构和友谊相似性的研究

青少年友伴及友伴关系是青少年同伴关系中的重要方面，在青少年社会性发展中具有重要作用，对青少年社会性发展诸多方面，尤其是社会交往、支持感与安全感、自我概念的发展有着明显的影响。

在广泛综述现有研究的基础上，确定了目前处于青少年友伴及友伴关系研究方面前沿的两个课题——青少年友伴网络结构和友伴相似性——作为其研究的内容，并对这两个课题的研究现状和需要进一步探讨的问题进行了分析与评价。在此基础上，方晓义①提出了本研究要探讨的具体问题，即青少年友伴网络结构的基本特点与稳定性、友伴相似性及其不同影响因素的作用。他试图通过对这些问题的探讨，揭示我国青少年友伴及友伴关系的特点和发展规律，丰富有关青少年友伴及友伴关

① 方晓义：《青少年友伴网络结构和友伴相似性》，北京师范大学博士论文，1994。

系的研究，说明青少年友伴及友伴关系对其社会性发展的影响。

方晓义的研究采用横断研究与纵向追踪研究相结合的方法，采用社会网络分析技术和十项提名法等新的研究方法和分析技术，对选自普通学校的1040名小学六年级学生、初中二年级学生和高中一年级学生进行研究，测查了九个方面的内容：人口学变量、友伴提名、学业、情绪、心理及人格特征、友伴关系、亲子关系、参加的活动、品德与不良行为、抽烟与饮酒行为。

研究结果发现：①青少年一般拥有6~7个友伴；在青少年的友伴关系中，单向选择明显多于双向选择，内外向性格单向选择之间无明显差异；青少年的友伴团体平均由6~7个成员组成，在被试的友伴提名中，有些友伴与被试同属一个友伴团体，有些友伴与被试不同属一个友伴团体。②青少年的友伴网络结构具有中等程度的稳定性。③总的来说，父母受教育水平、家庭结构等家庭因素对青少年友伴网络结构及稳定性的影响作用不如性别、年级和学习成绩等被试自身因素的影响作用明显。④青少年的友伴网络结构存在明显的性别差异和性别分化，年级差异和年级分化；不同学习成绩学生的友伴网络结构之间也存在明显的差异。⑤青少年友伴存在广泛的相似性，不同方面的相似性存在高低之分。⑥青少年与最要好友伴的相似程度普遍超过与一般友伴的相似程度。⑦性别、年级、学习成绩、父母受教育水平、家庭结构等因素对青少年友伴的相似性具有不同的影响作用。⑧友伴选择与友伴影响对青少年友伴的相似性都有作用，但作用发生的阶段不同。在友伴关系形成阶段，友伴选择起主要作用；在友伴关系维持和发展阶段，友伴影响起主要作用。

根据本研究结果，着重对以下几个问题阐述了研究者的观点：①青少年友伴数量与友伴关系性质影响青少年社会性发展的辩证关系；②形成青少年友伴及友伴关系性别差异和性别分化的原因既有联系又有区别；③形成青少年友伴及友伴关系年级差异和年级分化的原因，既有联系又有区别；④形成青少年友伴相似性的原因及友伴选择、友伴影响的作用；⑤社会网络分析技术和十项提名法与社会测量法、三项提名法相比，有许多长处，对于正确揭示青少年友伴及友伴关系的特点，深入研究青少年友伴及友伴关系对其社会性发展的影响都是非常有益的。

2. 邹泓的青少年同伴关系的功能及其影响因素的研究①

同伴接纳和友谊在青少年发展和社会适应中具有不可替代的独特作用。

邹泓研究目的是从同伴接纳、友谊两方面考察青少年同伴关系的特点与功能，比较同伴接纳水平不同、有无互选朋友的青少年在交往目标、策略、孤独感、人格五因素和社会支持系统上的差异，探讨同伴关系变量及其影响因素对孤独感的预测作用，以揭示同伴关系、孤独感和同伴关系影响因素的内在联系。被试为763名中学生，他们完成了同伴关系量表、友谊质量问卷、交往目标和策略问卷、人格五因素问卷、社会关系网络问卷和孤独问卷。探索性因素分析结果表明，友谊质量问卷抽取出5个维度，即帮助与支持、受欢迎性、亲密性、领导地位、回避性和支配性；人格五因素问卷抽取出5个维度，即情绪性、谨慎性、和谐性、开放性和内向性；社会关系网络问卷抽取出5个因素，即社会支持、陪伴与亲密感、满意度、惩罚与冲突；孤独问卷抽取出4个因素，即孤独感、社交能力评价，同伴地位评价和社交需要未满足感。问卷具有较好的信度和效度。

研究结果表明，大多数青少年同伴关系良好，88.6%的青少年至少有一个好朋友，72.9%至少有一个互选好朋友，36.5%有首互选好朋友。但也有11.4%的青少年没有被任何人提名为好朋友。同伴接纳水平不同的青少年所拥有的朋友数有显著差异，高接纳组80%至少有一个互选好朋友，而低接纳组仅22.1%。值得注意的是不受欢迎的青少年中有些人至少有一个互选好朋友，而受到普遍欢迎的青少年却有20%没有一个互选好朋友，9%没有好朋友。同伴接纳水平不同的青少年在友谊质量的积极维度上也存在显著差异，高接纳组在信任与支持、陪伴与娱乐、肯定价值和亲密袒露与交往方面均优于低接纳组。

同伴接纳水平不同、有无互选朋友的青少年在交往目标、人格五因素、孤独感和社会支持系统的大多数维度上均有显著或非常显著的差异。有互选朋友的比没有互选朋友的在交往目标上表达了更强的受欢迎性、亲密性和回避性；同伴高接纳组人格因素中的和谐性高于低接纳组，没有互选朋友的青少年情绪性和内向性均高于

① 邹泓：《青少年同伴关系的发展特点、功能及其影响因素的研究》，北京师范大学博士论文，1998。

有互选朋友的，而其和谐性却低于有互选朋友的。低接纳组 20.2%报告了强烈的孤独感。高接纳者也有 7.2%报告了较强的孤独感。低接纳组和没有互选朋友的青少年在同伴地位、消极评价和社交需要未满足感三个维度均高于高接纳组和有互选朋友的，而在社交能力评价上却低于高接纳组和有互选朋友的。高接纳组从母亲、同性朋友和教师那里获得的社会支持均多于低接纳组和一般组；对母亲、同性朋友、教师的满意度高于低接纳组；教师给予低接纳组的惩罚多于高接纳组。在四种关系类型中，有互选朋友的青少年获得的社会支持、陪伴与亲密感和满意度均高于无互选朋友；无互选朋友的受到的惩罚多于有互选朋友的。

同伴关系变量(同伴朋友水平、互选朋友数、好朋友提名数)和交往目标、人格五因素以及社会支持系统都是孤独感的预测源，其中人格五因素中的和谐性和内向性以及互选朋友数对孤独感的预测作用最强。同伴关系变量、交往目标、人格五因素、社会支持系统和孤独感相互作用，存在多通道的反馈。在朋友数量和质量以及交往目标、孤独感、人格五因素、社会支持系统的大多数维度上都存在着年龄和性别的差异。

3. 魏运华的少年自尊发展的结构模型及影响因素的研究①

魏运华的博士论文“研究少年自尊发展的结构模型及影响因素”(1998)，其中涉及初中生的自尊特点。他指出，自尊是指个体在社会比较过程中所获得的有关自我价值的积极的评价与体验。近年来，在西方发展心理学、社会心理学和教育心理学中，自尊发展及其相关的课题已成为备受心理学家们关注、十分活跃的研究领域。然而，令人遗憾的是，在我国心理学界有关自尊的课题，除了香港和台湾地区进行过某些研究外，专门关于自尊的研究，到目前为止还非常少。

魏运华采用问卷调查法对国内 42 名心理学专家进行了问卷调查，采用结构访谈法对 63 名小学四、五、六年级和初中一、二、三年级的学生进行了个别访谈，根据调查结果和访谈结果分别建立了自尊结构的专家模型、青少年儿童模型和整合模型Ⅰ、整合模型Ⅱ。本论文采用量表法对 664 名小学四、五、六年级和初中的学

① 魏运华：《少年儿童自尊发展的结构模型及影响因素的研究》，北京师范大学博士论文，1998。

生进行了测试，并根据所收集的数据分别对整合模型Ⅰ和整合模型Ⅱ进行了验证型因素分析，结果表明，在整合模型Ⅰ中自我评价、自信心和理想自我三个亚模型与数据有较好的拟合，而成就感与数据的拟合不理想；在整合模型Ⅱ中，品德和社会交往两个亚模型与数据有较好的拟合，而身体和外表、能力和学习成绩与数据的拟合不理想。本论文还对自尊的结构进行了探索型因素分析，确定了自尊的6个结构因素，即外表、体育运动、能力、成就感、纪律、公德与助人，并据此建立了自尊结构的探索模型。对探索模型的拟合度（GFI）检验结果为：$\chi^2/df=2.30$，GFI＝0.92，探索模型与数据有很好的拟合，可以接受。他还根据探索模型所确立的自尊的结构因素，编制了“自尊发展量表”，该量表的信度系数为0.6829，该量表可用作评定我国中小学生自尊水平的工具。结果发现：①我国少年自尊发展表现出显著的年龄特征，10~12岁，自尊发展呈上升趋势，13~15岁，自尊发展呈下降趋势。其中，12岁是少年儿童自尊发展的关键年龄，12~13岁是少年自尊发展的转折时期。②我国少年儿童自尊发展具有一定的性别特征，即在自尊的总体水平上，女生略高于男生，但差异不显著；在体育运动因素上，男生显著高于女生，而在纪律因素上，女生高于男生。③父母的职业、父母的受教育水平以及家庭经济收入都对少年自尊的发展具有不同程度的影响。父母的受教育水平越高，少年的自尊发展水平也越高；家庭经济收入越高，少年的自尊发展水平也越高。④父母的教养方式对少年自尊的发展具有显著的影响。父母对少年采取温暖与理解的教养方式有利于促进少年自尊的发展。⑤少年的归因风格对少年自尊的发展也具有显著的影响。越内控的少年，其自尊发展水平越高。⑥学习成绩与少年自尊发展具有显著的正相关。少年的学习成绩越好，其自尊水平也越高。⑦教师和同伴是少年自尊发展的重要影响源。满意的师生关系，教师对学生的支持、关心、鼓励、期望和参与等都有助于少年自尊的发展；满意的同伴关系，少年儿童在同伴中的社会—领导性，少年儿童对同伴的敏感—独立性，都有助于少年儿童自尊的发展；但是，少年儿童对同伴的攻击—破坏性会阻碍其自尊的发展。

第十一章

德性培养的研究

什么是德性培养的出发点？我们认为是道德规范。什么是道德规范？主要是道德行为的准则或行为善恶的准则，它是人们对待某一社会关系的行为善恶标准。个体所涉及的社会关系，主要有三大类：一是个人与社会整体的关系，即所谓“群己关系”，它包括个人对国家、民族、阶级、政党、社团、集体等关系。爱国主义应该是最重要的“群己关系”的规范。二是个人与他人的关系，又称“人己关系”，它包括友朋、敌我、同志、亲子、长幼等之间的关系。对父母的孝顺，对同伴的合作，是当今时代迫切需要解决的“人己关系”的规范问题。三是个人与自己的关系，即自我道德修养的准则，包括信心、诚信、谨慎、勤奋、俭朴等。艰苦奋斗至今值得提倡，它不仅要求学生有艰苦奋斗的精神，而且要养成良好的行为习惯，做到正确对待烟酒、远离毒品等。

如何培养学生的道德规范？一是要制定规范准则，所以我们强调学校精神；二是从心理(或认知)入手，尤其是道德信念和道德情感，这是至关重要的因素；三是从行为入手，把行为习惯的养成看做是德性发展的质变指标。这就构成我们课题组的研究的重点，也是我们这里“德性培养”的三节内容。

第一节

学校精神是学生德性发展的基础①

我们很难忘记毛泽东同志曾说过的一句名言：“人是要有点精神的。”

无论是个人还是集体，干成一件事情需要有点精神。办学校也是如此，不管是大学、中学，还是小学，为了使人才辈出，尤其是要培养和造就大批的高素质创造性的人才，就要有学校精神(school spirit)。

学校精神，作为多学科的研究对象，它是一所学校整体精神面貌的体现，是一扇直接反映社会心理特征的窗口，其核心内容和具体表现形式是校风。学校精神是一所学校生存和发展的基础，培养和造就良好的学校精神，是学校各项工作的出发点和归宿。如前所述，目前世界处于世纪之交，各国的政治、经济、军事竞争，归根结底在于教育竞争，教育竞争又在于人才规格、质量的竞争，而人才培养需要良好的心理环境和心理氛围，需要各级各类学校精神的熏陶(H. J. Hull，1980；D. D. Schriro，1986；C. E. Rodriguez，1992；K. D. Stein，1993；M. R. Steven & L. J. Smith et al，1994)。学校精神是学校规范、教师、课程、测验五个指标之一(D. D. Schriro，1986)。研究表明，良好的学校精神，是提高学校整体办学水平和教学质量的一个重要途径(A. E. Witchr，1993)。当然，在培养学生品德与社会性的过程中，是离不开学校精神的。可以说，学校精神是学生德性发展的基础，是学生现在与未来做什么样的“人”的根本。因此，从心理学视野探讨学校精神的内涵、特点、功能、机制、现状及其发展过程，具有十分重要的理论意义和实践价值。

---

① 本节内容修改自1996年第一期《北京师范大学学报（社会科学版）》发表的我和俞国良的文章《论心理学视野中的学校精神》。

一、学校精神的心理学内涵

什么是学校精神，学校精神应包括哪些内容，其核心成分又是什么？这些问题值得我们探讨。

（一）对学校精神的定义

从心理学的视野出发，学校精神就是学校群体在长期的教育教学实践中积淀起来的、共同的心理和行为中体现出来的群体心理定势和心理特征。其核心内容和具体表现形式是校风。

1. 对学校精神的解释

第一，学校群体包括教育者和受教育者，以及其他的教育辅助人员，是学校全体成员的集合。学校精神的形成和发展有赖于全校师生的共同努力。

第二，学校精神是教育者与受教育者两种群体的心理定势，它指的是学校群体在相对稳定环境中形成的心理倾向性。

第三，学校精神的形成有一个调控过程，需要经过全校师生的共同努力，是他们共同的心理行为中积淀起来的个性心理特征。

由此，我们可以把学校精神划分为两个层次：一是指学校的一般精神，即各级各类学校带有的普遍性的、重复出现的和相对稳定的精神或心理状态，如团结友爱之风、艰苦奋斗之风、勤奋好学之风、为人师表之风等；二是指一所学校区别于其他学校的独特个性。这是一所学校最具特色、最明显、最富有典型意义的精神特征。它是在长期的办学过程中逐步形成的，并体现在学校日常工作的各个方面，影响全校师生员工的心理和行为，从而构成了该所学校鲜明的个性心理特点。学校精神作为一种观念形态，属于上层建筑的范畴。它作为一种心理力量，是无形的、看不见的；它作为一种规范力量，又是有形的、摸得着的，常常以校风的形式表现出来；它作为潜在的教育力量，给师生的心理和行为以极大的影响。学校精神在学校教育过程中发挥着特殊的背景作用，是社会规范和社会风气所不能替代的。

2. 学校精神的表现

良好的学校精神是一种潜在的心理力量。它作为学校中普遍认可、接受和推崇的风尚、习惯、准则，一方面以制度规范形式，依存于校风；另一方面，又以价值观念形式，存在于个体身上，体现在学校全体成员的个性心理特征上，即校风的人格化。一所学校的学校精神一旦形成，便可以振奋人的情绪，激励人的意志，调节人的心理，规范人的行为；使学生的道德面貌、个性特征、社会化进程、学习动机、学习需要、学习态度、学习方法，教师的教学思想、教学态度、教学风格、领导作风都出现一个良性循环，进而使整个学校的校风，以及校风统辖下的教风、学风和管理作风都会有一个较大的改观。

(二) 学校精神的内容

作为培养和造就人才的“工厂”，目前学校的根本任务就是培养 21 世纪人才。为了实现这个目标，形成和发展良好的学校精神是基本条件。因此，努力提高学校整体心理素质和教育科研质量，并在此基础上创造一个严谨治学、勤奋求实、自强不息、积极创新的心理氛围，这是目前学校教育的根本任务，也是校风建设的主要内容。在这个意义上，探讨学校精神的心理内涵就显得非常必要。我们认为，学校精神主要包括以下方面。

1. 爱国爱民爱家爱校的理想观

这不仅是一种政治理想，也是个人理想系统中的最高层次。它决定并形成了师生的调节、支配其作为活动的配置结构系统中的思想道德、价值定向体系；作为一种社会性、个性倾向性，这一体系又会影响师生学习、生活、工作的态度及其心理面貌，是他们心理或行为的动力系统。

2. 开拓进取创造革新的能力观

这种积极向上的心理气氛，是广大师生员工努力教学、勤奋学习、积极工作、培养开放意识和艰苦奋斗精神，以及独立思考、敢于创新的科学精神所必不可少的心理力量。

3. 勤奋刻苦严谨求实的人格观

勤奋刻苦是一种非智力因素，属于品德、社会性和个性心理特征的范畴。它不但是走向成功的必由之路，也是我国学校教育的优良传统。从古之车胤囊萤、孙康映雪、江泌映月，到今天发奋图强、为中华崛起而学习，这一传统源远流长。而一丝不苟地治学处事，尊重真理，坚持真理，不慕虚名，不尚空谈，踏踏实实，实事求是，这是贯彻一切从实际出发的思想方法和工作方法的保证。

4. 团结合作友爱互携的人际观

唯有团结合作，才能将群体凝聚成一个坚强的整体，才能充分发挥群体的整合力量，使生活在群体中的每一个成员，都体会到群体的温暖和力量，人际关系融洽，在互帮互学的心理氛围中共同提高。

5. 遵纪守法文明待人的道德观

文明守法、尊师爱生、尊老携幼、勤俭节约、注重公德、爱护公物、文明礼貌等，这是对公民的基本要求和现代人的基本素质，把这项工作做好了，师生的日常行为规范就落到了实处，同时也为树立文明的校风奠定了基础。

6. 民主意识学术自由的思维观

从历史上看，蔡元培任北京大学校长时提出的“提倡新学、思想自由、兼容并包”的学术风气，曾受到各界的称赞，给当时的新文化运动和北京大学带来了生机勃勃的学术空气和民主空气，为新思想、新学科、新一代人的成长铺就了丰厚的温床。在今天改革开放的社会环境下，我们有更为有利的教学条件和学术条件。因此，民主治校、民主建校、民主管校、学术自由、心理优化有了充分的保证。

总之，尽管不同国家不同历史时期的教育目标有所不同，但是作为对师生精神心理素质的要求，学校精神的心理内涵大体一致，并表现在形形色色的教育活动中。我们认为，课堂特征和课程安排，作为学校特质、校风的具体方面，反映了学生的能力、兴趣；教师的教学方法以及学校精神和学校伦理，这些因素均会影响教师和学校的决策。可见，学校精神是一所学校办学指导思想和培养目标的集中体现，是一种“随风潜入夜，润物细无声”的教育力量。

（三）学校精神的核心是校风

毋庸置疑，学校精神的核心和具体表现形式是校风；而校风又与教风、学风紧密相关，密不可分，均属社会风气的范畴。在各级各类学校中，教师的教学、科研活动，学生的学习活动，教师和学生的学术活动水平，在很大程度上取决于教风、学风的优劣。我们认为，教风是学风的基础，学风是教风影响的必然产物，教风、学风是校风的直接反映和结果，而校风是学校精神的核心内容，学校精神是教风、学风、校风的总括和最高表现形式。教风、学风和校风相互影响，相互作用，相互制约，并呈一种螺旋式上升的趋势。教风、学风、校风影响学校精神的内容和形式，学校精神决定师生社会化发展的方向和水平。

我是北京师范大学的学子，又是北京师范大学的教授，我在北京师范大学学习、工作 50 余年，深深体会到贯穿百年师大的学校精神的一条红线，始终是教学子如何做人，这是这所百年名校根深叶茂的根本。北京师范大学的前身——京师大学堂创办初期，一位学堂监督曾经做了最短的就职训词："诸生为国求学，努力自爱。"这和后来北京师范大学坚持"学为人师，行为世范"的校训和校风，同一意思。这个校训和校风，使在这里奠定了爱国进步、诚信质朴、求真创新、为人师表的人生基石的 10 余万名毕业生中出了许多著名的教育家、政治家、科学家、艺术家，它所培养的人民教师遍布全国。由此，北京师范大学不仅成为中国师范教育的"排头兵"，而且也为创"综合性，有特色，研究型的世界一流大学"奠定了基础。

二、学校精神的心理特点和功能

学校精神作为学校中师生精神心理生活的存在方式，作为意识对物质的能动作用，对学生的品德与社会性发展，对形成一个规范化的教育、心理环境具有重要作用。这是由学校精神本身所具有的特点决定的。

（一）学校精神的特点

一般说来，学校精神具有以下几个特点。

1. 同一性

学校精神的同一性是指一个学校对校风要求的一致性。校风是学校群体共同的心理特征，是学校中的每个成员都必须具备的。一个学校的校风，因不同的群体可以有不同的表现形式，但其内涵及要求是一样的，没有高低、宽严之分，否则就会造成学校系统内部的无序状态，从而导致混乱，造成内耗，使良好的校风难以形成，即使形成了也难以发挥作用。学校精神的同一性特点还涉及对学校领导和教师的要求必须跟学生一致，要求学生做到的，教师先做到；要求教师做到的，领导先做到。这样，学校的全体成员才能按照校风的标准去规范自己的思想和行为。此外，我们必须重视学校和社会的接轨，学校和社会各界以及大众媒介对学校精神的一致理解，是学校和社会进行联系的基础。

2. 层次性

学校精神的层次性是指在同一水平上的多样性。每所学校都是由领导、教师、学生、职工等不同群体组合起来的大家庭。在这个大家庭中，每个个体的角色和职能有所不同，校风要求在他们身上的体现也应有所不同，因而形成内涵相同而表现形式各异的领导作风、教风、班风和学风。它们在学校精神的总目标统领下相互作用、不断强化，体现了具体目标的可操作性和针对性；同时也体现了各种子目标间的相互影响、相互制约性。如领导作风和教风作用于学生，造就了班风和学风，而班风和学风又反作用于领导作风和教风，要求学校领导和教师在日常生活中以身作则，树立榜样，这样循环往复以至无穷，从而构成了一个连续的、开放的循环系统，这一系统的整体效应就是学校精神。

3. 效应性

学校精神作为学校全体成员的价值观和共同信念，自然会得到学校全体成员的认同和支持，对学习生活在其中的各个成员都发生有效影响，对他们的言行举止具有无形的约束作用。研究表明，学校的舆论工具（如广播、墙报、黑板报、报纸刊物等），通过对一些特殊事件中表现出来的学校精神的宣传，可激发师生的情感倾向。谁要违背学校精神，与校风背道而驰，谁就会受到群体舆论的谴责和批评，在情感上受到孤立，促使他们的思想和行为与学校精神、校风保持一致。因此，学校精神对学校全体成员具有监督和制约作用。就其影响方式而言，既有有形的、直接的一面，又有无形的、潜移默化的一面，这种强制性与非强制性力量的结合，使学校精神发挥作用时更具效力。

4. 个别性

不同学校的学校精神存在着差异，这种差异不但表现在校风的具体表述上，而且也表现在校风的性质和发展方向上。校风的差异来源于学校群体意识、价值观念的差异，不同学校所具有的群体意识的倾向不同，使该所学校在办学方向和教育目标一致性的同时，具有自己的特色，体现了自己所特有的精神面貌。因此，各个学校都有体现自己特点的校风，从而造成了各级各类学校求新务实、生动活泼的局面，充分体现了学校的个性。

(二) 学校精神的功能

学校精神作为学校心理面貌和办学水平的反映，是学校师生需要、理想、信念、情操、行为、价值观和道德观水平高低的标志。良好的学校精神能使学校群体朝健康的方向发展；反之，不良的学校精神则会起一种消极作用。我国各级各类学校的社会主义性质，决定了各个学校的学校精神具有下列功能。

1. 驱力功能

学校精神可以振奋人的情绪，激励人的意志，成为师生员工心理和行为的驱动力。这种驱动力不但表现在他们的道德观念、价值观念的确立和行为方式的选择上，总是参照着一定的学校精神所包含的价值取向，同时也表现在他们的人生观、世界观的形成和个性社会化的发展中，也总是参照着一定的学校精神中所包含的规范准则，从而无论在道德品质上，还是在行为方式上，学校精神都会成为一种无形的巨大推动力，影响着教师和学生的心理和行为。同时，优良的学校精神，能帮助生活在其中的全体成员对各种价值标准进行分析、判断，然后作出正确的选择，使每个成员的道德观、价值观等都与学校精神的要求相统一。

2. 凝聚功能

良好的学校精神，具有内聚力，把群体中每个成员的力量都凝聚在一起，从而产生一种强大的“向心力”。一般地说，学校中各个成员对一些重大事件与原则问题,都保持共同的认识与评价；全身心地投入群体生活，从情感上爱护自己所属的群体。这种认同感和归属感，使群体中的各个成员，为了达到共同的目标，大家都齐心协力服从大局，服从群体，对学校群体都有强烈的义务感、责任感、荣誉感和主人翁意识，觉得自己的进退荣辱都与群体息息相关，整个群体成员互帮互学，共同进步。因此，一个具有良好学校精神的学校，校风就是无声的命令，随时随地把师生聚合在自己的旗帜下，团结战斗，出色地完成群体交给的各项教育、教学任务和学习任务。

3. 熏陶功能

教育家陶行知曾把熏染和督促两种力量进行比较，肯定熏染更为重要。这不但是经验之谈，更是一条重要的心理原则。一个学校，一旦形成了优良的学校精神，就会对师生产生潜移默化的影响。青少年某些优良品德行为是什么时候、在什么地方、用什么方式形成的，往往很难说清楚。但心理学常识告诉我们，这是“社会认同”的结果。为什么一届又一届不同时代、不同经历、不同个性的学生，都能从本校的学校精神、校风中受到陶冶和启迪，甚至终身受益，铭志不忘呢？我们认为这绝不是偶然的，一个重要的原因就是学校精神具有熏陶作用。教育实践告诉我们，综合性的活动项目(如校风宣传日、艺术体育活动周、野外考察和参观访问等)，能使学生的社会需要在不同年级间进行传递，同时有利于学校精神的巩固和伦理道德观的形成。从社会心理学角度看，一个学校的校风决定了该校群体的心理定势，群体中的多数成员在不知不觉中形成了一致的态度、共同的行为方式，而个体的态度在群体中存在着类化现象，无论是理想、需要、价值观，还是人际关系、社会行为，都要受到群体的影响，学校群体中多数人的一致态度，必然成为影响学校所有成员的巨大力量，使态度不同的个体改变初衷，使行为方式不同的个体抑制其违反群体行为规范的行为，从而与周围的心理环境协调起来。

4. 规范功能

一个学校如果有井然有序的教学环境，团结紧张严肃活泼的校风校纪，优美整洁文明礼貌的客观环境，严谨刻苦锲而不舍孜孜不倦的学习风气，对学生的成长进步，无疑起着很大的促进作用，而这种促进作用，是学校各项规章制度所无法企及的。因为规章制度更多的是着重于消极抑制方面，而学校精神则是促进师生积极向上的力量，形成对学校成员具有巨大感染力的心理气氛。同时，对于一切错误思潮、不良心理与行为，具有无形而实在的抵制作用。优良的学校精神一旦树立，就成为一股巨大的心理力量，当个体表现出符合群体规范、群体期待的行为时，群体就给予肯定和强化，以支持其行为，从而使其行为进一步"定型化"，积极地按学校精神的要求去做，自觉地维护校规校容校貌。一所学校蓬勃向上、勤奋学习、互帮互学的精神和风气，必然会使一部分学习马马虎虎、吊儿郎当的学生，因为受到环境的无形约束，而抑制自己的不良行为。教育实践表明，许多学习不良学生就是在良好的学校精神环境中受到熏陶、规范进而转化的。因此，一个精神爽、风气正的群体，犹如一座春风化雨的熔炉。

三、学校精神发挥作用的心理机制

从社会心理学角度考察，学校精神是通过学校的客观环境和人际环境而对学校所有成员产生心理影响的。如有"民主治校、严于律己、宽以待人"的领导作风，就会形成一种宽松的心理气氛，融洽的人际关系；有"严谨治学，为人师表"的教风，就会形成榜样学习和观察学习的范型；有"勤奋好学，文明礼貌，求实求真"的学风，就能够使学生生活在一个积极向上，利他行为占优势的群体环境中。所有这些，都是优良校风的核心内容，也是学校精神的不同表现形式。它们通过师生员工的内化机制，成为他们内部稳定的心理特质，从而使个性得到全面发展，在社会化过程中使自己成为一名合格的社会成员。这实质上是一个学校文化移入的过程。一言以蔽之，学校精神对学校成员的作用，就是个体社会化过程(即品德与社会性发展的过程)；是群体心理定势的形成过程。学校精神对人的影响力正是如此，它通过感染、模仿、暗示等心理机制，使学校的全体成员在不知不觉中接受影响，引起个人心理和行为的变化，以求与学校精神趋于一致，达到个人心理风格与群体心理定势的融合。

（一）感染

这是学校精神发挥作用的情绪基础。所谓心理感染，指的是参加共同活动的人们在直接接触的条件下，在多次相互增强情感影响所取得的效果基础上，进行情感相互影响的过程。它主要通过“心理情绪”的传递表现出来，即对某一行为模式无意识的掌握。所谓冷漠的教育心理气氛(cool climate)，对师生的影响就是如此。而学校精神就是通过不经意的或“内隐”的方式传递他人行为的种种状态与方式，使生活在学校群体中的每个成员都感受到、体验到这种“心理情绪”，并产生一种情绪评价。在学校的人际交往过程中，这种情绪评价成为相互间情感影响的重要媒介，使群体中的每个成员将群体意识、群体心理状态非证明、非逻辑地直接移植到自己的心理系统内部，与自己本来所固有的思维方式、价值体系和行为模式等发生交互作用，从而对学校精神的影响力有一个基本的取舍态度。但此时学校精神中的各个要素，还远远没有成为个体稳定的心理特征，更没有在个体的行为中直接表现出发挥作用的迹象，它仅仅是一种选择、评定和投射的过程。因此，从这个意义上可以说，学校精神的作用仅是一种社会心理环境的作用。

（二）模仿

这是学校精神发挥作用的认知基础。模仿就是对别人的行为或群体心理状态的不自觉的仿效，依照他人的行为，使自己的行为方式达到与所依照者相同的过程。当然，这种仿效不是对外部特征一对一的简单接受，而是个体再生产时所显示的行为特点和模式。群体规范和价值就是通过认知，进而模仿而产生的，学校精神也是通过模仿而对群体成员发挥作用的。因此，模仿是学校精神发挥作用的认知基础，而榜样又是模仿的关键。学生最敏感的是领导和教师的言行举止，它们是正价效应还是负价效应，直接取决于领导和教师的“角色扮演”是否符合社会期望。如第四章所述，学校领导、行政人员和教师，在给学生提供良好榜样等方面起着重要作用，特别是学校领导，义不容辞地负有培养和发展学校精神的责任。以身作则、言传身教、身体力行的表率作用是最具说服力、吸引力和感染力的教育，直接影响到良好校风教风学风的形成，影响学校精神在整体上对青少年学生的教育作用效果。社会心理学认为，模仿作为一种相符行动，是由非控制的社会刺激所引起的，而不是通过学校或群体的命令发生的。模仿者与榜样的行为往往一致，不仅能再现他们的外部特征和行为方式，而且会形成新的精神价值——心理、兴趣、个性倾向以及行为风格等，这正是学校精神发挥教育作用的心理效果和行为效果。

(三)暗示

这是学校精神发挥作用的意识基础。暗示是一种心理影响作用，指人们为了实现某种目的，用含蓄的、间接的方式，对别人的心理或行为发生有目的、没有论证的影响。暗示是感染的一种，同时又伴随着模仿。其特点表现为：一是暗示过程具有单方向的倾向；二是不需要证明和逻辑推理以直接移植心理状态的途径发生作用，其影响是非理性的，带有很大的情绪性。暗示是学校精神发挥作用的意识基础，通过暗示，个体的心理才能不断得到调整而趋同于群体心理，群体心理也因之得到加强、巩固，并根植于每个个体之中。教育实践证明，学生应参加学校活动，如课间操的总结、参观校史、帮助孤寡老人、维护公共卫生、遵守学校规章和课堂纪律以及建立学生辅导员制度等，均可用来培养学生的学校精神，使他们在活动中潜移默化地受到积极影响。在学校各项活动中，学校精神总是通过一系列含蓄的、间接的方式，向学生辐射各种信息，以此来引导和规范他们的行为，使他们的行为与学校精神的要求保持一致性。一所学校优良的学校精神，就是通过这种积极暗示，使青少年学生把潜意识与意识结合起来，接受教风、学风、校风和学校精神的影响。

(四)从众

这是学校精神发挥作用的行为基础。从众是个体在群体压力下，放弃自己的意见，转变原有的态度，采取与大多数人一致的行为。主要表现为对群体的行为、心理的顺从。社会心理学家认为，从众行为是由于在群体一致性的压力下，个体寻求的一种试图解除自身与群体之间冲突，增强安全感的重要手段。从众现象发生的前提是存在着实际或想象的约束力，促使个体采取符合群体要求的行为和态度，并且不仅在行动上表现出来，而且也有可能改变初衷。当学校精神以群体舆论、群体压力的形式表现出来时，很容易出现自己的意见与群体意见不一致的情况，从而引起内心冲突。但是，为了不担风险，实现归属感和安全感的需要，有时虽然内心仍有顾虑，而在行动上却表现出从众。因为个体一般不愿意因为自己的心理和行为与群体相左，而遭到群体的压力或抛弃。相反，他们很可能根据群体规范、群体舆论或群体中大多数人的意向制定行动策略，设法与群体保持一致，以求得心理上的安全感。因此，学校精神发挥作用时，学生在行动中所表现出来的从众，是学校精神作用的行为基础。但是，应当注意，对于学生在某种学校精神的压力下发生的某些行为上的变化，我们不能掉以轻心，他们的深层心理意识如何，还有待于进一步考察。由于从众行为既有积极的一面，又有消极的一面，因此我们必须正确对待。对优良的学校精神要进行大力宣传，造成一种群体舆论，使学生感到有一种无形的压力，从而产生从众行为。这样的从众行为，对学生的发展成长是极为有利的。

（五）认同

这是校风发挥作用的价值基础。一切文化的发展和更新换代都是由认同开始的，学校精神的形成和保持，是以群体成员在认识、情感和行动上的一致为标志的。对美国芝加哥地区的优秀学校调查表明，这些学校注意发展学生的特质和创设良好的心理环境，以此来推动学校精神的优化。在学校各项工作中，领导、教师和学生均是紧紧围绕学校精神的宗旨，开展工作和进行学习、教学，从而使整个学校群体在认识、情感和行动上保持了一致性。认同包括对原来学校精神的认同和对形成发展中的学校精神的认同，它是保证学校群体的整体性、一致性的重要心理基础。个体对他人、群体和组织的认同，就使个体培养了对群体的认同感、光荣感、自豪感，使个体与群体融为一体，不可分离，从而自觉地、心甘情愿地保持和维护学校精神。特别是，当学生刚进入学校时，就走进了一个有特定文化氛围、特定校风规范的群体生活。在这里，他们的行为和思想都受到一定程度的限制。一段时间后，当学生具有抑制能力时，对学校精神的认同就由强制性变为选择性，按照自己的意愿选择学校精神中的各种构成元素，来作为自己心理和行为的参照系。因此，培养学生对学校精神的认同意识，除了要求学校精神本身的目标明确，具有吸引力外，应着重抓好班集体建设，在每个班级中都形成团结友爱、互帮互学、奋发向上的心理气氛，以优良的班风为学校精神发挥作用准备前提和条件。同时，学校还应注意通过学校光荣传统教育，以及校庆活动、校友返校、校友事迹介绍、传达社会对本校的反馈信息等环节，不断激发学生对学校精神的认同感。

此外，学校精神有时还通过强化的手段发挥作用。强化是一种使心理品质变得更加牢固的重要方法。学校生活中的每一个实际情景和每一种活动，都能对学校精神发挥强化作用，而学校精神也常常通过强化手段来对学生施加影响。一个学校为了形成和发展良好的学校精神，仅仅停留在思想教育和口头上的宣传是不够的，还应该落实到具体的制度性措施中，使学校成员与学校精神相符合的行为得到正强化，而与学校精神背道而驰的不良行为受到负强化。特别要重视在社会心理背景下的学校精神教育，使精神因素变成可见的、可感的、现实性的因素，这是有利于心理变化的情景条件。例如，开展社会调查的实践活动，重视德、智、体、美、劳诸方面的全面发展，并使之制度化；建立严格的学校规章制度、课堂学习纪律，教室、寝室、图书馆学生准则，以及必要的校园公约、守则等，都是实现学校精神心理强化的有效手段。学校精神形成和发挥作用的关键是长期坚持，这就要求不断强化，不断创设和保持情景条件。

我的高中母校是有155年历史的名校——上海市上海中学，上海中学坚持“明、严、实、高”的校风，带动“严谨、创新”的教风和“严实、奋进”的学风，形成了“敬业、勤学、团结、进步”的优良传统和学校精神，深刻影响和激励着一代又一代人的成长和奋进，成为“全国一流，国际知名，教育高质，管理高效的示范校”。在这个学校精神的作用下，通过种种的影响机制，使上海中学的毕业生中有80余位担任副部级以上的干部，50余位当上了院士，29位成为将军。正因为有这个学校精神，在德育上贯彻“一流意识，时代意识，国际意识”，使学生具有“爱国心、责任心、适应性、创造性”。目前，母校正为实现培养21世纪的优秀人才或创新人才的培养目标而努力奋斗着。

四、学校精神形成和发展的心理过程

对学校精神的理论探讨，在我国还没有得到过真正的重视，从心理学角度的阐述,更属凤毛麟角！尽管各个学校大都有自己所要求和遵循的学校精神，并在实践中做了许多卓有成效的工作，但是很少有人把学校精神摆到理论高度上来认识，也很少有学者把它作为一个重要理论课题加以探讨。于是，在学校教育工作者心目中，学校精神成为一个没有理论意义的教育实践而普遍受到冷遇，有时要谈到它，也仅仅是为了装饰门面或某种需要。在这种情况下，讨论学校精神形成和发展的心理过程显得更为重要。一般说来，学校精神的形成大致可分为孕育期、整合期、内化期和成熟期四个阶段。且各阶段互为前提，相互影响、相互作用。

(一)孕育期

这是学校精神逐渐形成的阶段。在这一阶段中，学校必须优化学校精神赖以形成的心理环境，明确校风的具体要求，并采取种种措施使这种要求为学校全体成员所接受。因此，在此阶段纪律教育起着十分重要的作用。因为，对执行纪律的相互监督，可以促进学生的情感发展，整合学习气氛，改善纪律环境，建立良好的师生关系，充分发挥教师主导作用，培养教师的进取心和事业心，最后达到形成学校精神的目的。严格的规章制度和组织纪律，为学校精神的形成提供了保证。但是，在这个阶段中纪律和规章制度对学校成员来说是外来的，带有强制性成分，而学校群体成员又必须为自我实现而斗争，于是群体的行为规范准则与个人需要之间就出现了不适应的矛盾。为了解决这个矛盾，首先要加强宣传，形成舆论，以提高全体成员对学校精神的正确认识。此间，应特别注意校风教育、学校传统教育，形成学校群体的向心力，建立学校成员的荣誉感和自豪感。特别是要使新成员适应学校群体的规范和纪律，改变他们原来不适应学校要求的那些行为，这个工作进行得如何，直接影响学校精神孕育中的“胎儿”的质量与规格。此时，可以运用心理定势的原理，切实做好一年级新生及其他新学员的“第一印象”的工作，达到“先入为主”的教育效果。同时，还要努力优化校内外环境。学校精神的形成和发展取决于学校内外部环境的共同作用，但对学校来说，所能创设和优化的是学校内部的心理环境。在这个过程中，要使学校多数成员明确学校精神建设的具体要求，并根据这些要求，优化学校内部的教育、教学环境和条件，包括美化校园环境、改善教学条件、完善规章制度、优化教学计划和教学大纲、优选专业和思想品德教育的教材、改善德育工作的条件，等等，以此来建设一个良好的教育和心理环境，为学校精神的进一步整合打下扎实的基础。

(二)整合期

在学校师生员工思想上有一个学校精神的心理定势后，接下来的工作便是进行整合。以学校群体中一部分已接受学校精神要求的师生为骨干，同时向其余成员提出这种要求。由于这一阶段的特点是有一部分先进分子已为学校精神所同化，就可以以这些人为榜样，对多数人的心理起到一种示范作用。如何有效地运用这种有利因素，通过这些骨干力量做多数人的转化工作，这是教育者的一个重要任务。要使学校成为一个优秀群体，除家长和学校所在社区的支持外，一个重要的方面是通过各种活动建立教师的年度目标，发挥教育者的主导作用，从而来培养和发展学校精神。这要求我们利用和强化管理的力量，使这些人对学校精神的要求虽不能做到“心悦诚服”，但能做到“依从”，并由“依从”向认同、整合转化，产生一种归属感。此时要强调榜样和观察学习的作用，领导要以身作则，教师要身体力行，同时仍要辅之以一定的行政管理手段。实际上，学校大多数成员在少数骨干的影响和行政措施的“胁迫”下，再加上学校的各种规章制度，他们虽然接受了学校精神的某些要求，但并不是完全自觉自愿的，他们受到一定的压抑，甚至有矛盾和冲突，这是一个“产前阵痛”的阶段，需要教育工作者做耐心细致的思想工作和声势浩大的宣传工作，把学校全体成员的心理和行为都整合到学校精神的“旗帜”下，按照学校精神的要求来规范与约束自己的心理和行为，从而使整合阶段的时间大为缩短，为学校精神的内化期和成熟期做好准备。

（三）内化期

在经过整合期的“阵痛”后，学校良好的心理气氛已成为影响整个群体生活的一种规范力量，学校群体的大多数成员开始接受校风的要求，接受学校精神的监督和规范，并且成为自觉的行动和习惯，此时已不感到心理上的压抑。但还需要对部分人做些工作，并且这种工作需要长期坚持，把多数人的意识和行为逐步扩展为全体成员的意识和行动，形成学校群体的非正式规范和行为准则，并在此基础上发展一致的群体舆论，使群体具有较大的凝聚力。例如，美国芝加哥教育部门的研究指出，利用文艺体育和各种竞赛中的拉拉队活动形式，通过师生共同对此认真计划、有效组织和情感投入，在活动中建立和增强群体认同感、自豪感和荣誉感，可为培养学校精神服务。总之，在这个群体中生活的所有成员，自觉不自觉地、有意识无意识地受到潜在的影响，并努力与群体保持一致，逐渐形成自觉自愿的行动和习惯，使群体目标、要求和准则与个人人格体系融为一体。这个工作主要不是依靠外力，而是依靠群体的全体成员来做，耐心地等待他们的“觉悟”，因此学校领导者要接近他们，用自己的模范行为影响他们，促使其自觉转化。在这个阶段中，可依靠群体规范、舆论和内聚力，以产生一种无形力量，迫使学校的所有成员在学校精神面前“就范”。此时，学校精神作为一种规范力量，教育环境已基本形成，学校的规范和准则不再作为主要力量发挥作用，而是潜在地起到一种辅助和监督作用。

（四）成熟期

这是学校精神形成和发展的最高阶段和理想境界。此时，学校精神的要求已成为学校群体中多数成员的自觉行动，在群体中形成了一种具有心理制约作用的行为风尚，他们已将学校精神的要求彻底内化为自我要求，不需要更多外来的强制力量。对太平洋地区一些明星学校的研究表明，这些学校均具有高水准的学校精神。在这个阶段中，学校群体中各个成员的思想和行动，不仅不“越雷池半步”，而且事事处处以学校精神的标准来检查自己的行为，群体已真正成为教育的主体，并且每个成员都具有自我教育和自我管理的能力。这时，我们可以说，良好的学校精神已深入人心、“蔚然成风”了。主要表现为全体成员在对学校精神的认识明确清晰，具有共同的目标、情感、意志和信念，并且团结一致，同心同德，为完成学校群体所面临的各项任务而协同作战。这个阶段的学校精神可从下面我们所坚持的大学教师科研的几项具体指标中略见一斑：①人均科研课题数；②人均科研课题费；③人均科研成果数；④人均科研成果获奖数；⑤人均对社会和学校重大事件的参与数。一个具有良好学校精神的集体，上述各项指标均较高，且教师以追求上述目标为己任。同时，在这个基础上产生了一支具有模范带头作用的教师干部和学生干部的骨干队伍，他们不但以身作则、身体力行学校精神的要求、准则，而且带领全体成员一道前进，维持和保证本校学校精神的独立性和完整性。

五、学校精神的现状及其优化

国内外学校精神的研究现状如何，我们应持什么态度，又有哪些建议，这是我们感兴趣的问题。

（一）学校精神建设的迫切性

目前，一些学校普遍对学校管理工作和学生的品德教育工作感到困惑，许多教育工作者对校风的滑坡、学校“无精神”现象深感忧虑。为了改变这种状况，学校精神已到了非抓不可的地步了。在国外，一些有识之士也倡导各级各类学校要重视学校精神的建设。在美国佛罗里达州还就此展开了讨论（T. L. Speer，1993；L. Elizabeth & U. George，1994）。在建设校风、培养学校精神时，必须确定其基本原则和依据。首先，一所学校的学校精神是由办学目标、教育规律以及本校的具体条件所决定的，应体现办学的指导思想和客观规律；其次，学校精神还必须有本校的特色和个性。

（二）建议与措施

在此基础上，我们可以来讨论建设优良学校精神的具体措施。

1. 以教风为突破口，切实抓好教风建设

教风建设要“爱字当头，耐心疏导”。如前所述，热爱学生是教师做好教育工作的重要条件，只有热爱学生、关心学生，才能更好地教育学生，调动和激发他们的学习自觉性和积极性。在这个过程中，教师对学生要进行耐心疏导，切勿用“管、卡、压”的办法对待学生，即使是对犯了错误的学生，也要耐心教育、以诚感人，以情动人。此外，为了建设良好的教风，教师还要严于律己，以身作则，要求学生做到的自己先做到，起到表率和模范带头作用，形成一个严谨治学、严谨治教、为人师表的良好教风。

2. 健全学校规章制度，优化教育教学环境

学校精神需要有目的、有计划地进行培养，更要长期坚持，这就需要健全行之有效的学校规章制度，特别是对学校的公共场所，如“三堂”(课堂、食堂、会堂)“一室”(寝室)，更要制定详尽的管理细则，并发动学生参与管理，而学校则要经常加以督促、检查、总结、评比，使学校环境整洁、幽雅，催人奋进，使全体师生在优化的校园环境中努力学习和工作。

3. 加强思想教育，培养积极的学校心理气氛

一个学校要树立良好的学校精神，必须对全校师生加强思想教育，加深他们对培养学校精神重要性和迫切性的认识。要把学校精神与爱国主义、社会主义、集体主义、艰苦奋斗的教育和劳动技术教育结合起来，把学校精神与理想教育、“四有”教育、革命传统和道德风尚教育结合起来，培养全体师生的责任感、自觉性和荣誉感，造就一种健康的教育气氛。研究指出，积极的学校气氛有利于创设良好的心理环境，有利于造就优秀学生，而这种气氛又可以通过培养师生的共同信念和价值观来实现。良好学校气氛的营造需要依靠师生的共同努力。

4. 切实而有效地抓好班风建设

班风是校风的重要体现。在建设班风过程中，教师应该“目标明确，计划周密”，班级要根据学校整体建设规划，制定出本班的落实措施，使全班同学明确班风建设的目标，并把这些计划落实到具体行动中。一项对学校纪律气氛的调查表明，学生、教师、家长和学校管理者都希望有一个令人满意的、稳定有序的学习环

境。这就需要从班风抓起。

5. 寓校风建设于教育、教学活动中

校风的形成和发展依靠坚持不懈的精神，是一点一滴地培育起来的。研究者认为，教师的教学风格在某种程度上反映了该校的校风和学校精神。因此，要寓教风建设于多种多样的教育、教学活动中，把校风建设作为思想品德教育的重要手段。在课堂教学过程中，利用各个学科的特点，把校风的主要内容融入其中，使学生在不知不觉中接受校风的熏陶，并且为校风注入新的内容，充实新的时代精神，使校风的要求真正成为青少年学生的自觉行动。此外，还要有意识有计划地开展一些巩固、发展校风的具体活动，如结合清明节祭扫烈士墓，请英雄模范人物作报告，军民共建精神文明，开展重大节日纪念活动，以及穿校服、唱校歌、举办校史展览、举行校庆、校友返校活动等，使校风建设与各项具体的活动联系起来，激发师生对所在学校的光荣感和自豪感。

6. 领导带头，齐抓共管，综合治理

提倡一种好风气，培养学校精神，往往需要人们的相互配合。领导、教师、干部的文明行为，对学生的影响是巨大的，广大学生往往是用领导和教师的行动来判断其所讲的道理和价值的。研究表明，培养良好的校风和学校精神，领导是关键。学校管理者在创设良好的教育气氛，改善学生作业和行为状况中起着重要作用。教师们认为，如果校长支持他们的工作，他们就能创造一个更好的学术环境，更有效地工作；校长应该平易近人，且能赢得教师的信任，处理疑难问题，并给教师更多的自由。另外，还要充分发挥辅导员、班主任、政治教师的作用，学校领导的很多决策、意图都要通过他们去贯彻、执行，因此，既要放手让他们大胆工作，多出智慧，又要对他们的工作给予及时的帮助和指导。

7. 建立学校、家庭、社会立体化教育网络

在良好学校精神的形成过程中，学校教育是主体，社会教育是学校教育的外部环境，是学校教育的延伸，家庭教育则是学校教育和社会教育的基础和依托；把三者有机结合起来，相互配合，相互支持，相互沟通，协调同步，以发挥最佳整体效益。以社会文化环境而言，整顿清理文化市场，提供丰富健康的精神营养品，兴建

健康有益的青少年活动场所，并采取相应的措施和政策，促进文化科技的社会化，为学校提供活动场所和实践基地。同时加强学校同社区的联系，形成有效的普法治安网络、宣传舆论网络和实践教育网络，使社会主流文化和学校精神相吻合，促进社区文化对学校精神的影响力。与此同时，以学校为阵地，举办各种层次各种类型的家长学校、家长委员会、咨询站等，加强学校和家庭之间的联系沟通，在教育目的、过程和手段上，双方步调一致，相互配合，形成一股教育的合力。由学校组织邀请宣传、司法、公安、文化、劳动、人事、科技、团队、妇联和有关学术团体及专家，组成一个学校、社会、家庭的协调机构，调动各方面力量，发挥群体优势，进行宏观指导，制定目标、规划和实施方案，建设一支强有力的骨干队伍，共同为良好学校精神的形成和发展添砖加瓦。

(三)扎扎实实抓优化学校精神的工作

在第四章里，我们已明确表示，在一定程度上，一个学校的校风是其校长人格的扩展，一个班级的班风是其班主任人格的放大。因此，良好的学校精神是靠校长带着全校职员干出来的；是靠每一个班主任带着每一个班的学生奋斗出来的。总之，它是一项依靠学校全体师生的综合工程。这样，在社会文化“大气候”的配合下，学校内部的校园文化“小气候”就会发生很大的改观，使广大师生提高了治学、治事、律己、交友、待人处世及礼仪等方面的修养，确立坚定正确的政治方向，高尚的道德情操，文明的行为举止，严谨刻苦的学习态度，无私奉献和踏实忘我的工作作风，这是学校精神的宗旨，也是其优化工作的终极目标！

第二节

从认知与社会认知入手培养德性

在皮亚杰的理论里，心理、认知，智力和思维视为同义语。这里，如果提“从心理入手培养德性”，在一定程度上是讲“从认知入手培养德性”。

在认知的研究中，先有认知(cognition)的概念，后来又出现了“社会认知”(social cognition)一词。对此，我们曾发表了专门的论文①，讨论了这个问题。现在我们在讨论“从认知入手培养德性”，应该叙述为“从认知与社会性入手培养德性”，而且社会认知所占的比重应该大一点。

一、认知与社会认知

认知是人类个体对客观世界的认识世界。客观世界包括无生物界、生物界和人类社会三大部分。前两者统称为自然界，国外心理学者通常称为物理世界(physical world)，而把后者称为社会世界(social world)。因此，认知既包括对物理世界的认知，也包括对社会世界的认知，两者共同构成认知发展的全部内容。从这个意义上说，认知和社会认知并不是同一层次上的并列关系。社会认知是认知的一个属概念，它所对应的应是非社会认知(non-social cognition)或称物理认知。但我们平常讲的“认知”，在一定程度上可说是“非社会认知”或“物理认知”。由于传统的认知理论主要建立在个体对物理世界的认知研究之上，这些理论已相对成熟并自成一个体系，国外发展心理学著作大多在认知之外另设社会认知以示其为一独立领域。所以，我们在这里也沿用这种理解，把认知分为广义认知与狭义认知。广义的认知包括对物理世界的认知和社会世界的认知两个方面，而狭义的认知则专指非社会认知或物理认知。

(一)社会认知的界说

社会认知是目前国际心理学界的一个研究热点，我们通过两个方面展开评述。

1. 关于社会认知的定义

如同“认知”这个概念一样，“社会认知”的定义也是多种多样的。篇幅所限，

① 林崇德、张文新：《认知发展与社会认知发展》，载《心理发展与教育》，1996(1)。

仅举数例以资参照。

(1)社会认知研究包括对所有影响人对信息的获得、表征和提取的因素以及这些过程与知觉者的判断之间的关系的思考。

(2)社会认知是一种强调对认知过程的理解，是认识复杂的社会行为的“钥匙”的观点。

(3)社会认知有两个相互联系的意思：社会认知的“组织方面”，是指构成一个人的社会知识、制约其对社会现实的认识的范畴和原则；社会认知的“过程方面”，是指通过社会互动而发生的沟通和变化。而后者是指从他人那里交换、接受和加工信息的方式，如注意、记忆，也包括一些严格的社会性过程，如沟通和观点采择。

(4)社会认知通常是指两种认知——关于人、群体的认知和具有情感、动机态度、情绪色彩的认知(S. M. Kosslyn & J. Kagan，1991)。①

(5)社会认知通常是指人、自我、人际关系、社会群体、角色和规则的认知，以及这些观点与社会行为的关系的认识和推断(C. U. Shantz，1983)。②

(6)社会认知研究的对象是那些发生在他人和自己身上的心理事件以及人们对社会关系的思考(J. E. Crusel & H. Lytton，1988)。③

2. 应抓本质特征加以定义

其实，社会认知作为认知心理学、发展心理学、社会心理学共同研究的对象，由于各个学科研究者所站的角度不同，其定义上存在分歧是很自然的。但是我们认为，在定义社会认知时应抓住两个本质特征：其一，认知对象的社会客体性，或者说社会认知是人对社会性事件的认知加工；其二，人的社会认知对其社会行为的调节作用，社会认知的研究要把知和行结合起来。据此，我们认为，社会认知是指人对社会性客体之间的关系，如人、人际关系、社会群体、自我、社会角色、社会规范等的认知，以及对这种认知与人的社会行为之间的关系的理解和推断。

① S. M. Kosslyn，J. Kagan，*Conerete Thinking and the Development of Social Cognition*，Lawrence Erlbum Associates Publishers，1991，82-96.

② C. V. Shantz，“Social Cognition”，P. H. Mussen，*Handbook of Child Psychology*，1983，3.

③ J. E. Crusel，H. Lytton，*Social Development*，Spring-Verlag，1988，256-290.

(二)社会知识与非社会性知识的区别

认知，就其一般意义而言，是人脑反映客观事物的特性与联系，并揭露事物对人的意义与作用的心理活动，因而也是个体获得知识的过程。社会认知的对象就是人生活于其中的社会世界。社会世界是由人组成的，但不限于人，还包括人与人的关系。个体社会认知的发展也就是一个不断地利用认知机能获得社会知识，并逐渐将其内化以指导、调节自己行为反应的发展过程。

1. 社会知识与非社会知识在性质上的异同

社会知识(social knowledge)与非社会知识(non-social knowledge)的性质是否存在差异？从根本性质上讲，物理客体和社会客体之间无疑存在着许多共同之处：第一，两者都独立于主体的感知和动作而存在；第二，两者都具有空间广延性，都具有一定的物理维度，如大小、颜色、形状等；第三，两者都随时间而变化；第四，社会客体彼此之间相互发生作用，物理客体亦然，尽管两者相互作用的方式不同。但是人与人和人与物显然是两个不同的系统，如人有意识性，很小就表现出有意图的心理活动，因而人—人系统区别于人—物系统的首要标志在于其相互的意图性或相互的主观性。

2. 社会知识与非社会知识之间的具体差别

(1)客体特征。从客体特征上看，社会性客体与非社会性客体的区别表现在以下两个维度上：一是静态性，二是易变性。社会性客体与非社会性客体相比，其外在表现随时间而具有更大的变化性。与花瓶、岩石相比，人总是处于不断地变化之中，如人的形体、服饰、声音等。因此关于社会客体的知识所要注意的是客体变化之中所显示出的规律性，而不是静态性中所固有的规律性。二是变化的动力源。物理客体发生变化的作用力大多存在于客体之外；大多数社会客体变化的动力来自内部，而不能归因于外力的作用。

(2)知觉者的特性。作为知觉者，人对外界信息并不像照相机一样只是以一种被动的方式予以复制，相反，人的感知能力、知识经验、动机状态都影响着对信息的选择和加工。认知主体的这些特征因客体是否具有社会性而有不同的含义。其差别表现在三个方面：一是相互主观性。当认知的对象是人时，知觉者认识到他与自己有相同的特性，因此通过对自己的观察、反省便可以知道对方的特性，即所谓的“以己度人”。最近几年兴起的儿童的心理理论(Children's Theory of Mind)研究发现，两三岁婴儿的社会认知已表现出相互主观性(D. Frye，1991)。① 二是因果归属。当知觉的客体是人时，相对于物理客体而言，知觉者通常表现出更强的探索其行为原因的愿望。三是自我中心的评价(Egocentric appraisal)。与非社会性客体相比，人对社会性客体的反应有其特别之处：其一，由于他人对我们的目标可能有影响，所以他人的出现和存在会激起我们对目标的关心；其二，他人可以使我们产生关于自己和对方在态度、能力等方面的社会性比较。而这些则是物理客体所不具有的。

(3)人类行为的随意性。人类的行为不是外力简单作用的结果，其大部分是由内部力量引起的。这就使得人的行为，不像物理客体的运动，完全服从物理学的因果规律，而是具有很强的随意性。而且与对物理客体的认知不同，人对他人的认知通常是在实际与他人的社会互动之中进行的。在这种实际的互动过程中，彼此对对方的行为反应不仅受当前的认知的影响，而且还受以前认知的调节。

(4)两类客体的活动原则不同。物理客体是按物理规律运动的，要认识物理客体可能出现的状态，我们就得对物理学的原理有所了解；人则是按心理原理和社会规范活动的，要了解人的行为，我们必须利用有关他人的知识和社会规范的知识，来了解人的情感和动机。

(三)社会认知能力与智力的关系

关于智力的实质，本书第七章已作了论述，在一定意义上说，智力是与认知这一动态心理相对应的相对静态的、稳定的心理特性。所以，如果一个人的社会认知仅仅是其一般认知的一种表现，其发展水平完全由一般认知发展所决定，或者两者的发展是完全平行的，那么他的社会认知能力与其智力水平之间必定存在很高的正相关关系。但近年来的大多数研究发现，个体的社会观点采择能力与智商(IQ)之间的相关系数一般在0.20~0.40，有的研究则发现两者之间无相关关系。

---

① D. Frye, "The Origins of Intentions in Infancy", D. Frye, D. Moore, *Theories of Mind*, Lawrence Erlbum Associates Publishers, 1991: 15-37.

美国发展心理学者佩里格雷尼[1](D. Pellegrini，1985)运用韦克斯勒智力测验量表测查了小学 3~6 年级儿童的人际理解能力(Interpersonal understanding ability)和手段—目的问题解决能力(Means-ends problem solving)跟 IQ 之间的关系，发现两种社会认知能力与 IQ 之间存在着中等强度的相关关系(相关系数分别为 0. 57 和 0. 45)，这也是目前有关研究所发现的关于儿童青少年社会认知能力与智商之间相关系数的最大值。

鲁宾[2](K. H. Rubin，1978)发现，儿童的智商与六种观点采择作业水平之间的相关在学前期为最高(0. 39)，在小学五年级为最低(0. 10)。鲁宾在 1973 年的研究发现，儿童的观点采择能力与智龄(MA)的相关系数在 0. 43~0. 77，与其实际年龄(CA)之间的相关系数在 0. 40~0. 78。这就是说，儿童的观点采择能力与智龄、实际年龄等个体的发展性指标的相关高于与智商这一个别差异指标的相关。

个体的社会认知能力与其智力之间只存在低相关或至多中等强度的相关关系，他们的社会认知能力与其实际年龄和智力年龄的相关高于与智商的相关。上述测量所获得的事实表明，个体的社会认知能力并非其一般认知能力的一种简单的表现或反映，两者的发展也不是完全平行的。

我们知道，在一般情况下，人的社会经验与他的实际年龄有密切的关系，甚至我们可以把年龄当作其社会互动经验多少的指标。既然个体的社会认知能力与实际年龄和智力年龄的相关高于跟智商之间的相关，因此，不难推断，他们的社会认知能力与其社会生活经验有密切的关系。

儿童青少年与同伴的社会互动是其社会经验的重要组成部分，随着年龄的增长，同伴间的交往在儿童青少年整个交往中所占的比重也越来越大。所以，国外发展心理学者通常从儿童青少年的同伴关系入手来测量他们的社会经验，把他们在同伴中的悦群性或受欢迎(Popularity)程度作为其社会经验的指标。也就是说，受欢迎

---

① D. Pellegrini，"Social Cognition and Competence in Middle Childhood"，*Child Development*，1985，56：253-264.

② K. H. Rubin，"Role Taking in Childhood：Some Method logical Consideration"，*Child Development*，1978，49：428-433.

的儿童青少年比不受欢迎的儿童青少年与同伴的交往更频繁，交往的人数更多。因此,如果儿童青少年与同伴的直接经验影响其社会认知能力的话，那么，在控制两类儿童青少年的认知能力的前提下，受欢迎的儿童青少年在社会认知能力测验上的得分应高于较不受欢迎的儿童青少年。这一假设已经被实验所证实。格内普让 8 岁的儿童依据一个陌生儿童以前的少量行为来推测其现在的内心状态，控制两类被试的智商，结果发现，受欢迎的儿童的得分显著高于较不受欢迎的具有相同认知能力的同伴。这一结果有力地说明，儿童的社会经验对其社会认知能力的发展具有重要的影响。

(四)认知的发展与社会认知的发展

前面我们分别从知识的特性、社会认知能力与智力的关系等两个侧面考察了个体社会认知发展与认知发展之间的关系，出于我们的目的，这些讨论主要是围绕两者的差异而展开的。个体的社会认知与认知在实际发展上究竟是否存在差异？回答这一问题的方法就是对两种认知的一些可比较的方面的发生发展情况进行对比。

1. 客体永久性

皮亚杰的认知发展理论中，客体永久性是一个极其重要的概念，也是婴儿期儿童认知发展的一个重要指标。美国发展心理学家贝尔①(M. S. Bell，1970)的研究发现，婴儿“人的永久性”(Person Permanence)的获得早于“物理客体永久性”(Permanence of Physical Object)。在这项研究中，贝尔发现前者在“感觉运动阶段”中的第二个时期即表现出来，而物理客体的客体永久性则要到这一阶段的第四个时期才能达到。针对这个研究结果，有人指出，儿童两种客体永久性形成早晚的差异是由于研究中所采用的材料的差异造成的，如人比物理客体大，对人婴儿更熟悉，人可以自由活动等。为此，杰克逊等人②(E. Jackson，J. J. Camppos & K. W. Fischer，1978)控制两类客体在以上几个维度上的差异，结果发现两种客体永久性出现早晚的差异消失。杰

---

① M. S. Bell，“The Development of Object Concepts as Related to Infant-Mother Attachment”，*Child Development*，1970，41：291-311.

② E. Jackson，J. J. Comppos，K. W. Fischer，“The Question of Decalage between Object Permanence and Person Permanence”，*Developmental Psychology*，1978，14：1-10.

克逊等人这一研究的结果恰好为婴儿的人的客体永久性的出现为什么早于物理客体永久性提供了解释。

2. 对因果关系的认知

费恩①(D. N. Fein，1972)研究了儿童对物理事件与社会事件的因果关系的认知发展的差异问题。他发现年幼儿童把所有前后联系的事件都看做是因果关系，随着年龄的增长，这种倾向逐渐下降。7 岁的儿童已能把具有因果关系的社会事件与无因果关系的社会事件区分开来。但对物理事件的因果关系，儿童只有到 11 岁才能予以正确的区分。费恩对存在这种差异的原因的解释是，儿童之所以对社会事件的因果关系的认知早于对物理事件的因果关系的认知，不仅是因为儿童对社会事件的规则的学习早于对物理事件的规则的学习，更主要的还在于儿童经常接触社会规则并经常违背这些规则，因而能够把有因果关系的社会事件跟无因果关系的社会事件区别开来。但在物理事件中，由于儿童极少能够违背物理事件的因果关系，因此，他把具有因果关系的物理事件跟不具有因果关系的事件区分开来的能力的发展便落后于对社会事件的因果关系的认知发展。美国心理学家霍夫曼②(M. L. Hoffman，1991)进一步补充道：儿童青少年对社会事件的因果关系的认知发展早于对物理事件因果关系的认知，是因为儿童青少年不仅观察而且时常体验社会事件因果关系的事例。当他以某些方式做出行为时，会得到奖酬，而以另外一些方式做出行为时，则会受到惩罚。换言之，儿童青少年对他人对其反应的直接经验，有助于他对别人行为反应的理解。

3. 对他人心理状态的认知

皮亚杰和英海尔德的“三山模型”实验发现，前运算阶段的儿童，在对他人视觉经验的观点采择中，通常犯自我中心主义的错误。据此皮亚杰认为，儿童只有达到具体运算阶段才能认知他人的内部心理状态。近期的研究表明，通过改变实验设计，儿童区分自己和他人的视觉经验的年龄可以大大提前。例如，两三岁的儿童把

---

① D. N. Fein，“Judgement of Causality to Physical and Social Picture Sequences”，*Developmental Psychology*，1972，8：147.

② M. L. Hoffman，*Perspectives on the Differences between Understanding People and Understanding Things：The Role of Affect*，Lawrence Erlbum Associates Publishers，1991：67-81.

垂直拿在手中的一张画给别人看时，不会把画的背面呈现给别人，而总是把正面呈现给别人。我国心理学家关于儿童对故事角色观点采择的研究发现，四岁的儿童不仅能把自己的观点与故事角色的观点区分开，而且还能够根据角色所掌握的信息把各角色的观点区分开来(申继亮等，1993)。①

霍夫曼的研究认为，两岁的儿童已经能够欺骗或操纵他人。他提供的一个主要事例是：玛西，两岁整，正在家中的游戏室里玩，她想得到姐姐正在玩的一个玩具，她跟姐姐要，但姐姐坚决地拒绝了她。玛西停顿了一会儿，好像是在想怎么办。然后她径直跑向姐姐心爱的摇木马，这个摇木马姐姐是不让任何人碰的。玛西爬上摇木马，大声叫喊："摇木马真好！摇木马真好！"拿眼一直盯着姐姐。她姐姐扔掉手中的玩具，愤怒地跑向摇木马，这时玛西立刻从摇木马上爬下，径直奔向那个玩具，把玩具抓在手中。研究者认为，对玛西在这一过程中的心理活动可以作不同水平的推测，但无论怎样，至少有把握说，两岁的玛西已认识到姐姐不会情愿地放弃手中的玩具，因此，要想得到玩具，她就得诱骗姐姐放弃玩具，而诱骗的一个办法就是爬上她的摇木马。换言之，这个两岁儿童的行动表明，尽管她的年龄这样小，角色采择实验中恐怕连指导语也理解不了，但她已意识到别人的内心状态与自己的不同。由此可见，使儿童在物理世界的认知发展中仅处于感觉运动阶段，但在其熟悉的具有激发特性的自然情景中，他却有可能对他人的内心状态做出迅速的信息加工。

儿童青少年的认知发展可以在许多认知作业任务上予以考察，而且，两种认知任务在很多情况下并不具备可比性。即使上边列举的三种认知任务也只是在一定范围内具有可比意义。我们在此引用这些研究结论，并不认为儿童青少年的社会认知发展一定先于其非社会认知的发展，也不认为儿童青少年的社会认知的发展在各个方面都先于非社会认知的发展。但无论怎样，上述研究的结果毕竟可以说明一点：儿童青少年的社会认知发展不是完全平行于其非社会认知或物理认知的发展。

---

① 申继亮等：《当代儿童青少年心理学的进展》，226~243 页，杭州，浙江教育出版社，1993。

（五）我们对社会认知的观点

综上所述，我们获得关于社会认知如下的四点结论。

1. 社会认知的对象具有特殊性

一个人社会认知的对象正是他生活于其中的社会世界或社会环境。社会认知的内容第一位的是人，这里绝不限于个人，它包括人与人之间的关系。此外，社会认知的内容还包括风俗习惯、生活方式、行为准则、生产方式、语言文字、知识技术、政治要求、中外历史以及其他文化遗产，等等。所以，个体社会认知的发展也就是一个不断地利用认知技能获得社会知识，并逐渐将其内化以指导、调节自己行为反应的发展过程。正因为个体社会认知的对象是其生活活动的社会环境，所以个体不是作为单纯的认知者，而是作为积极的实践者，在与他人频繁的互相作用的过程中实现着对这个环境的认知。

社会认知的对象启发我们在学生德性的培养上，一要重视人际关系的重要性；二要注意德性发展的多种影响因素。

2. 一个人社会认知的发展不是其一般认知的简单重复或反应

社会认知能力与智力之间只存在着低相关或至多中等程度的相关关系的事实说明，一个人的社会认知能力不是完全由一般智力所决定的。也就是说，社会认知的发展与非智力因素的发展有密切的关系。

社会认知与非智力因素关系启发我们在学生德性的培养上，要把非智力因素的成分作为德性发展的内容，尤其要把信念和理想这样的非智力因素，看成德性发展的动力因素。

3. 社会互动的作用

与对物理世界的认知发展相比，人们的社会互动经验（人与人之间的交换、接受、沟通和加工信息）和社会生活环境（包括社会文化特点），对其社会认知的内容、结构、发展速度以及发展水平起着重要的作用。社会互动经验对人们社会认知的作用表现在直接和间接两个方面：一方面，社会互动可以直接促进一个人社会敏感性的发展，使其获得关于他人的直接知识；另一方面，一个人与他人的交往可以为其提供认识他人观点、思想的机会，促进其观点采择或选择能力的发展，而观点采择能力又是一个人社会认知的基础和核心成分。

社会互动的作用启发我们在学生德性发展变化的机制上和德性训练的条件上，都要考虑到社会互动的因素。

4. 情感的作用

情感在一个人的社会认知中起着重要作用。在社会认知中通常伴随移情(即情感共鸣)过程的发生。这是社会认知区别于物理认知的一个重要特点。

情感的作用启发我们在学生德性的培养上，“感情投资”是一条重要措施。

以上四个方面，体现了道德规范的认知或心理的形式，正成为按照道德规范来培养德性的心理机制。

二、通过社会认知来培养德性

我们课题组在围绕着社会认知来培养德性方面，从社会认知来发现德性的变化从而揭示德性的实质方面，做了不少实验研究，下边列举几个例子并加以分析。

(一)少年吸烟及其相关因素的研究

青少年吸烟及其严重后果已引起社会各界的高度重视，预防和干预青少年吸烟成为一项相当迫切而重要的任务。然而，我国对青少年吸烟行为的研究，尤其从心理学角度进行的研究，还显得较为薄弱。因此，我的学生方晓义等人①在这方面做了大量的研究。他们所研究的机制之一正是社会认知。

1. 青少年吸烟的普遍性

青少年已成为世界上迅速增长的香烟消费者群体。1996 年，卫生部组织的抽样调查发现，初、高中男生吸烟的比例分别达到 34%和 45%；在我国 3.5 亿吸烟者中,青少年吸烟者有 500 多万。方晓义等人于 1990 年对北京市中小学的研究表明，中小学生中吸烟者约占 20%。与联合国卫生组织 1986 年在北京进行的类似研究相

① 方晓义、李晓铭、董奇:《青少年吸烟及其相关因素的研究》，77～80 页，载《中国心理卫生杂志》，1996，10(2)。

比，在将近5年的时间里，北京市中小学生的吸烟人数男生增长了2倍多(从18%增长到38%)，女生增长了近40倍(从0.4%增长到14%)。过去20年间，美国等西方工业化国家男女青少年间吸烟人数比例的差异越来越小。在我国，尽管男青少年吸烟者(29%)远远超过女青少年吸烟者(14%)，但女青少年吸烟的增长率远远超过男青少年。

青少年吸烟明显随着年龄或年级而增长。方晓义等人的研究发现，小学六年级学生的吸烟率为10%，初二为23%，高一为27%，其中经常吸烟者的比例增长更为明显，从小学六年级的4%增加到高一的32%。青少年的吸烟行为往往一直延续到成人。大多数成年人吸烟者都是从青少年时期就开始吸烟，并形成习惯的。

2. 青少年吸烟行为对其德性发展的影响

方晓义等人的研究指出，吸烟不仅对青少年健康造成危害，烟龄越长，青少年的呼气量与正常呼气相比少得就越多；即使每天仅吸一支烟的青少年出现咳嗽、呼吸困难等疾病的可能性也超过不吸烟的青少年，女青少年尤其如此；而且对青少年的心理发展尤其是品德与社会性发展也有明显不利的影响。方晓义等人的研究发现，吸烟行为可能导致青少年学习困难、学习成绩差、对学校持消极态度、情绪郁闷以及其他问题行为，如饮酒、吸毒、偷窃、打架、逃学、性行为等与吸烟有非常明显的关系。研究还发现，吸烟青少年更多地参与非组织的社会活动，较少地参与学校的课外活动或其他有组织的活动。

3. 与青少年吸烟行为有关的因素

从方晓义等人的研究中我们看到，青少年吸烟行为的影响因素有：父母因素，同伴因素，青少年自身对吸烟的认识和态度，以及青少年的人格特征。这里，父母因素与同伴因素，涉及社会认知特征的“社会互动性”；认知态度本身是社会认知特征的“对象性”，人格特征是社会认知特征的“非智力因素”。下边两点研究结论颇有价值，也很有启发。

(1)友伴的吸烟行为和态度直接影响青少年的吸烟行为。友伴不吸烟和友伴吸烟的青少年吸烟率分别为4%和38%；友伴赞成吸烟的青少年比友伴不赞成吸烟的青少年更有可能吸烟。而且，吸烟的友伴越多，青少年吸烟的可能性越大。大多数首次吸烟是有友伴在场的情况下发生的。

(2)人格特征与青少年的吸烟行为密切相关。与不吸烟的青少年相比，吸烟青少年更具反抗性和攻击性，自尊感较低，倾向于寻求刺激和冒险，有较强烈的遵从友伴的倾向，焦虑，抑郁，无助感较强，外控，缺乏移情。

4. 对青少年吸烟行为的预防和干预

方晓义等人对青少年吸烟行为的预防和干预的研究刚刚开始，主要涉及行为及其习惯的训练，故我们留作下一节的内容。而涉及运用社会认知来干预的方法，他们提到社会影响预防和干预方法，社会个人技能预防和干预方法和认知发展干预方法三种，因数据不足，我们在这里不作展开。

然而，方晓义等人围绕社会认知对一系列青少年吸烟机制问题展开的研究，其价值不仅只是在青少年吸烟行为的本身，而且也为我们对青少年德性的培养及其内在机制的揭示提供了可借鉴的理论和实践。

(二)三个“人己关系”提高的培养研究

对学生来说，在家如何孝顺父母，在学校如何尊敬师长，与同学如何亲密合作，这是道德规范中“人己关系”准则的三个重要表现。

富阳市实验小学与其指导教师沃建中在这三个方面进行了干预培养的实验，取得了有价值的研究结果。①

1. 小学生亲子关系的培养研究

亲子关系的干预研究选取该小学3~6年级的423名学生为研究对象，通过运用认知改变、行为指导与体验学习的交替指导策略，提高他们与父母交往的能力，特别是孝顺父母的意识与行为的自觉性，取得了较好的成效。其具体的培养措施如下。

(1)教给亲子交往的技巧

对父母来讲，爱的教育应把重点放在教养方式的改变上，特别是变命令式的教

---

① 沃建中：横向课题：《小学生人际交往的技能发展特点与关系》，1999年1月—2004年1月。

养为民主型的商量，让孩子自己承担起责任来。对父母的建议有如下几点：一是要懂得孩子的需要；二是满足孩子的合理要求；三是尊重孩子的独立个性；四是对孩子的活动表现出感兴趣；五是父母的教育要求一致；六是父母不对时要承认错误；七是多说理少责备，训子不在大庭广众之下等。

对子女来讲，爱的教育要把重点放在尊重父母、孝敬父母上。对孩子的具体要求：一是关心体贴父母；二是尊重父母的教导；三是努力为父母分忧。

对教师而言，教师在指导改善亲子关系的同时，也进一步改善了师生关系。具体做法：一是通过家访指导亲子交往；二是对亲子双方充分理解、尊重。

(2)利用多种渠道促进交往技巧的形成

我们利用多种活动来促进亲子交往技能的形成，如通过开展心理辅导活动课，利用以“越过代沟”“妈妈您好”等主题的班队活动课，组织“节令活动”(如在父亲节、母亲节等)为父母献爱心，逐步地养成习惯。通过我们的培养训练，得到了以下结果(见图 11-1)。

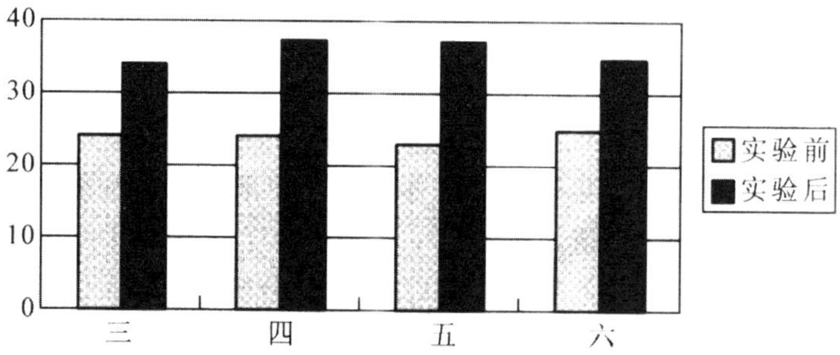

图 11-1　干预后三~六年级儿童亲子关系的趋势图

分值越低，说明亲子关系紧张；分值越高，说明亲子关系趋于缓和，关系较为融洽。图 11-1 的结果表明，在各年级段中采取了干预措施后，效果非常显著(三~六年级的 T 值均小于 30，$p<0.001$)。进一步分析表明，采取了亲子交往指导的干预措施后，三~四年级有上升趋势，四~六年级呈下降趋势，到六年级下降幅度较大。但亲子关系明显好于干预前，子女明显地在思想上和行动上表现出对父母的孝顺。可能六年级学生面临升学的压力，有焦虑感，父母也是过于关心孩子的学业，导致

亲子关系不如四、五年级干预后的效果。这说明，良好的亲子关系是可以培养的。但影响因素不同，使亲子关系的变化趋势也不同。

2. 小学生师生关系的培养研究

师生关系的干预研究所选取的被试与亲子关系的干预研究相同。在师生交往中，实验的指导策略具体如下：

(1)充分发挥教师在师生情感交流中的主导作用，要把握好以下几个环节：一是人格引导；二是以情激情；三是意见沟通；四是情境创设。

(2)教会学生用如下方式与老师交往：一是礼貌待师；二是注意场合；三是勿失分寸；四是实事求是，且逐步养成习惯。

经过师生交往的指导训练，我们得出了以下结果(见图 11-2)。

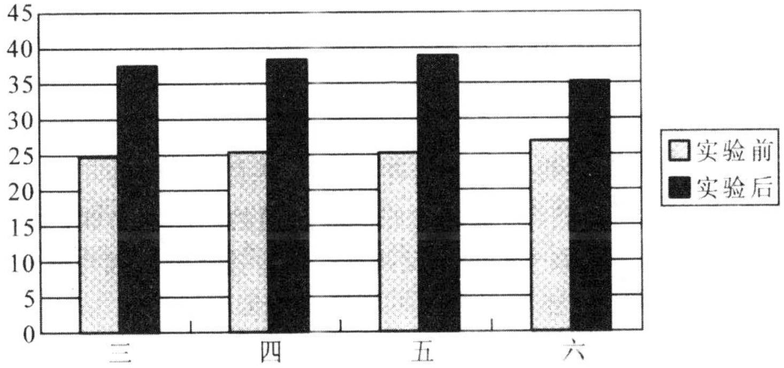

图 11-2　干预后三～六年级儿童师生关系的趋势图

分值越低，说明师生关系紧张；分值越高，说明师生关系趋于缓和，关系较为融洽。图 11-2 的结果表明，在各年级段中采取了干预措施后，效果非常显著(三～六年级的 T 值均小于 30，$p<0.001$，尤其是六年级的 T 值只有 11.654，小于 12.5，说明效果非常好)。进一步分析表明：我们采取了师生交往指导的干预措施后，三～四年级师生关系稍有上升；四～五年级呈平稳状态；五～六年级呈下降趋势，幅度较大，但师生关系明显好于干预前，学生普遍地对老师更加尊敬了。可能到了六年级，大家面临升学的压力，产生焦虑情绪，师生关系的改善不同于其他年级，这也是很正常的。这说明，良好的师生关系是可以培养的，只是影响因素不同，师生

关系的变化趋势也不同。

3. 小学生同伴合作性的培养研究

在培养学生的同伴合作性的研究中，同样选取该学校的 3~6 年级学生，被试量为 598 名，培养的内容主要分为合作学习的意识性、合作学习的主动性、合作学习的合作性、合作学习的方法、合作学习的成效性五个方面。干预的具体措施：

(1)组织参加实验的教师学习国外有关合作学习的理论；

(2)定期进行小学生团体心理辅导，渗透合作理念；

(3)抓住语文学科的主阵地创设学习情境，让学生进行合作学习，教师给予适当指导；

(4)开放其他学科的空间，继续进行合作学习，使教师与学生、学生与学生、教师与教师都互动起来；

(5)探索家校合作，拓展合作学习的外延；

(6)利用社会生活大课堂，使合作学习有广阔的天地。

经过我们的培养干预，学生的同伴合作性发生了变化，所得结果如图 11-3~图 11-7 所示。

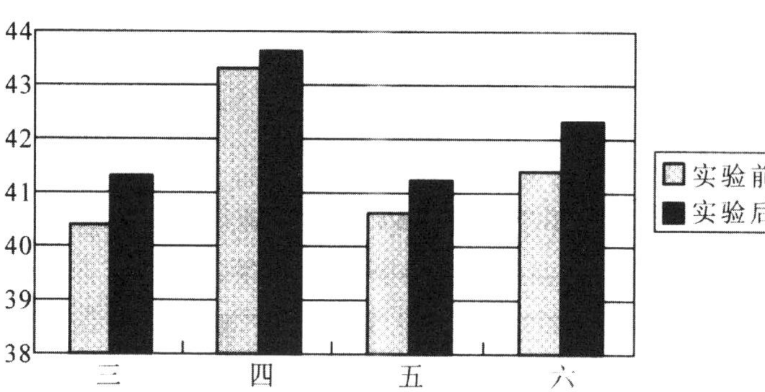

图 11-3　干预后 3~6 年级儿童合作学习意识性的变化趋势图

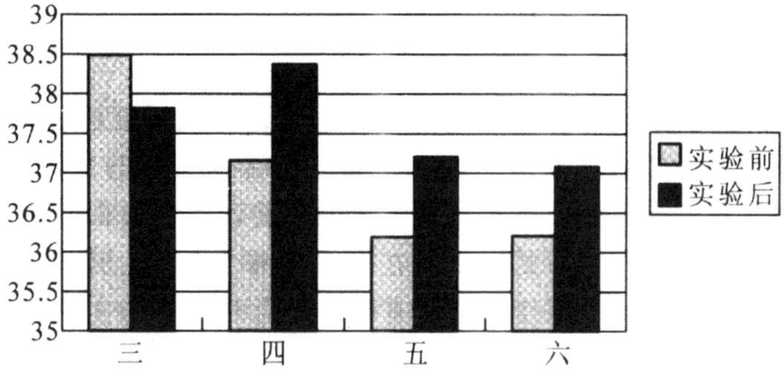

图 11-4　干预后 3~6 年级儿童合作学习主动性的变化趋势图

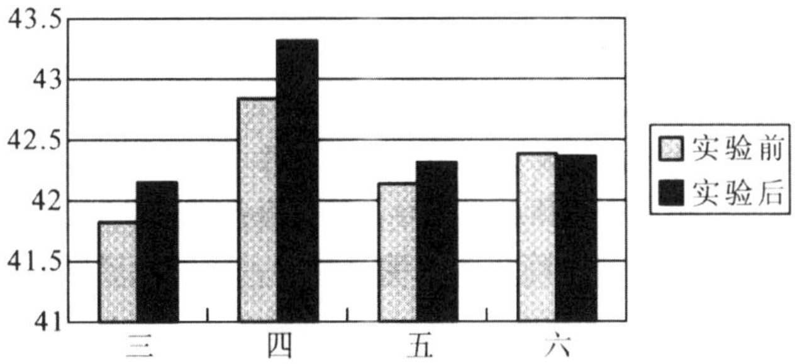

图 11-5　干预后 3~6 年级儿童学习的合作性的变化趋势图

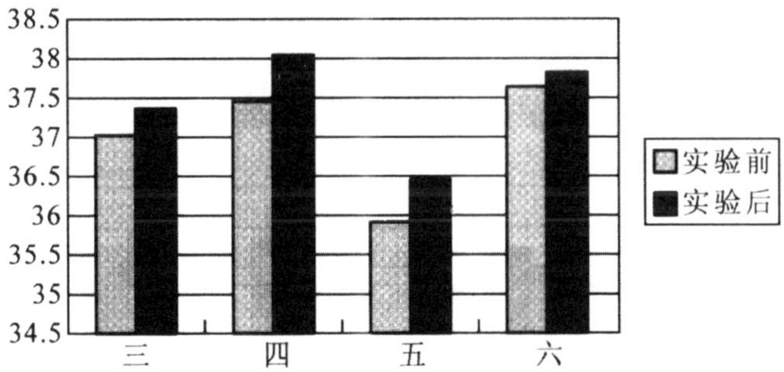

图 11-6　干预后 3~6 年级儿童合作学习方法的变化趋势图

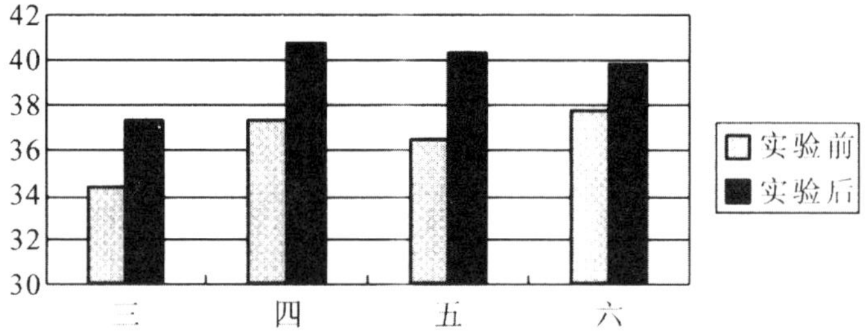

图 11-7　干预后 3~6 年级儿童合作学习成效性的变化趋势图

由以上五图可知，干预后 3~6 年级学生合作学习的意识性、主动性、合作性、合作方法及合作的成效性都呈上升趋势，各个方面在不同年级上升的幅度有所不同。合作学习的意识性在三、六两个年级上升幅度比较大，特别是三年级合作学习的意识性超过了五年级；合作学习的主动性总体上有较大提高，三年级学生尽管干预前后平均数略呈下降趋势（干预前 38.52，干预后 37.83），但总体变化不大，且就个体差异而言，干预后学生的标准差高于干预前（干预后 7.11，干预前 6.71）；学生学习的合作性四年级（平均数由 42.85 上升至 43.32）上升幅度十分明显；合作学习的方法在四、五两个年级提高幅度稍大于三、六两个年级；合作学习的成效性在三、四、五年级的提高十分显著（三年级 $p=0.005$，四年级 $p=0.001$，五年级 $p=0.000$）。以上干预结果说明，学生的合作性是可以通过教师的干预进行培养的，针对小学生可塑性强的特点，尤其是在合作的意识及合作学习的方法上，干预措施对学生影响很大。

（三）以情感教育促进德性的提高

我们想举课题组的两个“感情投资”促进德性发展的实例：

1. 离异家庭子女道德的变化

我们曾对“离异（离婚）家庭子女心理的特点”开展了多年的研究，不仅写出了十余篇研究报告，而且也指导写出了数篇硕士论文①。

① 林崇德：《离异家庭子女心理的特点》，载《北京师范大学学报（社会科学版）》，1992（1）。

父母离异后，其子女心理上首先起变化的是情绪情感特点；接着是产生不适应的心理状态；继而影响学习；最后在整个智力和社会性上(尤其是品德上)起变化。这一系列的变化能持续相当长的时间。

我们随机取样5~14岁少年儿童，其中离异家庭子女929名，完好家庭子女847名。运用情绪投射测验，研究了两种被试的乐观、悲观情绪，主要包括对不利环境、缺少同伴、危险、困难等客观情况下变化的预测以及对自己行为结果、自我力量和能力等方面自我估计的积极或消极情绪。结果是，来自离异家庭的子女的得分的平均数(X)为6.70，标准差(S)为2.44；来自完好家庭的子女的$X=6.15$，$S=3.55$。经差异数据检验，$Z=4.35$，$p<0.01$。二者各项指标差异均达显著水平，结果是，来自完好家庭的子女情绪情感比较乐观；而离异家庭的子女却情绪低落，受压抑，烦躁冷漠，好孤独，很容易走向品德堕落。

我们课题组提出，学校要义不容辞地担当保护和教育离异家庭子女的任务，教师要对这些孩子投以更多的师爱。我们在研究中看到，离异家庭子女中的小学生和初中生在父母离婚后，情绪好转，品德进步，且逐步产生良好适应的重要原因是学校教师感情投入的结果。我们课题组天津分组在汇总研究材料时介绍了15个“个案”材料：一个孩子不再萌发杀人之心；两个孩子不再离家出走；三个孩子不再“闹学”；四个孩子改善亲子关系；五个孩子在逆境中成长。他们用生活的实例，证实了教师在保护和教育离异家庭子女并使其德性获得成长的过程中的重要作用。

2. 师爱牵游子

我们在第四章曾提到师爱的重要性，并举自己的例子：送往美国16名联合培养的博士生，其中15名在师爱的感染下已按时回国奉献。这些回国的学者说，他们是冲着老师回国的。

我们把爱国主义思想与崇高的师德融为一体，以老师的“严在当严处，爱在细微中”真诚呼唤游子报效祖国。改革开放后，出国潮涌。我们支持博士生到国外深造，并将其视为促进学生成才的途径。我们很少讲大道理，却以点点滴滴的关爱，让博士生们感到祖国亲人的爱深情浓。出国的博士生们在异国他乡时，想得较多的是导师关爱自己的一件件小事。博士生们的职称问题、待遇问题、生活问题，等等，一桩桩一件件，导师都要过问，都要操心。正是导师的这些点滴关爱，使学子们感到祖国亲人的温暖，牵动着他们归国效力。

我们更以提携后学的师风，让学生们感到祖国的心理学事业更需要后生。我们与学生合作著作时，都是与学生平行署名，成为学生进入学术界的一个台阶。回国的博士们说，洋房、洋车、洋票子固然重要，但这样的师生之情难觅。如今，回国的 15 名博士，在中国心理学界已成长为一支相当有成就的学术骨干队伍，在国际上也颇有影响。

教师对学生的“爱”，虽没有血缘关系，却是一种只讲付出不计回报的无私的爱、神圣的爱。这种爱是教师教育学生的感情基础，学生一旦体会到这种感情，就会“亲其师，信其道”，最终热爱生养他的祖国。也正是在这个爱与被爱的过程中，实现了教育的根本功能。

第三节

从行为习惯入手培养德性

习惯，又称行为习惯，是指个体带有情感色彩自动化了的行为(动作)的需要或特殊倾向。长期养成而不易改变的行为方式是习惯形成的标志。

品德与社会性的一个显著特点，就是它自觉的抉择行为，自觉地按照一定行为准则来控制行为。这种德性抉择的自觉性，来自信念，且形成了行为习惯。由此可见，良好的行为习惯，既是德性形成的基础，又是德性的行为表现。因此，我们应该从学生的行为习惯入手，来培养学生的德性。

一、行为及其习惯

行为(behavior)，泛指为有机体外现的活动、动作、运动、反应或行动。行为有先天的和后天的；有自动化了的和未达自动化的。习惯的形成是学习的结果，是后天的条件反射的建立、巩固并臻于熟练化乃至自动化的结果。

心理学如何认识行为，习惯如何形成，行为习惯对德性的发展有何作用，这些都是我们要探讨的问题。

(一)心理学中行为的含义

心理学的研究对象，一曰心理；二曰行为；三曰心理与行为的关系。心理学是研究心理和行为的科学。

1. 不同心理学派对行为的理解

“行为”一词，在心理学中常赋予不同的含义。

(1)行为主义心理学把人与动物对刺激所做的一切反应都称为行为。这里的行为指一切遗传的与习得的外显行为，也包括一切遗传与习得的内隐的行为。华生(J. B. Watson，1878—1958)认为行为是心理学的研究对象，心理学不研究意识，人的思维也是一种内隐的行为。这样，行为主义无限地扩大行为的概念，否定意识对行为的影响与支配作用，似乎行为就是心理。

(2)格式塔心理学派勒温(K. Lewin，1890—1947)认为，人的行为是人与环境(心理的生活空间)的函数，其相互关系符合：$B=f(P \cdot E)$，这里的行为是指受心理支配的外部活动。

(3)在现代心理学的用语中，行为是指人在主客观因素的影响下而产生的外部活动，既包括有意识的，也包括无意识的。在正常的情况下，人的行为一般都是有意识的。

2. 心理学与行为科学

心理学的内部有不同的行为观，心理学与其他科学交叉研究行为又是什么样的观点呢?

以心理学、社会学、文化人类学、生物学、经济学、地理学等为理论基础的专门研究人类行为规律的综合性科学，叫作行为科学。

行为科学研究的主要内容是人类行为与组织，即人类行为是由什么原因引起和推动的，行为的发展变化受哪些因素支配，有些什么规律，以求对人类的行为进行预测和控制。它研究的行为有个体的行为、群体的行为与组织的行为三个部分。每种行为都有其基本理论。

心理学是行为科学的重要理论基础，而行为科学则是以心理学等多种学科为基础探讨人的行为规律的一门综合性科学。心理学偏重探讨人的行为规律的理论，而行为科学则更着重研究实践中预测和控制人类行为的规律。这里要指出的是，行为科学与行为主义心理学不同。行为主义主张只研究行为而反对研究人的意识，强调用实验法研究行为的客观表现。而行为科学则重视研究人的需要、动机、信念、态度与期望等主观意识在人的行为中的作用，不强调用实验法，主张运用多种方式方法来研究人的行为。

(二)心理与行为的统一

现代心理学主张心理学既研究心理，又研究行为，心理与行为是统一的。

1. 心理与行为统一的基础是心理现象的主客观交互作用

心理现象是主客观的统一，它既是主观的，又是客观的。心理现象具有主观性，表现在它是反映的形式，即“主观印象”；它总是要受个人累积的全部经验和个性特征所制约，具有个体差异，差异具有主观性；它的高级形式的意识是一种内在活动，通过个体的活动而实现，但又能对个体的行为起影响与支配的作用。心理现象又具有客观性，表现在它有客观的基础——脑和神经系统的活动；它的内容是客观现实的反映；它要通过言语与动作等各种外部活动表现在客观的行为上或实践中。

2. 心理与行为的统一是心理学研究的基础

与物理现象不同，心理现象不具形体，不能直接观察得到，这就构成了心理科学的特殊性。正如台湾师范大学心理学教授张春兴提出的：“心理学是超科学的科学。”①因此，在进行心理学研究时，人们首先把注意力集中于人的外表行为活动

---

① 张春兴：《现代心理学》，台北，东华书局，1991；上海，上海人民出版社，1994。

上。心理活动，不仅来源于客观现实，来源于实践活动，而且又通过其外部行为活动(主要是动作和言语)表现出来。首先，人的行为活动很明显地要受到心理活动的支配与调节。外部行为乃是人的心理活动的直接表现，而认知、情感、意志等心理过程及整个人格(或个性)对行为又有很大的影响。其次，人是有意识的高等动物，人的心理非常复杂，人们可以有意识地掩饰自己的某些心理活动，甚至表现出一些与内心不符合的外部假象，说出一些与心理事实不符合的话语。因此，当我们根据直接观察到的行为去分析判断人的某种心理活动时，必须非常谨慎。最后，人的心理的复杂性与外表行为的多变性，并不能使心理活动成为神秘莫测、不可捉摸、无法研究的东西。心理现象由外界事物和体内变化引起，总会在行为活动上有所表现，而且也是有规律可循的，即使直接表现受到掩盖，它也会间接地在其他方面有所流露。因此通过比较长的时间、全面系统的观察或借助于仪器分析，我们仍然可以对一个人的心理有所了解。

(三)道德行为的自动化

道德行为是在一定道德意识支配下所采取的各种行动。人的道德面貌是以道德行为来表现和说明的，也就是说，道德行为是一个人道德意识的外部表现形态，它一般成为品德的行为特征。

1. 道德行为的自动化及其后果

道德行为主要包括道德的行为技能和道德习惯两个成分。道德的行为技能，即道德行为方式方法，它主要是通过练习或实践而掌握的。在一个人品德的发展上，逐步地养成道德习惯是进行道德训练的关键。道德行为有两种表现，一种道德行为是不稳定的、有条件性的行为；另一种道德行为，是无条件的、自动的、带情绪色彩的行为。前一种是不经常出现的道德行动，后一种则形成了道德习惯。道德习惯是一种自动化行动的过程，是由不经常的道德行动转化为品德的突破点，是品德发展的质变指标。要通过一系列的模仿、无数次的重复、有意识的练习及与不良习惯作斗争等实践活动来培养儿童青少年的良好道德习惯。良好道德习惯的形成，是品德培养的最重要的目的。

良好的道德行为习惯，能使品德从内心出发，不走弯路而达到高境界；不良的道德行为习惯，会给改造不良品德工作带来困难。从系统科学的观点来看，道德习惯是一种能动的自组织过程。一定的道德环境使个体品德达到一个临界状态，品德系统的相变(质变)特点由道德习惯这种序参量决定。在客观的道德环境的作用下，主体的道德习惯往往将一些单个的行动协同起来，自动地做出一系列的道德行为。

2. 品德不良学生行为习惯发展结果的一个反证

品德不良的中学生的发展趋势如何，是社会上人们普遍关注的问题。

我们从 1979 年开始，曾利用 10 年、7 年和 4 年的时间，共追踪研究了 100 名品德不良的学生。对这些学生后来的发展结果作了统计，列入表 11-1 中。

表 11-1　100 名品德不良中学生的发展结果

发展结果	成为罪犯					有所转变/表现一般	进步显著/成绩突出	其他（病死）
	判死刑	叛国被毙	判刑	畏罪自杀	强劳少管			
人数	1	1	5	2	20	63	7	1
			29					
百分比（%）			29			63	7	1

从表中数据可见，具有不良品德的中学生，并不是都会成为罪犯的(仅占 29%)，大部分(占 70%)起了不同程度的变化．其中 7% 有显著的进步，成绩突出。具有不良品德的中学生，并不是不可救药的天性恶劣分子，只要抓紧教育，尤其抓紧成熟前阶段的思想教育，不良品德的中学生可以改正自己的错误并成为有用的人才。这说明品德不良中学生心理具有可塑性的特点，这个特点正是教师和家长教育工作的前提和条件。

促使品德不良中学生转化的因素很多，在教育改造时不可忽视的一条，就是要注意他们的不良道德行为习惯是否形成。在我们研究的 100 名不良品德的中学生中间，已经形成不良习惯的有 27 人，表 11-2 说明这 27 人的变化情况。

表 11-2 形成不良行为习惯者发展结果

发展结果	形成不良习惯	成为罪犯	有变化 但表现一般	进步显著	其他(病死)
人数	27	22	4	0	1
百分比(%)	100	81.5	14.8		3.7

从表 11-2 可以看出，品德不良中学生的变化大小与是否形成不良道德行为习惯有直接的关系，形成不良行为习惯者发展成罪犯的占绝大多数(81.5%)，而转变的只是少数(14.8%)。在 100 名研究对象中，有 29 个成为罪犯，他们绝大部分(22 人，占犯罪数的 76%)有不良行为习惯。可见，不良的行为习惯是否形成往往是决定不良品德的学生是否继续犯罪、恶化的重要心理条件。诚然，我们也深信习惯是可以改变的(我们研究材料中有 14.8%形成不良行为习惯的学生有所转变)，但是在教育实践中，防止不良行为习惯的形成是非常艰巨的。因此，我们对尚未形成不良行为习惯的失足中学生，要采取正面引导以控制他们形成不良行为习惯；对已形成一定恶习的中学生，要立足于“拉”，创造条件让其不良习惯得不到“强化”，使其不至“重犯”，进而把落水的中学生挽救上来。

(四)道德行为习惯是德性质变的标志

从教育措施到学生品德得到明显的发展，这过程不是立刻完成的，而是以他们对教育内容的领会或掌握为其中间环节的。也就是说，通过教育，品德获得从量变到质变的发展，这个质变，不是别的，正是第二章所述的“发展参数”，即发展指标的体现。那么，教育是怎样引起品德变化的呢？它的“发展参数”又是什么？

1. 品德发展的量变质变过程

经过教育，学生逐步领会道德知识，掌握道德经验。这里的道德知识和道德经验，从内容上说，有思想方面的知识，有道德规范体系方面的知识，等等；从形式上说，有基本道德知识(包括基本道德概念)，有行为规范的表现及其练习。领会和掌握道德知识经验，是从教育到品德发展的中间环节，这对品德发展来说，是一个“量变”的过程，这是品德发展的质变的基础。可以用图 11-8 来表示。

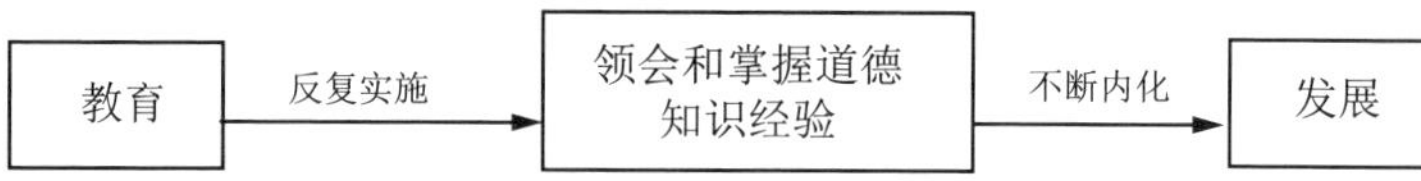

图 11-8　教育促进品德发展模式图

从那个模式图中看出，品德发展绝不能停留在道德知识经验的领会和掌握上。也就是说，品德的发展不光是指道德知识的增多和道德认识的提高，而是指在道德动机作用下的道德认识、情感、意志和行为的全面发展。这里更重要的是提高道德行为水平，形成道德习惯。因此，教育的目的，不仅仅是使学生领会和掌握道德知识经验，更重要的是发展品德的整体结构，这样，才算在某个阶段上完成了品德发展的质变过程。

2. 品德的质变与德育的目的

由知识经验的领会和掌握而引起的品德的发展，是一个量变到质变的过程，其中要经过很多的阶段。我们在培养学生品德的实验研究中看到，品德整体结构的发展是在掌握和运用道德知识、练习和重复道德行为的过程中完成的。如果一个学生不学习道德知识，不练习道德行为规范，他的品德是得不到发展的。道德知识、认识、训练是品德发展的基础。也就是说，学生的品德是在他们的“知”的反复提高和“行”的反复训练中逐步发展起来的，并须经过一个又一个阶段。可见，学生品德水平取决于：一是他们所领会的道德知识(或叫道德认识)；二是他们对正确行为规范要求的不断练习。前者的要求是背诵和理解，以铭记在心中；后者的要求是形成良好的习惯，品德发展的每一个阶段的特征，都集中地体现在道德行为习惯的变化上。德育的目的是什么？简单地说，就是养成良好的习惯。习惯是由于重复或练习而巩固下来并变成需要的行为方式。在学校教育工作中，人们之所以要强调抓好“班风”“校风”，就是因为要求班集体、校集体的成员，在一定的时间或一定的场合内，都会自然而然地按照既定的、正确的行为规范行动。社会学所强调的某个民族的道德风俗，也正是这个民族长期形成的道德行为习惯。因此，良好习惯的形成，是一个人的完整品德结构发展中质变的核心。

总之，我们应该将教育中学生接受道德知识和思想，接受道德行为和习惯的训练，都看作是其品德的一个局部的、小的变化或量变的过程，这一过程是比较明显的、稳定的品德质变的基础。教育的任务就是用知识武装学生的头脑，引导他们有的放矢地大量练习、实践，使知识经验不断“内化”和“动力定型”化，即变成他们的心理、思想和行为习惯，且能自行迁移，形成“自动化”的活动，从而促进他们品德的质变，并完善地达到发展参数。

二、通过行为习惯来培养德性

我的学生们在通过行为习惯来培养品德与社会性方面作了不少干预研究，其中对改变“欺侮”与“吸烟”问题的研究是很有特色的。

“不欺侮人(尊重人)”和“不吸烟”既是个品德问题又是个社会性问题，都算是个“德性”问题。“欺侮人成性”“吸烟有瘾”，这“成性”或“有瘾”都是不良行为习惯造成的结果。如何去除、干预？我们的干预研究结果证明，从行为习惯入手，能够培养德性，达到去除、干预的目的。

(一)小学生“欺侮”的干预研究

大量研究表明，欺侮对学生身心造成严重危害。儿童经常受欺侮通常会导致其情绪抑郁、注意力分散、孤独，进而导致学习成绩下降、逃学和失眠等问题，严重的甚至会导致自杀。尤其值得注意的是有关研究发现50%的儿童受欺侮后没有告诉家长、教师或同学，而是在沉默中承受痛苦，因此，受欺侮者在很大程度上成了被学校忽视的一个庞大的群体。①② 而欺侮者由于早期的社会适应不良造成以后的社会适应困难，导致其他类型问题行为的发生，其成年后的犯罪率也比一般人要高大约4倍③，这对其个人和社会的危害都是不言而喻的。

张文新等人(2008)对我国学生的欺侮问题进行了研究，研究目的包括两个方面④：一是解决学校中的欺侮问题，即通过干预，建立尊重、合作、互助、安全的

---

① D. Olweus, *Bullying at school: what we know and what we can do*, Oxford: Blackwell, 1993

② S. Sharp, P. K. Smith, *Tackling bullying in your school: a practical handbook for teachers*, London: Routledge, 1994.

③ D. Olweus, *Bullying at school: what we know and what we can do*, Oxford: Blackwell, 1993.

④ 张文新、鞠玉翠：《小学生欺负问题的干预研究》，95~99页，载《教育研究》，2008(2)。

班级和学校环境，使学生学会积极的交往方式，从而降低学校欺侮的发生率，使学生在学校内外感到更安全；二是创建(探索)适合我国国情的，具有推广价值的学校欺侮干预模式。

他们选取济南市区一所普通小学的三年级和五年级各三个班的学生为被试，共354名学生参加了实验。每个年级有两个班为实验班，一个班为对照班。根据本课题的性质以及前期的研究结果，本研究采用行动研究法对欺侮问题进行干预。干预实验的基本程序(详见图11-9)如下。

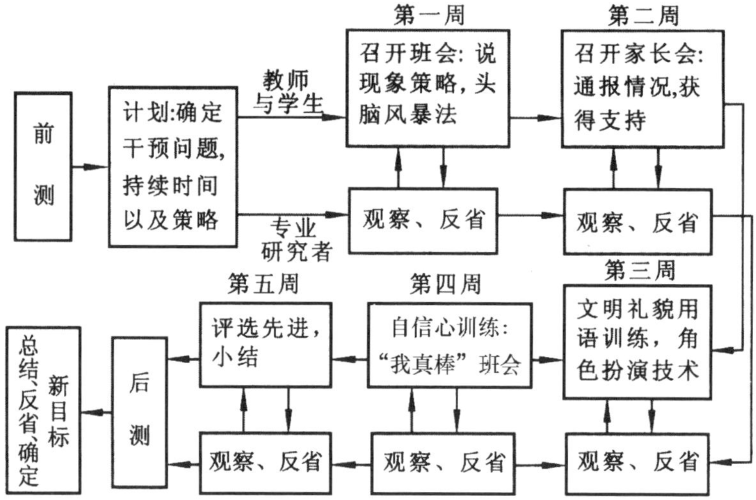

图 11-9 “欺侮”的干预模式图

第一步，对教师进行培训。在行动研究中，作为实践工作者的教师起着重要的作用。因此，干预开始前，对教师进行培训是必不可少的。本研究中对教师的培训主要包括四方面内容：①一般科学研究的程序和方法；②关于欺侮课题的有关知识；③行动研究法；④具体干预策略——头脑风暴法、自信心训练、角色扮演技术等，一切都是围绕形成学生一个稳定的习惯而进行培训。

第二步，培训之后，教师结合实际制订了为期5周的干预计划并执行。

第三步，按照计划依次实施每周的干预活动。每周的干预活动都按行动研究法的计划—行动—观察—反省的螺旋模式进行，各种干预策略贯穿干预的各阶段。

欺侮问卷以 5 点记分法，“1”表示没受过欺侮，“2”表示只发生过一两次，“3”表示发生了两三次，“4”表示大约一周一次，“5”表示一周几次。该研究得到的结果发现，干预前后，实验班和对照班受欺侮的儿童(在回答“最近一个月，在上学路上，你经常受欺侮吗?”这个问题中选项为 2，3，4，5 者)的比例发生了变化。经过干预，上学路上，实验班受过欺侮儿童的比例由前测时的 32%下降为 14%，经常受欺侮的儿童(选择 3~5 项)由 10%下降为 5%；对照班的相应比例分别由 37%和 11%下降为 22%和 5%。放学路上，实验班受欺侮儿童的比例由前测时的 35%下降为 17%，经常受欺侮的儿童由 11%下降为 7%；对照班的相应比例分别由 45%和 10%下降为 38%和 9%。可见，不管是上学还是放学路上，后测时实验班和对照班儿童受欺侮的比例都有一定程度的下降，而实验班的受欺侮者比例的下降幅度更大，在上学和放学路上，下降比例都达到 50%左右。

与此同时，欺侮行为从第一周到第四周，相邻两周间差异显著，而第四周与第五周差异不显著；周次与年级的交互作用主要表现在第一周与第二周，以及第四周与第五周。第一周到第二周，三年级欺侮行为下降较五年级快；第四周到第五周，三年级欺侮行为仍下降较五年级快。

作为品德与社会性行为，欺侮也是人格与情境互动的产物。欺侮者与受欺侮者的人格是儿童与成人及其同伴互动情境中形成和发展起来的。当然，已经确立的人格结构具有相对稳定性，但这并不意味着它是一成不变的，通过创设适当的人际互动情境(儿童与同伴、儿童与成人)，可以在很大程度上改善或削弱某些消极人格特征或倾向，而儿童期这种人格的可塑性尤为明显。

(二)高中生“欺侮”的干预研究

张文新(2002)还对高中生的“欺侮”进行了干预研究，所采用的干预研究方法与对小学生的研究方法基本相同。①

干预后中学生欺侮和受欺侮发生比例的变化结果如下。

干预前后，受欺侮的学生(在“最近一个月，你经常受欺侮吗?”问题上选项为 2，3，4，5 者)比例分别见图 11-10。经过干预，受过欺侮学生的比率由前测时的

① 张文新:《中小学生欺负/受欺负的普遍性与基本特点》，57~64 页，载《心理学报》，2002，34(4)。

56.8%下降为43.1%。全体学生中受欺侮者的比例出现显著的下降（$X_2=3.94, df=l, p<0.05$），由前测时的7.3%下降为4.9%，下降幅度达到30%；高中生受欺侮的现象在减少，不仅在一定意义上说明欺侮人在减少，而且也在说明抵制欺侮的能力在提高（在一定程度上也包含斗争性在提高）。研究中还看到，欺侮者的比例也发生变化，但未达到显著性水平，前后测时分别为2.2%和2.1%。

由此可见，与小学生一样，中学生的“欺侮”和“受欺侮”行为都是可以改变的。通过行为习惯的改变，能提高“不欺侮”和“不受欺侮”这样的品德和社会性。

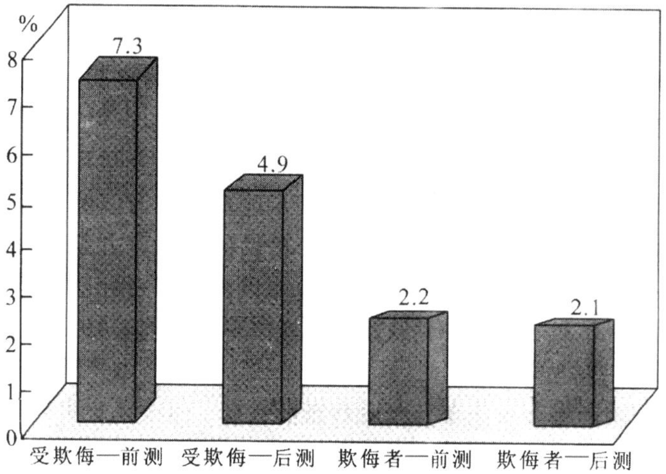

图 11-10　干预后中学生欺侮和受欺侮发生比例的变化

（三）青少年“吸烟”预防与干预研究

有关青少年吸烟行为的预防和干预研究是近二三十年来广为心理学家们所重视的问题。在现有的吸烟预防和干预方案中，绝大部分以学校为基础，研究者们主要从以下四种理论模式对青少年吸烟行为进行预防和干预。①健康教育干预模式；②社会影响干预模式；③生活技能干预模式；④认知发展干预模式。纵观国内外已有的对青少年吸烟预防和干预研究（方晓义等，2003），发现以下三个问题：第一，国外已有的一些干预模式在理论上存在着一定的问题和缺陷。第二，青少年吸烟行为不仅是生理现象，更是心理现象。但我国现有从心理学的角度对青少年吸烟行为进行干预的研究尚很少见。第三，以自我报告法测查青少年的吸烟行为，容易出现隐瞒或虚报吸烟行为的情况，这个问题成为困扰吸烟干预研究的难题。因此，方晓义等人决定采用伪装测验法和自我报告吸烟行为相结合的方法，要求被试提供他们的唾液样本，并假称可以从他们的唾液样本中获得他们是否吸烟的证据，以此来提高被试自我报告的真实性和准确性。有鉴于此，方晓义等人拟在充分吸收西方研究成果和经验的基础上，结合我国的社会文化背景和中学生的身心发展特点，将健康教育、抵制社会影响和改变与吸烟有关的认知等多种干预成分有效地结合起来，探讨并制定适合我国青少年吸烟行为的预防和干预方法，切实地对青少年的吸烟行为进行预防和干预。

1. 被试与测查内容

被试选自北京市两所普通中学的初一、初二、高一和高二学生各两个班共 662 人，前测中回收有效问卷 643 份，后测中回收有效问卷 587 份。经过前后测匹配剔除无效问卷，最后获得有效问卷 573 份。随机将每个年级的两个班分成干预组和控制组。其中，干预组为 311 人，男 143 人，女 168 人。控制组为 262 人，男 128 人，女 134 人。

测查内容有：被试曾经吸烟行为；被试上个月吸烟行为；对吸烟危害的认识；对吸烟好处的认识；抵制技能。

2. 干预实验方案

整个研究中的预防和干预方案名为“远离香烟”，共包括 7 次活动，每次活动 45 分钟，每周开展一次活动，共持续 7 周，同时在初一、初二和高一、高二学生中实施。方案包括 4 个成分：即健康教育、识别并抵制同伴压力、抵制大众媒体影响以及吸烟认知。预防和干预活动综合运用小组讨论、角色扮演、行为演练和头脑风暴法等多种手段，这里的行为演练实际上是形成良好的不吸烟的行为习惯，其主要目的在于提供健康教育方面的知识加深学生对吸烟危害的认识，给学生提供必要的技能以抵制不良社会因素的影响，同时通过改变青少年对吸烟利弊的认识和态度以降低他们吸烟的动机。

3. 结果与分析

(1)前后测中青少年上个月吸烟行为的转变

运用相关样本非参数检验比较干预组和控制组前后测中上个月吸烟行为的变化，得到如表 11-3 的结果。

表 11-3　前后测中青少年上个月吸烟行为(%)

		前测		后测		p 值
		不吸烟	吸烟	不吸烟	吸烟	
总体	干预组	87.3	12.7	92.5	7.5	0.002
	控制组	92.7	7.3	90.4	9.6	0.180
男生	干预组	78.0	22.0	84.4	15.6	0.049
	控制组	89.1	10.9	85.9	14.1	0.344
女生	干预组	95.2	4.8	99.4	0.6	0.016
	控制组	96.2	3.8	94.7	5.3	0.625
初中	干预组	85.6	14.4	90.0	10.0	0.092
	控制组	95.3	4.7	92.0	8.0	0.180
高中	干预组	87.5	12.5	94.6	5.4	0.021
	控制组	89.1	10.9	88.2	11.8	0.655
偶尔吸烟	干预组	29.4	70.6	76.5	23.5	0.000
	控制组	40.0	60.0	20.0	80.0	0.688
经常吸烟	干预组	0	100.0	0	100.0	1.00
	控制组	0	100.0	0	100.0	1.00

从表 11-3 可知，干预组后测中的吸烟行为要显著地低于前测，后测吸烟行为降低了 5.2%，而控制组则呈现出后测吸烟行为上升的趋势。

同样的趋势表现在不同性别、不同年级的青少年身上。干预组的男生和女生后测中的吸烟行为比前测分别降低了 6.4%和 4.2%，而控制组男、女生后测吸烟行为则上升。干预组的初中生和高中生后测吸烟行为比前测分别降低了 4.4%和 7.1%，而控制组的初中生和高中生后测吸烟行为则分别上升了 3.3%和 0.9%。

同时，干预组中的偶尔吸烟者后测中的吸烟行为几乎比前测减少了近 3 倍，而控制组中的偶尔吸烟者后测吸烟行为仍在上升。但无论是哪个实验组，经常吸烟者的后测吸烟行为均未发生变化。所以，根治那些吸烟成瘾(习惯)学生的行为，难度是极大的，这正是这个课题需要进一步研究的内容。

(2)前后测中青少年吸烟认识的转变

运用配对样本 t 检验，考察干预组和控制组前后测中吸烟认识的转变，得到表11-4的结果。

表 11-4 前后测中青少年吸烟认识的转变

		情绪		友谊		吸烟者形象		吸烟危害	
		M	*SD*	*M*	*SD*	*M*	*SD*	*M*	*SD*
干预组	前测	1.75	0.91	1.58*	0.83	1.66+	0.93	4.03	0.99
	后测	1.69	0.91	1.48	0.75	1.57	0.84	4.14	0.97
控制组	前测	1.62***	0.82	1.49**	0.75	1.61*	0.93	4.03	1.03
	后测	1.83	0.99	1.65	0.88	1.74	1.01	3.91	1.06

注：$^{+}p<0.10$，$^{*}p<0.05$，$^{**}p<0.01$，$^{***}p<0.001$。

从表11-4可知，干预组后测比前测更显著地反对吸烟会带来情绪、友谊和形象等方面的好处的观点。而与前测相比，干预组在后测中更赞同吸烟能带来各种危害。可见，认识比行为提高更快些。

与之相比较，控制组后测比前测更显著地认为吸烟具有情绪、友谊和形象等方面的好处，而在后测中对吸烟危害性的认识则显著地降低。

(3)前后测中青少年抵制技能的转变

表 11-5 前后测中青少年的抵制技能(%)

		前测		后测		*p* 值
		一般和差	高	一般和差	高	
总体	干预组	64.9	35.1	54.0	46.0	0.002
	控制组	63.6	36.4	65.7	34.3	0.635

从表11-5的结果可知，干预组后测中高水平的抵制技能显著地多于前测，后测高抵制技能增加了10.9%。而控制组后测高水平抵制技能则比前测减少了2.1%。

(4)干预组后测吸烟好处认识、吸烟危害、抵制技能与后测上个月吸烟行为

为了进一步考察在各种预防和干预成分中，哪一种成分能显著地对青少年的吸烟行为产生影响，我们运用了 stepwise 多元回归方法，得到以下结果：

表 11-6　干预组后测吸烟好处认识、吸烟危害、抵制技能与青少年后测吸烟行为的关系

	β	R^2	t	p
后测友谊	0. 341	0. 142	5. 771	0. 000
后测危害	−0. 131	0. 154	−2. 208	0. 028

从表 11-6 可知，在所有的干预成分中，只有后测中吸烟与友谊的认识以及吸烟危害的认识可以显著地预测青少年的后测吸烟行为。

第十二章

心理健康是德性的一种重要因素

心理健康，其英文为 psychological well-being 或 mental health，意指一种良好的心理或精神状态；围绕着心理健康开展的教育，称心理健康教育。当前，心理健康教育在我国大、中、小学里开展得相当“热火”。对我国心理学界说来，这似乎在与国际“接轨”。20 世纪 80 年代中期，我国的心理健康教育开始起步；而 80 年代初期还很少有人问津。可就在 1983 年初，我们在《中学生心理学》①中首先提出了学校心理卫生和心理健康教育的设想。

此后，无论是学术界，还是中央和教育主管部门都日益重视学生的心理健康及其教育问题。例如，1994 年《中共中央关于进一步加强和改进学校德育工作的若干意见》中提出：“通过多种方式对不同年龄层次的学生进行心理健康教育和指导。”这是国家政策中第一次提出“心理健康教育”的概念。中共中央 国务院 1999 年公布的《关于深化教育改革全面推进素质教育的决定》指出，要“针对新形势下青少年成长的特点，加强学生的心理健康教育”。2010 年中共中央 国务院印发的《2010—2020 年国家中长期教育改革和发展规划纲要》明确强调：“加强心理健康教育，促进学生身心健康、体魄强健、意志坚强。”

为落实中央对心理健康教育的要求，教育部在不同历史时期出台了一系列文件。例如，1999 年，教育部颁布了《关于加强中小学心理健康教育的若干意见》，就中小学心理健康教育的重要性、基本原则、主要任务、实施途径、师资队伍、条件保障、组织领导等做出了明确规定。2012 年，教育部印发了《中小学心理健康教

① 林崇德：《中学生心理学》，北京，北京出版社，1983。

育指导纲要》，我国心理健康教育从此有纲可循；该纲要在 2012 年修订并重新公布。2014 年，教育部下发了《关于实施中小学心理健康教育特色学校争创计划的通知》，旨在树立一批心理健康教育工作先进典型，推动广大中小学全面普及心理健康教育，切实提高中小学生的心理素质和心理健康水平。

我本人是我国中小学心理健康教育的见证者，长期以来在教育部中小学心理健康教育专家指导委员会任职，担任过主任和名誉主任，直接参与了有关政策的制定并为广大中小学心理健康教育实践提供专业指导。对心理健康教育从学理层面、政策层面、实践层面都进行过一些研究和思考。本章试图总结我和我的课题组在这方面的一些认识。本章主要回答的问题包括：为什么要开展心理健康教育？如何确定心理健康的标准？心理健康教育与德育有何关系？心理健康教育的途径是什么？我们搞过哪些心理健康教育的实验研究，效果又是如何？

第一节

积极而科学地开展心理健康教育

自 20 世纪 80 年代中期以来，我国不少省、自治区和直辖市在大、中、小学中开展了心理健康教育。尽管提法不同，例如，有的强调“心理品质教育”，有的强调“心理教育”或简称“心育”，有的强调“心理素质教育”，但更多的还是叫“心理健康教育”。人民教育出版社 1998 年出版的中学德育课程(思想政治课)教材，初中一年级是“心理教育”。以上提法甚多，但是含义基本一致，即离不开“心理”，最终或最高目标还在于教育，即与心理有关的教育，也就是成为教育内容的一部分。从 20 世纪 90 年代中期起，按国内外学术界，特别是心理学界的惯例，中央和教育部有关文件，统一地称之为“心理健康教育”，目前这一提法成为通用表述。

一、心理健康教育的关键在于提高学生的心理素质

1998 年，在《中共中央 国务院关于深化教育改革全面推进素质教育的决定》中谈到“心理健康教育”时，明确地指出了心理健康教育的目的：“加强学生的心理健康教育，培养学生坚韧不拔的意志、艰苦奋斗的精神，增强青少年适应社会生活的能力。”很清楚，心理健康教育主要应该从正面来论述，它的关键在于提高学生的心理素质。心理健康教育是学校教育本身的含义之一，也是素质教育的一部分。

（一）心理健康教育是时代的呼唤

当今的世界，科学技术突飞猛进，知识经济初见端倪，国力竞争日趋激烈。我们要实现中华民族的伟大复兴，就必须努力培养与现代化要求相适应的数以亿计的高素质的劳动者和数以万计的专业人才。因为竞争从根本上说是人才的竞争，科学技术的发展和知识经济的腾飞必须以人才的培养为基础。这在一定意义上是今天推进素质教育的缘由。

1. 心理素质是全面素质的一个重要因素

在倡导素质教育中提出了全面素质，即全面提高学生的思想道德素质、文化科学素质、劳动技能素质和身体心理素质。在一定意义上说，心理素质决定着各种素质的质量水平，甚至于决定着学生最终能否成才。可见良好的心理素质是人的全面素质中的重要组成部分，是未来人才素质中的一项十分重要的内容。因此，要进行素质教育必然有提高心理素质的教育，即心理健康教育。正是在这个意义上，教育部《中小学心理健康教育指导纲要(2012 年修订)》开篇即指出：“中小学心理健康教育，是提高中小学生心理素质、促进其身心健康和谐发展的教育，是进一步加强和改进中小学德育工作、全面推进素质教育的重要组成部分。”

2. 对“健康”含义的新理解

当今的“健康”概念，再也不是单纯地指机体(或身体)健康。世界卫生组织早已确定健康有三个含义：机体(身体)健康、心理(或精神)健康、社会适应能力强。

实际上，社会适应能力强也属于心理（或精神）健康的一种表现形式。因此，健康主要表现为身与心的健康。心理健康是一个人健康的重要组成部分。心理健康往往影响机体健康，良好的情绪情感是机体康复的重要条件。我们之所以把社会适应能力看做是一种心理素质的表现形式，是由于社会适应能力不仅是健康的指标，而且也是一个人智力与能力的表现。在发达国家失业大军中，博士一大批，硕士满街走，不是这些博士硕士没有本领，而是其他的原因，如人际关系差，不能适应现实生活也是一个重要因素。由此可以断定，推行素质教育，促进学生健康地成长，绝不能忽视心理健康教育。

3. 心理健康教育的时代性

心理健康教育也涉及心理或行为问题。在一个温饱尚未得到解决的社会，是顾不上什么心理问题的。但在发达国家或地区，却开展得十分活跃。在我国，随着生活和工作节奏的加快、应激状态的持续、竞争压力的增大、社会阅历的扩展和思维方式的变革，在工作、学习、生活、人际关系和自我意识等方面可能遇到心理失衡的现象。这些心理或行为问题，不仅在职人员有，在学生身上也存在着，这就需要对学生心理健康进行教育和指导。这就是为什么心理健康教育过去没有而现在出现的主要原因。

（二）心理健康的含义与标志

心理健康的概念既代表心理健康，也表示它的相反方向——心理问题。

1. 国际争议

第一，关于心理健康的含义有不同认识。有的学者强调心理健康的客观标准，认为具有良好的身体、良好的品德、良好的情绪以及良好的社会适应能力等就是心理健康，如艾里克森（E. H. Erikson）的心理社会发展阶段论和彪勒（C. Buhler）[1]的基本生命倾向论；有的则强调心理健康是一种主观感受，如马斯洛（A. H. Maslow）的自我实现概念等；有心理学家从外部标准、主观感受、情绪三个方面来论述心理健

---

① C. D. Ryff, & C. Keyes, "The structure of psychological well-being revisited", *Journal of Personality and social psychology*, 1995, 69, 719-727.

康。还有学者认为心理健康通常包括两个方面：积极方面和消极方面（K. Boey & H. Chiu，1998）。①

第二，关于心理健康的测量指标有不同认识。在对西方心理健康研究文献检索中发现，关于心理健康的测量指标有很多，例如，情绪和情感、主观幸福感、自尊（M. Rosenberg，C. Schoenbach & F. Rosenberg，1995；T. Owens，1993）②③、一般健康状况、生活满意感等，那么，研究什么指标最能够反映心理健康的本质和核心呢？这就构成了争议。

第三，关于对心理健康的测量存在误区。目前心理健康工作者所使用的心理健康测量工具，是存在争议的，因为大部分为对心理问题或心理症状的测量，例如，对于忧郁、焦虑和其他负面情绪的测量，如 Goldberg 的一般健康问卷（D. Goldberg，1972）④，N. Bradburn 的负性情绪量表⑤，而忽略了对心理健康积极方面的量度。这样的测量无法指出“健康”与“不健康”之间的区别。

2. 心理健康的含义

（1）心理健康分为正负两个方面

迄今为止，对心理健康公认的理解是：心理健康分为正负两个方面，它不仅仅是消极情绪情感的减少，同时也是积极情绪情感的增多，心理健康也就被默认成了这两种情感。积极情绪情感和消极情绪情感彼此相互独立。换句话说，积极情绪情感的增加/减少并不意味着消极情绪情感的减少/增加，它们可以同时存在（H. Akiyama，1992）。⑥

（2）心理健康内涵的核心是自尊

① K. Boey，H. Chiu，“Assessing psychological well-being of the old-old：A comparative study of GDS-15 and GHQ-12”，*Clinical Gerontologist*，1998，19，65-75.

② M. Rosenberg，C. Schooler，C. Schoenbach，F. Rosenberg，“Global self-esteem and specific self-esteem：Different concepts，different outcomes”，*American Sociological Review*，1995，60，141-156.

③ T. Owens，“Accentuate the positive and the negative：rethinking the use of self-esteem，self-confidence”，*Social Psychology Quarterly*，1993，56，288-299.

④ D. Goldberg，*The Detection of Psychiatric Illness and Social Psychology*，1972，78，662-675.

⑤ N. Bradburn，*The structure of psychological well-being*，Chicago：Aldine，1969.

⑥ H. Akiyama，“Measurement of depressive symptoms in cross-cultural research”，Paper presented at the International conference on Emotion and Culture，University of Oregon，Eugene，1992.

所谓自尊，是指个体对自己(或自我)的一种积极的、肯定的评价、体验和态度，自尊是心理健康的核心。因为自尊与心理健康各方面的测量指标都有着高相关。①

(3)心理健康是一种个人的主观体验

这种主观性具有三个特点，一是主观性：心理健康与否，往往来自个人的主观体验，客观条件只是作为影响体验的潜在因素；二是积极性：表现出肯定的、正面的精神面貌，热忱的、进取的心理状态；三是全面性：心理健康与否，不仅表现在知、情、意的各个过程和个性的各个方面，而且也往往表现在个人生活的各个方面。②

3. 心理健康的标志

其一，没有心理障碍。心理障碍是指心理现象或精神现象发生病理性的变化，它有轻度与重度之分；大中小学生常见的心理问题或行为问题，主要属于心理素质或心理质量不高的表现，它不属于心理或精神疾病的范畴，充其量是一种心理失衡的状态。

其二，具有一种积极向上发展的心理状态。心理状态可以是积极的，也可以是消极的，而积极向上的心理状态是心理健康的重要标志。

4. 心理健康概念的具体表述

国际心理卫生大会标准(四条)：身体、智力、情绪协调；适应环境，人际交往顺利；有幸福感；发挥潜能。

人本主义心理学(经典十条)：自我安全感；了解自己；理想、目标切合实际；适应环境；保持人格的完整与和谐；善于从经验中学习；良好的人际关系；控制情绪；适应群体，发挥个性；适当满足个人需要。

美国人格心理学的标准(七条)：自我开放(不自我封闭)；良好的人际关系；具有安全感；正确地认识现实；胜任自己的工作；自知之明；内在的统一的人生观。

---

① J. Crocker, "The Costs of Seeking self-esteem", *Journal of Social Issue*, 2002, 58(3): 597-615.

② E. Diener, "Subjective well-being", Psychological Bulletin, 1984, 95, 542-575.

（三）心理素质的内容

心理素质，主要指心理要素或因素的质量。对心理素质的分类很多，“知、情、意”是一种分类，“意识（心理）与行为”也是一种分类，强调心理有“智力因素”与“非智力因素（或人格因素）”又是一种分类。不同分类，就有不同“内容”的提法。心理健康与否，当然与这些相关的因素或内容有着密切的联系。

1. 判断心理健康的指标

判断心理是否健康有两个指标，一个是适应性指标；另一个是发展性指标。前者比较简单，一切不适应社会的现象都属于不健康。例如，目前学生中存在着诸如嫉妒、自卑、任性、孤僻、焦虑、逆反心理、神经衰弱、社交困难，乃至自杀、犯罪等心理问题或行为问题，都属于适应性问题。后者却比较复杂，因为学生处于发展阶段，多数问题属于尚未发展或尚未得到发展的问题。例如，青春期的种种表现，只要在正确的教育下，通过发展，就进步了，不成问题了。

2. 发展性指标是分析学生心理健康教育根本性的指标

正因为有发展性指标，所以学校的心理健康教育重点应放在学生心理素质的发展上。这里的心理素质，如上所述，既包括智力因素，也包括非智力因素，即人格因素。如第七章所提到的，智力因素又包括感知觉能力（特别是观察能力）、记忆能力、想象能力、思维能力、言语能力和操作技能，其中思维能力是智力与能力的核心。良好的思维能力，不仅包括概括能力、推理能力和解决问题的能力，而且也包括诸如敏捷性、灵活性、独创（创造）性、批判（分析）性和深刻性等思维品质。非智力因素或人格因素，是指智力活动以外又能对智力活动产生效益的一切心理因素。良好的非智力因素或人格因素，主要包括健康的情感、坚韧不拔的意志、积极的兴趣、稳定的动机、崇高的理想、刚毅的性格和良好的习惯等。以上这些方面都应该是心理健康教育要关注的内容。因此，我们在倡导心理健康教育时，应该从正面来阐述提高和发展学生心理素质，不要过多地强调学生心理如何不健康。我们正是要从智力与非智力两种因素上来对学生进行心理健康的教育；用智力与非智力因素的发展性指标来分析学生的心理健康状况及其教育的问题。

3. 学生心理发展的主流与心理健康教育模式

近年来，越来越多的地方和学校开展起心理健康教育，社会上的一些机构也积极参与到这方面工作中。大家都重视心理健康教育本来是好事，但是，现在确实存在一种把学生中心理不健康的数据无限扩大的倾向，以此来抬高心理健康教育的“身价”。对此，我们认为，这种做法坚决要不得，这会造成学生人人自危的负面效果，也会阻碍心理健康教育的正常开展。我早在 2001 年就在《中国教育报》发表了“心理健康教育路一定要走正”的谈话①，这一主张在今天看来依然非常必要。

我们要看到广大学生的两个主流：一是学生心理健康是主流；二是有些学生由于人际关系学业、生活环境的压力产生暂时的心理不适，要求咨询和辅导，他们要求健康是主流。如前所述，长期以来，病理学与缺陷观占据心理学的主要地位，而忽视对人类积极特征的研究，如乐观、希望、知识、智力和创造力等，于是必然地会产生积极心理学。积极心理学是关于人类幸福和力量的科学，它产生于世纪之交，创始人是 Martin E. P. Seligman，以研究人类积极心理品质。我们持以和积极心理学相似的观点。因此，学校心理健康教育必须是教育模式，而不能是医学或医疗模式。

从教育模式出发，学校心理咨询重点是发展性咨询，同时辅之以障碍性咨询。关于发展性咨询：一是需要咨询，引导学生有正确的社会需要和良好的精神需要，解决学生中无理想、无动力、无兴趣的问题。二是成长咨询，学生在不同的年龄发展阶段，会产生一些相应的心理问题，需要进行有针对性的辅导。三是成功咨询，指导学生如何发挥自己的潜能获取学业和成才的成功。在这里，我们不能简单凭“智商”取人，要看到非智力因素对学生成才的影响。四是创新咨询，引导学生成为高素质，有创造性的人才。

---

① 林崇德：《心理健康教育路一定要走正》，载《中国教育报》，2001 年 11 月 26 日。

（四）心理健康教育与德育工作

心理健康与德育工作既有联系，但又不能等同。一方面，心理健康教育与德育工作具有一致性。例如，上述的非智力因素或人格因素的培养，它不仅是心理素质提高的组成要素，而且也是德育工作的内容之一；上述的“不适应”或“心理问题”，它不仅是心理健康教育中预防和矫治的问题，而且也是德育工作中要帮助学生克服的不符合道德规范的表现。这说明心理健康教育与德育工作有着密切联系，任何一方好了，有利于对方工作的开展。

另一方面，我们不能用德育工作来代替心理健康教育，也不能用心理健康教育来取代德育工作。因为学生的心理问题不能简单地归为思想道德问题。例如，人际关系的紧张、学习过程中产生的压力、自制力的薄弱等绝非用思想道德规范能够解释的。同样地，那些政治、思想、道德、法律上的问题也绝不能当成心理问题来解决。从这个意义上说，我们不能用心理健康教育来替代思想政治课，也不能认为有了思想政治课，就可以不要心理健康教育。此外，在心理健康教育中，还要防止医学化和学科化的倾向，尤其是学科化的问题，即千万不能把心理健康教育搞成心理学知识的传授和心理学理论的教育。心理学课按“教学大纲”或课程标准是可以考试的，但我们绝不允许在心理健康教育中进行考试，因为心理健康教育注重的不光是知识，而更重要的是实践和实效。

由于我们的教育始终是以德、智、体等为核心内容的。在宏观层面，不一定非要把心理健康教育提高到与这几大核心内容并立的层面，但至少可以将其笼统视为“大德育”的重要而独特的方面。2006 年召开的党的十六届六中全会通过了《中共中央关于构建社会主义和谐社会若干重大问题的决定》，其中首次阐述了社会和谐与心理和谐的关系，强调要“注重促进人的心理和谐，加强人文关怀和心理疏导，引导人们正确对待自己、他人和社会，正确对待困难、挫折和荣誉。加强心理健康教育和保健，健全心理咨询网络，塑造自尊自信、理性平和、积极向上的社会心态。”这一重要文件实际上指明了心理健康教育的指导思想——“心理和谐”观点①。

---

① 林崇德：《心理和谐：心理健康教育的指导思想》，5~11 页，载《西南大学学报（社会科学版）》，2012，38(3)。

“心理和谐”从内涵上说，是积极心理学的核心，从外延上说，它几乎包含积极心理学的所有内容。从心理和谐出发，探讨人对自己、他人、社会的关系，正是和道德规范所涉及的对自己、他人、社会的关系是一致的，所以把心理健康教育视为德育工作的一个组成部分是有道理的。

二、要重视越来越多的学生心理问题

教育部《关于加强学生心理健康教育的若干意见》(1999)指出：“青少年正处在身心发展的重要时期，相当多的是独生子女，随着生理、心理的发育和发展，竞争压力的增大，社会阅历的扩展及思维方式的变化，在学习、生活、人际交往和自我意识等方面可能遇到或产生各种心理问题。有些问题如不能及时解决，将会对学生的健康成长产生不良的影响，严重的会使学生出现行为障碍或人格缺陷。”所以，我们要重视越来越多的学生的心理问题，寻找问题的根源并有针对性地提出解决的办法。

(一)问题的表现

目前，学生中出现越来越多的心理健康问题，迫切需要开展和加强心理健康教育。很多调查和学生的自我报告表明，他们中普遍存在着如上边提到的嫉妒、自卑、任性、孤僻、焦虑、逆反心理、神经衰弱、社交困难、学习不良、吸烟饮酒，乃至自杀、犯罪等心理行为问题。在这些心理行为问题中，既有“问题”儿童青少年，也有“学校处境不利”儿童青少年。前者，通常指品格上存在着问题且经常表现出来的青少年。这里，一是指品德发展上的缺点；二是指性格发展上有偏畸。这类学生在学校里，较多地表现出纪律松弛、情绪消沉、焦虑紧张，甚至于闹学、混学、逃学和辍学等。后者通常指智能正常，但在学校中处于低下地位，实际上被剥夺了学习权利和学习可能的学生，也包括本身能力发展迟滞、学习成绩落后、行为不良等不能适应学校学习的学生和从较低水平学校转到较高水平学校时不能很快适应新条件的学生。

我们将心理健康方面存在的问题作一个归纳，主要表现在三个方面：一是人际关系的紧张；二是学习所造成的压力；三是在“自我”方面出现的问题。北京市青少年心理咨询服务中心主任王建宗，曾统计了5年中所接受的6万多人次的热线咨询内容，对各类问题作了分析，其中人际关系方面问题占42%⁺，学习方面问题占27%⁺，两项占了近70%，余下的是“自我”占20%及其他方面的问题占10%。咨询者来自重点学校的占45%以上，可是重点学校在所有学校的比例仅占5%。可见，重点学校学生在心理健康方面的问题要远远超过普通学校的学生。大学生心理问题，也属于这类问题，且重点大学学生的心理或行为问题多于一般大学的学生。①

首先，心理健康问题表现在人际关系上。具体分为：①师生关系的问题；②亲子关系的问题；③同伴或同学关系的问题；④对异性的看法问题。这四个问题还可以细细分析，只要某一个环节人际关系紧张，就会产生学生的心理健康问题。例如，一些工读学校统计，工读学生多半存在着亲子关系紧张。在工读学生家庭教育中，因父母离异或关系恶化造成亲子关系紧张者占1/3，过分的溺爱或过分的专横（即所谓“棍棒教育”）造成亲子关系紧张者占1/3，余下1/3的家庭也或多或少存在这样那样的问题。

其次，心理健康问题表现在学习上。在大学生自杀问题的调查中，学习因素占首位。在学生中，学习问题具体分为：①学习压力问题，并由此造成种种心理行为问题。②厌学问题，即厌学情绪突出。据我们初步调查，中学生厌学者约占34.3%。③学习困难问题。我们在调查中看到，学习基础差的中学生占40%以上。④学习障碍问题，甚至个别学生出现“学校恐惧症”。例如，一进学校就头痛或肚子疼，一上某教师的课就恶心或发晕，一到考试就发烧等。

最后，心理健康问题表现在“自我”上。具体分为：①自我评价问题，过高或过低地评价自己，于是在自尊心、自信心上出现问题；②自我体验问题，由于体验的错误，往往出现自卑、焦虑或逆反心理；③自制力问题，因自我控制能力差，常常表现出耐挫力过弱。如果这三个方面问题联系在一起，则会造成心理行为的严重问

① 林崇德、辛涛、邹泓：《学校心理学》，北京，北京师范大学出版社，2000。

题。北京某校一位初一女学生，因母亲工作繁忙来不及为其做好饭菜又来不及做详细解释，让她匆匆吃了顿方便面。由于这个女生自我认识较差，误认为母亲对她有看法；自我体验又不准确，觉得失去母爱；再加上缺乏自制力，结果为吃一顿方便面而自杀，从而酿成极大的悲剧。

人际关系、学习和自我，这三方面问题往往联系在一起构成并发症。有位在上小学时获得过大奖的三好学生，其母在其上市重点中学后对她寄以很大的期望，希望她在班里保持在前 10 名，可是她的学习成绩却排在第 35 名之后，母亲就以自杀相威胁。这不仅造成亲子关系紧张，而且也给她的学习造成很大的压力，在她自己感到失去自信心之后，离家出走 3 天，险些造成严重后果。幸亏学校及时发现，及时寻找回来，加上及时心理辅导，才使她逐步摆脱心理阴影，最后获得较好的发展。

（二）问题的起因

学生的心理健康问题或心理行为问题，并非现在才有，只不过今天的问题更为严重、更为突出。原因在哪儿？《中共中央关于进一步加强和改进学校德育工作的若干意见》（1996）（以下简称《意见》）指出，这主要是因为“面对新的形势和要求，学校德育工作还很不适应”。这里具体又分为外部原因和自身原因。

1. 外部社会原因

在新旧体制转换过程中出现了各种各样的矛盾，主要表现在：①社会上滋长的唯经济主义的影响，在学生中表现为“一切向钱看”的消极现象，不仅妨碍学生树立正确的人生观和价值观，而且也助长他们产生拜金主义、享乐主义和极端个人主义的心理。②在当前教育体制不能全面贯彻党的方针的条件下，容易产生重智轻德、分数至上的消极现象，它往往使学生产生焦虑情绪、挫折感和人格障碍，甚至于萌发“轻生”的念头。③有些家庭教育不当也会产生各种各样的消极现象。像离婚家庭子女失去正常教育，易发生情绪低沉，不能适应现实生活，致使学习成绩降低、人际关系紧张，甚至于使品德滑坡、人格异常。有些独生子女家庭，由于娇惯、纵容、溺爱，致使孩子任性、懒惰、独立性差、依赖性强、不够合群等毛病严重。

④大众传媒中，特别是网络中的不健康的内容也是造成学生心理行为问题的重要原因。一些文艺、影视广播、网络、出版等部门，不是以爱国主义、集体主义和社会主义为主旋律，不是以科学的理论武装人，不是以高尚的情操塑造人，而是充满“拳头”加“枕头”的内容，对儿童青少年起着教唆作用，甚至于淫秽书刊、音像制品泛滥成灾，严重地毒害儿童青少年，使他们心理变态，误入歧途。所有这一切，都同《意见》指出的“增强适应时代发展、社会进步，以及建立社会主义市场经济体制的新要求和迫切需要的素质教育”相违背，都是产生“问题”的儿童青少年、“学校处境不利”的儿童青少年的根源。

2. 学生自身原因

除了社会方面的原因之外，还有学生自身的原因。因为学生心理行为问题较多的青少年期，这正是心理学家所说的“危机期”。一些心理学家从西方社会方式特点、人际关系和家庭结构的现状所造成的青少年反抗社会、反抗成人、藐视法律、铤而走险的事实出发，认为个体发展的青少年期，不可避免地要发生反社会行为，要和现实、成人发生冲突。这种观点表现在各派心理学家的理论中。例如，斯普兰格(E. Spranger)将这个时期比喻为“疾风怒涛”阶段；霍林渥斯(L. S. Hollingworth)称这个时期为“心理断乳期”；艾里克森(E. H. Erikson)提出，这个时期的发展任务就是避免自我同一性的“危机”，等等。我们不必照搬西方心理学家的这些观点，但是，青少年处在人生发展的十字路口阶段却是事实。一方面，这个阶段是理想信念迅速变化的时期；是价值观、人生观、世界观从萌芽趋于形成的时期；是开始以道德意识、道德观念指导自己行为的时期。另一方面，这个阶段又是生理迅速成熟，而心理发展跟不上生理发育的青春期；逻辑思维尽管发展很快，而思维的批判性尚待成熟，看问题容易造成主观和片面；情绪情感日渐发展，但两极性严重，自控性差，使逆反、对抗心理容易出现。这是一个幼稚与成熟、冲动与控制、独立性与依赖性错综复杂的时期。因此，青少年期心理发展，必然是两极分化严重的阶段。这个阶段的主要任务之一，是处理好幼稚向成熟、童年向青年过渡时期的各种矛盾，使之日渐趋于成熟化。若处理不好，必然会使青少年心理产生这样或那样的问题。

总之，学生中由于社会和个体发展阶段的原因造成了各种各样的心理和行为问题。要预防、解决这些问题，一条主要的途径就是做好学生的心理健康教育。各级各类学校的教师是学生心理的“保健医生”，也必然成为心理健康教育的主力。为了学生的健康成熟，教师不仅要为他们创设一个和谐宽松的良好环境，而且需要帮助他们掌握自我教育，即调控自我和发展自我的方法与能力。

三、关于心理健康的标准

怎样来判断心理健康？我们认为，第一，主观标准与客观标准的统一是心理健康的判别标准；第二，情绪是心理健康状态的直接体现和重要检测体系；第三，自尊是心理健康概念的核心，自尊有三种心理社会因素——自我认同感、社会能力、学习与工作能力和两种生物因素——相貌和天赋；第四，学生存在的问题是制定标准的前提。针对上边提到的学习、人际关系与自我的三个主要问题，可以从正面上去制定心理健康的标准。为此，我们做了一些探索，也就是说，对于广大学生心理健康在每个方面的具体标准，我们很难包揽无遗地逐条列出，但是从问题的正面出发，又考虑到主客观的统一、情绪情感和自尊三个依据，大体可从下面三个方面加以概括：一是敬业；二是乐群；三是自我修养。

（一）敬业——学习方面的心理健康

学习是学生的主要活动。心理健康的学生是能够进行正常学习的，在学习中获得智力与能力，并将习得的智力与能力用于进一步的学习中。由于在学习中能充分发挥智力与能力的作用，就会产生成就感；由于成就感不断得到满足，就会产生乐学感，如此形成了一个良性循环。具体地说，学习方面的心理健康，表现在如下方面。

1. 体现为学习的主体

心理健康的学生，时时处处表现出自己是学习活动的主人和积极的探索者，体现为学习的主体。他们的学习积极性和自觉性是成功学习的基础，这使得他们学会学习，主动地去学习。只有学生主动学习、主动认知、主动接受教育内容、主动吸收人类积累的精神财富，他们才能认识世界，并促进自己的发展。

2. 从学习中获得满足感

心理健康的学生从学习中获得满足感，并从中增强对自己的信心，使自己充分相信自己具有学习的能力，以后会进一步地寻找机会发挥这种学习的能力，从学习中获得满足感。当然，这种成就感应是适当的，过强或过低都不好，因为急于求成和无所作为都是不好的。

3. 从学习中增进体脑发展

心理健康的学生能合理使用体脑，顺应大脑兴奋和抑制的活动规律，注重一定的运动调节，并注意体脑活动与睡眠的关系，从学习中增进体脑发展。借此防止学习中常见的前摄抑制和倒摄抑制；他们能自觉交替地进行各种学习。这样一来，他们就能借助体脑获得智力和能力的更好发展。

4. 在学习中保持与现实环境的接触

每个人都有幻想，在这方面，心理健康和心理障碍的人的根本区别在于，前者的幻想有一定的现实基础且在时间上比较短暂，他们能从学习中保持与现实环境的接触，不会妨碍其学习和人际交往，虽然他们也利用幻想补偿学习活动中未得到的满足，但在实际学习活动中却能面对现实、保持与环境的有效接触。后者则相反。

5. 在学习中排除不必要的忧惧

在学习中难免会有不愉快的情绪体验，如忧愁、惊惧、悲伤等，考试前的焦虑，教师提问时的紧张等，心理健康的学生能从学习中排除不必要的忧惧，摆脱消极情绪的困扰，进行合理调适。

6. 形成良好的学习习惯

学习习惯有良好的与不良的之分。有的学生会自己制订学习计划，独立思考，按时完成作业，经常复习、预习功课，长期坚持努力学习，经常综合整理所学知识，并逐渐形成良好的学习习惯。从学习中形成良好的学习习惯，有助于增进心理健康水平。

(二)乐群——人际关系方面的心理健康

人总要与他人交往，并建立一定的人际关系。学生的人际关系主要涉及亲子关系、师生关系和同伴关系等方面。学生与双亲、与教师的关系是一种垂直方向的关系，而与同伴的关系则是水平的关系。每个学生总是“定格”于人际关系网络中某个特定的位置，同时又与别人发生各种方式的联系。学生处理错综复杂的人际关系的能力直接体现了其心理健康水平。在人际关系方面，心理健康表现在如下方面。

1. 能了解彼此的权利和义务

心理健康的学生了解彼此的权利和义务，注意重视对方的要求，又能适当满足自己的需要。同时，做到孝顺父母、尊敬师长、亲近同学。这样能保证人际关系的健康发展。

2. 能客观了解他人

心理健康的学生不会以表面印象来评价他人，不将自己的好恶强加于人，而是客观公正地了解和评价他人，既能看到别人的短处，更能看到别人的长处。

3. 关心他人的要求

心理健康的学生知道只有尊重和关心别人，并在相互信任、尊重和关心中才能获得发展，他们能关心他人的需要。这就是孔子说的“君子贵人而贱己，先人而后己”的道理。

4. 真诚的赞美和善意的批评

心理健康的学生不是虚伪地恭维别人，而是诚心诚意地称赞别人的优点，对于对方的缺点也不迁就，而是以合理的方式加以善意的批评，并帮助他改正。

5. 积极地沟通

心理健康的学生对沟通采取积极主动的态度，在沟通中明确地表达自己的想法，并认真听取别人的意见；他们沟通的方式是直接的，而不是含糊其词，在积极地沟通中增进人与人之间的感情和友谊，真诚的友谊意味着健康。

6. 保持自身人格的完整性

心理健康的学生能和谐相处，并亲密合作，但不放弃自己的原则和人格，能保持自身人格的完整性，即在保持个性和人格的前提下亲密合作。

(三)自我修养——自我方面的心理健康

心理健康的人了解自己，并悦纳自己。“人贵有自知之明。”心理健康的人能正确客观地认识自我，了解自己的能力、性格、需要，他们既不自卑，也不盲目自信；他们经常进行自我反思，看到自己的长处，更能容纳自己的不足，并寻求方法加以改进。心理健康的人常常能正确地认识自我、体验自我和控制自我。主要表现在以下六个方面。

1. 善于正确地评价自我

心理健康的学生能够正确地评价自我，不为他人的议论所左右。唯物辩证法强调“一分为二”地看问题，是很有道理的。自我评价标准也要一分为二。当然，这一分为二评价的标准，应该是正确的社会价值观。

2. 通过别人来认识自己

心理健康的学生能经常反躬自问：“我在某方面的情况与别人相比怎么样?”他们能通过别人来认识自己。除了同周围的人相比较外，他们还常与“理想自我”相比。即从父母、老师、书本那儿获得知识和价值观，把它们融合成若干理想和模范，借此比较和仿效，作为判定自己位置与形象的量尺。别人也好像自己的一面镜子，当自己做得对时，别人就会给予肯定的评价；当自己的行为不当时，就会受到指责或反对。这时，心理健康的学生能虚心地、客观地接受别人的评价，从中认识自我。

3. 及时而正确地归因能够达到自我认识的目的

因为学业成绩或工作成果，通常反映了一个人能力的大小或努力的程度，但如何归因呢？是归因于运气、教师教得怎样、有否提供条件等客观原因，还是归因于主观的能力与努力程度？心理健康的学生能及时而正确地归因从而达到自我认识的目的，他们主要归因于主观，通过这些成绩或成果，就可以知道自己能力上的长短优缺，自己在某一方面用功与否，从而较为正确地确定自己的努力方向。

4. 扩展自己的生活经验

心理健康的学生对于新事物、新任务充满了兴趣和尝试的渴望；他们不断扩展自己的生活范围，乐于接触他人和新事物，从中获取一些新的经验，体悟其中的甘苦和道理。这样就能不断充实自己，超越自我，悦纳自我。

5. 根据自身实际情况确立抱负水平

心理健康的学生能根据自身实际情况确立抱负水平，首先能承认自己的短处，同时，又看到自己的长处，即认识到自己并不是一无是处，通过努力，自己可以做得很好；然后，设法弥补自己的不足，比如通过卓越的工作成绩来弥补生理的缺憾。他们善于根据自己的能力水平和目标的难易程度，把抱负水平定在既有一定的实现把握，又有可能冒失败风险的层次，以此激发自己努力进取。

6. 具有自制力

心理健康的学生具有自制力，善于为既定的目标而克服困难，迫使自己去完成应当完成的任务；善于抑制自己的其他不良行为和冲动，做到既不任性，又不死气沉沉、呆板拘谨；善于自觉地调节自己的行为以服从既定的目标；遇到挫折不忧郁，不悲愤，善于镇静对待，分析根源，保持乐观态度。

四、学生心理健康量表的编制研究

在确定心理健康标准的基础上，如何根据这些标准去制定量表呢？我们对此做了一些工作。我们的量表主要采用问卷调查。① 虽然问卷调查对被试有一定要求，而且还带有一定的主观性，但其具有统一、严格、简洁、方便、经济等优点，使问卷调查成为心理学研究的常用方法。同样，问卷调查也是人们进行心理健康研究的一种重要工具。由于符合我国国情、专门针对学生的较全面的心理健康量表在国内还很少，本量表就是针对这种情况而设计的。

(一) 量表的结构

在学生心理健康量表的编制研究中，我们坚持上述有关心理健康的观点，凡对

① 俞国良、林崇德、王燕：《学生心理健康量表的编制研究》，49～53页，载《心理发展与教育》，1999，15(3)。

一切有益于心理健康的事件或活动作出主动、积极反应的人，其心理便界定为健康。据此并结合学生心理健康咨询实际，我们认为学生心理健康主要表现在3个方面：一为学习方面的问题；二为人际关系方面的问题；三为“自我”方面的问题。但我们没有完全按照上一问题的标准，而是作了一些调整，即在学习上的问题表现在以下五个层次：①从学习中获得满足感的程度；②身体和大脑活动的协调性程度；③对环境的适应性；④学习习惯；⑤在学习中获得的情感体验。人际关系方面的问题主要集中在下面五个层次：①信任感；②稳定性；③合群性；④独立性；⑤建设性。“自我”方面的问题包括七个方面：①社会自我；②家庭自我；③认知自我；④学术自我；⑤情绪自我；⑥自我认同；⑦生理自我。

与上面的理论观点相对应，我们从以下三个维度来测量学生的心理健康水平：学习维度(X)；人际关系维度(R)；自我维度(Z)。3个维度形成3个分量表，构成了整个量表。

学习维度由五个次级维度构成：自我满足感(X1)；体脑协调性(X2)；环境适应性(X3)；学习习惯(X4)；情感感受性(X5)。其中每个次级维度由10道题目构成。

人际关系维度由五个次级维度构成：信任感(R1，由16道题目构成)；稳定性(R2，由9道题目构成)；合群性(R3，由6道题目构成)；独立性(R4，由15道题目构成)；建设性(R5，由12道题目构成)。

自我维度由七个分维度构成：社会自我(Z1)；家庭自我(Z2)；情绪自我(Z3)；学术自我(Z4)；自我认同(Z5)；认知自我(Z6)；生理自我(Z7)。其中每个次级维度由8道题目构成。

整个量表由164道题目构成。每道题目采用自陈量表的形式让学生对真实的自己进行描述，并采用五级记分法：完全不符合(0分)—比较不符合(1分)—不确定(3分)—比较符合(4分)—完全符合(5分)。例如这样一道题：“讨厌上学、读书、学习。”如果与被试的感受完全一致，就选“完全符合”这一选项；如被试有时有这种感觉，就选“不确定”这一项。为了避免系统误差，对其中的一部分题目采取反向记分，最后再统一重新编码。

(二)量表的预测与修订

从北京市学校随机抽取 1 000 人进行了预测。用 SPSS 统计软件对结果进行了统计。通过对数据进行因素分析的结果，我们删除了一些影响问卷结构效度以及表述不清和所测角度有重复的题目，修改后的总量表由 114 道题目构成，其具体结构如下。

学习分量表由以下五个维度组成：自我满足感(X1，由 5 道题目构成)；体脑协调性(X2，由 10 道题目构成)；环境适应性(X3，由 7 道题目构成)；学习习惯(X4，由 9 道题目构成)；情感感受性(X5，由 5 道题目构成)。此分量表共有 36 道题目。

人际关系分量表由以下五个维度构成：亲密性(R1，由 5 道题目构成)；信任感(R2，由 17 道题目构成)；合群性(R3，由 7 道题目构成)；独立性(R4，由 4 道题目构成)；建设性(R5，由 5 道题目构成)。在这个量表中，我们增加了亲密性分维度(这里的亲密性，特指异性交往中建立起来的亲密、友好、互助的同伴关系)。剔除了稳定性分维度。因为在因素分析过程中，经因素旋转后，有关异性交往方面描述的问题最后总是单独落在同一因素上，又考虑到现实生活中学生的人际关系状况，所以我们把异性交往作为一个特殊的维度单独提出来，并把这一维度命名为“亲密性”。在人际交往中，对他人的信任感与人际关系的稳定性是两个相关很高的概念，因此我们剔除了稳定性维度，保留了信任感维度。此分量表共有 38 道题目。

自我分量表由五个维度构成：社会自我(Z1，由 2 道题目构成)；家庭自我(Z2，由 5 道题目构成)；情绪自我(Z3，由 16 道题目构成)；学术自我(Z4，由 9 道题目构成)；自我认同(Z5，由 8 道题目构成)。在这个分量表中，我们剔除了生理自我与认知自我两个分维度。因为在因素分析过程中，构成这两个维度的题目都分散到其他维度上去了，我们可以这样理解：在自我认同与接纳以及自我情绪体验中已包含了对生理自我的认识；作为学生，对自我认知方面的理解大都表现在学术自我方面。此分量表共有 40 道题目。

(三)量表的信度、效度分析

在北京市抽取中小学生 1 200 人进行团体施测，回收后得到有效问卷 1 156 份，用 SPSS 软件对数据进行统计处理，分析其信度和效度。

1. 量表的信度

(1) Cronbach's α 一致性信度系数

为了考察问卷各维度的内部一致性，以克伦巴赫 α 系数作为该量表的内部一致性(信度)指标，结果如表 12-1 所示：

表 12-1　内部一致性系数

量表	学习量表	人际关系量表	自我量表	总量表
α 系数	0.9139**	0.8470**	0.8836**	0.9411**

注：** $p<0.01$。

从表中数据可以看出，该量表具有很高的内部一致性信度。

(2) 各维度与总分的相关

表 12-2　各个维度与总量表的相关系数

维度	学习维度	人际交往维度	自我维度
相关系数	0.832**	0.773**	0.9066**

表 12-2 中的数据表明，构成本量表的三维度所测的内容与总量表所测的内容间存在着较高的一致性。

(3) 分半信度

从本问卷的 3 个分量表的每个维度中分别抽出一半题目，将整个问卷及 3 个分量表分为两部分，分别计算其分半信度，结果如表 12-3 所示。

表 12-3　量表的分半信度

量表	学习量表	人际关系量表	自我量表	总量表
分半信度	0.837**	0.786**	0.822**	0.909**

从表 12-3 中可以知道，本量表及其分量表都具有较高的分半信度。

2. 量表的效度

(1) 各个分量表的构想效度

表 12-4　学习分量表的因素分析

因素	特征值	贡献率	累积贡献率
Ⅰ	9. 53454	26. 5	26. 5
Ⅱ	2. 04067	5. 7	32. 2
Ⅲ	1. 70889	4. 7	36. 9
Ⅳ	1. 32272	3. 7	40. 6
Ⅴ	1. 24965	3. 5	44. 0

表 12-5　人际关系分量表的因素分析

因素	特征值	贡献率	累积贡献率
Ⅰ	7. 78512	20. 5	20. 5
Ⅱ	2. 15116	5. 7	26. 1
Ⅲ	1. 86306	4. 9	31. 1
Ⅳ	1. 76317	4. 6	35. 6
Ⅴ	1. 40486	3. 7	39. 3

表 12-6　自我量表的因素分析

因素	特征值	贡献率	累积贡献率
Ⅰ	7. 81061	19. 5	19. 5
Ⅱ	3. 86425	9. 7	29. 2
Ⅲ	1. 72406	4. 3	33. 5
Ⅳ	1. 38448	3. 5	37. 0
Ⅴ	1. 26938	3. 2	40. 1

在学习量表 12-4 中，五个因素在各自构成题目上的负荷值的分布范围为 0. 40261~0. 74469；在人际关系量表 12-5 中，五个因素在各自构成题目上的负荷值的分布范围为 0. 45184~0. 68269；自我量表 12-6 中，五个因素在各自构成题目上的负荷值的分布范围为 0. 40260~0. 70456。结合上面三个表中的数据，三个分量表具有较好的因素结构，所以我们认为三个分量表具有较好的构想效度。

(2)总量表的构想效度

表 12-7　我们从各个分量表的不同分维度之间的关系看构想效度

	R1	R2	R3	R4	R5	X1	X2
R1	1. 00000						
R2	0. 16043	1. 00000					
R3	0. 09968	0. 53501	1. 00000				
R4	0. 02298	0. 20802	0. 18377	1. 00000			
R5	0. 00362	0. 14005	0. 17085	−0. 07049	1. 00000		
X1	0. 00288	0. 24560	0. 19271	0. 03218	0. 25537	1. 00000	
X2	0. 00194	0. 37350	0. 30539	−0. 02727	0. 30864	0. 52740	1. 00000
X3	−0. 01620	0. 32950	0. 22625	−0. 07846	0. 32383	0. 52456	0. 64072
X4	0. 02094	0. 29842	0. 17932	−0. 10002	0. 25587	0. 45427	0. 54990
X5	−0. 06338	0. 11912	0. 09622	−0. 08333	0. 28152	0. 47622	0. 41266
Z1	0. 04022	0. 19499	0. 11411	−0. 07202	0. 22372	0. 24503	0. 34089
Z2	−0. 04014	0. 24345	0. 17976	−0. 16402	0. 32217	0. 41401	0. 47218
Z3	−0. 06871	0. 25101	0. 21177	−0. 07816	0. 41939	0. 49426	0. 54914
Z4	0. 05921	0. 58546	0. 43497	0. 21834	0. 10353	0. 29524	0. 29789
Z5	0. 07959	0. 55648	0. 45773	0. 23000	0. 08375	0. 16521	0. 25169

	X3	X4	X5	Z1	Z2	Z3	Z4
X2	1. 00000						
X4	0. 61217	1. 00000					
X5	0. 48460	0. 37235	1. 00000				
Z1	0. 31343	0. 36174	0. 26730	1. 00000			
Z2	0. 51282	0. 42771	0. 47524	0. 26571	1. 00000		
Z3	0. 58099	0. 50112	0. 61047	0. 38515	0. 58408	1. 00000	
Z4	0. 27076	0. 23638	0. 20088	0. 25520	0. 18059	0. 31815	1. 00000
Z5	0. 18065	0. 12000	0. 07361	0. 08125	0. 15356	0. 21012	0. 55271

从表 12-7 可以看出，总量表各个分维度之间既存在着相关，其相关又不是很高，即同一分量表中的各个维度相关较高，而不同分量表的各个维度间相关较低。由此可以知道，总量表的同一分量表所测的内容具有共同的地方，而不同分量表所

测的内容又是相互区别的。因此可以说整个量表具有较好的构想效度。

总之，从上述分析可以看出，本量表具有很好的信度及构想效度。在实际中，本量表既能作为一个量表，用于对中小学生心理健康基本状况的调查与诊断，各个分量表也可以单独运用，作为了解学生的学习、人际关系和自我意识方面问题的手段。

第二节

心理健康教育的途径与方法

心理健康教育涉及一系列广泛的内容：普及心理健康的知识，树立心理健康的意识，了解简单的心理调节的方法，认识心理与行为问题，以及初步掌握心理卫生和保健的常识。其重点是学会学习、人际交往、自我意识、升学择业以及生活和社会适应等方面的教育。心理健康教育主要面向学生，但其对象也包括教师以及学生的家长。在本节中，我们不打算一一介绍上述内容，而是针对上述内容，重点探讨“方法问题”，阐述如何开展心理健康教育，它的途径与方法是什么。

一、心理健康教育的原则

开展大中小学生心理健康教育，要本着重在指导，立足于国家的教育方针，遵循学生身心发展的规律，保证心理健康教育的针对性、实践性和实效性。所以，它必须坚持如下六条原则。

（一）坚持心理健康教育的科学性

心理健康教育，在发达国家一直受到重视。今天，它又被我国教育领导部门列入大中小学教育内容之中，并被写进中央的文件。之所以如此受到重视，原因之一就是心理健康教育是门科学。所以科学性是其灵魂，坚持科学态度是教育工作者的职业要求。

所谓心理健康教育的科学性，主要有两层意思：一是理论和方法的依据是学校心理学；二是尊重学生的客观心理事实。

学校心理学研究的对象主要是 5～18 岁的学生，随着学校心理学的发展，也要研究大学生。尽管它也探索正常儿童青少年的心理特点，但其侧重点主要还是研究有身心缺陷和学习困难的所谓“问题”儿童青少年。学校心理学的出现与崛起，为学生心理健康教育提供了心理科学的依据。当然，在心理健康教育实践中，不仅要依赖学校心理学，还需要咨询心理学、健康心理学、心理测量学等一切相关心理学分支的支持。

心理健康教育要讲究客观性，特别要尊重学生的客观心理事实。我们当教师的，尤其是直接参与心理预防、咨询、评价和矫正的人员，必须以客观的、实事求是的态度对待学生，对他们的心理健康和心理行为问题，必须以认真、坦诚加师爱的态度进行心理健康教育，切忌主观性和片面性。为此，我们既不能抱着“无所谓”的态度，又不能把心理问题“扩大化”。

(二)尊重与理解学生

教师在进行心理健康教育时，必须尊重和理解学生。教师要把学生作为一个人、一个与自己平等的人来看待，做到完全地尊重他们。首先，教师对学生的尊重就意味着信任和鼓励，有助于他们形成积极的自我观念和健康的人格。其次，教师只有尊重学生，才能与学生建立良好的信任关系，才能打开师生情感交流的渠道，才能有效地进行心理健康教育，这样的教育才能为学生所乐于接受。

要对学生进行心理健康教育还必须理解学生。理解学生包括同情性理解、认识性理解两种。同情性理解，是指教师要站在学生的角度，用当事人的眼睛去看，用当事人的耳朵去听，用当事人的心去体会，设身处地地理解他们的忧伤与痛苦；认识性理解，是指了解学生的心理状况、心理行为问题的实质以及问题产生的原因，这样心理健康教育才能做到有的放矢。

（三）预防、治疗和发展相结合

心理健康教育有积极的和消极的两种目标：消极的目标是预防与治疗各种心理和行为问题；积极的目标是协助学生在其自身和环境许可的范围内达到心理功能的最佳状态，使心理潜能得到最大程度的开发，使人格或个性日趋完美。如上所述，从积极的角度看，心理健康教育不仅仅针对有心理行为问题的学生，更重要的是促进每个学生最大限度地发展自己。因此，心理健康教育的对象，绝大多数是正常的学生。我们要坚持正面教育，使学生积极向上。如我们在第一节里所说的，通过教育使学生心理更加健康，心理素质提高得更快。即使从消极的角度考虑，上策是预防而不是治疗。如果能预防各种心理行为问题的出现，那是最好不过的，因此在日常的心理健康教育中，既要坚持预防为主和使每个学生充分发展的原则，又要坚持一旦出现问题积极进行治疗的原则。

（四）全体与个别相结合

心理健康教育作为教育的一部分，应该是面向全体学生，目的在于使每个学生的心理潜能得到充分发展；同时也预防各种心理异常和心理问题的发生。对于可能发生或已经发生心理行为问题的个别学生要做到个别辅导、重点治疗。对于一般的日常心理健康教育，可以采取面向全体的教育方式，而对于少数需要帮助的学生则宜采取个别辅导、咨询和治疗。在个别教育中，应该针对每个学生的个性特点和个别差异，采取相应措施。有的教育方式，如通过班级强化来改变学生的不良习惯，就适宜集体进行。而对考试焦虑的治疗，个别教育似乎更合适。因此，在心理健康教育中，要灵活地坚持全体与个别相结合的原则。

（五）助人自助，最终达到教育目的

心理健康教育既然是教育，就必须坚持以教育为最终的最高的目标，促进全体学生身心健康、全面发展。当然，开展心理辅导和治疗也是教育的一个环节，心理辅导与治疗是帮助学生自己解决问题，而不是替代他解决问题。辅导与治疗的最终

目的是助人自助，即帮助学生学会独立地解决自己面临的问题。如果教师越俎代庖，对学生应该自己做的事也加以包办，不仅无助于其心理行为问题的解决，对学生有害无益。辅导和治疗教师好比产婆和媒婆，产婆的任务是帮助孕妇顺利生产，媒婆的任务是为青年男女牵线搭桥。然而，没有产婆替人生孩子、媒婆替人谈恋爱的说法。因此，教师只能为学生引路，不能代替学生走路。在心理健康教育中，教师的任务就是“助人自助”，这样才能收到良好的教育效果。

(六)从年龄特征出发，进行有的放矢的教育

心理学强调年龄特征。年龄特征包括生理年龄特征和心理年龄特征。这两者是密切联系，并相互影响的。所谓心理的年龄特征，是儿童青少年在一定社会和教育条件下，在心理发展的各个不同的年龄阶段中所形成的一般的(非个别的)、典型的(有代表性的)和本质的(不是指“现象”)心理特征。心理发展的年龄特征既表现出一定的稳定性，又表现出一定的可变性。一方面，心理发展的一些因素，如阶段的顺序性和系统性，一个阶段的变化过程、范围、幅度和速度，大体是稳定的和共同的。另一方面，由于社会和教育条件在每个学生身上起作用的情况不尽相同，因而在心理发展的过程和速度上，彼此之间可以有一定差距，这就是所谓的可变性。把握好年龄特征的稳定性是教育工作的出发点；把握好年龄特征的可变性体现“一把钥匙开一把锁”，做到“因材施教”。

在对大中小学生进行心理健康教育时，必须从学生的年龄特征出发，特别是做到循序渐进，设置分阶段的具体教育内容。小学低年级主要内容包括：乐于新的环境、新的集体、新的学习生活；乐于当学生，乐于学习，乐于与老师、同学交往；养成各种良好的学习习惯、交往习惯、生活习惯和卫生习惯。

小学中、高年级主要内容包括：在学习中品尝解决困难的快乐，正确地对待学习成绩；学习尊重师长、孝顺父母以及善于和更多同学相处的行为规范；培养自主自动参与活动、表现自我欲望和初步正确评价自我的能力。

初中年级主要内容包括：适应于中学生的学习环境和学习要求，改善学习方法，增强学习能力；正确认识青春期的变化，克服青春期的各种烦恼；善于与同

学、师长、家长沟通，善于交友，学会正确地与异性同学交往；正确评价自我，增加自制力，克服冲动，培养对挫折的耐受能力；进行适当的升学指导与择业指导。

高中年级主要内容包括：正确面对高中学习环境和学习要求，倡导创造性学习；正确对待成绩和考试的压力，加强升学指导与就业指导；正确处理师生关系、亲子关系、同伴关系和异性伙伴交往的关系；正确进行自我评价、自我体验，提高自制力，锻炼良好的意志品质。

大学阶段主要内容包括：适应大学学习环境和学习要求，善于创造性地学习，创造性地工作和创造性地投入初步的科研；适应成人初期的人际关系，正确与同学交往，正确地对待交友与恋爱，正确处理人际关系的矛盾；适应社会生活与竞争机制，正确地对待人生、前途、择业，提高自我评价和承受挫折、应对挫折的能力。

二、心理健康教育的方式

在积极而科学地对学生开展心理健康教育的过程中，要通过各种方式，对大、中、小学不同年龄层次学生进行心理健康教育和指导，帮助学生提高心理素质，健全人格，增加承受挫折、适应环境的能力。具体的方式，有如下七个方面。

（一）心理卫生

做好学生的心理卫生工作的目的是体现上面提到的“预防、治疗和发展”关系中“以预防为先”的原则，即预防学生在学习期间可能出现的各种心理问题和行为问题，以使他们的心理健康地发展，顺利完成学业。

1. 心理卫生的含义

心理卫生又称精神卫生，原名 mental hygiene。“hygiene”-词系古希腊健康女神之意，后以 health（健康）代替 hygiene，称心理健康，它以增进人们的心理健康为目的，习称心理卫生。

经过 20 世纪近乎一个世纪的努力，心理卫生工作的目标逐渐扩大，从提高精神病人的治疗效果到精神病人重返社会；从强调精神病的预防到塑造健全人格；还把重点逐渐移到没有精神病疾患的各个社会成员和各个社会群体的心理健康方面，即卫生部门的工作和卫生学的研究把重点从疾病的预防转移到如何使人们更加健康地生活。在不同人群中预防各类心身疾病，如神经症、智力缺陷、适应不良和精神疾病；同时指导人们怎样培养健全的人格，以便能更好地适应、驾驭高度紧张复杂的社会环境。维护心理健康已成为心理卫生的任务。

近年来，中国心理卫生工作者开展的研究范围包括：计划生育中人口质量和优生问题；独生子女的心理卫生；各年龄段（婴幼儿、童年期、青少年、成人期）人的心理卫生，特别是中年知识分子的心理卫生和退休人员的心理卫生；不同群体的心理卫生，这里包括各级各类学校学生的心理卫生，各种劳动岗位，特别是作息、饮食和生活不定的特殊职业群体的心理卫生，以及不同单位的管理工作中的人际关系，特别是领导者的心理卫生等。

2. 学校心理卫生的原则

在心理卫生方面，应坚持的原则有：要使学生劳逸结合、保持身体健康；要按照不同年级或年龄安排好生活节奏；要正面教育，引导学生情绪情感良性发展；要积极开展青春期卫生教育（包括性教育）；要根据学生气质、性格和能力方面的特点，因材施教，充分发挥他们的潜能；要防止意外伤亡事故的发生；还要特别加强中小学衔接阶段和心理发展的关键期或转折期（如小学三、四年级，初中二年级）的心理保健措施。心理卫生问题，主要依靠常规的心理健康教育课和班主任（辅导员）工作来解决。

（二）心理咨询

心理咨询的原意是指对人们，特别是对心理失常的人们，通过心理商谈的程序和方法，使其对自己和环境有一个正确的认识，以改变其态度和行为，从而对社会生活有良好的适应。咨询者尽管有心理正常的人，但一般以心理不太健康或心理失常者为多。心理失常，有轻度的和重度的，机能性的和机体性的之分。心理咨询的目的，是要纠正其心理上的不平衡，达到心理上的平衡，更好地适应环境和改造环境。

1. 学校心理咨询的对象

学校开展心理咨询，主要对象是学生，特别是那些“问题”儿童青少年和“学校处境不利”儿童青少年，其次是家长和教师。值得注意的是，许多家长和教师对学校心理咨询有误解，认为那只是用于对学生咨询，而与自己无关。实际上，许多家长和教师教育学生的方式方法不当，或面临着的问题不能解决，他们也应该接受心理咨询。学校心理咨询的目的是帮助学生学会解决心理发展中的各种疑难问题、克服各种心理障碍。要达到这一目的，学校心理咨询人员必须得到家长和教师的配合，一起会诊，分析学生的有关心理症状，掌握学生确切的征兆，把握原因，从而采取有针对性的措施排除心理障碍。还应该指出的是，“问题”儿童青少年和“学校处境不利”儿童青少年，不只是一般学校里有，重点学校里也有。北京许多所高考升学率达 100%的重点中学，都设置了心理咨询室。

2. 学校心理咨询的特点

学校心理咨询是指在学校所开展的心理咨询活动。由于是在学校中开展的心理咨询活动，其心理咨询本身必然深深地打上了教育指导的烙印。特别是心理咨询活动常与学生的学习指导、生活指导联系在一起，带有明显的教育指导的色彩。尽管如此，学校心理咨询从本质上讲并不是也不应该是一种教学活动，所以，应该把学校中心理咨询同学科(专业)教学区分开来。

当然，学校心理咨询与学校的学科教学一样，在促使学生全面发展的共同目标上是一致的。但是学校心理咨询和学科教学在方法论方面却是各不相同的。学科教学主要将出发点、着眼点聚焦于学生智力的发展、知识的习得等方面，而学校心理咨询则主要将出发点、着眼点聚焦于学生人格的塑造、情感的培养等方面。因此可以说，学科教学和心理咨询应成为学校教育的两个轮子，缺一不可，不能偏废任何一方。

需要注意的是，学校作为一个教育机关，是以促进全体学生德、智、体、美等全面发展为目标的，这自然就要求学校心理咨询也必须置身于这一目标之下。也就是说，学校心理咨询与一般意义上的心理咨询机构(以咨询和治疗为中心)的咨询目的不同，学校心理咨询活动主要以促进学生的人格、情感发展，以咨询指导与开发的心理援助为主体。另外，学校是以各班级集体为生活、学习和活动的基本单位和基盘的，所以更加强调在班级集体中建立和谐人际关系的重要性。由各班级的班主任（大学则是辅导员），注意去协调良好的校内、班级内的人际关系，包括师生关系、班级内同学关系，与其他班级的关系，以及校内整体的人际关系等。这对于实践和推进学校内的心理咨询活动是非常有必要的。

学校心理咨询的整个过程与一般意义上所讲的心理咨询一样，是通过语言、文字最终得以实现的，其基本形式是面谈式咨询。有条件的话，可以通过设立电话咨询提供服务。所谓面谈式咨询，也就是受过心理咨询专门训练的咨询者（counselor）通过面谈的方式向在心理适应方面存在问题并需要心理帮助的来访者（client）提供心理援助的活动。因此，这种面谈只要是心理咨询，就应该而且必须运用一定的心理学理论或方法去进行。电话咨询有即时性、随时性、便利性、匿名性，以及一次性等特点，对于那些因心理抵抗、焦虑较强和羞耻心较重的学生可能会提供很方便的咨询机会，又因为匿名性，可以促使求询学生能够表露真实的自我。当然，电话咨询不可能达到治疗的目的，只是起一定的预防、教育的作用。电话咨询可以提供适当的信息或介绍某些知识，必要时能够起到电话预约的作用，可以建议求询学生来心理咨询室进行心理咨询。

3. 学校心理咨询的原则

要办好学校心理咨询室或咨询中心，咨询人员必须遵循一些原则。但许多咨询书籍的原则并不统一，我们认为下面一些原则较为流行：

（1）针对情况，给予辅导；

（2）来者不拒，以友相待；

（3）注意保密，相互信任；

（4）限定时间，限定感情；

（5）延期决定，稳定处理；

（6）强调伦理，讲究责任。

（三）诊断性评价

在大、中、小学心理健康教育中，涉及一个测试量表或其他测试手段使用问题，这就是心理学里的诊断性评价。

1. 诊断性评价的含义与过程

诊断性评价，是指根据一定的理论和标准，以使用心理学的方法和工具为主，对学生个体或群体的心理状态、行为异常或障碍，以及学生的成长环境进行描述、分析、归类、鉴别、评估的过程。诊断性评价是一个包括确定目的、观察现象、收集资料、查询原因、实施测量、综合评估等在内的完整过程。

对学生进行诊断性的评价中，包括智力测验、人格测验和行为评估。这是三种较为常见的诊断性评价，尽管也有一些相应的测试工具，但我们坚持两点：一是在无专业工作者帮助的条件下必须谨慎使用诊断工具；二是即使有专业工作者帮助，所用量表和测试手段(尤其对团体的量表)也一定要科学。

2. 使用诊断性评价的原则

心理诊断是一项专业技术较高的工作，所以在开展中应做到：①尊重客观心理事实(绝不能简单靠量表测试下结论)；②坚持科学严肃的态度(不能强迫学生接受心理测量)；③讲究系统整体性；④从发展的角度对待诊断对象；⑤对测试的结果，注意保密；⑥以教育为最终目标。在学校心理健康教育中，建立学生的心理档案，就是一种一般性的诊断性评价；在对学生进行心理治疗前，也要对学生进行综合的或特定方面的诊断性评价，以确定问题，寻找原因，作出全面评估，并加以确诊，为进行心理干预(帮助)做好准备。

(四)行为矫正

行为矫正，是指对不同年级学生在语言、认知、行为和人际关系等方面的问题进行心理干预，具体地帮助道德越轨、学习困难、情绪挫折和社会性发展不良的学生获得正常的发展。

目前，对多动症、学校恐惧症等的治疗中广泛应用了行为矫正。我的朋友、台湾心理学家林正文为此也来大陆做过系统的讲学①，介绍行为矫正的方法。例如，

① 林正文:《儿童行为的塑造与矫正》，北京，北京师范大学出版社，1998。

有学校恐惧症的学生对离家上学极度害怕而表现出多种心理和行为征兆，如腹痛、头疼、呕吐、腹泻等躯体性症状，还伴有焦虑、抑郁和恐惧等心理症状。据统计，有0.4%~2%的中小学生不同程度地患有学校恐惧症。学校心理学家对学校恐惧症的表现、原因及分类等问题进行了大量研究，并提出了基于经典性条件反射(系统脱敏法)和操作性条件反射的治疗理论，收到了较好的治疗效果。因此，中小学应与有心理学系或心理学专业的高等院校加强联系，只要有这方面条件的高等学校，他们能够帮助中小学做好行为矫正工作。

(五)学习指导

常见的学习指导，既包括对正常学生的学习指导，又包括对学习不良学生的指导。

1. 对正常学生的学习指导

所谓学习指导，是指帮助学生实现教育的价值，以教材为媒介所进行的各种活动。包括学习内容的安排、学习方法的辅导、学习成绩的评估及其反馈等。也就是说，学习指导主要包括如下三个步骤：一是确定学生应达到的目标；二是指导学生接受学习方法和学习策略；三是强化和补救性个别指导。在这里，特别是要比较细致地帮助学生掌握学习策略和选择学习方法，使他们学会学习，进而按照明确的学习目标和良好的学习程序进行学习，以便获得系统的知识，形成一定的能力，进而能进行创造性学习。

2. 对学习不良学生的学习指导

学习不良又称学习无能，是指学习者智力正常而主要表现为学习成绩不好，特别是阅读困难。检查时可能有下面某种情况：①感知觉障碍；②精细运动障碍；③言语发展障碍；④情绪障碍；⑤多动症行为；⑥社会适应不良。

对学习不良学生的学习指导的前提是学习障碍诊断，根据表现确定原因，分类干预。干预(帮助)方法有两种：一种是行为干预；另一种是认知—行为干预。前者的指导思想是，个体的行为可以通过操作环境刺激或行为后果而加以改变。这种干预模式主要包括及时强化、代币制、行为合同、“冷板凳”和“反应代价”等直接针对学习障碍学生本身的行为而施行的矫正技术。后者的指导思想则强调学习不良学生自己形成主动的、自我调控的学习风格。这种干预模式主要对学习不良学生进行认知策略训练、自我控制训练或自我指导训练，其特点是：①尽量引导学生成为学习过程的主动参与者；②重视示范目标策略及方法的运用；③以学生的外部言语为中介。这些特点保证学习不良学生对自己学习过程的控制，改变其原有消极被动的反应风格。

(六)职业指导

在早期的学校心理学中，我们很难找到关于职业指导的内容。因为在那时，学校心理学所关注的对象年龄较小。但随着学校心理学的发展，其研究的对象也在逐渐扩大，其年龄延伸至 18 岁，甚至于将大学生也算在其中。于是这个年龄很自然需要升学和就业的指导，职业指导也成了学校心理学的内容之一，成了心理健康教育的一种形式。

1. 职业指导的做法

职业指导，即对学生如何选择适当的职业加以指导。目前，北京市不少学校在进行职业理想的教育研究，以此作为学校德育和心理健康教育内容的一项重要改革。我们可以通过心理测量等手段，对学生个人的能力、性格、体力、家庭、经历等进行考察，通过调查和统计获得各种职业对能力和特长的要求，并向学生提供就业信息，指导学生选择合适的职业。这样，具体地帮助学生发现自己的特点，唤起他们对将来的思考，指出机会并监督其工作的情形和进展，使学生得以正确选择并从事职业，以充分发挥其能力和积极性。

2. 职业指导的内容

职业指导包括升学指导和就业指导。前者的内容有专业兴趣测试，收集专业信息,填报志愿的策略；后者的内容有就业的途径，就业前的准备，求职面试的技巧，等等。就业指导内容具体，针对性强，可以为青少年学生职业定向和工作选择提供帮助。

(七)危机干预

在大中小学校中，除了上述常规的心理健康教育方式，还涉及特定情况下的危机干预问题。如果学校遭遇一些严重的突发事件或创伤性事件，如地震、水灾、空难、疾病暴发、食物中毒、校园安全事故(如踩踏事件)、恐怖袭击、战争等危机事件，会给师生造成大面积的心理危机。心理危机指的是危机事件带来的威胁和挑战超出了人们有效应对的能力范围，使人们内心的平衡被打破，从而引起混乱和不安。心理危机干预就是在发生严重突发事件或创伤性事件后采取的迅速、及时的心理干预。学校有必要承担起心理危机干预的责任，尽量减轻危机给师生带来的身心问题，恢复其正常的功能水平。我们专门探讨了我国学校心理危机干预体系的构建问题①，认为有效的学校心理危机干预计划应从这三方面着手。

1. 危机发生前的预防和准备

危机发生前的预防和准备工作包括三个方面。(1)普及性预防，即形成一种安全的学校氛围，提高学生的复原力，进行安全教育，并制订学校安全计划等。其中，学校安全计划或预案的制订尤为重要。(2)目的性预防，即依照特定目的，教授具有某些共同特征的人员更为具体的干预技能。例如，教授人际退缩的学生具体的人际交往技巧，教授教师如何评估学生的创伤后成长等。(3)针对性预防，它更加个人化，如针对个体的一些危险性指标对其进行自杀评估，并进行有效的预防等。

2. 危机发生后的心理危机处理

在危机发生后，需要进行的心理危机处理工作包括三个方面。(1)确保生理需要。危机发生后，学校首先要确保学生的基本生理需要，包括提供安全的场所、必要的食物和水等，同时给学生提供相关的信息，让学生得知危机事件的始末以及目前的情况，提高他们的安全感。(2)评估心理创伤。在心理干预开始之前，首先要评估每个学生的心理创伤水平。评估工作可以由学校内部及外来的心理健康专业人员进行，如学校心理教师、社会工作者以及职业心理咨询师等，他们要评估个体在危机中的暴露程度、对危险的知觉、个人的脆弱性、危机反应以及应对行为等。

---

① 伍新春、林崇德、臧伟伟、付芳：《试论学校心理危机干预体系的构建》，45~49页，载《北京师范大学学报(社会科学版)》，2010(1)。

(3)提供心理干预并满足需要。要针对不同的干预对象及其不同需求，提供不同形式的危机干预。例如，针对整个学校的学生，进行普及性的危机干预，给学生带来安全感，重新建立其社会支持系统；对可能受到中等程度创伤的学生，提供选择性的危机干预，如给予团体辅导、急救性质的个体和团体咨询等；给那些受到严重心理创伤的个体提供指定性的危机干预，包括邀请校外的专业机构提供支持以及辅助。

3. 心理危机干预的有效性评估

对于经历危机的师生进行危机干预之后，还应该定期对干预的效果进行评估，确保干预的有效性。在评估的基础上，要对学校制订的危机干预计划进行修改，收集学校内部人员、学生家长以及学生的反馈，以明确什么地方做得好，什么地方需要进一步调整。除此之外，学校的行政人员需要注意，他们自己也经历了危机事件，受到危机事件的影响。因此，给包括校长在内的学校行政人员提供身心方面的照顾，也非常重要。

要做好上述工作，就要建设好学校心理危机干预团队。建设心理危机干预团队，可以从微观和宏观两个角度加以考虑。微观层面，也就是在学校内部建设心理危机干预团队，它一般由4~8人组成，团队成员应包含学校行政人员、学校心理咨询师、医护人员、教师及其他提供支持的人员等。在宏观层面，要加强跨学校、跨地区的合作，形成一个干预网络，争取更广泛的合作和支持。例如，要联合不同学校和本地区的学校行政人员、心理健康人员、警察、学术研究人员、社会服务人员等。我国有些学校已经初步建立了这样的心理危机干预团队。例如，在2008年汶川特大地震后，当地学校的一些团队发挥了相应的功能，起到了关键的作用，及时有效地开展了心理危机干预工作。

上述七个方面的内容及措施，涉及学生在道德、学习、成才、择业、交友、卫生、生活等方面的心理健康教育的主要领域。这些问题的研究和解决，一定能促使儿童青少年学生健康地成长。然而，我们必须声明，从事以上七个方面工作的教师必须经过专业的培训，并取得心理咨询员、咨询师、高级咨询师的资格证书，持证上岗。

三、心理健康教育的方法

心理健康教育的主要任务有两个：一是提高广大学生的心理素质；二是克服少数学生中的心理与行为问题。针对这两个任务，除了有上面的七种方式之外，还要有若干具体的方法。

(一)选择心理健康教育的最佳形式

大、中、小学开展心理健康教育的途径和方法可以多种多样，不同学校应根据自身的实际情况选择使用最佳的形式。

1. 注意发挥各种途径和方法的综合作用，增强心理健康教育的合力

对前面提到的心理卫生教育、心理咨询、诊断性评价、行为矫正、学习指导、职业指导、危险干预，在应用时，应考虑到不同年龄段有不同的侧重点；不同性质的学校有不同的要求；不同对象有不同的教育对策。一句话，不同学校应从实际出发，采用有针对性的途径和方法，综合使用心理健康教育的方式，增强其教育的合力和效果。

2. 学校心理健康教育的形式要根据不同情况体现多样性

在小学，应以游戏和活动为主；在初中，应以活动和体验为主；在高中，应以体验和调适为主；在大学，应以调适和咨询为主。

(二)全面渗透在学校教育的全过程

在整个学校的教育过程中，不论是学科教学还是班主任(辅导员)的工作，不论是校内的教育活动还是校外的教育活动，都应注重对学生心理健康的教育，这应视为心理健康教育的重要途径。尤其是要把心理健康教育渗透到学科教育的全过程。在这方面，北京五中的做法有自己独特之处。例如，语文特级教师梁捷在学科教学中渗透心理教育的具体做法如下。一要全面培养学生的能力，包括语文能力、记忆能力、注意力等；二是注重非智力因素的发展，如注重兴趣、需要、气质、情感的

培养；三是注重道德教育与美育，引导学生尊重自己与别人、能无害地释放内心强烈的情感；四是培养学生的创造性和想象力；五是注重个性化教育，如同杨振宁在《美与物理学》中强调的，“无个性即无人才”。

(三)开设心理健康教育的选修课、活动课或专题讲座

这些活动包括心理训练、问题辨析、情境设计、角色扮演、游戏辅导、心理健康知识讲座等，旨在帮助学生掌握心理健康的知识和操作技能，增进心理健康的水平。

为了开设心理健康教育的选修课、活动课和专题讲座，从中央出版社到地方出版社都在纷纷出版有关教材。在编写教材时，出现了诸多的名词、概念。概念的不统一，成为目前人们议论的焦点。这些不同的概念，实际上是不同教材的出发点。最早重视这个问题的是上海市黄浦区教育局和教育学院徐崇文等研究人员，他们在抓基础薄弱校非智力因素培养的实验时，运用了“心理品质”的提法，并在 1987 年出版了《中学生心理发展常识》，他们是以兴趣品质、思维品质、意志品质、个性品质为主线成书的，促进了受教育者身心健康发展。20 世纪 80 年代末 90 年代初，湖南师范大学学者在中小学搞“和谐发展”教改实验，提出必须以“心理教育”为基础，教师的“心理教育能力为首要能力”。由开明出版社 1998 年出版的中小学用的《心理素质》教科书，显然是按照素质教育的要求，将心理素质作为素质教育的要求，将心理素质作为素质教育的内容之一。由晨光出版社 1997 年出版的小学、初中、高中各一册的《心理健康教育丛书》，由科学出版社 1998 年出版的每个学期一册的《中学生心理导向》《小学生心理导向》，由和平出版社 2001 年出版的每学年一册的《心理健康教育》(中小学用书)，等等，都是心理健康教育的教材。目前，这些教材分别在全国各地使用。人民教育出版社 1998 年出版的中学政治教材，明确规定初一年级是心理教育。这本教材的特点是：政治课的心理品质教育，不同于心理学课和心理辅导与咨询，通过培养良好的心理品质，来培养高尚的道德情操。初一年级开设心理教育，是对这一阶段全体学生进行系统心理品质教育的开始。有人提出，目前到底如何对中小学生进行教育，是心理学知识教育，还是心理品质或素质教育，

还是心理健康教育。我们在本章一开始就提出，在我国涉及心理的教育才刚刚开始。前段时间，允许有关心理的教育教材及概念的百花齐放，目的都是一样的，即促进学生心理健康发展或提高其心理品质或心理素质。归根结底，离不开“心理”两字，最终或最高目标还在于教育，即成为教育内容的一部分，有利于广大学生的心理健康，有利于整个中华民族素质的提高。

但是，有两点必须指出：一是一纲多本，现在教育部已颁布“全国中小学心理健康教育指导纲要”和“高校心理健康教育纲要”，因此，各地应根据教育部的文件精神，统一称为“心理健康教育”，使之规范化；所有的“教材”，必须通过教育部组织专家审定后方可使用，这样，使一纲多本更科学化、规范化。二是心理健康教育不同于一般的教育，要防止学科化，不许考试，所编的任何一本自助读本或相关教育材料，不要满足于课堂效应，而在于针对性、实效性和实用性。因此，在科学心理学理论指导下，引导学生实践，解决具体的实际问题，特别是心理行为问题，增进心理健康，这是编好“教材”、上好心理健康选修课、活动课或专题讲座的关键所在。

(四)提倡学校与家庭、社会“三教一体化”开展心理健康教育

必须建立学校、家庭、社会心理健康教育沟通的渠道，优化家庭教育和社会教育的环境。教育的环境，主要是学校。但近20年来，国际教育界那种“拆除学校围墙”的主张越来越强烈。“拆除学校围墙”丝毫不是说把学校的围墙拆掉(当然，有些发达国家本来就没有学校的围墙)，而是指随着教育空间的扩展，“无围墙学校”将兴盛，换句话说，突破学校的围墙，使学校教育、家庭教育和社会教育三位一体。因为对学生的教育，绝不是一个学校可以包办的事情。尽管在教育中，学校教育处于中心地位，但学校毕竟是教育环境的一个部分，要使学生健康成长，学校教育必须与家庭教育、社会教育密切配合，对学生进行全方位的教育，因此，对一个学生心理健康教育效果如何，在很大程度上取决于“三教”的配合与协作。

父母是孩子的第一任教师，家庭教育的影响是巨大而长远的，它承担起世代延续教育的重任。在三教一体化的过程中，学校与家庭联系并对家长进行指导，是完

成教育任务的基本条件之一，因此，学校应该在家庭访问、家长访校、家长会议、家长学校和家长委员会五种形式上多下一些功夫，以引导和帮助学生家长树立正确的教育观，以良好的行为、正确的方法去影响和教育子女。当然，那些“电话指示”、训斥家长、给家长“布置作业”、家长会按学生成绩排座次等做法，不仅会成为学校教育与家庭教育一体化的障碍，而且也会加剧学生的心理问题与行为问题。学校不能脱离社会孤立存在，社会要求和社会风气不仅决定着教育的方向，而且也深刻影响着学生的成长。在三教一体化的过程中，学校与社会联系，不仅为了使社会了解学校教育，而且也使学校更主动地利用社会条件为提高办学水平服务。因此，学校应该在联系校外教育机关、文化娱乐单位、宣传部门，甚至专政机关四类渠道上多下一些功夫。那些不主动联系社会、不闻不问社会风气，对影视文艺界不良影响一味强调束手无策等，只会加大 5+2＝0 或等于负数的可能性（五天在学校，星期六和星期日两天在家庭与社会，五天在校接受教育，不如社会片刻的不良影响大）。

在学校教育、家庭教育和社会教育三位一体化的过程中，起主导地位的是学校，主要是教师，学校和教师应从实际出发，创造性地采取各种有成效的方式，把经常与家庭、社会联系列入学校的工作计划，并不断总结经验，使家庭教育和社会教育为学校教育服务，共同发挥教育的作用。

四、心理健康教育的教师与学校心理学家队伍的建设

要搞好心理健康教育，关键在于教师队伍的建设。所以我们认为，要积极开展对心理健康教育的教师培训；要完善心理健康教育教师的职称评聘制度；要加强心理健康教育的教师活动和课题研究。

这里有一个基础问题，是学校心理学家队伍的建设。如果我们有了一支活跃在大、中、小学的学校心理学家队伍，他们不仅可以推动学校心理学知识的普及工作，而且也可以作为心理健康教育教师培训工作的骨干。

(一)队伍建设

学校心理学家从哪儿来？有的发达国家来自两个方面：一方面是现有心理学家深入学校与学校教育实践相结合，从事学校心理学课题的研究；另一方面靠大学心理系、教育系(学院)来培养。大学如何培养学校心理学家呢？联合国教科文组织对学校心理学家的资格和训练提出过三项要求：①具有教学文凭或教师的合格证书；②五年以上的教学经验；③系统修完有关心理学课程。所以目前多数国家都按照这三项要求，从中小学教师(受过高等教育者)中来培养学校心理学家。例如，澳大利亚允许符合条件的教师向所在州的教育部提出申请，获准后花一年时间自费学习心理学的有关课程，取得有关证书，即可从事学校心理学家的实践工作。联合国教科文组织要求在 6 000~7 500 名中小学生中至少有一名学校心理学家，按此比例，我国需要 2. 5 万~3 万名学校心理学家。而中国心理学会会员总数才不足万人，即使全体改行变成学校心理学家，也满足不了需求；实际上，这也不可能。目前大学心理系(专业)每年的毕业生数量也不是很大，一方面要鼓励这些毕业生从事心理健康教育，另一方面要从现有中小学教师中培养一部分心理健康教育的师资。

心理健康教育的关键是教师，尤其是心理咨询教师，他们是否具备核心咨询能力是其能否胜任学校心理咨询工作的关键所在。为此，我们采用半结构化访谈法，选取 12 名高校心理咨询教师和 13 名中学心理咨询教师进行访谈，探讨了从事心理咨询工作应具备的核心能力。① 结果发现，高校心理咨询教师和中学心理咨询教师认为应具备的核心心理咨询能力包括四个方面：(1)理论知识能力，它包括心理学基本理论与方法知识，以及心理咨询基本理论与方法知识两个方面；(2)咨询实践能力，它包括把握咨询过程的能力、针对性的咨询技能、心理测量技能；(3)自我成长能力，它包括自我觉察能力和自我调节能力；(4)遵守职业伦理道德的能力。这一心理咨询工作核心能力模型为心理咨询师遴选、培训和评价提供了可资借鉴的框架，有利于引导心理咨询教师走上正确的职业生涯道路。此外，由于服务对象的不同，对这种能力的要求也有所差异，在上述四种能力中，相对于高校心理咨询教

① 方晓义、王锦、赵晨、兰菁、林崇德：《中学心理咨询工作核心能力研究》，31~38 页，载《北京师范大学学报(社会科学版)》，2010(6)。

师来说，中学心理咨询教师更为看重与中学阶段有关的理论知识、咨询技能以及心理测量能力。

(二)课程与学位

学校心理学专业的课程由心理系或教育系(学院)设置，一般包括学校心理学、教育心理学、发展心理学、各种研究方法、心理教育评价、行为治疗、会诊、咨询和职业指导，许多课程要求有特殊教育的内容。此外，要有学校实习的经历。在多数发达国家，学校心理学家中有博士学位者占少数，多数是硕士学位，或者是学士学位另加一年专门学习。这些要求，我们可以直接借鉴。我国心理学老前辈陈立教授(1992)谈学校心理学专业时，对本科生的课程设置建议是：学科的内容针对性强，基础课要求面广而内容精，要根据学校心理学家的要求而突出重点；专业课要务实，力求用得着。他将普通心理学、发展心理学、德育心理学、各科教学心理学、教育学、医学心理学作为基础课；将学校心理学、咨询心理学、测验心理学等作为专业课；方法论(包括观察法与职业指导等)则应以实习为重点。他认为学校心理学的博士学位暂时无法实行，但强调研究。他还认为加强科研能力的培养是当务之急。这种见解不仅与国外的经验具有一致性，而且对学校心理学中国化研究是非常有价值的。近年来，各地师范大学一直在举办心理健康教育方向的研究生课程班,招收中学教师或小学中有大学学历的教师来所学习，学习课程与上述一致，但由于种种原因，课程班结业者获得硕士学位的是极少数。

(三)学校心理学的目标与任务

发达国家学校心理学的目标与任务尽管提法不同，但其实质是一致的。美国学校心理学的主要目标是，为儿童与青少年提供直接和间接的心理学服务，以改善他们的心理健康和学业成就。澳大利亚学校心理学家面临的课题是，如何提供服务、职业认可，以及与学校协调一致。苏联学校心理学的主要任务是，解释学生学习困难的原因，消除和预防心理发展中所出现的偏向，解决各种个人问题。在我国学校心理学的建设中，要强调学校心理学为学生心理健康服务的目标，抓好三项基本任务：①与学校工作相协调，向教师提供心理科学知识，便于学校开展“心理健康教育”，这是当前我国学校心理学的主要任务；②与家庭教育相协调，帮助家长学校和家长委员会向家长提供心理学方面的建议，以使家庭教育与学校教育、社会教育融为一体，为学生提供心理卫生的良好环境；③开展学校心理学课题研究，为各种“问题”儿童青少年解决问题，增强他们良好的社会适应能力。为此，普及和宣传学校心理学是极为重要的。

(四)学校心理学家的专业作用和专业培训

国外心理学强调心理学家在诸多方面发挥其专业作用，他们是儿童心理学、教育心理学和社会心理学的专家；心理诊断、辅导和咨询的专家；学科教学法专家；因材施教，灵活处理问题的教育专家；进行干预矫治的专家等。这些专家的专业知识来自系统的专业培训。学校心理学家因工作性质需要似乎有点像“万金油”，然而他们确实有着广而精的专业知识和相应的技能，从事着为学校实践服务的繁重工作，尽管他们专业知识的深度和广度不一定理想。我国目前尚未有一支学校心理学家的队伍，就谈不上能发挥什么专业作用，即使上面提到的依靠中小学教师作为学校心理学家队伍的来源，但专业知识和有关技能的培训怎么办，这是一个难题。否则，发挥其专业作用是相当困难的。为了解决这个问题，目前中国学校心理学家的培训主要依靠四方面力量：①占我国心理学家队伍70%以上的发展心理学家和教育心理学家；②探讨变态心理、临床心理的医学心理学家；③研究残疾、弱智者心理与教育的特殊教育专家；④在近年来发展较快且日趋成熟的心理测量专业的专家。这些队伍在我国当今心理学与教育研究中实力雄厚，相当活跃。他们既可深入学校为学校实践服务，进行学校心理学课题研究，又是培训学校心理学家队伍的专业力量。在他们的努力下，在不远的将来建立起一支我国学校心理学专业队伍并积极发挥其专业作用是完全有可能的。

第三节

对学生心理健康的课题研究

为了积极而科学地开展心理健康教育，必须加强对心理健康教育的课题研究，特别要注重对学生心理健康的课题研究，并以心理健康教育为切入点，通过提高学生心理健康素质来发展和培养学生的创新能力。我们的课题组在这方面作了许多研究，成为我国对心理健康教育课题研究的一个缩影。这里，我们首先介绍中小学生心理健康的课题研究，然后再介绍针对大学生心理健康与创造力关系的研究，最后阐述我们基于心理健康大学生创造力培养的干预研究。

一、中小学生心理健康的课题研究

我们对中小学生心理健康的课题研究，涉及学生心理健康的现状及制约因素；各种学生群体的心理健康教育的模式；学校人际氛围与心理咨询；学生中各类心理和行为问题的特点及其对策等。下边是我们摘录部分已发表的研究成果，来与对这个问题感兴趣的读者加以讨论。

(一)对小学生生活压力、学业成就与其适应行为关系的研究

俞国良、陈诗芳研究了四、五、六年级(398 名)小学生生活压力、学习成就与其适应行为的关系。[①] 他们制定了小学生生活压力量表和压力反应量表，内容涉及“考试”“表扬”“批评”等“生活压力事件”和“考试考坏了”“爸妈拿别人的孩子与自己比较”“与同学发生摩擦”等“负性压力事件”。研究结果如下。

① 俞国良、陈诗芳：《小学生生活压力、学业成就与其适应行为的关系》，344~348 页，载《心理学报》，2001，33(4)。

1. 小学生生活压力的来源

用小学生生活压力量表调查结果显示，在日常生活中，小学生发生比率最高的前十项生活压力事件分别为：①考试(96.3%)；②爸妈表扬我(92.1%)；③上课要背书、听写(91%)；④爸妈拿别的孩子与自己比较(82.7%)；⑤只有自己一个人在家(82.3%)；⑥考试考坏了(80.6%)；⑦爸妈对我期望很高(74.4%)；⑧忘记带作业、课本或文具(69.3%)；⑨与同学发生摩擦(64.8%)；⑩爸妈和我意见冲突，爸妈说我成绩不好(64.1%)。而在小学生的日常生活中，负性压力事件发生比率最高的前十项分别为：①考试考坏了(79.4%)；②忘记带作业、课本或文具(67.9%)；③爸妈拿别的孩子与自己比较(65.6%)；④与同学发生摩擦(61.4%)；⑤爸妈说我成绩不好(60.2%)；⑥看到或听到残暴事件的报道(56.6%)；⑦爸妈和我意见冲突(51.8%)；⑧学习成绩不好(51.7%)；⑨爸妈不给我买想要买的东西(51.3%)；⑩上下学交通混乱(50.7%)。

由此可见，小学生最常经历的负性生活压力事件的来源主要是成绩、课业、父母要求、同学相处和社会环境几方面，其中又以学习成绩为主要压力来源。

2. 小学生生活压力的性别差异与年级差异

负性事件数或负性压力感受值两方面皆无性别差异。在负性事件数上，六年级平均数为 27.81，标准差为 12.36，五年级为 24.69，11.56，四年级为 21.02，12.12。t 检验表明，五年级负性事件数显著少于六年级，四年级显著少于五年级。在负性压力值上，六年级的平均数和标准差分别是 52.25、24.54，五年级是 47.46、28.59，四年级是 40.61、25.69。t 检验表明，五年级负性压力感受显著低于六年级,四年级显著低于五年级。

3. 小学生适应行为的特点

小学生在适应行为上，男生较女生有更多的不适应行为，全量表的得分男生为 101.01，女生为 78.20，二者差异显著。除在依赖方面男女生之间没有表现出明显的差异外，在其他诸如反抗(男生 35.4，女生 22.75)、过度好动(男生 23.31，女生 16.02)、压抑(男生 27.47，女生 21.77)和消极抵抗方面(男生 23.88，女生 17.54)，男生均表现出比女生更明显的不适应行为。在年龄差异方面，六年级的学生表现出较少的依赖性，依赖性得分显著低于五年级和四年级(六年级为 14.61，五年级为

19.39，四年级为18.95）。在其他各项(反抗、过度好动、压抑和消极抵抗)的不适应行为中，各年级差异不显著。

4. 小学生适应行为的预测

表 12-8　以逐步回归预测小学生适应行为的结果

效标变量	R	R^2	ΔR^2	F	ΔF	β	t
学业成绩	0.456	0.216	0.216	69.82***	69.82***	−0.446	−8.30***
性别	0.531	0.282	0.066	49.51***	23.10***	0.253	4.77***
家庭收入	0.549	0.301	0.019	36.06***	6.86**	0.154	2.92**
负性压力值	0.565	0.319	0.018	29.37***	6.79**	0.122	2.31**
年级	0.577	0.332	0.013	24.82***	4.82*	0.155	2.196*

由表12-8可见，从小学生的压力、学业成就及背景(儿童性别、年龄，父母教育程度及家庭月收入)三个方面来预测小学生的适应行为，有5个自变量进入了回归方程，共计可解释33.2%的变异量，其中以学业成就的预测力21.6%为最高。

(二)初中生学习困难、人际关系、自我接纳对心理健康影响的研究

李晓东等研究了初中二年级学生学习困难、人际关系、自我接纳对心理健康的影响①，涉及学生心理与行为问题的三个方面的主要表现，对心理健康的影响作用是有意义的。尽管李晓东等人取样为初中二年级学生，但还是有代表性的，不仅研究的三个问题有代表性，而且年龄段也有代表性。因为初中二年级是中学阶段的转折期，最能代表中学生心理健康的特点与趋向。

整个研究用量表法，三个量表(学习困难、人际关系、自我接纳)均系李晓东等所修订的测量工具，其研究结果尽管复杂，但其中的“模型三”却能概括整个研究结果(见图12-1)。

由模型三可以得出三条结论：①学习困难对心理健康有显著的负面影响；自我接纳对心理健康有显著的正面影响。②学习困难对亲子关系和师生关系有显著负面影响。③亲子关系对自我接纳有显著的正面影响。

① 李晓东、聂尤彦、林崇德：《初中二年级学生学习困难、人际关系、自我接纳对心理健康的影响》，68~73页，载《心理发展与教育》，2002(2)。

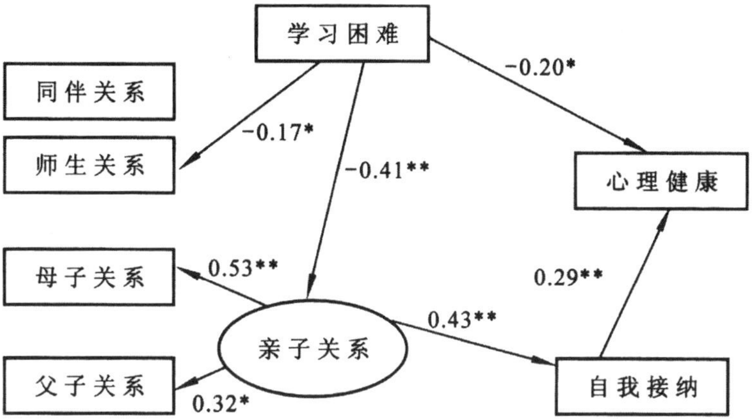

图 12-1 学习困难、人际关系、自我接纳对心理健康影响的路径模型图

(三)高中生人际关系特点的研究

徐松泉等人研究了重点高中学生人际关系特点①，采用北京师范大学发展心理研究所的“人际关系量表(MHQ)”，对该校 1 634 名学生进行测定，获得的主要结果绘制于图 12-2 中。

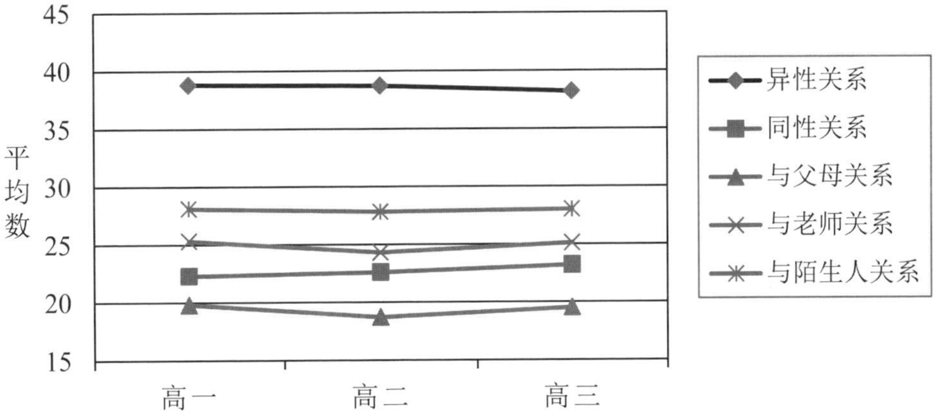

图 12-2 高中生人际关系发展特点的纬度比较图

① 何蔼、林德炎、徐松泉:《重点高中学生人际关系发展特点的研究》，见《区域性推进中小学心理健康教育的研究与实践(研究报告文集)》，2001。

由上图可以看出如下五点结论。

1. 重点高中学生的异性交往能力呈中上水平。不存在年级差异，高一、高二学生的异性交往能力略强于高三学生；存在性别差异，女生的能力比男生强；年级与性别之间不存在交互作用。

2. 重点高中学生同性关系呈中下水平。存在明显的年级差异，学生同性交往能力随着年龄的增长递增；不存在性别差异；年级与性别之间不存在交互作用。

3. 重点高中学生与父母的关系呈中下水平。存在明显的年级差异和性别差异。新生与毕业班学生与父母的关系较之高二学生的要好，女生与父母的关系比男生的融洽。年级与性别之间不存在交互作用。

4. 重点高中学生与老师的关系呈中等略偏下水平。不存在年级差异，高一、高三学生与老师的关系比高二学生相对融洽；存在明显的性别差异，女生与老师的关系比男生融洽。年级与性别之间不存在交互作用。

5. 重点高中学生与陌生人的关系呈中等水平，无年级和性别差异。高一与高三年级学生处理关系的能力较强，女生略强于男生。年级与性别之间不存在交互作用。

(四)对高中生不良情绪状态特点的研究

刘慧娟、张璟采用自制的不良情绪状态量表(本量表经过两次修订，一致性信度系数为0.892 0，经因素分析，获得各变量的因子载荷量为0.403~0.709)，对高中生的焦虑、抑郁、孤独、敌对、恐惧五种不良情绪的状态水平进行测查。所用量表采用五级记分法，每道题得分在1~5，总量表共40题，分数值越高表示不良情绪状态的程度越高。该研究从北京、新疆、重庆、浙江、河南的5个实验学校中，随机选取高中生被试6 015名，3个年级的被试人数接近，男女被试人数也接近，所获得结果列入表12-9。①

① 刘慧娟、张璟:《高中生不良情绪的特点研究》，60~63页，载《心理发展与教育》，2002(2)。

同时对表 12-9 数据进行 3(年级)×2(性别)MANOVA 方差分析，得出以下结果：①总体上说，高中生五种不良情绪状态的平均值介于 2.9~3.2，均是中等水平状态，没有异常的现象，说明我国高中生的情绪状态整体较为良好。②五种不良情绪之间的状态水平有一定差异，抑郁情绪的表现程度最高，其次是孤独情绪，而焦虑情绪是这五种情绪中变化最为稳定的一种。③随着年级的升高，五种不良情绪的状态水平也呈升高的趋势。除焦虑情绪外，其他不良情绪的水平存在显著的年级差异。经差异源分析，高二学生的抑郁、孤独、敌对、恐惧四种不良情绪都显著高于高一学生，而在高二和高三学生之间没有显著的差异。④在五种不良情绪的状态水平上，没有显著的性别差异。

表 12-9　高中生不良情绪状态的平均数与标准差

年级	性别	人数	焦虑		抑郁		孤独		敌对		恐惧	
			M	SD	M	SD	M	SD	M	SD	M	SD
高一	男	1073	2.93	0.69	3.07	0.64	3.04	0.82	2.98	0.65	3.06	0.90
	女	1031	2.90	0.70	3.08	0.69	3.00	0.91	3.00	0.73	2.99	0.90
高二	男	983	2.91	0.66	3.18	0.62	3.17	0.82	3.06	0.63	3.16	0.89
	女	866	2.94	0.71	3.18	0.65	3.18	0.87	3.09	0.69	3.10	0.89
高三	男	986	2.91	0.69	3.23	0.63	3.23	0.84	3.09	0.66	3.19	0.89
	女	865	2.94	0.69	3.22	0.65	3.24	0.89	3.11	0.69	3.11	0.85

二、中学生心理健康的变迁趋势研究

从心理的毕生发展角度来看，中学生时期是一生中心理变化最为迅速的阶段，然而，我国中学生心理的变化不仅是因为个体自身的年龄因素，也与社会的剧烈变迁有关。因此，我们对心理健康的研究不仅关注当下的现状，还要考察其纵向变迁趋势，即心理如何随着社会变迁而变迁。我的弟子辛自强是国内在心理变迁方面研究最为系统的学者，他采用横断历史研究方法考察了我国中学生的心理变迁趋势。①②③④⑤

(一)中学生心理变得更不健康了吗

中学生期是人生发展的重要阶段，这一期间的心理发展状况，将对其后的成长和成就有长远影响。从社会发展角度来看，中学生是即将成为社会生产、生活主力的人群，他们的心理特点将部分决定着未来社会文化的特点，因此理解今天的中学生心理发展规律，将有助于预测未来的社会发展规律。目前，中国社会正经历着剧烈的变迁，尤其需要全面准确地评估这种变迁对中学生的影响程度以及影响方式，这方面的研究将为社会政策制定、中学生思想道德建设提供依据和建议，有助于更好地从个体和社会层面上为其健康成长服务。

然而，近些年来，各种媒体屡屡“爆出”一些惊人的案例，诸如，某某中学的学生“弑母”，某学生将老师杀死，某学生不断欺凌同学……这类报道究竟意味着什么？是中学生心理不健康使然吗？今天的中学生心理更不健康了吗？或者，只是因为媒体过分发达而更疯狂地“爆料”吗？要找到这些问题的答案，似乎不能仅就个案而言，而应该进行更广泛的调查取证。

实际上，学术界对中学生心理健康的变化趋势问题，也争论颇多。有的学者认为“中学生的心理健康状况很差，心理问题越来越多”，这可以简称心理健康的“下滑说”，有相当一批学者都持这种看法；此外，还有人支持“提高说”或“稳定说”，即认为中学生的很多心理素质在提高，或至少是稳定的，没有明显下滑。究竟孰是孰非？大家都有些案例资料作例证，然而均缺少大规模的纵向研究数据支持。

---

① 辛自强、池丽萍：《社会变迁中的中学生》，北京，北京师范大学出版社，2008。

② 辛自强、张梅：《1992年以来中学生心理健康的变迁：一项横断历史研究》，69～78页，载《心理学报》，2009，41(1)。

③ 辛自强：《中学生心理健康水平下滑及其应对》，4～7页，载《中小学心理健康教育》，2009，2(下半月刊)。

④ Z. Xin, L. Zhang, & D, Liu, “Birth cohort changes of Chinese adolescents' anxiety: A cross-temporal meta-analysis, 1992–2005”, *Personality & Individual Differences*, 2010, 48(2), 208-212.

⑤ Z, Xin, J. Niu, & L. Chi, “Birth cohort changes in Chinese adolescents' mental health”, *International Journal of Psychology*, 2012, 47 (4), 287-295.

理论上而言，我们每个人都难以摆脱时代的影响，而且时代总是在变化，社会总是在变迁，因此，历代人的心理也应该在变迁，或许每代人都有着自己独特的中学生时期，有着独特的心理世界。不过，要确定中学生心理变化的具体轨迹，还有赖于定量研究。为回答上述问题，辛自强采用一种新的研究方法，确定了过去几十年里我国中学生的心理变化趋势。

（二）用横断历史研究方法考察中学生心理健康变迁

要确定当前中学生心理健康的现状，只要采用合适的工具进行大规模的抽样调查，就可以有效解决问题，然而，要确定在过去几十年里的变化趋势，问题就复杂多了。因为只在当前某个时间点取样调查，并不能回答变化趋势的问题。解决此问题的最佳方法是进行长期的纵向追踪研究。比如，从改革开放刚开始的时候，逐年或间隔几年不断取样，持续追踪每批中学生的心理变化。然而，每一个当下都在不断成为过去，成为历史。我们未曾，也通常难以在一开始的时候，就设想好对某个历史进程做全程追踪研究。

如今我们如何定量考察社会变迁中个体心理的变化过程呢？一个可能的思路就是首先搜集到历史上各个时间点使用同一种方法或工具获得的关于同类个体的心理变量的数据或文献资料，然后将这些文献按照时间顺序连缀起来，形成关于历史的横断取样，这就是“横断历史研究”的方法，或者称之为横断历史的元分析。虽然以往的研究在某个时间点上取样调查时都无意于考察社会或心理的变迁问题，但是当我们“事后追认”这些研究为对历史的横断取样时，就有可能综合众多的已有研究报告，通过元分析方法获得心理变化的动态轨迹，并探究社会变迁指标与它的关联。

辛自强正是采用这种横断历史研究方法考察了社会变迁背景下中学生的心理问题、焦虑、抑郁、自尊等一系列心理变量的变化轨迹及其与社会变量的关系（见表12-10）。在国内，他们第一次采用这种方法定量考察个体心理变迁问题。这种研究的首要工作是查阅足够多的有效文献，这些文献都应该是基于同类方法（同样的被试群体、同样的调查工具）完成的研究报告，而且这些文献能涵盖足够大的时间范围，这样才能保证历年研究结果的可比性，有效反映心理变迁趋势。例如，为保证研究结果的可比性，他们按照一定标准从众多研究中严格筛选出107篇同类文献，这些研究都采用SCL-90量表调查了不同年代(1992—2005)中学生(超过11万人)的心理问题，通过对这些研究结果的重新统计，就可以刻画出心理变迁的轨迹。表12-10给出了他们所完成的四项有关中学生心理健康变迁的横断历史研究涉及的文献量、时间跨度、使用的调查工具、被试量等方面信息。

表12-10　中学生心理健康变迁的系列横断历史研究

心理变量	工具	文献量	被试量	时间跨度
心理问题	SCL-90量表	107篇	111925	1992—2005
焦虑	Zung的焦虑自评量表	42篇	29828	1992—2005
抑郁	Zung的抑郁自评量表	40篇	22215	1989-2005
自尊	Rosenberg 自尊量表	119篇	57763	1997—2007

除了对上述内容领域的心理学文献进行元分析外，他们还通过查阅各种统计年鉴、研究资料等方式获取了能反映社会变迁的历年宏观社会发展指标和经济运行指标，这些指标涵盖社会威胁(包括离婚率、失业率、犯罪率)、教育现状(包括初高中升学率、总在校生比率、中学生比率)和经济状况(包括消费水平指数、城镇化水平、全国基尼系数)等方面。这样，就可以定量统计历年心理指标得分与各种社会指标的相关或“滞后”相关，从而确定中学生心理变迁的社会成因和社会影响。

(三)中学生心理健康水平在下滑

通过一系列的横断历史研究，可以获得的一个基本结论是：在过去的一二十年里，我国中学生的心理健康水平在下滑。一方面那些消极的心理特征，如心理问题、焦虑水平、抑郁水平等逐渐增多或增高(参见图12-3、图12-4、图12-5)。例如，从1992年到2005年，中学生的焦虑得分增加了约8%；从1989年到2005年，抑郁得分增加了约7%；从1992年到2005年，敌对心理得分增加了近8%。如果按照出生年代(出生组)来说，那些“80后”中学生比“70后”中学生的心理问题要多，而“90后”的更多。然而，另一方面那些积极的心理特征，如自尊水平却逐渐下降(图12-6)，从1997年到2007年中学生自尊得分下降了11%。

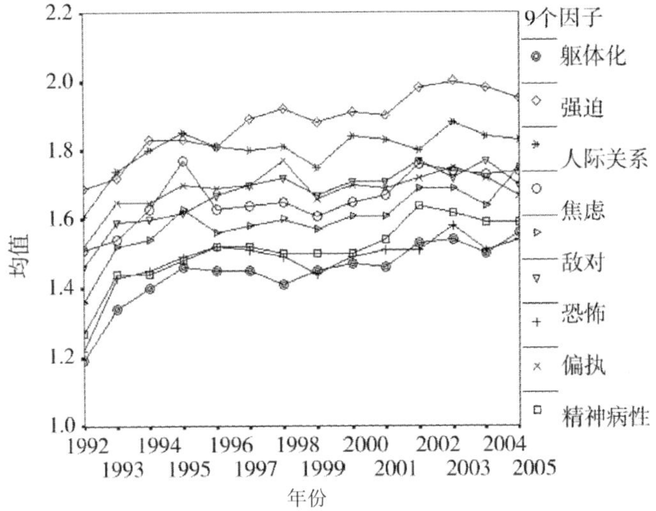

图 12-3　中学生各种心理问题增加(1992—2005)

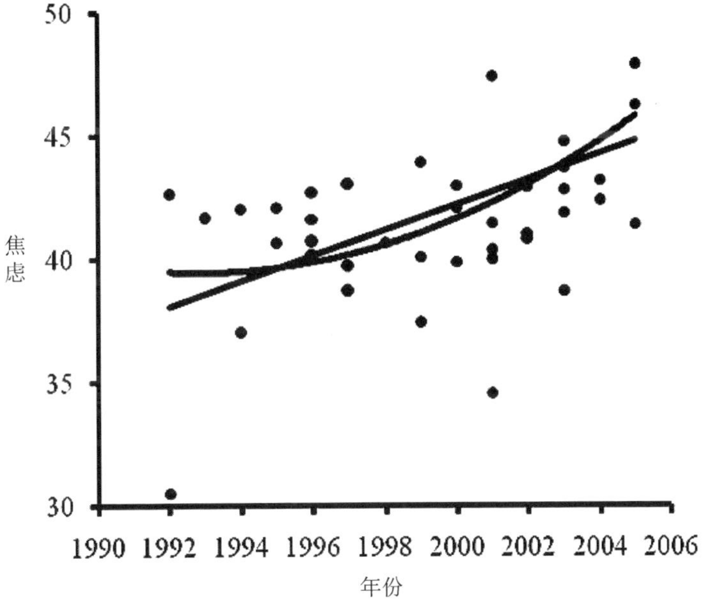

图 12-4　中学生焦虑水平增加(1992—2005)

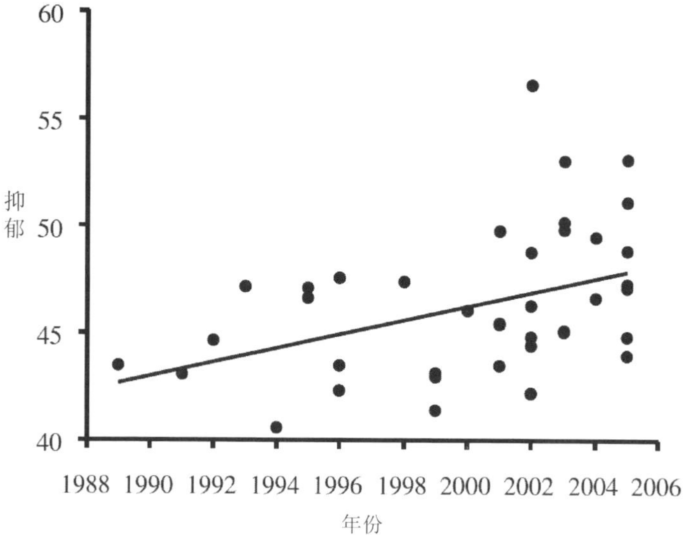

图 12-5　中学生抑郁水平增加(1989—2005)

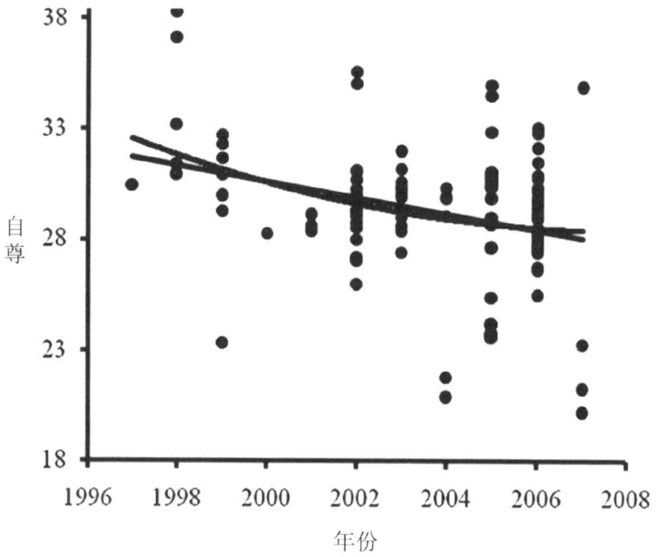

图 12-6　中学生自尊水平下降(1997—2007)

这种“下滑”现象虽然曾被一些学者提及，但这是第一次被研究确证。上述研究结果明确地支持了“下滑说”——中学生心理健康水平在逐年下降(这里的“年”不是指个体“年龄”，而是“年代”)。目前，虽然难以确认该现象的原因，但统计结果表明，这与社会变迁有关，至少可以由历年的负面社会指标(如离婚率、犯罪率、失业率、基尼系数等)的变化加以预测。例如，辛自强等人考察了历年的中学生焦虑水平与负面社会指标的关系，三类社会指标包括经济条件(失业率、基尼系数)、整体威胁度(犯罪率、个人医疗开支、大学生比例)、社会联结度(离婚率、城市化水平)。对中学生历年焦虑水平与当年、5年前或10年前社会指标的相关分析表明(见表12-11)，大体而言，这三类负面社会指标都能预测中学生的焦虑水平，尤其以5年前的负面社会指标的预测效力最高。可见，中学生在当年以及10年前，特别是5年前(也就是他们的童年期)所经历的负面社会指标，如整个社会较高的经济压力(失业与贫富分化)、社会整体的威胁度(较高的犯罪率、医疗开支以及同伴竞争压力)和较低的社会联结程度(离婚增加、城市化带来的个体主义)，都是其焦虑上升的重要预测因素。

表12-11 中学生历年焦虑水平与社会指标的相关

负面社会指标	10年前的	5年前的	当年的
经济条件			
失业率	0.19	0.50**	0.36*
基尼系数	0.49**	0.51**	0.33*
整体威胁度			
犯罪率	0.28	0.31**	0.33*
个人医疗开支	0.54***	0.53***	0.33*
大学生比例	0.50**	0.47**	0.26
社会联结度			
离婚率	0.47**	0.47**	0.26
城市化水平	0.49**	0.54***	0.33*

注：$n=40$。* $p<0.05$；** $p<0.01$；*** $p<0.001$。

总之，我国中学生的心理健康水平并没有随着经济的高速增长而提高，而是随着负面社会问题的增多而明显下滑。应该强调的是，我这里讲的只是就纵向而言的“心理健康水平下滑”，而并没有讨论“健康与否”的问题，对后者的回答是临床专家的事情。

（四）研究的意义和价值

虽然心理健康问题一直被学者视为“个体的”事情，然而，当问题有一定的普遍性时，我们应该考虑其社会根源。改革开放后，我国取得了前所未有的伟大成就，特别是在经济上的巨大成功令全世界瞩目。然而，在中国剧烈的社会变迁背景下，中学生心理健康水平在下滑。是否能将心理变迁直接看作社会变迁的后果，这还是个有待商榷的问题，但可以确定的是，二者通常是共生、共变的。我们必须意识到并承认问题的存在。实际上，这个问题不独存在于中国，很多西方发达国家在经济迅速上升时期都曾有类似的经历。例如，有研究者曾在20世纪70年代中期调查过美国和英国被试，发现他们的个体焦虑水平与其生活环境的变化、特别是知觉到的整体社会变迁速率有显著正相关。① 社会变迁越快，个体就越需要不断调整自己适应这种变迁，由此带来了更高的焦虑水平。在通向现代化的道路上，社会竞争的日益激烈、环境迅速的改变、生活节奏的加快、价值观的冲突，这些都可能造成人们适应的困难，带来巨大的心理压力。很显然，社会变迁总在发生，它本身并不都是好的。我们需要经济发展，也需要社会和谐、心理健康。为此，应该适当加强社会变迁的计划性，就像经济领域需要宏观调控，社会发展同样需要宏观调控以做到趋利避害、和谐发展。

当前中学生心理健康水平的下滑这一现象，提醒我们必须重视心理健康问题，降低社会变迁的心理代价。除了从社会改造着手，直接针对个体的帮助也非常必要。我们需进一步加强中学生思想道德建设，特别是心理健康教育。心理健康问题的突显，其根本原因并不在学校教育，然而，促进学生心理健康，却是学校和教育者义不容辞的职责。国家已经要求有条件的各级各类学校配备心理健康教育专任教

---

① R. H. Lauer, R. Thomas, “A comparative analysis of the psychological consequences of change”, *Human Relations*, 1976, 29(3), 239-248.

师，并开设适当的教学和辅导工作。然而，很多学校因为一些主观或客观原因未能有效开展这方面的工作。例如，在很多学校，领导对心理健康教育不够重视，课时无保证，缺少专任教师，缺乏场地和资料。所以教育部及各级教育主管部门，应继续深入推动学校心理健康教育工作的开展。无论是日常的心理健康教育，还是针对个别学生的心理辅导，这都是一门科学性、专业性很强的工作，在目前专业师资匮乏的情况下，尤其应该加强教育部中小学心理健康教育专家指导委员会的作用，吸纳更多的心理学专家和教育专家参与这项工作。

三、大学生心理健康的变迁趋势研究

如果中学生的心理健康水平在下滑，那么大学生的会如何变化呢？辛自强的研究结果表明，实际情况可能并非人们所想的那样。他们同样使用横断历史研究方法，考察了大学生在过去几十年心理健康水平的变迁规律。①

（一）大学生心理健康在逐年改善

自 1977 年恢复高考以来，我国高等教育获得了长足发展。随着高校的不断扩招，大学生人数猛增，目前全国普通高等学校超过 2 千所，普通本科、专科在校生人数已逾 2 千万。在过去几十年里大学生心理健康状况如何呢？是逐年改善，还是下滑？对这一问题，教育主管部门、学术界以及社会大众都在争论，观点不一，但均缺乏强有力的研究数据支撑。

关于大学生心理健康的历年变化，目前尚无大规模的长期追踪调查。然而，国内每年有大量已发表的研究报告，都采用同一研究工具调查了大学生群体的心理特点。在大学生心理健康研究中，90 项症状自评量表（简称 SCL-90）是最常用的研究工具之一，它通过 90 道题目测量了躯体化、强迫症状、人际关系、抑郁、焦虑、敌对、恐怖、偏执和精神病性这九类心理问题。辛自强等人采用横断历史研究方

① 辛自强、张梅、何琳：《大学生心理健康变迁的横断历史研究》，664~679 页，载《心理学报》，2012，44(5)。

法，将这些孤立的但有可比性的研究按照时间顺序连缀起来，考察了历年研究所获心理指标平均得分的变化模式。这项研究对 1986 至 2010 年间 237 项采用 90 项症状自评量表(SCL-90)的研究报告(样本为 30 多万名大学生)进行再分析，结果发现大学生的这九类心理问题得分逐年减少，也就是说，心理健康水平不断改善。具体研究结果如下。

第一，测试年代与各类心理问题得分均有显著负相关(相关系数在-0.20 到-0.60 之间)，这说明我国大学生心理问题得分逐年减少，即心理健康水平逐年提高(图 12-7)。其中，偏执、人际关系、抑郁、敌对四个方面的心理问题减少的幅度最大，其他方面也明显下降。

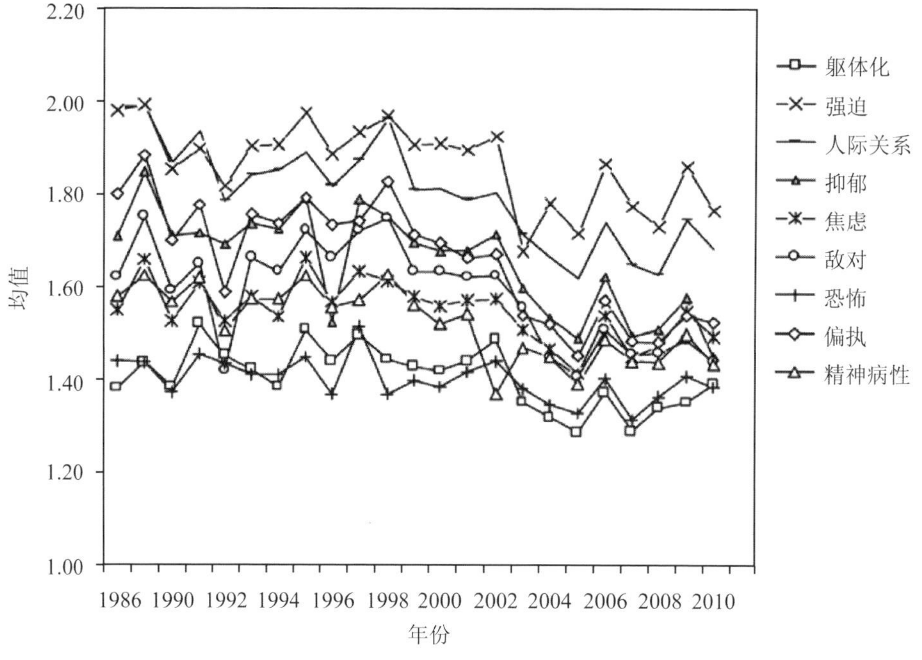

图 12-7　大学生心理问题得分在降低

第二，在过去 20 多年里，大学生心理健康水平的提高，主要体现在大一以后的高年级学生身上(大二、大三、大四)，而大学一年级学生在这一历史时期的心理健康基本保持稳定。表 12-12 显示，大一学生的心理问题得分与年代的相关程度(决定系数)，显著低于非大一学生(即高年级学生)。这说明可能是大学教育和大学环境的改善，导致了大学生心理健康水平的改善，而这种改善是“需要时间的”——对于大一新生而言，大学教育和校园环境的作用还未能充分体现，等至大二及更高年级方能充分显现其积极作用。

表 12-12　大一与非大一学生 SCL-90 各因子均值与年代的相关

因子	大一		非大一	
	β	R^2	β	R^2
躯体化	-0.27^{**}	0.07	-0.63^{***}	0.40
强迫	−0.12	0.02	-0.64^{***}	0.41
人际关系	-0.32^{**}	0.10	-0.70^{***}	0.49
抑郁	-0.37^{***}	0.14	-0.77^{***}	0.59
焦虑	−0.12	0.01	-0.61^{***}	0.38
敌对	-0.33^{**}	0.11	-0.67^{***}	0.45
恐怖	−0.04	0.00	-0.52^{***}	0.27
偏执	-0.42^{***}	0.18	-0.77^{***}	0.59
精神病性	-0.20^{*}	0.04	-0.61^{***}	0.37

注：$^{*}p<0.05$；$^{**}p<0.01$；$^{***}p<0.001$。

第三，我国大学生心理健康水平的提高，主要是由重点大学(“211 工程”所含的百余所高校)学生引起的，普通大学学生的心理健康水平 25 年来虽然上升，但幅度不如重点大学明显。

第四，较之农村生源，城市生源大学生的心理健康不仅水平而且改善速度均高。

第五，大学男生心理健康水平的改善速度高于女生。

总之，过去 25 年里，我国大学生的心理健康水平在不断提高，各种极端心理问题在减少；这种提高更多地体现在大学高年级学生身上(大二至大四)，重点大学学生、城市生源学生、大学男生提高更为明显；相比之下，大一学生、非重点大学的学生、农村生源学生、大学女生的心理健康水平改善有限。

(二)研究结果的理论解释及其意义

我国大学生心理健康水平的改善是令人鼓舞的事情。如前所述，辛自强等人用同样方法做的另一项研究却表明，在过去一二十年里，中学生的心理问题在逐年增多，即心理健康水平不断下滑。为什么大学生的变化趋势完全不同呢？

根据布朗芬布伦纳(Bronfenbrenner)的生态系统理论，学校是个体发展环境系统中的微观系统之一，是大学生直接面对或接触的环境，它在个体的发展中起到过滤器的作用。毫无疑问，中学生和大学生都应该受到社会大环境的影响，而且社会大环境对个体的作用会体现在时间进程中：个体的出生时间决定了其在某个人生阶段(如中学、大学)可能经历的特定社会环境，这也是横断历史研究一直关注出生组(birth cohort)效应或年代效应的原因。在这种研究中，所说的出版年代或数据收集年代效应，其本质在于不同年代的研究测量了不同出生组的人。不同时期大学生的心理健康水平在变迁，这种变迁应该折射不同出生组的大学生所经历的社会变迁。如果中学生心理健康水平可能随着社会问题的增多而下滑，为什么大学生却在改善？其原因应该在于大学作为微观系统的保护作用。个体生存于一个分层的系统背景下，微观系统会发挥类似于“棱镜”的作用，“折射”社会大环境对个体的影响。一个良好的微观系统可以保护个体免受大环境的不良影响。

中学与大学一样是个体成长的微观系统，然而，二者与社会大环境的关系可能不同。每一所中学都是镶嵌在“当地的”社会大环境中的，当地的经济状况、地理条件、社会运行特征很大程度上左右着一所中学的质量和特点。例如，一所贫穷地区的中学与一所富裕地区的中学，或者一所农村中学与一所城市中学，其教育质量应该是直接与当地经济水平相对应的。然而，大学主要是由国家或省一级政府投资建设的，所在地基本上是大城市，大学的发展是直接由国家的高等教育政策决定的。所有这些，都让大学这个“象牙塔”有了对负面社会问题的某种超越性，国家对高等教育的重视，直接导致了教育质量的不断提升，对高校心理健康教育工作的重视能直接改善学生的心理健康状况。或许在入学之前，每个学生还更多地受到其出生地或者求学地差异的影响，然而，进入大学之后，这种差异可能部分地被“抹平了”，决定结果的不再是之前环境的差异，而是其大学环境。大学作为一个特殊的微环境，为许多原先处于社会经济地位劣势的青少年提供了改变命运的机会，让他们与原先处于优势地位的青少年站在了同一个起跑线上。大学可以改变其他系统对个体作用的方向，使个体的发展更加依赖于大学环境本身。

过去几十年里大学生心理健康水平在改善，这可能主要归结于改革开放背景下大学教育质量的提升和大学环境的改善。具体说有如下两点经验值得珍视并继续推广。

第一，国家对高等教育的投入，特别是“985”工程、“211”工程、“双一流”的实施，有力地推动了高等教育质量的提高和办学环境的改善，这最终体现在了学生心理健康水平的改善上。重点大学学生心理健康改善幅度更大，就证明了这一点。更为重要的是，在中学生心理健康水平逐年下滑的背景下，大学生，特别是大一以后的高年级大学生的心理健康水平却在逐年改善，这尤其体现了高等教育质量提高对大学生心理健康的积极影响。

第二，大学生心理健康水平改善的直接原因可能在于逐渐加强的大学生心理健康教育以及每所大学心理咨询工作的开展；另外一个可能的原因在于，高校持之以恒地开展了大学生思想政治教育工作。总之，高校心理健康教育工作者、思想政治教育工作者在提高大学生心理健康方面功不可没，今后，应该继续加强这两支队伍的工作。

此外，上述研究结果也提示了高校今后心理健康教育工作的重点所在。过去20多年里，大一学生、非重点大学生、农村生源学生、大学女生的心理健康水平改善有限，他们应该成为今后心理健康教育工作的重点对象。为此，建议国家和省级教育主管部门，应该在经费投入以及政策制定上，加强扶持“非重点”大学和上述需要帮助的学生群体。各个高校需要制定切实措施，在思想政治、心理健康方面重点帮扶大一新生、农村生源学生和大学女生。与此同时，面向全体学生的教育和教学措施依然要继续加强。

大学生是国家的重要人才资源，不断提高大学生心理健康水平是高等教育的重要任务之一。我们相信在各级教育主管部门的领导下，在高校的重视下，全体大学生的心理健康水平都能够继续改善。

四、心理健康教育效果的实验研究

心理健康教育是一种综合教育实践，对其效果的研究，可以考察整体教育效果，也可以考察某一干预技术的效果。目前，国内学者已经开展了一些这方面的实验研究，我们综述有关文献以证明心理健康教育的作用。

（一）单一心理干预技术的作用研究

有的学者考察了某种专门的心理干预技术对心理健康或其中某一心理变量的影响。例如，研究者通过4周的正念冥想训练发现，那些低自我控制的中学生在参加正念冥想训练后，其自我报告的自我控制水平和教师他评的自我控制水平都得到显著的提高，而对照组低自我控制的中学生则无明显变化。由此表明，正念冥想训练可以有效地提高个体的自控力水平，同时促进个体的心理健康水平。① 在这种正念冥想干预中，干预组每周集体练习两次，每次练习60分钟，共持续4周，每次练习分为四个阶段：阶段1为放松阶段，阶段2~4为正式的正念技术训练。其中，在阶段2和3中，引导练习者关注完整呼吸，即关注气息如何从鼻腔进入到腹部和背部，然后又从腹部到鼻腔排出身体，关注整个过程所产生的感觉，并引导练习者进行躯体扫描，关注躯体感觉的变化，利用意识放松躯体的任何紧张状态，然后把注意力重新放在呼吸上。阶段2主要是关注完整呼吸，阶段3主要是进行躯体扫描，阶段4重复阶段2和3，但在此阶段指导者不做过多的言语引导，练习者在安静的状态下练习2和3的技能，以进入冥想状态（持续15~20分钟）。最后由指导者唤回被试的意识，活动四肢，并对正念冥想训练中的感受以及冥想过程中遇到的问题进行分享讨论。这种正念冥想训练利用“内观呼吸”的技术，引导学生将注意力维持在对当下的关注上，并练习应对其他想法造成的分心，从而使自我控制水平显著提升。

近年来，积极心理学的思想在心理健康教育中得到一定程度的应用。有研究者

① 孙长玉、陈晓：《正念冥想训练对中学生自我控制能力的干预作用》，1359~1363页，载《中国健康心理学杂志》，2016，24(9)。

从湛江市两所重点中学的初一、初二、高一、高二年级随机抽取 8 个自然班，随机分为干预组与对照组，对干预组进行积极心理干预，对照组进行传统心理干预。① 结果表明，干预 84 周期间，干预组心理健康水平持续上升，对照组干预 42 周后心理健康水平上升，但 43 周至 84 周期间不再有改善。干预 84 周后，干预组的心理问题检出率显著低于对照组。由此可见，对于提升中学生的心理健康水平和预防心理疾病，积极心理干预优于传统心理干预。这种积极心理干预的重点是引导心理健康的和谐自主发展，具体内容如下：(1) 培养中学生积极情绪体验，以增进学生的幸福感为目标。根据积极心理学的思想，让干预组每天做五件快乐练习：①列出自己每天值得感激的事件，并大声朗读；②每天记下生活中的开心的事情；③记录自己最近两周中最成功或是感觉最有成就感的时刻；④了解自己在智慧、博爱、勇气、正义、节制、卓越六个方面具有哪些积极品质；⑤尝试在每天生活中不断实践自己的积极品质。(2) 利用心理健康课培养学生对问题的积极解释和积极归因的风格，找出自己可以改变的条件，去争取成功和更多的收获。(3) 结合学生的学习和生活实例，进行培养乐观人格的专题讲座和自助式激励训练、积极思维训练等。(4) 根据学生的个性心理特征，提供学生在学校发挥长处的平台和多类活动和潜能开发的辅导。(5) 以家长和教师集中开会研讨的形式，对其家长和老师进行积极心理的培训。这些方法被证明是行之有效的。

在大学生的心理健康干预中，团体心理咨询或者团体辅导的方式使用较多。例如，有研究考察了发展性团体心理咨询在改善大学生应对方式及应对能力方面的作用。② 28 名大学生被随机分为实验组和对照组，实验组接受发展性团体心理咨询干预两个月，对照组不予处理。三个月后对实验组成员进行追踪随访和评估，结果表明发展性团体心理咨询明显改善了团体成员的应对方式，在提高团体成员的社会支持程度和减少情绪问题(焦虑、抑郁)方面有良好的作用。这项团体咨询活动包括若干单元："相见欢"(订立团体规范)；"压力——我们时代的特征"(引出团体主题，

---

① 姜桂芳：《基于积极心理学的心理健康教育对中学生心理健康的影响》，838~840 页，载《中国临床心理学杂志》，2011，19(6)。

② 刘春燕：《发展性团体心理咨询改善大学生应对方式及其相关因素的实验研究》，75~81 页，载《心理发展与教育》，2003(4)。

认识压力的必然性和两面性）；“内心私语”（介绍心理压力模型，学习通过消除危险的内心私语来控制心情）；“我们是朋友”（丰富交际经历，开发有用的求助技巧）；“放轻松”（学会应对紧张和焦虑的方法）；“发泄你的愤怒”（学习对付愤怒的有效方法）；“我爱做计划”（学习目标管理和时间管理）；“笑迎未来”（结束团体）。活动形式包括游戏、讨论、角色扮演、头脑风暴、行为演练、案例重现等，最后以分享感受结束活动。某些活动后布置了作业，要求成员在学习和生活中实践学会的新行为，还可写出自己在活动中的感受、收获，以及对以后活动的建议。在接纳、支持的团体气氛里，使成员通过团体活动和人际交互作用，尝试积极的体验，重建理性的认识，学习相关的应对知识；帮助成员归化、改善非良性的、不成熟的应对方式，形成良性的、成熟的应对方式，并运用到团体以外的情景中，从而培养和提高应对能力；并让成员通过团体结识新朋友，扩大对团体的归属感，丰富其社会支持资源。

另一项类似的研究，通过8周的团体咨询干预，也有效改善了实验组大学生的心理健康状况，缓解了社交焦虑程度和社交回避倾向，提高了自我接纳程度，并取得了长期的干预效果。①。这项研究的干预方案与前一项研究大体类似，不再赘述。

（二）心理健康教育整体效果研究

更多的研究者是从教育的角度来综合使用各种心理干预技术，提高学生心理健康水平。例如，为检验流动儿童心理健康的可塑性及整合性教育干预模式的有效性，研究者采用“实验组-对照组、前测-后测的等组实验设计”，对流动儿童的心理健康问题进行为期半年的整合性教育干预实验。② 其中，实验组为108名初中阶段的流动儿童，对照组为100名同龄的流动儿童。

对实验组实施13周的整合性教育干预训练，包括心理健康专题活动课、团体心理辅导、个别咨询辅导、家庭间接辅导和教师专门辅导。结果表明，经过整合性

① 苏雯、李建华、张智等：《云南大学生心理健康的团体咨询实验》，337～339页，载《中国心理卫生杂志》，2003，17(5)。

② 熊猛、叶一舵、曾鑫：《流动儿童心理健康的干预实验：基于心理健康双因素模型和教育干预的整合取向》，378～384页，载《心理学探新》，2016，36(4)。

教育干预训练，实验组流动儿童的心理健康总体水平显著提高，而且，这种整合性教育干预对心理问题较为严重的流动儿童(即心理疾患组)的干预效果更为明显。

也有研究者综合考察了各类体验式教学技术在心理健康教育中的作用。这项研究选取156名大学生作为被试，采用实验组—对照组前后测设计，考查体验式教学在大学生心理健康教育课程中应用的可行性与有效性。① 结果发现，对照组实验前后心理健康水平差异不显著，而接受体验式教学的实验组在一项心理健康测评中的12个因子中，有10个因子显著改善，这些因子包括焦虑、自卑、抑郁、强迫行为等。在体验式教学中，教师利用案例分析、情景创设、话剧表演、游戏演练、脑力激荡等多种方法和手段，精心创设适宜的情境和情感氛围，学生以团队方式分工协作参与其中，以自主独特的方式认识、思考、体验和感悟周围世界，然后在教师的组织下，全体学生共同交流、分享体验、提升认识，从而获得新知识、技能，激发个体的内在价值和生命活力。这种体验式教学的效果，通常好于单纯的心理专题讲座。

综合上述研究，我们可以证明某一特定心理健康干预技术的作用，也可以检验某一时期整体的心理健康教育的效果，这些研究均采用实验法，可以更好地得到因果性认识。我们在具体的心理健康教育实践中，要尽量采用那些已经被证明行之有效的技术或教育模式，并根据所面临的实际情况灵活应用。

---

① 邱小艳、宋宏福:《大学生心理健康教育课程体验式教学的实验研究》，95~98页，载《湖南师范大学教育科学学报》，2013，12(1)。

参考文献 | REFERENCE

中文文献

[1][法]J. J. 卢梭. 爱弥儿——论教育[M]. 李平沤译. 北京：商务印书馆，1978.

[2][苏]A. A. 斯米尔诺夫著. 苏联心理科学的发展与现状[M]. 史民德等译. 北京：人民教育出版社，1984.

[3][苏]Л. B. 赞可夫. 教学与发展[M]. 杜殿坤等译. 北京：文化教育出版社，1980.

[4]余震球选译. 维果茨基教育论著选[M]. 北京：人民教育出版社，1994.

[5][苏]A. C. 马卡连柯. 论共产主义教育[M]. 刘长松，杨慕之译. 北京：人民教育出版社，1955.

[6][苏]B. A. 苏霍姆林斯基. 把整个心灵献给孩子[M]. 唐其慈，毕淑之，赵玮译，天津：天津人民出版社，1981.

[7][苏]B. A. 苏霍姆林斯基. 给教师的建议(上)[M]. 杜殿坤等译. 北京：教育科学出版社，1980.

[8][苏]B. A. 苏霍姆林斯基. 帕夫雷什村中学[M]. 赵玮等译. 北京：教育科学出版社，1983.

[9][苏]Л. C. 维果茨基. 维果茨基儿童心理与教育论著选[M]. 龚浩然等译. 杭州：杭州大学出版社，1999.

[10][苏]K. Д. 乌申斯基. 人是教育的对象[M]. 张佩珍，郑文樾，张敏鳌译. 科学出版社，1959.

[11][美]F. G. 波林. 实验心理学史[M]. 高觉敷，等译. 北京：商务印书

馆，1981.

[12][美]J. 杜威. 杜威教育论著选[M]. 赵祥麟，王承绪编译. 上海：华东师范大学出版社，1981.

[13][美]J. 杜威. 民本主义与教育[M]. 邹恩润译. 北京：商务印书馆，1928.

[14][美]J. 杜威. 明日之学校[M]. 朱经农，潘梓年译. 北京：商务印书馆，1993.

[15][美]J. 杜威. 我们怎样思维[M]. 姜文闵译. 北京：人民教育出版社，1991.

[16][美]J. 杜威. 经验与教育[M]. 姜文闵译. 北京：人民教育出版社，1991.

[17][美]J. 杜威. 人的问题[M]. 丘椿译. 北京：文化教育出版社，1957.

[18][美]M. 米德. 文化与承诺[M]. 周晓虹译. 石家庄：河北人民出版社，1987.

[19][美]J. S. 布鲁纳. 教育过程[M]. 上海师范大学外国教育研究室译. 上海：上海人民出版社，1973.

[20][美]A. H. 马斯洛. 存在心理学探索[M]. 李文湉译. 昆明：云南人民出版社，1987.

[21][美]H. 加德纳. 多元智能[M]. 沈致隆译. 北京：新华出版社，1999.

[22][美]R. J. 斯腾伯格. 成功智力[M]. 吴国宏，钱文译. 上海：华东师范大学出版社，1999.

[23][苏]Ю. K. 巴班斯基. 教育学[M]. 吴式颖等译. 北京：人民教育出版社，1986.

[24][捷克]J. A. 夸美纽斯. 大教学论[M]. 傅任敢译. 北京：人民教育出版社，1957.

[25][美]H. 加德纳. 多元智能新视野[M]. 沈致隆译. 杭州：浙江人民出版社，2017.

[26][美]S. 凯米斯. 行动研究法(上)[J]. 张先怡译. 教育科学研究，1994(4).

[27][美]S. 托尔明. 心理学中的莫扎特[N]. 纽约时报，1978-9.

[28]迟恩莲，曲恒昌编. 中外教育改革的指导思想与对策[M]. 北京：北京师范大学出版社，1996.

[29]北京师范大学调查组. 关于高等师范毕业生分配使用情况的调查报告[J]. 高等师范研究，1990.

[30]曹孚. 外国教育史[M]. 北京：人民教育出版社，1979.

[31]曹河圻，沃建中，等. 6~12岁儿童脑电α波频率分布特点与信息加工速度的关系[J]. 心理学探新，2001(4).

[32]陈琦，刘儒德. 当代教育心理学[M]. 北京：北京师范大学出版社，2007：215.

[33]程巍，中学教师的教育方式及其与学生观的关系研究[D]. 硕士论文，2000

[34]戴长和等. 行动研究概述[J]. 教育科学研究，1995(1).

[35]董仲舒. 春秋繁露[M]. 凌曙注. 北京：中华书局，1991.

[36]夏征农主编. 辞海[M]. 上海：上海辞书出版社，1999.

[37]董妍，俞国良. 青少年学业情绪对学业成就的影响[J]. 心理科学，2010，33(4)：934-937.

[38]董妍，俞国良. 青少年学业情绪问卷的编制及应用[J]. 心理学报，2007，39(5)：852-860.

[39]丁钢. 教育发展与社会需要互相契合的目标体系研究[J]. 教育研究信息，1995：1-2.

[40]杜祖贻，刘述先. 哲学、文化与教育[M]. 香港：香港中文大学出版社，1988.

[41]科斯秋克等著. 儿童教育和发展相互关系问题讨论集[M]. 孙晔，周惠卿编. 北京：科学出版社，1959.

[42]范淑娟. 心与心的交流——寄语关心青少年的朋友[M]. 北京：航空工业出版社，1997.

[43]方晓义. 青少年友伴网络结构和友伴相似性[D]. 北京：北京师范大学，1994.

[44]方晓义，李晓铭，董奇. 青少年吸烟及其相关因素的研究[J]. 中国心理卫生杂志，1996，10(2)：77-80.

[45]方晓义，王锦，赵晨，兰菁，林崇德. 中学心理咨询工作核心能力研究[J]. 北京师范大学学报(社会科学版)，2010，6，31-38.
[46]徐富明. 中小学教师的职业压力应对策略及其相关因素的研究[D]. 硕士论文，2001.
[47]高觉敷. 西方近代心理学史[M]. 北京：人民教育出版社，1982.
[48]谷传华，张文新. 小学儿童欺负与人格倾向的关系[J]. 心理学报，2003，35(1)：101-105.
[49]韩进之. 教育心理学纲要[M]. 北京：人民教育出版社，1989.
[50]韩愈. 韩昌黎文集校注[M]. 马通伯校. 上海：上海古典文学出版社，1957.
[51]郝克明，谈松华. 走向21世纪的中国教育[M]. 贵阳：贵州教育出版社，1998.
[52]程颢，程颐. 河南程氏遗书·二程集[M]. 王孝鱼点校. 北京：中华书局，1981.
[53]何先友. 小学生数学自我效能、自我概念与数学成绩关系的研究[J]. 心理发展与教育，1998，(1)：45-48.
[54]洪明. 西方教育研究的方法论和转向[J]. 国外社会科学，1999(1).
[55]胡卫平. 青少年科学创造力的发展研究[D]. 北京：北京师范大学，2001.
[56]黄光雄. 教育概论[M]. 台北：台湾师范大学书苑有限公司出版社，1990.
[57]黄四林，周增为，王文静，刘霞，林崇德. 中小学师德修养培训课程指导标准的研制[J]. 北京师范大学学报(社会科学版)，2019(01)：34-39.
[58]中华人民共和国教育部. 中小学教师信息技术应用能力培训课程标准(试行)[S]. 2014-05-30.
[59]姜桂芳. 基于积极心理学的心理健康教育对中学生心理健康的影响[J]. 中国临床心理学杂志，2011，19(6)：838-840.
[60]李丹，辛自强. 小学数学学优生和普通生的学习动机与表征水平的关系[J]. 心理研究，2010，3(4)：74-80.
[61]李红，郝春东，张旭. 教师教学效能感与学生自我效能感研究[J]. 高等师范

教育研究，2000，12(3)：44-48.
[62]李怀美等. 中学生道德情感发展的研究[J]. 心理发展与教育，1989，3.
[63]李晓东，聂尤彦，林崇德. 初中二年级学生学习困难、人际关系、自我接纳对心理健康的影响[J]. 心理发展与教育，2002，18(2)：68-73.
[64]李荟，辛涛，谷生华，申继亮. 中学生自我效能感、学习策略与学习成绩关系的研究[J]. 教育研究与实验，1998，(4)：48-52.
[65][法]埃德加·富尔. 学会生存：教育世界的今天和明天[M]. 上海师范大学外国教育研究室译. 上海，上海译文出版社，1982.
[66]林崇德，傅安球. 学龄前儿童心理特点与早期教育[M]. 北京：北京出版社，1982.
[67]林崇德，申继亮，辛涛. 面向21世纪的教师素质、构成及其培养途径[C]. 全国中小学教师继续教育工作会议，1990.
[68]林崇德. 班集体对中小学生品德形成中的作用[J]. 心理学教学与研究. 北京师范大学心理专业资料，1980(2).
[69]林崇德. 发展心理学[M]. 台北：台北东华书局，1998；杭州，浙江教育出版社，2002.
[70]林崇德. 离异家庭子女心理的特点[J]. 北京师范大学学报(社会科学版)，1992(1).
[71]林崇德. 品德发展心理学[M]. 上海，上海教育出版社，1989.
[72]林崇德. 师德通览[M]. 济南：山东教育出版社，2000.
[73]沃建中，林崇德，潘昱. 13~18岁青少年脑波超慢涨落的发展特点，待发表
[74]林崇德，沃建中，等. 6~12岁儿童脑波超慢功率涨落分布及发展特点[J]. 心理科学，20019(3).
[75]林崇德，沃建中，等. 记忆状态下儿童青少年脑电α波特点的研究[J]. 北京师范大学学报(自然科学版)，2002(1).
[76]林崇德. 学习与发展[M]. 北京：北京师范大学出版社，2003.
[77]林崇德，张文新. 认知发展与社会认知发展[J]. 心理发展与教育，1996(1).

[78]林崇德. 中学生心理学[M]. 北京：北京出版社，1983.
[79]林崇德. 21世纪学生发展核心素养研究[M]. 北京：北京师范大学出版社，2016.
[80]林崇德. 积极而科学地开展心理健康教育[M]. 北京师范大学学报(社会科学版)，2003(1)：31-37.
[81]林崇德，辛涛，邹泓. 学校心理学[M]. 北京：北京师范大学出版社，2000.
[82]林崇德. 心理和谐：心理健康教育的指导思想[J]. 西南大学学报(社会科学版)，2012，38(3)：5-11.
[83]林崇德. 心理健康教育路一定要走正[N]. 中国教育报，2001-11-26.
[84]林崇德. 我的心理学观[M]. 北京：商务印书馆，2008.
[85]林崇德. 创造性心理学[M]. 北京：北京师范大学出版社，2018.
[86]林崇德. 教育的智慧[M]. 北京：北京师范大学出版社，2005.
[87]林崇德. 学习与发展——中小学生的心理能力发展与培养[M]. 北京：北京师范大学出版社，2002.
[88]林正文. 儿童行为的塑造与矫正[M]. 北京：北京师范大学出版社，1998.
[89]刘宝才. 小学生创造才能培养的整体实验研究[G]//小学生能力发展与培养. 北京：北京教育出版社，1992.
[90]刘春燕. 发展性团体心理咨询改善大学生应对方式及其相关因素的实验研究[J]. 心理发展与教育，2003(4)：75-81.
[91]鲁志鲲. 成人日常问题解决的研究[D]，硕士论文，1993.
[92]卢家楣. 理科类教学内容的情感性处理[J]. 课程·教材·教法. 1994(12)：12-15，34.
[93]卢家楣. 发掘情感策略的实验研究[J]. 心理科学，2001，24(6)：690-693.
[94]卢家楣. 对中学教学中教师运用情感因素的现状调查[J]. 心理发展与教育，2002，(2)：55-58.
[95]罗良，胡清芬，林崇德，等. 不确定监控的事件相关电位研究[J]. 自然科学进展，2008，18(1)：51-57.

[96]罗良，林崇德，等．客体工作记忆任务中大脑皮层活动的记忆负荷效应[J]．心理学报，2006，38(6)：805-814.

[97]罗良，刘兆敏，林崇德，等．延迟干扰对空间工作记忆信息再认的影响[J]．自然科学进展，2009，19(5)：491-497.

[98]罗润生．中小学教师职业道德认知与职业承诺关系的研究[D]．硕士论文，2001.

[99]马克思．资本论：第1卷上[M]．北京：人民出版社，2004.

[100]毛泽东．毛泽东选集(第2卷)[M]．北京：人民出版社，1991.

[101]梅磊．ET—脑功能研究新技术[M]．北京：国防工业出版社，1995.

[102]潘昱，沃建中，林崇德．13~18岁青少年表象能力的发展和脑电α波的关系[J]．心理发展与教育，2001(4).

[103]庞维国，罗良，杨洁，尹后庆．教师职业行为规范的国际比较及其启示[J]．北京师范大学学报(社会科学版)，2019(01)：47-52.

[104]裘惠琴，吴丽珍，唐英华．10~13岁儿童与同伴交往的发展特点[G]//区域性推进中小学心理健康教育的研究与实践(研究报告文集)，2001.

[105]邱小艳，宋宏福．大学生心理健康教育课程体验式教学的实验研究[J]．湖南师范大学教育科学学报，2013，12(1)：95-98.

[106]赵中建主译．全球教育发展的历史轨迹——国际教育大会60年建议书[M]．北京：教育科学出版社，1999.

[107]桑新民．当代教育哲学[M]．昆明：云南人民出版社，1988.

[108]申继亮，王凯荣．论教师的教学能力[J]．北京师范大学学报，2000(1).

[109]申继亮，辛涛．教师素质论纲[M]．北京：华艺出版社，1999.

[110]申继亮，辛涛．论教师的教学监控能力[J]．北京师范大学学报，1995(1).

[111]申继亮．心理模糊性的定量研究[J]．北京师范大学学报，1990(增刊).

[112]申继亮，等．当代儿童青少年心理学的进展[M]．杭州：浙江教育出版社，1993.

[113]史莉芳，等．中小学生道德意志发展的实验研究[M]．心理发展与教育，

1986(4).

[114]苏雯，李建华，张智，等. 云南大学生心理健康的团体咨询实验[J]. 中国心理卫生杂志，2003，17(5)：337-39.

[115]苏真. 比较师范教育[M]. 北京：北京师范大学出版社，1991.

[116]孙长玉，陈晓. 正念冥想训练对中学生自我控制能力的干预作用[J]. 中国健康心理学杂志，2016，24(9)：1359-1363.

[117]唐文中，等. 教育学[M]. 哈尔滨：黑龙江人民出版社，1986.

[118]滕大春. 今日美国教育[M]. 北京：人民教育出版社，1980.

[119]王树华. 中小学教师教育观念现状及相关因素的研究[D]. 硕士论文，2000.

[120]王天一. 外国教育史(上册)[M]. 北京：北京师范大学出版社，1984.

[121]伍新春，林崇德，臧伟伟，付芳. 试论学校心理危机干预体系的构建[J]. 北京师范大学学报(社会科学版)，2010(1)：45-49.

[122]王益文，林崇德. 额叶参与执行控制的 ERP 负荷效应[J]. 心理学报，2005，37(6)：723-728.

[123]王益文，林崇德，高艳霞，王钰，张文新. 视听跨通道干扰抑制：儿童 ERP 研究[J]. 中国科学：生命科学，2010，40(3)：273-280.

[124]王益文，林崇德，魏景汉，罗跃嘉. 短时存贮与复述动态分离的 ERP 证据[J]. 心理学报，2004，38(6)：697-703.

[125]王益文，林崇德，魏景汉，罗跃嘉，卫星. 工作记忆中汉字和空间分离与动态优势半球的 ERP 效应[J]. 心理学报，2004，36(3)：253-259.

[126]王耘. 小学师生关系的特点及其与小学生心理发展的关系研究[D]. 北京：北京师范大学，2001.

[127]魏运华. 少年儿童自尊发展的结构模型及影响因素的研究[D]. 博士论文，1998.

[128]沃建中，曹河圻，潘昱，林崇德. 6~12 岁儿童脑电 α 波的发展特点[J]. 心理发展与教育，2000(4).

[129]沃建中，林崇德，曹河圻，胡清芬. 6~12 岁儿童脑波功率涨落特点与信息加

工速度的关系[J]．北京师范大学学报(自然科学版)，2001(1)．
[130]沃建中，林崇德，等．13~18岁青少年脑电α波的发展特点[J]．北京师范大学学报(自然科学)，2001(6)．
[131]沃建中，林崇德，等．6~12岁儿童脑波超慢涨落功率与计算速度的关系[J]．心理学报，2001(6)．
[132]沃建中，刘慧娟，林崇德．记忆状态下儿童青少年脑波超慢涨落特点的研究[J]．心理科学，2002(3)．
[133]沃建中，罗良，林崇德，吕勇．客体与空间工作记忆的分离：来自头皮慢电位的证据[J]．心理学报，2005，37(6)：729-738.
[134]沃建中，申继亮，林崇德．提高教师课堂教学能力方法的实验研究[J]．心理科学，1996(6)：340-344.
[135]沃建中，等．走向心理健康·发展篇[M]．北京：华文出版社，2002.
[136]吴昌顺．基础教育的困惑与呼吁[C]．北京：全国政协大会，2002-3.
[137]吴岩．谈谈定性研究[J]．心理发展与教育，1999(2)．
[138]肖丽萍．教师专业发展．中小学教师培训需求研究．博士论文，2002.
[139]辛涛，申继亮，林崇德．教师教学监控能力的结构：一个验证性的研究[J]．心理学报，1998(3)．
[140]辛涛．教师教学监控能力、结构、影响因素及其与学生发展的关系[D]．北京：北京师范大学，1997.
[141]申继亮，辛涛．关于教师教学监控能力的培养研究[D]．北京：北京师范大学学报(社会科学版)，1996(1)：37-45.
[142]辛自强．中学生心理健康水平下滑及其应对[J]．中小学心理健康教育，2009(2)(下半月刊)：4-7.
[143]辛自强，池丽萍．社会变迁中的中学生[M]．北京：北京师范大学出版社，2008.
[144]辛自强，张丽．表征变化及其影响因素的微观发生研究[J]．心理学报，2006，38(4)：532-542.

[145]辛自强，张梅. 1992 年以来中学生心理健康的变迁：一项横断历史研究[J]. 心理学报，2009，41(1)：69-78.

[146]辛自强，张梅，何琳. 大学生心理健康变迁的横断历史研究[J]. 心理学报，2012，44(5)：664-679.

[147]辛自强，儿童在数学问题解决中图式与策略的获得. 博士论文，2002.

[148]辛自强，宁良强，池丽萍. 认知压力与建构主义数学教学的关系[J]. 心理科学，2005，28(6)：1324-1329.

[149]熊猛，叶一舵，曾鑫. 流动儿童心理健康的干预实验：基于心理健康双因素模型和教育干预的整合取向[J]. 心理学探新，2016，36(4)：378-384.

[150]徐先彩，龚少英. 学业情绪及其影响因素[J]. 心理科学进展，2009，17(1)：92-97.

[151]杨平儿，徐卫平，方宏图. 10~13 岁儿童与成人交往的发展特点研究[G]//区域性推进中小学心理健康教育的研究与实践(研究报告文集)，2001.

[152]杨睿娟，申敬红，李敏，游旭群. 我国中小学教师职业规范政策研究[J]. 北京师范大学学报(社会科学版)，2019(01)：40-46.

[153]于漪，潘益大，陈贤德，陈亦兵，等. 教师的修养[M]. 上海：上海教育出版社，1995.

[154]俞国良. 专家——新手型教师教学效能感和教学行为的研究[J]. 心理学探新，1999(2).

[155]俞国良，等. 中小学教师教学监控能力：发展特点与相关因素[J]. 心理发展与教育，1998(2).

[156]俞国良，陈诗芳. 小学生生活压力、学业成就与其适应行为的关系[J]. 心理学报，2001，33(4)：344-348.

[157]俞国良，林崇德，王燕. 学生心理健康量表的编制研究[J]. 心理发展与教育，1999，15(3)：49-53.

[158]张春兴. 现代心理学[M]. 台北：东华书局，1991；上海：上海人民出版社，1994.

[159]张登印，俞国良，林崇德．学习不良儿童与一般儿童认知发展、学习动机和家庭资源的比较[J]．心理发展与教育，1997，(2)：52-56.
[160]张焕庭．西方资产阶级教育论著选[M]．北京：人民教育出版社，1979.
[161]张奇，韩进之．谈谈教育经验总结法[J]．教育研究，1992(6).
[162]张文新．中小学生欺负/受欺负的普遍性与基本特点[J]．心理学报，2002，34(4)：57-64.
[163]张文新，鞠玉翠．小学生欺负问题的干预研究[J]．教育研究，2008(2)：95-99.
[164]张学民，申继亮．中学生学习动机、成就归因、学习效能感与成就状况之间因果关系的研究[J]．心理学探新，2002，22(4)：33-37.
[165]张子全书．14卷：近思路录拾遗．四库全书．北京：商务印书馆，1983，第697册.
[166]郑士平，张拓书．对初中数学"差生"的教学心理学实验研究[G]//中学生能力发展与培养．北京：北京教育出版社，1992.
[167]邹泓．青少年同伴关系的发展特点、功能及其影响因素的研究[D]．北京：北京师范大学，1998.
[168]中国大百科全书·教育．北京：中国大百科全书出版社，1985.
[169]中华人民共和国教育部．邓小平教育理论学习纲要[M]．北京：北京师范大学出版社，1998.
[170]中华人民共和国教育部．中小学教师信息技术应用能力培训课程标准(试行)[S]．2014-05-30.
[171]中美联合编审委员会．简明不列颠百科全书．北京：中国大百科全书出版社，1985.
[172]衷克定，张溉．教师策略性知识的发展规律及影响因素研究[J]．心理科学，2000(4).
[173]朱从书．关于中小学教师职业压力及压力源研究[D]．硕士论文，2001.
[174]朱晓伟，周宗奎，谢和平，褚晓伟．中小学教师师德的社会期望与评价——

基于公众与教师视角的实证调查[J]. 北京师范大学学报(社会科学版), 2019(01): 53-58.

[175]祝智庭, 闫寒冰.《中小学教师信息技术应用能力标准(试行)》解读[J]. 电化教育研究, 2015(9): 5-10.

[176]朱智贤, 林崇德. 思维发展心理学[M]. 北京: 北京师范大学出版社, 1986.

[177]朱智贤主编. 心理学大词典[M]. 北京: 北京师范大学出版社, 1990.

[178]S. D. Brookfield. 批判反思型教师 ABC[M]. 张伟译. 北京: 中国轻工业出版社, 2002.

[179]R. J. Sternberg, L. Spear-Swerling. 思维教学[M]. 赵海燕译. 北京: 中国轻工业出版社, 2001.

[180]L. Campbell, B. Campbell, D. Dickinson. 多元智能教与学的策略[M]. 王成全译. 北京: 中国轻工业出版社, 2001.

英文文献

[181] C. V. Shantz. Social Cognition. In P. H. Mussen, Handbook of Child Psychology, 1983, Vol. 3.

[182] D. A. Schon. Educating the Reflective Practitioner, San Francisco: Jossey-Bass, 1987.

[183] D. Cruickshank, D. L. Haefele. Good Teachers, plural, Educational Leadership, 2000, 58: 5.

[184] D. Frye. The Origins of Intentions in Infancy. In D. Frye, D. Moore. Theories of Mind, Lawrence Erlbum Associates Publishers, 1991, 15-37.

[185] D. N. Fein. Judgement of Causality to Physical and Social Picture Sequences. Developmental Psychology, 1972, 8: 147.

[186] D. Olweus. Bullying at school: what we know and what we can do. Oxford: Blackwell, 1993.

[187] D. Pellegrini. Social Cogntion and Competence in Middle Childhood, Child Development, 1985, 56: 253-264.

[188] E. Jackson, J. J. Comppos, K, W. Fischer. The Question of Decalage Between Object Permanence and Person Permanence. Developmental Psychology, 1978, 14: 1-10.

[189] F. Machlup. Education and Economic Growth. Lmocoln: University of Webraska Press, 1970.

[190] F. Rorthagen. Two Models of Reflection, Teacher & Teacher Education, 1993, Vol. 11, No. 3.

[191] J. E. Crusel, H. Lytton. Social Development, Spring-verlag, 1988, 256-290.

[192] K. G. Joreskog, D. Sorbom. LISREL Ⅷ: A guide to the Program and applications, Chicago: SPSS. Inc. 1994.

[193] K. H. Rubin. Role Taking in Childhood: Some Methodlogical Consideration. Child Development. 1978, Vol. 49: 428-433.

[194] Lin Chongde. A Study of Moral Development for Chinese Childrenand Adolescence, International School Psychology, 1988, No. 2.

[195] M. L. Hoffman. Perspectives on the Defferences between Understanding People and Understanding Things: The Role of Affect, Lawrence Erlbum Associates Publishers, 1991, 67-81.

[196] M. S. Bell. The Development of Object Concepts as Related to Infant-Mother Attachment. Child Development, 1970, 41: 291-311.

[197] P. M. Bentler. Multivariate analysis with latent variables: Causal modeling, Annual Review of Psychology, 1980, 31: 419-456.

[198] S. Sharp, P. K. Smith. Tackling bullying in your school: a practical handbook for teachers. London: Routledge, 1994.

[199] S. M. Kosslyn, J. Kagan. Conerete Thinking and the Development of Social Cognition. Lawrence Erlbum Associates Publishers.

[200] P. L. Ackerman, R. J. Sternberg, R. Glaser (Eds.). "Learning and individual differences: Advances in theory and research" New York, NY: W. H. Freeman and

Co, 1989.

[201] J. R. Anderson. The architecture of cognition. Cambridge, MA: Harvard University Press, 1983.

[202] D. L. Ball, S. M. Wilson. Integrity in teaching: Recognizing the fusion of the moral and intellectual, American Educational Research Journal, 1996, 33.

[203] J. S. Benninga, (Ed.). Moral, character, and civic education in the elementary school. New York: Teachers College Press, 1991.

[204] C. Blakeney, R. Blakeney. Reforming moral misbehaviour. Journal of Moral Education, 1990, 19.

[205] T. J. Jr. Bouchard, D. T. Lykken, N. L. Mc. Gue, M. Segal, A. Tellegen. Sources of human psychological differences: The Minnesota study of twins reared apart. Science, 1990.

[206] N. Brody. lntelligence. San Diego, CA: Academic Press, 1992.

[207] D. Carr. Educating the virtues: An essay on the philosophical psychology of moral development and education. London: Routledge, 1991.

[208] J. B. Carroll. Human cognitive abilities. Cambridge: University of Cambridge Press, 1993.

[209] T. N. Carraher, D. Carraher, A. D. Schliemann, Mathematics in the streets and inschools. British Journal of Developmental Psychology, 1985, 3 .

[210] S. J. Ceci. On intelligence, more or less: A bioecological treatise on intellectual development. Englewood Cliffs, NJ: Prentice Hall, 1990 .

[211] S. J. Ceci. How much does schooling Influence general intelligence and its cognitive components? A reassessment of the evidence. Developmental Psychology, 1991, 27: 703-722.

[212] A. Colby, W. Damon. Some do care: Contemporary lives of moral commitment. New York: Free Press, 1992.

[213] J. P. Das, J. R. Kirby, R. F. Jarman. Simultaneous and successive cognitive

processes. New York: Academic Press, 1979.

[214] J. P. Das, M. Kendrick. PASS Reading Enhancement Program: A short manual for teachers. Journal of Cognitive Education, 1997, 5 (3).

[215] R. DeVries, B. Zan. Moral classrooms, moral Children: Creating a constructivist atmosphere in early education. New York: Teachers College Press, 1994.

[216] R. Feuerstein. Instrumental enrichment? An intervention program for cognitive modifiability. Baltimore: University Park Press, 1980.

[217] H. Gardner. Multiple Intelligences. New York: BasicBooks, 1993.

[218] H. Gardner, T. Hatch. Multiple intelligences go to school: Educational implications of the theory of multiple intelligences. "Educational Researcher," 1989, 18(8).

[219] D. Goleman. Emotional intelligence. New York: Bantam Books, 1995 .

[220] D. Halpern. Sex differences in Cognitive abilities. Hillsdale, NJ: Erlbaum, 1992 .

[221] J. E. Helms. Why is there no study of cultural equivalence in standardized cognitive ability testing? American Psychologist, 1992, 47.

[222] R. J. Herrnstein, C. Murray. The bell curve: Intelligence and class structure in American life. New York: Free Press, 1994.

[223] P. Jackson, R. Boostrom, D. Hansen. The moral life of schools. San Francisco: Jossey-Bass, 1993.

[224] A. R. Jensen. Bias in mental testing. New York: Free Press, 1980.

[225] A. R. Jensen. Straight Talk about Mental Tests. New York: Free Press, 1981.

[226] J. Kagan, S. Lamb (Eds.). The emergence of morality in young children. Chicago: University of Chicago Press, 1987.

[227] W. M. Kurtines, J. L. Gewirtz. Handbook of Moral Behavior and Development, Lawrence Erlbaum Associates: Hillsdale, NJ, 1991.

[228] J. Lave. Cognition in practice. New York: Cambridge University Press, 1988.

[229] J. S. Leming. In search of effective character education. Educational Leadership, 1993, 51.

[230] J. C. Loehlin. Partitioning environmental and genetic contributions to behavioral development. American Psychologist, 1989, 10.

[231] D. F. Lohman. Teaching and testing to develop fluid abilities. "Educational Researcher," 1993, 22 (7).

[232] R. Lynn. Oriental Americans: Their IQ, educational attainment, and socio-economic status. Personality and Individual Differences, 1993, 15.

[233] [187] J. D. Mayer, P. Salovey. The intelligence of emotional intelligence. Intelligence, 1993, 17: 433-442.

[234] L. C. Moll (Ed.). Vygotsky and education: Instructional implications and applications of sociohistorical psychology. Cambridge: Cambridge University Press, 1990.

[235] F. K. Oser, A. Dick, J. L. Patry. Effective and responsible teaching: The new synthesis. San Francisco: Jossey-Bass, 1992.

[236] D. N. Perkins. Post primary education has little impact on informal reasoning. Journal of Educational Psychology, 1985, 77 (5): 562-571.

[237] D. N. Perkins. Outsmarting IQ: The emerging science of learnable intelligence. New York: The Free Press, 1995.

[238] D. N. Perkins, M. Farady, B. Bushey. Everyday reasoning and the roots of intelligence. In J. Voss, D. N. Perkins, and J. Segal (Eds.), Informal reasoning (pp. 83-105).

[239] Hillsdale, New Jersey: Lawrence Erlbaum Associates, 1991.

[240] J. R. Rest. An interdisciplinary approach to moral education. In M. W. Berkowitz, F. Oser (Eds.), Moral education: theory and application (pp. 9-26). Hillsdale, NJ: L. Erlbaum, 1985.

[241] P. Salovey, J. D. Mayer. Emotional intelligence. Imagination, Cognition, and Personality, 1990, 9, 185-211.

[242] S. Scarr. Developmental theories for the 1990s: Development and individual differences. Child Development, 1992, 63: 1-19.

[243] S. Scarr. Biological and cultural diversity: The legacy of Darwin for development.

Child Development, 1993, 64: 1333-1353.

[244] B. Schneider, J. A. Hieshima, S. Lee, S. Plank. East-Asian academic success in the United States: Family, school, and cultural explanations. In P. M. Greenfield RR. Cocking (Eds.). Cross-cultural roots of minority child development. Hilldale. NJ: Erlbaum, 1994.

[245] M. Schulman, E. Mekler. Bringing up a moral child: A new approach for teaching your child to be kind, just, and responsible. Reading, MA: Addison-Wesley, 1985.

[246] H. Siegel. Educating reason: Rationality, critical thinking, and education. NY: Routledge, 1988.

[247] H. Sockett. The moral base for teacher professionalism. New York, 1993.

[248] R. J. Sternberg. Beyond IQ a triarchic theory of human intelligence. New York: Cambridge University Press, 1985.

[249] R. J. Sternberg (Ed.). Encyclopedia of human intelligence. New York: MacMlllan, 1994.

[250] R. J. Sternberg, D. K. Detterman (Eds.). What is intelligence? Contemporary viewpoints on its nature and definition. Norwood, NJ: Ablex, 1986.

[251] R. J. Sternberg, R. G. Wagner, W. M. Williams, J. A. Horvath. Testing common sense. American Psychologist, 1995, 50: 912-927.

[252] H. W. Stevenson, J. W. Stigler. The learning gap. NewYork: Summit Books, 1992.

[253] S. D. Sutaria. Specific learning disabilities: Nature and needs. Springfield, IL: Charles C. Thomas, 1985.

[254] E. Turiel. The development of social knowledge: Morality and convention. New York: Cambridge University Press, 1983.

[255] P. A. Vernon. Speed of information processing and intelligence. Norwood, NJ: Ablex, 1987.

[256] P. A. Vernon. Biological approaches to the study of human intelligence. Norwood,

NJ: Ablex, 1993.

[257] J. Wertsch. Vygotsky and the social formation of mind. Cambridge: Harvard University Press, 1985.

[258] J. Wertsch, P. Tulviste, F. Hagstrom. A sociocultural approach to agency. In E. Forman, N. Miruck, C. A. Stone (Eds.). Contexts for learning: Sociocultural dynamics in childrens development (pp. 336-356). New York: Oxford University Press, 1993.

[259] A. E. Woolfolk. Educational psychology (7th ed). Needham Heights, MA: Allyn Bacon, 1998.

[260] E. A. Wynne, K. Ryan. Reclaiming our schools: A handbook on teaching character, academics, and discipline. New York: Merrill, 1993.

[261] C. D. Ryff, C. Keyes. The structure of psychological well-being revisited, Journal of Personality and Social Psychology, 1995, 69: 719–727.

[262] K. Boey & H. Chiu. Assessing psychological well-being of the old: A comparative study of GDS-15 and GHQ-12. Clinical Gerontologist, 1998(19): 65–75.

[263] M. Rosenberg, C. Schooler, C. Schoenbach, & F. Rosenberg. Global self-esteem and specific self-esteem: Different concepts, different outcomes. American Sociological Review, 1995, 60: 141–156.

[264] T. Owens. Accentuate the positive and the negative: Rethinking the use of self-esteem, self-confidence. Social Psychology Quarterly, 1993, 56: 288–299.

[265] D. Goldberg, *The Detection of Psychiatric Illness and Social Psychology*, 1972, 78, 662-675.

[266] N. Bradburn. The structure of psychological well-being. Chicago: Aldine, 1969.

[267] H. Akiyama. Measurement of depressive symptoms in cross-cultural research. Paper presented at the International Conference on Emotion and Culture, University of Oregon, Eugene, 1992.

[268] J. Crocker. The Costs of Seeking self-esteem. Journal of Social Issue, 2002, 58

(3): 597-615.

[269] E. Diener. Subjective well-being. Psychological Bulletin, 1984, 95: 542-575.

[270] B. Zhu, C. Chen, G. Xue, X. Lei, Y. Wang, J. Li, ... & C. Lin. Associations between the CNTNAP2 gene, dorsolateral prefrontal cortex, and cognitive performance on the Stroop task. Neuroscience, 2017, 343: 21-29.

[271] B. Zhu, C. Chen, X. Dang, Q. Dong, & C. Lin. Hippocampal subfields' volumes are more relevant to fluid intelligence than verbal working memory. Intelligence, 2017, 61: 169-175.

[272] B. Zhu, C. Chen, G. Xue, R. K. Moyzis, Q. Dong, C. Chen, ... & C. Lin. The SEMA5A gene is associated with hippocampal volume, and their interaction is associated with performance on Raven's Progressive Matrices. NeuroImage, 2017, 88: 181-187.

[273] B. Zhu, C. Chen, R. K. Moyzis, Q. Dong, & C. Lin. The Choline Acetyltransferase (CHAT) Gene is Associated with Parahippocampal and Hippocampal Structure and Short-term Memory Span. Neuroscience, 2018, 369: 261-268.

[274] Z. Ye, B. Zhu, L. Zhuang, Z. Lu, C. Chen, & G. Xue. Neural global pattern similarity underlies true and false memories. Journal of Neuroscience, 2016, 36 (25): 6792-6802.

[275] B. Zhu, C. Chen, X. Shao, W. Liu, Z. Ye, L. Zhuang, ... & G. Xue. Multiple interactive memory representations underlie the induction of false memory. Proceedings of the National Academy of Sciences, 2019, 116(9): 3466-3475.

[276] B. Zhu, C. Chen, E. F. Loftus, Q. He, X. Lei, Q. Dong, & C. Lin. Hippocampal size is related to short-term true and false memory, and right fusiform size is related to long-term true and false memory. Brain Structure and Function, 2016, 221(8): 4045-4057.

[277] B. Zhu, C. Chen, E. F. Loftus, R. K. Moyzis, Q. Dong, & C. Lin. True but not false memories are associated with the HTR2A gene. Neurobiology of learning and

memory, 2013, 106: 204-209.

[278] X. Hu, Z. Liu, W. Chen, J. Zheng, N. Su, W. Wang, ... & L. Luo. Individual Differences in the Accuracy of Judgments of Learning Are Related to the Gray Matter Volume and Functional Connectivity of the Left Mid-Insula. Frontiers in human neuroscience, 2017, 11: 399.

[279] Z. Xin, L. Zhang, & D. Liu. Birth cohort changes of Chinese adolescents' anxiety: A cross-temporal meta-analysis, 1992-2005. Personality & Individual Differences, 2010, 48(2): 208-212.

[280] Z, Xin, J. Niu, & L. Chi. Birth cohort changes in Chinese adolescents' mental health. International Journal of Psychology, 2012, 47 (4): 287-295.

[281] R. H. Lauer, R. Thomas. A comparative analysis of the psychological consequences of change. Human Relations, 1976, 29(3): 239-248.

[282] Husen, Torsten, The International Encyclopeda of Education, Pergamon Press, 1985, Vol. 1. p53.

图书在版编目(CIP)数据

林崇德文集：全十二卷/林崇德著. —北京：北京师范大学出版社，2020. 10
ISBN 978-7-303-26290-8

Ⅰ. ①林… Ⅱ. ①林… Ⅲ. ①教育学-文集 Ⅳ. ①G40-53

中国版本图书馆 CIP 数据核字(2020)第 154509 号

营 销 中 心 电 话　010-58807651
北师大出版社高等教育分社微信公众号　新外大街拾玖号

林崇德文集(全十二卷)第四卷：教育与发展
LINCHONGDE WENJI：QUAN SHI'ER JUAN
出版发行：北京师范大学出版社 www. bnupg. com
北京市西城区新街口外大街 12-3 号
邮政编码：100088
印　刷：北京盛通印刷股份有限公司
经　销：全国新华书店
开　本：787 mm×1092 mm 1/16
印　张：44. 75(本卷)
字　数：696 千字(本卷)
版　次：2020 年 10 月第 1 版
印　次：2020 年 10 月第 1 次印刷
定　价：2300. 00 元(全十二卷)

策划编辑：关雪菁 周雪梅　责任编辑：关雪菁
美术编辑：王齐云　装帧设计：王齐云
责任校对：段立超　责任印制：马 洁